CRIMINOLOGIA

Diretora de Conteúdo e Operações Editoriais
JULIANA MAYUMI ONO

Gerente de Conteúdo
ANDRÉIA R. SCHNEIDER NUNES CARVALHAES

Editorial: Aline Marchesi da Silva, Camilla Sampaio, Karolina de Albuquerque Araújo Martino e Quenia Becker

Assistente de Conteúdo Editorial: Juliana Menezes Drumond

Analista de Conteúdo Editorial Júnior: Ana Carolina Francisco

Estagiária: Aline Pavanelli

Produção Editorial e Equipe de Conteúdo Digital
Gerente de Conteúdo
MILISA CRISTINE ROMERA

Especialistas Editoriais: Emanuel Silva, Gabriele Lais Sant'Anna dos Santos e Maria Angélica Leite

Analistas de Operações Editoriais: Damares Regina Felício, Danielle Castro de Morais, Mariana Plastino Andrade e Patrícia Melhado Navarra

Analistas de Qualidade Editorial e ProView: Ana Paula Cavalcanti, Gabriel George Martins, Gabriela Cavalcante Lino, Maria Carolina Ferreira, Maria Cristina Lopes Araujo, Rodrigo Araujo e Victória Menezes Pereira

Estagiárias: Michelle Kwan e Thabata Flausino de Almeida

Capa: Brenno Stolagi Teixeira

Adaptação capa: Ariel Villalba e Cinthia Riveros

Líder de Inovações de Conteúdo para Print
CAMILLA FUREGATO DA SILVA

Visual Law: Ana Carolina Borges, Kelly Luiza Borges Rosa e Victória Menezes Pereira

Gerente de Operações e Produção Gráfica
MAURICIO ALVES MONTE

Analistas de Produção Gráfica: Ana Paula de Araújo Evangelista e Jéssica Maria Ferreira Bueno

---

Dados Internacionais de Catalogação na Publicação (CIP)
(Câmara Brasileira do Livro, SP, Brasil)

Shecaira, Sérgio Salomão
Criminologia / Sérgio Salomão Shecaira ; prefácio Alvino Augusto de Sá. -- 11. ed. rev., atual. e ampl. -- São Paulo : Thomson Reuters Brasil, 2023.

Inclui bibliografia
ISBN 978-65-260-0079-3

1. Criminologia I. Sá, Alvino Augusto de. II. Título.

23-163841 CDU-343.9

Índices para catálogo sistemático:
1. Criminologia : Direito 343.9
Cibele Maria Dias - Bibliotecária - CRB-8/9427

Sérgio Salomão Shecaira

CRIMINOLOGIA

Prefácio
Alvino Augusto de Sá

11ª edição
revista, atualizada e ampliada

CRIMINOLOGIA

SÉRGIO SALOMÃO SHECAIRA
Prefácio: ALVINO AUGUSTO DE SÁ

11.ª edição revista, atualizada e ampliada

1.ª edição: 2004; *2.ª edição:* 2008; *3.ª edição:* 2011; *4.ª edição:* 2012;
5.ª edição: 2013; *6.ª edição:* 2014; *7.ª edição:* 2018;
8.ª edição: 2020; *9.ª edição:* 2021; *10.ª edição:* 2022.

© desta edição [2023]

THOMSON REUTERS BRASIL CONTEÚDO E TECNOLOGIA LTDA.

JULIANA MAYUMI ONO
Diretora Responsável

Av. Dr. Cardoso de Melo, 1855 – 13º andar – Vila Olímpia
CEP 04548-005, São Paulo, SP, Brasil

TODOS OS DIREITOS RESERVADOS. Proibida a reprodução total ou parcial, por qualquer meio ou processo, especialmente por sistemas gráficos, microfílmicos, fotográficos, reprográficos, fonográficos, videográficos. Vedada a memorização e/ou a recuperação total ou parcial, bem como a inclusão de qualquer parte desta obra em qualquer sistema de processamento de dados. Essas proibições aplicam-se também às características gráficas da obra e à sua editoração. A violação dos direitos autorais é punível como crime (art. 184 e parágrafos, do Código Penal), com pena de prisão e multa, conjuntamente com busca e apreensão e indenizações diversas (arts. 101 a 110 da Lei 9.610, de 19.02.1998, Lei dos Direitos Autorais).

O autor goza da mais ampla liberdade de opinião e de crítica, cabendo-lhe a responsabilidade das ideias e dos conceitos emitidos em seu trabalho.

CENTRAL DE RELACIONAMENTO THOMSON REUTERS SELO REVISTA DOS TRIBUNAIS
(atendimento, em dias úteis, das 09h às 18h)

Tel. 0800-702-2433

e-mail de atendimento ao consumidor: sacrt@thomsonreuters.com

e-mail para submissão dos originais: aval.livro@thomsonreuters.com

Conheça mais sobre Thomson Reuters: www.thomsonreuters.com.br

Acesse o nosso *eComm*
www.livrariart.com.br

Impresso no Brasil [09-2023]

Universitário Texto

Fechamento desta edição [12.06.2023]

ISBN 978-65-260-0079-3

*Ao Ministro
Evandro Lins e Silva,
exemplo de ser humano
que tive a felicidade
de conhecer.*

*Ao Instituto Brasileiro de Ciências
Criminais, IBCCRIM, verdadeira
trincheira dos nossos ideais.*

PREFÁCIO À 1.ª EDIÇÃO

"No princípio era somente ato." Com esta frase de Goethe, Freud encerra sua obra *Totem e tabu*, num contexto em que vem falando da evolução do homem e da prevalência do ato sobre o pensamento na mente primitiva do homem. Uma evolução, portanto, que vai do ato – ato parricida, o ato de execução vingativa e de conquista do poder – para a reflexão sobre o ato praticado, para sua simbolização, isto é, para sua ressignificação. Assim, com o tempo, o homem começou a pensar sobre seus atos. A maturidade da solução dada pelo homem aos seus conflitos está diretamente associada ao predomínio do pensamento e da reflexão sobre o ato ínsito na resposta. A resposta tende a ser mais madura e mais consistente na proporção mesma em que o ato foi mediado pela reflexão e pela simbolização.

A obra de Sérgio Salomão Shecaira, intitulada *Criminologia*, que ora eu tenho a grande honra de prefaciar, é a sua tese de livre-docência, apresentada em seu concurso de livre-docência na Faculdade de Direito da Universidade de São Paulo, cujo título é *Criminologia e direito penal*: um estudo das escolas sociológicas do crime. Tal como sugere o título original da tese, sua obra, ao longo da análise percuciente de diferentes teorias criminológicas, busca identificar os pontos de intersecção entre a criminologia e o direito penal, as influências, diretas ou indiretas, que cada escola criminológica teve sobre a legislação penal. E o faz com muita propriedade e conhecimento de causa, já que Sérgio Salomão Shecaira é um profundo conhecedor, tanto do direito penal, enquanto direito do ato de punir, como também da criminologia, enquanto ciência que investiga e reflete sobre esse ato, reflete sobre o ato punido e todo o seu contexto, bem como sobre aquele que pratica esse ato. Salomão Shecaira é um penalista que, do lado do direito penal, conhece profundamente o ato de punir e toda a dogmática que o cerca e sustenta, mas que, do lado da criminologia, não menos profundamente conhece as reflexões críticas sobre esse ato, as instâncias punitivas sobre indivíduo e a conduta que o sistema punitivo costumeiramente seleciona e pune. Ele não só conhece profundamente essas reflexões críticas, como delas se apropriou e, se assim eu posso me expressar, por elas se deixou sadiamente "angustiar".

Sérgio Salomão Shecaira, ao publicar esta obra, por intermédio da Editora Revista dos Tribunais, não só traz ao público acadêmico e aos profissionais uma contribuição ímpar e original para o conhecimento da criminologia, como, de modo muito oportuno, levanta uma bandeira, a bandeira do compromisso da reflexão crítica sobre toda a trama do sistema punitivo. Cabe-me pois fazer aqui o registro de nossos (meus e de todo o público leitor) mais sinceros cumprimentos e agradecimentos à Editora Revista dos Tribunais por sua participação nesse compromisso.

Os penalistas, os profissionais do direito penal que não só conhecem a criminologia, mas sobretudo se apropriam de suas reflexões e se deixam "angustiar" por elas, deixam de ser operadores *de* direito, deixam de ser operados *pelo* direito, para serem de fato operadores *do* direito. O operador *do* direito é aquele profissional que, embora se escude *na* lei (e não poderia deixar de fazê-lo), não se escuda *atrás* dela, mas se responsabiliza pessoalmente por seus atos e decisões. E o que lhe permite essa postura é a reflexão crítica, a simbolização, tornando-se imune aos apelos por soluções imediatistas. Estas soluções são constituídas quase que exclusivamente por atos, atos definidos em lei e que deslumbram a opinião pública por seu próprio ritual, seja o ritual solene de todo o processamento da justiça e da condenação, seja o ritual macabro da execução da pena privativa de liberdade imposta ao processado. Talvez não seja por acaso que, nos concursos públicos, não se avaliem conhecimentos de criminologia. Talvez as instâncias de controle formal não queiram em seus quadros profissionais operadores *do* direito, mas unicamente profissionais operados *pelo* direito. Ainda bem que, conforme se constata, não vêm obtendo pleno êxito nessa empreitada, graças à presença, em suas fileiras, de pensadores reflexivos e críticos que perfilam os respeitáveis quadros da Magistratura, Ministério Público e da Polícia, pensadores invejavelmente comprometidos, não unicamente com a lei, mas com o contexto histórico no qual sua ação se encontra inserida.

Este manual de criminologia de Sérgio Salomão Shecaira, que a Editora Revista dos Tribunais ora lança ao público, traz esta grande contribuição: faz o leitor pensar, refletir, simbolizar. E o faz mediante a apresentação profundamente abalizada das contribuições de cada escola criminológica. Seu texto é um "crescendo" de ideias, postulados, críticas, seja dentro de cada escola, seja entre as escolas. Mostra os fundamentos de cada escola, históricos e teóricos, suas grandes contribuições e também limites. Estes limites estão a justificar a busca de nova abordagem, que seria então uma nova escola de pensamento.

A obra começa por tratar, na primeira parte, com profunda análise reflexiva e crítica, do conceito de criminologia, seu objeto e método. Percebe-se, já a essa altura, que Salomão Shecaira não é um mero "relator de teorias", ou, que seja, um conhecedor imparcial de teorias. Não teme tomar posições. E posições bastante críticas, que, desde logo, colocam em xeque as concepções ideológicas tradicionais vigentes no âmbito dos profissionais do sistema punitivo. Assim é que, à página 54, ao falar do "criminoso", enquanto elemento integrante do objeto de estudo da criminologia, assim se expressa: "Dadas as diferentes perspectivas (...) entende-se que o criminoso é um ser histórico, real, complexo e enigmático. Embora seja, na maior parte das vezes, um ser absolutamente normal, pode estar sujeito às influências do meio (não aos determinismos). Se for verdade que é condicionado, tem vontade própria e uma assombrosa capacidade de transcender, de superar o legado que recebeu e construir seu próprio futuro. Está sujeito a um consciente coletivo, como todos estamos, mas também tem a capacidade ímpar de conservar sua própria opinião e superar-se, transformando e transformando-se". Ao falar do controle social do delito, enfatiza, à página 63: "Este controle social formal é seletivo e discriminatório, pois o *status* prima sobre o merecimento. Ademais, é ele estigmatizante, desencadeando desviações secundárias e carreiras criminais (...)".

A seguir, ainda na primeira parte, o texto discute e polemiza as origens da criminologia como ciência. Nesse passo, situa e caracteriza o positivismo biológico do pensamento lombrosiano, mostrando, por um lado, suas contribuições ao desenvolvimento do pensamento criminológico, porém, por outro lado, seus postulados positivistas e predeterministas que viriam a ser a incisivamente atacados pelas teorias sociológicas e, de maneira fulminante, pelas teorias do conflito.

Na segunda parte, vêm apresentadas as escolas sociológicas do crime. Sabiamente o autor divide as teorias sociológicas do crime em dois grupos: as teorias do consenso (escola de Chicago, teoria da associação diferencial, teoria da anomia, teoria da subcultura delinquente) e as teorias do conflito (*labelling approach* e teoria crítica). Estabelece entre elas uma interligação, um fio condutor histórico. Não me cabe tomar aqui um tempo maior do leitor, apontando trechos da obra e posicionamentos do autor que sejam ilustrativos do que venho dizendo neste prefácio. No entanto, não posso deixar de fazer ainda duas especiais menções: a primeira se refere ao *labelling approach* e, a segunda, à teoria crítica.

Quando o autor discorre, da página 249 a 260, sobre a preparação do "terreno" para o *labelling*, no item 8.2 – O fermento da ruptura, ele faz uma verdadeira varredura pelo mundo, países centrais e periféricos, onde mostra, com a nitidez e veemência de um filme dirigido por mãos de mestre, as transformações por que o mundo passa na década de 60, todas elas trazendo, em uníssono, um questionamento veemente ao *establishment*, a toda forma de coerção, de discriminação, às leis "convenientes", enfim, ao sórdido adágio "quem pode manda, obedece quem tem juízo", cujo substituto seria o adágio "é proibido proibir". Tais vozes de protesto se fizeram sentir nos mais diversos setores da sociedade – ciências, filosofia, artes, esportes, movimentos juvenis, política, entre outros. E esta acaba sendo a mensagem do autor: a esperança de que tais vozes ecoem cada vez mais profundamente no próprio direito penal. Sobre o próprio *labelling*, lê-se à página 262: "O *labelling* desloca o problema criminológico do plano da ação para o da reação (dos *bad actors* para os *powerful reactors*), fazendo com que a verdadeira característica comum dos delinquentes seja a resposta das audiências de controle".

Agora, alguns destaques acerca da criminologia crítica, todos às páginas 296 e 297. Assim, para os críticos (os radicais), em oposição aos tradicionais, aos funcionalistas "(...) os atos são criminosos porque é do interesse da classe dominante assim defini-los (...) as pessoas são rotuladas criminosas porque, assim as definindo, serve-se aos interesses da classe dominante (...) à medida que as sociedades capitalistas se industrializam, a divisão entre as classes sociais vai crescendo e as leis penais vão, progressivamente, tendo que ser aprovadas e aplicadas para manter uma estabilidade temporária, encobrindo confrontações violentas entre as classes sociais". Estas assertivas provavelmente devem ferir e muito os ouvidos dos dogmáticos e tecnicistas intransigentes do direito penal, na medida em que seu poder (e a violência do mesmo) se ancora e se fortalece na estigmatização e fragilidade do delinquente.

Por fim, ainda sobre a criminologia crítica, diz o autor à página 325: "A criminologia crítica distingue, pois, entre os crimes que são expressão de um sistema intrinsecamente criminoso (criminalidade do colarinho-branco, racismo, corrupção dos agentes estatais, crime organizado, belicismo) e o crime das classes mais desprotegidas. Para aqueles, defende uma maximização da intervenção punitiva (nas origens defendeu a própria intervenção punitiva, já que muitas dessas condutas não eram criminalizadas); para estes, ao contrário, defende uma minimização da intervenção punitiva, quando não a própria descriminalização da conduta, bem como a substituição das sanções estigmatizantes por não estigmatizantes na pequena criminalidade pessoal/patrimonial".

A leitura da obra de Salomão Shecaira nos faz suspeitar que a gradativa construção da criminologia pode nos conduzir, com o tempo, à gradativa desconstrução do direito penal. Talvez uma das melhores formas de defesa do direito penal e do direito punitivo em geral contra essa desconstrução seja exatamente abrir o flanco de seu ativismo autoritário para as reflexões críticas da criminologia. Abertura esta que se daria na busca de soluções mediadas pelo pensamento criativo, pela reflexão, pela simbolização. Simbolização entendida aqui como ressignificação dos fatos, condutas, normas, enfim, uma ressignificação profunda do próprio homem, que passaria então a ser compreendido em todo o seu contexto histórico e em toda a sua malha de interações.

Peço licença ao autor para expressar meu seguinte (pré) sentimento: eu "vejo" nos *links* que o texto identifica entre as escolas criminológicas e o sistema punitivo uma espécie de "alerta". Um alerta no sentido de que ou estes *links* se incrementam, se expandem, se aprofundam e se tornam verdadeiras pontes pelas quais as reflexões criminológicas e críticas têm fluxo livre e constante, propiciando um repensar constante do direito penal, ou então, desde que não se calem as vozes dos criminólogos, corre-se o risco de se assistir a uma progressiva desconstrução do direito penal.

Na medida em que a verdadeira reflexão, a reflexão não contaminada por tendências de ação, uma reflexão pura, sem nódoa alguma de qualquer forma de imediatismo, penetrar de fato no direito penal e, por que não dizer, em sua dogmática e nas práticas dos operadores do direito, nós teremos sem dúvida um direito penal melhor. Entretanto, o grande risco (e aqui estão fincadas as raízes das resistências à reflexão pura e crítica) é que o direito penal, minado por essa reflexão, talvez sofra profundas metamorfoses e, quem sabe, talvez até deixe de existir um dia e caiam então por terra as potestades do controle social formal. É possível que a garantia de sua sobrevivência se encontre exatamente na contramão do papel que atualmente exerce, quando ele nada mais faz que perpetuar algo que está no âmago de nossa civilização: o poder e a exploração exercidos pelas minorias opressoras sobre as maiorias oprimidas. Se este estado de coisas não mudar, não só o direito penal corre o risco de se desconstruir, como a própria civilização corre o risco de se desmoronar. Se o ato de punir não se deixar permear e dominar pela reflexão crítica e sempre atualizada, por parte de seus operadores, também o ato punido prevalecerá cada vez mais sobre o pensamento por parte dos que o praticam, na medida em que a norma para eles nada mais significa e não lhes traz motivação alguma. Corre-se o grave risco de se regredir mais e mais ao estágio primitivo da mente (e da história do homem), a um estágio de barbárie, no qual se observa o predomínio quase exclusivo do ato sobre o pensamento crítico e criativo.

Lembrando o *labelling approach* e a criminologia crítica, tais como expostos por Salomão Shecaira, lembrando os posicionamentos enfáticos do mesmo, alguns dos quais vêm citados acima, lembrando ainda, e sobretudo, os *links* que ele estabelece entre a criminologia e o direito punitivo e o "alerta" do autor que podemos ver estar latente em todo o seu texto sobre a necessidade urgente de se repensar o direito penal, gostaria de concluir este prefácio recorrendo ao pensamento do fundador da psicanálise, Sigmund Freud, em sua obra *O futuro de uma ilusão*, na qual, já nos idos de 1927 (pasmem, já em 1927) assim ele se expressava:

"(...) cuando una civilización no ha logrado evitar que la satisfacción de un cierto número de sus partícipes tenga como premisa la opresión de otros, de la mayoría quizá – y así sucede en todas as civilizaciones actuales –, es comprensible que los oprimidos desarrollen una intensa hostilidad contra la civilización que ellos mismos sostienen con su trabajo, pero de cuyos bienes no participan sino muy poco. En este caso no se puede esperar por parte de los oprimidos una asimilación de las prohibiciones culturales, pues, por el contrario, se negarán a reconocerlas, tenderán a destruir la civilización misma y eventualmente a suprimir sus premisas.

La hostilidad de estas clases sociales contra la civilización es tan patente que ha monopolizado la atención de los *observadores [entre os quais podemos situar os profissionais do direito punitivo]*, impidiéndoles ver la que latentemente abrigan también las otras capas sociales más favorecidas. No hace falta decir que una cultura que deja insatisfecho a un núcleo tan considerable de sus partícipes y los incita a rebelión no puede durar mucho tiempo, ni tampoco lo merece" (FREUD, S. (1927). El porvenir de una ilusión. *Obras completas de Sigmund Freud.* 3. ed. Madrid: Editorial Biblioteca Nueva, 1945. t. III, p. 2.965-2.966).

ALVINO AUGUSTO DE SÁ
Professor Associado de Criminologia da Universidade de São Paulo.

NOTA DO AUTOR À 11.ª EDIÇÃO

O livro *Criminologia* entra em sua 11ª edição. Depois da criação do Apêndice, já com três novos capítulos de atualização, a obra foi ampliada com a inserção de um quarto capítulo surgido das criminologias alternativas, cujo tema é a *Criminologia Verde*. Novas perspectivas foram exploradas e muitos problemas do cotidiano passaram a ser analisados com a atualização, já iniciada nas edições anteriores.

Temas recentes e novos livros, com abordagens dos problemas criminológicos brasileiros contemporâneos, foram trazidos com o objetivo de fazer não somente um manual de criminologia, mas também um guia para reflexão dos problemas vividos por todos nós no que concerne à criminalidade.

A ideia é fazer com que o iniciante no assunto tratado possa se informar, e permitir ao estudioso do tema uma discussão mais candente da nossa atualidade. Fomentar a discussão da criminologia foi e continua sendo nosso principal objetivo com a presente edição, revista, atualizada e ampliada.

NOTA DO AUTOR À 1.ª EDIÇÃO

O trabalho que ora se apresenta ao público leitor foi resultado de um concurso público para livre-docência na Universidade de São Paulo.

A tese foi apresentada junto à douta banca, composta pelos eminentes Professores Miguel Reale Jr., Antonio Luiz Chaves Camargo, Luiz Regis Prado, Luis Vicente Cernicchiaro e Marco Antonio Marques da Silva.

Originalmente, o trabalho intitulava-se *Criminologia e direito penal*: um estudo das escolas sociológicas do crime.

Salvo algumas mudanças sugeridas na arguição pública, a estrutura do trabalho foi integralmente mantida, apenas com a alteração do título.

APRESENTAÇÃO

Fazer[1] uma introdução a um trabalho, que é requisito necessário para um concurso de livre-docência, não é propriamente uma coisa fácil. Primeiro, porque há de explicar o caminho percorrido pelo autor para justificar o trabalho. Segundo, porque há de explicar o próprio trabalho. Essa visão dicotômica não se resolve em poucas linhas, nem mesmo de uma maneira singela. Justificar os porquês mais longínquos significa, em certa medida, fazer uma pequena retrospectiva da vida acadêmica, explicando a origem dos estudos criminológicos que deram ensejo a este trabalho.

Por que me inscrever em um concurso público para professor livre-docente da Universidade de São Paulo? Talvez a resposta possa explicar os acontecimentos atuais e mostrar que sou hoje um efeito dos acontecimentos passados. Devo contar o que fui no passado para explicar o presente. Ou, como afirmava Ecléa Bosi, "o passado não é o antecedente do presente, é a sua fonte".[2]

Minha opção pela vida universitária não foi obra do acaso. Logo após concluir meu curso de especialização em direito público na Faculdade de Direito da USP, ingressei no curso de mestrado em direito penal, sob orientação de Antonio Luis Chaves Camargo. No ano de 1988, ainda na condição de mestrando, comecei minha carreira acadêmica na Universidade Estadual Paulista – Júlio de Mesquita Filho – *Campus* de Franca. Na ocasião, resolvi optar pelo regime de dedicação integral à docência e pesquisa, desvinculando-me das atividades cotidianas da advocacia, que, até então, tinha sido minha única profissão. Não me arrependi da escolha. Aprendi na universidade que é esta uma das poucas instituições onde se cultua a crítica permanente à sociedade que nos rodeia. Todos se recordam, por exemplo, do papel desempenhado pela Sociedade Brasileira para o Progresso da Ciência que, primacialmente nos palcos universitários, fazia a contundente crítica aos projetos de *Brasil Grande*, ainda vigentes no final do período militar. Nesse palco estive presente. Participei dos movimentos universitários do meu tempo, seja na defesa da universidade pública, seja quanto a sua própria crítica no que concerne às suas falhas estruturais; seu corporativismo parece-me ser

---

1. Resolvi manter, nesta nona edição do livro, o texto original que foi escrito por ocasião de minha defesa de livre-docência, apenas alterando o título deste tópico.
2. BOSI, Ecléa. *Memória e sociedade*: lembranças de velhos, passim.

algo a merecer críticas contundentes e eu fui daqueles que participaram desse movimento de crítica. Nunca deixei de reconhecer na universidade, no entanto, a principal instituição da nossa sociedade a ancorar não só o debate científico, mas também o de formação e transformação do País. Tornei-me mestre em direito penal quando ainda lecionava na Unesp. No ano de 1996, por concurso público, transferi-me para USP, onde ingressei, ainda, no regime de dedicação integral à docência e à pesquisa. Doutorei-me no ano subsequente com a polêmica tese sobre a *Responsabilidade penal das pessoas jurídicas*.

O início do meu estudo sobre a criminologia deu-se logo com a minha entrada na USP. Iniciando minhas atividades docentes no segundo semestre de 1996, recebi da Chefe do Departamento de Direito Penal, Medicina Forense e Criminologia, Prof.ª Ivette Senise Ferreira, a incumbência de ministrar a disciplina de criminologia para a turma do 5.º ano noturno. Desde logo confidenciei à Prof.ª Ivette o meu temor de enfrentar, de chofre, tal tarefa; mas, dada a confiança depositada, acabei por enfrentar o desafio, quedando-me fascinado pelo estudo da criminologia. Estudar para ensinar pareceu-me temerário, mas era o que me cabia fazer. Ademais, como anotava Barthes, "há uma idade em que se ensina o que se sabe; mas vem em seguida outra, em que se ensina o que não se sabe: isso se chama pesquisar".[3] Além disso, a transmissão do conhecimento, uma das atividades mais importantes da universidade, não se faz sem a pesquisa. Na realidade, universidades, como outras instituições destinadas à investigação científica, baseiam-se em dois pilares: são lugares para trazerem o conhecimento a novos estudantes, como convêm ser como forma de continuidade a toda a formação do 1.º e 2.º graus; e buscam encontrar novos *insights*. Assim, se é verdade que a universidade é a herança do conhecimento tradicional, também se destina para o aporte de novas iniciativas na pesquisa e ensino.[4]

Alguns anos mais tarde veio a firme decisão de realizar este trabalho. Não mais aguentava ensinar o que não sabia, ou, no dizer de Barthes, a pesquisa precisava ser transformada em livro. O estudo, guardado para mim e meus alunos, necessitava ser revisto, revisitado, e ser submetido ao crivo mais maduro daqueles que por experiência e mais estudos pudessem examinar este trabalho e criticá-lo. Mais do que isso, minha experiência precisava ser compartilhada e não há, no meio universitário, outra maneira, senão esta, de tornar público aquilo que se acumulava no plano intelectivo.

---

3. BARTHES, Roland. *Aula*, p. 47.
4. CHRISTIE, Nils. Four blocks against insight: notes on the oversocialization of criminologists. *Theoretical criminology*, vol. 1, p. 15-16.

Também não se pode esquecer que a tese de livre-docência, dentro da vida acadêmica, significa um marco de autonomia para o professor, que passa a gerir um curso, muitas vezes vinculado à atividade docente. Mais do que um trabalho que possa expressar a evolução pessoal, ou mesmo o resultado da maturidade intelectual do pesquisador que desenvolve uma diuturna atividade docente, este trabalho é produto da visão híbrida de uma investigação científica voltada à docência. Não gostaria que a tese que ora apresento à douta banca perdesse a visão crítica que sempre tive ao longo da minha vida universitária. Quando de meu mestrado, dissertando sobre as penas alternativas, especialmente a prestação de serviços à comunidade, fui chamado de ousado por inserir um capítulo de pesquisa empírica, o que trazia um perfil dito sociológico à dissertação. Depois, escrevendo sobre a responsabilidade penal da pessoa jurídica, em meu doutorado, discuti uma das questões centrais da dogmática penal, a capacidade de imputação da pessoa coletiva; imaginava trazer uma pequena contribuição ao tema, destacando o assunto por ser verdadeiro nó górdio da Reforma Penal. Hoje, alguns anos mais tarde, falando sobre um tema menos dogmático, mas que continua a demandar uma certa crítica, entendi ser esta mais uma oportunidade de retomar o papel da universidade: fazer a crítica ao ensino, transformá-lo e aperfeiçoá-lo. Não por outra razão, parti do antigo programa de criminologia da Faculdade de Direito da Universidade de São Paulo, que estaria a merecer uma revisão profunda, e tentei fazer uma releitura de tal programa, adaptando-o a este trabalho. Por isso, o seu resultado é exatamente o produto que se poderia ter, a partir da visão de um operador do direito, em face do que as diferentes correntes sociológicas trouxeram para a problemática criminológica. Não tive por objetivo mudar radicalmente, mas retomar algo da experiência dos antigos e traduzir de forma mais simples para os novos estudiosos da matéria. Observar o que se fez para imaginar o que se fará é, sem qualquer dúvida, a principal tarefa do estudioso, tarefa de que não se pode abrir mão.

O trabalho foi dividido em duas partes distintas. Na primeira, a partir de considerações iniciais acerca do conceito da criminologia, seu objeto e método, discorri sobre as principais razões que ensejam um estudo aprofundado do tema. Fiz, ademais, um exame histórico inicial da ciência criminológica para poder examinar as diferentes perspectivas científicas da criminologia.

Na segunda parte da tese, entendi agrupar as principais tendências criminológicas sob o título de Escolas sociológicas da criminalidade: no início, as teorias do consenso; depois, as do conflito.

Algumas palavras ainda são necessárias. O grande atrativo do estudo destes aspectos da criminalidade está em explicar alguns fatos que para o próprio estudioso das leis penais não são dos mais fáceis. Por que, nos dias que correm, filhos encetam a morte dos pais, ou pais jogam nenês contra o para-brisa de carros? Por que não há mais referências éticas em criminosos absolutamente indiferentes à lei? Enfim, quais causas ensejam o crescimento tão agudo da criminalidade? A violência urbana é uma situação vivenciada em muitos países, de maneiras distintas, mas assemelhadas, com múltiplos fatores de risco dos quais muitos teóricos apontam desde a disparidade social até a vulnerabilidade adaptativa dos homens. Os mais vulneráveis são os que tiveram a personalidade formada num ambiente desfavorável ao desenvolvimento psicológico pleno. Da mesma forma, causas sociais são vetores de criminalidade antes desconsiderados nas investigações científicas explicativas do crime. A convergência entre fatores pessoais e sociais forma uma química extremamente deletéria no desencadeamento de atos delituosos. O estudo da criminalidade, dentro da visão psicológica, demonstra que alguns fatos são determinantes no comportamento violento: as crianças que foram agredidas na infância, que sofreram molestamento sexual, que foram humilhadas ou desprezadas nos primeiros anos de vida, tendem a reproduzir a experiência por elas vivenciada; a adolescência vivida em lares em que não eram transmitidos valores de solidariedade, em que a formação moral lhes era estranha, que não tinham a imposição dos limites de disciplina, cria um jovem potencialmente mais violento; a formação de grupos de jovens, potencializados pela falta de perspectivas para eles, acelera o processo de criação de comportamento antissocial. Na periferia das grandes cidades vivem milhões de jovens que se enquadram nessas três condições de risco. Associados à falta de acesso aos recursos materiais, à desigualdade social, à corrupção policial, ao péssimo exemplo de impunidade dado pelos criminosos de colarinho-branco, à falta de possibilidade de ascensão social ou mesmo de uma vida digna para essas pessoas, esses fatores de risco criam um caldo de cultura que alimenta a violência crescente nos grandes centros urbanos.

Na falta de outras alternativas de controle social, o Estado dá à criminalidade a resposta do aprisionamento. Embora pareça haver consenso de que essa resposta punitiva não é o ideal, não se encontrou outra punição que possa fazer frente aos crimes cometidos com violência ou grave ameaça à pessoa. Além disso, não se pode esquecer que o custo social de tal solução está longe de ser desprezível. É caro para a sociedade que tem que arcar com as despesas de manutenção de presídios que, cada vez mais, sorvem o dinheiro do contribuinte; também é caro pelas consequências sociais das medidas encarceradoras. Além disso, seu efeito é passageiro: o criminoso fica impedido de delinquir apenas enquanto estiver preso. Ao sair, estará mais pobre, terá rompido laços familiares e sociais e dificilmente encontrará quem lhe ofereça emprego. Ao mesmo tempo, na prisão, criou novas conexões que permitiram ampliar e sedimentar a rede de relações que propiciam o cometimento de novas ações delituosas. Construir cadeias custa caro; administrá-las, mais ainda. Para agravar, muitos políticos defendem a opção por uma repressão policial mais ativa, aumentando o número de prisioneiros a ponto de não se conseguir edificar prisões na velocidade necessária para albergá-los. A escolha pela construção de novos presídios é um grave erro que acaba por alimentar o próprio sistema. As cadeias continuarão superlotadas, e o poder dentro delas, quando não comandado a partir delas, permanecerá nas mãos dos criminosos organizados.

Seria muito mais sensato investir o que se gasta em cadeia em medidas preventivas sérias, em diferentes esferas, pois já é pacífico que a maior ou menor eficácia contramotivadora ou dissuasória da pena não depende de sua severidade, mas de sua efetividade. Rapidez com que se opere a resposta estatal (algo que depende da eficácia das agências persecutórias como Ministério Público, Magistratura), grau de probabilidade de sua efetiva imposição e conteúdo real do castigo (*versus* rigor nominal), são medidas que poderiam eventualmente, caso fossem associadas a respostas preventivas, traduzir a eficácia do controle social formal. Algumas propostas preventivas poderiam ser elencadas: neutralização das variáveis espaciais e ambientais mais significativas (com programas de base ecológica, arquitetônico-urbanística, territorial); melhora das condições de vida dos estratos sociais mais oprimidos (luta contra as disparidades sociais e a pobreza); informação e conscientização junto aos grupos de risco (prevenção vitimária); criação de programas sociais que potencializem a reinserção social do ex-recluso; supressão de valores sociais criminógenos (racismo, discriminação de gênero etc.).

Enfim, não existe solução mágica em curto prazo. Precisamos propiciar, aos jovens pobres, a adolescência, essa invenção cultural recente das sociedades modernas ocidentais, a que não têm direito, já que saltam direto da infância ao mundo do trabalho ou do desemprego. Dificuldades na família, na escola e pressão para ingressar precocemente no mercado do trabalho tendem a precipitar o abandono escolar. Com a saída da escola cresce a probabilidade de a pobreza se reproduzir por mais uma geração, o que leva à degradação da autoestima do adolescente e à sua *invisibilização*.[5] Precisamos de uma divisão de renda menos brutal, motivar os policiais a executar sua função com dignidade, criar leis que acabem com a impunidade dos criminosos bem-sucedidos. E isso nada mais é do que a perfeita articulação do controle social formal e informal, algo não tão fácil de conseguir.

Agora, quando concluo este primeiro esforço de trazer ao estudioso do direito, em suas grandes linhas, as diferentes visões dos sociólogos acerca

---

5. ATHAYDE, Celso. *Cabeça de porco*, p. 209 e ss.

da criminalidade, minha única expectativa é ter a compreensão de todos os leitores para as eventuais imperfeições daquele que não tinha uma formação específica na área e que teve que fazer um esforço inaudito para compensar tais lacunas e produzir um trabalho de aproximação entre a sociologia, o direito e a criminologia.

É este, pois, o trabalho, que apresento à douta banca para as críticas e observações necessárias.

SÉRGIO SALOMÃO SHECAIRA

SUMÁRIO

PREFÁCIO À 1.ª EDIÇÃO 7

NOTA DO AUTOR À 11.ª EDIÇÃO 13

NOTA DO AUTOR À 1.ª EDIÇÃO 15

APRESENTAÇÃO 17

INTRODUÇÃO – Globalização e Direito Penal 27

Parte Primeira
NOÇÕES INTRODUTÓRIAS

1. CONCEITO, OBJETO E MÉTODO DA CRIMINOLOGIA 37
   1.1 Considerações preliminares 37
   1.2 Conceito 40
   1.3 Objeto da criminologia: delito, delinquente, vítima e controle social ... 49
       1.3.1 O delito 49
       1.3.2 O criminoso 52
       1.3.3 A vítima 54
       1.3.4 Controle social do delito 59
   1.4 Método da criminologia 67

2. NASCIMENTO DA CRIMINOLOGIA 77
   2.1 Aportes iniciais 77
   2.2 Estudo dos precursores 80
   2.3 O Iluminismo e as primeiras escolas sociológicas 92
   2.4 Considerações críticas quanto aos marcos científicos da criminologia 104
   2.5 Notas conclusivas 129

Parte Segunda
AS ESCOLAS SOCIOLÓGICAS DO CRIME

3. CRIMINOLOGIA DO CONSENSO E DO CONFLITO 135

4. ESCOLA DE CHICAGO 140
   4.1 Antecedentes históricos 140

4.2 Importância metodológica da escola de Chicago 145
4.3 Elementos conceituais adotados pela escola de Chicago 149
4.4 A ecologia criminal 158
4.5 As propostas da ecologia criminal 163
4.6 A discussão recente do problema e as intervenções atuais 167
4.7 Ponderação crítica sobre a ecologia criminal 175
4.8 Notas conclusivas 178

5. TEORIA DA ASSOCIAÇÃO DIFERENCIAL 181
   5.1 Notas introdutórias 181
   5.2 Antecedentes da teoria da associação diferencial 181
   5.3 A associação diferencial e o crime do colarinho-branco 185
   5.4 Algumas formulações posteriores 191
   5.5 Observações conclusivas, críticas e relevância da teoria 196

6. TEORIA DA ANOMIA 199
   6.1 Notas introdutórias 199
   6.2 O pensamento de Émile Durkheim 200
   6.3 O pensamento de Robert Merton 207
   6.4 Observações críticas e notas conclusivas 211

7. TEORIA DA SUBCULTURA DELINQUENTE 222
   7.1 Notas introdutórias 222
   7.2 Notícia histórica 227
   7.3 Definição e modalidades 229
   7.4 Notas conclusivas 245

8. *LABELLING APPROACH* 248
   8.1 Notas introdutórias 248
   8.2 O fermento da ruptura 249
   8.3 O *labelling approach* 260
   8.4 A influência do *labelling approach* no pensamento jurídico brasileiro 279

9. TEORIA CRÍTICA 291
   9.1 Notas introdutórias 291
   9.2 As ideias centrais da teoria crítica 294
   9.3 Um enfoque final e notas conclusivas: a contribuição da teoria crítica 323

REFLEXÕES FINAIS 327

REFERÊNCIAS BIBLIOGRÁFICAS 331
   Bibliografia eletrônica 366

OUTRAS OBRAS DO AUTOR NA THOMSON REUTERS REVISTA DOS TRIBUNAIS... 369

APÊNDICE

I. Identidade Criminal e Modernidade Líquida 373
   1. Nota preambular 373
   2. Modernidade líquida e globalização 375
   3. As três concepções da identidade 380
      3.1. Conceito 380
      3.2. Os sujeitos iluminista, moderno e moderno líquido 381
   4. O direito penal iluminista, moderno sólido e moderno líquido 384
      4.1. O pensamento iluminista do direito penal 384
      4.2. O direito penal moderno sólido 385
      4.3. O direito penal moderno líquido 388
   5. Pequena conclusão 393

II. Criminologia Cultural (ou uma leitura criminológica da cultura) 394
   1. Notas introdutórias 394
   2. A configuração da criminologia cultural 399
   3. Multiculturalismo e algumas esferas criminais 410

III. Feminismo, Gênero e Criminologia: a ousadia desta viagem 414
   1. Um debate amplo 414
   2. Origens do tema 416
   3. O Feminismo e Gênero 425
   4. Criminologia e Feminismo (na busca de uma abertura de discussão) 430

IV. Uma criminologia verde 434
   1. Introdução 434
   2. Matando o planeta 438
   3. O contexto político da criminologia verde: também ela uma criminologia alternativa verde 443
   4. Conclusão 447

INTRODUÇÃO

GLOBALIZAÇÃO E DIREITO PENAL

A evolução da vida moderna tem sido alimentada por muitas fontes: grandes descobertas das ciências alteram o papel do homem no próprio universo; a tecnologia decorrente da industrialização da produção cria novos ambientes e realidades, destruindo os antigos; a influência da informatização na vida humana criou novas necessidades, fazendo com que se possam invadir áreas antes restritas à intimidade das famílias; a aceleração do ritmo da vida e as modificações existentes em face da explosão demográfica, que aloca as pessoas para fora de seu *habitat* originário, trazem profundas alterações ao ambiente; a concentração da riqueza em poder de grandes monopólios faz com que surjam novas e diferenciadas formas de poder corporativo que, ao lado de um desemprego crescente, demandam uma especial sensibilidade para enfrentamento deste conflito; a ocupação desenfreada de novos espaços exige uma especial atenção dos mecanismos de preservação da natureza, até então, em algumas áreas, absolutamente intacta; o rápido crescimento das comunicações de massa conforma o pensamento humano das grandes cidades – e também nas pequenas vilas – tornando o catastrófico desenvolvimento humano em mercadoria potencializadora da própria criminalidade; a criminalidade organizada, o tráfico internacional de entorpecentes, a criminalidade dos bancos internacionais, a lavagem de dinheiro ilícito, o processo de privatização da segurança e o poder de intervenção da mídia constituem-se em problemas novos para a reflexão dos operadores do direito, em particular na órbita penal; uma verdadeira teia empresarial modifica as formas de o homem agir, fazendo com que este passe a interagir com as próprias formas decorrentes dessa rede; cidades, estados e países perdem a sua força para os grandes monopólios transnacionais, que passam a ter influência e a dirigir mais do que muitos governos o fazem. A lógica de encarceramento de grupos sociais determinados ganha novo incremento, ora sendo pautada pelos processos de pauperização crescente desses grupos, ora demandada por movimentos sociais (como o do *law and order*). Os progressos sociais deram vida a esse processo, intensificando-se neste século, em uma constante relação de "acontecer" a que muitos chamam *pós-modernidade*.

A reconstrução teórica da realidade social brasileira, por meio de um modelo ideal típico de comportamento social, decorrente dessas transformações, aponta para uma reordenação social a partir de novos pactos internacionais e de modificações significativas no âmbito da Constituição. Qualquer análise jurídico-social deve ser testada em face das condições descritas no modelo preexistente e naquele que está por lhe suceder. O modelo padrão de comportamento social ora apontado sugere a existência de um novo paradigma normativo de análise jurídica. Isto é, existem novas regras que apontam para um novo modelo a ser racionalmente construído no âmbito das ciências sociais, cujos reflexos são evidentes na área do direito.

As questões ora discutidas são, de alguma forma, relacionadas com o problema crucial de se estabelecerem condições para manter uma análise crítica ante aquilo que se convencionou chamar de modernidade. O debate sobre o tema não pode ser dissociado das ideias de que as modificações normativas devem ser concebidas e testadas nas condições específicas da sociedade à qual se pretende que elas sejam aplicáveis. Nesse sentido, as propostas de soluções para os problemas apontados, particularmente no que concerne ao direito constitucional-penal brasileiro, decorrentes das recentes transformações vivenciadas em nosso país, precisam ser discutidas – e amadurecidas – em função de um quadro que descreva as condições relevantes que caracterizam essa realidade social e jurídica. Se o conceito de modernidade há de ser associado a um novo paradigma, então há que se criar condições para efetivação de um processo jurídico de mudança que contemple a nova realidade social. Se modernidade se coaduna com uma sociedade aberta e democrática, que é produto de um novo modelo de racionalidade aberto ao debate e à crítica, consagrado na síntese constitucional do Estado Democrático de Direito, as mudanças jurídicas decorrentes dessa transformação social não podem passar ao largo dessa discussão.

A sociedade atual passa por um processo criativo extremamente acelerado que muitos chamam de sociedade pós-moderna. Se a modernidade tem como tônica a industrialização, a divisão social do trabalho, a distinção do proletariado como classe que se constitui em motor da história e o nascimento epistemológico da individualidade, a sociedade pós-moderna passa por uma forma transnacional de produção, pela acentuação da concorrência no âmbito do mercado de trabalho, pela existência de um processo comunicativo global, pelo surgimento de modos transnacionais de vida, processos econômicos percebidos como globais, destruição ambiental que transcende as fronteiras territoriais de países e continentes, crises e guerras vivenciadas por todos os povos.

Esse processo, que reflete o momento vivido por todos os povos de diferentes Nações, convencionou-se denominar *globalização*. Diante deste quadro, globalização significa "os processos, em cujo andamento os Estados nacionais veem a sua soberania, sua identidade, suas redes de comunicação, suas chances de poder e suas orientações sofrerem a interferência cruzada de atores transnacionais".1 Não é só a vida e a ação cotidiana que ultrapassam as fronteiras do Estado nacional com o auxílio de redes de comunicação interativas e interdependentes; também é nova a consciência dessa transnacionalidade (na mídia, no consumo, no turismo); é nova a consciência global dos riscos ecológicos; também são novidades o nascimento de um novo modelo global (mas principalmente europeu) de Estado, a quantidade e o poderio de atores, instituições e acordos transnacionais; há, pois, uma acentuada mudança no Direito Internacional, com reflexos no Direito Penal, cujo exemplo máximo é a criação do Tribunal Penal Internacional, tudo como decorrência desse processo globalizante. Ademais, o processo de transformação que atinge também as relações jurídicas alcança o direito constitucional, como, de resto, o próprio direito infraconstitucional.

Beck elenca oito motivos para asseverar ser a globalização um processo irreversível:

"1. Ampliação geográfica e crescente interação do comércio internacional, a conexão global dos mercados financeiros e o crescimento do poder das companhias transnacionais.

2. A ininterrupta revolução dos meios tecnológicos de informação e comunicação.

3. A exigência, universalmente imposta, por direitos humanos – ou seja, o princípio (do discurso) democrático.

4. As correntes icônicas da indústria cultural global.

5. Na política mundial pós-internacional e policêntrica – em poder e número – fazem par aos governos uma quantidade cada vez maior de atores transnacionais (companhias, organizações não governamentais, uniões nacionais).

6. A questão da pobreza mundial.

7. A destruição ambiental mundial.

8. Conflitos transculturais localizados."[2]

O dado real é que a partir da década de 80 do século XX, e mais pronunciadamente no decênio posterior, verificar-se-á um processo acelerado de mudanças que passa pela criação de um novo paradigma da sociedade. O fenômeno da globalização entra na pauta do direito, da cultura, das relações humanas, da criminologia

---

1. BECK, Ulrich. *O que é globalização*: equívocos do globalismo, respostas à globalização, p. 30.
2. Idem, p. 30-31.

e da própria política. Se é verdade que a mola propulsora das acentuadas modificações globais passa necessariamente pelas transformações econômicas, não é menos verdade que o poder econômico global significa também uma ausência de Estado global, ou, ainda, uma sociedade mundial sem Estado, mas com um governo econômico "transnacional" ou, quiçá, "metanacional". A grande verdade é que a premissa econômica, dimensão a ser considerada de maneira bastante abrangente, não é autossatisfatória. Ela produzirá consequências em outras esferas que abarcarão a política, a área social, as manifestações jurídicas e culturais (sem prejuízo de inúmeras outras). Os meios tecnológicos diversos permitem que o objetivo principal desse processo seja "tornar-se o único interlocutor do cidadão, não só prestando-lhe todo tipo de informação, mas também o colocando em conexão com todos os meios de comunicação disponíveis. Se, de um lado, permite que o cidadão passe a dispor de um volume de informações nunca dantes colocado à sua disposição e seja dotado ainda de uma incrível capacidade de comunicação, de outro lado, pode levá-lo a ser contaminado por tais informações ou ser oprimido pela tirania comunicacional, máxime quando a informação e a comunicação são postas a serviço de colossais empresas transnacionais que obedecem à lógica, aos interesses, à dinâmica e aos objetivos do mercado. A informação insistentemente repetida pelos meios comunicacionais (cinema, rádio, televisão, publicidade, pesquisas etc.) anestesia e, em seguida, manipula a consciência das pessoas, a tal ponto que estas passam a acolher os mandamentos do mercado como verdades incontestáveis, dando reforço, deste modo, ao pensamento único. E, 'de todas as ilusões, a mais perigosa consiste em pensar que existe apenas uma só realidade'".[3]

O que, neste passo, mais nos interessa destacar é que globalização e exclusão são faces de uma mesma moeda. O mesmo fenômeno que cria processos globais inovadores, também transforma o mundo, com acento nos países subdesenvolvidos (ou eufemisticamente denominados em desenvolvimento) numa sociedade abissalmente desigual. As relações de emprego são totalmente alteradas e o valor social do trabalho é modificado por demandas internacionais.[4] Nesse sentido Bauman ressalta: "Os desempregados eram o exército de reserva da mão de

---

3. Franco, Alberto Silva. Globalização e criminalidade dos poderosos, p. 110.
4. Nunca é demais lembrar as pressões internacionais muito recentes para que o Brasil adotasse medidas no âmbito da Lei de Patentes e também para que alterasse a velha Lei de Falências, o que acabou acontecendo com o advento da Lei 11.101 de 9 de fevereiro de 2005. No que concerne a este último diploma legal, o interesse central estava em alterar a ordem de habilitação de créditos quando ocorresse a decretação da falência. O crédito trabalhista, por exemplo, perdeu sua condição de privilégio antes existente, passando a estar limitado a 150 salários-mínimos por credor. Assim, o trabalho, valorado desde a ditadura Vargas como um valor fundamental, passa a ser encarado com a fungibilidade desprezível imposta pela lógica da globalização.

obra. (...) Já não acontece desse modo. Exceto nos nostálgicos e cada vez mais demagógicos textos da propaganda, os sem emprego deixaram de ser um 'exército de reserva de mão de obra'. As melhorias econômicas já não anunciam o fim do desemprego. Atualmente racionalizar significa cortar e não criar empregos, e o progresso tecnológico e administrativo é avaliado pelo 'emagrecimento' da força de trabalho, fechamento de divisões e redução de funcionários. Modernizar a maneira como a empresa é dirigida consiste em tornar o trabalho flexível – desfazer-se da mão de obra e abandonar linhas e locais de produção de uma hora para outra, sempre que uma relva mais verde se divise em outra parte, sempre que possibilidades comerciais mais lucrativas, ou mão de obra mais submissa e menos dispendiosa, acenem ao longe."[5]

Assim, por paradoxal que possa parecer, excluir faz parte dessa reordenação imposta pela sociedade global. Diferentemente de uma sociedade inclusiva, a globalização afirma o fenômeno da sociedade excludente. "Se é mais barato excluir e encarcerar os consumidores falhos para evitar-lhes o mal, isso é preferível ao restabelecimento de seu *status* de consumidores através de uma previdente política de emprego conjugada com provisões ramificadas de previdência".[6] Em outras palavras, é mais barato excluir e encarcerar as pessoas do que incluí-las no processo produtivo, transformá-las em ativas consumidoras, através da provisão de trabalho e permitir-lhes uma qualidade de vida que cumpra a condição de dignidade constitucionalmente prevista.[7]

O fenômeno da globalização da economia e das comunicações, bem como da expansão mundial das organizações internacionais, gerou a superação das fronteiras entre países, refletindo diretamente sobre o conceito de soberania externa. Como consequência, a interdependência política e econômica tornou-se cada vez mais visível e inevitável. Diante desse quadro, e considerando também que a construção de um Estado Democrático de Direito exige a busca da amizade e da cooperação internacional, mister se faz reconhecer as necessárias implicações entre o Direito Internacional e o Direito Constitucional. Nesse sentido, tanto as

---

5. BAUMAN, Zygmunt. *O mal-estar da pós-modernidade*, p. 50.
6. Idem, p. 25.
7. Não se está, aqui, a cometer o equívoco de justificar toda a criminalidade no âmbito do processo de desigualdade e exclusão social, algo que só seria concebível dentro da perspectiva de uma visão erroneamente economicista e determinista. Não. Cremos, contudo, que equívoco maior seria ignorar e não destacar a existência da produção da delinquência nos guetos de miséria gerados pela sociedade globalizada e pós-moderna. Já se disse alhures que o "custo Brasil", com encargos sociais altíssimos que se impõem aos empregadores, chegam a dobrar – para o empregador – aquilo que o assalariado irá receber. Se isso é verdade, o que gasta um empresário com uma mão de obra semiqualificada não será muito distante do que o Estado gasta com um encarceramento desse mesmo trabalhador.

relações entre Estados quanto a construção constitucional interna encontram-se sensivelmente influenciadas e até vinculadas ao Direito Internacional e aos princípios básicos dos chamados direitos humanos.

Surge, portanto, a teoria de um constitucionalismo global como decorrência dessas transformações e fenômenos, a qual sugere a emergência de um direito internacional público (*jus cogens*) composto de documentos internacionais subscritos e observados por diversos países (tratados, convenções, declarações etc.), cuja tendência seria transformar-se em padrão de validade e legitimidade dos textos constitucionais internos. De acordo com J. J. Gomes Canotilho,[8] além da dignidade humana como valor máximo, esse direito internacional público seria baseado no respeito e proteção da vida, na liberdade e segurança no âmbito das liberdades pessoais e no direito de autodeterminação como direito básico da democracia.[9]

O imperativo dos direitos humanos não emerge de nenhuma norma supralegal, mas hoje se impõe o próprio dever ser constitucional que nos remete diretamente aos direitos humanos positivados em nossos ordenamentos jurídicos, ou seja, consagrados nas constituições e em tratados internacionais. Parece uma obviedade reafirmar que os direitos humanos são parte do direito constitucional e do direito internacional positivado, mas é mister reiterar o óbvio, porque com frequência se considera que são princípios discutíveis no campo jurídico, como se fossem provenientes do direito natural.

Corroborando a tendência de um direito internacional público, de caráter constitucional e de observância cada vez mais obrigatória, pode-se mencionar, na esfera penal, a criação do Tribunal Penal Internacional (TPI). A Conferência Diplomática de Plenipotenciários das Nações Unidas aprovou em julho de 1998, o Estatuto de Roma, que criou o Tribunal Penal Internacional, órgão judiciário permanente destinado a processo e julgamento dos crimes de guerra, dos crimes contra a humanidade, do crime de genocídio e do crime de agressão. Criou-se, assim, uma Corte Penal Internacional, com sede em Haia, permanente e independente, com jurisdição complementar à dos Estados.[10]

O Tribunal Penal Internacional, como instituição permanente, exerce jurisdição sobre os nacionais dos Estados-Partes, acusados da prática daqueles delitos em seus Estados ou em outro Estado-Parte, porém terá competência para processar e julgar crimes cometidos após a entrada em vigor do Estatuto respectivo. Além

---

8. *Direito constitucional e teoria da Constituição*, 3. ed. Coimbra: Almedina, 1999, p. 1277.
9. Zaffaroni, Eugenio Raúl. *El derecho latinoamericano en la fase superior del colonialismo*, Buenos Aires: ediciones Madres de Plaza de mayo, 2015, p. 79-80.
10. Sobre o assunto, conferir *Tribunal Penal Internacional*, org. Fauzi Hassan Choukr e Kai Ambos, São Paulo: RT, 2000 e, especialmente, Carlos Eduardo Adriano Japiassú, *O Tribunal Penal Internacional: a internacionalização do direito penal*, Rio de Janeiro: Lumen Juris, 2004.

disso, a competência do Tribunal Penal Internacional só poderá ser exercida quando demonstrado que o Estado não se dispõe ou não se encontra em condições de levar a cabo a investigação, o processo e o julgamento de crimes, ou que o processo não esteja sendo conduzido de forma imparcial e tendente a realmente apurar e punir, infere-se, portanto, que a competência do Tribunal possui natureza complementar, respeitada assim a primazia da jurisdição interna.

Quanto ao sistema de penas, o Estatuto de Roma estabelece duas espécies de sanções penais suscetíveis de aplicação pelo Tribunal Penal Internacional, ou seja, penas principais e acessórias ou complementares. Com efeito, como pena principal é cominada a pena privativa de liberdade, a qual poderá ser de reclusão máxima de 30 anos, ou de prisão perpétua quando justificada pela extrema gravidade do crime ou pelas circunstâncias pessoais do condenado. Por outro lado, cumulativamente com a reclusão, o TPI poderá impor ao condenado a pena de multa ou o confisco dos bens procedentes direta ou indiretamente do crime. O Estatuto de Roma, concluído em 17.09.1998, foi assinado pelo Presidente Fernando Henrique Cardoso em 7 de fevereiro de 2000. Após a assinatura presidencial o texto foi submetido à Consideração do Congresso Nacional em 10 de outubro de 2001, que o aprovou em 6 de junho de 2002 através do Decreto Legislativo 112/2002. Em seguida, foi publicado o Decreto 4.388/2002, com o texto do Estatuto de Roma em anexo. Pondere-se, ademais, que com a Reforma do Judiciário, Emenda Constitucional 45/2004, foi acrescentado ao art. 5.º da Carta de 88 o § 4.º que assevera textualmente que "o Brasil se submete à jurisdição do Tribunal Penal Internacional, a cuja criação tenha manifestado adesão".

Outro aspecto decorrente do processo de integração planetária advém da consagração internacional de inúmeros Tratados de que o Brasil é signatário. Esse processo, a rigor, tem como marco histórico a própria Declaração dos Direitos do Homem e do Cidadão, adotada pela Assembleia Constituinte Francesa em 26 de agosto de 1789. Porém, é o pós-guerra que nos lega Declarações que passam a fazer parte de nosso instrumental jurídico. No dia 10 de dezembro de 1948, foi aprovado pela ONU o texto da Declaração Universal dos Direitos do Homem, que proclamou os direitos fundamentais da pessoa humana, entre os quais direitos e garantias em matéria penal. Texto ainda em vigor, ao menos dois de seus artigos tratam da limitação do *jus puniendi*, quais sejam, o art. V ("ninguém será submetido a tortura, nem a tratamento ou castigo cruel, desumano ou degradante"), e também o art. XI ("tampouco será imposta penalidade mais grave do que a aplicável no momento em que foi cometido o delito"). Em Portugal e Espanha, as Constituições atuais prescrevem que as normas concernentes aos direitos fundamentais devem ser interpretadas em conformidade com o disposto na Declaração Universal de 1948. Outros documentos internacionais que reconhecem e declaram direitos fundamentais relativos ao Direito Penal, e ao sistema de penas em particular, devem ser mencionados.

Com efeito, o Pacto Internacional de Direitos Civis e Políticos, 16 de dezembro de 1966, ratificado pelo Brasil em 24 de janeiro de 1992, estabelece o seguinte: "Toda pessoa privada de sua liberdade deverá ser tratada com humanidade e com respeito à dignidade inerente à pessoa humana" (art. 10-1). Da mesma forma, a Convenção Americana dos Direitos Humanos, conhecida como Pacto de San José da Costa Rica, adotada em 22 de novembro de 1969 e ratificada pelo Brasil apenas em 25 de setembro de 1992, prescreve diversos direitos e princípios de Direito Penal, como a proibição da tortura e das penas cruéis ou degradantes, o princípio da personalidade da pena, a separação entre processados e condenados, e a finalidade de readaptação social dos condenados (art. 5.º). Ademais, a Assembleia Geral das Nações Unidas, através da Resolução 45/110, de 14.12.1990, estabeleceu regras mínimas para a adoção de medidas alternativas à pena privativa de liberdade, documento este que ficou conhecido como Regras de Tóquio.[11] Trata-se de documento internacional de importância fundamental para o Direito Penal, motivo pelo qual foi denominado por Luiz Flávio Gomes de "Constituição Mundial das penas e medidas alternativas à prisão".[12]

Algumas observações finais devem ser feitas. Globalidade significa o desmanche da unidade do Estado e da Sociedade nacional, novas relações de poder e de concorrência, novos conflitos e incompatibilidade entre atores e unidades do Estado nacional por um lado e, pelo outro, atores, identidades, espaços sociais e processos sociais transnacionais. "A globalização significa: surgem alternativas de poder, de ação e de percepção da vida social que desmontam e confundem a ortodoxia da política e da sociedade nacional-estatal".[13] O mundo está assistindo a uma grande transformação de conceitos como soberania, jurisdição interna, justiça internacional, constitucionalismo global etc. Cabe a todos nós acreditar que algumas dessas mudanças são favoráveis aos Direitos Humanos.

A verdade é que se o processo globalizador traz inúmeras consequências no plano das relações humanas, produz, igualmente, evidentes reflexos no direito penal e na criminologia, ciências que devem adotar como ponto de partida esse novo paradigma de sociedade globalizada e excludente sempre que pretenderem ser efetivas em seus papéis de entendimento e equalização dos fenômenos criminais tais como têm se apresentado na atualidade.

---

11. Entre nós, comentaram o documento os seguintes autores: Damásio de Jesus. *Penas alternativas: anotações à Lei 9.714, de 25 de novembro de 1998*, São Paulo: Saraiva, 1999; Luiz Flávio Gomes. *Penas e medidas alternativas à prisão*, 1. ed. São Paulo: RT, 1999; Edmundo Oliveira. *Política Criminal e Alternativas à prisão*, Rio de Janeiro: Forense, 1997.
12. GOMES, Luiz Flávio. *Penas e medidas alternativas à prisão*. 1. ed., São Paulo: RT, 1999, p. 27.
13. BECK, Ulrich. *O que é globalização? Equívocos do globalismo, respostas à globalização*, Rio de Janeiro: Paz e Terra, 1999, p. 49.

PARTE PRIMEIRA
Noções Introdutórias

1
CONCEITO, OBJETO E MÉTODO DA CRIMINOLOGIA

1.1 Considerações preliminares

Criminologia é um nome genérico designado a um grupo de temas estreitamente ligados: o estudo e a explicação da infração legal; os meios formais e informais de que a sociedade se utiliza para lidar com o crime e com atos desviantes; a natureza das posturas com que as vítimas desses crimes serão atendidas pela sociedade; e, por derradeiro, o enfoque sobre o autor desses fatos desviantes. O estudo dos criminosos e de seus comportamentos é hoje um campo fértil de pesquisas para psiquiatras, psicólogos, sociólogos e antropólogos, bem como para os juristas. Nas diferentes esferas de investigação muitos escreveram sobre o comportamento antissocial como se fosse sempre, ou em geral, atribuível a anormalidades da personalidade, constitutivas ou adquiridas. No entanto, o profissional da área médica, hoje, tem limitado sua observação aos infratores que sofrem de distúrbios com sintomas inequívocos. Estes são uma minoria, ainda que se incluam dentre os "distúrbios antissociais da personalidade". Tal observação, desde logo, faz-se necessária para se entender a perspectiva que se adotará neste trabalho: uma visão macrocriminal, sob o enfoque das ciências sociais.

Qualquer observação conceitual sobre a criminologia esbarra nas diferentes perspectivas existentes nas ciências humanas. Definir criminologia sob a perspectiva crítica é algo totalmente diferente do que fazê-lo sob a ótica do positivismo italiano. Ao se mencionar ser ela uma ciência, parte-se da ideia da neutralidade científica e, evidentemente, prescinde-se da ideologia. De outra parte, ao se ignorarem os padrões de desenvolvimento do pensamento criminológico, com suas diferentes posturas metodológicas, impede-se que se tenha como referência o estágio atual de "objetivação" de seus resultados. Daí por que, necessariamente, esbarra-se em um terreno minado que está a depender das perspectivas pessoais de quem enfrenta o tema. Não se deixará de voltar ao assunto, oportunamente.

Segundo Hilário Veiga de Carvalho, autor que influenciou uma geração de estudiosos da criminologia na Faculdade de Direito da USP, "a criminologia define-se, geralmente, como sendo o estudo do crime e do criminoso, isto é, da criminalidade".[1] Mesmo fazendo uma crítica à definição inaugural de seu livro e ao próprio nome – Criminologia – que atribui a essa ciência,[2] não deixa de destacar que seu estudo volta-se, precipuamente, ao campo das ciências antropológicas e, mais nuclearmente, das ciências médicas e psicológicas.

Partindo-se da ideia de que conceituar algo é *dizer o que a coisa é*, não se tem, com o conceito acima expendido, uma exata dimensão do que venha a ser criminologia. Afinal, o direito penal não deixa de ser, também, o estudo do crime e do criminoso e, na essência, da criminalidade. De resto, a política criminal também não prescinde de indagar quanto ao estudo do crime e do criminoso, bem como da criminalidade. Esta mesma observação quem a faz é Ernst Seelig, ao asseverar que "criminologia é, como o nome indica, a ciência do crime. Mas a ciência do direito penal trata igualmente do crime e, todavia, estas duas ciências são diferentes não só no objeto como também no método".[3] Seriam, então, a mesma coisa a criminologia, o direito penal e a política criminal? Parece evidente que não. Mas quais as diferenças – bem como pontos de semelhança – que têm entre si tais distintas esferas de estudos do fenômeno criminal? Ou, indagando de outra forma, pode-se fazer o estudo da criminologia sem que, ao mesmo tempo, venha a se examinar o direito penal e a política criminal?

Tais indagações remetem o estudo da criminologia a um período anterior em que aportava a discussão quanto às ciências integradas criminais ou à condição de ser a criminologia uma "ciência auxiliar" do direito penal. De outra parte, não se pode deixar de atribuir relevância ao fato de que, no Brasil, raramente o estudo da criminologia integra o currículo mínimo das Faculdades de Direito, dentro de uma velha visão positivista e isolacionista do direito. O não estudo da criminologia nas faculdades brasileiras – o que é a regra, em termos gerais – cria um viés quanto à abordagem do fenômeno criminal. Para a compreensão científica da tarefa de aplicação do direito penal não basta o conhecimento das normas postas, mas é indispensável o domínio das contribuições correlatas existentes naquilo que se convencionou denominar "ciências criminais". Como nas nossas faculdades normalmente não se ensinam tais disciplinas, não raro o estudante que queira investigar tais assuntos acaba por recorrer ao professor de direito penal, no que

---

1. *Compêndio de criminologia*, p. 11.
2. "O nome é consagrado pelo uso e já entendemos o que ele quer significar. Se ainda não é uma ciência autônoma e perfeitamente constituída, o denominamo-la como tal, quando menos, obrigar-nos-á a lutar por esse alvo. Mantenhamos, pois, o nome de *Criminologia*, quando mais não seja para nos constranger a, um dia, assim corretamente podermos denominar a ciência que professamos" (Op. cit., p. 12).
3. *Manual de criminologia*, vol. 1, p. 1.

nem sempre é bem atendido, uma vez que a criminologia, além de requerer consideráveis esforços, exige profundos conhecimentos psicológicos e sociológicos, por ser uma disciplina que trabalha com métodos diferentes daqueles normalmente utilizados na esfera jurídico-penal.[4] Assim, as ciências humanas, dentro da vasta gama das ciências autônomas relacionadas com o crime (sociologia criminal, antropologia criminal, psicologia e medicina forense, psiquiatria criminal etc.), consubstanciam-se naquilo que se pode denominar da vasta visão de ciências criminais, que se integram em um único bloco do conhecimento. Daí por que, nos tempos que correm, cada uma dessas modalidades de conhecimento pode aspirar a certa autonomia, e a dogmática penal não há de ter uma ascendência sobre as demais formas de estudo da criminalidade, ainda que venha a conservar características próprias, diferenciadoras dessas paralelas formas de conhecimento.[5]

A criminologia, se não fosse por seu próprio interesse relacionado com seu objeto e finalidade, também estaria a merecer um estudo mais acurado dos juristas. Em primeiro lugar porque, se existe uma curiosidade daquele que estuda o ordenamento penal, impõe-se que venha a estudar quais razões levam os homens a delinquir, o que também significa dizer por que realizam atividades que o direito penal proíbe. De outra parte, não pode ser indiferente à política criminal, já que indicaria tal disciplina o estudo das medidas que poderiam ser tomadas para impedir, ou diminuir, no futuro, o cometimento de novos delitos. Ademais, não só por curiosidade deveria o jurista estudar tal ciência. Com efeito, as considerações criminológicas são absolutamente imprescindíveis para que o jurista possa levar a cabo sua própria tarefa dogmática. Não é crível que se possa compreender o conteúdo da norma sem recorrer à criminologia, ciência que lhe dá o substrato último de conhecimento pré-jurídico.

Segundo Figueiredo Dias, foi mérito de Franz von Lizst ter criado entre os vários pensamentos do crime uma relação que poderia ser denominada de *modelo tripartido* da "*ciência conjunta*" do direito penal. "Uma ciência conjunta, esta que compreenderia como ciências autônomas: a ciência estrita do direito penal, ou dogmática jurídico-penal, concebida, ao sabor do tempo como o conjunto dos

---

4. GIMBERNAT ORDEIG, Enrique. *Conceito e método da ciência do direito penal*, p. 34.
5. Interessante notar que as revistas científicas brasileiras nem sempre exprimiram tal pensamento. A antiga *Revista Ciência Penal*, em suas diversas fases, discutia questões criminológicas como também de Política Criminal. Por sua vez, a *Revista Brasileira de Ciências Criminais*, órgão oficial do Instituto Brasileiro de Ciências Criminais, não tinha, em suas primeiras edições, uma seção específica para discussão da sociologia criminal ou da psicologia criminal; isto se deu um pouco mais tarde, exatamente para poder fazer jus à ideia de *ciências criminais*, o que era resultado do próprio nome desse importante periódico.

princípios que subjazem ao ordenamento jurídico-penal e devem ser explicitados dogmática e sistematicamente; a criminologia, como ciência das causas do crime e da criminalidade; e a política criminal, como 'conjunto sistemático dos princípios fundados na investigação científica das causas do crime e dos efeitos da pena, segundo os quais o Estado deve levar a cabo a luta contra o crime por meio da pena e das instituições com esta relacionada'".[6] Tal concepção foi objeto de acerbas críticas de autores que se ancoravam no positivismo jurídico e que mencionavam que as concepções globais desse tipo faziam com que o estudo da criminalidade entrasse em uma área movediça, abandonando o solo firme da lei e do seu tratamento dogmático-jurídico específico. Assim, o direito penal deveria ser reservado exclusivamente aos juristas, enquanto as outras esferas de estudo deveriam ser analisadas por seus especialistas.[7]

1.2 Conceito

Alguns autores consideram que conceito e definição significam a mesma coisa. Outros afirmam que o conceito exprime somente uma visão geral do objeto, levando em conta os traços globais do que se pretende conceituar, ao passo que a definição exprime a determinação exata, ou seja, que as expressões definidas implicam a explicação precisa sobre alguma coisa ou objeto.[8] Em outras palavras, definir um objeto é dar a oração reveladora do que a coisa é; enquanto o conceito é apresentar uma visão global, não reduzindo a uma oração, do que essa mesma coisa seja. Não querendo entrar na polêmica, parece-nos mais relevante indagar sobre quais dados são necessários para conceituar a criminologia, tendo sempre como parâmetro comparativo o direito penal, imediata referência de todos quantos operam na área jurídica.

A maior parte dos autores define a criminologia como uma ciência. Ainda que tal premissa não seja absoluta na doutrina, não há como negar que, em sua grande maioria, esta vê um método próprio, um objeto e uma função atribuíveis à criminologia.

---

6. DIAS, Jorge de Figueiredo. *Questões fundamentais do direito penal revisitadas*, p. 24. No original: "A política criminal, em seu novo sentido, apoia-se, como *exigência metódica*, em uma investigação causal do delito e das penas, quer dizer, na Criminologia (Garófalo), e Penologia (Lieber). Entre a política criminal e o direito penal, dão-se limites insuperáveis, como os que existem entre a política e o direito". In: VON LISZT, Franz. *Tratado de derecho penal*, p. 63-64.
7. DIAS, Jorge de Figueiredo, op. cit., p. 24-25.
8. FERNANDES, Newton; FERNANDES, Valter. *Criminologia integrada*, p. 26.

Não se ignora a discussão segundo a qual as ciências humanas ou sociais não são realmente ciências, porque não trazem teorias de validade universal, nem dispõem de métodos unitários ou específicos.[9] Em nosso entender, crê-se que a criminologia reúne uma informação válida e confiável sobre o problema criminal, que se baseia em um método empírico de análise e observação da realidade. É claro que tal informação não traz, necessariamente, uma forma absoluta, concludente e definitiva de ver toda realidade fenomênica. Como ciência, ou saber do "ser", não é uma ciência "exata", que traduz pretensões de segurança e certeza inabaláveis. Não há que ser considerada uma ciência "dura", como são aquelas que possuem conclusões que as aproximam das universais. Como qualquer ciência "humana" apresenta um conhecimento parcial, fragmentado, provisório, fluido, adaptável à realidade e compatível com evoluções históricas e sociais. De sorte que o saber empírico, subjacente ao conhecimento da criminologia, não deixa de apresentar certa dose de inexatidão em oposição às férreas leis universais das ciências "exatas".[10]

De outra parte, relevantes são as considerações que apontam para a não neutralidade das ciências humanas, dentre as quais se inclui a criminologia. *O velho método positivista vê a existência de um mundo que existe, ainda que não se saiba como explicá-lo.* A escola positivista de pensamento separa o sujeito cognoscente do objeto cognoscível. Isto é, há um mundo físico que está fora do observador. Assim, deve este procurar que o conhecimento seja objetivo, como se pudesse fracionar a relação entre o sujeito e o objeto. Isto é importante, porque sobre estas bases é que se assentam as presumidas neutralidades da ciência. O sujeito cognoscente descobre, de forma objetiva e neutra, o mundo a sua volta. Sua atividade não é reflexiva (e, portanto, não pode ser transformadora). Ele está fora da realidade, não se analisa e não se observa.[11] A partir do pensamento crítico da realidade fenomênica, o observador científico se insere na própria realidade a ser observada. Ele busca alternativas para transcendê-la e transformá-la. Isto é, seu conhecimento se insere em uma forma de concepção de mundo que pressupõe a transformação de seu objeto de estudo. Passa, pois, a compor um conceito de práxis. Não se contenta com a existência, mas sim com a essência, pois pretende uma ampla compreensão do fenômeno estudado para servir de guia transformador da realidade posta.

---

9. Nesse sentido o pensamento de Carlos Alberto Elbert. *Manual básico de criminologia*, p. 31.
10. García-Pablos de Molina, Antonio; Gomes, Luiz Flávio. *Criminologia*, p. 43-44.
11. Aniyar de Castro, Lola. *Criminologia da reação social*, p. 2-3.

Partindo dessa mesma crítica ao positivismo aparentemente neutro, merece destaque o pensamento de Eugenio Raúl Zaffaroni quando afirma que "o poder e o saber se vinculam mediante estes pensamentos de máxima abstração, que são os que nos permitem visualizar, em toda sua dimensão, o significado de uma ideia referida a um campo particular do saber. Se perdermos esta necessária semântica orientadora, ficaremos totalmente confusos".[12]

Daquilo que se disse até aqui, podemos resumir que a criminologia comporta duas visões distintas: Ela se apresenta como saber, mas não deixa de se consubstanciar em uma práxis. Como saber, terá um objeto próprio que será analisado na sequência e que contempla diferentes áreas do conhecimento. Como práxis, constitui o mais efetivo instrumento de crítica ao mito da neutralidade ideológica do Direito Penal bem como autoriza a deslegitimação da pena de prisão como instrumento principal de controle social das sociedades periféricas.[13]

Como bem destaca Vera Regina Pereira de Andrade, a criminologia também transita por outras áreas como a sociologia, história, psicanálise, antropologia e filosofia, razão pela qual outras entidades focadas na temática da violência, do crime, da pena e da prisão, da subjetividade podem se somar ao pensamento jurídico. Cite-se o Núcleo de Estudos de Violência da USP, NEV, o Nu-SOL, Núcleo de Sociabilidade libertária da PUC-SP, dentre outros. O Nu-SOL, por exemplo, reuniu um grupo bastante inovador e libertário de crítica ao autoritarismo e do poder punitivo no Brasil.[14] Na área do Direito, podemos citar inúmeros institutos, a começar do Instituto Brasileiro de Ciências Criminais, IBCCRIM, com seus periódicos seminários, a mais longeva revista criminal da história do Brasil e o mais lido Boletim de Ciências Criminais do país. Tem, ainda, uma coleção de monografias de alta diversidade e qualidade, há mais de 20 anos. O IBCCRIM é um bastião de defesa de um direito penal mínimo dentro da perspectiva do Estado Democrático de Direito. O Instituto Carioca de Criminologia, ICC, responsável pelas principais publicações na área da criminologia crítica, é o parceiro principal do instituto com sede em São Paulo. Suas atividades principalmente editoriais fazem dele um dos grandes produtores do pensamento penal e político-criminal nacional. A convergência de ideias criminológicas engloba ainda o ITEC, Instituto Transdisciplinar de Estudos Criminais (Porto Alegre), assim como o Instituto de Política Criminal do Paraná (IPCP). Todos eles, com uma temática transdisciplinar,

---

12. *Criminología*: aproximación desde un margen, p. 6.
13. ZAFFARONI, Eugénio Raul. *Em busca das penas perdidas,* p. 171 e ss.
14. BATISTA, Vera Malaguti. *Introdução crítica à criminologia brasileira.* Rio de Janeiro: Ed. Revan, 2011, p. 61.

mostram que a criminologia não é um monopólico de uma ciência, de uma disciplina exclusiva.[15]

Ademais, a Universidade brasileira, ainda que recentemente, abre suas portas para o estudo da criminologia. Embora o saber dogmático seja obrigatório já se encontra um saber criminológico institucionalizado em nível de graduação, dependendo do contexto de cada faculdade, da disponibilidade dos docentes ou do interesse dos discentes.[16] Esses estudos, com corte epistemológico predominantemente crítico, encontram-se fincados em diferentes universidades brasileiras. Em tese de doutorado, Helena Schiessl Cardoso faz um inventário da graduação brasileira destacando cursos, professores e perspectivas de pesquisa de diferentes faculdades. Elenca, dentre outras, a Universidade Federal de Alagoas, a Universidade Federal de Pernambuco, a Universidade Nacional de Brasília, a Universidade Federal de Minas Gerais, a Universidade Estadual do Rio de Janeiro, a Universidade de São Paulo e a Universidade Estadual Paulista, em São Paulo, a Universidade Federal do Paraná e a Universidade Federal de Santa Catarina.[17]

Em 2022, depois de realizar uma pesquisa com 200 coordenadores de cursos de direito em todo o Brasil, foi feita uma interessante avaliação do estágio de desenvolvimento da Criminologia em nosso país, por intermédio da obra *Atlas do Pensamento Criminológico Brasileiro*[18]. A obra faz um mapeamento dos principais autores em atividade, contando um pouco da história de cada um deles, bem como de suas principais produções. Também destaca que a criminologia é uma matéria concentrada no centro-sul do país, tendo uma participação de outros Estados quase que episódica[19]. Enquanto disciplina é quase sempre uma matéria eletiva e nem sempre adotada até por faculdades de renome. Na Universidade de São Paulo há uma área de criminologia no âmbito da graduação e pós-graduação, com trabalhos constantemente produzidos nessa esfera de saber. Ainda no campo da produção acadêmica, fez-se no período da pandemia (2020-2022) o primeiro curso exclusivo de criminologia em nível de pós-graduação *lato sensu* - especialização - em uma parceria do IBCCRIM com a Escola Superior da Advocacia em São Paulo. O resultado da experiência do curso foi transformado em livro,

---

15. *Pelas mãos da criminologia: o controle penal para além da (des)ilusão*. Florianópolis: ICC, 2012, p. 34.
16. CARDOSO, Helena Schiessl. *Criminologia brasileira: um mosaico à luz do ensino jurídico*, Tirant lo Blanch, 2019, p. 123.
17. *Idem*, páginas 117 a 215.
18. FRANÇA, Leandro Ayres. São Paulo, Editora Blimunda, 2022.
19. Op. cit. p. 8 e 9.

intitulado *Novos Ensaios Críticos em Criminologia* com a participação de alunos e professores envolvidos no projeto.[20]

Na Universidade de São Paulo, por minha iniciativa e principalmente do Professor Alvino Augusto de Sá, foi criado o GDUCC, Grupo de Diálogo Universidade-Cárcere-Comunidade; trata-se de um grupo de intervenção multidisciplinar que se debruça teórica e empiricamente em torno da questão carcerária e, dentro de suas propostas, busca fomentar a interface e o diálogo entre os segmentos que compõem o próprio nome do projeto (universidade-cárcere-comunidade). A proposta do GDUCC é a de inserir os alunos nas discussões referentes à reintegração social, e o faz por meio da combinação entre solidificação teórica e imersão de campo. Com isso, espera-se que os participantes tenham uma experiência sensível da realidade carcerária, possibilitando a formação de estudantes críticos e conscientes da realidade que os rodeia.[21]

Alvino Augusto de Sá, em importante trabalho sobre a criminologia clínica, invocando o pensamento de Álvaro Pires, classifica em três as representações acerca da criminologia. A primeira, e mais antiga, via a criminologia como uma ramificação de outra ciência. Este era o pensamento tanto de Ferri como de Lombroso. O segundo pensamento acerca do tema, vê na criminologia uma ciência autônoma, com natureza interdisciplinar. É a opinião de Herman Manheim, Garcia Pablos, Seelig, dentre outros. A terceira posição apresenta a criminologia como uma espécie de campo de estudo, sendo a opinião de Álvaro Pires e do próprio professor da USP.[22]

Nesse entender, a criminologia não é uma ciência autônoma, pois não atende aos dois quesitos básicos exigíveis para tal: ter um objeto próprio de estudo e ter suas teorias próprias. "Tal como a criminologia geral, ela é um campo de conhecimentos; não conhecimentos esparsos, e sim conhecimentos interligados, interdependentes, constituindo uma verdadeira atividade interdisciplinar, a qual, conforme o próprio autor reconhece (Álvaro Pires), viria substituir a ideia de ciência autônoma. A noção de atividade (de conhecimento) supõe um caminhar, um projeto especial de conhecimento, aspecto esse que não está presente na ideia de campo de conhecimento, se considerado isoladamente. Tal atividade

---

20. SHECAIRA, Sérgio Salomão et alii. Belo Horizonte, Editora D´Plácido, 2023.
21. [www.direito.usp.br/extensao/edital_item8.pdf]. Veja-se, ademais, o importante livro editado pelo Ministério da Justiça, no ano de 2013, intitulado *GDUCC Grupo de Diálogo Universida-de-Cárcere-Comunidade*, coordenado por Alvino Augusto de Sá e outros.
22. *Criminologia Clínica e execução penal: proposta de um modelo de terceira geração*. São Paulo: RT, 2011, p. 35.

tem a intenção e a pretensão de, entre outras coisas, ser uma atividade científica interdisciplinar e de ligar a teoria à prática".[23]

Bastante interessante, neste passo, a opinião do Professor português, Cândido da Agra. Ele constrói uma interessante imagem da Criminologia como um "Arquipélago do Saber". Destaca que a Criminologia é o resultado de uma "série de fraturas e rupturas, de autonomizações de revoluções, que conduziram à constituição dos grandes continentes do conhecimento: o continente das ciências dos fatos, exatas e naturais, e o continente dos saberes das normas e valores (com as suas diferentes regiões, como são as normas jurídicas e o direito; as normas de comportamento e a moral; os valores e a ética".[24] Comparando os continentes com os arquipélagos e mostrando as convergências e divergências dessas diferentes porções territoriais ele acaba por situar a criminologia em um campo que não cabe nem no continente dos fatos nem no continente das normas e dos valores.

Mesmo entendendo a ciência como uma forma de procurar o conhecimento, diversa daquela que pode existir a partir do senso comum, também não há que se ignorar ser a ciência uma espécie de guia para a intervenção (práxis). Da mesma forma não se pode deixar de destacar a discussão segundo a qual as ciências humanas ou sociais não são realmente ciências, porque não trazem teorias de validade universal, nem dispõem de métodos unitários ou específicos.[25] No entanto, crê-se que a criminologia reúne uma informação válida e confiável sobre o problema criminal, que se baseia em um método empírico de análise e observação da realidade.

Feitas essas observações relevantes sobre a natureza da ciência criminológica, convém precisar seu objeto. Ocupa-se a criminologia do estudo do delito, do delinquente, da vítima e do controle social do delito e, para tanto, lança mão de um objeto empírico e interdisciplinar. Diferentemente do direito penal, a criminologia pretende conhecer a realidade para explicá-la, enquanto aquela ciência valora, ordena e orienta a realidade, com o apoio de uma série de critérios axiológicos. A criminologia aproxima-se do fenômeno delitivo sem prejuízos, sem mediações, procurando obter uma informação direta deste fenômeno. Já o direito limita interessadamente a realidade criminal, mediante os princípios da fragmentariedade e seletividade, observando a realidade sempre sob o prisma do modelo típico. Se à criminologia interessa saber como é a realidade, para explicá-la e compreender

---

23. Idem, p. 35.
24. *A criminologia: um arquipélago interdisciplinar*, p. 15.
25. Nesse sentido o pensamento de Carlos Alberto Elbert. *Manual básico de criminologia*. Buenos Aires: Eudeba, 1998, p. 31.

o problema criminal, bem como transformá-la, ao direito penal só lhe preocupa o crime enquanto fato descrito na norma legal, para descobrir sua adequação típica. O direito penal versa sobre normas que interpretam em suas conexões internas, sistematicamente. Interpretar a norma e aplicá-la ao caso concreto, a partir de seu sistema, são os momentos centrais da tarefa jurídica. Por isso, ao contrário da criminologia, que é uma ciência empírica, o direito tem um método jurídico-dogmático e seu proceder é dedutivo sistemático. O direito penal tem natureza formal e normativa. Ele isola um fragmento parcial da realidade, com critérios axiológicos, e a intervenção estatal tem por imperativo o princípio da legalidade. A criminologia reclama do investigador uma análise totalizadora do delito, sem mediações formais ou valorativas que relativizem ou obstaculizem seu diagnóstico.[26] Interessa à criminologia não tanto a qualificação formal correta de um acontecimento penalmente relevante, senão a imagem global do fato e de seu autor: a etiologia do fato real, sua estrutura interna e dinâmica, formas de manifestação, técnicas de prevenção e programas de intervenção junto ao infrator. O direito penal e a criminologia aparecem assim como duas disciplinas que têm o mesmo objetivo com meios diversos: a criminologia com o conhecimento da realidade, e o direito penal com a valoração interessada dessa mesma realidade. Hoje é possível precisar, perfeitamente, a autonomia de ambas as disciplinas e, ao mesmo tempo, firmar sua interdependência recíproca. O direito penal não está em condições, como se pensava antigamente, de circunscrever o conteúdo da criminologia, pois isso significaria que a criminologia não poderia – como o faz – estudar uma série de mecanismos de controle social que, de qualquer modo, assemelham-se ao direito penal. Mais ainda, a criminologia, na atualidade, erige-se em estudos críticos do próprio direito penal, o que evita qualquer ideia de subordinação de uma ciência em cotejo com a outra.[27]

Como postulação provisória pode-se afirmar que a ciência do direito é valorativa e normativa, ao passo que a criminologia é empírica e causal-explicativa. No que concerne ao seu objeto de estudo – o delito –, o direito se ocupa de suas características normativo-sistemáticas, de suas consequências jurídicas e dos sujeitos que participam dessa relação substancial, todos como componentes do conjunto de normas que constituem o direito positivo. Daí, pois, a existência de um direito penal positivo que tangencia o estudo da vítima e do criminoso. A criminologia tem como objetos de estudo o delito, o delinquente, a vítima e o controle social.

---

26. García-Pablos de Molina, Antonio; Gomes, Luiz Flávio. Op. cit., p. 48.
27. Bustos Ramírez, Juan. La criminología. *El pensamiento criminológico I*: un análisis critico, p. 24.

Quanto ao método, tem-se a distinção entre o lógico-dedutivo, dogmático para o direito e o empírico, indutivo e interdisciplinar para a criminologia.²⁸

Estabelecidos os conceitos que constituem a base do pensamento criminológico, trata-se agora de definir a criminologia. Seguindo o pensamento de Antonio García-Pablos de Molina, é a criminologia "uma ciência (ou uma área de saber, conforme o entendimento) empírica e interdisciplinar, que se ocupa do estudo do crime, da pessoa do infrator, da vítima e do controle social do comportamento delitivo, e que trata de subministrar uma informação válida, contrastada, sobre a gênese, dinâmica e variáveis principais do crime – contemplado este como problema individual e como problema social –, assim como sobre os programas de prevenção eficaz do mesmo e técnicas de intervenção positiva no homem delinquente".²⁹ Outras não são as principais definições, mais ou menos na mesma linha que a exposta acima.³⁰

Se a criminologia traz uma realidade objetiva constituindo-se em um substrato teórico que pode ser utilizado pelo direito penal, qual o papel desempenhado pela política criminal na relação entre aquelas ciências? A política criminal é uma disciplina que oferece aos poderes públicos as opções científicas concretas mais adequadas para controle do crime, de tal forma a servir de ponte eficaz entre o direito penal e a criminologia, facilitando a recepção das investigações empíricas e sua eventual transformação em preceitos normativos. Assim, a criminologia fornece o substrato empírico do sistema, seu fundamento científico. A política criminal, por seu turno, incumbe-se de transformar a experiência criminológica em opções e estratégias concretas assumíveis pelo legislador e pelos poderes públicos.³¹ O direito penal deve se encarregar de converter em proposições jurídicas,

---

28. Morillas Cueva, Lorenzo. *Metodología y ciencia penal*, p. 316.
29. Op. cit., p. 33.
30. Vide, dentre outras: Morillas Cueva, Lorenzo. Op. cit., p. 312; Fernandes, Newton; Fernandes, Valter. Op. cit., p. 26-27; Reyes Echandía, Alfonso. *Criminología*, p. 1-2. Albergaria, Jason. *Noções de criminologia*, p. 33.
31. Alguns autores atribuem à política criminal papel de destaque. Conforme o funcionalismo teleológico de Roxin, por exemplo, as valorações político-criminais fundamentam o sistema de Direito Penal e a interpretação de suas categorias. Desta maneira, a própria sistematização do Direito Penal é feita respeitando os pontos de vista reitores de política criminal. E se o objeto da dogmática penal é o Direito vigente e o objeto da política criminal a configuração desejável do Direito (o Direito como deveria ser), dogmática e política criminal não são aspectos contrapostos. A aplicação do Direito, por exemplo, não é simples subsunção do fato à norma, mas sim tarefa criadora de concretização do marco da regulação legal, e é, ela mesma, política criminal revestida de dogmática (Roxin, Claus. *Derecho Penal: Parte General*, p. 216 e ss.).

gerais e obrigatórias o saber criminológico esgrimido pela política criminal.[32] Assim, a diferença entre a política criminal e criminologia é que aquela implica as estratégias a adotarem-se dentro do Estado no que concerne à criminalidade e a seu controle; já a criminologia converte-se, em face da política criminal, em uma ciência de referência, na base material, no substrato teórico dessa estratégia.

A política criminal, pois, não pode ser considerada uma ciência igual à criminologia e ao direito penal. É uma disciplina que não tem um método próprio e que está disseminada pelos diversos poderes da União, bem como pelas diferentes esferas de atuação do próprio Estado. Assim, quando a Prefeitura, diante da ocorrência de sucessivos crimes de estupro, em um lugar mal iluminado da cidade, resolve prevenir a ocorrência de novos delitos, com a instalação de novos postes de luz, está fazendo uma política criminal preventiva. Também o faz quando elege a segurança dos munícipes como uma de suas prioridades ao criar a *Secretaria de Segurança Urbana*.[33] Da mesma forma, ao implementar políticas públicas mitigadoras dos contrastes sociais, estará implantando uma política com repercussão na esfera criminal. Também o Poder Executivo na esfera do Estado faz política criminal. A Secretaria da Segurança Pública do Estado de São Paulo, ao adotar um sistema informatizado de mapeamento da criminalidade, rua a rua, denominado Infocrim, agiu conforme uma política criminal. Evidentemente que o Poder Legislativo implementa políticas criminais.[34] Faz isso todos os dias, especialmente por estar pressionado pela própria mídia.[35] Da mesma forma, os operadores do direito e, em especial, aqueles do Poder Judiciário fazem suas políticas criminais em decisões cotidianas. Ainda que busquem fundamentos intradogmáticos, não deixam de atender "às boas razões de política criminal" para absolverem com fundamento nos princípios da insignificância ou da adequação social. Enfim, a constatação científica pela criminologia de que não se deve usar a prisão e o próprio sistema punitivo, por serem instâncias criminógenas, é que motiva os operadores do direito à utilização da chamada política criminal em seu cotidiano.

---

32. GARCÍA-PABLOS DE MOLINA, Antonio; GOMES, Luiz Flávio. Op. cit., p. 126.
33. Fato ocorrido em São Paulo, no ano de 2002.
34. Há uma certa dúvida se o Estado brasileiro, nos últimos anos, teve uma ou diversas políticas criminais. É que, ao mesmo tempo em que adotou leis mais repressoras, em atendimento ao chamado "Movimento da Lei e da Ordem", de cujo paradigma a Lei de Crimes Hediondos (Lei 8.072/1990) é a principal referência, e que se insere no firme propósito denominado de "expansão do direito penal", também teve iniciativas mitigadoras, consubstanciadas nas Leis 9.099/1995 e 9.714/1998, que têm nítidos objetivos de fazer diminuir a carga punitiva do Estado.
35. Em um próximo capítulo voltar-se-á ao tema com uma abordagem mais incisiva sobre o poder da mídia na determinação de algumas ações estatais.

Um contributo importante decorre do pensamento de Rafael Strano Folador em um livro lançado no início do ano de 2023. Nos países ibéricos e na América Latina, seguindo pensamento inicial dos países do *common law*, também começaram a surgir trabalhos que analisam a política criminal de forma autônoma em relação à criminologia e ao direito penal, inclusive aproximando-a do estudo das políticas públicas. Dentro dessa perspectiva, as políticas criminais estão inseridas no conjunto de políticas públicas, mais especificamente no âmbito das políticas sociais. E a política criminal, como qualquer outro tipo de política pública, aspira ser um agente de transformação social, embora confinada a um segmento limitado do comportamento social. A ideia central desse pensamento, ressaltada por Rafael Strano, é que a política criminal se aproxima da sociologia e das ciências políticas posto que o método que se utiliza para referido estudo é diferente do jurídico (próprio do Direito penal) ou do empírico (o utilizado pela Criminologia). Seu método de análise aproxima-se mais do que é utilizado pela Sociologia e pelas Ciências Políticas. Enfim, pela perspectiva adotada pelo autor, não se trata de analisar a influência da política criminal sobre a dogmática ou de encarar a questão criminal a partir de um suposto limite teórico entre as disciplinas que lhe são pertinentes. Pretende-se tratar a política criminal enquanto espécie de política pública, o que exige o reposicionamento epistemológico da respectiva disciplina.[36]

Assim, para concluir este tópico, pode-se asseverar que o direito penal, a criminologia e a política criminal são os três pilares de sustentação do sistema integrado das chamadas ciências criminais.

1.3 Objeto da criminologia: delito, delinquente, vítima e controle social

1.3.1 O delito

O conceito de delito não é exatamente o mesmo para o direito penal e para a criminologia. Para o direito penal, delito é a ação ou omissão típica, ilícita e culpável.[37] Pode-se notar, dessa definição, que a visão que o direito penal tem do crime é uma visão centrada no comportamento do indivíduo. Ainda que o conceito contemple fatores que se voltam para a generalidade das normas – e por via

---

36. STRANO, Rafael Folador. *Política Pública Criminal*. São Paulo, Tirant Lo Blanch, 2023, p. 88.
37. Há quem afirme que a culpabilidade é um mero pressuposto para aplicação da pena, por exemplo: JESUS, Damásio Evangelista. *Direito penal*: parte geral, vol. 1, p. 135; MIRABETE, Julio Fabbrini. *Manual de direito penal*, vol. 1, p. 93-94.

de consequência para a generalidade das pessoas –, como é o caso da ilicitude, não se pode deixar de mencionar que tal conceito aponta para o caminho natural e cotidiano feito pelos operadores do direito em relação aos fatos delituosos: um puro juízo de subsunção do fato à norma, juízo esse que é puramente individual. Para a criminologia, no entanto, como o crime deve ser encarado como um fenômeno comunitário e como um problema social, tal conceituação é insuficiente. Ademais, que fatores levam os homens, vivendo em sociedade, a "promover" um fato humano corriqueiro à condição de crime? É evidente que a evolução de novas tecnologias sempre está a demandar novas intervenções nas esferas penais. É assim com a criminalidade que envolve as questões de bioética ou aquela relativa à informática. No entanto, o que fez com que os homens, em dado momento de sua evolução histórica, resolvessem criminalizar a conduta de corte de certas árvores, algo que a humanidade vinha fazendo por muitos séculos, sem qualquer ação dos governos que visasse a coibir tal atitude? Ou, ainda, por que durante séculos e séculos os homens foram inamistosos caçadores e agora passaram a punir aqueles que caçam certos animais, desregradamente? Em outras palavras, o que se quer saber é: quais são os critérios ensejadores de cristalização de uma conduta como criminosa?

Um dos primeiros autores a enfrentar o problema de se ter um conceito pré-penal de delito foi Garofalo. Em seu intento de criar um conceito material de crime, que pudesse sobreviver às transformações temporais e espaciais, criou um conceito de "delito natural" como: "uma lesão daquela parte do sentido moral, que consiste nos sentimentos altruístas fundamentais (piedade e probidade) segundo o padrão médio em que se encontram as raças humanas superiores, cuja medida é necessária para adaptação do indivíduo à sociedade".[38] Se o objetivo do mestre positivista era criar um conceito atemporal, o simples fato de circunstanciar sua definição "segundo os padrões médios das raças humanas superiores" já foi o suficiente para eliminar a atemporalidade do conceito. Na realidade, melhor seria se procurasse critérios adaptáveis segundo o desenvolvimento histórico e social de cada povo, para fazer formulações variáveis, conforme o estágio de cada sociedade.

Encarando como um problema social e tendo como referência os atos humanos pré-penais, alguns critérios são necessários para que se reconheçam nesses fatos condições para serem compreendidos coletivamente como crimes. O primeiro ponto é que tal fato tenha uma *incidência massiva na população*. Não há que atribuir a condição de crime a fato isolado, ocorrido em distante local do país, ainda que tenha causado certa abjeção da comunidade. Se o fato não se reitera,

---

38. GAROFALO, Rafaele. *Criminologie*, p. 3-4.

desnecessário tê-lo como delituoso. Um exemplo disso aconteceu, anos atrás, no litoral do Rio de Janeiro. Houve um encalhe de um filhote de baleia em uma praia carioca e um dos banhistas, que por ali passava, introduziu um palito de sorvete no orifício de respiração do animal. Pouco tempo depois, por pressão de entidades ambientalistas, o Congresso Nacional aprovou uma lei de cinco artigos (Lei 7.643/1987) em que se descrevia a suposta conduta praticada por aquele banhista: molestamento intencional de cetáceo (art. 1.º com a atribuição de uma pena de 2 a 5 anos). Nem se pretende fazer a crítica do verbo utilizado para descrever a conduta praticada por aquele agente, mas tão somente destacar a impropriedade de, por ocorrência única no País, promover aquele fato à condição de crime.

O segundo elemento, a concorrer com os demais, é que haja *incidência aflitiva* do fato praticado. É natural que o crime produza dor, quer à vítima, quer à comunidade como um todo. Assim, é desarrazoado que um fato, sem qualquer relevância social, seja punido na esfera criminal. Exemplo da inexistência da dor, que deve ser ínsita ao crime, é a lei que pune todos aqueles que utilizam, inadequadamente, a expressão "couro sintético".[39] É evidente que o vocábulo couro sintetiza a ideia da procedência animal. No entanto, provavelmente atendendo aos interesses econômicos de empresários dessa área de produção, convencionou-se punir aqueles que, para descreverem os tecidos sintéticos assemelhados ao couro, passassem a denominá-lo de "couro sintético". Qual a incidência aflitiva para a comunidade em denominar um tecido que não é de procedência animal como o sendo?

Terceiro elemento constitutivo do conceito criminológico de crime é que haja *persistência espaço-temporal* do fato que se quer imputar como delituoso. Não há que ter como delituoso um fato, ainda que seja massivo e aflitivo, se ele não se distribui por nosso território, ao longo de um certo tempo. Isto ocorreu com os furtos de veículos. Sua reiteração, sua lesividade ao bem jurídico, sua persistência espaço-temporal, fizeram com que o legislador aumentasse a pena desses fatos, quando o veículo fosse transportado para outros Estados ou quando transpusesse as fronteiras do País (art. 155, § 5.º, do CP). No entanto, muitos outros fatos não tiveram o mesmo tratamento. Uma moda fugaz, exatamente por sua fugacidade,

---

39. Nos termos da Lei 4.888/1965: "Art. 1.º Fica proibido pôr à venda ou vender, sob o nome de couro, produtos que não sejam obtidos exclusivamente de pele animal. Art. 2.º Os produtos artificiais de imitação terão de ter sua natureza caracterizada para efeito de exposição e venda. Art. 3.º Fica também proibido o emprego da palavra couro, mesmo modificada com prefixos ou sufixos, para denominar produtos não enquadrados no art. 1.º. Art. 4.º A infração da presente Lei constitui o crime previsto no art. 196 e seus parágrafos do Código Penal".

não deve ser considerada mais do que uma simples moda. Lembram-se, muito mais a título de curiosidade, as transformações efetivadas pelo movimento da Jovem Guarda nos anos 60. Umas das influências deitadas por aquela geração de cantores foi a mudança da indumentária para algo pouco convencional. A utilização de colares, roupas coloridas, anéis, não era muito comum naqueles tempos. Certo dia, um daqueles cantores apresenta-se com um "anel de brucutu": tratava-se de um pequeno material, parecido com um rosto, que era retirado dos para-brisas dos velhos "fusquinhas" e que tinha a finalidade de direcionar a água para a limpeza dos para-brisas. Foi uma verdadeira febre. Muitas pessoas passaram a desatarraxar os brucutus dos carros parados, causando grande desconforto aos proprietários daqueles veículos. No entanto, por não haver persistência espaço-temporal, ninguém imaginou ampliar a pena para tal conduta, como se fez com o furto dos veículos, mais recentemente.

Por derradeiro, o quarto elemento a exigir-se para a configuração de um fato como delituoso é que se tenha *um inequívoco consenso* a respeito de sua etiologia e de quais técnicas de intervenção seriam mais eficazes para o seu combate. Tomemos como exemplo o uso do álcool. Seguramente poderíamos qualificar o álcool como uma droga lícita, mas uma droga que produz profundas consequências não somente para todos os dependentes, bem como para todos quantos têm que se relacionar com o adicto. Não se tem dúvida, pois, de que o uso indiscriminado de bebidas alcoólicas produz consequências massivas, aflitivas, e de que tais consequências têm uma persistência espaço-temporal. Mas quantos estudiosos sérios proporiam a criminalização do uso ou contrabando do álcool? Quantos cometeriam o mesmo erro do passado, no período da Lei Seca nos Estados Unidos? Sem dúvida, não são todos os fatos que, aflitivos e massivos, com persistência espaço-temporal, devem ser considerados crimes. Na realidade, qualquer reforma penal deveria averiguar o preenchimento dos critérios acima elencados para a verificação do juízo de necessidade da existência de cada fato delituoso.

1.3.2 O criminoso

Desde os teóricos do pensamento clássico, o centro dos interesses investigativos estava no estudo do crime, definido por aqueles pensadores como um *ente jurídico*. Na realidade, o foco não se voltava ao estudo do criminoso, até que surge a perspectiva da escola positiva. A partir daí nasce uma espécie de dicotomia: crime/criminoso. Mencionar-se-ão, sucintamente, algumas das perspectivas surgidas após esse período, pois no decorrer do trabalho tais perspectivas serão aprofundadas pelo estudo das Escolas.

A primeira grande perspectiva era a dos chamados clássicos, que entendiam ser o criminoso um pecador que optou pelo mal, embora pudesse e devesse respeitar a lei. Tal aporte advém, naturalmente, das ideias de Jean Jacques Rousseau, firmadas em seu *O contrato social*. Para Rousseau, a sociedade decorria nas suas origens da fixação de um grande pacto. Por meio deste, as pessoas abriam mão de parcela de sua liberdade e adotavam uma convenção que deveria ser obedecida por todos. Como a premissa natural de todos quantos fizeram aquela avença era a capacidade de compreender e de querer, supunha-se que qualquer um que quebrasse o pacto fá-lo-ia por seu livre-arbítrio. Assim, se uma pessoa cometesse um crime – o cometimento do crime é, evidentemente, uma quebra do pacto – deveria ser punida pelo deliberado mal causado à comunidade. A punição deveria ser proporcional ao mal causado, a partir da lógica formulação dialética hegeliana segundo a qual a "pena era a negação da negação do direito".

Tal concepção foi duramente criticada pelos autores positivistas, que representam uma segunda ordem de visão sobre o mesmo tema. Para eles o livre-arbítrio era uma ilusão subjetiva, algo que pertencia à metafísica. O infrator era um prisioneiro de sua própria patologia (determinismo biológico), ou de processos causais alheios (determinismo social). Era ele um escravo de sua carga hereditária: um animal selvagem e perigoso, que tinha uma regressão atávica e que, em muitas oportunidades, havia nascido criminoso. A crítica feita pelos positivistas aos clássicos marcou todas as discussões e a literatura do final do século XIX e início do século XX. Muitos se dividiram entre a pena proporcional ao mal causado (proposta pelos clássicos) e a medida de segurança com finalidade curativa, por tempo indeterminado, enquanto persistisse a patologia (proposta pelos positivistas). Também muitas legislações adotaram postulados concebidos em tais assertivas, como foi o caso de nosso ordenamento de 1940.

Terceira perspectiva quanto ao crime foi a visão correcionalista, que não teve grande importância no Brasil, mas que influenciou, a partir da Espanha, todos os países da América espanhola.[40] Para os correcionalistas o criminoso é um ser inferior, deficiente, incapaz de dirigir por si mesmo – livremente – sua vida, cuja débil vontade requer uma eficaz e desinteressada intervenção tutelar do Estado. Assim, o Estado deve adotar em face do crime uma postura pedagógica e de piedade. O criminoso não é um ser forte e embrutecido, como diziam os positivistas, mas sim um débil, cujo ato precisa ser compreendido e cuja vontade necessita ser direcionada. Embora em nossa doutrina tal perspectiva não tenha sido tão importante, não se pode deixar de verificar que os fundamentos para punir,

---

40. Vide, nesse sentido, a obra de Pedro Dorado Montero, *Derecho protector de los criminales*.

adotados pelos correcionalistas, não são muito diversos da visão hoje dominante para a reprovação dos atos infracionais praticados por adolescentes, em face da doutrina da proteção integral.

Outra visão da criminalidade foi aquela concebida pelo marxismo que considera a responsabilidade pelo crime como uma decorrência natural de certas estruturas econômicas, de maneira que o infrator se torna mera vítima inocente e fungível daquelas. Quem é culpável é a sociedade. Cria-se, pois, uma espécie de determinismo social e econômico. É importante ressaltar que Marx jamais se debruçou sobre a matéria jurídica.[41] Tinha sua atenção voltada para a explicação dos fenômenos associados ao modo de produção capitalista. Segundo sua visão, existia uma base de produção (ou infraestrutura) sobre a qual se assentava uma superestrutura. Esta se constituía em reflexo daquela e, havendo modificação da base, naturalmente a superestrutura estaria alterada. Assim, o direito, parte integrante da superestrutura, restaria modificado se a base fosse mudada. O crime, definido pelo chamado "direito burguês", também se modificaria com a natural transformação da sociedade, daí por que desnecessário um estudo mais aprofundado do direito pelos marxistas.

Dadas as diferentes perspectivas, e em face de todas as discussões posteriores às concepções originais acima formuladas, entende-se que o criminoso é um ser histórico, real, complexo e enigmático. Embora seja, na maior parte das vezes, um ser absolutamente normal, pode estar sujeito às influências do meio (não aos determinismos). Se for verdade que é condicionado, tem vontade própria e uma assombrosa capacidade de transcender, de superar o legado que recebeu e construir seu próprio futuro. Está sujeito a um consciente coletivo, como todos estamos, mas também tem a capacidade ímpar de conservar sua própria opinião e superar-se, transformando e transformando-se. Por isso, as diferentes perspectivas não se excluem; antes, completam-se e permitem um grande mosaico sobre o qual se assenta o direito penal atual.

1.3.3 A vítima

Edgard de Moura Bittencourt, destacando as dificuldades para estabelecer um conceito único de vítima, pondera haver "o sentido *originário*, com que se designa a pessoa ou animal sacrificado à divindade; o *geral*, significando a pessoa que sofre os resultados infelizes dos próprios atos, dos de outrem ou do acaso; o *jurídico-geral*, representando aquele que sofre diretamente a ofensa ou ameaça

---

41. Escreveu poucas passagens, comentários muito sucintos, em *A ideologia alemã* e em *Crítica ao programa de Gotha*.

ao bem tutelado pelo direito; *o jurídico-penal-restrito*, designando o indivíduo que sofre diretamente as consequências da violação da norma penal; e, por fim, o sentido *jurídico-penal-amplo*, que abrange o indivíduo e a comunidade que sofrem diretamente as consequências do crime".[42]

A vítima, nos dois últimos séculos, foi quase totalmente menosprezada pelo direito penal. Somente com os estudos criminológicos é que seu papel no processo penal foi resgatado. Tem-se convencionado dividir os tempos em três grandes momentos, no que concerne ao protagonismo das vítimas nos estudos penais: a "idade de ouro" da vítima; a neutralização do poder da vítima; e a revalorização do papel da vítima. Mesmo que tais períodos encontrem um certo questionamento, essa classificação é aceita pela maioria dos autores.

A idade de ouro da vítima é aquela compreendida desde os primórdios da civilização até o fim da Alta Idade Média. Com a adoção do processo penal inquisitivo, a vítima perde seu papel de protagonista do processo, passando a ter uma função acessória. "Com o início da Baixa Idade Média (século XII), período marcado pela crise do feudalismo, pelas Cruzadas e surgimento do processo inquisitivo, a vítima inicia seu caminho rumo ao ostracismo, sendo substituída, no conflito de natureza criminal, pelo soberano. É, de fato, um período histórico extremamente largo, o que, por si só, faz temerária qualquer classificação e dificulta a exata compreensão da evolução".[43] O fato é que, com o fim da autotutela, da pena de talião, da composição e, fundamentalmente, com o declínio do processo acusatório, há uma certa perda do papel da vítima nas relações processuais decorrentes de delitos.

Na segunda fase histórica, tem-se uma neutralização do poder da vítima. Ela deixa de ter o poder de reação ao fato delituoso, que é assumido pelos poderes públicos. A pena passa a ser uma garantia de ordem coletiva e não vitimária (principalmente a partir do Código Penal francês e com as ideias dominantes do liberalismo moderno). A partir do momento em que o Estado monopoliza a reação penal, quer dizer, desde que proíbe às vítimas castigar as lesões de seus interesses, seu papel vai diminuindo, até quase desaparecer. Mesmo institutos, como o da legítima defesa, aparecem, hoje, minuciosamente regrados. Pode haver reação desde que esta seja proporcional à ação e que respeite certos limites, sem o que haverá alguma responsabilidade penal.[44] Na realidade, por muito tempo o foco de interesse mais intenso foi em detrimento da vítima. Foi centrado nas perspectivas

---

42. *Vítima*, p. 51.
43. OLIVEIRA, Ana Sofia Schmidt de. *A vítima e o direito penal*, p. 19.
44. LANDROVE DÍAZ, Gerardo. *Victimología*, p. 23.

doutrinárias de política penal; este fato, inclusive por parte de alguns teóricos radicais, demonstrou uma não declarada solidariedade, nos conflitos, com o réu e um total esquecimento da vítima.[45]

Em um terceiro momento, revaloriza-se o papel da vítima no processo penal. Desde a escola clássica, já se tem a intuição da relevância desse processo. Carrara chega a afirmar não ser moral que os governos se enriqueçam com os valores das multas impostas pelos delitos que não conseguiram evitar; é moral, ao contrário, que a sociedade, da qual os bons cidadãos têm o direito a exigir proteção, repare os efeitos da fracassada vigilância.[46] De outra parte, desde logo, é bom que se observe ser fácil surgirem alguns equívocos ao enveredar-se pelo estudo de um tema tão envolvente quanto o da vitimologia. Não raro surgem propostas em que se têm penas muito severas ou duras prisões como medidas supostamente compensatórias às vítimas. Na realidade, não se propugna um código mais punitivo, mas sim que os operadores do direito eliminem certos desvios comuns àqueles que se ocupam das coisas da Justiça.[47] Este movimento, iniciado há dois séculos, ainda está em evolução e encontrou eco em inúmeros dispositivos recentemente editados, em que se tem uma grande preocupação com a vítima do delito.[48]

Todavia, a questão da vítima só tem um contorno sistemático em sua abordagem pela criminologia, algo que é muito mais recente.[49] Seu estudo, feito de maneira mais pronunciada, aparece logo após a 2.ª Guerra Mundial, especialmente em face do martírio sofrido pelos judeus nos campos de concentração comandados por Adolf Hitler. É considerado como fundador do movimento criminológico o advogado israelita Benjamim Mendelsohn, professor da Universidade Hebraica de Jerusalém, em função de uma famosa conferência proferida em Bucareste, em 1947, intitulada *Um horizonte novo na ciência biopsicossocial*: a vitimologia.[50] Também merece destaque o primeiro trabalho de fôlego a falar de forma sistemática sobre o tema. Trata-se do livro de Hans von Hentig, de 1948, divulgado na Universidade de Yale, intitulado *O criminoso e sua vítima*, em que esboçou o autor conjugar

---

45. PONTI, Gianluigi. A vítima. Uma dívida a ser paga. *Ensaios criminológicos*, p. 83.
46. CARRARA, Francesco. *Programma del corso di diritto criminale*. Parte generale, vol. 1, p. 493.
47. Neste sentido, especialmente, o pensamento de Gianluigi Ponti. Op. cit., p. 83.
48. Note-se, por exemplo, as recentes reformas feitas no Código Penal, com o advento da Lei 9.714/1998 que adotou medidas indenizatórias às vítimas (art. 45, §§ 1.º e 2.º, do CP); bem como o art. 297 do CTB (Lei 9.503/1997) e art. 12 da Lei 9.605/1998.
49. CALHAU, Lélio Braga. *Vítima e direito penal*, p. 26.
50. OLIVEIRA, Edmundo. *Vitimologia e direito penal*: o crime precipitado pela vítima, p. 7.

uma ajuda da psicologia com o estudo do binômio "ofensor/vítima".[51] Alguns anos mais tarde, sob a presidência de Israel Drapkin, é realizado o 1.º Simpósio Internacional de Vitimologia, em Jerusalém, no Van Leer Jerusalem Foundation Building, de 02 a 06.09.1973, com o patrocínio da Sociedade Internacional de Criminologia, do Governo de Israel e da Universidade Hebraica de Jerusalém.[52] A esse seminário seguiram-se outros, tendo sido o VII Simpósio Internacional de Vitimologia realizado no Brasil, em 1991, no Rio de Janeiro.[53] A particularidade essencial da vitimologia reside em questionar a aparente simplicidade em relação à vítima e mostrar, ao mesmo tempo, que o estudo da vítima é complexo, seja na esfera do indivíduo, seja na inter-relação existente entre autor e vítima.

Os estudos vitimológicos são muitos importantes, pois permitem o exame do papel desempenhado pelas vítimas no desencadeamento do fato criminal. Ademais, propiciam estudar a problemática da assistência jurídica, moral, psicológica e terapêutica, especialmente naqueles casos em que há violência ou grave ameaça à pessoa, crimes que deixam marcas e causam traumas, eventualmente até tomando as medidas necessárias a permitir que tais vítimas sejam indenizadas por programas estatais, como ocorre em inúmeros países (México, Nova Zelândia, Áustria, Finlândia e em alguns Estados americanos). De outra parte, os estudos vitimológicos permitem estudar a criminalidade real, mediante os informes facilitados pelas vítimas de delitos não averiguados (cifra negra da criminalidade). Este último aspecto é muito relevante, pois a primeira pesquisa de vitimização norte-americana, de 1966, descobriu que os crimes relatados eram mais que duas vezes maiores que as estimativas produzidas pelas estatísticas oficiais.[54] Há casos em que a diferença entre os fatos delituosos ocorridos e os comunicados às agências de controle social é de 99% (para os crimes de danos em veículos) e em crimes sexuais está em torno de 90%.[55] A existência maior ou menor de comunicação dos delitos depende da percepção social da eficiência do sistema policial;

---

51. CALHAU, Lélio Braga. Op. cit., p. 35-36. Hans von Hentig volta ao tema, no ano de 1962, ao escrever um longo capítulo sobre a vítima, em seus aspectos dogmáticos, biológicos e em suas relações com o mundo circundante, inserido no livro *El delito*: el delincuente bajo la influencia de las fuerzas del mundo circundante, vol. 2, p. 408-570.
52. PELLEGRINO, Laércio. *Vitimologia*: história, teoria, prática e jurisprudência, p. 3.
53. Neste seminário, muitos estudiosos europeus ficaram vivamente interessados na experiência brasileira da *Delegacia da Mulher*. A delegação holandesa, especialmente, teve sua atenção voltada para o tema por entender ser a experiência brasileira muito inovadora. Chegaram a elaborar um relatório a ser encaminhado ao Ministro da Justiça da Holanda para que pudesse adotar tal medida naquele país.
54. KAHN, Túlio. Pesquisas de vitimização. *Revista do Ilanud*, n. 10, p. 8.
55. Idem, p. 12.

da seriedade ou do montante envolvido no crime; do crime implicar ou não uma situação socialmente vexatória para a vítima (estupro, "conto do vigário" etc.); do grau de relacionamento da vítima com o agressor; da coisa furtada estar ou não segurada contra furto; da experiência pretérita da vítima com a polícia etc.

Algumas classificações chegaram a ser imaginadas para comportar as diferentes perspectivas que se têm sobre o assunto. Tais classificações, muitas das quais exaustivas, tentam delinear todo o arcabouço existente acerca do fenômeno vitimológico. Não nos cabe, aqui, enveredar por tal seara, posto não ser este o objetivo deste trabalho.[56] No entanto, parece ser necessário, apenas para adotar um parâmetro consagrado na literatura específica, estabelecer a diferença entre vitimização primária, secundária e terciária. Considera-se haver vítima primária quando um sujeito é diretamente atingido pela prática de ato delituoso.[57] A vítima secundária é um derivativo das relações existentes entre as vítimas primárias e o Estado em face do aparato repressivo (polícia, burocratização do sistema, falta de sensibilidade dos operadores do direito envolvidos com alguns processos bastante delicados etc.). Já a vítima terciária é aquela que, mesmo possuindo um envolvimento com o fato delituoso, tem um sofrimento excessivo, além daquele determinado pela lei do país. É o caso do acusado do delito que sofre sevícias, torturas ou outros tipos de violência (às vezes dos próprios presos), ou que responde a processos que evidentemente não lhe deveriam ser imputados (ex.: caso da *Escola Base*).

Se é verdade que o reexame do papel da vítima produz um interessante reavivar do seu protagonismo no processo penal moderno, não é menos verdade que isso pode gerar – como tem gerado entre nós – um processo perverso. Parentes próximos de vítimas de homicídios passam a ser instrumentalizados pelo sistema punitivo. Aproveitando-se da necessidade de desviar culpas e elaborar o dolo, campanhas são desencadeadas com objetivos revanchistas em que a vingança é o principal objetivo. Mesmo não tendo consciência ou intenção, passam a desempenhar uma perversa interlocução punitiva, típica do movimento da Lei e da Ordem. "As vítimas assim manipuladas passam a opinar como técnicos e como legisladores e convocam os personagens mais sinistros e obscuros do autoritarismo

---

56. Há farta literatura sobre o assunto. Podem-se mencionar, dentre outros: Fernandes, Antonio Scarance. *O papel da vítima no processo criminal*; Bustos Ramírez, Juan; Larrauri, Elena. *Victimología: presente y futuro*; Kosovski, Ester; Séguin, Elida (Org). *Temas de vitimologia*; Neuman, Elias et al. *Victimología*.
57. Segundo Gerardo Landrove Díaz, tais vítimas podem ser divididas em: fungíveis, acidentais, indiscriminadas, participantes, alternativas, voluntárias, familiares, especialmente vulneráveis, simbólicas ou falsas vítimas (Op. cit., p. 40 e ss).

penal *völkisch* ao seu redor, diante dos quais os políticos amedrontados se rendem, num espetáculo vergonhoso para a democracia e a dignidade da representação popular".[58]

1.3.4 Controle social do delito

No âmbito da sociologia de origem norte-americana a expressão controle social é familiar desde o início do século XX, com o advento de alguns artigos escritos por Edward A. Ross.[59] Toda sociedade (ou grupo social), desde que Max Weber introduziu a ideia de "monopólio da força legítima", necessita de mecanismos disciplinares que assegurem a convivência interna de seus membros, razão pela qual se vê obrigada a criar uma gama de instrumentos que garantam a conformidade dos objetivos eleitos no plano social. Este processo irá pautar as condutas humanas, orientando posturas pessoais e sociais. Dentro desse contexto, podemos definir o controle social como o conjunto de mecanismos e sanções sociais que pretendem submeter o indivíduo aos modelos e normas comunitários. Para alcançar tais metas as organizações sociais lançam mão de dois sistemas articulados entre si. De um lado tem-se o controle social informal, que passa pela instância da sociedade civil: família, escola, profissão, opinião pública, grupos de pressão, clubes de serviço etc. Outra instância é a do controle social formal, identificada com a atuação do aparelho político do Estado. São controles realizados por intermédio da Polícia, da Justiça, do Exército, do Ministério Público, da Administração Penitenciária e de todos os consectários de tais agências, como controle legal, penal etc.

Até fora das agências de controle social, no âmbito de uma prefeitura, pode haver um controle social meramente situacional. A iluminação pública, por exemplo, pode perfeitamente prevenir muitos delitos ainda que não puna os delinquentes. Interessante exemplo é trazido por Cândido da Agra e André Kuhn. Eles noticiam que o número de suicídios, na cidade de São Francisco (EUA) passou a ser cinco vezes maior após a construção da *Golden Gate*, observando que tal ponte em nada diferia da *Bay Bridge*. A única diferença entre elas é que a primeira poderia ser percorrida a pé, enquanto que a segunda, só de carro. Esse fator, puramente situacional de acessibilidade parece, pois, determinante na

---

58. ZAFFARONI, Eugenio Raúl. *O inimigo no direito penal*, p. 75.
59. BERGALLI, Roberto. *Control social punitivo*: sistema penal e instancias de aplicación (policía, jurisdicción y cárcel), p. 9.

escolha da ponte.⁶⁰ Uma prevenção situacional pode, pois, impedir a ocorrência de um fato delituoso.

As instâncias de controle social informal operam educando, socializando o indivíduo. São mais sutis que as agências formais e atuam ao longo de toda a existência da pessoa. Por fazer assimilar nos destinatários valores e normas de uma dada sociedade sem recorrer à coerção estatal, o controle social informal possui mais força em ambientes reduzidos, sendo, então, típico de sociedades pouco complexas.⁶¹ Em épocas como a atual, em que se assiste ao aprofundamento das complexidades sociais, e em que são enfraquecidos os laços comunitários, cada vez mais os mecanismos informais de controle social tornam-se enfraquecidos ou até mesmo inoperantes.

Bauman explica que é em virtude do entendimento compartilhado por todos os seus membros que, na comunidade, as pessoas permanecem unidas não obstante todos os fatores que as separam. Invocando o conceito de "círculo aconchegante", ele recorda que na vida em comunidade as pessoas "não precisam

---

60. *Somos todos criminosos?*, p. 68
61. Um exemplo de grupo pouco complexo que faz bom uso das instâncias informais de controle social pode ser localizado nos assentamentos rurais. Em pesquisa realizada junto a três assentamentos do estado do Paraná, Rosimeyre Marçal constatou que: todos os assentados se conhecem; a luta por um ideal comum leva à necessidade de coletivização de certos aspectos da vida cotidiana, o que implica maior contato e estreitamento de laços sociais; costuma haver participação maciça da população nos eventos religiosos; muitas crianças, jovens e até mesmo adultos frequentam escolas; a carência de direitos estimulou a participação política dos assentados, o que implica a formação de lideranças locais a serem imitadas e seguidas; é comum a prática de esportes coletivos nos assentamentos; são bastante frequentes, ainda, os eventos comunitários, como reuniões, festas, celebrações; em um dos assentamentos há um regimento interno, com 45 páginas, assinado por todos, relacionando as regras de convívio e estabelecendo punições que vão desde a advertência até a expulsão; em outros, regras como a que proíbe porte de arma são convencionadas entre os moradores; apenas um dos assentamentos possui bar, que só funciona aos finais de semana; os casos de agressão física muitas vezes são resolvidos no seio da comunidade e podem gerar expulsão do assentado. A autora da pesquisa entende ser possível notar a influência desse controle social informal nas taxas de criminalidade dos assentamentos que, se comparadas com as da região em que estão inseridos, são muito baixas. Em nenhum dos assentamentos há relatos de consumo de drogas; em dois dos assentamentos jamais foi encontrada uma arma de fogo (não há dados na pesquisa sobre essa ocorrência no assentamento Iraci Salete); e em toda a história das três localidades foram registrados apenas um homicídio, três furtos e um roubo. Marçal, Rosimeyre. *Controle social em assentamentos rurais:* análise de três casos, p. 7-12.

provar nada e podem, o que quer que tenham feito, esperar simpatia e ajuda".[62] A homogeneidade, também chamada por Bauman de mesmidade, tão característica da vida comunitária, foi fortemente abalada nos tempos modernos, em que a distância, uma das principais defesas da comunidade, perdeu grande parte de seu significado. "A partir do momento em que a informação passa a viajar independente de seus portadores, e numa velocidade muito além da capacidade dos meios mais avançados de transporte (como no tipo de sociedade que todos habitamos nos dias de hoje), a fronteira entre o "dentro" e o "fora" não pode mais ser estabelecida e muito menos mantida".[63] Ora, se é difícil distinguir entre o de dentro e o de fora, perdendo-se pois a noção de círculo aconchegante, como saber com exatidão quais as normas sociais que devem reger um comportamento? O que esperar do "próximo" se não se sabe o que ele pensa, quem ele é, de onde vem, se permanecerá ou prontamente se irá?

A rede de interação comunitária, governada pelo hábito, começou, a partir do que se convencionou chamar, eufemisticamente segundo Bauman, de revolução industrial, a ser substituída pelo ambiente rígido e rotineiro do chão da fábrica. Os futuros trabalhadores, para que fossem transformados em uma massa, tiveram que ser afastados dos hábitos comunitariamente sustentados e, nesse momento, a guerra contra a comunidade foi declarada. Ocorreu, pois, "o lento mas inexorável desmantelamento/desmoronamento da comunidade, aquela intrincada teia de interações humanas que dotava o trabalho de sentido, fazendo do mero empenho um trabalho significativo, uma ação com objetivo, aquela teia que constituía a diferença, como diria Veblen, entre o 'esforço' (ligado aos 'conceitos de dignidade, mérito e honra') e a 'labuta' (não ligada a qualquer daqueles valores e portanto percebida como fútil)".[64] As comunidades autossustentadas e autorreprodutivas são exemplos de sólidos que teriam sido liquefeitos pelo capitalismo moderno e cujas destruições teriam levado à inserção da maioria da população em uma rotina artificial, sustentada pela coação e sem sentido no que diz respeito à dignidade, mérito ou honra.[65] Se uma rotina comunitária é algo natural e que produz freios a que muitos indivíduos aderem por com eles se identificarem, a rotina artificial, coativa e ligada a um trabalho sem sentido produz um tipo de controle igualmente artificial, imposto de cima e com o qual poucas pessoas estarão dispostas a colaborar, dada a ausência de identificação com os valores que lhe subjazem. Assim,

---

62. Bauman, Zygmunt. *Comunidade:* a busca por segurança no mundo atual, p. 16.
63. Idem, p. 18-19.
64. Idem, p. 32.
65. Idem, p. 33.

conforme se perdem os laços comunitários, fica comprometida a naturalidade e a força das instâncias de controle social informal.

Como exemplo do fim da comunidade, Bauman lembra que "deixaram de existir os simpáticos mercadinhos de esquina; se conseguiram sobreviver à competição dos supermercados, seus donos, gerentes e os rostos atrás dos balcões mudam com excessiva frequência para que qualquer um deles possa substituir a permanência que já não se encontra nas ruas. (...) Também não existe mais o carteiro, que batia à porta seis dias por semana e se dirigia aos moradores pelo nome. Chegaram as lojas de departamentos e cadeias de butiques".[66] Nas grandes cidades de hoje pode-se estar todo um dia sem cruzar um conhecido, sem desejar "bom dia" uma única vez, pode-se viver sem conhecer os vizinhos, sem frequentar o comércio local, optando-se por fazer compras em algum *shopping center* ou pela *internet*. As redes de interação humana se reduzem de modo que uma multidão de anônimos não convive, apenas habita os mesmos espaços, e desse modo não há permanência que possibilite a estruturação de mecanismos informais de controle.

Ao mesmo tempo em que muitos se ressentiriam dessa perda do comunitarismo, explica Bauman que estaria embutida na noção de comunidade uma ideia de obrigação fraterna de partilhar vantagens entre seus membros, independente de seu talento e importância, o que, por si só, transforma o comunitarismo em filosofia dos fracos. Com o triunfo da visão meritocrática do mundo, que conforta os poderosos ao conferir dignidade aos seus privilégios, afasta-se o princípio comunitário do compartilhamento.[67] Assim é que ao redor das residências dos poderosos altos muros são levantados, contam eles com a tecnologia de câmeras, alarmes, interfones, rádios, contratam seguranças privados, tudo a isolá-los do mundo exterior, enquanto os pobres levam a vida com uma margem extremamente diminuta de privacidade nas favelas, cortiços e moradias populares.

Hoje, tendo havido esse esboroamento da verdadeira comunidade, Bauman explica que assistimos à formação de comunidades estéticas, como aquelas que se constituem ao redor de ídolos ou em torno de um problema comum. São comunidades que não tecem responsabilidades éticas e compromissos a longo prazo e que, portanto, não vinculam verdadeiramente. "Os compromissos que tornariam ética a comunidade seriam do tipo do 'compartilhamento fraterno', reafirmando o direito de todos a um seguro comunitário contra os erros e desventuras que são os riscos inseparáveis da vida individual".[68] Esse tipo de comunidade, exa-

---

66. Idem, p. 46-47.
67. Idem, p. 36-37.
68. Idem, p. 68.

tamente em função de sua característica não vinculante, não é uma alternativa válida à comunidade ortodoxa no que diz respeito ao seu poder de controlar os indivíduos. Uma comunidade em que faltem compromissos a longo prazo não é verdadeiramente uma comunidade e não produz os efeitos ao mesmo tempo sutis e poderosos do controle social informal.

Bauman lembra o exemplo das minorias étnicas como uma importante exceção ao processo de desintegração do tipo ortodoxo de comunidade. Já que "o 'comunitarismo' ocorre mais naturalmente às pessoas que tiveram negado o direito à assimilação",[69] é de se esperar que as minorias étnicas continuem a reproduzir formas de comunidade.

Se hoje, pois, assiste-se à formação de comunidades estéticas e de comunidades éticas isoladas e excepcionais, pode-se com mais facilidade entender a grande margem de manobra que é deixada aos mecanismos formais de controle. Afinal, quando as instâncias informais de controle social falham ou são ausentes, entram em ação as agências de controle formais. Assim, se o indivíduo, em face do processo de socialização, não tem uma postura em conformidade com as pautas de conduta transmitidas e aprendidas na sociedade, entrarão em ação as instâncias formais que atuarão de maneira coercitiva, impondo sanções qualitativamente distintas das reprovações existentes na esfera informal. Este controle social formal é seletivo e discriminatório, pois o *status* prima sobre o merecimento. Ademais, é ele estigmatizante, desencadeando desviações secundárias e carreiras criminais, o que será aprofundado em capítulo posterior. A efetividade do controle social formal é muito menor do que aquela exercida pelas instâncias informais. É isso que explica, por exemplo, ser a criminalidade muito maior nos grandes centros urbanos do que nas pequenas comunidades (onde o controle social informal é mais efetivo e presente). De outra parte, nas grandes cidades, onde os mecanismos de controle informais não são tão presentes, há de se buscar uma melhor integração das duas esferas de controle.

O permanente interesse na formação das polícias comunitárias, forma de policiamento em que se entrelaçam as instâncias formais e informais de controle social, decorre da (teórica) melhor articulação dessas duas esferas. A ideia central do policiamento comunitário é o restabelecimento do contato direto e cotidiano entre policial e cidadão, que foi se perdendo ao longo do processo de profissionalização da polícia e da introdução de tecnologias no trabalho policial, como o uso de automóveis, radiopatrulha, telefones móveis e computadores. A PM paulista iniciou o policiamento comunitário em 1997. A atuação dos policiais

---

69. Idem, p. 87.

comunitários no Jardim Ângela, bairro da periferia de São Paulo considerado em 1996 pela ONU como o lugar mais violento do mundo, é rica em exemplos dessa articulação entre controle social formal e informal. Afinal, o pedido de implantação da base comunitária foi feito por representantes dos moradores depois de um Fórum promovido por um padre local; o comandante da base morou no bairro e o patrulhou por mais de vinte anos; a paróquia e outras entidades passaram a oferecer programas para atender jovens em situação de risco, adultos e jovens dependentes de álcool e drogas, mulheres vítimas de violência praticadas por maridos, deficientes físicos e mentais e pessoas com problemas psicológicos; a sede da base comunitária passou a ser procurada por pessoas em busca de informações, remédios, carona, confecção de documentos, soluções para crises domésticas ou acidentes de trânsito; um telefone público instalado dentro da base fica à disposição dos moradores; ao lado da base comunitária foi instalado um palco do projeto Polo Cultural; os policiais se engajam em tarefas como reconstrução de casas destruídas por chuvas, distribuição de ovos de páscoa arrecadados com comerciantes, uso de roupa de Papai Noel para distribuição de presentes no aniversário da base (22 de dezembro); as crianças e adolescentes apreendidos pelos policiais comunitários são prontamente encaminhados à entidade Criança Esperança, instalada na região, e os policiais comunitários visitam com frequência as famílias das crianças atendidas pelo programa; os policiais procuraram se aproximar dos jovens fazendo palestras nas escolas e reformando a única quadra esportiva pública do Jardim Ângela, que, de tão deteriorada, era conhecida como "fumódromo".[70]

A efetividade do controle social é sempre relativa. Com razão Jeffery, citado por Antonio García-Pablos de Molina e Luiz Flávio Gomes, afirmava que "mais leis, mais penas, mais policiais, mais juízes, mais prisões significam mais presos, porém não necessariamente menos delitos. A eficaz prevenção do crime não depende tanto da maior efetividade do controle social formal, senão da melhor integração ou sincronização do controle social formal e informal".[71] Tal relativismo é, em tudo e por tudo, aplicável às respostas penais, daí por que são do interesse geral respostas não tão (aparentemente) duras – com a utilização dos efeitos meramente simbólicos da pena – como as que o País vivenciou nos últimos anos (Lei de Crimes Hediondos, do Crime Organizado etc.).

---

70. Policiamento comunitário: experiências no Brasil 2000-2002. Especialmente p. 49 e ss.
71. JEFFERY, C. P. Criminology as an interdisciplinary behavioral science. *Criminology*, n. 16, p. 149-169, apud GARCÍA-PABLOS DE MOLINA, Antonio e GOMES, Luis Flávio. Op. cit., p. 105.

A pena, nas sociedades avançadas, implica um vínculo de autoridade entre quem reprova e quem é reprovado. O primeiro diz ao segundo: você é o responsável, vale dizer, culpável, por um determinado fato delituoso e por isso há de ser condenado; o segundo aquiesce e, ao fazê-lo, anui à sua culpa e reconhece o vínculo de autoridade. Instaura-se, daí, o reconhecimento de que o direito penal é um instrumento de controle social que trabalha no mesmo sentido de outros instrumentos controladores. Diferencia-se de outros instrumentos de controle social em face de seu aspecto formal, uma vez que carrega consigo a ameaça concreta e racional da sanção. As outras formas de sanção – como o controle ético – manifestam-se informal e espontaneamente. As de direito penal, ao contrário, ajustam-se a um procedimento determinado, limitado por parâmetros definidos pela consagração do princípio da legalidade, e só atuam quando todas as outras instâncias de controle social não atuarem. Numa terminologia moderna, "o direito penal, junto com outros instrumentos de controle social mediante sanções, forma parte do controle social primário, por oposição ao controle social secundário, que trata de internalizar as normas e modelos de comportamento social adequados sem recorrer à sanção nem ao prêmio (por exemplo, o sistema educativo)".[72]

O conceito acima expendido remete-nos ao pensamento dual de Estado, compreendendo sociedade civil e sociedade política, que foi consagrado por Antonio Gramsci, e que serve de fonte de estudos do Estado moderno. A sociedade civil é um conjunto complexo e abrangente, tendo em seu campo: a ideologia da classe dirigente, das artes à ciência, incluindo a economia; a concepção de mundo difundida por toda a sociedade e que advém da filosofia, da religião, do senso comum, do folclore etc. Atuam como elementos multiplicadores dessa hegemonia existencial os instrumentos técnicos de difusão da ideologia, como o sistema escolar, a mídia em suas diferentes esferas, as bibliotecas, os artistas de rua etc. Em contrapartida, a sociedade política concentra o aparato jurídico-coercitivo para manter, pela força, a ordem estabelecida. Compreende o exército, a polícia, o aparelho burocrático, as esferas de governo etc. Dessa concepção dual surge o conceito de Estado, com novas determinações, comportando duas formas de dominação: uma representada pela hegemonia (sociedade civil) e outra pelo poder coercitivo (sociedade política). A complexidade do Estado moderno faz com que a dominação habitual, em decorrência da hegemonia, seja a usada diuturnamente. Nos momentos de crise orgânica, a classe dirigente perde o controle da sociedade civil e apoia-se na sociedade política para lograr manter sua dominação.[73] Nas

---

72. BACIGALUPO, Enrique. *Manual de derecho penal*, p. 1.
73. PORTELLI, Hugues. *Gramsci e o bloco histórico*, p. 31.

sociedades menos diferenciadas é em torno da sociedade política que a luta se concentra; nas sociedades mais complexas, o essencial do combate ideológico se dá no âmbito da sociedade civil. Na esfera e por meio da sociedade civil, as posições controversas buscam exercer sua hegemonia mediante a direção política e o consenso; por meio da sociedade política, ao contrário, as classes exercem uma dominação mediante a coerção.[74]

No plano jurídico-penal, a análise sociológica tem mostrado que esse sistema penal não atua de forma isolada. Ele deve ser visto como um subsistema encravado dentro de um sistema de controle social e de seleção de maior amplitude existente dentro do Estado. Identificar esse sistema de penas com a repressão extremada da criminalidade é aproximar o direito penal do sistema coercitivo das sociedades políticas. Ao contrário, distanciar a repressão penal da prática corriqueira dos ilícitos é contextualizar a pena dentro do processo dialógico inerente à sociedade civil. A contradição entre o controle penal absoluto e o direito penal, usado como última instância de controle, é reflexo direto da dualidade existente entre sociedade política e sociedade civil, entre o regime ditatorial e o regime democrático. Pretender utilizar a pena como meio de ordenar condutas dos cidadãos, além do mínimo essencial, irremediavelmente levará à arbitrariedade e ao autoritarismo do regime. Não é por outra razão que as ditaduras extremaram as formas de controle social – e penal – em detrimento das formas de dissuasão, acentuaram o interesse de proteção da sociedade em prejuízo da asseguração da liberdade individual.

A pena privativa de liberdade é a forma mais extremada de controle penal. É sabido que o regime penitenciário regula de modo minucioso todos os momentos da vida do condenado, podendo despersonalizá-lo e convertê-lo num autômato. A própria arquitetura prisional visa a induzir no detento um estado consciente e permanente de visibilidade, que assegura de forma plena o controle de suas ações. Dentro do contexto do cárcere, "a punição é uma técnica de coerção dos indivíduos; ela utiliza processos de treinamento do corpo – não sinais – com os traços que deixa, sob a forma de hábitos, no comportamento; ela supõe a implantação de um poder específico de gestão da pena. O soberano e sua força, o corpo social, o aparelho administrativo. A marca, o sinal, o traço. A cerimônia, a representação, o exercício. O inimigo vencido, o sujeito de direito em vias de requalificação, o indivíduo submetido a uma coerção imediata".[75]

A pena privativa de liberdade (como de resto todas as penas) tem um vínculo umbilical com o próprio Estado que a criou. A pena é um instrumento

---

74. Coutinho, Carlos Nelson. *Gramsci*, p. 92.
75. Foucault, Michel. *Vigiar e punir*: história da violência nas prisões, p. 116.

assecuratório do Estado, a reafirmação de sua existência, uma necessidade para sua subsistência. A pena surge quando fracassam todos os controles sociais, e por isso mesmo é mais que um controle: é expressão absoluta de seu caráter repressivo. E, dessa forma, como controle e como repressão do Estado, manifesta-se na especificação de determinadas relações concretas que aparecem desvaloradas pelo próprio Estado.[76] Não é por outra razão que só devemos utilizar os mecanismos formais de controle social, entre os quais as penas se incluem, quando falharem as demais formas de controle social. É o que o direito chama de *ultima ratio regum*, princípio informador de todo o direito penal consubstanciado no chamado *direito penal mínimo*.

1.4 Método da criminologia

A reflexão sobre o método da criminologia permite identificar um extenso conjunto de questões e matérias que integram o problema criminológico. O que hoje denominamos *saber científico* está diretamente ligado ao ideal iluminista, fonte de nossos conhecimentos e base de nossas instituições. A ciência como força relevante para o homem começou com Galileu Galilei (1564-1642), existindo há mais de trezentos e cinquenta anos. Se na primeira metade desse período não houve qualquer modificação no cotidiano do ser humano comum, o esforço dos sábios traduziu-se em grandes transformações para toda a humanidade, no período posterior. Nesta última metade, em que acentuadamente se cultuou a ciência, as transformações foram mais revolucionárias que cinco mil anos de cultura pré--científica. Este processo, acelerado pelo ideal da Ilustração, colocou os cidadãos no centro do sistema, fazendo com que os processos investigatórios abarcassem todas as pessoas que vivem em comunidade. A ciência trata em primeiro lugar de conhecimentos, que são de determinado tipo, procurando leis gerais que liguem certo número de fatos particulares. Na realidade, a ciência não passa de uma forma de procurar o conhecimento; é, em outras palavras, um método de busca científica, daí por que muitos chegam a afirmar que os conceitos de ciência e método[77] são empregados como sinônimos. Assim, o que mais interessa nessa forma de conhecimento é o domínio da natureza e da realidade, o que se faz por meio de uma *técnica*, cuja importância prática será abordada.

"O método científico, embora nas formas mais perfeitas possa parecer complicado, é, em essência, notavelmente simples. Consiste na observação de

---

76. BUSTOS RAMÍREZ, Juan. *Bases críticas de un nuevo derecho penal*, p. 143.
77. ELBERT, Carlos Alberto. *Manual...* cit., p. 30.

fatos que permitam a descoberta de leis gerais que os governem."⁷⁸ É, em outras palavras, um instrumento capaz de levar seu espírito à conquista da verdade.⁷⁹ Na origem, especialmente na área das ciências da natureza (*exatas* ou *duras*), os primeiros cientistas partiam da observação de fatos particulares chegando ao estabelecimento de leis quantitativas exatas, e, por meio dessas, fatos particulares futuros poderiam ser preditos. Descartes chegou a mencionar quatro preceitos que deveriam necessariamente ser observados para chegar-se ao conhecimento científico e, pois, à verdade: "o primeiro consistia em nunca aceitar, por verdadeira, coisa nenhuma que não conhecesse como evidente; isto é, devia evitar cuidadosamente a precipitação e a prevenção; e nada incluir em meus juízos que não se apresentasse tão clara e tão distintamente ao meu espírito que não tivesse nenhuma ocasião de o pôr em dúvida. O segundo – dividir cada uma das dificuldades que examinasse em tantas parcelas quantas pudessem ser e fossem exigidas para melhor compreendê-las. O terceiro – conduzir por ordem os meus pensamentos, começando pelos objetos mais simples e mais fáceis de serem conhecidos, para subir, pouco a pouco, como por degraus, até o conhecimento dos mais compostos, e supondo mesmo certa ordem entre os que não precedem naturalmente uns aos outros. E o último – fazer sempre enumerações tão completas e revisões tão gerais, que ficasse certo de nada omitir".⁸⁰ As regras elencadas por Descartes são a da evidência; a da divisão ou análise; a da ordem ou dedução; a da enumeração. Desse procedimento regrado chega-se à conclusão de que uma opinião será considerada científica quando há uma razão para acreditarmos que seja verdadeira; e uma opinião, ao contrário, não o é quando emitida por motivo diverso que o de sua provável verdade.⁸¹

À semelhança do que ocorre com as demais ciências, particularmente as ciências humanas, a investigação criminológica não obedece a um único princípio nem se atém a métodos que possam ser enclausurados em uma única perspectiva. A investigação pode ser definida como o uso de processos padronizados e sistemáticos na procura do conhecimento.⁸² O destaque dessa forma específica e metódica de conhecimento científico está exatamente nos elementos *padronização* e *sistematização*. No entanto, mesmo estando este conhecimento em consonância com determinados padrões sistemáticos a serem seguidos, não se pode deixar de

---

78. Russel, Bertrand. *A perspectiva científica*, p. 13.
79. Descartes, René. *Discurso do método*, p. 33.
80. Idem, p. 85-86.
81. Russel, Bertrand. Op. cit., p. 15.
82. Mannheim, Herman. *Criminologia comparada*, vol. I, p. 117.

mencionar serem eles muito pouco objetiváveis na esfera das ciências humanas. Nas ciências duras – de onde as ciências do homem buscaram seu padrão, por analogia – a ideia de ciência imparcial, pura, objetiva, ainda pode ser sustentável. Não o é, no entanto, nas ciências do homem, salvo sob o enfoque positivista que aqui não se adota. Na realidade, nas ciências humanas – e, em particular, na criminologia – tem o saber um valor intimamente ligado ao jogo do poder. As relações de força que se dão entre esses elementos se condicionam mutuamente e contribuem para a estratégia do conhecimento. Assim, tal conhecimento é uma forma de vida, uma concepção do mundo, o que aponta para uma práxis.[83] Não obstante reconhecer tal parcela de subjetividade nesse conhecimento, não se deve, só por isso, descurar a visão segundo a qual a possibilidade de se atingir uma "verdade científica" só será possível com alguns procedimentos e cuidados nessa investigação.

Na criminologia, ao contrário do que acontece com o direito, ter-se-ão a interdisciplinaridade e a visão indutiva da realidade. A análise, a observação e a indução substituíram a especulação e o silogismo, distanciando-se, pois, no método abstrato, formal e dedutivo dos pensadores iluministas, chamados de clássicos. Tal método – observe-se – ainda hoje é utilizado pelos operadores do direito. Assim, pode-se afirmar que a abordagem criminológica é empírica, o que significa dizer que seu objeto (delito, delinquente, vítima e controle social) se insere no mundo do real, do verificável, do mensurável, e não no mundo axiológico (como o saber normativo). Vale dizer, ela se baseia mais em fatos que em opiniões, mais na observação que nos discursos ou silogismos. Como os fatos humanos encontram uma riqueza incomensurável, muitas vezes nos limites do imperscrutável, demanda-se alargar a esfera do conhecimento, fazendo com que muitas pesquisas sejam feitas em equipes, com visões diferenciadas da realidade, em face das formações distintas e que possam contemplar diferentes perspectivas interpretativas. Daí a necessidade da interdisciplinaridade, em que se acomodam sob a mesma investigação psiquiatras, psicólogos, assistentes sociais, estatísticos, juristas etc. Investigando em faixa própria, as ciências que subsidiam a criminologia interrelacionam-se, interpenetram-se, interagem-se e completam-se, e é desse rico contexto que a criminologia sorverá suas conclusões.[84] De outra parte, a explicação do fenômeno criminal não pode prescindir de dados, de informações,

---

83. Nesse sentido o pensamento de Lola Aniyar de Castro, *Criminologia*... cit., p. 9, e Carlos Alberto Elbert, *Manual*... cit., p. 34.
84. Quanto à relevância dos trabalhos em equipe, veja-se: ALBERGARIA, Jason. Op. cit., p. 39; FERNANDES, Newton; FERNANDES, Valter. Op. cit., p. 31.

sem as quais não se pode inferir nada, e concluir sobre resultados que possam vir a ser generalizados.

No dizer de Cândido da Agra e André Kuhn "a criminologia, enquanto domínio interdisciplinar, adota os métodos transversais a outras disciplinas como: o método experimental, o método clínico, o método comparativo, o método longitudinal, a observação naturalista, a etnografia. O espaço de aplicação destes métodos vai do laboratório até a rua, passando pelas instituições".[85]

Toda pesquisa contempla algumas dificuldades inerentes ao seu objeto. O acesso ao material de investigação pode ser difícil em muitas disciplinas, mas é particularmente complexo quando se lida com questões que envolvem a criminalidade. Há o medo da estigmatização dos condenados; os envolvidos com fatos delituosos não se sentem à vontade para dar entrevistas para pesquisadores que não são seus conhecidos; muitos pais ou professores são refratários a perguntas sobre delinquência de seus filhos ou alunos; autoridades policiais e da administração prisional tendem a não fornecer informações sobre fatos considerados "sigilosos" etc. Muitas destas situações concorrem quando se investigam áreas sensíveis da criminalidade. Grande parte dessas experiências, por exemplo, foi vivenciada pela excelente pesquisa levada a cabo por Kiko Goifman, junto a penitenciária de Campinas. Tendo trabalhado na esfera antropológica com a *imagem do preso*, o autor narra quão arredio era o interno a qualquer tipo de abordagem que privilegiasse a imagem como forma de registro. "Vários internos, envolvidos em problemas com outras quadrilhas fora dos muros da cadeia, não concordaram em mostrar suas imagens. Outros tinham parentes ou amigos que não sabiam que estavam presos e assim preferiram não aparecer no vídeo. Alguns ainda temiam um reconhecimento futuro, optando por esconder sua situação para não sofrerem com o rótulo estigmatizante de ex-presos."[86] Por outro lado, mesmo aqueles que se negaram a aparecer no vídeo com depoimentos acabaram solicitando que fossem filmados trabalhando nas oficinas, lavanderias etc.[87] De outra parte, não raro, a própria direção do presídio cria algumas dificuldades, colocando empecilhos à livre circulação dos pesquisadores, receosa de que estes venham a denunciar eventuais faltas de carcereiro, atos de corrupção de guardas de presídio etc. Ademais, há certos interesses na limitação da informação por parte das pessoas que lidam com o sistema prisional. Isso ocorreu no Brasil, logo no início da divulgação de fatos acerca da epidemia de Aids realizada por vários

---

85. *Somos todos criminosos?*, p. 20.
86. GOIFMAN, Kiko. *Valetes em slow motion*, p. 98.
87. Idem, p. 53.

órgãos de imprensa. Muitos governos estaduais sonegaram informações sobre o preocupante avanço da epidemia, quer para ocultar os alarmantes índices da doença, quer por não ter recursos suficientes para uma efetiva política de saúde dentro do sistema prisional.

A segunda dificuldade na investigação metodológica resulta da existência de ideias preconcebidas na pessoa do investigador. Uma pessoa que, conscientemente ou não, é possuidora de determinados valores está, provavelmente, inclinada a tomar uma certa direção e isto, como premissa do trabalho, pode determinar um resultado que não expresse a realidade. Em minha dissertação de mestrado cheguei a incorrer em uma dessas falhas. Enfático defensor da prestação de serviços à comunidade, como alternativa à pena privativa de liberdade, cometi a impropriedade de dizer que a aplicação daquela pena, pelos dados por mim coletados sobre reincidência, quando cotejados com os índices gerais de reincidência no Brasil, diminuía a criminalidade secundária, algo que demandaria outros dados não colhidos empiricamente na pesquisa, só visualizáveis por meio de técnicas de grupo de controle.[88] Também se traduz em grande dificuldade o filtro que se deve ter sobre as opções ideológicas da pesquisa. Isto é, deve o homem assumir a natureza de membro social e, portanto, participante ativo das decisões sociais vinculadas ao exercício da cidadania. Como já se disse anteriormente, as ciências humanas, por sua própria natureza, não podem ter um caráter neutro como os autores positivistas afirmavam. De outra parte, não se pode deixar que as concepções pessoais e ideológicas do pesquisador sirvam como um mero instrumento de demonstração de um fato inexistente, por razões menores, em face da ideia de ciência.

Outros problemas decorrem da necessidade de resultados práticos imediatos, seja em função dos interesses da agência financiadora, seja pelos prazos (não raro) exíguos para apresentação dos resultados. Muitas vezes, a sociologia, como investigação "pura", cede espaço à criminologia, como investigação "aplicada". É que, muitas vezes, a investigação criminológica está associada a uma pronta intervenção na realidade, que lhe sucederá.

Dificuldade muito grande a ser enfrentada é a de se ter um perfeito trabalho organizado em torno de uma equipe. Embora seja necessária a utilização de grupos interdisciplinares, com diferentes saberes, a participação de indivíduos possuidores de diferentes capacidades ou formações científicas, com diversos interesses,

---

88. SHECAIRA, Sérgio Salomão. *Prestação de serviços à comunidade*: alternativa à pena privativa de liberdade, p. 71 e ss; sobre as técnicas de grupo de controle veja-se sua explicação neste mesmo capítulo.

por si só já traduz uma grande dificuldade nas abordagens criminológicas. Os Gluecks, no clássico trabalho *Unravelling Juvenile Delinquency*, levaram a cabo uma pesquisa com um enorme grupo de apoio, com diferentes investigadores sociais, contemplando psicólogos, psiquiatras, especialistas em teste de Rorschach, antropólogos e peritos de estatística, não tendo, porém, nenhum sociólogo, omissão já várias vezes criticada.[89]

Dentre os métodos empíricos consagrados, é necessário um sentido de réplica para dar ao trabalho a possibilidade de cotejo. Duas são as formas básicas: estudos diacrônico e sincrônico. Pelo primeiro, o projeto tende a investigar até que ponto tal pesquisa difere, no seu escopo, de elementos, técnicas e conclusões das dos seus predecessores. É muito pouco provável que, dentro de uma determinada investigação de cunho histórico, e dentro de um contexto evolutivo, tenham-se rompimentos epistemológicos significativos. Isto é, se, em determinado país, sempre houve violência policial, os estudos que apontam questões como a tortura dentro de distritos policiais não podem ser feitos sem que haja uma comparação com estudos equivalentes anteriores. De outra parte, também não se deve prescindir de estudos sincrônicos, para que os resultados sejam comparados com estudos interculturais, colhidos em outros países ou em outras regiões do mesmo país. Tais abordagens dão ensejo a uma possível "sintonia fina", nos dados colhidos, por meio da chamada réplica.[90] Desde 1989 o Unicri (United Nations International Crime and Justice Research Institute) realiza pesquisas de vitimização que envolvem mais de cinquenta países em todo o mundo. No Brasil, tais pesquisas são realizadas por intermédio do Ilanud – Instituto Latino Americano das Nações Unidas para a prevenção do delito e tratamento do delinquente – e permitem um cotejo com outros países, essencial para o conhecimento da nossa realidade criminal. Apenas a título de menção, pode-se lembrar a pesquisa feita em 1992, mostrando os dados comparativos entre crimes praticados em diversos países europeus e americanos. Dessa simples constatação empírica várias conclusões podem ser tiradas: a relação existente entre a pobreza e a criminalidade; a maior utilização das agências de controle social formal, sempre que o país tenha sólidas instituições policiais com credibilidade; índices de comunicação de delitos sexuais mais ou menos homogêneos em diversos países do mundo, mesmo naqueles mais desenvolvidos, o que mostra que alguns crimes não têm uma ligação direta com

---

89. Mannheim, Hermann. *Criminologia*... cit., vol. I, p. 145.
90. Os cotejos sincrônicos e diacrônicos recebem, no direito, os nomes de *direito comparado e história*, respectivamente, e são muito comuns nas teses doutorais mais acadêmicas.

problemas econômicos do país etc.[91] De outra parte, também no âmbito da criminalidade, é necessário forjar um instrumento de trabalho para avaliar o fenômeno da violência das grandes cidades, bem como oferecer subsídios para elaboração de políticas públicas de combate a essa criminalidade. Embora se saiba que um indicador jamais representa de forma absoluta a verdade sobre o fenômeno social que procura medir, pesquisas de criminalidade, como quaisquer indicadores, podem ajudar na reflexão do estudo em todas as suas dimensões e nuances. Pode servir de guia para políticas criminais na área da segurança pública, bastando que dela não se exija mais do que pode fornecer.[92]

Dentre as muitas formas metodológicas existentes para percepção da realidade, merece destaque a utilização dos chamados *inquéritos sociais* (*social surveys*). "Trata-se de inquéritos que utilizam um interrogatório direto feito, normalmente por uma equipe, a um número considerado suficiente de pessoas, sobre determinados itens considerados criminologicamente relevantes, sendo os resultados finais apresentados em forma de diagrama."[93] A partir dos estudos teóricos da Universidade de Chicago, que deram ensejo à teoria da ecologia criminal, tais inquéritos sociais popularizaram-se de tal forma que não há, hoje, qualquer intervenção criminológica, cientificamente embasada, sem que se tenha a utilização de tais formas empíricas de constatação da realidade. É que não é possível combater certo tipo de crime sem que se tenha um mapeamento da criminalidade, dias e horas em que o fato é cometido, para que um projeto pró-ativo de prevenção não venha a desperdiçar recursos públicos que poderiam ser alocados em áreas mais necessitadas. Por isso, sempre que se tem a necessidade de estabelecer-se uma estratégia, esta é feita segundo parâmetros determinados nesses tipos de inquéritos de larga abrangência.

Em muitos casos, no entanto, os inquéritos sociais não são suficientes, enquanto técnica investigativa, para explicação de certas realidades. Sempre que houver necessidade de um estudo descritivo e analítico de experiências delinquentes, ao longo de certo tempo, faz-se um Estudo Biográfico de Casos Individuais (*case studies*). A análise macrocriminal, em muitas ocasiões, não prescindirá da perspectiva microcriminal. São esferas que se articulam e que traduzem os porquês (pessoais) do cometimento do delito associados aos porquês sociais. O clássico

---

91. KAHN, Túlio. Pesquisas... cit., p. 10-13.
92. KAHN, Túlio. Metodologia para a construção de um índice de criminalidade. *Revista do Ilanud*, n. 2, p. 10.
93. DIAS, Jorge de Figueiredo; ANDRADE, Manuel da Costa. *Criminologia*: o homem delinquente e a sociedade criminógena, p. 119.

estudo feito em 1930 por Clifford R. Shaw, intitulado *The Jack-Roller*: a delinquent boy's own story (Chicago, The University of Chicago Press), é um perfeito exemplo de um estudo individual, de enorme fôlego, da vida de um criminoso, chamado apenas de Stanley (nome fictício), mostrando todas as preocupações, ansiedades e vicissitudes, tudo dentro da perspectiva do próprio criminoso. O estudo permite, por exemplo, a exata visualização da sequência de eventos, a partir da descrição da vida de Stanley, desde os sete anos, quando abandona a escola e passa a furtar frutas e doces em feiras e supermercados. O próprio livro mostra como o método permite decifrar caminhos para outros criminosos assemelhados.[94]

Como já foi mencionado, uma das muitas dificuldades existentes relativamente à pesquisa criminológica, especialmente quando trata com questões relacionadas ao encarceramento de pessoas, é a obtenção de dados confiáveis para pessoas que não têm um contato com o cotidiano da prisão. Por isso, muitas vezes, o pesquisador tem que se integrar ao *locus* onde serão obtidos os dados a serem coletados. Tal mergulho ativo na vida desse grupo é denominado *observação participante*. São inúmeros os exemplos dessa postura metodológica. Thomas Mott Osborne, para melhor estudar as condições de existência dos presos, foi viver por uma semana, como Tom Brown, na prisão de Auburn, registrando suas impressões no livro *Within prison walls* (1914).[95] Entre nós, o sociólogo Guaracy Mingardi fez concurso público para investigador de polícia, com o propósito de viver a realidade de um distrito policial de São Paulo e narrar como a instituição pagava os informantes policiais.[96]

Mas, sem qualquer dúvida, o mais clássico exemplo de observação participante se deu com William Foote Whyte ao escrever sua obra Sociedade de Esquina.[97] Whyte, um economista de classe média, muda-se, entre 1936 e 1940, para um bairro italiano pobre de Boston, chamado *Cornerville,* para estudar as relações existentes entre algumas pessoas que "viviam nas esquinas". A explicação que fornece para sua aceitação nas ruas, pelos jovens que rondavam os limites da criminalidade, é interessante: "Logo descobri que aquelas pessoas desenvolviam sua própria explicação a meu respeito: eu escrevia um livro sobre Cornerville. Pode parecer uma explicação absolutamente vaga, mas ainda assim foi suficiente.

---

94. SHAW, Clifford R. Op. cit., p. 17-18.
95. DIAS, Jorge de Figueiredo. Op. cit., p. 121.
96. *Tiras, gansos e trutas*: Segurança Pública e Polícia Civil em São Paulo.
97. O trabalho, originalmente feito em Boston, acabou sendo defendido como tese na renomada Universidade de Chicago. Foram feitas várias edições americanas do livro (*Street Corner Society*) e, em 2005, a Jorge Zahar Editor, publicou a primeira edição brasileira.

Descobri que minha aceitação do distrito dependia das relações pessoais que desenvolvi, muito mais que de qualquer explicação que pudesse dar. Se escrever um livro sobre Cornerville era ou não boa coisa, isso dependia inteiramente das opiniões que as pessoas tinham sobre mim, sobre a minha pessoa. Se fosse favorável, então meu projeto estava bem; se fosse desfavorável, então nenhuma explicação que eu desse poderia convencê-las do contrário".[98] Mais adiante, ainda na mesma linha de pensamento, o autor volta a mencionar que: "aprendi bem rapidamente a importância crucial de ter o apoio dos indivíduos-chave de qualquer grupo ou organização que eu estudasse. Em vez de tentar me explicar a todos, descobri que as informações sobre mim e meu estudo que eu dava a líderes como Doc eram muito mais detalhadas que as que oferecia ao rapaz comum da esquina."[99] Whyte, ademais, discute com bastante precisão a regra segundo a qual não deve o observador participante buscar influenciar os eventos que acompanha, sob pena de violar a ética profissional do pesquisador. É que muitas vezes o instrumental privilegiado do criminólogo pode permitir uma manipulação das fontes primárias de pesquisa, com o objetivo de fortalecer sua posição social em determinada área. Tal forma de agir é extremamente deletéria e foi muito criticada por Whyte, até como uma autocrítica de episódio por ele vivenciado.[100]

Outro mecanismo metodológico utilizado comumente é a técnica de grupos de controle. Trata-se de estabelecer comparações estatísticas entre, por exemplo, um grupo de delinquentes (grupo experimental) e um grupo de não delinquentes (grupo de controle), com vista ao estabelecimento de conclusões sobre a relevância de determinada variável quanto ao comportamento do grupo delinquente. Tal técnica obedece a uma ideia de conseguir dois grupos assemelhados referentes a uma série de variáveis (sexo, idade, nível cultural etc.), exceto em relação a uma variável específica que se quer estudar. A obra de Sheldon e Eleanor Glueck, *Unraveling juvenile delinquency* (1950), cotejou dois grupos de quinhentos jovens, por mais de cinco anos, para tentar demonstrar as consequências que um tratamento institucional produz àqueles que são submetidos a uma instituição fechada em cotejo com aqueles que não são submetidos à internação.[101]

---

98. Whyte, William Foote. *Sociedade de Esquina*, p. 301.
99. Op. cit., p. 301.
100. Op. cit., p. 331.
101. Tal técnica tem clara inspiração nos métodos das ciências biológicas, especialmente quando se fazem testes com remédios, dando-se a um grupo o remédio a ser testado e a outro, placebo, para posterior verificação dos resultados estatísticos. Sobre a técnica de grupo de controle, veja-se: Dias, Jorge de Figueiredo. Op. cit., p. 122-123; e Mannheim, Hermann. Op. cit., vol. I, p. 144-145.

Outros métodos são utilizados para que se possa aquilatar a grandeza da delinquência oculta, a chamada *cifra negra* da criminalidade. Três são os normalmente lembrados. O primeiro deles é o da *autoconfissão*, que consiste em fazer pesquisas anônimas para conhecer quantas pessoas cometeram certos fatos em determinado período de tempo. O segundo meio de obtenção de dados da cifra negra é o método da *vitimação*. São realizadas pesquisas sobre uma mostra representativa da população, a fim de determinar quantas pessoas foram vítimas de certos delitos em certo período de tempo. Por fim, há o método *de análise das maneiras de prosseguir ou abandonar que têm os tribunais e a polícia*. São feitos esquemas gráficos das entradas e saídas de delitos e delinquentes no sistema de controle formal, em cada uma das etapas da detenção e do processo.[102] Nem é necessário dizer que todos esses métodos investigatórios apresentam certos problemas, razão pela qual só serão obtidos dados mais seguros com a combinação desses mecanismos evitando-se falhas nos resultados das pesquisas.

---

102. Aniyar de Castro, Lola. *Criminologia*... cit., p. 70-72.

2
NASCIMENTO DA CRIMINOLOGIA

2.1 Aportes iniciais

Os diversos autores que estudam a criminologia não são unânimes ao concluírem em qual momento histórico teria iniciado o estudo científico da criminologia. Os critérios são muitos e os pontos de referência são distintos. Se essa data fosse certa, seguramente ter-se-ia uma indicação mais precisa em uma obra ou em um pensamento determinado. No entanto, muitos são os autores que, de alguma forma, tangenciaram a questão sem se dar conta de que faziam de seu objeto de estudo aquilo que, hoje, convencionamos chamar criminologia. Lombroso, por exemplo, uma das mais lembradas referências para se indicar o termo inicial do estudo criminológico, intitulava-se da Escola Antropológica italiana e não se dizia criminólogo. Outros, por sua vez, usaram a palavra criminologia, sem adotar um método que pudesse ser identificado com tal ciência. Assim, vários autores (ou mesmo obras) que trabalharam com a criminologia poderiam marcar os paradigmas que identificariam o ponto inicial de seu estudo histórico-científico. No entanto, se é verdade que enquanto ciência a criminologia tem uma curta história, não é menos verdade que tenha um longo passado – ou pré-história –, ou ainda uma larga etapa pré-científica.

Eugenio Raúl Zaffaroni, não sem razão, pondera que entre o final do Império Romano e o início da Idade Média, a Criminologia existia de uma forma inorgânica. Não havia um corpo doutrinário ou de teoria. Com Santo Agostinho, no século IV, procede-se a uma síntese maniqueísta, mesclando tais concepções com os conceitos da época. Nessa perspectiva, não havia lugares neutros. Ou se estava com Deus ou com o diabo (satã, em hebraico, significava inimigo), razão pela qual, já na época, nasce a dualidade entre amigo/inimigo, tão em voga nos tempos que correm.[1] Para ele, o primeiro modelo integrado de criminologia se dá com o Malleus maleficarum, ou o "martelo das feiticeiras", obra de 1487 e escrita por Jacob Sprenger e Heinrich Kramer. Referida obra, com diversas edições ao longo dos séculos, estabelecia parâmetros estruturados para a maximização da ameaça criminal, com uma linguagem discursiva bélica, com a identificação de

---

1. *La palabra de los muertos*, p. 25-26.

um estudo emergencial de combate ao crime e com a identificação daquele (a)s que era(m) o (a)s piores inimigo (a)s criminais (todos (a) os (as) que negavam ou deslegitimavam o crime, como as bruxas). O livro, com características misóginas, identificava nas mulheres um ser inferior e que, pois, tinha menos fé, suscetível da tentação diabólica.[2] O fato é que a Inquisição foi a primeira agência burocratizada dominante destinada à aplicação de castigo e à definição de verdades e, por isso, a primeira a formular um discurso criminológico.[3]

Para gizar esse momento pré-científico, é necessário identificar o ponto em que a criminologia passa a ser conhecida com certa autonomia científica. Para a maioria dos autores, Cesare Lombroso foi o "fundador da criminologia moderna", com a edição do *Homem delinquente*, em 1876. "Em sentido estrito, a criminologia é uma disciplina 'científica', de base empírica, que surge quando a denominada Escola Positiva italiana (*scuola positiva*), é dizer, o positivismo criminológico, cujos representantes mais conhecidos foram Lombroso, Garofalo e Ferri, generalizou o método de investigação empírico-indutivo".[4] Outros autores, em oposição a essa convicção, afirmam que Lombroso, embora tenha sido o responsável por um importante impulso nos estudos científicos do crime, do criminoso, do controle social do delito, e da própria vítima, não foi o primeiro a fazer tal estudo de forma sistemática. Destacam, por exemplo, escolas e autores que já estudavam o fenômeno, como o antropólogo Topinard, que em 1879, pela primeira vez, empregou a palavra "criminologia", e o próprio Garofalo, seguidor de Lombroso, que em 1885 utilizou o termo como título de uma obra científica. Dentro desse contexto, diminui, em parte, o protagonismo precursor de Lombroso.[5] Há autores, ainda, que não deixam de destacar a existência de uma criminologia da Escola Clássica, em grande parte devida a Carrara e seus seguidores, o que faria retroceder ao marco inicial dessa linha de pensamento, com a edição do *Programa de direito criminal*, em 1859. Por outro lado, não se pode deixar de lembrar que o pensamento dogmático da Escola Clássica só se configuraria no início da segunda metade do século XIX, porquanto precedido pelo pensamento filosófico precursor de Cesare Bonesana, Marquês de Beccaria, ao publicar seu *Dos delitos e das penas*, em 1764. Sendo assim e considerando que muitas das concepções do Direito Penal liberal

---

2. Op. cit., p. 30-33. No mesmo sentido o pensamento de Vera Malaguti Batista, associando o nascimento criminológico a discurso da Inquisição. *Introdução crítica à criminologia brasileira*, p. 32.
3. ROSA, Pablo Ornelas et alii. *Sociologia da violência, do crime e da punição*. Belo Horizonte: Editora D´Plácido, 2020.
4. García-Pablos de Molina, Antonio; Gomes, Luiz Flávio. Op. cit., p. 131.
5. Nesse sentido, vide a obra de Israel Drapkin Senderey, *Manual de criminologia*, p. 9.

já haviam sido lançadas por Beccaria, não se poderia deixar de reconhecer nele o primeiro pensador da chamada criminologia,[6] não obstante haja quem possa ver em Quetelet, principal autor da Escola Cartográfica, que em 1835 publica seu *Ensaio de física social*, o verdadeiro marco da criminologia, dentro de uma perspectiva não biológica.

Deixando de lado a anedótica (em grande medida) discussão que poderia advir da briga para se ter um "pai" da ciência criminológica, poder-se-ia dizer, em duas grandes linhas de pensamento, que a criminologia nasce com o positivismo seja sociológico ou biológico; ou, ainda, que a criminologia nasce com a Escola Clássica.[7]

Sabemos que a Ilustração foi um fabuloso movimento cultural do século XVIII, com epicentro na França, que produziu mudanças políticas, sociais e culturais. Talvez, no entanto, uma das mais radicais modificações tenha se dado no plano das ideias, pelo culto à razão. As acentuadas modificações surgidas nesse período, que contaram com grandes movimentos de massas e com a revolução industrial, requisitaram um certo movimento interpretativo e explicativo que pudesse dar respostas mais precisas às indagações daquele momento. Tais respostas só foram possíveis com o aparecimento do pensamento racional que pretendia fazer encadear, logicamente, modelos explicativos para as questões sociais. Daí o surgimento da ideia de "ciências sociais", com esteio analógico nos mesmos paradigmas das ciências naturais. Se os modelos teóricos da investigação experimental eram suficientes para as ciências naturais, não haveriam de sê-lo, também, para as ciências sociais? Ou ainda, sob outra perspectiva, o culto à razão, modelador do pensamento biológico científico, não poderia ser suficiente para explicações filosóficas e sociais dos fenômenos decorrentes daquelas profundas transformações? Para as duas perguntas surgiram duas respostas distintas: a positivista e a clássica. Ambas, no entanto, têm algo em comum. São respostas que ancoram seu pensamento na grande transformação iluminista.[8] A Escola Clássica enraíza suas ideias exclusivamente na razão iluminista e a Escola Positivista, na exacerbação da razão confirmada por meio da experimentação. Clássicos focaram seus olhares no fenômeno e encontraram o crime;[9] positivistas fincaram suas reflexões nos

---

6. Nesse sentido: DIAS, Jorge de Figueiredo; ANDRADE, Manuel da Costa. Op. cit., p. 5-10.
7. ZAFFARONI, Eugenio Raúl. *Criminología*... cit., p. 100.
8. ELBERT, Carlos Alberto. *Manual*... cit., p. 28-29.
9. Para os clássicos o criminoso constitui-se em um indivíduo idêntico aos outros, ou seja, trata-se de alguém provido das mesmas capacidades psicológicas, orgânicas, bem como compartilhando os mesmos sentimentos que os não criminosos. Vide, nesse sentido,

autores desse fenômeno, encontrando o criminoso. Clássicos e positivistas, na realidade, são distintas faces da moeda iluminista, tese e antítese que não podem superar essa relação dialética de oposição senão quando produzem a síntese; e esta é muito diferente dos fatores que lhe deram origem. A rigor, a busca de um método criminológico – ou as discussões acerca deste –, de suas finalidades e funções, é que fez dos estudos, que envolviam a criminalidade, nascer a criminologia. Esta não é obra de um livro, não é produto de uma "escola" nem tampouco resultado de um pensamento. É, em verdade, a síntese de um século que fez acentuar o fenômeno da criminalidade e permitiu a criação de diferentes modelos explicativos dela. Se for verdade que Lombroso e seguidores tiveram decisiva importância no surgimento da criminologia mediante o estudo do homem criminoso, também não é menos verdade que Carrara e os pensadores que convergiam com seu pensamento (embora não agissem como uma "escola") tiveram relevância nos estudos dogmáticos que permitiram surgir uma ciência criminal. Ambas as categorias, embora tenham na origem um condicionamento comum – e, portanto, possam ser estudadas como uma mesma disciplina –, hoje atingem diversidades que as identificam enquanto individualidades. É possível até que os dois termos da dicotomia (de um lado, crime e criminoso – de outro lado, clássicos e positivistas) se condicionem reciprocamente, no sentido de se reclamarem, continuamente, um ao outro, por contraste; mas adquiriram autonomia em suas construções categóricas, o que nos permite individualizá-los, para distingui-los. Hoje, como já o fizemos em capítulo anterior, claramente identificamos o direito penal e a criminologia. Em seu tempo, no entanto, tal distinção não era tão clara.

2.2 Estudo dos precursores

A Antiguidade tem alguns poucos exemplos de questões que suscitaram discussões sobre os crimes, criminosos e suas correspondentes penas. O Código de Hammurabi, por exemplo, dispunha que pobres e ricos fossem julgados de modos distintos, correspondendo aos últimos a maior severidade, em razão das maiores oportunidades que tiveram de aceder a melhores bens materiais e culturais. Assim, se "um homem superior batesse em uma mulher superior e a fizesse abortar, deveria pagar 10 siclos de prata pelo feto". Mas, se ao contrário, batesse em uma mulher comum, pagaria apenas 5 siclos de prata.[10] A premissa, especialmente na antiguidade e na Idade Média, sempre foram a desigualdade entre as pessoas,

---

Damásio, Robson Lins. As oposições entre a escola clássica e a escola positivista criminológica do direito penal. *Cadernos de Ciências Criminais*, p. 30.

10. HARARI, Yuval Noah. Sapiens: uma breve história da humanidade, p. 114.

ainda que com medidas punitivas mais graves aos cidadãos comuns do que aos nobres em muitos ordenamentos.[11] Tal pensamento será modificado somente com a modernidade. A declaração de independência americana é um marco dessa modificação de premissa, ao asseverar que "Consideramos estas verdades evidentes por si mesmas, que todos os homens são criados iguais, que são dotados por seu Criador de certos direitos inalienáveis, que entre estes estão a vida, a liberdade e a procura de felicidade".[12] É na Idade Média e no início da Idade Moderna que vamos encontrar as mais diferentes e curiosas manifestações acerca da criminalidade. Já no Código das Sete Partidas há uma descrição interessante dos tipos de assassinos,[13] tipos esses que mereceriam classificações e estudos posteriores da parte de vários autores. Alguns desenvolveram a discussão da chamada criminogênese: o exame dos fatores que podiam influenciar a conduta delinquencial; as forças físicas e cósmicas foram estudadas, muitas vezes apresentando uma formulação aparentemente científica. Assim, Kropotkin, baseando-se em dados climáticos, chegou a criar um cálculo numérico para os homicídios: $H = T \times 7 + U \times 2$ (H é o número de homicídios; T é a temperatura média e U é a unidade média). Muitas ciências ocultas (ou pseudociências) surgiram nesse período. A oftalmoscopia, por exemplo, pretendia estudar o caráter do homem pela observação dos olhos, assim como a metoposcopia o fazia por meio da observação das rugas da fronte e a quiromancia pretendia prever o futuro, com base no passado, pela análise das linhas das mãos.

Todavia, a mais importante de todas essas pseudociências é a fisionomia. Provavelmente sua origem é bastante remota, podendo encontrar resquícios no próprio Hipócrates. Referido autor, tido como o pai da medicina, inovou ao relacionar a aparência dos enfermos com as doenças que se pretendia diagnosticar. Ou, em suas próprias palavras: "Os indivíduos que têm a cabeça grande, os olhos pequenos e que gaguejam são arrebatados. Ter mais dentes é sinal de longevidade. Os indivíduos gagos, os que falam depressa, os melancólicos, os biliosos, os que têm o olhar fixo são coléricos. Os indivíduos que têm a cabeça grande, os olhos negros e grandes, o nariz grosso e achatado são bons".[14]

---

11. Vide o que acontecia nas Ordenações do Reino de Portugal, que tiveram vigência no Brasil até o Código Criminal do Império de 1830.
12. HARARI, Yuval Noah. Op. cit., p. 116.
13. SENDEREY, Israel Drapkin. Op. cit., p. 12.
14. Hipócrates. *Conhecer, cuidar, amar*: o juramento e outros textos, p. 101; no mesmo sentido: HOPE, R. A et alii. *Oxford handbook of clinical medicine*, p. 24.

Percebe-se, pois, que os fisionomistas se preocupavam com o estudo da aparência externa do indivíduo, ressaltando a relação existente entre o corpo e o psíquico. Para eles, dos dados fisionômicos de uma pessoa poder-se-iam deduzir seus caracteres psíquicos, relacionando-se desse modo os aspectos físico e moral do ser humano.[15] Um dos mais importantes fisionomistas é Giovanni Battista Della Porta Vico Equense, mais conhecido como Della Porta. Nascido em Nápoles em 1535, falecido na mesma cidade em 1615, foi estudioso de filosofia, alquimia e magia natural. Foi perseguido pela Inquisição, exatamente por criar uma sociedade denominada *Accademia dei Segreti*, dedicada aos estudos da natureza humana. Em 1586 publicou, em sua cidade natal, *De humana physiognomia*, obra em que sustentava a perfeita correspondência entre os aspectos interiores e a forma externa da natureza humana.[16] Ao lado dele, podemos também destacar Johan Caspar Lavater, teólogo suíço, nascido em 1741 e falecido em 1801, que publicou em Leipzig, em 1776, *L'art d'etudier la physionomie*. Lavater estudava com profundidade a craniometria[17] e defendia o "julgamento pelas aparências". Acreditava que o caráter e o temperamento do homem poderiam ser lidos pelos contornos da face humana; defendeu que se atentasse para a riqueza facial mediante suas artísticas representações. Para tanto, coletou centenas de ilustrações humanas com as quais exemplificava suas ideias.[18] Para ele, tanto a beleza quanto a feiura eram reflexos da bondade ou da maldade da pessoa. Homem delinquente tem maldade natural, tem o nariz oblíquo, tem barba não pontiaguda, a palavra negligente, olhos grandes e ferozes, sempre iracundos, brilhantes, as pálpebras abertas, círculos de um vermelho sombrio a rodear a pupila, uma lágrima colocada nos ângulos inferiores etc.[19] Também dessa época, em pensamento que passa de Della Porta à Lavater, a hierarquização dos animais, atribuindo-lhes valorações negativas e positivas exclusivamente humanas. As bruxas são associadas a animais gostando de se converter em lebres e gatos de três patas, sapos, raposas, coelhos e ratos, quase sempre sem rabo. Borboletas e libélulas eram consideradas ligadas ao diabo, enquanto a pureza cristã era simbolizada pelo cordeiro e pela pomba.[20]

---

15. Di Tullio, Benigno. *Trattato de antopologia criminale*: studio clinico e medico legale ad uso dei medici, dei giuristi e degli studenti, p. 43.
16. Disponível em: [www.galileo.imss.firenze.it]. Acesso em: 01.02.2002.
17. Estudo externo das aparências cranianas.
18. Disponível em: [www.newcastle.edu.au]. Acesso em: 31.01.2002.
19. García-Pablos De Molina, Antonio; Gomes, Luiz Flávio. Op. cit., p. 137.
20. Zaffaroni, Eugenio Raúl. *O nascimento da criminologia crítica*. São Paulo: Tirant lo Blanch, 2020, p. 56.

Na identificação do mau, era importante tal simbologia, que foi largamente usada na Inquisição.

Polemista, defendeu o cientificismo da fisionomia. Dizia ele: "por que pôr em dúvida a existência da fisionomia quando todos os dias se veem pessoas cujo rosto traz a marca das paixões que as agitam? Faces cavadas, fronte enrugada, lábios pálidos e cerrados que o sorriso jamais aviva, olhos voltados para o solo — podem, enfim, todos esses traços caracterizar a alegria? Não serão antes indicadores da sombria melancolia? Percorram os antros do crime, entrem nas prisões onde o celerado acorrentado sofre[21] o castigo de suas perversidades: encontrarão aí fisionomias que parecem pertencer exclusivamente ao vício; a expressão de um movimento virtuoso pareceria estranha em tais rostos, porque seus músculos contraídos não sabem traduzir senão os mais vis sentimentos da alma, ou os ímpetos do ódio e do desespero."

Outro fisionomista importante foi o holandês Petrus Camper (1722-1789). Camper mostrava a escala de perfeição dos seres, partindo dos macacos, no pé da escala, até chegar a Apolo, no topo da escala (passando pelos homens comuns) e as diferenças orgânicas dos seres humanos.[22] Tais autores autorizaram o surgimento de consequências na esfera jurídica de medidas evidentemente discriminadoras. Um juiz napolitano, conhecido como Marquês de Moscardi, decidia em última instância os processos que até ele chegavam. Criou o conhecido Edito de Valério que afirmava: *quando se tem dúvida entre dois presumidos culpados, condena-se sempre o mais feio*. A pena que sempre aplicava era a de morte ou a perpétua, terminando sempre suas sentenças com o bordão: "ouvidas acusação e defesa e examinadas a cabeça e a face do acusado, condeno-o".[23]

Também Lavater defendia que o magistrado esclarecido tinha um olhar escrutinador que parecia interrogar os mais secretos pensamentos do acusado; ele pressentia o culpado antes de o ter interrogado, ou compreendia a linguagem muda da inocência, tudo pelas fisionomias![24]

A fisionomia deu origem à cranioscopia, desenvolvida por Franz Joseph Gall (1758-1828), por volta de 1800. Tal método permitia, mediante medições externas da cabeça, adivinhar a personalidade e o desenvolvimento das faculdades mentais e morais, com base na forma externa do crânio. Posteriormente, tais estudos

---

21. HOCQUART, Edouard. *O lavater das senhoras*, p. 16.
22. Disponível em: [www.pages.britishlibrary.net]. Acesso em: 01.02.2002.
23. SENDEREY, Israel Drapkin. Op. cit., p. 13; GARCÍA-PABLOS DE MOLINA, Antonio; GOMES, Luiz Flavio. Op. cit., p. 136.
24. HOCQUART, Edouard. *O lavater das senhoras*, p. 16-17.

evoluíram para uma análise do interior da mente, o que deu origem à frenologia (*phrenos* – mente), precursora da moderna neurofisiologia e da neuropsiquiatria.

A frenologia regia-se pelas seguintes proposições: (i) toda faculdade mental tem um território; (ii) a forma do crânio é a impressão fiel da composição cerebral; e (iii) existem ligações entre o cérebro e as faculdades psíquicas, pelo que qualquer alteração da constituição orgânica corresponde a uma alteração da função psíquica, tal sendo detectada pela análise da morfologia craniana.[25] Desenvolvidos precipuamente pelo citado médico alemão, esses métodos permitiram localizar cada um dos instintos e inclinações humanas em uma parte determinada do cérebro, cujo desenvolvimento poderia ser apreciado segundo a forma do crânio. Cada instinto perverso deveria ter sua própria origem que o provocava e o identificava. Gall ofendeu líderes religiosos e cientistas. A Igreja considerou sua teoria contrária à religião (era um anátema afirmar que a mente, criada por Deus, tinha um local físico). Os cientistas, por seu turno, acusaram-no de não fornecer provas concretas sobre sua teoria, afirmando haver uma espécie de charlatanismo. Gall deixou Viena, local em que ensinava, indo, sucessivamente, para a França e a Inglaterra, onde em definitivo se estabeleceu; suas ideias, ali, passaram a ser mais bem aceitas. É que as teorias de Gall permitiram aos governantes justificar a "inferioridade" de servos coloniais, incluindo os irlandeses. Em sua obra, o crime é visto como resultado de um desenvolvimento parcial e não compensado do cérebro, que ocasiona uma hiperfunção de determinado sentimento. Assim, agressividade, instinto homicida, sentido patrimonial e sentido moral estavam localizados em áreas cerebrais, o que permitiria sua identificação externa. Sua principal obra, intitulada *Sur les fonctions du cervau*, foi publicada entre os anos de 1823 e 1825, em seis volumes.[26] Outro importante frenologista foi o também alemão Johann Caspar Spurzheim (1776-1832). Discípulo de Gall, deixou sua terra natal indo para Viena onde se transformou em seu colaborador nas pesquisas neuroanatômicas. Em 1815, já vivendo na Inglaterra, publicou seu *The physiognomical system* no qual modificou um pouco as ideias de seu mestre, chegando a fazer uma carta cranioscópica, imitando as geográficas, em que cada um dos órgãos cerebrais tinha seus limites precisos. Seus opositores chegaram a ironizá-lo, afirmando que tais precisas fronteiras eram tão seguras quanto a de alguns países.[27] Como destaca Vera Malaguti Batista, Spurzheim "vai para os Estados

---

25. AGRA, Cândido (direção). *A criminologia:* um arquipélago interdisciplinar, p. 48.
26. LANGON CUÑARRO, Miguel. *Criminología*: historia y doctrinas, p. 19; disponível em: [www.epub.org.br]; [www.artsci.wustl.edu], acesso em: 01.02.2001.
27. LANGON CUÑARRO, Miguel. *Criminología...* cit., p. 20; disponível em: [www.usyd.edu.au], acesso em: 01.02.2002.

Unidos prestar seus serviços para a construção do apartheid estadunidense, abrindo espaço para novos trabalhos como os de Samuel Morton (Crania Americana, 1839, e Breves Comentários sobre as diferenças das raças humanas, em 1842) ou os de Josiah Clark Nolt, que em seu Das lições de História Natural sobre as raças negras e caucásicas, legitimava a ambiência racista que o escravismo e o pós-escravismo necessitavam na América do Norte."[28] Coube ao espanhol Mariano Cubí y Soler (1801-1875), autor de *Manual de frenologia* e *Sistema completo de frenologia* (1844), o mérito de ser um dos primeiros a afirmar e expor a teoria do criminoso nato, caracterizando-o como um "subtipo humano". Para ele, "há criaturas humanas que nascem com um desmedido desenvolvimento da destrutividade, acometividade ou combatividade, aquisitividade (...) cuja organização constitui relação naturalmente ao ladrão, ao violador, ao assassino, ao fraudador e a outros tipos criminais".[29]

No âmbito da psiquiatria, muitos autores poderiam ser citados pela importância de seus trabalhos. Bénedict-Augustin Morel (1809-1873), por exemplo, escreve um *Traité des dégénérescences physiques, intellectuelles et morales de l'espèce humaine et des causes qui produisent ces variétés maladives* (1856), associando a criminalidade à degeneração, tema que seria muito caro a Lombroso e seus seguidores. Antes mesmo dele, o termo degeneração era de uso corrente. Morel relaciona a degeneração à alteração do tipo antropológico ou do biotipo humano com a patologia, particularmente com a mental. Era, para ele, um desvio doentio do tipo normal da humanidade, hereditariamente transmissível, com evolução progressiva no sentido de decadência. Em princípio, as doenças mentais provenientes da degeneração do sistema nervoso eram consideradas incuráveis e tinham como causa o paludismo, o álcool, o ópio, as intoxicações alimentares, as doenças infecciosas ou congênitas, a miséria, a imoralidade dos costumes e influências hereditárias.[30] Philippe Pinel (1745-1826), importante psiquiatra francês, realizou os primeiros diagnósticos clínicos, separando os delinquentes dos enfermos mentais. Teve a atenção despertada para o problema mental quando um amigo seu ficou louco e morreu da enfermidade. A partir daí desenvolve ideias humanitárias de tratamento das doenças mentais. Antes dele, o louco, considerado possuído pelo diabo, era acorrentado; foi, pois, o primeiro a conseguir elevar o deficiente mental da situação de pária à categoria de doente. Seu *Traité médico-philosophique*

---

28. *Introdução crítica à criminologia brasileira*, p. 43.
29. SALDAÑA, Quintiliano. *Los orígenes de la criminología*, p. 346.
30. CARRARA, Sérgio. *Crime e loucura*: o aparecimento do manicômio judiciário na passagem do século, p. 82-86.

sur l'aliénation mentale (1801) marca o coroamento do saber psiquiátrico de seu tempo.[31] Jean Etienne Dominique Esquirol, psiquiatra francês nascido em 1772 e morto em 1840, discípulo de Pinel, foi um dos pioneiros na diferenciação entre deficiência mental e insanidade. Para ele a idiotia não era uma doença, mas sim uma condição das faculdades mentais. Esquirol contribuiu com a psicologia por meio do trabalho com internos e loucos em manicômios, chegando a desencadear a criação de uma comissão de investigação, na França, para verificação do tratamento dado aos internos. No plano criminológico afirmou, em sua principal obra, *Des Maladies Mentales*, de 1838, que o ato criminal só poderia ser realizado sob estado delirante, em que o autor age por um impulso maquinal, irresistível, o que logicamente não autorizaria uma punição, já que o autor seria irresponsável.[32] Muitos outros autores poderiam ser lembrados, como Próspero Despine que, em 1869 em Paris, com sua obra *Psychologie naturelle*, sob a rubrica de "loucura moral" define a insensibilidade moral permanente de certos delinquentes, antecipando-se a Lombroso nos estudos de taras degenerativas de criminosos. A ideia de loucura moral permitia a definição daqueles que, com bom nível de inteligência, tinham graves defeitos constitutivos de seus princípios morais.

Muito ligados à psiquiatria e à frenologia, nesse período da história, estavam os antropólogos, aos quais se devem algumas importantes ideias utilizadas por Lombroso. Lucas (1805-1885), em seu *Traité philosophique et physiologique de l'hérédité naturelle*, em 1847, enuncia o conceito de atavismo como o reaparecimento, em um descendente, de um caráter não presente em seus ascendentes imediatos, mas, sim, em remotos. Lucas faz referência a uma tendência criminal transmissível pela via hereditária, e presente já desde o momento do nascimento do indivíduo.[33] Já Gaspar Virgílio (1836-1907) que, em 1874, dois anos antes de Lombroso, escreveu *Sulla natura morbosa del delitto*, referiu-se às características anormais dos delinquentes e estabeleceu, como causa importante do delito, a anormalidade do seu autor, usando na Itália o conceito de criminoso nato, algo que já havia sido mencionado na Espanha por Cubí y Soler.

Nunca é demais notar que, em grande medida, tais ideias receberam as decisivas contribuições de Lamarck e Charles Darwin. O primeiro afirmava que os caracteres adquiridos em função da necessidade do meio são transmitidos aos descendentes, criando, assim, a base para o pensamento evolucionista utilizado por Lombroso, em sentido inverso. O crime podia ser causado por uma

---

31. Disponível em: [www.whonamedit.com]. Acesso em: 01.02.2002.
32. Disponível em: [www.indiana.edu]; [www.drwebsa.com.ar]. Acesso em: 01.02.2002.
33. García-Pablos de Molina, Antonio; Gomes, Luiz Flávio. Op. cit., p. 141.

regressão – espécie de involução –, já que os seres evoluíam e eram selecionados pelo meio. É, no entanto, Charles Darwin (1809-1882), em sua obra *The origin of species*, de 1859, quem proporciona uma revolução paradigmática. Seu livro põe de cabeça para baixo tudo o que a ciência biológica havia escrito até então. É com ele que fica demonstrada a evolução das espécies, desde as formas viventes mais elementares até chegarmos aos hominídeos. Sua teoria implicava afirmar que a humanidade não resultou de um processo criador repentino, mas foi decorrência de uma lenta evolução natural. Para Darwin, os membros que se denominavam "gêneros idênticos" (o homem, por exemplo) são descendentes lineares de alguma outra espécie, sendo a seleção natural o meio de modificação mais importante, ainda que não o único. Tais ideias, no plano das ciências biológicas, foram trazidas para o pensamento social por Herbert Spencer (1820-1903), quando fez uma analogia entre o funcionamento de um fígado e o da cidade inglesa de Manchester. Em seu ultraliberalismo, Spencer chega a afirmar que os pobres, imprudentes, incapazes, débeis, enfim fracos, em geral, seriam superados pelos mais aptos. Para ele, as "raças inferiores" tinham um grau inferior de sensibilidade e por isso não era conveniente instruí-las mais do que em trabalhos manuais, enfim o suficiente para sua sobrevivência dada a sua inaptidão para o crescimento intelectual.[34]

A adoção das diferenciações "raciais" dentro do gênero humano foi extremamente útil para as potências europeias da época. A divisão das pessoas em superiores e inferiores, ao mesmo tempo que deslegitimava a escravidão – afinal de contas todos eram seres humanos – dava o fundamento de legitimidade que o colonialismo europeu necessitava para fincar o pé do domínio territorial em novos continentes. Levar a civilização dos "superiores" aos "inferiores" era a principal demanda do momento e não podia ser descartado tal pensamento pelas potências europeias, especialmente Inglaterra.

Não que os ingleses não fizessem estudos culturais das colônias que estavam sob o jugo da metrópole. Os impérios europeus acreditavam que, para governar de maneira eficaz, precisavam conhecer as línguas e as culturas de seus súditos. Ao chegar à Índia, por exemplo, os oficiais britânicos passavam até três anos em uma faculdade de Calcutá, onde estudavam direito muçulmano e hindu ao lado de direito britânico; sânscrito, urdu e persa ao lado de grego e latim; e cultura tâmil, bengalesa e hindustani ao lado de matemática, economia e geografia.

---

34. Zaffaroni, Eugenio Raúl. *Criminología...* cit., p. 139; Elbert, Carlos Alberto. *Manual...* cit., p. 43-44.

Grande parte desse cabedal imperialista foi concebido por William Jones, juiz da Corte de Bengala.[35]

É também deste período o discurso disciplinário inglês, devido a Howard (1726-1790) e Bentham (1748-1832). Tais autores, diferente da maioria dos citados anteriormente, influenciaram a chamada criminologia clássica. Em 1777, depois de visitar diversas prisões europeias, John Howard publica seu *The state of prisons*. O livro, embora denunciasse o estado miserável dos condenados dentro dos presídios, trazia um discurso puritano que propugnava, à semelhança do que ocorreu com a prisão dos Quackers, a superação do pecado por meio da meditação, da introspecção e do trabalho. Esta ideia disciplinária foi levada adiante, anos mais tarde, por Jeremy Bentham. O utilitarismo de Bentham nada mais era do que uma ideologia positivista com um cálculo de rentabilidade, muito ao gosto dos nossos economistas de hoje. Sua máxima era trazer a maior felicidade ao maior número possível de pessoas.[36] A criação maior de Bentham foi o panóptico (1791 – *Panopticum or The Inspection House*). Era um sistema de construção prisional que permitia, com o mínimo de esforço – e com o máximo de economia –, obter o máximo de controle dos condenados. Da torre central de um presídio circular todos os corredores radiais seriam observados, bastando, para tanto movimentar a cabeça nas diferentes direções, para se ter o controle pleno de todo o edifício, sem que os presos pudessem saber que estavam sendo vigiados. Enfim, asseguravam-se *ordem* e *progresso* das atividades diuturnas de trabalho, sem qualquer contrapartida. Cuidava-se da disciplina de uma forma bastante positiva. Era este o princípio da ideologia utilitarista. Foi Bentham o primeiro autor a referir-se a certas medidas preventivas do delito, às quais Ferri posteriormente denominou

---

35. HARARI, Yuval Noah. Op. cit., p. 309.
36. A convergência dos pensamentos positivista e utilitarista pode ser observada na própria bandeira brasileira. Adotada pelo Governo Provisório da República, foi desenhada por Teixeira Mendes, chefe do Apostolado Positivista no Brasil, quatro dias depois da proclamação da República. É uma síntese do pensamento de Comte que tinha o amor por princípio, a ordem por base e o progresso por fim. Rui Barbosa, um dos defensores da frase "Ordem e Progresso", assim expressou suas ideias: "O povo brasileiro, como todos os povos ocidentais, acha-se vivamente solicitado por duas necessidades, ambas imperiosas, que se resumem nas palavras – Ordem e Progresso. Todos sentem, por um lado, que é imprescindível manter as bases da sociedade, mas todos percebem também que as instituições humanas são suscetíveis de aperfeiçoamento. Ora, acontece que o tipo da Ordem só foi, até hoje, fornecido pelo regime teológico e guerreiro do passado, e que o Progresso tem exigido a eliminação, por vezes violenta, de certas instituições, sendo, por isto, o espírito público empiricamente levado a supor que são irreconciliáveis as duas necessidades. Daí a formação de dois partidos opostos, tomando um para lema a Ordem e o outro o Progresso". In: LYRA, Roberto; ARAÚJO JR., João Marcelo de. *Criminologia*, p. 35.

de "substitutivos penais". Foucault demonstra, em *Vigiar e punir*, como o nascimento da prisão estava fincado na ideia da disciplina: "a punição é uma técnica de coerção dos indivíduos; ela utiliza processos de treinamento do corpo – não sinais – com os traços que deixa, sob a forma de hábitos, no comportamento; ela supõe a implantação de um poder específico de gestão da pena".[37] De outra parte, como bem ressalta Massimo Pavarini, as instituições fechadas, como o cárcere, surgem destinadas à ideia de disciplinar a força de trabalho assalariado, mediante a educação.[38] Não é por outra razão que as primeiras prisões não se destinaram aos presos violentos ou àqueles que cometeram crimes mais graves, mas sim aos vagabundos e mendigos. Tal fato bem demonstra o pensamento utilitário inglês como proveitoso para a ideologia do contrato social. Havia a necessidade de justificar a pena como uma retribuição proporcional à quebra desse contrato pelo criminoso, que tinha liberdade de querer e de fazer.[39] Já se disse alhures que as fábricas pareciam cárceres; ao contrário, os cárceres é que foram construídos sob o modelo das fábricas.[40]

Um dos pensamentos precursores da sociologia moderna, e da criminologia de cariz sociológico, resulta dos estudos da chamada Escola Cartográfica. Seu mais proeminente autor foi Adolphe Quetelet (1796-1874). Nascido na Bélgica, ganhou fama como matemático e estatístico. Trabalhando como estatístico para as pesquisas censitárias de seu país, desenvolveu as ideias de "homem médio", que foi apresentado como um tipo ideal e abstrato que poderia ser visto como um padrão para análises sociológicas.[41] Isto levava a uma certa regularidade dos fenômenos criminais. Representa, para muitos, a ponte entre a criminologia clássica e a positivista. Seus estudos numéricos do crime estimularam a discussão sobre o livre-arbítrio e o determinismo, discussão central na chamada briga das escolas. Como estatístico, Quetelet afirmava existir uma "lei dos grandes números" e estudava o delito não tanto como um fenômeno de massas, mas

---

37. Foucault, Michel. *Vigiar*... cit., p. 116.
38. Pavarini, Massimo. *Los confines de la cárcel*, p. 13.
39. É interessante observar que no Brasil, no período de vigência do Código de 40 e da Lei das Contravenções Penais, a porta de entrada do criminoso para o sistema punitivo era a Lei das Contravenções Penais, principalmente mediante os tipos de vadiagem e mendicância, utilizados para repressão dos identificados como marginais que ainda não tinham passagens criminais anteriores. A lógica perversa do capitalismo, com o desemprego, fechou essa porta e, dificilmente, encontrar-se-á qualquer punição, com base naqueles dispositivos, nos últimos decênios.
40. Zaffaroni, Eugenio Raúl. *Criminología*... cit., p. 107.
41. Disponível em: [www.tdl.edu.au]. Acesso em: 01.02.2002.

afirmando que os delinquentes se limitavam a executar os fatos preparados pela sociedade, concluindo, assim, que a criminalidade é uma função representável matematicamente em decorrência dos estados econômicos e sociais do momento. A liberdade individual, em última análise, é um problema psicológico e pessoal sem transcendência estatística. Além disso, o crime tem uma regularidade constante. Trata-se do "postulado das relações constantes entre a criminalidade real, aparente e legal (existe uma relação invariável entre os delitos conhecidos e julgados e os delitos desconhecidos que são cometidos)". Surgia, aqui, a ideia das chamadas *cifras negras* que seria desenvolvida no século posterior. Com base nesse pensamento, Quetelet conclui que o único método adequado para a investigação do crime, como fenômeno macrossocial, é o método estatístico. Deve-se à estatística a lei da saturação criminal, segundo a qual o ambiente físico e social, associado às tendências individuais, hereditárias e adquiridas, e aos impulsos ocasionais, determina, necessariamente, relativo contingente de crimes.[42] Tais assertivas de Quetelet, além de granjearem seguidores europeus como Guerry (1802-1866), também permitiram antecipar os métodos utilizados, anos mais tarde, pela Escola de Chicago. Mesmo hoje, poucos são os criminólogos que não se valem de métodos estatísticos para analisar os dados da criminalidade, com os quais fazem o diagnóstico do problema e os prognósticos da devida intervenção, preventiva ou repressiva.

Contemporâneos de Lombroso, porém com visões distintas, estão os franceses da Escola de Lyon, Alexandre Lacassagne e Gabriel Tarde, dentre outros. Lacassagne (1843-1924) foi um importante professor de medicina legal em Lyon. Responsável por estudos científicos específicos na área, com aplicação de novas técnicas na identificação de cadáveres (necropsia) e também em balística, que permitiram associar as balas às estrias da arma de onde provinha o tiro,[43] notabilizou-se por ser o mais ferrenho opositor das teorias italianas da Escola Antropológica liderada por Lombroso. Segundo Lacassagne, que se opôs pessoalmente a Lombroso no I Congresso Internacional de Antropologia Criminal (Roma, 1885) e também no II, realizado quatro anos depois em Paris, há dois fatores que influem para o ato delituoso: os predisponentes (por exemplo, os de caráter somático) e os determinantes (os sociais, decisivos para o delito ser praticado). A sociedade era uma espécie de meio de cultivo que abriga em seu seio uma série de micróbios que são os delinquentes, os quais não se desenvolverão se o meio não lhes for propício. Daí a ideia segundo a qual maior desorganização social significaria maior

---

42. LYRA, Roberto. *Introdução ao estudo do direito criminal*, p. 31.
43. Disponível em: [www.perso.wanadoo.fr]; [www.mdpd.com]. Acesso em: 01.02.2002.

criminalidade; à menor desorganização corresponderia menor criminalidade, sintetizada na frase "cada sociedade tem o criminoso que merece". Tal opinião é importante, pois indica ser o meio social um caldo de cultura da criminalidade, ao contrário do que afirmavam os seguidores da Escola Antropológica italiana. As condições econômicas, portanto, jogam um papel definitivo: é a miséria que produz o maior número de criminosos.[44] Contemporâneo de Lacassagne, Gabriel Tarde (1843-1904) foi outro importante autor a permitir o desenvolvimento da perspectiva sociológico-criminal. Agudo crítico da perspectiva lombrosiana, jurista renomado e diretor de Estatística Criminal do Ministério da Justiça da França, com atividade pioneira neste aspecto em toda a Europa, teve participação ativa nas polêmicas contra a Escola italiana. Também discordava das ideias de Emile Durkheim, por entender não ser a criminalidade um fenômeno que pudesse ser classificado como "normal".[45] Polemista mordaz, refuta com veemência as assertivas segundo as quais o criminoso possuía uma regressão atávica. Afirma que isto o remeteria para um ser envolvido, portanto com menor peso e estatura. Segundo ele, não é o que ocorre. "Anatomicamente, o criminoso é, em geral, grande e pesado. Não digo forte, porque, ao contrário, é fraco de músculos. Pela sua estatura e seu peso médio, sobrepõe-se à média das pessoas honestas; (...) Seja como for, sua capacidade média é bem superior à dos selvagens, aos quais nosso autor, como bom darwiniano, se compraz em assimilá-los".[46] Quanto a Garofalo, não deixa de refutar a ideia segundo a qual haveria mais homicídios no Sul da Itália e mais roubos no Norte. Para ele não existia qualquer *lei térmica* da criminalidade, razão pela qual são causas sociais e não físicas que poderiam explicar tais diferenças em termos estatísticos.[47] Tarde afirmava que a "escola do crime' era a praça, a rua onde crescem as crianças; tal concepção veio influenciar poderosamente Sutherland, principal autor da teoria da associação diferencial, nos Estados Unidos. Segundo ele, há três leis chamadas *Leis da Imitação*. A primeira delas permite dizer que o indivíduo, em contato próximo com outros, imita-os na proporção direta do contato que mantêm entre si. Tarde diferenciava os contatos diferentes e rápidos que ele denomina de *moda*, característicos da grande cidade, e os contatos mais lentos e menores, que ele denomina *costume*, característicos do campo. Por força dessa ideia, ele acreditava ter a imprensa um papel central nos

---

44. LANGON CUÑARRO, Miguel. *Criminología*... cit., p. 32-33; LYRA, Roberto; ARAÚJO JR., João Marcelo de. Op. cit., p. 45-46; SENDEREY, Israel Drapkin. Op. cit., p. 56-57.
45. Disponível em: [www.droitpca.citeglobe.com]; [www.multimani.com]. Acesso em: 01.02.2002.
46. TARDE, Gabriel. *A criminalidade comparada*, p. 19-20.
47. Op. cit., p. 201.

meios de comunicação e interação entre as pessoas, propagando e potencializando essas imitações. Sua segunda lei de imitação projetava a direção do processo: o inferior imita o superior; os jovens imitam os mais velhos, os pobres imitam os ricos, os camponeses imitam a realeza e assim por diante. Isto permite às pessoas seguirem o modelo de maior *status*, na esperança de que suas condutas possam garantir-lhes uma recompensa associada àquele patamar superior social. A terceira lei é a da inserção. Se duas modas diferentes se superpõem, a mais nova substitui a mais antiga. Por exemplo, o assassinato a facadas é substituído pelo executado com armas de fogo; as drogas substituem o papel estimulador desempenhado, no passado, pelo álcool.[48] Dentro dessa linha de pensamento, sempre que existir um contato social deletério, haverá criminalidade potencializada.

Todos esses autores tiveram grande importância na história da criminologia. No entanto, nenhuma escola ou pensamento, como a Escola Antropológica italiana (assim chamada na época) ou o positivismo italiano (nome hoje mais encontradiço), liderado por Lombroso, Ferri e Garofalo, tiveram maior repercussão para a criminologia; seja pelas polêmicas causadas, seja pelo marco histórico representado. É o que analisaremos a seguir, não sem antes pincelarmos alguns pontos da criminologia clássica.

2.3 O Iluminismo e as primeiras escolas sociológicas

Os tempos modernos viram nascer essas correntes do pensamento filosófico-jurídico em matéria penal e em criminologia: a Escola Clássica e a Positivista. Embora tenham se formado e distinguido uma da outra, a ambas é subjacente o caldo de cultura iluminista.

A Escola Clássica caracteriza-se por ter projetado sobre o problema do crime os ideais filosóficos e o *ethos* político do humanismo racionalista. Pressuposta a racionalidade do homem, haveria de se indagar, apenas, quanto à racionalidade da lei.

Embora o pensamento clássico, de uma forma acabada, possa ser identificado com o século XIX, é com Cesare Bonesana, Marquês de Beccaria, que se fincam os pilares que permitiriam construir o arcabouço teórico do classicismo. A investigação criminológica começa – como tudo em ciência – em uma busca do conhecimento racional e fundamentado. É difícil afirmar que uma disciplina nasça do dia para a noite, ou que seja obra de algum pensador "iluminado", ou ainda produto de uma publicação específica. Pode-se afirmar que a busca do

---

48. WILLIAMS, Gwens. *Gabriel Tarde and the imitation of deviance*. Disponível em: [www.criminology.fsu.edu]. Acesso em: 01.02.2002.

conhecimento científico sobre o fenômeno criminal é gestada por meio da concorrência de três circunstâncias que, habitualmente, acompanham o processo de investigação: a colocação em dúvida das ideias antes dominantes; a crítica da situação dos sistemas processuais; a necessidade crescente de comprovação do surgimento do novo paradigma da ciência: a racionalidade. O livro que abre as portas desse período vem a lume em 1764: *Dei delitti e delle pene*. À exigência política de querer limitar o arbítrio e a opressão de um poder centralizado e autoritário somam-se as exigências filosóficas do jusnaturalismo de Grócio e do contratualismo de Rousseau. A necessidade de reafirmar a existência de um direito estranho e superior às forças históricas, resultante da própria natureza do homem, imutável na essência ou, ainda, que fosse o produto de um livre acordo de vontades entre os seres racionais, é que vai orientar tal pensamento.[49] Beccaria transportou essas aspirações e esses princípios filosóficos ao campo do direito penal, e veio marcar o pensamento científico específico dessa ciência, mas também da criminologia. A rigor, o que explica sua importância para o direito penal moderno não é a originalidade nem tampouco o conteúdo específico de sua obra. Ele produziu uma síntese das ideias penais iluministas então em curso, algumas das quais bastante antigas. A concepção filosófico-penal de Beccaria foi a maior expressão da hegemonia da burguesia no plano das ideias penais, motivada pelas necessidades de transformações políticas e econômicas.[50] Beccaria defendeu a existência de leis simples, conhecidas pelo povo e obedecidas por todos os cidadãos. "Se a arbitrária interpretação das leis constitui um mal, a sua obscuridade o é igualmente, visto como precisam ser interpretadas. Tal inconveniente ainda acresce quando as leis não são escritas em língua comum".[51] Para ele, só as leis poderiam fixar as penas, não sendo permitido ao juiz aplicar sanções arbitrariamente. Defendeu o fim do confisco e das penas infamantes, que recaem sobre a família do condenado, como ainda o fim das penas cruéis e da capital. "O rigor do castigo faz menor efeito sobre o espírito do homem do que a duração da pena, pois a nossa sensibilidade é mais fácil e com mais constância atingida por uma impressão ligeira, porém frequente, do que por abalo violento, porém passageiro".[52] Para ele não era tão importante o rigor da lei, mas a efetividade de seu cumprimento. Foi dos primeiros a criticar de maneira acerba o sistema de provas que não admitia o testemunho da mulher e não dava atenção à palavra do condenado. Lutou contra a tortura,

---

49. BRUNO, Aníbal. *Direito penal*, p. 94.
50. FREITAS, Ricardo de Brito A. P. *Razão e sensibilidade*: fundamentos do direito penal moderno, p. 145.
51. BONESANA, Cesare. *Dos delitos e das penas*, p. 19.
52. Op. cit., p. 46.

o testemunho secreto e os juízos de Deus, pois tais métodos não permitiam a obtenção da verdade. Nilo Batista, com muita propriedade, descreve a tortura no período medieval: "Se o suspeito não confessou nem contra ele se produziu prova plena (como nas insuficientes combinações de boato mais uma só testemunha, ou de indícios mais boato etc.), ou ainda se 'vacila em suas respostas', um despacho raivoso ('para que não ofendas mais os ouvidos de teus juízes') o encaminhará à tortura".[53] *Dos delitos e das penas*, inicialmente publicado sob pseudônimo, teve acolhida surpreendentemente grande. Nos anos seguintes, Beccaria viaja à França para fazer uma série de conferências e acaba por disseminar suas ideias por toda a Europa. *Dos delitos e das penas* é a pedra fundamental do direito penal liberal e da própria criminologia clássica, razão por que também foi a maior fonte de críticas dos pensadores positivistas, especialmente pelo radical mecanismo de racionalidade a que deveriam estar sujeitos os condenados e que, já naquela época, estava sendo submetido à prova.

Para o pensamento utilitarista, a pena era uma forma de curar uma enfermidade moral, disciplinando o instinto dos pobres com prêmios e castigos, em uma espécie de talião disciplinador. Para a Escola Criminológica Clássica, fundada no contratualismo de uma burguesia em ascensão, a pena era a reparação do dano causado pela violação de um contrato (o contrato social de Rousseau). No direito civil, quando uma parte viola o contrato, surge a reparação como resultado inevitável daquele descumprimento. No direito penal de uma sociedade baseada metaforicamente nesse mesmo contrato, não há como evitar a necessária reparação do dano por meio da pena. Daí é que surgem penas certas e determinadas, como decorrência dessa matemática reparatória fixa. Essas medidas é que levarão os códigos iluministas, como o Napoleônico e o Código do Império brasileiro de 1830, a impor as penas fixas.[54]

O pensamento clássico tem representantes na Alemanha (Feuerbach, por exemplo), em Portugal (Mello Freire) e em outros países europeus (Rossi chegou a naturalizar-se francês). É, no entanto, a Itália que tem os mais convictos adeptos dessa perspectiva penal. São nomes de proa desse pensamento: Filangieri (1752-1788), Pellegrino Rossi (1768-1847), Carmignani (1768-1847), Romagnosi (1761-1835) e Carrara (1805-1888), dentre outros. Na realidade tais autores não agiam enquanto "escola", tendo somente algumas ideias em comum, que poderiam assim ser sintetizadas, especialmente a partir da obra do mais importante desses autores, que foi Francesco Carrara: o crime não é um ente de fato, é um ente

---

53. BATISTA, Nilo. *Matrizes ibéricas do sistema penal brasileiro – I*, p. 265.
54. ZAFFARONI, Eugenio Raúl. *Criminología...* cit., p. 114.

jurídico; não é uma ação, é uma infração. É um ente jurídico porque sua essência deve consistir necessariamente na violação de um direito. Com tal pensamento queria se dizer que o crime é a violação do direito como exigência racional e não como norma de direito positivo, em uma clara alusão ao pensamento contratualista. Se o crime é uma exigência racional, ele só pode emanar da liberdade de querer como um axioma fundamental para o sistema punitivo. Advém daí o chamado livre-arbítrio, base da atribuição de uma pena proporcional e grande fonte de críticas por parte dos positivistas. Para os clássicos, a pena é uma retribuição jurídica que tem como objetivo o restabelecimento da ordem externa violada. A pena, como negação da negação do direito (segundo Hegel), ou o justiçamento do último assassino que se achasse na prisão, caso a sociedade fosse se dissolver (segundo Kant), são exemplos de como a pena tinha como objetivo o restabelecimento da ordem externa (leia-se jurídica) violada. Evidentemente que o método de estudo subjacente a essa forma de pensar não poderia ser experimental, mas sim o método lógico-abstrato ou o dedutivo.

O alheamento natural dos clássicos, em função de suas ideias, criou uma certa incapacidade explicativa de alguns fenômenos da época. A começar pelo postulado da racionalidade pura, capaz de supor uma homogeneidade absoluta de todos os homens no que toca aos processos pessoais, biopsicológicos, de motivação do ato delituoso. Em contrapartida, o suposto efeito dissuasório da pena não se mostrou efetivo, não obstante os contraestímulos penais serem concretos. Da mesma forma, a aplicação rigorosamente igual da lei é impossível de ser alcançada. Há uma pluralidade de instâncias que se interpõem entre a abstração da lei na concepção do legislador e sua aplicação concreta. Na realidade, a ideologia da burguesia em ascensão, quando submetida às falências das expectativas otimistas depositadas nas mudanças de paradigmas do capitalismo, que não só não diminuíram a dimensão da criminalidade, como ainda foram incapazes de entender o grave momento histórico e criminal decorrente da Revolução Industrial, fez com que surgisse uma aguda, considerável e irrespondível crítica em relação ao pensamento denominado clássico. Foi exatamente nesse clima que surgiu a crítica positivista. Independentemente de suas hipóteses explicativas serem, ou não, adequadas, também não se pode deixar de considerar a existência de um amplo flanco aberto às críticas deixado pelos clássicos.

Em 1876, mais de um século depois da publicação da obra de Beccaria, *Dos delitos e das penas*, o livro de Cesare Lombroso (1835-1909), *L´uomo delinquente*, é publicado, inaugurando-se com ele um novo período da criminologia, denominado "científico". Lombroso é natural de Verona, filho de uma família hebraica, e foi discípulo de Paolo Marzolo, importante pensador de sua época que reuniu a condição de médico à de filósofo e historiador, dentre outras especialidades. A carreira de Lombroso inicia-se com seu curso de medicina na Universidade de Pávia, em 1852. Foi autor de inúmeras obras, merecendo destaque o estudo racista sobre o *L´uomo bianco e l´uomo de colore: letture sull´origen e la varietà dele razze umane*[55]. Seu principal trabalho, O homem delinquente, com cerca de 200 páginas, compreendia um exame sistemático, somático, sensorial, anatômico de um grande número de criminosos; ademais, contemplava um estudo da alma, costumes e paixões. A comparação com os loucos e anormais e a conclusão de que os criminosos são uma espécie de loucos que reproduzem características próprias dos nossos avós até chegar aos animais são decorrências de centenas de comparações das feições dos criminosos.[56] Pode-se dizer que Lombroso foi produto de seu tempo. Assim como Beccaria não foi um "inovador", enfeixando em sua obra o pensamento dominante da filosofia iluminista aplicada ao direito penal, também Lombroso não foi um "criador" de uma novíssima teoria; foi, sim, alguém que teve a capacidade de recolher o pensamento esparso que vicejava à sua volta para articulá-lo de forma inteligente e convincente. Se para o olhar dos nossos dias seu pensamento pode ser considerado um tanto quanto bizarro, suas ideias eram muito aceitas entre seus contemporâneos. Lombroso emprestou algumas ideias dos fisionomistas para fazer seu próprio retrato do delinquente. Examinava profundamente as características fisionômicas com dados estatísticos que verificava desde a estrutura do tórax até o tamanho das mãos e das pernas. A quantidade de cabelo, estatura, peso, incidência maior ou menor de barba, enfim, tudo era circunstanciadamente analisado. Alguns detalhes eram verdadeiramente precisos. "Rugas frontais – É verdadeiramente típico o modo de se apresentar a característica destas rugas em alguns criminosos ainda jovens. São tão profundas que a fronte se apresenta em tais casos reiteradamente pregada, ou com uma incisão como uma ferida proveniente de um corte".[57] Adotou dezenas de parâmetros frenológicos para examinar as cabeças, pesando-as, medindo-as e conferindo grande sentido científico nos estudos do criminoso nato. Suas pesquisas envolviam tópicos como capacidade craniana, capacidade cerebral, circunferência, formato, diâmetro, feição, índices nasais, detalhes da mandíbula, fossa occipital (diferente nos criminosos natos), dados esses que eram distribuídos conforme a região da Itália. Assim, havia estudos de crânios estenocéfalos e sua relação geográfica com a Sicília e a Sardenha, enquanto os

---

55. GÓES, Luciano. *A "tradução" de Lombroso na obra de Nina Rodrigues: o racismo como base estruturante da criminologia brasileira*. Rio de Janeiro: Editora Revan, 2016.
56. LOMBROSO, Gina. *Vida de Lombroso*, p. 137-138.
57. LOMBROSO, Cesare. *L´uomo delinquente*, p. 245.

oligocéfalos eram mais frequentes em outras regiões.⁵⁸ Dos antropólogos que lhe precederam, Lombroso extraiu o conceito de atavismo e de espécie não evolucionada, além de utilizar o conceito de criminoso nato. Quanto ao atavismo, por exemplo, seus estudos compreendiam até mesmo um cotejo das tatuagens existentes nos criminosos com os desenhos encontrados em cavernas pré-históricas do Egito, Assíria, Fenícia etc.⁵⁹ Para Lombroso, o criminoso era uma espécie de fóssil de um tempo passado: o corpo estigmatizado remete para o horror do crime e para a suspensão na evolução que o conduziria à humanidade plena.⁶⁰ Por derradeiro, da psiquiatria emprestou a análise da degeneração dos loucos morais, muito útil para construir seu pensamento e explicar a existência dos primeiros delinquentes. É verdade que Lombroso também apresentou seu gênio criador. O fator aglutinante do positivismo criminológico em torno de suas ideias decorreu em grande medida de ter sido ele o primeiro desses autores, além de trazer seu pensamento como um todo articulado, a fazer a defesa do método empírico-indutivo ou indutivo-experimental que era sustentado pelos seus representantes perante a análise filosófico-metafísica, eles que reprovavam na filosofia clássica. O método indutivo ajustava-se ao modelo causal explicativo que o positivismo propôs como paradigma de ciência. Lombroso afirmava ser o crime um fenômeno biológico e não um ente jurídico (como sustentavam os clássicos), razão pela qual o método que deve ser utilizado para o seu estudo havia de ser o experimental (indutivo). Nunca é demais lembrar que suas pesquisas foram em grande parte feitas em hospitais, manicômios e penitenciárias. Lombroso afirmava ser o criminoso um ser atávico que representa a regressão do homem ao primitivismo. É um selvagem que já nasce delinquente. A causa da degeneração que conduz ao nascimento do criminoso é a epilepsia, que ataca os centros nervosos dele. Tais ideias surgem, basicamente, de duas experiências vivenciadas por Lombroso. Ao autopsiar Villela⁶¹, assaltante calabrês, verifica que este possuía uma fossa

---

58. Op. cit., p. 155.
59. Op. cit., p. 373 e ss.
60. AGRA, Cândido (direção). *A criminologia:* um arquipélago interdisciplinar, p. 49.
61. Da atenta leitura que fiz à obra de Luciano Góes, acima citada, pude depreender – e talvez tenha compreendido errado – que o assaltante calabrês, Villela, necropsiado por Lombroso, era um homem negro. A obra diferenciadora do homem negro e branco, bem como O homem delinquente, foram as únicas fontes consultadas de Lombroso pelo autor. Luciano Góes menciona, às fls. 95: "Villela, de Motta S. Lucia, de 69 anos, agricultor, filho de ladrões, ocioso e ele próprio também ladrão, desde jovem era famoso pela agilidade e vivacidade muscular, de modo que escalava montanhas com pedras pesadas sobre a cabeça, e já velho de 70 anos, resistira à prisão de três robustos soldados; morrera no cárcere, após ali ter sido jogado pela quarta vez, de onde eu pude extrair a sua cabeça.

occipital igual à dos vertebrados superiores, mas diferente do *homo sapiens*. Aplica a teoria da degeneração de Benito Morel que o leva ao conceito de atavismo. Mais tarde, ao examinar os crimes de sangue praticados pelo soldado Misdea, constata que o ataque epiléptico, que causa convulsões, podia ser substituído por impulsos violentos, especialmente nas situações em que a pessoa fosse portadora da chamada "epilepsia larvar". Com isso passa a explicar os impulsos criminosos. Assim, lançam-se as bases para a sua teoria básica: atavismo, degeneração pela doença e criminoso nato, com certas características: fronte fugidia, assimetria craniana, cara larga e chata, grande desenvolvimento das maças do rosto, lábios finos, criminosos na maioria das vezes canhotos, cabelos abundantes, barba rala; ladrões com olhar errante, móvel e oblíquo; assassinos com olhar duro, vítreo, injetado de sangue. A mulher delinquente também tinha um capítulo especial em sua obra. Desde os estudos comparados dos pesos dos crânios pelos diferentes continentes, até suas diferentes medidas.[62] Evidentemente que os resultados desses cotejos, especialmente entre os sexos masculino e feminino, enveredaram para temas pitorescos: "A principal inferioridade da inteligência feminina em relação à masculina diz respeito ao gênio criador. Esta inferioridade se revela imediatamente nos graus mais altos da inteligência, na falta do poder criador. Se se considera a frequência do gênio dos dois sexos, a superioridade do homem é notória em relação à mulher".[63] O criminoso nato em ambos os sexos era considerado um espécime retardatário de formas que a humanidade já superara. Existem tais formas em face da existência do atavismo, em vista de certas anomalias anatômicas e psicológicas serem características desses criminosos. Por ser o delinquente um subtipo humano, seu estudo é prioritário, estando a análise do criminoso acima do relevo que se possa atribuir ao estudo do crime,

---

Um homem de pele escura, de escassa barba"... (...) (grifo meu). Mais adiante às fls. 103: "Villela foi o mais importante em termos de descoberta científica, pois, a partir da 'fissura occipital média', Lombroso pôde comprovar a posição intermediária do negro, restando este situado entre os primatas e a raça caucásica superior..." Na realidade, Villela era um típico habitante da Calábria, sul da Itália. Era moreno, tendo pele mais escura que o habitante mais claro do norte da Itália. Mas longe estava ele de ser negro. Vide, nesse sentido, sua foto que está no Museu Lombroso de Turim: www.lameziaterme.it/resti-brigante-villela-motta-ricorre-cassazione/.

62. Segundo Lombroso, os crânios dos europeus possuíam, em média, uma capacidade de 1.367 gramas entre os homens e 1.206 gramas para as mulheres; na Oceania estes números eram de 1.319 e 1.219, respectivamente; na América de 1.308 e 1.187; na Ásia de 1.304 e 1.194; na África de 1.214 e 1.111. Tais capacidades não eram diretamente proporcionais à estatura, mas tinham explicação direta com a inteligência. LOMBROSO, C.; FERRERO, G. *La donna delinquente*: la prostituta e la donna normale, p. 21-22.

63. Op. cit., p. 114.

abstratamente considerado. Lombroso afirmava que o mundo circundante era motivo desencadeador de uma predisposição inata, própria do sujeito em referência. Ele não nega os fatores exógenos, apenas afirma que estes só servem como desencadeadores dos fatores clínicos (endógenos). Para Lombroso, o criminoso sempre nascia criminoso. O positivismo lombrosiano é marcadamente de um determinismo biológico, em que a liberdade humana – o livre-arbítrio – é uma mera ficção. Não é preciso falar muito dessa teoria para imaginar a quantidade torrencial de críticas a que foi submetida. Censura-se Lombroso por seu particular evolucionismo carente de toda base empírica. Se for verdade que o criminoso era um selvagem, involuído, as tribos primitivas, por ele denominadas de selvagens, deveriam ter altos índices de criminalidade. Não tinham. Ademais, encontrar alguns dos traços anatômicos dos criminosos natos em pessoas tidas como normais era fato comum, evidência que nem todos os delinquentes apresentam tais anomalias que pudessem amoldá-los ao retrato do criminoso pintado pelos positivistas. Também há de ser criticada a visão segundo a qual o criminoso é analisado exclusivamente por seus fatores biológicos. Há centenas de milhares de epilépticos que jamais cometeram crimes, mesmo sendo portadores de uma doença que, ainda hoje, só é controlada. Portanto, os fatores biológicos só poderiam ser admitidos se compatibilizados com os sociais. Foi o que Ferri fez, na defesa de seu mestre.

Como exemplo de utilização de um processo lombrosiano no Brasil, podemos citar a obra de Boris Fausto intitulada de *O crime do restaurante chinês: carnaval, futebol e justiça na São Paulo dos anos 30*. Este livro retrata o caso de um quádruplo homicídio cuja responsabilidade foi atribuída a um ex-funcionário de um restaurante chinês situado na Rua Wenceslau Brás, centro de São Paulo, nos idos de 1938. O acusado era um rapaz negro, analfabeto, e que migrara da cidade de Franca, interior de São Paulo, para tentar a vida na cidade grande. À época, São Paulo tinha um milhão e trezentos mil habitantes e já se desenhava o mosaico de culturas decorrente das várias correntes imigratórias. Libaneses, italianos, espanhóis, japoneses e tantos outros imigrantes já formavam colônias, vivendo em grupos e morando em bairros distintos da capital paulista. Na quarta-feira de cinzas de 1938, os donos do restaurante chinês, Ho-Fung e Maria Akau, foram encontrados mortos ao lado dos empregados, o lituano José Kulikevicius e o brasileiro Severino Lindofo Rocha. Foram eles agredidos violentamente, provavelmente com algum instrumento contundente (um pedaço de pau), salvo Maria Akau que foi morta por asfixia. A imprensa divulgou enfaticamente que o suposto assassino (ou assassinos) era pessoa de forte estrutura física, por ser responsável por quatro mortes em série. A polícia, inicialmente não dispondo de elementos de convicção, começou a investigação suspeitando de um membro da colônia chinesa que teria diferenças com os proprietários do restaurante. No entanto, por estar sendo criticada por sua ineficiência, deu uma guinada no processo investigativo, passando a suspeitar de um ex-funcionário, negro, de nome Árias. Para tanto, a autoridade policial chegou a ignorar um paletó de casimira de cor escura encontrado em um terreno baldio, muito próximo ao local dos fatos, bem como outras evidências.[64] Árias era o suspeito perfeito. Pessoa pobre, com poucos recursos intelectuais, migrante sem recursos para constituir defensor e, principalmente, negro. O pensamento dominante da época baseava-se na doutrina positivista. "Lombroso postulava que indivíduos com traços semelhantes aos do macaco tinham, por atavismo, inclinação à prática de crimes, e para dar 'coerência' à teoria tratou de demonstrar o inato comportamento criminoso dos animais num dos capítulos de *O homem delinquente*. Entre os estigmas ancestrais do homem semelhante ao macaco figuravam a pele escura, o tamanho do crânio, a simplicidade das suturas cranianas, a ausência de calvície e outros".[65] Pronto: estavam dadas as condições para a atribuição da responsabilidade do crime ao "negro delinquente". Bastava apenas obter a confissão. A partir do encontro do suspeito, a polícia passou a ouvir todas as testemunhas induzindo-as a externar suspeitas sobre Árias. Ele não tinha um bom álibi, pois passara toda a noite brincando o carnaval. Demais disso, foi preso para interrogatório, permanecendo isolado de qualquer contato com pessoas ou com seu defensor durante dias. Foi submetido a todos os exames científicos da época, antes de qualquer prova constituída, para identificar seus desvios de personalidade. A patologização do ato antissocial permitia que os testes de Rorschach,[66] bem como o de Jung-Bleuler,[67] fossem utilizados para mostrar os traços delinquenciais do suspeito.[68] Enfim, o quadro probatório foi desenhado com proficiência artística pela polícia. Aquele

---

64. FAUSTO, Boris. *O crime do restaurante chinês*: carnaval, futebol e justiça na São Paulo dos anos 30. São Paulo: Companhia das letras, 2009, p. 47.
65. Op. cit., p. 104.
66. Tais testes são acolhidos pela psicologia, porém jamais são praticados antes de qualquer sentença condenatória, porquanto poderiam macular o princípio da presunção de inocência.
67. Trata-se de um teste abandonado pela moderna psicologia. Funcionava com a associação de ideias. O aplicador dava uma palavra (p. ex. homicídio) e aquele que era submetido ao teste (normalmente o suspeito do crime) era obrigado a relacionar a palavra dada a algo que lhe dissesse respeito, no menor prazo possível. Esse teste foi abandonado por induzir as pessoas a ele submetidas a relacionarem suas atitudes pessoais aos fatos delituosos que eram apurados pelas autoridades policiais.
68. Op. cit., p. 48.

que nunca fora suspeito de nada passou a sê-lo de um quádruplo homicídio. Mesmo sem violência física, a confissão e todas as provas testemunhais foram obtidas "suavemente". Árias foi submetido a julgamento duas vezes pelo júri. Em ambas foi absolvido. A despeito de todo o empenho do Ministério Público para condená-lo, com a interposição de todos os recursos possíveis, o acusado foi reconhecido inocente em duas oportunidades. Sua existência, no entanto, já havia sido marcada por mais de 04 anos de cárcere, algo que lhe prejudicaria a vida para o resto de seus dias. Para obtenção de um simples emprego, especialmente para alguém que não dispunha de recursos materiais ou intelectuais, a passagem pelo cárcere foi decisiva.

Enrico Ferri (1856-1929), sucessor e continuador do pensamento de seu sogro, foi um dos mais importantes pensadores de seu tempo. Teve a difícil incumbência de ser o grande orientador da escola na árdua polêmica que travou referente à reação dos clássicos. A ele devem a criminologia e o direito penal, se mais não for por ser o criador da chamada sociologia criminal. Diferentemente de Lombroso, sua perspectiva de análise voltava-se para as ciências sociais, com uma compreensão mais larga da criminalidade, evitando-se o reducionismo antropológico do iniciador da Escola Positivista italiana. Dizia ele que o fenômeno complexo da criminalidade decorria de fatores antropológicos, físicos e sociais. Dentro desse sistema de forças condicionantes é que criará uma nova classificação dos criminosos, superando os pensamentos anteriores, ainda que dentro da perspectiva positivista em sua fúria classificatória. No entanto, em sua classificação preponderam os fatores sociais. Para ele, que em sua tese doutoral, *La negazione del libero arbítrio e la teoria della imputabilitá*, critica o livre-arbítrio como fundamento da imputabilidade, a responsabilidade moral deve ser substituída pela responsabilidade social, já que o "livre-arbítrio é uma mera ficção". A razão e o fundamento da reação punitiva é a defesa social, que se promove mais eficazmente pela prevenção do que pela repressão aos fatos criminosos. "A evolução das ideias tirou aos povos a crença no *ananké, fatum, destino* – que no antigo Oriente e na civilização greco-romana se dizia dominar 'homens e deuses'. Mas tem, porém, muito diminuída e reduzida a crença pós-socrática, e, sobretudo medieval, na *livre vontade*, que por si só – acima e contra as circunstâncias individuais e de ambiente – se decide pela virtude ou o vício, a honestidade ou o crime. Tanto mais que para os crentes não é possível, no terreno lógico (enquanto o é no terreno sentimental e místico), conciliar esta livre vontade com os dogmas da predestinação e da onisciência e onipotência divinas".[69] Em sua renovada

---

69. Ferri, Enrico. *Sociologia criminale*, p. 223-224.

classificação, Ferri visualiza cinco principais categorias de delinquentes: o nato, o louco, o habitual, o ocasional e o passional. Nato era o criminoso conforme a classificação original de Lombroso. Caracterizava-se por impulsividade ínsita que fazia com que o agente passasse à ação por motivos absolutamente desproporcionados à gravidade do delito. Eram precoces e incorrigíveis, com grande tendência à recidiva.[70] O louco é levado ao crime não somente pela enfermidade mental, mas também pela atrofia do senso moral, que é sempre a condição decisiva na gênese da delinquência.[71] O delinquente habitual preenche um perfil urbano. É a descrição daquele que nascido e crescido num ambiente de miséria moral e material começa, de rapaz, com leves faltas (mendicância, furtos pequenos etc.) até uma escalada obstinada no crime. Pessoa de grave periculosidade e fraca readaptabilidade, preenche um perfil que se amolda, em grande parte, ao perfil dos criminosos mais perigosos.[72] O delinquente ocasional está condicionado por uma forte influência de circunstâncias ambientais: injusta provocação, necessidades familiares ou pessoais, facilidade de execução, comoção pública etc.; sem tais circunstâncias não haveria atividade delituosa que impelisse o agente ao crime. "No delinquente ocasional é menor a periculosidade e maior a readaptabilidade social; e, porque ele, na massa dos autores de verdadeiros e próprios crimes, representa a grande maioria, que se pode computar aproximadamente na metade do total dos criminosos".[73] Por derradeiro, encontramos o criminoso passional, categoria que inclui os criminosos que praticam crimes impelidos por paixões pessoais, como também políticas e sociais.

Rafaele Garofalo (1851-1934) foi o terceiro grande nome do positivismo italiano. Jurista de renome, afirma que o crime sempre está no indivíduo, e que é a revelação de uma natureza degenerada, quaisquer que sejam as causas dessa degeneração, antigas ou recentes. Introduz o conceito de *temibilidade* que sustenta ser a perversidade constante e ativa do delinquente e a quantidade do mal previsto que se deve temer por parte do mesmo delinquente. Tal conceito foi decisivo para as formulações posteriores concernentes à intervenção penal, propostas pelos positivistas: a medida de segurança. "A temibilidade implicava a perversidade constante do delinquente, bem como a quantidade de mal previsto que se deveria recear por parte do indivíduo perigoso, configurando-se a medida de segurança seu instrumento de contenção; nascia a relação temibilidade–medida

---

70. Op. cit., p. 254.
71. Idem, p. 255.
72. Idem, p. 257.
73. Idem, p. 258.

de segurança. Com a análise dos exames que constatavam a inadaptabilidade social do delinquente, bem como seu perigo social, escolhia-se, na medida de tratamento, o fim profilático a proteger a sociedade. A temibilidade era a justificativa para a imposição do tratamento. Unificava os fins de proteção social e tratamento, alcançando a eficácia com a obstrução de novos delitos".[74] Sua grande contribuição criminológica, no entanto, foi a tentativa de conceber um conceito de delito natural. Sua proposta básica era saber se, "entre os delitos previstos pelas nossas leis atuais, há alguns que, em todos os tempos e lugares, fossem considerados puníveis. A resposta afirmativa parece impor-se, desde que pensamos em atrocidades como o parricídio, o assassínio com o intuito de roubo, o homicídio por mera brutalidade".[75] Seu conceito de delito natural passa a ser apresentado como a violação daquela parte do sentido moral que consiste nos sentimentos altruístas fundamentais de piedade e probidade, segundo o padrão médio em que se encontram as raças humanas superiores, cuja medida é necessária para a adaptação do indivíduo à sociedade.[76] Tal conceito influenciou inúmeros autores nacionais. Cândido Motta, por exemplo, ao escrever sobre o tema em 1924, em dissertação para o cargo de professor substituto da Faculdade de Direito de São Paulo, adota a posição determinista da Escola Positivista italiana, asseverando que: "E, de fato, quer se considere o crime como uma mera perturbação da ordem jurídica, pela violação daquilo que a lei convencional e escrita proíbe de o fazer; quer como um fenômeno natural e necessário, pela violação dos sentimentos fundamentais de piedade e probidade, cujo conjunto forma o senso moral, vemos com a observação e experiência de todos os dias que não é o crime que devemos combater, porque a despeito de todo o esforço possível e imaginável ele subsistirá com esse caráter de fatalidade que caracteriza principalmente o mundo físico".[77] O trabalho de Garofalo, cuja importância foi reconhecida pelos inúmeros autores que o adotaram como referência paradigmática, está grandemente influenciado pelo pensamento de Herbert Spencer. Por tal razão, conduz sua proposta penal por um profundo rigor, acabando por fazer com que venha propugnar pela eliminação de alguns criminosos por meio da pena de morte.

Superadas as diferenças pontuais entre os principais autores do positivismo, algumas importantes ideias comuns podem ser identificadas entre eles. O crime

---

74. FERRARI, Eduardo Reale. *Medidas de segurança e direito penal no Estado Democrático de Direito*, p. 22-23.
75. GAROFALO, Rafaele. Op. cit., p. 3-4.
76. Idem, passim.
77. MOTTA, Cândido. *Classificação dos criminosos*: introdução ao estudo do direito penal, p. 28-29.

passa a ser reconhecido como um fenômeno natural e social, sujeito às influências do meio e de múltiplos fatores, exigindo o estudo da criminalidade a adoção do método experimental. A responsabilidade penal é responsabilidade social, por viver o criminoso em sociedade, tendo por base a periculosidade. A pena será, pois, uma medida de defesa social, visando à recuperação do criminoso. Tal medida, ao contrário do que pensavam os clássicos, defensores da pena por tempo determinado, terá denominação de medida de segurança e será por tempo indeterminado, até ser obtida a recuperação do condenado. O criminoso será sempre psicologicamente um anormal, temporária ou permanentemente.

A exploração do passado que se dá neste livro se constrói a partir de uma perspectiva da história do presente, na feliz expressão de Michel Foucault.[78] A partir do conflito de Escolas, em que clássicos destacavam o livre arbítrio e defendiam a prisão para atos cometidos pelo livre decidir, e em que positivistas criticavam a liberdade de decisão, defendendo o determinismo de diferentes naturezas e taxando os autores de delitos de loucos, constrói-se a racionalidade penal "moderna" ou "civilizada". A perda do arbítrio judicial nascida com o Iluminismo não impediu que se tivesse o primeiro grande movimento encarcerador do louco/delinquente em um hospício ou prisão. Homens atacados de loucura, em diferentes graus, que em teoria não poderiam ser encarcerados por lhe faltarem a capacidade de discernir, nem por isso poderiam deixar de ser mandados para regimes institucionais. Este mecanismo jurídico dual determinado pela dicotomia são/louco que remete os autores de delitos a presídios ou hospícios, vai demandar um aparato de instituições que darão as feições das práticas punitivas.[79] Nossas cadeias coloniais, nos subsolos das câmaras municipais, ficarão, a partir daí, como notícia histórica. Todo um aparato prisional, inicialmente com casas de correção e depois com penitenciárias, bem como um necessário aparato hospitalar será erigido para atender a demanda das novas práticas punitivas.

2.4 Considerações críticas quanto aos marcos científicos da criminologia

No primeiro momento da criminologia, a ideologia dominante havia instrumentalizado o saber por meio do paradigma do contrato. Tal período coincide com a ascensão da burguesia enquanto classe dominante. Derrotado o antigo regime, feita a Revolução Industrial e dado o maior passo para o desenvolvimento tecnológico de que até então se tivera notícia na história da

---

78. FOUCAULT, Michel. Vigiar... cit., p. 37)
79. SOZZO, Máximo. Locura y crimen: nascimiento de la intersección penal y psiquiátrico, p. 103-105)

humanidade, vários problemas começaram a surgir. A criminalidade cresce diretamente proporcional ao aumento da miséria. A migração de milhares de camponeses para as grandes urbes cria problemas até então não vivenciados por uma sociedade monolítica e conservadora. A solução desses problemas passa a demandar um novo paradigma. Nasce o paradigma científico. A ciência nasce para ridicularizar a ideia de contrato, da mesma forma que ridicularizava os velhos argumentos teocráticos, fundados na religiosidade dominante no período medieval.[80] Este pensamento gestado nos países centrais traz suas influências para os países periféricos de maneira muito pronunciada. Traz não só para o direito, a medicina, mas também para as artes, e em especial para a literatura.

Tal perspectiva de pensamento foi dominante na Europa e na América Latina, mas não teve grande influência nos Estados Unidos. Lá vicejou o pensamento da Escola de Chicago (que será detalhadamente examinada no capítulo subsequente), surgido no início do século XX, que via, por exemplo, nos movimentos migratórios e nas diferenças raciais não fatores negativos, atentatórios à pureza da raça ou da cultura; ao contrário, considerava a migração essencialmente positiva, especialmente para a sociedade. Segundo tal ideia, as forças que se mostraram decisivas na história da sociedade são as que se uniram por intermédio da competição, do conflito e da cooperação.[81]

Tobias Barreto, por exemplo, examinou o homem delinquente no livro *Menores e loucos em direito criminal*, cuja primeira edição é de 1884. Embora o mestre de Recife não tenha aderido às ideias de Lombroso, não deixa de aplaudir o golpe que o professor de Turim dá nos criminalistas metafísicos, como Carrara. Embora tenha vaticinado o fim do positivismo italiano, não deixa de considerar importante tal contribuição e, mesmo, adotar algumas de suas ideias, apesar de sua concepção humanista. Refuta, no entanto, o pensamento conservador criminal dos clássicos, assumindo posição bastante heterodoxa: "o direito de punir é um conceito científico, isto é, uma fórmula, uma espécie de notação algébrica, por meio da qual a ciência designa o fato geral e quase quotidiano da imposição de penas aos criminosos, aos que perturbam e ofendem, por seus atos, a ordem social".[82] Para Roberto Lyra, "Tobias Barreto criticou tantos os clássicos com sua metafísica – geografia do absoluto – quanto os positivistas e os ecléticos, a metahistória, a metapolítica. Também aí foi genuíno precursor, atirando a barra

---

80. ZAFFARONI, Eugenio Raúl. *Criminología...* cit., p. 132.
81. MELOSSI, Dario. A imigração e a construção de uma democracia européia. *Discursos sediciosos – Crime, direito e sociedade*, n. 11, p. 105.
82. BARRETO, Tobias. *Estudos de direito*, p. 164.

adiante com os conceitos mais largos do que os deles... Exortou o criminalista a não se deixar arrastar pelo carro triunfal das ciências naturais ou atá-las às asas de uma filosofia romanesca".[83] Se aqui ele adere ao cientificismo positivista, também refuta ideias desses pensadores: "a teoria romântica do crime-doença, que quer fazer da cadeia um simples apêndice do hospital e reclama para o delinquente, em vez de pena, o remédio, não pode criar raízes no terreno das soluções aceitáveis. Porquanto, admitindo mesmo que o crime seja sempre um fenômeno psicopático, e o criminoso simplesmente um infeliz, substituída a indignação contra o delito pela compaixão da doença, o poder público não ficaria por isso tolhido em seu direito de fazer aplicação do *salus populi suprema lex esto* e segregar o doente do seio da comunhão".[84] No que concerne à mulher, por exemplo, menciona a sua propalada subjetividade e fraqueza com uma linguagem bastante candente: "mas o pouco, mas muito pouco mesmo, que nos é dado conhecer das riquezas e maravilhas desse país encantado, inexplorável, que se chama a vida espiritual, a subjetividade feminina, autoriza-nos a induzir que ali as flores abrem cantando, as aves brilham como estrelas, e as estrelas deixam-se colher como flores. O que no homem é passageiro e ocasional, o predomínio da paixão, na mulher é permanente, constitui a sua própria essência. A roupa de festa das grandes emoções, dos sentimentos elevados, ela não espera os momentos solenes e dramáticos para vesti-la; veste-a diariamente. O homem, quando ama, ainda tem tempo de trabalhar, ou de dar o seu passeio, ou de fumar o seu cigarro; não assim, porém, a mulher, que, nesse estado, não tem tempo de pensar em outra coisa senão no seu amor".[85] Na realidade, vigorava naquele tempo uma concepção bastante preconceituosa quanto à mulher. O livro de Lombroso e Ferrero sobre a mulher delinquente é marcante ao associar a mulher criminosa à prostituição. O perfil destacado pelos referidos autores traduz um histrionismo verdadeiramente hilariante. "As mulheres são instintiva e surdamente inimigas entre si: é em relação aos fracos e às outras pessoas de seu sexo que se exerce de preferência sua crueldade. Frequentemente, a crueldade feminina toma uma forma epidêmica, como acontece nas revoluções, em que o furor feminino não conhece mais limites. A mentira, geral na humanidade, atinge na mulher, como na criança, um máximo de intensidade. Nela a mentira é fisiológica e estimulada por uma infinidade de causas: fraqueza, menstruação, atavismo, sugestionabilidade, desejo de tornar-se interessante... Duas mulheres são amigas entre si quando têm uma inimizade

---

83. *Direito...* cit., p. 43.
84. Idem, p. 166.
85. BARRETO, Tobias. *Menores e loucos em direito criminal*, p. 67-68.

comum por uma terceira. O gênio deserta a mulher, mas ela é dotada de um real talento de imitação... Incapaz de guardar um segredo, confessa seus crimes com uma extrema facilidade. É a necessidade de tagarelar, de tornar-se interessante que faz de toda mulher criminosa uma imprudente nata".[86]

Lombroso, sobre o gênio desertado da mulher e sobre os diferentes índices de criminalidade, polemizou com inúmeros autores. Gabriel Tarde refutou a ideia segundo a qual "a mulher apresenta uma maior analogia com o homem primitivo e, portanto, com o malfeitor; mas sua criminalidade não é inferior à do homem, quando a prostituição aí vem se juntar". Segundo ele, "a criminalidade das mulheres é inferior à dos homens, não obstante a prostituição. Se nos algarismos da delituosidade feminina pretendemos inserir as cortesãs, pergunto-me por que não inseriríamos nos algarismos da delituosidade masculina não somente os rufiões, mas ainda os dissolutos, os jogadores, os bêbados, os preguiçosos e os desclassificados de nosso sexo".[87]

O olhar à mulher negra, especialmente pelo seu "gênio desertado" é que permitiu, em diferentes fases da dominação de gênero, ter na mulher negra um interesse puramente instrumental. Nas décadas que precederam a guerra civil americana, por exemplo, as mulheres escravas passaram a ser cada vez mais avaliadas em função de sua fertilidade (ou pela falta dela); aquela com potencial para ter dez ou doze filhos era cobiçada como um verdadeiro tesouro. Eram reprodutoras, animais cujo valor monetário podia ser calculado com precisão a partir de sua capacidade de se multiplicar. Exigia-se um trabalho na lida, mas sua capacidade reprodutiva era o maior interesse objetificante. Curiosamente, para a mulher branca, após a revolução industrial americana, disseminou-se a ideia segundo a qual deveriam ser totalmente separadas do mundo produtivo, delegando-se a ela um papel de mãe e dona de casa, termos que carregavam a marca fatal da inferioridade. Seu afastamento social em termos participativos explicava sua menor criminalidade. Diferentemente, ocorria com as mulheres negras nesse período de "liberdade", cujo papel social era da dupla jornada de trabalho, no serviço e na casa.[88]

---

86. Darmon, Pierre. *Médicos e assassinos na Belle Époque*, p. 63; no original de Lombroso (escrito com G. Ferrero), encontra-se uma ampla descrição dos fatores femininos que permitem não admitir a mulher em juízo, como debilidade, menstruação, senso de pudor, desejo de tornar-se interessante, sugestionabilidade etc. (Op. cit., p. 95-99).
87. Tarde, Gabriel. *A criminalidade...* cit., p. 65.
88. Davis, Angela. Mulheres, raça e classe, p. 19-25, passim.

As ideias classificatórias de Lombroso repercutem muito rapidamente no Brasil. No Estado do Rio Grande do Sul, o respeitado médico Sebastião Leão, propõe ao Chefe de Polícia, Borges de Medeiros, a criação de uma "oficina de identificação" que poderia fazer os primeiros estudos antropométricos com base no pensamentos de Berthillon e as classificações dos detentos, com respaldo no pensamento de Lombroso. No final de 1895, o Correio do Povo, noticiava que a montagem da oficina de antropometria estava autorizada e que Sebastião Leão seria seu responsável, assumindo o encargo gratuitamente.[89] Ao longo dos anos, Sebastião Leão examinou, testou e classificou sua matéria-prima a partir dos avanços da ciência de seu tempo. Estabeleceu procedimentos, elaborou quadros e tabelas, registrou e valeu-se da estatística para classificar. Pode levantar todos os dados necessários, com o material humano que encontrara na Casa de Correção de Porto Alegre que fora criada em 1855. Ele próprio chegou a mencionar, dois anos depois de iniciado seus trabalhos classificatórios, em 1897, que "debaixo do ponto de vista que dirigi às minhas investigações, acredito ser este o primeiro tentâmen levado a efeito no Brasil, que eu saiba, nenhuma tentativa proveitosa foi levada a efeito por aqueles patrícios que se dedicam a tais estudos".[90] Embora não tenha produzido obra científica de fôlego, era um estudioso que tinha informações sobre os grandes cientistas, dentre eles Nina Rodrigues, mencionando-o no relatório feito ao governo estadual, no ano de 1897, assim como nos que se sucederam.[91]

Outro importante autor brasileiro com influência da Escola Positiva foi Raimundo Nina Rodrigues. Filho de donos de escravos, sua fala não poderia ser outra que não a defesa e manutenção da ordem racial e social, sendo um típico representante do mundo branco ameaçado em seu poder pela campanha abolicionista que questionava o discurso hegemônico então vigente.[92] Sua principal obra, *As raças humanas e a responsabilidade penal no Brasil*, publicada em 1894, mereceu um longo artigo de Lombroso e Bruni, no *Archivio di Psichiatria* de 1895, vol. 16, p. 281 e seguintes. Nele, os autores mostram como Nina Rodrigues adaptou as ideias, então em vigor, às raças e climas locais, chegando a ser taxado como o "apóstolo da antropologia criminal no Novo Mundo".[93] Nesse trabalho, Nina Rodrigues critica o ecletismo de Tobias Barreto e em particular suas posições quanto ao livre-arbítrio. Para ele, "o postulado da vontade livre como base da responsabilidade penal só

---

89. PESAVENTO, Sandra Jatahy. *Visões do cárcere*, p. 45-46.
90. Idem, p. 70.
91. Idem, p. 73.
92. GOÉS, Luciano. A "tradução" de Lombroso na obra de Nina Rodrigue : o racismo como base estruturante da criminologia brasileira, p. 204.
93. CASTIGLIONE, Teodolindo. *Lombroso perante a criminologia contemporânea*, p. 280-281.

se pode discutir sem flagrante absurdo, quando for aplicável a uma agremiação social muito homogênea, chegada a um mesmo grau de cultura mental média",[94] algo que, evidentemente, a seu juízo, não ocorria no Brasil. Assume, ademais, uma posição racial em que diferencia as raças formadoras da nossa pátria com assertivas segundo as quais "o negro é rixoso, violento nas suas impulsões sexuais, muito dado à embriaguez, e esse fundo de caráter imprime o seu cunho na criminalidade colonial atual".[95] Chegou, com base em argumentos sociológicos, a sustentar a "necessidade de, pelo menos, quatro códigos penais no Brasil",[96] por considerar um erro ter um só código que não atende as diversidades raciais e regionais. Para ele, índios e negros não podiam ser contidos mediante o temor ao castigo e receio da violência, pois absolutamente não teriam consciência de que seus atos pudessem implicar a violação de um dever ou o exercício de um direito daquilo que, até então, era para eles direito e dever.[97] O resultado do pensamento de Nina Rodrigues foi, talvez, uma espécie de racismo condescendente e paternalista que serviu de base para justificar diferenças de tratamento e de estatuto social para os diversos grupos étnicos presentes na sociedade brasileira. Para Marcos Cezar Alvarez, foi Nina Rodrigues quem desenvolveu de modo mais coerente a crítica ao ideal de igualdade, pois ele retrata as principais consequências que se deduziriam da aplicação rigorosa das ideias de antropologia criminal à realidade nacional. Se as características raciais locais influíam na gênese dos crimes, consequentemente toda a legislação penal deveria adaptar-se às condições nacionais, sobretudo no que diz respeito à diversidade racial da população.[98] Nina Rodrigues, nesse sentido, foi quem melhor traduziu o pensamento biologicista no hemisfério sul, não como uma pura mediação neutra entre o ponto de partida do autor da língua e o ponto de chegada do autor na língua de recepção. Tradução aqui, não tem o sentido exclusivo da atividade cultural de tradução de duas línguas semelhantes, ao contrário, tem o sentido de um desenvolvimento de uma atividade intelectual própria, um verdadeiro processo de importação e originalidade de adaptação.[99] Somente anos mais tarde tal discurso é desconstruído. "Com a aparição de *Casa-Grande & Senzala*, em 1933, estava dada a partida para uma grande mudança no modo como a ciência e o pensamento social e político brasileiros encaravam os povos africanos e seus descendentes, híbridos ou não. Gilberto Freyre (1933), ao

---

94. NINA RODRIGUES. *As raças humanas e a responsabilidade penal no Brasil*, p. 71.
95. Idem, p. 161.
96. LYRA, Roberto. *Direito...* cit., p. 109.
97. Op. cit., p. 109.
98. GOÉS, Luciano. A "tradução"... cit., 694.
99. SOZZO, Máximo. *Viagens culturais e a questão criminal*, p. 18-19.

introduzir o conceito antropológico de cultura nos círculos eruditos nacionais e ao apreciar, de modo muito positivo, a contribuição dos povos africanos à civilização brasileira, representou um marco no deslocamento e no desprestígio que, daí em diante, sofreram o antigo discurso racialista de Nina Rodrigues e, principalmente, o pensamento da escola de medicina legal italiana, ainda influente nos meios médicos e jurídicos nacionais".[100]

Pensamentos racistas foram dominantes por um longo período entre nós. Afrânio Peixoto, por exemplo, foi um moderado crítico de Lombroso, embora tenha adotado muitas de suas ideias. Baiano de nascimento, foi catedrático de Higiene e Medicina Legal na Faculdade de Medicina e na Faculdade de Direito da Universidade Federal do Rio de Janeiro, onde organizou, dirigiu e professou o primeiro curso de criminologia em moldes de pós-graduação (1932).[101] Ferri a ele se referiu afirmando que tinha adesões pelo menos relativas ao pensamento positivista.[102] Afrânio Peixoto afirmava que os criminosos natos constituíam o tipo mais frisante, o âmago das ideias positivistas. Tal qual Garofalo, defensor das diferenças e influências das raças nas decisões que levam as pessoas aos atos criminais[103] (o que o levou a defender a pena de morte para os criminosos), Afrânio Peixoto foi defensor da eugenia. "Para prover a isso a *eugenia*, a boa geração, a boa criação que reúne e propaga, depois de investigar para resolver os problemas biológicos da gestação, para que se produzam seres sadios e válidos, dotados de todas as qualidades requeridas a um perfeito exemplar humano. É um mundo novo, entrevisto e esperançado: Renato Kehl tem sido aqui o paladino da causa; aos seus livros documentados envio os estudiosos".[104] Em 15 de janeiro de 1918, foi criada a Sociedade Eugênica de São Paulo (SESP), com apoio de Arnaldo Vieira de Carvalho, seu primeiro presidente. A SESP chegou a ter 140 sócios interessados

---

100. GUIMARÃES, Antonio Sérgio Alfredo. *Racismo e anti-racismo no Brasil*, p. 60-61.
101. LYRA, Roberto. *Direito...* cit., p. 111.
102. CASTIGLIONE, Teodolindo. Op. cit., p. 284.
103. "É conhecida a maior persistência do homicídio em algumas regiões da Espanha que têm um acentuado caráter de raça, como Aragão e Andaluzia; sucede o mesmo na Sicília, em Nápoles, em Roma, na Córsega. Na Áustria observou-se que o homicídio é raro nas regiões de raça alemã e naquelas em que predominam os eslavos do Norte, sendo, pelo contrário, frequente onde predominam os eslavos meridionais. Para os outros crimes de sangue dá-se aproximadamente o mesmo, de sorte que pode afirmar-se que na Áustria a raça se manifesta como um fator de indubitável eficácia nos crimes violentos. E ainda na Alemanha as províncias em que, como na Prússia oriental e ocidental, os alemães se misturam aos eslavos e raça germânica é menos pura, são aquelas em que os homicídios se realizam em maior número." GAROFALO, Rafaele. Op. cit., p. 313.
104. PEIXOTO, Afrânio. *Criminologia*, p. 323.

na implantação de soluções eugênicas no Brasil. Sua extinção se deu em 1920. O grande organizador do movimento era Renato Kehl. Depois de sua transferência para o Rio de Janeiro, foi criada a Comissão Central Brasileira de Eugenia (CCBE), em 1931, com publicações dos Boletins de Eugenia, periódico que recolhia o pensamento então dominante.[105] Renato Kehl e Miguel Couto, no Congresso Brasileiro de Eugenia, em 1929, chegaram a insistir em medidas restritivas à entrada de mão de obra asiática no Brasil, tendo a firme oposição de Roquete-Pinto, que entendia que a questão brasileira era uma questão de higiene e não racial.[106] A questão da restrição da imigração alçou novas polêmicas por ocasião da Constituinte de 1934. A emenda n. 1.053 de Artur Neiva propunha a proibição de imigração de orientais e negros, permitindo somente a "imigração de elementos da raça branca". Miguel Couto, por seu turno, estabelecia a proibição da imigração de negros, admitindo a imigração asiática na proporção de 5% dos imigrantes que entrassem em território nacional. Embora tais proposições acabassem derrotadas, a Constituição de 1934 chegou a estabelecer que a educação eugênica era responsabilidade do Estado (art. 138, "b"), e limitou quaisquer imigrações, por país, ao limite de 2% sobre o número total dos respectivos nacionais fixados nos últimos cinquenta anos. (artigo 121, § 6).[107] Na verdade, o termo eugenia (*eu*: boa; *genus*: geração), criado pelo cientista britânico Francis Galton, em 1883, teve alguma repercussão na esfera penal. A tentativa de proibição de casamentos inter-raciais, as restrições que incidiam sobre alcoólatras, epilépticos e alienados, visavam, segundo a ótica da época, a um aprimoramento das populações. Dessas medidas eugênicas às medidas *penais* eugênicas bastava dar um passo.

Francis Galton, primo de Darwin, achava que os seres humanos eram criaturas surgidas diretamente da natureza, produtos que caíram da esteira rolante de uma imensa fábrica darwiniana, consequência intelectual e moral da natureza, não da formação. Ele adotou essa crença determinista e, em 1901, começou uma cruzada grandiosa, um movimento que era "como uma sociedade missionária, com seus missionários, que procediam com um entusiasmo para melhorar a raça". O plano de Galton passou a chamar-se eugenia.[108] "Proibindo uniões

---

105. PRIOR, Tamara. Contra a decadência: o mito da virtude eugênica. Eugenia e história, p. 92/3.
106. SCHWARCZ, Lilia Moritz. *O espetáculo das raças*: cientistas, instituições e questão racial no Brasil – 1870-1930, p. 96.
107. MIRANDA, Carlos Alberto Cunha. Saberes e práticas do movimento eugênico no Brasil. Eugenia e história, p. 174.
108. WRANGHAM, Richard; PETERSON, Dale. *O macho demoníaco*: as origens da agressividade humana, p. 123.

eugenisticamente defeituosas, e promovendo a união de parceiros bem-nascidos, acreditava que 'o que a natureza faz de maneira cega, lenta e impiedosa, o homem deve fazer de modo previdente, rápido e bondoso'".[109]

Os pensamentos de Galton repercutiram nos Estados Unidos mais do que em qualquer lugar do mundo. Em 1905, ambas as casas da legislatura na Pensilvânia promulgaram uma "Lei para prevenção da Imbecilidade", vetada pelo Governador Samuel Pennypacker. Em fevereiro de 1906, no entanto, o Senado de Indiana marca a história da medicina ao tornar-se a primeira jurisdição do mundo a legislar sobre a coerção de pacientes deficientes mentais, dos moradores de seus asilos de pobres e de seus prisioneiros. Já em 1909, três Estados americanos haviam ratificado a esterilização eugenista iniciada em 1906. O Estado de Washington visava aos criminosos contumazes e estupradores, ordenando a esterilização como um castigo para a prevenção da procriação. A Califórnia permitia a castração ou a esterilização de presos e crianças deficientes mentais. Iowa permitia a cirurgia em criminosos, idiotas, deficientes mentais, imbecis, ébrios, drogados, epilépticos além dos pervertidos morais e sexuais.[110] Estado a Estado, nasciam legislações eugenistas, estabelecendo critérios semelhantes, ainda que distintos, para as práticas racistas da eugenia. Em 2 de maio de 1927, em julgamento na Suprema Corte americana, em decisão da lavra no Juiz Oliver Wendel Homes Jr., autorizou-se a esterilização de Carrie Buck nos seguintes termos: "O Julgamento acolhe os fatos que foram declarados formalmente, e que Carrie Buck é a mãe provável e potencial de descendentes inadequados, igualmente afligidos, que ela pode ser sexualmente esterilizada sem detrimento de sua saúde geral, e que seu bem-estar e o da sociedade serão promovidos por sua esterilização... É melhor para todos no mundo que, em vez de esperar para executar descendentes degenerados por crimes, ou deixar que morram de fome por causa de sua imbecilidade, a sociedade possa impedir os que são claramente incapazes de continuar a espécie. O princípio que sustenta a vacinação compulsória é amplo o bastante para cobrir o corte das trompas de falópio. Três gerações de imbecis são suficientes".[111] Em 1940, não menos de 35.878 homens, mulheres e crianças, loucos, criminosos e vagabundos tinham sido esterilizados.

A prática americana foi copiada por vários países europeus. Em 1928, a primeira lei suíça de esterilização foi ratificada no Cantão de Vaud. A Noruega

---

109. BLACK, Edwin. *A guerra contra os fracos:* a eugenia e a campanha norte-americana para criar uma raça superior, p. 63.
110. BLACK, Edwin. Op. cit., p. 134-135.
111. Idem, p. 214-215.

promulgou sua lei de esterilização em 1934, só a revogando em 1977. A Suécia também promulgou sua lei autorizando cirurgias no ano de 1934. Não é difícil concluir de onde Hitler tirou suas leis nazistas que produziram esterilizações em massa de seus opositores. A primeira lei foi decretada em 14 de julho de 1933: o Estatuto do Reich, Parte I, n. 86, a lei para a Prevenção da Progênie Defeituosa. Era uma lei de esterilização em massa e compulsória. Alcançava deficientes mentais, esquizofrênicos, epiléticos, surdos, cegos, alcoólicos, dentre outros. Seguiram, em 1935, as famosas leis de Nuremberg que implicavam a exclusão e a incapacitação dos judeus para realizar contratos, contrair matrimônio ou inclusive ter relações sexuais com pessoas da raça ariana, que constituíam um delito de "ultraje à raça" (*Rassenschande*) castigado com graves penas. "Em 1939, começou a aplicar-se o Decreto emanado diretamente de Hitler para o extermínio de enfermos mentais e terminais nos manicômios e centros hospitalares: e já em plena Guerra Mundial, o Direito Penal criado especialmente para a Polônia, começou a elaboração do Projeto de Lei de tratamento dos 'estranhos à comunidade' com o que se pretendia dar fim à chamada 'questão social' através também de medidas de extermínio físico e da esterilização dos associais".[112] O Projeto de Lei sobre o tratamento de Estranhos à Comunidade, em sua versão de 17.03.1944, que seria aplicado em todo o Reich e que teve a participação de Edmund Mezger em sua elaboração, definia o "estranho a comunidade" como "quem, por sua personalidade ou forma de condução de vida, especialmente por seus extraordinários defeitos de compreensão ou de caráter é incapaz de cumprir com suas próprias forças as exigências mínimas da comunidade do povo". E mais ainda, "quem, por uma atitude de rechaço ao trabalho, ou dissoluta leva uma vida inútil, dilapidadora ou desordenada e com isso molesta a outros ou à comunidade, ou por tendência ou inclinação à mendicância ou vagabundagem, ao trabalho ocasional...". Ou, por derradeiro, aquele que "por sua personalidade ou forma de condução de vida revela que sua mente está dirigida à comissão de delitos graves".[113]

No século XIX não havia dúvidas de que as raças eram subdivisões da espécie humana, *grosso modo* identificadas com as populações nativas dos diferentes continentes, caracterizadas por particularidades morfológicas, tais como cor da pele, formato do nariz, grossura dos lábios e forma do crânio. Na verdade, a existência do racismo acompanha o homem. O sentimento humano sempre foi o de tentar mostrar sua superioridade sobre os outros animais, bem como de

---

112. Muñoz Conde, Francisco. *Edmundo Mezger e o direito penal de seu tempo:* estudos sobre o direito penal no nacional-socialismo, p. 172.
113. Idem, p. 118.

diferenciar-se de outros homens tidos como inferiores. Na Índia, no Código de Manu, o estrangeiro e o pária não tinham equivalência legal. Em hindu casta é "baru", palavra que significa cor, o que demonstra, possivelmente, alguns sentimentos racistas.[114] De outra parte, o Talmud, do povo hebraico, transborda sua milenar sabedoria ao advertir o homem sobre a virtude da humildade. O homem não deve se sentir orgulhoso ou enaltecido sobre as demais coisas, pois, se ele foi criado por Deus no sexto dia do processo de criação, o mosquito foi criado antes dele. A Bíblia nos ensina que Moisés, libertador dos hebreus, teve contra si murmúrios de repreensão e desaprovação de Aarão e Maria, por causa da mulher etíope com quem casara (Num 12, 1). A compensação divina foi a de restaurar a Justiça, até de forma irônica, pois "Maria foi ferida por uma lepra branca como a neve" (Num 12, 10).

No entanto, como acontece com a maioria dos fenômenos humanos, somente a partir da verdadeira fúria racional iluminista é que o homem, autopromovido ao centro das relações humanas, passa a querer racionalizar todas as coisas, utilizando-se de um método que o conduz à ciência, para que possa explicar os fenômenos humanos que vivenciara por séculos e que somente a intuição fora capaz de fazer aflorar em períodos anteriores. Como doutrina, o racismo surge no mundo com Gobineau, em 1856, com o trabalho "Sobre a desigualdade das raças humanas", oportunidade em que se exalta a raça branca e se prenuncia, por causa da mestiçagem, a decadência da civilização.[115] Para Gobineau o resultado da mistura é sempre um dano, já que os caracteres fixos existentes nas diferentes raças determinam a necessidade de perpetuação dos tipos puros[116] (na realidade, Gobineau não teve tanto impacto no contexto europeu de finais do século XIX, vindo a ser recuperado nos anos 30 do século XX, exatamente no momento anterior à Segunda Grande Guerra). Não é por outra razão que os positivistas mais radicais, adotando posições claramente racistas, propuseram a extinção ou, no mínimo, a neutralização da "sub-raça" criminal encarnada pela figura lombrosiana do "criminoso nato". Parece difícil não concordar com François Jacob, prêmio Nobel de Biologia, quando afirma que o conceito de raça é, para nossa espécie, não operacional (o que significa dizer que não existe "raça" branca ou negra); no entanto, convivemos muito tempo com o racismo apesar de não existirem meios científicos que consigam demonstrar a presença de diferentes raças no seio da

---

114. GARCÍA ANDRADE, José Antonio. La xenofobia y el crimen. *Cuadernos de Política Criminal*, n. 54.
115. CARVALHO, Pedro Armando Egydio de. Racismo. *Revista Brasileira de Ciências Criminais*, n. 21, p. 413.
116. SCHWARCZ, Lilia Moritz. Op. cit., p. 64.

espécie humana. Tais estudos eugênicos repercutiram no Brasil produzindo uma cultura racista – aqui não dissimulada – em que negros e brancos passam a ser declarados distintos por sua condição de raça. O importante estudioso do direito penal e da criminologia, autor que influenciou um sem-número de seguidores no Brasil, Raimundo Nina Rodrigues, com grande naturalidade afirmava que "o critério científico da inferioridade da raça negra nada tem de comum com a revoltante exploração que dela fizeram os interesses escravistas dos norte-americanos. Para a ciência não é essa inferioridade mais do que um fenômeno de ordem perfeitamente natural, produto na marcha desigual do desenvolvimento filogenético da humanidade nas suas diversas divisões ou seções". E mais adiante arrematava: "o estudo das raças inferiores tem fornecido à ciência exemplos bem observados dessa incapacidade orgânica, cerebral".[117]

Pondere-se que a existência de manifestações de cunho racista correu o mundo, e o racismo foi dominante por um largo período. René Resten, membro da Sociedade Internacional de Criminologia e professor da Universidade de Poitiers, citando o professor americano Earnest A. Hooton, destacava que inúmeros pesquisadores haviam demonstrado que o fator determinante *raça* era preponderante para o cometimento do crime. "Os mediterrâneos praticam mais homicídios; os nórdicos são falsários e autores de furto sem violência; os moradores dos Alpes praticam furto com escalada; moradores do báltico atentam contra os costumes, com ou sem violência (...) Sob o ponto de vista da estética constitucional e da diferenciação tipológica, tais criminosos eram inferiores a seus congêneres não delinquentes".[118]

O pensamento determinista da época sugeria três distintas teses, respaldadas nos ensinamentos de uma antropologia de modelo biológico. A primeira tese afirmava a realidade das raças, dizendo existir uma distância entre os homens assim como existia entre o cavalo e o asno, criticando-se, pois, o cruzamento racial. A segunda máxima instituía uma continuidade entre caracteres físicos e morais, de tal forma que a divisão racial corresponderia a uma divisão reproduzida culturalmente. O terceiro aspecto aponta para a preponderância do grupo étnico no comportamento do sujeito, conformando-se com uma doutrina de psicologia coletiva, ou biologicamente determinada, hostil à ideia do livre-arbítrio do indivíduo.[119]

A importância do racismo para o direito penal e, evidentemente, para a própria criminologia pode ser verificada pelo simples fato de que, nos anos 40, vinte

---
117. NINA RODRIGUES, Raimundo. Op. cit., p. 5 e 51, respectivamente.
118. RESTEN, René. *Caracteriología del criminal*, p. 17.
119. SCHWARCZ, Lilia Moritz. Op. cit., p. 60.

e sete dos quarenta e oito Estados norte-americanos autorizavam ou impunham medidas de castração ou de esterilização de loucos e delinquentes, sendo a primeira dessas leis do Estado de Michigan. Na democrática Suíça, em 1928, estabeleceu-se a esterilização de oligofrênicos e psicóticos, determinação que no ano seguinte foi estendida aos morfinômanos. Na Alemanha, desde os idos de 1933/1934, havia normas autorizadoras de castração de delinquentes sexuais e "degenerados". Iguais disposições existiram nos países nórdicos, Finlândia e nos países bálticos.[120] O regime franquista permitiu florescer na Espanha uma psiquiatrização dos oposicionistas republicanos. Antonio Vallejo Nágera (1889-1960) defendeu a associação do "fanatismo marxista" à doença mental. De suas pesquisas sobre a disposição constitucional ao marxismo, concluía que havia íntimas relações entre o marxismo e a inferioridade mental e, sobretudo, que a segregação desses sujeitos, desde a infância, poderia liberar a sociedade dessa praga terrível.[121] Na Argentina, por exemplo, Francisco de Veyga, recomendava, de maneira asséptica, "uma medida de caráter higiênico destinada a evitar a procriação de seres indesejáveis e a prevenir de forma definitiva a concepção de indivíduos (delinquentes, idiotas, amorais) que podem, por seus defeitos físicos, dar lugar a uma prole enferma e influir nocivamente sobre o porvir da raça".[122] Mesmo Ingenieros não pôde escapar ao clima intelectual e político de sua época, o que explica sua adesão a alguns aspectos da criminologia positivista e concretamente à concepção do criminoso como um indivíduo caracterizado por limitações degenerativas por defeitos psicológicos.[123] Também de uma maneira indireta, o grande autor da Criminologia argentina do período defendia medidas bem ao gosto de radicais positivistas: "impõe-se evitar que certos grupos sociais encaminhem a outros sua população criminosa; é indiscutível que cada Estado deve preocupar-se com o saneamento do seu ambiente, mediante uma defesa social bem organizada, e não remetendo para outros os seus baixos fundos degenerativos e antissociais".[124]

Tal pensamento racista, fundado em raízes biológicas, ainda contemporaneamente tem muitos defensores. A busca da base genética da criminalidade nunca arrefeceu. A geneticista escocesa, Patrícia Jacobs, no ano de 1965, constatou que um número significativo de criminosos era portador de uma anomalia genética ligada à existência de um cromossomo supranumerário, o cromossomo Y. Estes

---

120. ZAFFARONI, Eugenio Raúl. *Criminología...* cit., p. 156.
121. ZAFFARONI, Eugenio Raúl. *La palabra de los muertos*, p.131.
122. Idem, p. 156.
123. DEL OLMO, Rosa. *Criminología argentina*: apuntes para su reconstrucción histórica, p. 36.
124. INGENIEROS, José. *Criminologia*, p. 190-191.

indivíduos, do sexo masculino, em vez de serem portadores da fórmula XY, tinham um cariótipo XYY, o que levava o portador da anomalia a uma condição de "supermacho", com atitudes indicativas de mais violência do que as praticadas por pessoas normais. Estava ressuscitada a discussão pela descoberta do "cromossomo assassino". Tais estudos foram realizados em internos de manicômios judiciais escoceses. Essa conclusão baseou-se na ideia de que o cromossomo Y caracteriza o homem e, se for duplicado, a sua masculinidade também seria duplicada, prevalecendo portanto os comportamentos mais agressivos. Posteriormente, essa pesquisa não obteve mais efeito, visto que a prevalência de homens portadores dessa formação cromossômica nas instituições penais não era maior do que nos homens pesquisados na população em geral.[125] Somente em 1972, em um colóquio organizado pelo Instituto de Criminologia da Universidade de Cambridge, vários participantes do evento demonstraram que os indivíduos XYY só têm em comum a altura, a miopia e a calvície precoce. Todas as pesquisas abordavam a falta de importância do cariótipo para efeitos de produção de criminalidade.[126]

É de se observar que, a despeito de sucessivas incursões americanas na área, ainda não se logrou êxito em conseguir demonstrar uma causa de criminalidade por determinismos biológicos. Segundo alguns, trata-se de um campo emergente – a moderna neurociência social – que congrega a neurologia, psicologia social, biologia, genética e psiquiatria, com objetivo de analisar as mudanças do indivíduo na sociedade. No entanto, tais estudos ainda não foram bem articulados a ponto de poderem concluir qualquer relação de causa e efeito entre características genéticas e criminalidade.[127]

Ainda dentro de uma perspectiva biologicista do crime, e especialmente em relação aos crimes de massa (homicídio em massa praticados por agentes estatais), como grandes massacres realizados a mando de dirigentes de países, com "limpeza étnica", motivação religiosa etc., Zaffaroni também afirma que não há prova de que a violência seja um fatalismo biológico. Para ele, não poderíamos pensar que a persistência desse fenômeno corresponde a razões biológicas, ou seja, deve-se a uma falha genética que leva à violência e a autodestruição. Finaliza com a tese de que a perspectiva atual do homicídio em massa inclui a possibilidade de extinção

---

125. ZIMMERMANN, Egberto. *Criminologia e natureza humana: possíveis contribuições da psicologia evolucionista para o estudo da criminalidade*. Dissertação apresentada ao programa de Pós-Graduação da Faculdade de Direito, da Universidade do Estado do Rio de Janeiro, como requisito para a obtenção do título de Mestre em Direito Penal. Rio de Janeiro: 2010, p. 86.
126. DARMON, Pierre. Op. cit., p. 283.
127. RAFTER, Nicole. The criminal brain: understandig biological theories of crime, p. 224.

da vida do planeta, pois no passado esse homicídio atingia um número considerável de pessoas, hoje é possível que atinja a todos,[128] mas sempre destacando que a ocorrência desse crime não tem como causa um fator biológico, mas sim fatores sociais, tecnológicos, culturais e econômicos de cada sociedade.

Outro tipo de estudo biológico referente ao caráter genético do criminoso é o realizado em *serial killers*. A definição para esse tipo de criminoso, segundo Ilana Casoy, "são indivíduos que cometem uma série de homicídios durante algum período de tempo, com pelo menos alguns dias de intervalo entre esses homicídios. O intervalo entre um crime e outro os diferencia dos assassinos de massa, indivíduos que matam várias pessoas em questão de horas".[129] A questão suscitada pela autora é a seguinte: *serial killers* são loucos ou cruéis? A questão da insanidade é relacionada à capacidade do criminoso em saber ou não se a sua ação foi correta ou errada. Segundo a pesquisa feita pela autora, somente 5% dos *serial killers* estavam mentalmente doentes no momento de seus crimes.[130]

Em relação aos fatores genéticos, existem *serial killers* que têm um cromossomo feminino extra (YXX), os que têm um cromossomo Y a mais (XYY) e os que não têm nenhuma anomalia genética. No entanto, para os que têm um cromossomo extra (X ou Y), não restou comprovado que essa anomalia genética transformaria o indivíduo em um criminoso. Embora muitos cientistas tenham estudos sobre o crime e a biologia, não existe quaisquer provas sobre a existência de um gene criminoso.[131] Nesse sentido, Rafter também aponta inúmeros estudos relacionados entre a genética e o crime. No entanto esses estudos não comprovaram cientificamente a relação entre as características comuns apresentadas pelos indivíduos que possuíam um cromossomo extra e a violência apresentada por esses indivíduos.[132] Será que tal prática, corriqueira no passado, entronizada no pensamento científico, foi banida do nosso cotidiano?

Contemporaneamente, o racismo tem sido identificado por inúmeros estudos, de diferentes fontes. São os cruzamentos de dados que envolvem analfabetismo, média de salário percebida por brancos e negros, número de negros que têm acesso à Universidade, disparidade dos índices de mortalidade infantil, diversidade dos dados

---

128. ZAFFARONI, Eugenio Raúl. *Crímenes de masa*. Ciudad Autónoma de Buenos Aires: Ediciones Madres de Plaza de Mayo, 2010, p. 57-58.
129. CASOY, Ilana. *Serial Killer: louco ou cruel?*, 8. ed., São Paulo: Ediouro, 2008, p. 18.
130. CASOY, Ilana. Op cit., p. 35.
131. Idem, p. 35-36.
132. RAFTER, Nicole. The criminal brain: understandig biological theories of crime, New York: New York University Press, 2008, p. 227.

no que concerne a quantos são mortos "em confronto" com as polícias estaduais, questões políticas[133] etc.[134] Mas parece que, mesmo hoje, os operadores do direito não se convenceram disso. Lilia Schwarcz tem curiosa observação sobre o tema. Diz que, quando pesquisas são feitas junto à população em geral, chega-se à seguinte perplexidade: pergunta: a) Você é preconceituoso? 99% das pessoas responderam *não*; b) Você conhece alguém preconceituoso? 98% das pessoas responderam *sim*!

Pode parecer que tais práticas não produzam consequências no âmbito do Judiciário. Ledo engano. O próprio IBCCrim já fez uma pesquisa constatando tal fato.[135]

Na realidade, mesmo em finais do século XIX, em uma visão desapaixonada do problema, já seriam perfeitamente demonstráveis as situações estranhas vivenciadas pelos cientistas lombrosianos e as diferentes correntes que discutiam o problema, sob a perspectiva da craniometria e da frenologia. No início do mês de julho de 1889, os parisienses participavam, junto com dezenas de delegações estrangeiras, de um encontro comemorativo do centenário da Revolução Francesa. Todas as sumidades europeias em matéria de medicina legal, antropologia criminal, bem como muitos alienistas, estavam presentes. Alexandre Lacassagne, da Escola

---

133. Logo após a eleição de Dilma Roussef, a discussão sobre a distribuição geográfica dos votos veio à tona devido a uma possível manifestação de racismo feita por uma estudante de direito (Mayara Petruso) em uma página do facebook, na qual supostamente convocava os paulistas a afogarem os nordestinos. O tema foi objeto de discussão em um artigo da Folha de São Paulo intitulado "Em defesa da estudante Mayara", por Janaina Conceição Paschoal. Nesse artigo, Janaina reconhece a frase infeliz feita pela estudante de direito. No entanto, defende a ideia de que a estudante não deveria ser crucificada como paulista racista, pois o cerne da campanha eleitoral teria sido a oposição entre as duas regiões. O artigo foi publicado no dia 12.11.2010 e encontra-se disponível no site da Folha de São Paulo, link: [www1.folha.uol.com.br/fsp/opiniao/fz1211201007.htm], acessado em: 07.12.2010. Não há que se concordar com a opinião da articulista, posto que a Presidenta Dilma teve maioria de votos no Sudeste, região mais populosa do país, o que prova que o argumento não se sustenta nem mesmo geograficamente. Também por outros argumentos sociológicos, parece não poder se acompanhar a opinião da defensora daquela jovem, mas esta discussão refugiria aos limites deste trabalho.

134. Alguns desses dados podem ser verificados em SHECAIRA, Sérgio Salomão; CORRÊA JR., Alceu. *Teoria da pena*, São Paulo: RT, 2002, p. 410 e ss.

135. "Os resultados da pesquisa são incontestáveis em apontar a maior punibilidade para negros, tanto se considerarmos a sua progressiva captação e manutenção pelo sistema (mais condenados do que indiciados), como se levarmos em conta a categoria prisão no processo: além de serem mais presos em flagrante (do que indiciados por portaria, como a maioria branca), seus processos correm num prazo menor, o que é indicativo de maior incidência de prisão processual." LIMA, Renato Sérgio de et al. Raça e gênero no funcionamento da justiça criminal, p. 4.

de Lyon, o antropólogo Topinard, o vienense Benedikt, o sociólogo e jurista Ferri, assim como o principal nome do encontro: Cesare Lombroso. A delegação de sábios visitava o pavilhão das ciências antropológicas quando o mestre de Turim estanca diante do crânio de Charlotte Corday. Lombroso toma o crânio do "anjo do crime" e passa a dissertar sobre suas características anatômicas: "este crânio é muito rico em anomalias. Ele é platicéfalo, característica mais rara nas mulheres que nos homens. Tem uma apófise jugular muito proeminente, uma capacidade média de 1.360 gramas em lugar de 1.337 gramas, que é a média, uma saliência temporal muito acentuada, uma cavidade orbital enorme e maior à direita que à esquerda. Tem, enfim, este crânio anormal, uma fosseta occipital. Trata-se de anomalias patológicas e não de anomalias individuais. Eu não penso assim, objetou o antropólogo Topinard, trata-se de um belo crânio. Ele é regular, harmônico, tendo todas as delicadezas e as curvas um pouco fracas, mas corretas, dos crânios femininos. É pequeno, com uma boa capacidade média e um belo ângulo facial. O vienense Benedikt interveio como mediador: É verdade que esse crânio apresenta maxilar de tamanho exagerado e muitas outras anomalias. Mas essas anomalias podem transmitir-se por hereditariedade, tendo perdido sua significação de outrora".[136] A discussão entre os cientistas ganhou corpo após o colóquio. Topinard escreve um artigo intitulado Ensaios de craniometria a propósito do crânio de Charlotte Corday, publicado em 1890. Três meses mais tarde Benedikt responde ao artigo do antropólogo francês com seu Estudo do crânio de Charlotte Corday. Em 1892, Lombroso redarguiu aos polemistas com um novo estudo do tema em seu livro As novas aplicações de antropologia criminal. A polêmica esquentara. O que ninguém sabia é que (cerca de cinco anos depois) se descobrira que, por um grave engano, tal peça anatômica, que havia suscitado tantos argumentos e na qual Lombroso, pego na armadilha de suas próprias ideias, vira o arquétipo do crânio criminalóide, não era o crânio da chamada "virgem normanda". O crânio havia sido trocado. A polêmica criada com base na falsa relíquia, por si só, já ilustrava a ambiguidade do pensamento positivista.[137]

Também curiosas eram as classificações cerebrais conforme seu peso. A ideia dominante era relacionar a inteligência ao peso do encéfalo. As grandes inteligências da época tinham, supostamente, cérebro mais pesado que aqueles seres involuídos, dentre os quais estavam os delinquentes e as mulheres. O Prof. Mathiega, de Praga, chegou a estabelecer uma interessante escala desses pesos, relacionando-os à categoria socioprofissional: o cérebro de um trabalhador agrícola

---

136. DARMON, Pierre. Op. cit., p. 13-14.
137. Idem, p. 15-16.

pesava, em média, 1.400 gramas; o de um operário artífice, 1.433; o de um zelador de prédio, 1.436; o de um mecânico, 1.450; de um homem de negócios, de um funcionário público e de um fotógrafo, 1.468; de um médico, 1.472; e, por fim, de um professor, 1.500.[138] Tal classificação não foi por ninguém contestada. Sabia-se que isso era uma verdade tão absoluta quanto a deficiência intelectual feminina decorrer do menor peso de seu encéfalo (1.275 gramas contra os 1.400 gramas dos crânios masculinos). Morto Lombroso, em 18.10.1909, criou-se uma certa ansiedade quanto ao peso cerebral daquele que concebera as mais criativas "teorias científicas" que deram ensejo ao positivismo. Seu cérebro, após a necropsia, constatou-se ter um peso bastante medíocre: 1.308 gramas (muito mais próximo de cérebro feminino do que masculino!!!).[139]

A recepção das teorias científicas deterministas produziu transformações em várias esferas do conhecimento – não só no direito (e mais especificamente no direito penal) –, não podendo deixar de ser mencionada a esfera da literatura.[140] Nas obras literárias floresceram muitos exemplos das transformações trazidas pelo pensamento determinista, representado na criminologia pela Escola Positivista italiana. Tal qual os positivistas nutriam ódio visceral pelos clássicos, os literatos da vertente realista e sua visão mais extremada, os naturalistas, nutriam antipatia feroz contra o romantismo. A sociedade idealizada pelos clássicos coincide com o pensamento sublimado dos românticos. Da mesma forma, a crítica "científica" dos positivistas reflete-se também na visão "darwinianamente" superior dos deterministas realistas e naturalistas.[141] Nunca é demais ressaltar que algumas das tendências mais vivas da estética moderna estão empenhadas em estudar como a obra de arte plasma o meio, cria o seu público e as suas vias de penetração. Ou, no dizer de Antonio Candido: "Para o sociólogo moderno, ambas as tendências tiveram a virtude de mostrar que a arte é social nos dois sentidos: depende da ação de fatores do meio, que se exprimem na obra em graus diversos de sublimação; e produz sobre os indivíduos um efeito prático, modificando a sua conduta e concepção do mundo, ou reforçando neles o sentimento dos valores sociais. Isto decorre da própria natureza da obra e independe do grau de consciência que

---

138. Idem, p. 31.
139. Darmon, Pierre. Op. cit., p. 39.
140. Não se pode deixar de mencionar a assertiva de Jules Michelet quando ressaltava: "Ai daquele que tenta isolar um ramo do saber de outro. (...) Toda ciência é una: linguagem, literatura e história, física, matemática e filosofia; assuntos que parecem os mais distantes um do outro são na realidade interligados; ou melhor, todos formam um único sistema". Wilson, Edmund. *Rumo à estação Finlândia*, p. 11.
141. Schwarcz, Lilia Moritz. Op. cit., p. 151.

possam ter a respeito os artistas e os receptores de arte".[142] A concepção vigente antes da Escola Positiva italiana, representada pelo pensamento da Escola Clássica, "coincide" com o papel desempenhado pelo romantismo em nossa formação histórica, em oposição ao pensamento realista/naturalista. O pensamento nacionalista de nossa formação cultural-literária foi associado à existência de uma literatura indígena, autenticamente nossa, que, a não ter sido sufocada pelo colonizador, teria desempenhado o papel formador que coube à portuguesa. Não se pode deixar de lembrar que uma das fases do romantismo brasileiro foi a da corrente "indianista", seguramente influenciada pelo mito do bom selvagem de Rousseau. "Daí, a concepção passou à crítica naturalista, e dela aos nossos dias, levando a conceber a literatura como processo retilíneo de abrasileiramento, por descoberta da realidade da terra ou recuperação de uma posição idealmente pré-portuguesa, quando não antiportuguesa. Resultaria uma espécie de espectrograma em que a mesma cor fosse passando de tonalidades esmaecidas para as mais densamente carregadas, até o nacionalismo triunfal dos indianistas românticos".[143] Vejam-se, a propósito, alguns destaques literários de interesse para a abordagem penal.

A temática criminal aparece idealizada no romantismo indianista. A descrição que José de Alencar faz de "Iracema", ao atingir Martim, é paradigmática. Iracema, a virgem dos lábios de mel, tinha os cabelos mais negros que a asa da graúna e o sorriso mais doce que o favo da jati. Ao avistar um guerreiro estranho, ela o ataca: "Foi rápido, como o olhar, o gesto de Iracema. A flecha embebida no arco partiu. Gotas de sangue borbulham na face do desconhecido. De primeiro ímpeto, a mão lesta caiu sobre a cruz da espada; mas logo sorriu. O moço guerreiro aprendeu na religião de sua mãe, onde a mulher é símbolo de ternura e amor. Sofreu mais d'alma que da ferida. O sentimento que ele pôs nos olhos e no rosto, não sei eu. Porém a virgem lançou de si o arco e a uiraçaba, e correu para o guerreiro, sentida de mágoa que causara. A mão que rápida ferira, estancou mais rápida e compassiva o sangue que gotejava. Depois Iracema quebrou a flecha homicida".[144] Do pequeno trecho citado extrai-se, com clareza, a maneira mais elevada do fato. O conjunto dos fatores morais, estéticos, éticos e políticos é destacado conforme a aspiração do ato. O ato livre de atacar foi estancado com o sangue que gotejava. Martim, por sua vez, teve o instinto de atacar ao "deixar a mão lesta cair sobre a espada", mas imediatamente dominou seu instinto pela vontade, cerne do livre-arbítrio. Fê-lo com um simples manifestar de um sorriso. Aqui, o homem tem o comando

---

142. Candido, Antonio. *Literatura e sociedade*, p. 19.
143. Idem, p. 83.
144. *Iracema*, p. 54-55.

de seus atos. Mesmo os "selvagens" são bons. Não há diferença atávica entre as gerações. Assim como é o livre-arbítrio que detém o comando das ações humanas.

Machado de Assis, um dos maiores nomes da literatura nacional, não deixa de tocar, em muitos de seus livros, a questão da criminalidade. Em um capítulo de poucas palavras, intitulado Provérbio errado, em uma das muitas aparentes digressões que faz no curso da estória, assim ele discorre em seu *Esaú e Jacó*, livro que relata as semelhanças e dessemelhanças entre gêmeos idênticos: "Pessoa a quem li confidencialmente o capítulo passado, escreve-me dizendo que a causa de tudo foi a cabocla do Castelo. Sem as suas predições grandiosas, a esmola de Natividade seria mínima ou nenhuma, e o gesto do corredor não se daria por falta de nota. 'A ocasião faz o ladrão', conclui o meu correspondente. Não conclui mal. Há todavia alguma injustiça ou esquecimento porque as razões do gesto do corredor foram todas pias. Além disso, o provérbio pode estar errado. Uma das afirmações de Aires, que também gozava de estudar adágios, é que esse não estava certo. – Não é a ocasião que faz o ladrão, dizia ele a alguém; o provérbio está errado. A forma exata deve ser esta: 'A ocasião faz o furto; o ladrão nasce feito'".[145] Aqui encontra-se a polêmica central da luta das escolas entre clássicos e positivistas: o ato delituoso é algo que decorre do livre-arbítrio, pensamento fundado no racionalismo burguês, ou é ele "determinado" por circunstâncias que escapam aos seus ditames racionais? Nós somos nós e nossas circunstâncias (para lembrar Ortega Y Gasset) ou são as circunstâncias que fazem de nós o que somos? O "ladrão" de Machado de Assis é um criminoso nato ou será feito conforme a ocasião? Note-se que, quando o adágio é citado pela primeira vez, afirma-se que a conclusão não é má, ainda que haja alguma injustiça ou esquecimento. A temática realista já introduz a polêmica influenciada pelo pensamento darwiniano e que repercutiu na Escola Positivista. No entanto o faz como uma espécie de possibilidade e não de forma acabada, definitiva; algo que só ocorrerá com a introdução radical do pensamento literário naturalista.[146]

As influências deterministas na corrente literária naturalista são inconfundíveis. Aluísio Azevedo, com uma linguagem candente, em sua obra *O cortiço*, mostrava as transformações de um personagem português pela influência do meio social e o seu abrasileiramento. "Passaram-se semanas. Jerônimo tomava agora, todas as manhãs, uma xícara de café bem grosso, à moda da Ritinha e tragava dois dedos de parati 'pra cortar a friagem'. Uma transformação, lenta e profunda,

---

145. *Esaú e Jacó*, p. 149.
146. Voltar-se-á a Machado de Assis, para a menção à "patologização" das responsabilidades pessoais em *O alienista*.

operava-se nele, dia a dia, hora a hora, reviscerando-lhe o corpo e alando-lhe os sentidos, num trabalho misterioso e surdo de crisálida. A sua energia afrouxava lentamente: fazia-se contemplativo e amoroso. A vida americana, a natureza do Brasil patenteavam-lhe agora aspectos imprevistos e sedutores que o comoviam; esquecia-se dos seus primitivos sonhos de ambição, para idealizar felicidades novas, picantes e violentas; tornava-se liberal, imprevidente e franco, mais amigo de gastar que de guardar; adquiria desejos, tomava gosto aos prazeres e volvia-se preguiçoso, resignando-se, vencido, às imposições do sol e do calor, muralha de fogo com que o espírito eternamente revoltado do último tambor entrincheirou a pátria contra os conquistadores aventureiros".[147] Páginas adiante, na mesma linguagem direta, os valores raciais, exógenos, afloram de maneira clara: "Amara-o a princípio por afinidade de temperamento, pela irresistível conexão do instinto luxurioso e canalha que predominava em ambos, depois continuou a estar com ele por hábito, por uma espécie de vício que amaldiçoamos sem poder largá-lo; mas desde que Jerônimo propendeu para ela, fascinando-a com a sua tranquila seriedade de animal bom e forte, o sangue da mestiça reclamou os seus direitos de apuração, e Rita preferiu no europeu o macho de raça superior. O Cavouqueiro, pelo seu lado, cedendo às imposições mesológicas, enfarava a esposa, sua congênere, e queria a mulata, porque a mulata era o prazer, era a volúpia, era o fruto dourado e acre destes sertões americanos, onde a alma de Jerônimo aprendeu lascívias de macaco e onde seu corpo porejou o cheiro sensual dos bodes".[148] Os tons carregados de Aluísio Azevedo mostram bem os aspectos exógenos e endógenos da transformação do português. De um lado, "a vida americana e a natureza do Brasil", e, de outro, "o sangue da mestiça", daquela "que prefere o macho de raça superior" a fazer com que o branco "aprenda as lascívias de macaco", em verdadeira regressão atávica, até as origens. Do mito do bom selvagem à constatação de que nada há de bom no primitivo. Do livre-arbítrio ao determinismo biológico e social. Tudo não passa de uma constatação segundo a qual o ser humano era visto de maneira bastante diversa pelas distintas abordagens científicas, tanto quanto literárias.

Em *O alienista*, Machado de Assis narra com aguda ironia a "medicalização" dos fenômenos jurídicos, por meio do personagem do renomado cientista Simão Bacamarte. Ele inicia mandando à sua Casa Verde, nome dado ao hospício, toda a população da cidade. No final, ele próprio acaba por se recolher à instituição que criou. "Ao cabo de cinco meses estavam alojadas umas dezoito pessoas (na Casa

---

147. *O cortiço*, p. 113-114.
148. Idem, p. 204.

Verde); mas Simão Bacamarte não afrouxava; ia de rua em rua, de casa em casa, espreitando, interrogando, estudando; e quando colhia um enfermo, levava-o com a mesma alegria com que outrora os arrebanhava às dúzias. Essa mesma desproporção confirmava a teoria nova; achara-se enfim a verdadeira patologia cerebral. Um dia conseguiu meter na Casa Verde o juiz de fora; mas procedia com tanto escrúpulo, que o não fez senão depois de estudar minuciosamente todos os seus atos e interrogar os principais da vila. Mais de uma vez esteve prestes a recolher pessoas perfeitamente desequilibradas; foi o que se deu com um advogado, em que reconheceu um tal conjunto de qualidades morais e mentais que era perigoso deixá-lo na rua. Mandou prendê-lo (...)".[149] "Era decisivo. Simão Bacamarte curvou a cabeça juntamente alegre e triste, e ainda mais alegre do que triste. Ato contínuo, recolheu-se à Casa Verde. Em vão a mulher e os amigos lhe disseram que ficasse, que estava perfeitamente são e equilibrado: nem rogos nem sugestões nem lágrimas o detiveram um só instante. – A questão é científica – dizia ele –; trata-se de uma doutrina nova, cujo primeiro exemplo sou eu. Reúno em mim mesmo a teoria e a prática. (...) Fechada a porta da Casa Verde, entregou-se ao estudo e à cura de si mesmo."[150] Nesta obra, Machado de Assis mostrou com perspicácia a concorrência sofrida pelos bacharéis em direito, sejam eles "advogados ou juízes de fora", pelo alienista, mais lúcido representante das ciências biológicas. Sua importância era tal que podia determinar a internação do próprio juiz, de um advogado "com tantas qualidades morais e mentais que era perigoso deixá-lo na rua" e, por fim, determinar a própria internação, que ninguém o contestaria. A ciência chegava ao ápice com os positivistas.

O alienista foi escrito no ano de 1882. Estávamos sob a égide do Código do Império. Já com o Código Republicano de 1890, o estatuto repressivo passou a dizer que tais delinquentes, penalmente irresponsáveis, deveriam ser entregues às suas famílias, ou internados nos hospícios públicos se assim exigisse a segurança dos cidadãos. O arbítrio em cada caso era uma atribuição do juiz, ouvido o perito médico. Em 1903, um decreto (Dec. 1.132, de 22.12.1903) tenta organizar a assistência médico-legal a alienados no Distrito Federal, o qual se pretendia modelo para a organização desses serviços nos diversos Estados da União. Segundo tal decreto, cada Estado alocaria recursos para a construção dos manicômios judiciários e, enquanto tais estabelecimentos não fossem construídos, deveriam ser utilizados anexos especiais nos asilos públicos. No Rio de Janeiro, então Capital Federal, foi criada a chamada Seção Lombroso do Hospício Nacional. Somente

---

149. *O alienista*, p. 30.
150. Idem, p. 35.

em 1920 é que foi lançada a pedra fundamental da nova instituição, oficialmente inaugurada em 1921 (Dec. 14.831, de 25.05.1921). Abria-se o primeiro manicômio judiciário do Brasil e da América Latina, sob direção de Heitor Pereira Castilho, que já há alguns anos chefiava a Seção Lombroso do Hospício Nacional.[151]

    A influência da Escola Positivista foi marcante no Código de 40, ainda que ele tivesse ideias muito caras aos clássicos. A própria Exposição de Motivos explicava que o Código era o resultado das ideias mais importantes dos autores da época. Na Exposição está: "Ao invés de adotar uma política extremada em matéria penal, inclina-se para uma política de transação ou de conciliação. Nele, os postulados clássicos fazem causa comum com os princípios da Escola Positiva. A responsabilidade penal continua a ter por fundamento a responsabilidade moral, que pressupõe no autor do crime, contemporaneamente à ação ou omissão, a capacidade de entendimento e a liberdade de vontade, embora nem sempre a responsabilidade penal fique adstrita à condição de plenitude do estado de imputabilidade psíquica e até mesmo prescinda de sua coexistência com a ação ou omissão, desde que esta possa ser considerada *libera in causa* ou *ad libertatem relata*. A autonomia da vontade humana é um postulado de ordem prática, ao qual é indiferente a interminável e insolúvel controvérsia metafísica entre o determinismo e o livre-arbítrio". O sistema do duplo binário, adotado pelo legislador da época, permitia a aplicação da pena (adotada com base no ideário clássico) e da medida de segurança (fincada nas ideias positivistas). Mais do que isso, ele presumia a periculosidade em inúmeros dispositivos tanto do Código Penal como da Lei das Contravenções Penais. O art. 14 deste último estatuto prevê a presunção de periculosidade, dentre outras hipóteses, para o condenado por contravenção "cometida em estado de embriaguez pelo álcool ou substância de efeitos análogos, quando habitual a embriaguez" (art. 14, I). Também permitia a presunção para os condenados por vadiagem ou mendicância (art. 14, II). Também pode ser considerado um resquício do positivismo a punição por posse não justificada de instrumento de emprego usual na prática de furto (art. 25 do mesmo diploma normativo): "Ter alguém em seu poder, depois de condenado por crime de furto ou roubo, ou enquanto sujeito à liberdade vigiada ou quando conhecido como vadio ou mendigo, gazuas, chaves falsas ou alteradas ou instrumentos empregados usualmente na prática de crime de furto, desde que não prove destinação legítima". É evidente que tal artigo se insere na lógica da existência de presunção de periculosidade (leia-se presunção de culpa) daquele que, por ter cometido fato delituoso anterior, supõe-se que, dada certa circunstância, voltará

---

151. CARRARA, Sérgio. Op. cit., p. 49.

a praticar ilícito. Também no Código Penal tais dispositivos se faziam presentes. O art. 77 estabelecia que, "quando a periculosidade não é presumida por lei, deve ser reconhecido perigoso o indivíduo, se a sua personalidade e antecedentes, bem como os motivos e circunstâncias do crime autorizem a suposição de que venha ou torne a delinquir". É interessante notar que a periculosidade era presumida "se, a prática do fato, revela torpeza, malvadez, cupidez ou insensibilidade moral" (art. 77, II) conceitos bastante porosos e de difícil definição. Também eram presumidos perigosos os reincidentes em crime doloso e os envolvidos em quadrilha ou bando (art. 78, IV e V). Ainda hoje, não obstante a Reforma Penal de 84, que baniu o sistema de duplo binário, muitos aspectos do positivismo permaneceram, seja da interpretação doutrinária, seja de julgados dos nossos tribunais. O atual Código Penal, com a Reforma de 84, manteve a orientação do Código anterior que adotava, no que concerne à unificação de penas (art. 71 do CP), a teoria puramente objetiva (Tópico 59 da Exposição de Motivos da Lei 7.209/84). No entanto, a doutrina que disserta sobre o assunto continuou a fazer coro com parte da jurisprudência, ao reafirmar os pensamentos positivistas fundantes do sistema de duplo binário, ignorando que ou se tem culpa, atributo da imputabilidade, ou se tem periculosidade, atributo da inimputabilidade. Veja-se, ainda que por curiosidade, o pensamento exposto por Valdir Sznick, que destoa da própria essência de um direito penal da culpa, e que faz menção à classificação elaborada por Ferri que contempla o criminoso habitual: "Réu habitual apresenta uma figura intermédia entre o réu ocasional e por tendência. E salienta (citando Grispigni) que 'o réu habitual não comete delitos por efeito de situações externas (ambiente), mas especialmente por causa da psique tornada diversa da original (quase um delinquente endógeno), levando alguns a confundirem-no com o delinquente constitucional' (de Di Tullio) ou com o *Zustandsverbrechers* (de Exner). (...) A habitualidade tem como *genus proximum* a periculosidade, ou seja, a probabilidade de que o delito venha a ocorrer. Como diferença (específica), a periculosidade deflui de apenas um delito; a habitualidade requer repetição. A habitualidade é uma inclinação ao delito. A reincidência está no direito retributivo, ao passo que a habitualidade tem mais função preventiva. A periculosidade está baseada na probabilidade. Provável é o que, dentro da possibilidade, está em vias de traduzir-se em ato".[152] Tais categorias (criminoso habitual/crime continuado/periculosidade) são recorrentes na doutrina: "Fundamentando-se no critério da menor periculosidade, da benignidade ou da utilidade prática, a razão de ser do instituto do crime continuado não se coaduna com a aplicação do benefício da

---

152. Sznick, Valdir. *Delito habitual*, p. 36-37.

exasperação da pena para aquele agente mais perigoso, que faz do crime profissão e vive deliberadamente à margem da lei. A habitualidade é, portanto, diferente da continuação. A culpabilidade na habitualidade é mais intensa do que na continuação, não podendo, portanto, ter tratamento idêntico.[153] De tudo o que aqui se disse pode se notar que o conceito de periculosidade, que tecnicamente empregado só poderia, no sistema vicariante, ser aplicável ao cometimento de fato típico por agente inimputável, acaba por ser utilizado como o leigo emprega a frase: perigoso é o imputável que pratica muitos crimes ou crimes muito graves! A melhor doutrina sobre o tema, em um dos mais profundos estudos sobre o assunto, não deixou de reconhecer tal aspecto: "O fato do agente haver cometido um grande número de outros delitos, por si apenas, não afasta a possibilidade de alguns deles terem sido continuados e, portanto, reclamarem pena unificada. Assim, é gravemente inexato dizer que a continuidade delitiva não se conforma à habitualidade ou ao profissionalismo criminoso, porque não estamos diante de um 'benefício', uma 'graça' jurisdicional. Crimes repetidos, naquela acepção que se preserva, são crimes que se reproduziram por si próprios, não porque elencados por um nexo específico, mas porque o agente os reproduziu sem nexo algum. Portanto, crimes repetidos podem ser apenas dois, ou muitos, o que é indiferente para a construção da teoria, de nada importando a habitualidade ou o profissionalismo tão invocados pela jurisprudência".[154] Anote-se, a propósito, que o recorte exterior ao tema, visualizado pelo número de delitos praticados, supostamente indicativos da "habitualidade" criminosa, não nos permite alcançar a verdadeira essência das coisas. Pode haver a hipótese, que não é incomum, de um autor que praticou uma centena de delitos, sendo condenado, no entanto, em apenas dois. Uma leitura exterior ao fato indicará não ter ele "habitualidade" criminosa, enquanto alguém, condenado em três processos, os únicos efetivamente por ele cometidos, poderá ser qualificado como um "criminoso habitual", em classificação devida a Ferri. Há julgados dos Tribunais que, ainda hoje, após a Reforma Penal de 84, que instituiu o sistema vicariante, insistem explicitamente nessa classificação, utilizando a "temibilidade" de Garofalo e os "criminosos habituais" de Ferri; e não são poucos.[155]

---

153. Béze, Patrícia Mothé Glioche. *Concurso formal e crime continuado*, p. 155.
154. Martins, Sérgio Mazina. Unificação de penas pela continuidade delitiva. *Revista Brasileira de Ciências Criminais*, vol. 18, p. 259.
155. "A habitualidade criminosa somente tem influência, em tema de unificação de penas, quando se observa, pela temibilidade do delinquente, pela extensão total das penas que se considerou, separadamente, adequada, que a reprimenda unificada seria inútil à reprovação e prevenção dos crimes" (rel. Ralpho Waldo, *JUTACrim* 86/147); no mesmo

2.5 Notas conclusivas

Da polêmica entre clássicos e positivistas, muitas lições podem ser tiradas. Na Europa, a exacerbação da discussão acabou por causar uma espécie de autofagia jurídica. Todos os autores viam, no adotar uma das posturas, uma necessidade imperiosa de sobrevivência intelectual. Ou se era clássico, ou positivista. O máximo que se permitia era ter uma opinião distinta das ditas escolas, criando uma terceira, cujo pensamento não deixava de ser o resultado da tomada de postura ora coincidente com uma delas, ora com outra. As tentativas não eram de superação daquelas perspectivas, mas sim de posicionamento em face daqueles pensamentos.

Para a criminologia, sem qualquer dúvida, não obstante as considerações de natureza penal dos clássicos terem sido importantes, são os positivistas que trazem as principais contribuições. Primeiro porque construíram seu pensamento em um momento de eclosão de várias ciências, em que se afirmaram, dentre outras, a antropologia, a sociologia, a fisiologia, a psiquiatria criminal. O trânsito para essas diferentes formas de conhecimento permitiu a criação da criminologia como uma ciência multidisciplinar que congrega diversas formas de conhecimento. Tal perspectiva fez superar o pensamento anterior, jurídico-centrado, que concebia (como, de resto, alguns ainda hoje o fazem) o direito como o grande planeta com seus pequenos satélites a gravitarem em seu redor. Hoje, e a partir do pensamento positivista, e em especial do livro *Criminologia* de Garofalo, que marcou a reunião desses conhecimentos prévios, tem-se uma espécie de equilíbrio integrador entre aqueles conhecimentos. Nesta polidisciplinaridade sobre o fenômeno criminal está o germe da complexa e sempre atual natureza interdisciplinar da criminologia.[156] Sem qualquer dúvida, a contribuição metodológica foi, pois, o grande avanço trazido por essa perspectiva de pensamento, para esta nova ciência, uma vez que autorizou intelectualmente a superação da visão exclusivamente dedutiva, de raciocínio lógico-abstrato, para a adoção de um posicionamento indutivo, empírico, de constatação da realidade para a obtenção de sua efetiva explicação.

---

sentido o aresto do STF: "As características reveladas pelo modo de ação do paciente na perpetração dos seis crimes de roubo qualificado revelam que houve mera reiteração no crime, e não continuidade delitiva, convergindo para a condução de que o paciente adotou o crime como meio de vida. Firmou-se jurisprudência do STF no sentido da descaracterização do crime continuado quando, independentemente da homogeneidade das circunstâncias objetivas, a natureza dos fatos e os antecedentes do agente identificam reiteração criminosa indicativa e delinquência habitual ou profissional" (HC 71.989, rel. Ilmar Galvão, *DJU* 03.05.1996, p. 13.899). Op. cit., p. 260-264. Há ainda, no STJ decisões no mesmo sentido (REsp 54.834-9, rel. Luiz Vicente Cernicchiaro, dentre outras).

156. ELBERT, Carlos Alberto. *Manual...* cit., p. 47.

Assim, tem-se aquilo que Roberto Lyra e João Marcelo de Araújo Jr., com bastante propriedade, denominavam de unidade de método com pluralidade de meios.[157] Ademais, foi o positivismo italiano, principalmente, que mudou o foco do delito para o estudo mais aprofundado do delinquente, o que por si só já constituiria uma relevante contribuição para a ciência.

No entanto, se boas contribuições foram trazidas pelos autores positivistas, também não se pode deixar de reconhecer neles visões distorcidas da sociedade e da criminalidade, que trouxeram consequências deletérias significativas. A patologização do fenômeno delituoso, traduzida pela assertiva segundo a qual todo criminoso tinha um viés patológico e não podia ser curado, demonstrou-se um cabal engano. Outro erro grave, especialmente de Lombroso, foi subvalorizar o entorno social como mero fator desencadeante da criminalidade. Os fatores circundantes não se constituíam sequer em vetores criminais. Mesmo com as contribuições posteriores de Ferri e Garofalo, tal pensamento não foi de todo superado. "Lombroso foi incompleto nas suas investigações, apaixonado e até inescrupuloso, o que constituiu o melhor trunfo para os seus detratores; suas conclusões foram prematuras, baseadas em simples premissas, que não foram suficientemente estudadas. Partia-se de uma investigação incompleta e chegava a conclusões prematuras, a sua doutrina não podia ser boa... É certo que há delinquentes que apontam os traços lombrosianos; mas também encontramos esses traços em homens inteligentes, em débeis mentais não delinquentes etc., como também há criminosos que não apresentam tais traços".[158] Não é difícil encontrar em qualquer indivíduo alguns desses traços, sem que isso tenha uma explicação atávica e ancestral, nem muito menos criminógena. Pelo contrário, é uma evidência que nem todos os delinquentes apresentam tais anomalias e, de outro lado, nem os não delinquentes estão livres delas. Não existe, pois, o "tipo delinquente", como de resto não há criminosos "habituais", ou "loucos" (na acepção lombrosiana do termo), ou "por tendência" etc. Por outro lado, a ideologia do tratamento proposta pelos positivistas, que produziu uma inversão do pensamento clássico, em vez do recuo do poder sancionatório na sociedade, significou, em nome da defesa da comunidade, uma expansão do sistema punitivo, algo que chegou a ser considerado uma ideia natural, em face da inexistência de alternativas curativas para certos delinquentes. Este entendimento deu fundamento às doutrinas da prevenção especial nas suas mais extremas manifestações. Deste mito científico da possibilidade do alcance explicativo dos fatores desencadeantes da criminalidade

---

157. *Criminologia...* cit., p. 66 e ss.
158. SENDEREY, Israel Drapkin. Op. cit., p. 37-38.

é que nasce a crise de paradigmas, a que aludem alguns autores por não visualizarem perspectivas de prevenção para grande parte do fenômeno criminal; especialmente quanto àquela parte do fenômeno criminal que se traduz na crítica do "feio", do "mau", do "anormal", do "louco", do "primitivo", do "selvagem", ainda hoje voz corrente no pensamento jurídico nacional em muitas questões do direito criminal. Um último erro metodológico dos positivistas é preciso destacar. Os sujeitos que eram observados clinicamente para formação da teoria das causas da criminalidade tratava-se de indivíduos caídos na engrenagem judiciária da justiça penal, sobretudo os clientes dos cárceres e manicômios judiciários, indivíduos já selecionados pelo complexo sistema de filtros sucessivos que é o sistema penal.[159] Assim, os mecanismos seletivos já tinham atuado, exercendo seu papel de seleção da clientela que viria a ser identificada com algumas características pessoais, quando estas já foram determinantes para a seleção pelo sistema punitivo. Mas pior do que isto é acreditar, ainda hoje, que tais parâmetros criminológicos podem ser referência dogmática para atuação perante os tribunais, ou mesmo para o desenvolvimento das ideias doutrinárias mais recentes. É essa a superação que ainda está a se exigir dos operadores do direito.

---

159. BARATTA, Alessandro. *Criminologia crítica e crítica do direito penal*: introdução à sociologia do direito penal, p. 40.

Parte Segunda
As Escolas Sociológicas do Crime

3
CRIMINOLOGIA DO CONSENSO E DO CONFLITO

As teorias criminológicas, sobre as quais se discorrerá, encartam-se dentro da perspectiva macrocriminológica. O que se pretende fazer é examinar as diferentes visões justificadoras do delito, explicativas ou críticas, não tendo por escopo examinar a interação entre indivíduos e pequenos grupos, mas sim fazer uma abordagem da sociedade como um todo, do seu complexo sistema de funcionamento, de seus conflitos e crises, de modo a obter, mediante o estudo do fenômeno delituoso, as diferentes respostas explicativas da criminalidade. Uma advertência, desde logo, faz-se necessária. Qualquer classificação não escapa a determinadas simplificações. Não raro, autores identificados com uma teoria apresentam contribuições sólidas que asfaltam o caminho de teorias que lhe sucedem. De outra parte, toda classificação, por mais rigor científico que contemple, não deixa de ter alguma discricionariedade. Autores de diferentes perspectivas convivem e se influenciam mutuamente. Uma ideia nunca é resultado de um gênio criador, mas sempre é um produto do seu tempo. As condições de existência de um pensamento decorrem das múltiplas relações humanas condicionantes daquele momento. Não é por outra razão que, como ondas sucessivas, alguns temas serão tocados por alguns autores e posteriormente serão revisitados por outros que lhes sucedem. Muitas vezes as teorias têm uma concepção provisória, para só adquirirem seu quadrante definitivo depois da crítica que recebem. Daí por que esta advertência prévia se faz necessária: a classificação a seguir exposta obedece a dois critérios: ao científico e ao pedagógico. Em nosso entender, não há ciência humana sem clareza conceitual. Também não há clareza conceitual sem objetividade científica. Ademais, a clareza conceitual e a objetividade científica, neste caso, visam a assegurar o acesso a este pensamento por parte do operador do direito, razão pela qual se terá, sempre, como pano de fundo, a ideia de este trabalho não ser escrito para o profissional da sociologia, mas para aquele que, a partir da visão sociológica, possa compreender suas consequências jurídicas.

Podemos agrupar duas visões principais da macrossociologia que influenciaram o pensamento criminológico. À primeira visão, de corte funcionalista, mas também denominada de teorias da integração, daremos o nome mais amplo de teorias do consenso. A segunda visão, argumentativa, pode-se intitular, genericamente, de teorias do conflito. A escola de Chicago, a teoria da associação diferencial, a teoria da anomia e a teoria da subcultura delinquente podem ser consideradas teorias do consenso. Já as teorias do *labelling* (interacionista) e crítica partem de visões conflitivas da realidade.

Para a perspectiva das teorias consensuais a finalidade da sociedade é atingida quando há um perfeito funcionamento das suas instituições de forma que os indivíduos compartilham os objetivos comuns a todos os cidadãos, aceitando as regras vigentes e compartilhando as regras sociais dominantes. Para a teoria do conflito, no entanto, a coesão e a ordem na sociedade são fundadas na força e na coerção, na dominação por alguns e sujeição de outros; ignora-se a existência de acordos em torno de valores de que depende o próprio estabelecimento da força. A visão do consenso, na realidade, não postula que a ordem é baseada em um consenso geral em torno de valores, mas sim que ela pode ser concebida em termos de um tal consenso, e que, se ela for concebida nestes termos, são possíveis certas proposições que resistem ao teste de observações específicas. De maneira análoga, para os defensores da visão conflitiva da sociedade, o pressuposto da natureza coercitiva da ordem social é um princípio heurístico, e não um juízo factual.[1] Do ponto de vista da teoria consensual, as unidades de análise social (os chamados sistemas sociais) são essencialmente associações voluntárias de pessoas que partilham certos valores e criam instituições, com vistas a assegurar que a cooperação funcione regularmente. Do ponto de vista da teoria do conflito, por outro lado, tais unidades de análise social configuram uma situação bastante diferente. Para ela, não é a cooperação voluntária ou o consenso geral, mas a coerção imposta que faz com que as organizações sociais tenham coesão. Um dos principais autores na defesa da ideia, segundo a qual a sociedade está fundada no conflito, foi Marx. Em suas famosas palavras: "Até hoje, a história de todas as sociedades que existiram até nossos dias tem sido a história das lutas de classes. Homem livre e escravo, patrício e plebeu, barão e servo, mestre de corporação e companheiro, numa palavra, opressores e oprimidos, em constante oposição, têm vivido numa guerra ininterrupta, ora franca, ora disfarçada; uma guerra que terminou sempre, ou por uma transformação revolucionária da sociedade inteira, ou pela destruição das suas classes em luta".[2] A despeito de encontrarmos em Marx o inaugurador da perspectiva do conflito, coube ao Holandês Willen Adrian Bonger (1876-1940) a primazia de trazê-la para o âmbito da criminologia. Desde

---

1. DAHRENDORF, Ralf. *As classes e seus conflitos na sociedade industrial*, p. 146.
2. MARX, Karl. Manifesto do Partido Comunista. *Obras escolhidas*, p. 22.

o início do século XX, com sua obra *Criminalité et conditions économiques*, de 1905, já havia rechaçado a teoria de matriz positivista que negava, ou ao menos subestimava, os fatores sociais do delito, retrucando diretamente o pensamento de Garófalo. O estudo das duas modalidades de criminologia inspiradas nas teorias do conflito tem relevância, pois de um lado estuda-se o comportamento desviado, a atuação dos aparatos repressivos do Estado ou as instâncias de controle social. De outra banda, esse processo de criminalização secundária se dá por uma estrutura de classes, em que as classes subalternas são criminalizadas e os criminalizantes são representantes das classes dominantes.[3]

As teorias do consenso têm como base um certo número de premissas: "toda sociedade é uma estrutura de elementos relativamente persistente e estável; toda sociedade é uma estrutura de elementos bem integrada; todo elemento em uma sociedade tem uma função, isto é, contribui para sua manutenção como sistema; toda estrutura social em funcionamento é baseada em um consenso entre seus membros sobre valores. Sob várias formas, os mesmos elementos de estabilidade, integração, coordenação funcional e consenso reaparecem em todos os enfoques funcionalista-estruturalistas do estudo da estrutura social. Estes elementos são, naturalmente em geral, acompanhados de afirmações no sentido de que a estabilidade, integração, coordenação funcional e consenso são apenas 'relativamente' generalizados".[4] Na mesma linha de argumentação, Dahrendorf elenca as premissas das chamadas teorias do conflito: "toda a sociedade está, a cada momento, sujeita a processos de mudança; a mudança social é ubíqua; toda sociedade exibe a cada momento dissensão e conflito e o conflito social é ubíquo; todo elemento em uma sociedade contribui de certa forma para sua desintegração e mudança; toda sociedade é baseada na coerção de alguns de seus membros por outros".[5]

Lewis Coser destaca os aspectos positivos do conflito, mencionando que o dissenso assegura a mudança, contribui com a integração e a conservação do grupo: "O conflito dentro de um grupo frequentemente ajuda a revitalizar as normas existentes, ou contribui para a emergência de novas normas. Nesse sentido, o conflito social é um mecanismo de ajustamento de normas e adequação a novas condições. Uma sociedade flexível se beneficia dos conflitos porque seu comportamento, ajudando a criar e modificar normas, assegura sua continuidade sob novas condições. Tal mecanismo de reajuste de normas dificilmente está

---

3. PREUSSLER, Gustavo de Souza. Criminologias do conflito, p. 12.
4. DAHRENDORF, Ralf. *As classes...* cit., p. 148.
5. Idem, p. 149.

disponível em sistemas rígidos: pela supressão de um conflito maximiza-se o perigo de uma ruptura catastrófica.[6]

Também é interessante notar que, dentro das teorias do conflito, Marx não atribuiu grande importância ao estudo do direito e, menos ainda, ao exame do direito penal. Isto se justificava, dentro de sua visão, pois sua percepção era que a transformação da sociedade passava pela necessária discussão dos aspectos estruturais e não superestruturais (em que está o direito), já que seu principal objetivo era a transformação social.[7] Sociólogos contemporâneos, alguns dos quais com uma visão liberal, identificaram que as lutas de classes tradicionais não mais representavam a expressão dominante da sociabilidade insociável do homem. Pelo contrário, o que se verifica do estudo da sociedade moderna são manifestações mais individuais e ocasionais de agressão social, dentre as quais destacam-se as violações da lei e da ordem pública por indivíduos, bandos e multidões.[8] Ainda que se identifiquem sobras do velho conflito, surgem novas linhas de divisão e antagonismos em função da maior segmentação da sociedade. Nos países mais adiantados, onde os direitos de cidadania são quase gerais, as disparidades nos domínios de vida assumem o lugar de exigências generalizadas por direitos sociais, políticos ou civis. As pessoas lutam pelo reconhecimento de valor comparável para a mulher, ou contra a poluição, ou pelo desarmamento, ou pela descriminalização das drogas leves, mas o fazem a partir de uma base comum de cidadania. Nesse sentido, os movimentos sociais vão se formar estritamente dentro das fronteiras da sociedade civil. Mesmo a desobediência civil só faz sentido se uma firme estrutura de direitos civis – e a obrigação de obedecer a lei – pode ser presumida.[9]

Assim, seja na visão da teoria do consenso, em que as funções sociais são atividades das estruturas sociais, dentro do processo de manutenção do sistema – perspectiva em que as disfunções são atividades que se opõem ao funcionamento do sistema social – e em que toda mudança social é uma disfunção, uma falha no sistema, que não consegue mais integrar as pessoas em suas finalidades e valores,[10] seja na visão da teoria do conflito que admite existir dentro da própria sociedade

---

6. COSER, Lewis A. *The functions of social conflict*, p. 154.
7. Nos termos da 11.ª tese sobre Feuerbach, "os filósofos não fizeram mais que *interpretar* o mundo de forma diferente: trata-se, porém, de *modificá-lo*" (MARX, Karl. Teses sobre Feuerbach. *Obras escolhidas*, p. 210).
8. DAHRENDORF, Ralf. *A lei e a ordem*, p. 12.
9. DAHRENDORF, Ralf. *O conflito social moderno*: um ensaio sobre a política da liberdade, p. 167-168.
10. SABADELL, Ana Lucia. *Manual de sociologia jurídica*: introdução a uma leitura externa do direito, p. 68.

uma permanente luta pelo poder, que só se mantém pela coerção, não se tem dúvida do papel desempenhado pelo crime dentro desse processo. A partir de seu cometimento, pode-se entender ser ele uma manifestação natural, porém atípica de uma sociedade sadia, ou mesmo pode-se fazer uma crítica mais generalizada de toda a sociedade. Há, evidentemente, várias formas de crítica. Alguns criticam somente o aparato do poder punitivo; radicais se permitem criticar a propriedade dos bens de produção; pós-modernos fazem a crítica a partir da perspectiva da linguagem; as feministas desconstroem o androcentrismo. Enfim, a visão crítica também não escapa à crítica.

O fato é que as teorias do consenso estão quase sempre associadas a um conservadorismo, enquanto as teorias do conflito nos remetem a uma ideia de mudança social. Isso não é absoluto. O movimento nazista, assim como outras perspectivas totalitárias – ao contrário de ditaduras autoritárias e não menos obscurantistas – baseava-se em uma postura conflitiva de luta de raças e, nesse contexto, defensores do positivismo jurídico acabaram por exercer uma postura defensista de valores humanos consagrados. No contexto em que vivemos, de supressão de garantias e de fúria punitiva, o garantismo penal de Ferrajoli, a despeito de ser a mais bem acabada forma de positivismo jurídico, no dizer de Norberto Bobbio, tem um papel progressista. Também é oportuno destacar a assertiva de Vera Malaguti Batista, no sentido que o positivismo, no Brasil, representou uma vanguarda laicizante de um liberalismo radical, na contramão das oligarquias associadas ao poder da Igreja Católica.[11]

Qualquer que seja a visão adotada para a análise criminológica, a sociedade é como a cabeça de *Janus*, e suas duas faces são aspectos equivalentes da mesma realidade.

É, pois, necessário explorá-la.

---

11. *Introdução crítica à criminologia brasileira*, p. 41.

4

ESCOLA DE CHICAGO

4.1 Antecedentes históricos

Dentre os diferentes perfis criminológicos hoje conhecidos, avulta aquele decorrente de uma perspectiva predominantemente sociológica em oposição ao pensamento biopsicológico da escola positiva italiana. Para Lombroso, o mundo circundante era motivo desencadeador de uma predisposição inata, própria do sujeito em referência. Ele não negava os fatores exógenos, apenas afirmava que estes só serviam como desencadeadores dos fatores clínicos. A grande polêmica causada pela discussão das ideias positivistas – em oposição ao pensamento que historicamente lhe antecedia, chamado pejorativamente de "clássico" pelos positivistas – criou uma bipolarização sociológica e jurídica da questão penal, especialmente na Europa. Se em um primeiro momento tal discussão pode ser chamada criativa e até mesmo criadora, passa, em um segundo momento, a ser uma polarização estéril.[1] Os autores europeus do início do século XX, nos quais a doutrina brasileira vai buscar os conceitos e ideias,[2] ainda estão marcados pela divisão entre clássicos e positivistas. Mesmo aqueles que tentam escapar da dicotômica e infecunda polêmica o fazem para assumir uma terceira via, em tudo e por tudo relacionada com a indelével querela.[3]

---

1. Veja-se, nesse sentido, o ilustrativo e divertido (por que não?) debate travado no Segundo Congresso de Antropologia Criminal (e nos três anos subsequentes), realizado em junho de 1889, em que Lombroso, Topinard e Benedikt discutem sobre as características cranianas de Charlotte Corday, assassina de Marat. O que os renomados antropólogos desconhecem é que o crânio da "virgem normanda", presenteado ao príncipe Roland, fora anteriormente removido do cemitério onde se supunha estar enterrada. DARMON, Pierre. Op. cit, p. 14-15.
2. A Exposição de Motivos do Código de 40 defendia taxativamente a predominância das ideias clássicas e positivistas, calcadas no princípio do duplo binário, como embasadoras da Parte Geral (hoje modificada pela Lei 7.209/1984).
3. Observe-se o julgado constante do *Boletim do IBCCrim*, n. 86, jan. 2000, p. 418, do TACrimSP, em que o fundamento para indeferimento do regime semiaberto em um roubo foi a "periculosidade presumida do agente" (Ap. 1.158.511/1, 8.ª Câm., j. 26.08.1999, rel. Ericson Maranho), o que nos leva a crer que, mesmo hoje, tal dicotomia faz-se presente.

Diferentemente de nós, influenciados que fomos pelas ideias europeias, os norte-americanos tiveram uma preocupação diferenciada e até original, marcada por um certo pragmatismo haurido do pensamento de Spencer e Comte.[4] Não criaram eles a sociologia, mas deram-lhe feições e abordagens peculiares. Na segunda metade do século XIX ocorrem mudanças sociais importantes nos Estados Unidos, com a consolidação da burguesia industrial, financeira e comercial. A expansão da classe média e trabalhadora, com a vinda de grandes levas de imigrantes e migrantes para as cidades, que se transformam em centros industriais dinâmicos, cria um diversificado ambiente intelectual dentro do qual evoluíram as ciências sociais. "Certos aspectos da formação da sociologia assumiram nos Estados Unidos formas originais: uma motivação inicial filantrópica e favorável à reforma social, de feição progressista, e sua disputa contra os argumentos conservadores tirados da economia política clássica e do evolucionismo e do darwinismo social; o uso pioneiro de materiais sociográficos; a influência do evolucionismo de Spencer e do darwinismo social no desdobramento da discussão intelectual de um conjunto de ideias da época (entre 1850 e 1900) e os inícios do ensino universitário da sociologia em diversas instituições de ensino e pesquisa universitárias que foram criadas nas últimas décadas no século XIX."[5] A sociologia americana, inicialmente, é marcada por um aspecto religioso. Anos mais tarde, porém, passa por um processo de secularização que é coroado por uma aproximação da elite instruída com as pessoas comuns, por meio de conferências ao público e cursos por correspondência, que acabam por envolver a comunidade com a universidade.[6] A forma mais abrangente desse processo é o surgimento de um pensamento, centrado na Universidade de Chicago, que se convencionou designar teoria da ecologia criminal ou, ainda, teoria da desorganização social.

Há que iniciar esse estudo respondendo a uma primeira pergunta: por que a teoria da ecologia criminal surge na cidade de Chicago ou, especificamente, na Universidade de Chicago?

A escola de Chicago aparece estreitamente unida ao Departamento de Sociologia da Universidade de Chicago. Foi ela criada em 1890 e admitiu seus primeiros alunos em 1892. É uma fundação batista que recebeu o apoio de John Rockefeller. Seu primeiro presidente foi William Rainey Harper, antigo professor

---

4. BERGALLI, Roberto. Perspectivas sociológicas: desarrollos ulteriores. *El pensamiento criminológico:* un análisis crítico, vol. I.
5. EUFRASIO, Mário A. *Estrutura urbana e ecologia humana*: a escola sociológica de Chicago (1915-1940), p. 21.
6. SAINT-ARNAUD, Pierre. *William Graham Summer et les déguts de la sociologie américaine*, p. 61 e ss.

da Universidade de Yale. "Quando seu colega de fé batista John D. Rockefeller lhe ofereceu um milhão de dólares para fundar uma instituição acadêmica, respondeu que lhe seria necessário quinze milhões para criar uma universidade digna desse nome. Recebeu, de fato, trinta milhões de dólares e cumpriu sua promessa em prazo notavelmente curto".[7] Harper criou uma Universidade que combinava trabalho acadêmico original e prestação de serviços à comunidade. O desenvolvimento da pesquisa foi acelerado, especialmente com ensino em nível de pós-graduação. Com apoio de Rockefeller e de industriais proeminentes de Chicago estabeleceu uma escala de salários em torno do dobro do que era pago em outras universidades americanas. Além disso, dava total liberdade de pesquisa e oferecia meios de publicar todos os trabalhos desenvolvidos, com a criação de uma editora, antes mesmo de os primeiros alunos matricularem-se. Mudou, ainda, a estrutura do curso. Em vez de ministrar três trimestres de aulas/ano, permitia ao aluno antecipar a conclusão dos cursos, com a frequência a aulas em todos os quatro trimestres letivos anuais, em cursos oferecidos alternadamente. Com isso, possibilitou ao professor lecionar ininterruptamente por todo o ano, optando por um pagamento extra ou, se o fizesse por três trimestres de verão consecutivos, ter um ano de afastamento remunerado, que poderia ser dedicado em benefício exclusivo da pesquisa.

Em seguida, convidou Albion Woodbury Small para chefiar o Departamento de Sociologia. Inúmeros professores renomados foram trazidos de outros centros de estudos ou foram formados na própria Universidade de Chicago. William Thomas, Robert Park, Ernest Burgess, Roderick Mckenzie são alguns dos muitos nomes que produziram por um largo período (de 1890 a 1950). Além disso, a escola de Chicago desenvolveu trabalhos nas ciências humanas com estudos dos movimentos sociais mais relevantes do período, análise de grupos sociais, seitas, comportamento das multidões, opinião pública, psicologia de massas, psicologia social, comportamentos patológicos ligados à urbe, criminalidade e crime. Albion Small dirigiu o departamento de sociologia desde sua fundação até 1924, sendo o responsável pela criação da primeira revista de sociologia do mundo, *American Journal of Sociology*, criada em 1895. Tal revista é anterior à famosa revista criada por Émille Durkheim, *L´année Sociologique*.[8]

Mas por que Chicago e não outras grandes cidades americanas? Chicago, mais do que qualquer outra cidade americana, tinha um acentuado desenvolvimento

---

7. EUFRASIO, Mário A. Op. cit., p. 29.
8. ROSA, Pablo Ornelas et alii (org.). *Sociologia da violência, do crime e da punição*. Belo Horizonte: Editora D´Plácido, 2020, p. 53/54.

urbanístico, econômico e financeiro no final do século XIX e início do XX. O crescimento da cidade pode ser notado pelas modificações do censo realizadas década a década.[9] Em 1840 a população era de 4.470 pessoas. A população cresceu quase seis vezes em dez anos. Duas vezes e meia entre 1850 e 1860 e quase três vezes na década subsequente. Alcançou 500.000 pessoas em 1880 e mais de um milhão de habitantes em 1900. Dez anos depois a população havia dobrado. A taxa de crescimento entre 1910 e 1920 foi 23,6%; entre 1920 e 1930, 24,8%.[10] A cidade, às margens do Lago Michigan, era um entroncamento de linhas ferroviárias que seguiam para Oeste, o que fez com que se transformasse em grande centro comercial do Meio-Oeste. O crescimento populacional não foi feito só com o crescimento demográfico, mas também com a chegada de imigrantes estrangeiros em busca de trabalho: alemães, italianos, poloneses, gregos, holandeses, escandinavos, tchecos, lituanos, judeus etc. Em 1900, metade da população de Chicago havia nascido fora dos Estados Unidos. Acrescente-se a isso o grande número de negros provenientes de correntes migratórias do Sul, os quais perfaziam 7% da população em 1930 e que começaram a chegar à cidade a partir do início do século XX, em grandes levas, procurando trabalho nas indústrias e um lugar onde não houvesse tanta discriminação racial. A explosão de crescimento da cidade, que se expande em círculos do centro para a periferia, cria graves problemas sociais, trabalhistas, familiares, morais e culturais que se traduzem em um fermento conflituoso, potencializador da criminalidade. A inexistência de mecanismos de controle social e cultural permite o surgimento de um meio social desorganizado e criminógeno que se distribui diferenciadamente pela cidade.

Embora o pensamento ecológico estivesse centrado na Universidade de Chicago, seus estudos influenciaram inúmeros outros pesquisadores americanos que passaram a examinar problemas relacionados ao crescimento das cidades. Merecem destaque, dentre muitos, os seguintes estudos reunidos em um único volume: *Five cities of the pacific Northwest* de Norman S. Hayner; *Three Midwestern cities* de Paul G. Cressey, Clarence W. Schroeder e T. Earl Sullenger; *Baltimore, Illinois* de Earl R. Moses; *Minneapolis and St. Paul, Minnesota* de Calvin F. Schimid.

No Brasil, sob influência desses autores, temos importante coletânea de textos, organizada pelo Prof. Donald Pierson, intitulada *Estudos de ecologia*

---

9. Em 1850, a população era de 29.963 habitantes; em 1860, 112.172; em 1870, 298.977; em 1880, 503.185; em 1890, 1.099.850; em 1900, 1.698.575; em 1910, 2.185.283; em 1920, 2.701.705 e em 1930, 3.376.438, segundo a Agência de Recenseamento dos EUA.
10. SHAW, Clifford R.; McKAY, Henry D. *Juvenile delinquency and urban areas*: a study of rates of delinquents in relation to differential characteristics of local communities in American cities, p. 23.

humana: leituras de sociologia e antropologia social, publicada em 1948 pela Livraria Martins Editora, em que são trazidos trabalhos dos principais autores da escola de Chicago. O livro está dividido em quatro partes com destaque para o estudo *do campo da ecologia humana; a comunidade: objeto central do estudo ecológico; alguns conceitos e processos ecológicos; algumas pesquisas ecológicas*.[11] O próprio organizador da coletânea acima mencionada, ao participar da "jornada da habitação econômica", faz publicar um artigo chamado Um estudo comparativo da habitação em São Paulo (*Revista do Arquivo Municipal*, p. 241-254, mar.-abr. 1942), no qual faz um relato comparativo entre casas de três bairros pobres de São Paulo (Mooca, Bexiga e Canindé) e três bairros ricos da cidade (Pacaembu, Jardim América e Higienópolis), mostrando diversos dados cotejados entre as áreas. Também merece menção o livro organizado e introduzido por Otávio Guilherme Velho, com textos de Georg Simmel, Robert Park, Louis Wirth, Max Weber e Chombart de Lauwe, *O fenômeno urbano*, Rio de Janeiro, Zahar, 1967. Não obstante esses trabalhos terem tido certa repercussão na área do urbanismo, da arquitetura e da sociologia, são absolutamente desconhecidos do público jurídico por várias razões: primeiro por não ser a criminologia matéria curricular da maioria das faculdades de direito do Brasil; ademais, mesmo em nível de pós-graduação, poucos são os cursos que inserem uma disciplina menos dogmática, particularmente quando é ministrado em nível de especialização; acrescente-se a isso não haver publicações específicas de criminologia no Brasil, à exceção da *Revista Brasileira de Ciências Criminais*, que dispõe de seção própria sobre o assunto, e da *Discursos Sediciosos*, publicada pelo Instituto Carioca de Criminologia e que é dirigida por Nilo Batista. Somem-se a estes periódicos, ainda, as coleções editadas pelo Instituto Carioca de Criminologia e pelo Instituto Brasileiro de Ciências Criminais. Por fim, a tradicional doutrina jurídica brasileira, especialmente nos manuais (que muitas vezes não passam de desdobramentos de apostilas preparatórias para concursos públicos), faz questão de manter olímpica desinformação sobre as chamadas "ciências auxiliares do direito penal", reforçando o estudo puramente dogmático e traduzindo uma perspectiva de ensino absolutamente isolada da realidade, calcada nos princípios do velho positivismo jurídico e que faz questão de ignorar a análise crítica do

---

11. Observe-se, neste ponto, que São Paulo também teve – assim como Chicago – grandes fluxos imigratórios a partir de 1880, o que talvez explique as mesmas preocupações científicas. Dos 31 mil habitantes nessa data, passa a ter 579 mil habitantes em 1920 e a 1.320.000 em 1940. Nesse período há a chegada de imigrantes portugueses, espanhóis, italianos, sírios, japoneses, armênios e judeus (*Folha de S. Paulo*, 23.01.2000, 3.º Caderno, p. 4).

direito penal. Tais manuais, quando muito, cingem-se a considerações sobre a história do direito penal, à chamada luta das escolas (clássicos/positivistas), não mencionando quaisquer teorias justificadoras ou explicativas da criminalidade (anomia, ecologia criminal, interacionismo, funcionalismo, teoria crítica etc.). Nos próximos tópicos, pois, lançaremos as bases do pensamento ecológico criminal tentando demonstrar sua relevância metodológica e a importância dessa inserção na discussão atual da criminalidade brasileira.

4.2 Importância metodológica da escola de Chicago

Em 1995, o Centro de Estudo de Cultura Contemporânea (Cedec) foi convidado pelo Ministro da Justiça – em face da elaboração do Programa Nacional de Direitos Humanos, cujo "objetivo é apresentar propostas concretas de caráter administrativo que busquem solucionar problemas relacionados à área de direitos humanos no Brasil"[12] – a elaborar um mapa da violência apresentando dados quantitativos que relacionassem a violência urbana com as condições sociais existentes na capital paulista. A cidade foi então dividida em bairros e o objetivo era constatar qual o risco que corria uma pessoa em viver em cada um daqueles bairros. Risco, segundo o documento, significa a chance que um indivíduo ou uma população tem de sofrer um dano futuro no seu equilíbrio vital.[13] Para exprimir em dados concretos esse risco, resolveu-se fazer tal constatação mediante o número de homicídios por 100 mil habitantes. Verificou-se que os riscos eram variáveis, segundo as regiões, de tal forma que o risco coletivo não é um somatório dos individuais, aos quais estavam submetidas as pessoas que ali vivem, em face de circunstâncias particulares de cada bairro. Assim, necessário se fez conhecer as condições a que estavam submetidos os espaços territoriais urbanos e as pessoas que lá viviam. Para isso criou-se um índice, chamado *nota socioeconômica*, em que foram utilizados diversos indicadores como: porcentagem de chefes de família sem rendimento; porcentagem de chefes de família com rendimento acima de 20 salários mínimos; porcentagem de chefes de família com 1 a 3 anos de estudo; porcentagem de chefes de família com mais de 15 anos de estudo; número de pessoas por domicílio; número de pessoas por banheiros; acesso precário à rede de esgoto; acesso precário à rede de água; acesso precário à coleta de lixo, taxa de emprego etc. As notas socioeconômicas podiam variar de 0 a 10, representando um indicador composto produzido a partir dos valores de cada uma das variáveis utilizadas. As

---

12. *Mapa de risco da violência*: cidade de São Paulo, p. 2.
13. Idem, p. 3.

maiores notas socioeconômicas foram obtidas nos bairros mais urbanizados e centrais, habitados por classe mais alta (8,44 no Jardim Paulista; 7,92 em Moema; 7,10 em Pinheiros; 7,0 em Perdizes). As piores notas socioeconômicas foram verificadas nos bairros pobres da periferia (1,57 no Jardim Iguatemi; 1,97 em Parelheiros; 2,02 no Jardim Ângela; 2,27 no Capão Redondo). Nos bairros pobres da periferia, chegou-se a apurar um índice de 111,52 homicídios por 100 mil habitantes (Jardim Ângela) e 101,68 no Bairro do Grajaú (2,35 de nota socioeconômica). De outro lado, em Perdizes o índice de homicídios por 100 mil habitantes foi de apenas 2,65, sendo de 11,58 no Bairro de Vila Mariana. A conclusão é evidente: quanto menor a nota socioeconômica, maior é a violência representada pelos homicídios. Quanto maior a nota socioeconômica, menor o índice de risco da população. O documento também demonstra não haver uma "cidade" violenta, mas inúmeras "cidades" dentro da "cidade" com padrões de risco comparáveis – ao mesmo tempo – a índices de cidades europeias e a Johannesburgo ou Medellín.[14]

---

14. No início de 2001, nova pesquisa de risco da violência foi realizada, alcançando o período compreendido entre 1996 e 2000. Algumas alterações foram constatadas no mapa original de violência, especialmente naqueles bairros em que o Estado desenvolveu políticas públicas minimizadoras da pobreza. O bairro Jardim Ângela, por exemplo, em face de um esforço concentrado de prevenção na esfera do controle informal, conseguiu reduzir o índice de homicídios de 111,52 para 91,45 por 100 mil habitantes, o que expressa a efetividade do controle social informal. Fenômeno parecido e em maior escala se verificou em Medellín, cujas taxas de homicídio por cem mil habitantes caíram de um patamar de 360 – verificado na década de 1990 – para 33,2 em 2005. Várias foram as medidas adotadas: o Exército instalou bases militares nas favelas, permitindo que educadores, assistentes sociais e policiais comunitários ali atuassem; surgiram, voluntariamente, os "vigilantes do bairro"; disseminou-se o mediador de conflito, o que ajudou a diminuir as resistências encontradas pela campanha do desarmamento; jovens envolvidos com delitos passaram a receber salário para manter a ordem na cidade; reformas urbanas foram feitas nos bairros mais pobres e montanhosos, com a construção de escadas e teleféricos; a coleta do lixo foi incentivada; escolas foram ampliadas; centros de saúde, abertos. Os resultados têm sido acompanhados de perto por uma entidade civil chamada "Medellín Cómo Vamos", fundada em agosto de 2006 com o objetivo de avaliar, do ponto de vista da cidadania, as mudanças na qualidade de vida advindas da implementação de políticas públicas. (DIMENSTEIN, Gilberto. *Medellín passou de capital da violência a laboratório da paz*. Disponível em: [http://www1.folha.uol.com.br/folha/dimenstein/colunas/gd161006a.htm] e [www.medellincomovamos.org]. Acesso em: 30.05.2008). Optou-se, no entanto, por manter Medellín ao lado de Johannesburgo como exemplo de cidade violenta não apenas pelo seu recente passado, mas porque 33,2 homicídios por cem mil habitantes ainda é um índice elevado. A título de comparação, cite-se que no primeiro trimestre de 2008 o Estado de São Paulo atingiu o índice de 10,8 e sua capital fechou o ano de 2007 com uma taxa de

Tulio Kahn, pesquisador associado ao Ilanud, ao comentar pesquisas dessa natureza, afirma: "Hoje, estamos cientes de que um indicador jamais representa de forma absoluta a verdade sobre o fenômeno social que procura medir: um índice de criminalidade como o que propomos, como qualquer outro indicador, portanto, estará longe de refletir o fenômeno da criminalidade em todas as suas dimensões e nuanças. Pode, contudo, converter-se num excelente guia para a sociedade e para os responsáveis pela implementação das políticas públicas na área da segurança pública, bastando que não se exija dele mais do que ele pode fornecer".[15] Na realidade, o cidadão não só tem o direito de ter acesso à informação sobre sua segurança pública, como também pode o governo estabelecer uma estratégia preventiva de combate à criminalidade. Uma análise percuciente e mais aprofundada dos dados obtidos permitiria concluir o desacerto da política repressiva estatal, representada pelo tripé de *mais crimes, mais punição, mais prisão*, quando poderia estabelecer uma postura preventiva por meio de políticas públicas minimizadoras da miséria para resgate da cidadania. Mais adiante vamos verificar que mesmo a escola de Chicago, tida como conservadora, propugna posturas preventivas e não repressivas, com o envolvimento da comunidade para solução dos problemas criminais.

Ainda que devamos ter cuidado com as estatísticas, não resta a menor dúvida de que há a necessidade de utilizá-las para que sirvam de guia para ação das políticas públicas, especialmente de contenção da criminalidade. Mas quando isso passa a ser algo pacífico? Quem consagrou essa prática metodológica?

Uma das primeiras grandes polêmicas criminológicas foi quanto ao método a utilizar. Clássicos afirmavam que o método deveria ser o lógico-dedutivo. Positivistas, o experimental. Por trás disso está a ideia de qual deve ser o objeto que se quer analisar com a investigação científica. Se a criminologia deve se aproximar do fenômeno delitivo sem prejuízos, sem mediações, procurando obter uma informação direta da realidade para compreendê-la e explicá-la, não há que pensar em fazê-lo sem que se tenha um perfeito domínio da realidade. Investigar, mediante uma análise totalizadora, tem por objetivo discernir sobre a etiologia do fato real, sua estrutura interna e sua dinâmica. Não há política criminal séria (seja ela preventiva ou repressiva) sem que se tenha um verdadeiro domínio da

---

12,1 (Teperdgian, Maria Fernanda. *Homicídio cai 9% em São Paulo no primeiro trimestre*. Disponível em [www.saopaulo.sp.gov.br/sis/lenoticia.php?id=94555&c=560]. [www.nevusp.org/portugues/index.php?option=com_content&task=view&id=1382&Itemid=74]. Acesso em: 30.05.2008).

15. Metodologia... cit., p. 10.

realidade sobre a qual se vai intervir. Os positivistas italianos, desde logo, constataram essa dinâmica. E o fizeram em face da existência, já naquele período, de um pensamento amparado na escola cartográfica, segundo o qual os fenômenos coletivos seriam regidos com leis naturais, como quaisquer outros fatos sociais, e podiam ser submetidos a uma análise quantitativa. Em 1846, enunciava Quételet o postulado das relações constantes entre a criminalidade real, aparente e legal (existe uma relação invariável entre os delitos conhecidos e julgados e os delitos desconhecidos, daqueles que são cometidos).[16]

No entanto, ninguém mais do que a sociologia americana, especialmente a partir da escola de Chicago, utilizou os *social surveys* em suas posturas investigativas.[17] Os inquéritos sociais são realizados por meio de um interrogatório direto feito normalmente por uma equipe, junto a um universo determinado de pessoas, sobre certos aspectos de interesse do pesquisador. Clifford R. Shaw e Henry D. Mckay foram os principais defensores de tal postura metodológica junto à própria escola de Chicago. Esses autores, na clássica obra sobre delinquência juvenil em áreas urbanas, mencionam os primeiros estudos estatísticos relacionados a áreas urbanas como os de André Michel Guerry (*Essay sur la statistique morale de la France*, de 1833). Nessa investigação Guerry faz um cômputo de índices de criminalidade de 86 departamentos na França. Esses dados foram recolhidos no período de 1825-1930, tomando como base pessoas acusadas de cometimento de crimes.[18] Mencionam, ademais, estudos ingleses que relacionam a criminalidade em certos condados, comparativamente com outros, e que foram desenvolvidos por Rawson, em 1839 (*An inquiry into the statistics of crime in England and Wales*). Da mesma maneira, John Glyde, em 1856, fez publicar um estudo sobre a criminalidade em 17 distritos em Suffolk County (*Locality of crime in Suffolk*).[19]

No entanto, ao contrário do que se imagina, os autores da escola de Chicago não se ativeram a um modo investigativo linear de simples cotejo da criminalidade com sua distribuição pelas cidades. Ao contrário. Ao lado dos inquéritos sociais, também utilizaram estudos biográficos de casos individuais, tão necessários para o conhecimento das carreiras delinquentes. Clifford R. Shaw, em seu livro *The Jack-Roller,* narra o estudo de uma carreira feita pelo jovem delinquente, designado apenas por Stanley, desde o cometimento de seu primeiro crime aos seis anos de

---

16. DIAS, Jorge de Figueiredo; ANDRADE, Manuel da Costa. *Criminologia...* cit., p. 132.
17. BERGALLI, Roberto. Perspectiva sociológica... cit., p. 114.
18. Op. cit., p. 5.
19. Op. cit., p. 6-7.

idade.[20] O próprio autor justifica o porquê da utilização do método como algo de particular importância no diagnóstico e tratamento de casos de delinquência. A relevância se deve, também, para servir de base ao conhecimento das atitudes, interesses e personalidade de uma criança.[21] Assim, a escola de Chicago não só trabalhou com pesquisas em larga escala, por meio dos inquéritos sociais, como fez uso dos estudos biográficos de casos individuais. É verdade que para o estudo da macrocriminalidade a maior contribuição advém dos inquéritos sociais e das pesquisas estatísticas, hoje largamente empregadas para identificação de um determinado objeto de estudo, como o foi o "Mapa de Risco da Violência" elaborado pelo Centro de Estudos de Cultura Contemporânea – Cedec. Se hoje uma entidade respeitada e conceituada como o Cedec utiliza parâmetros sociais distribuídos por bairros de uma cidade, é porque a escola de Chicago consagrou a postura criminológico-metodológica de fazer qualquer análise social mais profunda superpondo os resultados ao mapa da cidade. É a cidade que produz as diferenças nela constatadas e não se pode, naturalmente, ignorar o ponto de partida que é a sua estrutura ecológica.

4.3 Elementos conceituais adotados pela escola de Chicago

Como já foi mencionado anteriormente, a escola de Chicago tem uma perspectiva transdisciplinar que discute múltiplos aspectos da vida humana, todos eles relacionados com a vida da cidade. Assim, antes de fazermos uma abordagem especificamente criminológica, estabeleceremos alguns conceitos básicos do pensamento ecológico.

Boa parte do nosso conceito atual de cidade advém das cidades medievais, que, como podemos observar ainda hoje em muitas localidades europeias, eram quase sempre cercadas por muralhas. "A cidade da Idade Média é uma sociedade abundante, concentrada em um pequeno espaço, um lugar de produção e de trocas em que se mesclam o artesanato e o comércio alimentados por uma economia monetária".[22] Exatamente por ter essa abundância, a ideia de proteção era quase que permanente. A preocupação em aumentar progressivamente a altura, a espessura e a inclinação das muralhas demonstra a sua importância como proteção em tempos de guerra. Viver na cidade medieval é viver protegido, em comum,

---

20. O livro intitula-se *The jack-roller*: a delinquent boy's own story. *Jack-roller* é uma gíria policial que designa o ladrão barato que subtrai os pertences daqueles que estão dormindo (sem-teto), ou estão bêbados pelas ruas.
21. Op. cit., p. 17.
22. Le Goff, Jacques. *Por amor às cidades*, p. 25.

como um comum. É, enfim, viver em comunidade. Estar na cidade e estar na comunidade equivalem a estar acolhido.

O acolhimento oferecido pelas muralhas é tal que é a partir delas e a partir de suas torres que as cidades medievais são retratadas nas artes plásticas da Idade Média. Não vemos, na maioria das pinturas dessa época, a cidade retratada em seu interior. A visão interna da cidade é preterida por outros pontos de vista: o olhar se orienta da muralha para o campo ou a muralha simboliza, a partir do campo, o recinto impenetrável da cidade. A muralha é, pois, o envoltório da cidade, aquilo que lhe confere uma noção de todo, sempre ao abrigo do olhar. Com o fim da Idade Média e em função do estudo da perspectiva surge a necessidade de serem eliminadas as barreiras do olhar. A disposição pouco ordenada de habitações dá lugar a grandes avenidas, obeliscos, arcos do triunfo e à acumulação de detalhes, tão típica do período Barroco. A ideia de proteção é agora advinda do paralelo que se traça entre a padronização dos edifícios, o espaço geométrico urbano, as praças reais, por um lado, e a finalidade militar da chamada estética urbana da soberania, de outro.[23] As cidades crescem em tamanho e importância, de modo que a escolha por viver em uma ou outra cidade passa a ser, cada vez mais, determinante para muitos aspectos da vida pessoal.

Para discutir a realidade citadina nos dias atuais, cumpre, em primeiro lugar, afirmar que muito se discute acerca de um conceito ou definição de cidade. Alguns se satisfazem com critérios estatísticos, mas eles variam de um país a outro e são insuficientes, já que podem servir para classificar como cidade uma aglomeração rural sem qualquer característica urbana. Por isso Pelletier e Delfante explicam que toda cidade tem como característica principal a apresentação de um leque mínimo de funções de relação, também chamadas de terciárias. Isto significa que toda cidade deve se apresentar como um local de troca, de comércio, de prestação de serviços. Concluem, então, que "a cidade pode ser definida como uma concentração humana com tamanho mínimo de 2000 habitantes, onde a atividade fundamental é a função de serviços, função essa muitas vezes associada à da indústria. Essa definição é naturalmente vaga; abarca uma multidão de realidades diferentes; por isso em vez de dizer: a cidade, é mais adequado falar de cidades, no plural".[24]

No Brasil, o conceito de cidade é dado pelo IBGE, órgão oficial do governo federal responsável pelos censos demográficos. "Segundo tal critério, qualquer comunidade urbana caracterizada como sede de município é considerada uma

---
23. Jeudy, Henri-Pierre. *Espelho das cidades*, p. 86.
24. Pelletier, Jean; Delfante, Charles. *Cidades e urbanismo no mundo*, p. 15.

cidade, independentemente de seu número de habitantes".[25] A cidade será considerada pequena se tiver até 100.000 habitantes. De 100.001 a 500.000 é considerada cidade média. Acima de 500.000 será designada grande cidade, enquanto a metrópole terá mais de 1.000.000 de pessoas. Mais de 10.000.000 é considerada megacidade.[26] As características comuns às metrópoles se acentuam nas megacidades. Por isso, alguns problemas comuns a todos – como a criminalidade – tem uma tônica diferenciada em aglomerações de maior porte. Além da capacidade de traçar uma política do poder, de difundir e criar mensagens abrangentes, a pobreza urbana acaba por criar guetos e fazer com que a criminalidade fique mais pronunciada.

Essa necessidade de se falar em cidades, no plural, alinha-se à ideia central do pensamento ecológico, segundo a qual a cidade não é somente um amontoado de homens individuais e de convenções sociais decorrentes do agrupamento humano. Não são só as ruas, parques, linhas de ônibus, metrô, rede de esgotos etc. Ao contrário, a "cidade é um estado de espírito, um corpo de costumes e tradições e dos sentimentos e atitudes organizados, inerentes a esses costumes e transmitidos por essa tradição. Em outras palavras, a cidade não é meramente um mecanismo físico e uma construção artificial. Está envolvida nos processos vitais das pessoas que a compõem".[27] Cada cidade tem sua cultura própria, seus estatutos, seus ditames, uma organização formal e outra informal, seus usos e costumes, seus "cantos" e sua própria identidade. Nada representa mais o Rio de Janeiro do que o Corcovado e o Pão de Açúcar. São Paulo é a Avenida Paulista, assim como Nova York é a Estátua da Liberdade. A cidade é um produto não intencional do trabalho de sucessivas gerações de homens. Essa instituição é evidentemente maior do que a estrutura física (ruas, avenidas e praças), ela tem uma ordem moral decorrente das manifestações culturais daqueles que habitam a cidade.[28] Além disso, não se pode esquecer que a mesma cidade, em períodos históricos distintos, tem diferentes representações do mesmo fenômeno. Até

---

25. WANDERLEY, Luis Eduardo; RAICHELIS, Raquel (orgs.) *A cidade de São Paulo: relações internacionais e gestão pública*, p. 38.
26. Idem, p. 42.
27. PARK, Robert Ezra. A cidade: sugestões para a investigação do comportamento humano. *O fenômeno humano*, p. 29.
28. Em debate sobre a polêmica construção daquele que seria o prédio mais alto do mundo, o Maharishi São Paulo Tower, o ex-Secretário de Transportes Metropolitanos, Cláudio de Senna Frederico, mencionou que a "cidade interage com o transporte coletivo. Para nós, o fato de haver uma concentração urbana é perfeitamente coerente" (*URBS*, n. 15, dez. 1999-jan. 2000, p. 17), de forma que a interatividade das regiões morais com as políticas urbanísticas da cidade é um conceito plenamente aceito modernamente.

a crise do século XIV, o pleno emprego na cidade de Paris predominava. E se o pobre viesse recorrer à mendicância, mais do que tolerada, ela era reconhecida. A Igreja tinha ordens mendicantes – dominicanos e franciscanos – e o burguês sentia-se feliz por dar aos pobres e trabalhar por sua própria salvação. Na crise de 2011, no entanto, o presidente Sarkozy, explicitamente defendeu o banimento dos mendigos da zona turística da cidade.[29] É comum em certos períodos a criação de hábitos coletivos. Tomar um café nos bares 24 horas; comprar o jornal de domingo no sábado à noite; tomar coco gelado, comer açaí etc. Esta ordem moral interage com a organização física. A própria estrutura física modifica-se pelas demandas humanas. Ela se erige em resposta às necessidades de seus habitantes. Estrutura e tradição são aspectos apenas diferentes de um complexo cultural comum que determina o que é característico e peculiar na cidade, em contraste com a vida na aldeia, a vida no campo, em que o *locus* humano é a própria casa. A vida do cidadão na cidade cria uma preocupação que não pode ser egoística, em que todos se doam, em uma relação humana que modernamente chamamos cidadania. O espírito de cidadania, de entrega, confunde-se com a ideia de bem comum, aquele que é dedicado à cidade, muitas vezes com prejuízo dos próprios interesses individuais ou mesmo de sua família. A cidadania é sempre uma relação altruística, uma interação entre o homem e a urbe.

A vida urbana é o resultado de uma complexa adaptação à essência do urbano, essência que não está definida nem pelo fato da alta densidade, nem pela heterogeneidade de seus habitantes. "O essencial na vida urbana é a palavra saturação ou sobrecarga, no sentido sistêmico da mesma. Na teoria dos sistemas, a 'sobrecarga' faz referência à incapacidade do sistema para processar os *inputs* provenientes do entorno, seja porque são demasiados para o sistema, seja porque os sucessivos *inputs* se apresentam tão depressa que é impossível seu processo."[30] As diferentes formas de adaptação das pessoas à cidade têm uma mesma consequência e resultado: a implicação moral e social das pessoas em um permanente processo interativo com a cidade. Nas grandes cidades cria-se um permanente anonimato. Este é uma resposta à sobrecarga cognoscitiva e não tem por que ser uma característica exclusivamente negativa. O anonimato proporciona, evidentemente, uma maior liberdade de postura pessoal, ao mesmo tempo em que pode vir a criar alienação e isolamento. Proporciona mais autorresponsabilidade, da mesma forma que permite eliminar os freios de controle exercidos pelo entorno.

---

29. LE GOFF, Jacques. *Por amor às cidades*, p. 25; *Folha de S. Paulo*. Caderno Mundo, 17.12.2011, p. 14.
30. ALVIRA MARTIN, Francisco. Ciudad y delincuencia. *Estudios penales y criminológicos – V*, p. 181.

Assim, o habitante da cidade se adapta mediante uma conduta que implica uma tendência a agir de maneira segmentada e funcional, isto é, com predomínio de relações secundárias; esse morador tem o desenvolvimento de uma postura de impessoalidade, distanciamento e não envolvimento com as pessoas; passa a adotar uma seletividade nas respostas de ajuda aos demais moradores, tendo uma postura de competição pelos escassos recursos da cidade. Vale dizer, adota uma postura basicamente individualista (e isto apresentará, como se demonstrará a seguir, uma clara consequência em termos de criminalidade).

Com o crescimento das cidades os hábitos dos homens passam a guardar certas características por áreas. Os quarteirões assumem algo do caráter e qualidades de seus habitantes. Cada parte da cidade, tomada em separado, inevitavelmente se cobre com os sentimentos peculiares à sua população. Os homens passam a se conhecer, a se relacionar, a se visitar mutuamente. Famílias, quando viajam, pedem a seus vizinhos que recolham os jornais, tomem conta da casa, indiquem o local do relógio para a verificação por parte do funcionário da companhia de água etc. Esse círculo da vida é criado em face de interesses comuns. Muitas vezes há até mesmo uma vigilância mútua daqueles que frequentam – e em que horários o fazem – as casas da vizinhança. A este mecanismo podemos chamar de controle social informal. Trata-se de uma espécie de *polícia natural*, que coíbe certas atividades dos indivíduos.[31] "A vizinhança é uma unidade social que, por sua clara definição de contornos, sua perfeição orgânica interna, suas reações imediatas, pode ser justamente considerada como funcionando à semelhança da mente social... O chefe local, apesar de poder ser autocrático na esfera mais ampla da cidade com o poder que adquire da vizinhança, deve sempre ser do povo e para o povo; e é muito cauteloso em não tentar decepcionar o povo local enquanto seus interesses locais estiverem em jogo."[32]

No meio citadino a vizinhança tende a perder muito da identidade que possuía nas pequenas comunidades. A facilidade de transportes, os meios de comunicação, a mobilidade das pessoas tendem a solapar a permanência e a intimidade da vizinhança. A facilidade de locomoção permite ao indivíduo distribuir sua atenção e viver ao mesmo tempo em mundos sociais bastante distintos. Muitas vezes o isolamento de colônias raciais cria uma região moral, onde indivíduos de uma mesma raça ou origem passam a intensificar a intimidade, a solidariedade dos grupos de vizinhança. Em São Paulo, por exemplo, temos o bairro oriental (Liberdade), a rua dos árabes (25 de Março), a dos judeus (José Paulino), o bairro

---

31. BALTAR TOJO, Rafael. Conducta social y hábitat. *Estudios penales y criminológicos – V*, p. 221.
32. PARK, Robert Ezra. Op. cit., p.35.

italiano (Bela Vista), bairros com concentração de migrantes nordestinos etc. Onde indivíduos de igual vocação vivem juntos em grupos segregados, o sentimento de vizinhança tende a se fundir com antagonismos de raça e interesses de classe. Também são exemplos de região moral as áreas segregadas conhecidas por serem "distritos de depravação", no dizer de Park, que são encontradas em muitas cidades. Assim, a região moral não é necessariamente um local de residência. Pode ser um local de encontro, um local de diversão (na expressão vernacular conhecida de todos: apenas "zona").

Muitas vezes uma região moral surge em face da segregação do pobre, do viciado, do excêntrico, do desajustado ou do criminoso. Uma dimensão muito característica da vida citadina é a pessoa buscar suas identidades como forma de proteção e reforço de sua postura individual. A associação com pessoas que possuem identidade proporciona não só um estímulo, mas também um suporte moral para os traços que têm em comum, suporte que não encontrariam em uma sociedade menos selecionada. Na grande cidade, afirma Park, "o pobre, o viciado e o delinquente, comprimidos um contra o outro numa intimidade mútua doentia e contagiosa, vão se cruzando exclusivamente entre si, corpo e alma...".[33] Aqui já podemos notar que muitas vezes o conceito de região moral é pensado como aquele que tem um código moral divergente, fato que ensejaria a discussão – surgida anos mais tarde – de explicar a criminalidade em face de uma subcultura específica de uma área social ou de um grupo de indivíduos.

Outro conceito relevante concernente à cidade é o da mobilidade. Qualquer organização ecológica está em constante processo de mudança, cujo ritmo depende do dinamismo do progresso cultural. É a mobilidade que mede esse ritmo de modificação; ela é representada pela mudança de residência, de emprego, a ascensão social ou a decadência. Difere da fluidez, que é o movimento sem modificação da posição ecológica, facilitado pelo desenvolvimento dos meios de transportes.[34] Burgess afirma que a mobilidade das grandes cidades, com o seu aumento de estímulos em número e intensidade, tende inevitavelmente a confundir e desmoralizar a pessoa. Quanto maior a mobilidade, menor é o controle social informal exercido pelo cidadão em face das relações de vizinhança. Estas áreas de mobilidade são exatamente aquelas onde se desenvolvem áreas de promiscuidade, vício, onde há maior delinquência juvenil, maior número de menores abandonados etc.[35]

---

33. Idem, p. 72.
34. McKenzie, Roderick D. Matéria-objeto da ecologia humana. *Estudos de ecologia humana*, p. 41.
35. Burgess, Ernest W. O crescimento da cidade: introdução a um projeto de pesquisa. *Estudos de ecologia humana*, p. 365.

No entendimento desses autores, a mobilidade social, assim como a divisão do trabalho, destruíram as formas clássicas de controle social, tal como estabelecia a família, a vizinhança, os grupos comunitários locais. A ruptura dos vínculos locais e a debilitação das restrições e inibições do grupo primário, sob a influência do ambiente urbano, é em grande medida a responsável pelo aumento das condutas delituosas nas cidades grandes.[36] É isso que explicaria os maiores índices de criminalidade, ou de condutas desviadas, serem, via de regra, mais pronunciados nas grandes cidades do que nas pequenas, em proporção que chega a ser de três a quatro vezes, conforme as localidades e os períodos. Da mesma forma, qualitativamente, encontraremos nas grandes cidades maior número de crimes patrimoniais, enquanto nas pequenas há maior quantidade de fatos passionais e crimes contra as pessoas. Assim, é o índice de mobilidade (e fluidez) que acaba por determinar a impossibilidade de um efetivo controle social informal efetivo nas cidades grandes.

Dado extremamente interessante sobre o estudo da cidade, a partir das pesquisas realizadas em Chicago, foi a constatação das taxas de doenças mentais distribuídas diferenciadamente para cada bairro. Os bairros que tinham pior condição socioeconômica, além de apresentarem maiores índices de criminalidade, possuíam índices maiores de distúrbios mentais. Estes eram determinados pelas condições abjetas das moradias coletivas, pela falta de tratamento adequado e da pronta intervenção estatal na tentativa de impedir a progressão da doença, pelo conflito mental causado pela modificação cultural decorrente da imigração, pela discriminação social de crianças e adultos por serem imigrantes e por terem seus padrões próprios de cultura, enfim, pelo próprio isolamento social. Ernest R. Mowrer afirma que "esta exposição estabelece definidamente o fato de que a insanidade, como outros problemas sociais, adapta-se à estrutura ecológica da cidade. Como tal, a distribuição da insanidade parece ser uma função do crescimento e expansão da cidade e mais especificamente de certos tipos de processos sociais".[37] Louis Wirth, ao analisar a interatividade entre os espaços físicos da cidade e sua ordem moral, sustenta haver um comportamento coletivo característico dos habitantes da cidade. A desorganização pessoal, o crime, o esgotamento nervoso, o suicídio e a desordem são mais pronunciados nas urbes do que nas comunidades rurais. São os homens nas grandes comunidades, em face da perda de certos laços integradores, mais manipuláveis "por símbolos e estereótipos comandados por indivíduos operando de longe, ou invisivelmente por trás dos bastidores,

---

36. BALTAR TOJO, Rafael. Op. cit., p. 219.
37. MOWRER, Ernest. R. Ecologia da vida familiar. *Estudos de ecologia humana*, p. 435.

através do controle dos meios de comunicação".[38] Existe, segundo tais autores, uma verdadeira "psicologia de massas" da cidade, em muito parecida com o pensamento desenvolvido sobre o tema pela psicanálise freudiana e pós-freudiana. "É um lugar comum dizer-se que os fatores decisivos nas movimentações da multidão, como nas flutuações do mercado, são psicológicos. Isso significa que entre os indivíduos que constituem uma multidão, ou que compõem o público que participa dos movimentos refletidos no mercado, existe uma condição de instabilidade que corresponde ao que em outro ponto foi definido como crise. É verdade a respeito da Bolsa como o é a respeito das multidões, que a situação por elas representada é sempre crítica, isto é, as tensões são tais que uma ligeira causa pode precipitar um efeito enorme. O eufemismo corrente 'o momento psicológico' define tal condição crítica. Momentos psicológicos podem surgir em qualquer situação social, mas ocorrem mais frequentemente numa sociedade que tenha adquirido um alto estágio de mobilidade. Ocorrem mais frequentemente em cidades do que em comunidades menores. Na multidão e no público pode-se dizer que momento seja psicológico".[39]

Sigmund Freud, em pensamento que nos parece oportuno (até mesmo para o cotejo com a teoria ecológica), comentando o pensamento de Gustavo Le Bon, esclarece como a psicologia coletiva considera a pessoa perdida no meio de uma multidão. "Em uma multidão apagam-se as aquisições individuais, desaparecendo assim a personalidade de cada um daqueles que a integram. O inconsciente social surge em primeiro lugar e o heterogêneo se funde com o homogêneo. Diremos, pois, que a superestrutura psíquica, tão diversamente desenvolvida em cada indivíduo, acaba destruída, aparecendo despida uma uniforme base inconsciente comum a todos".[40] Segundo Freud, todas as pessoas estão sujeitas a isso: "quaisquer que sejam os indivíduos que compõem a multidão, seus gêneros de vida, suas ocupações, caráter, inteligência; o simples fato de estarem transformados em uma multidão os dota de uma espécie de alma coletiva. Esta alma os faz sentir, pensar e agir de uma maneira por completo distinta de como sentiriam, pensariam e agiriam cada um deles isoladamente".[41]

Vê-se que, em uma multidão, todos os sentimentos e atos são contagiosos e que o indivíduo sacrifica muito facilmente seu interesse pelo interesse da "alma coletiva". A integração do espaço físico com a ordem moral existente na cidade

---

38. WIRTH, Louis. O urbanismo como modo de vida. *O fenômeno urbano*, p. 120.
39. PARK, Robert Ezra. Op. cit., p. 48.
40. FREUD, Sigmund. Psicología de las masas y análisis del yo. *Obras completas*, p. 2565.
41. Idem, ibidem.

cria essa espécie de relação diferenciada, a "alma coletiva". A individualidade do homem – sempre único – e sua transcendência são substituídas pelo contexto da massa. O homem não mais poderá identificar-se, pois não há mais o homem, mas tão somente o grupo. "Os impulsos a que os homens obedecem podem ser, segundo as circunstâncias, nobres ou cruéis, heroico ou covardes, mas são sempre tão imperiosos que a personalidade, e incluído o instinto de sobrevivência, desaparecem diante deles".[42]

Sándor Ferenczi, em um estudo sobre psicanálise e criminologia, afirma que, "na multidão, o homem converte-se em criança, sente-se irresponsável pelas ações, em relação às quais somente o líder, investido de um poder quase paternal, assume a responsabilidade".[43] Na cidade o homem está lançado na multidão e interage com os parâmetros decorrentes dos mecanismos inerentes ao pensamento coletivo em uma verdadeira ordem moral.

Outro autor a trabalhar criminologicamente o conceito de multidão e a realidade citadina é Alessandro De Giorgi, que fala da existência de uma sociedade pós-fordista, nascida de transformações do trabalho e da produção ocorridas principalmente na década de 1990, de que resultaram: o rompimento do círculo virtuoso da dinâmica salarial que mantinha o rendimento operário, a produtividade social e consumo em massa; a revisão das políticas de intervenção na economia e apoio às despesas públicas; a globalização do capital; a passagem de um regime de pleno emprego para um estado de desemprego estrutural; a transformação de uma economia voltada para a produção em uma economia da informação; e a passagem da centralidade da classe operária para a constituição de uma força de trabalho global, que assume características de multidão. Tendo a força de trabalho se transformado em multidão, desapareceu a possibilidade de se avaliar as características individuais dos sujeitos destinatários do controle social. Não é mais o caso de neutralizar riscos individuais, mas de gerir uma carga de risco que atravessa camadas inteiras da população. Na atual sociedade pós-fordista, logo, não há mais que se falar em disciplina a ser imposta pelo cárcere: o "grande projeto disciplinar da modernidade capitalista" foi substituído pela necessidade "de neutralizar a 'periculosidade' das classes perigosas através de técnicas de prevenção do risco, que se articulam principalmente sob as formas de vigilância, segregação urbana e contenção carcerária".[44]

---

42. Idem, p. 2568.
43. *Psicanálise IV*, p. 205-206.
44. GIORGI, Alessandro de. *A miséria governada através do sistema penal*, p. 28.

Assim é que a arquitetura das cidades não se limita a tornar possível a vigilância, mas transforma as próprias cidades em dispositivos de vigilância. As mais de 20 mil câmeras instaladas nas cidades inglesas e as torres direcionais de Los Angeles, munidas de olfato, sensibilidade à umidade e temperatura e capazes de detectar movimentos e ruídos, são alguns dos exemplos de dispositivos de vigilância que, mais do que controlar, constroem indivíduos perigosos, designando-os como pertencentes às classes de risco. De Giorgi explica que as tecnologias regulam os fluxos de entrada ou saída de uns e de outros dos guetos voluntários (centros comerciais, parques temáticos, aeroportos, condomínios) e involuntários (os guetos propriamente ditos), indicando, então, as *no-go areas*, lidas por alguns habitantes como área em que não desejo entrar e por outros como área de que não posso sair. A cidade deixa, pois, de ser um espaço público na medida em que se abstém de disciplinar o encontro, impedindo-o. A cidade não regula a interação, mas cria obstáculos a ela, promovendo exclusão e inclusão. "O efeito é a segmentação da multidão através de uma ecologia do medo que, na cidade, se materializa na figura do estrangeiro, do imigrante, do desempregado, do dependente de drogas".[45] Essa "atribuição de uma função de controle ao espaço" de que fala De Giorgi está em íntima conexão com os ensinamentos de Chicago.

4.4 A ecologia criminal

Dois conceitos são básicos para compreensão da teoria ecológica aplicável ao seu efeito criminógeno. O primeiro é a definição de "desorganização social". O segundo é a identificação de distintas "áreas de delinquência" que obedecem a uma *gradient tendency*.

A cidade moderna, em face de sua mobilidade ínsita, caracteriza-se pela ruptura dos mecanismos tradicionais de controle. Normalmente os processos de desorganização e organização estão em uma relação dialética de reciprocidade. A desorganização social, como preliminar à reorganização de posturas e condutas humanas, é uma experiência pela qual passa o recém-chegado à cidade com uma rejeição de hábitos e concepções morais, acompanhados do conflito interior e do seu sentimento de perda pessoal. "Sendo a desorganização preliminar à reorganização de atitudes e de conduta, constitui quase invariavelmente a sina do recém-chegado à cidade, e o descarte do habitual e muitas vezes do que tem sido para ele a moral, é não raro acompanhado por agudo conflito mental e senso de perda pessoal. Talvez mais frequentemente a mudança dê, mais cedo ou mais

---

45. Idem, p. 105.

tarde, um sentimento de emancipação e um impulso em direção a novas metas".[46] Esta busca de novas metas permite um afrouxamento das influências das regras sociais de conduta existentes sobre os membros individuais do grupo, causando uma perda total das raízes. O crescimento das grandes urbes, com os processos migratórios e imigratórios, cria uma reurbanização que "mais não tem feito que justificar a perplexidade de Disraeli que, já em 1845, afirmava: 'O cristianismo proclama o mandamento do amor ao próximo; mas na moderna sociedade não existe qualquer próximo'".[47] Note-se que Chicago oferecia um expressivo exemplo desse processo de desorganização social, em face do grande número de imigrantes estrangeiros e de migrantes do Sul dos Estados Unidos (principalmente negros), em nada diferente do que o Brasil vivenciou em algumas de nossas grandes capitais, como Rio de Janeiro, São Paulo e Brasília. Estes fenômenos de abrupta expansão geravam indícios de desorganização social com aumento excessivo de doenças, crimes, prostituição, desordens, insanidade e suicídios.

Note-se que, com transformações muito profundas na cidade, o papel desempenhado pela vizinhança – de controle social informal – acaba por perder-se. Não há mais instâncias efetivas que possam desincumbir-se dessa tarefa. A família, a igreja, a escola, o local de trabalho, os clubes de serviço não mais conseguem refrear as condutas humanas. Isso debilita os vínculos que mantinham as pessoas nas pequenas cidades, o que dá origem a um fator potencializador da criminalidade. É de observar que, nos locais de onde provieram os imigrantes e migrantes, eles não possuíam um passado criminoso, comportamento que só vem a existir quando da chegada à cidade. Nos seus países originários, estavam todos sob os efeitos do controle social informal, característicos das pequenas comunidades rurais, cujos padrões são perdidos nas grandes cidades. Assim, provavelmente, a ruptura das uniões locais e o enfraquecimento das restrições e inibições do grupo primário, sob a influência do meio urbano, é que são grandemente responsáveis pelo aumento do crime nas grandes cidades.

Em toda cidade em constante processo de diferenciação e crescimento, a presença de áreas comerciais ou industriais cria um afastamento daquelas pessoas com maior poder aquisitivo. Isto faz com que as áreas das classes mais abastadas sejam exclusivamente residenciais. Ao contrário, as áreas industriais acabam por conviver com famílias de baixa renda que têm que tolerar a fumaça, o cheiro muitas vezes desagradável, a sujeira e a feiura. O barulho das máquinas, o odor desagradável, enfim, essas condições acabam, associadas, por originar amplas

---

46. BURGESS, Ernest W. O crescimento... cit., p. 360.
47. DIAS, Jorge Figueiredo; ANDRADE, Manuel da Costa. Op. cit., p. 269.

diferenças nas distribuições das populações, até mesmo quando a estrutura básica da cidade já esteja permanentemente fixada.[48] Isso, muitas vezes, faz surgir zonas desabitadas – ou superpovoadas –, gerando movimentos favoráveis à proliferação de atos delituosos decorrentes dessa desorganização social. É interessante notar que, ainda que tenhamos uma característica particular diferenciadora (na aparência), o mesmo ocorre nas grandes capitais, na essência. Os índices mais preocupantes de criminalidade são encontrados naquelas áreas da cidade onde o nível de desorganização social é maior. É na periferia – ao menos em São Paulo, Rio de Janeiro e Brasília – que o maior número de crimes ocorrem. Nessas áreas não há uma forte presença do Estado, os laços existentes entre as pessoas praticamente inexistem, pois quase todos se instalaram na área faz pouco tempo, o que não permite criar uma relação de mútua proteção informal. A ausência completa do Estado (faltam hospitais, creches, escolas parques, delegacias de polícia, praças e outras áreas de lazer etc.) dá origem a uma sensação de completa anomia, condição potencializadora para o surgimento de grupos de justiceiros, bandos armados que acabam por substituir o Estado na tarefa de controle da ordem. É o que acontece, por exemplo, na zona sul da cidade de São Paulo. Ao comentar um estudo da Fundação Escola de Sociologia e Política (Fesp), com apoio do Ilanud, o sociólogo Guaracy Mingardi aduz que "a alta incidência de criminalidade na zona sul pode ser explicada pela ocupação desordenada da região. Lá é a zona desorganizada, de ocupação recente. Ela é mais violenta porque não há uma sociabilidade antiga que una as pessoas. É uma região pobre, sem infraestrutura, onde predomina a cultura da violência".[49] Observe-se a conclusão da pesquisa: é exatamente na área de menor sociabilidade – leia-se: desorganizada socialmente – em que vamos encontrar os maiores índices de cometimento de delitos. Estamos expressando, 50 anos depois, um conceito trazido pelos teóricos da Universidade de Chicago, especialmente por William Thomas.

O segundo conceito relevante é a existência de áreas de delinquência obedientes a uma *gradient tendency*. Uma cidade desenvolve-se, de acordo com a ideia central dos principais autores da teoria ecológica, segundo círculos concêntricos, por meio de um conjunto de zonas ou anéis a partir de uma área central. No mais central desses anéis estava o *Loop*, zona comercial com os seus grandes bancos, armazéns, lojas de departamento, a administração da cidade, fábricas, estações ferroviárias etc. A segunda zona, chamada *zona de transição*, situa-se exatamente

---

48. SHAW, Clifford R.; MCKAY, Henry D. Op. cit., p. 19-20.
49. Estudo desvincula tráfico da violência. *Folha de S. Paulo*, 12.06.1998, Caderno Cotidiano, p. 1.

entre zonas residenciais (3.ª zona) e a anterior (1.ª zona) que concentra o comércio e a indústria. Como zona intersticial, está sujeita à invasão do crescimento da zona anterior e, por isso, é objeto de degradação constante. Está também sujeita à mobilidade da população, sempre disposta a abandonar a proximidade com a zona degradada pelo barulho, agitação, mau cheiro das indústrias etc. Por ser uma zona de moradia menos compatível com as exigências humanas, passa a concentrar as pessoas com menor poder aquisitivo que acabam por se sujeitar ao contato com os bordéis, pensões baratas, moradias coletivas com grande concentração de pessoas – os *slums* – armazéns etc. Nesta área eram muito comuns as chamadas *tenement houses*, uma espécie de cortiço, cujas dependências eram locadas aos recém-chegados à cidade. Alguns desses prédios eram construídos especialmente com esse propósito, enquanto outros eram edifícios antigos adaptados a essa finalidade. Tais apartamentos normalmente tinham apenas um cômodo, muitos deles sem janela e ventilação, e não ofereciam água nem esgoto. Caracterizavam-se por condições de grande insalubridade, o que era agravado pela utilização de famílias muito numerosas.[50] Em Chicago, essa zona de transição se destinou a concentrar a maioria dos imigrantes, criando áreas morais de refúgio (*Chinatown, Little Sicily*). Vê-se, pois, que a segunda zona favorece a existência dos chamados guetos, área quase impenetrável aos desconhecidos. A terceira zona, que ainda guarda uma proximidade com as zonas centrais, é uma área de moradia de trabalhadores pobres e de imigrantes da segunda geração, pessoas que se sujeitavam, por necessidade, ao contato com as primeiras áreas da cidade. São pessoas que fugiram da área da decadência, mas que têm interesse em permanecer em local de fácil acesso ao trabalho. A quarta zona concentra pessoas de classe média em moradias distribuídas em grandes blocos habitacionais. São áreas restritas de moradias isoladas e que têm uma só família por residência. Por derradeiro, a quinta zona (*commuters*) é habitada pelos estratos mais altos da população, pessoas que a cada dia vão ao centro de manhã para voltar à noite e que se dispõem a gastar de trinta a sessenta minutos nesse percurso. Essa divisão natural dos agrupamentos socioeconômicos dá forma e caráter à cidade; porque a segregação oferece ao grupo e, portanto, aos indivíduos que o compõem, um lugar e um papel na organização total da vida da cidade.[51]

Todos os estudos realizados pela escola de Chicago foram centrados nessas áreas acima descritas. Segundo o pensamento daqueles autores, desde problemas sociais, psicológicos, de saúde pública até criminais estavam relacionados com a distribuição da população por aquelas áreas. Foram verificadas, pois, *áreas de*

---

50. FREITAS, Wagner Cinelli de Paula. *Espaço urbano e criminalidade*: lições da escola de Chicago, p. 24.
51. BURGESS, Ernest W. O crescimento... cit., p. 362.

delinquência, trechos da cidade que apresentavam índices de criminalidade mais pronunciados e que estavam ligados à degradação física, à segregação econômica, étnica, racial, às doenças etc. Os estudos estatísticos de milhares de casos lograram demonstrar que a criminalidade correlacionava-se com a localização da residência daquelas pessoas nas cinco zonas concêntricas. Era maior nas áreas de degradação próximas ao *Loop* e menores nas áreas residenciais externas da cidade. Nas áreas centrais, por exemplo, no ano de 1926, 37% dos jovens de 10 a 16 anos foram levados às delegacias de polícia com acusações de cometimento de crimes. Essa taxa decrescia progressivamente em direção aos limites de cidade, variando de 37% nas áreas contíguas ao *Loop* a menos de 1% nas áreas perto dos limites urbanos. "A decidida concentração de casos de delinquência em determinadas áreas da cidade parece sugerir a probabilidade de uma estreita relação entre certos ambientes da comunidade e a formação de padrões delinquentes de comportamento".[52] Na realidade, Shaw não se propõe a demonstrar que a delinquência é *causada* pela simples localização em certas áreas da cidade, mas apenas que ela tende a ocorrer em certos tipos característicos de área. Não tem ele, pois, qualquer *determinismo ecológico*, mas contempla a ideia de um vetor criminógeno. Não caiu, pois, no mesmo erro metodológico de Lombroso em pensar em algo "semelhante a uma área nata de delinquência, isto é, uma área que, independentemente das características dos seus habitantes e das respectivas transformações, estaria como que condenada a produzir uma taxa fixa de crime, delinquência e reincidência".[53]

É de notar, outrossim, que as áreas conflitivas, seja pela degradação das moradias, das condições de vida, seja pela diversidade de valores culturais, criaram distintos códigos morais e modelos de comportamento diferenciados, as quais estavam muito próximas ao *Loop*. Nessa zona não havia possibilidade de ser mantida a solidariedade social, com a promoção dos valores tradicionais da comunidade. Isso favorecia a influência das soluções delituosas junto aos recém-chegados, sobretudo os jovens. Esse mecanismo está intimamente relacionado com o conceito de *desorganização social* acima expendido, o que provoca a falta de controle informal sobre adultos e principalmente sobre os jovens.

Na grande cidade não há o controle informal que existe nas pequenas. Isso decorre do anonimato do ser. Assim, o tipo de roupa que se veste, o carro que se dirige, o tipo de casa em que se mora, o sapato que se usa, os locais que se frequentam, e o papel social e aparente desempenhado na comunidade são de

---

52. Shaw, Clifford R. Delinquência juvenil e desorganização social, p. 384.
53. Mannheim, Herman. *Criminologia*... cit., p. 840.

grande importância para a pessoa. O mundo urbano, com o anonimato, cria uma impessoalidade nas relações humanas, um culto à liberdade exacerbada; traduz uma vida de aparências que conduz a um desenvolvimento de desviações nas normas de condutas éticas e na prática das atitudes sociais (sociabilidade humana). Os valores sociais da cidade não são mais os da religião, da solidariedade e do companheirismo. São os valores da urbe. Nosso destino é estarmos sós – privados – ou rodeados de pessoas que só conhecemos limitadamente. Ou estarmos cercados de pessoas que podem partir facilmente, que nos deixarão com a mesma facilidade dos estranhos. "A distância social tem uma importância particular. Ela aumenta a tendência de atribuir a certos atos o significado de crimes, e às pessoas o simples atributo de criminosas".[54]

O crime é o mecanismo de acesso aos valores acima mencionados. No passado, em pequenas comunidades, procurava-se a obtenção da ascensão social por meios convencionais como trabalho, economias pessoais, enfim, por meio do labor cotidiano. Nas sociedades diferenciadas, busca-se por intermédio do delito.

4.5 As propostas da ecologia criminal

Estabelecidos estes parâmetros, quais as principais propostas para controle da criminalidade por parte da escola de Chicago?

Segundo Shaw e Mckay algumas propostas preventivas podem ser elencadas.[55] Em primeiro lugar, nenhuma redução de criminalidade é possível se não houver mudanças efetivas das condições econômicas e sociais das crianças. Isto é, há que alterar o caminho que fornece condições para a existência das carreiras delinquentes.

Os métodos individualizados não serão suficientes para diminuir substancialmente a criminalidade. O enfoque, como primeira grande teoria científica na área sociológica, pressupõe uma macrointervenção da comunidade.

Tratamento e prevenção, para terem sucesso, demandam amplos programas que envolvam recursos humanos junto à comunidade e que concentrem esforços dos cidadãos em torno das forças construtivas da sociedade. Isto é, instituições locais, grupos, igrejas, escolas, associações de bairro, para obviar à desorganização social precisam envidar esforços para reconstituir a solidariedade social e aproximar os homens no controle da criminalidade.

---

54. CHRISTIE, Nils. *A indústria do controle do crime*, p. 13.
55. Op. cit., p. 441-446, passim.

A unidade de operação é a vizinhança. Se o crime é um fenômeno associado à cidade, a reação ao crime também o é. Deve abranger áreas restritas em extensão e com, no máximo, 50.000 habitantes nessa área.

O planejamento e administração dos projetos devem ser feitos por áreas delimitadas. Isto incluirá a criação de comitês envolvendo as entidades mais representativas da comunidade: igrejas, sociedades, associações laborais, sindicatos profissionais, grupos de negócios (associações comerciais, por exemplo), clubes esportivos e outros. Tais comitês assumem toda a administração e controle das iniciativas. A comunhão de esforços criará o aumento da solidariedade e unidade de sentimento entre as pessoas que encorajará a todos para um trabalho comum em direção aos mesmos objetivos.

Deve-se buscar o envolvimento dos trabalhadores locais, que mais conhecem a cidade, nas ações da comunidade. Podem-se usar, ainda, os desempregados como meio de envolvimento nos valores comunitários, com a vantagem de se reduzir este grave vetor criminógeno, que é o desemprego, além de diminuir a pobreza por meio do apoio estatal para redução e/ou minimização das parcelas existentes à margem da sociedade.

As famílias podem ser procuradas para esse esforço mediante a criação de comitês de apoio de pais e mães para dar suporte comunitário no envolvimento das instituições e grupos locais.

Devem ser criados programas comunitários que incluam a intensificação de atividades recreativas, escotismo, fóruns artesanais, viagens culturais, excursões, piqueniques como medida de preenchimento do tempo das crianças, além de intensificação da formação sociocultural.

Deve-se buscar a melhoria das condições sociais, econômicas, educacionais das crianças (em especial) para eliminar o padrão referencial desviante provido pelas cidades.

Por fim, propõem Shaw e Mckay, esforços devem ser feitos para melhoria das residências, conservação física dos prédios e melhoria sanitária das condições de alguns bairros pobres da cidade. Neste mesmo sentido, Burgess é até mais minudente. Chega a fazer propostas concretas para construção das cidades, que preveem a existência de grandes escolas primárias como referência de cada bairro; as ruas deveriam contornar tal escola e não cortar a área verde da escola, para ter-se a manutenção de suas características residenciais; o comércio deve localizar-se na vizinhança, mas restrito a pontos das ruas que contornam a área;

devem ser mantidos parques, *playgrounds*, agrupamentos coletivos e igrejas em torno dessas áreas.[56]

O viés reformista da escola de Chicago tem como seu maior produto o Projeto da Área de Chicago (*Chicago Area Project*), inaugurado por Clifford Shaw e Henry Mckay em 1934. Tal projeto minimiza o papel do controle social formal, trabalhando quase que exclusivamente com o controle social informal. Algumas das características do projeto eram: "1) pessoas residentes nas vizinhanças formavam grupos locais; 2) estes grupos eram dirigidos por adultos da própria comunidade, de maneira a se evitar a imposição de uma cultura dominante diversa; e 3) através destes grupos se procurava combater a desorganização social existente na área, o que se dava de várias formas: 3.1) organização de atividades recreativas, como ligas esportivas e de jovens, bem como colônia de férias; 3.2) redução da deterioração física do bairro; 3.3) auxílio dos membros do Projeto a jovens que se envolvessem com a justiça criminal; e 3.4) aconselhamento por membros do Projeto a residentes com problemas".[57]

Alguns estudos mais recentes, ainda influenciados pelo pensamento ecológico, como o de Gemma Marotta, preveem a utilização de elementos territoriais a serem empregados no espaço urbano, em que se vive, para controle do crime. Uma nova divisão territorial poderia ser concebida para conscientizar a comunidade de que áreas comuns como jardins, recuos das casas, áreas de elevadores dos prédios são áreas pertencentes à comunidade e, portanto, dignas de proteção por todos. Os projetos de edifícios devem criar áreas especiais de vigilância (corredores, elevadores, escadarias) que sejam visualizadas das áreas de passagem ou da própria rua; é que muitos crimes são cometidos em áreas cujo acesso é mais oculto, como garagens e corredores cuja visibilidade não seja evidente. Evidentemente que o simples acréscimo de luzes em áreas como garagens, entradas secundárias de prédios também cria uma ação preventiva.

A estética de algumas construções populares é essencial para prevenção da criminalidade. É que ela está intimamente associada à qualidade de vida das pessoas. Construir casas econômicas, mas similares às mais bem acabadas, reduz o custo de manutenção em face da diminuição dos danos causados pelo vandalismo. Estudos já foram feitos no sentido de se cotejarem conjuntos habitacionais mais bem construídos com outros mais singelos, e verificou-se que o índice de criminalidade daqueles era inferior ao destes. Pode-se pensar, ainda, em criar um

---

56. Burgess, Ernest. W. Introduction. *Juvenile delinquency and urban areas* (por Shaw e Mckay), p. XII.
57. Freitas, Wagner Cinelli de Paula. Op. cit., p. 61.

certo número de atividades em torno de áreas exclusivamente residenciais, com um comércio limitado para incrementar a vigilância (como lojas de conveniência 24 horas), o que proporciona uma evidente e natural fiscalização de ordem preventiva.[58]

Na realidade, um modelo para ambientes residenciais que crie obstáculo ao delito permite uma redução daqueles fatores imediatos vinculados à construção dos edifícios. O desenho urbano e arquitetônico favorece o crime seja porque permite o fácil acesso de estranhos (por exemplo, por múltiplas entradas), seja porque os próprios habitantes do local ou a polícia contam com limitadas possibilidades de vigilância e observação das áreas públicas adjacentes (estacionamentos), em razão de fatores diversos.[59] Suas ideias apontam para uma definição territorial do espaço que tenha reflexo quanto às áreas de influência dos residentes. Trata-se basicamente de subdividir os bairros em zonas que possibilitem adotar facilmente atitudes de propriedade quanto ao território. Ademais, as janelas dos edifícios devem ter um desenho que permita, de um modo natural, vigiar o exterior das casas e das áreas interiores anexas sem que as pessoas de fora possam visualizar aqueles que vivem nas casas. Também podem ser adotadas formas arquitetônicas de edificação que evitem a imagem de vulnerabilidade e isolamento dos moradores da residência. Por fim, deve-se ter a localização de edifícios em áreas urbanas adjacentes mais seguras e ativas, onde o próprio movimento sirva de fator inibitório à prática de delitos patrimoniais.[60] A prevenção da criminalidade com estas medidas – relativamente singelas – decorre da constatação de que este tipo de delinquência urbana de natureza patrimonial não é característica de "profissionais", mas sim de amadores, que satisfazem momentaneamente uma necessidade sentida e que, bastando encontrar um acréscimo de fatores que dificultem o ato delitivo, não viriam a correr riscos de fazer plasmar seus impulsos às condutas criminais.

É evidente que a manipulação do ambiente físico implica certos custos que podem ser altíssimos. O tempo necessário para o planejamento, aprovação do projeto e sua execução é algo que não pode ser desconsiderado na implementação de soluções exclusivamente urbanísticas para a criminalidade. Não se pode esquecer, por outro lado, do custo humano – talvez o mais relevante –, decorrente do deslocamento de famílias para a execução dos projetos. Não retirar famílias inteiras dos locais onde vivem é algo que deve ser cuidado para que não se perca

---

58. MAROTTA, Gemma. La prevenzione della criminalità attraverso le strutture urbanistiche. *Criminologia e società*, vol. 4, p. 184-185.
59. NEWMAN, Oscar. *Defensible space*, p. 3.
60. Idem, passim.

a própria sociabilidade tecida por anos de convivência na área ocupada. Nesse sentido pode se dizer que, na essência, projetos de desfavelização que priorizam o *reforço da convivência social* (como o projeto Mutirão, em que a própria comunidade constrói sua moradia) e que *não afastam as pessoas das áreas em que viviam* (como o projeto Cingapura, em que as famílias continuam a viver nos locais que habitavam antes da construção dos novos edifícios) devem ser considerados progressistas e utilizados em larga escala para resgate da condição de cidadania dos estratos sociais mais baixos e a consequente diminuição da criminalidade.

Outros aportes tardios, em particular nos anos 70, de certa forma utilizados pela política de tolerância zero implementada em Nova York anos mais tarde, surgiram da unidade de pesquisa do governo britânico (*Home Office Research Unity*) sobre o *crime como oportunidade* (*crime as opportunity*), que levaram à perspectiva criminológica chamada *prevenção situacional do crime*. Segundo tal pensamento o crime poderia ser mais bem prevenido de duas formas: reduzindo-se as oportunidades de se cometer crime que estão disponíveis no ambiente e aumentando-se os riscos da atividade criminosa.[61] Evidentemente, pode-se argumentar com uma espécie de "relação custo/benefício" também para o criminoso. Se ele tem mais facilidades para o cometimento do delito, facilidades estas não encontradas se as oportunidades não se apresentam, é razoável pensar que ele venha a cometer um furto (por exemplo) onde ele não encontre disposições ecológicas protetivas de determinada propriedade. Assim, optará por aquele caminho mais fácil para consecução de sua vontade delituosa.

4.6 A discussão recente do problema e as intervenções atuais

Em alguns momentos recentes de nossa história tivemos uma grande discussão sobre uma política de vertente ecológica chamada "tolerância zero". Ela ressurge na cidade de Nova York (principalmente, mas não só) com algumas propostas urbanísticas e ecológicas associadas à repressão em larga escala de camadas de chamados indesejados. Algumas propostas de restauro de fachadas de edifícios antigos, melhoria de conservação dos próprios públicos, cultivo de flores em terrenos baldios de áreas ditas problemáticas de criminalidade, construção de quadras de basquete para utilização em clínicas noturnas e campeonatos de bairro, foram associadas à repressão total das mínimas faltas (pichações, danos a edifícios públicos, riscos em veículos estacionados, jogar sujeira nas ruas etc.), sem prejuízo de mobilização feita junto a instituições sociais com o emprego de

---

61. FREITAS, Wagner Cinelli de Paula. Op. cit., p. 103-104.

políticas públicas de diminuição da pobreza, tratamento de drogados em instituições especializadas, resgate da dignidade das pessoas encaminhando-as para empregos públicos e privados etc. Esta política teria reduzido em larga escala os índices de criminalidade na cidade de Nova York. Inicialmente, há que ter em conta que nunca, na história recente americana, aquele país viveu um período de tão grande e contínua prosperidade. Este processo, iniciado na era Reagan/Bush, foi aprofundado sob o governo Clinton. Esta bonança econômica decorreu, em grande parte, do fenômeno chamado *globalização*, que nos países centrais, principalmente nos EUA, reduziram amplamente o desemprego. A desregulamentação generalizada acelerou as condições de concorrência no plano mundial, favorecendo os países mais aptos a readaptarem suas produções. Permitiu, ao mesmo tempo, a superação das crises financeiras, que se prolongavam por extensos períodos, ainda que tenha internacionalizado suas conexões fazendo com que muitas praças sofram quase que simultaneamente as crises regionalizadas.[62] A verdade é que esta situação mundial acabou permitindo a diminuição da criminalidade *americana*. Como beneficiários desse processo de redução de pobreza absoluta, com pleno emprego e largo consumo, os americanos em geral, os nova-iorquinos em particular, puderam canalizar seus desígnios de plena ascensão social para os valores da ordem e do trabalho. Em realidade, não foi a repressão – um dos aspectos da política de *tolerância zero* – que permitiu a redução da criminalidade em Nova York, mas sim a associação de fatores econômicos favoráveis com a oferta de oportunidade às camadas marginais para uma integração social.[63]

Nunca é demais destacar, no entanto, que a polêmica continua a ser alimentada por novas opiniões. O antropólogo Luiz Eduardo Soares, subsecretário de Segurança Pública nos primeiros anos do Governo Anthony Garotinho (RJ), pondera que "o controle dos espaços pelo Estado e sua integração à ordem urbana exercem efeitos até mesmo sobre a percepção social do risco e a sensação coletiva de insegurança. Um exemplo do poder simbólico e emocional de contágio – positivo e negativo – dos cenários urbanos foi a receptividade popular

---

62. DOTTI, René Ariel. A globalização e o direito penal. *Boletim do IBCCrim*, n. 86, p. 9.
63. Se as notícias mais recentes relativas à economia norte-americana detalham o pacote anticrise desenhado pela equipe de George W. Bush para conter os problemas do mercado imobiliário, o desemprego, os golpes nas bolsas de valores, a crise enfrentada pelos bancos, enfim, a recessão, outra era a realidade vivida pela população dos Estados Unidos nos primeiros anos do século XXI. Segundo a *Folha de S. Paulo* de 03.02.2000, os Estados Unidos vinham experimentando um crescimento contínuo há 107 meses. A taxa de desemprego era a menor desde 1970, e a economia teria crescido ininterruptamente nos 8 anos anteriores (pequena queda em 1991) (EUA têm menor desemprego desde 70, *Folha de S. Paulo*, Caderno 2, p. 1).

aos resultados alcançados pela nova política no primeiro ano. A quantidade dos principais crimes, no metrô de Nova York, por exemplo, já havia caído drasticamente, sem que a população reconhecesse a redução e perdesse o medo do metrô. Somente quando os trens foram pintados e as estações reformadas é que a população começou a aceitar a realidade dos novos números da violência e a viajar de metrô sem medo".[64] Não foi por outra razão que um dos primeiros atos do Governo Municipal de Marta Suplicy, prefeita de São Paulo, foi implementar uma limpeza de próprios municipais com a pintura de muros, como no caso do Estádio do Pacaembu, denominada "Operação Belezura".

No Brasil, no entanto, a importação de tal postura repressiva conduziu – e conduz – a um arremedo dessa intervenção macrocriminológica. Em março de 1997, no Estado de São Paulo, tentou-se implementar uma política de *tolerância zero*. A polícia militar foi para o centro começando a recolher os *culpados de sempre*. Mendigos, vadios, maltrapilhos, mal-arranjados, mal-aventurados, *suspeitos*, indesejados e toda sorte de desfavorecidos foram recolhidos das áreas públicas de circulação. No primeiro dia, dos 40 homens, retirados da rua, 36 eram negros (segundo o IBGE 57% da população paulistana é de brancos e 43% de negros). Será que o velho Marques de Moscardi, juiz napolitano que acreditava que a beleza é expressão da bondade e que a feiura é expressão da maldade – e que chegou a criar o Edito de Valério que dizia: "quando se tem dúvida entre dois presumidos culpados condena-se sempre o mais feio" –, não está mais vivo do que nunca? Só dois dos cidadãos recolhidos tinham passagem pela polícia. Passados os constrangimentos naturais do passeio de camburão, revistas pessoais, perda de tempo, invasão da privacidade etc., essas pessoas são devolvidas para as ruas sem qualquer acusação formal ou política pública ou social que tenha o objetivo de restituir--lhes a dignidade. É de indagar: voltam felizes com o passeio ou revoltadas com a discriminação?[65] Anteriormente, no Rio de Janeiro, o Estado já havia tentado a intervenção do Exército Nacional que *subiu o morro para enfrentar a criminalidade*. Todos sabem no que deu: descrédito da própria política repressiva naquela que se configurou uma das muitas políticas de efeitos simbólicos implementadas em nosso passado recente. Na verdade, ao que parece, somente políticas efetivas de ocupação de espaços públicos por parte do Estado é que podem produzir consequências significativas no âmbito da criminalidade. A experiência mais significativa tem sido a criação das UPPs – Unidades de Polícia Pacificadoras – em alguns

---

64. *Meu casaco de general*: quinhentos dias no *front* da segurança pública do Rio de Janeiro, p. 354.
65. Conforme Editorial do *Boletim do IBCCrim*. Intolerância: zero. *Boletim do IBCCrim*, n. 53, p. 2, que ao final dava uma nota para a política de intolerância: zero.

morros cariocas, levando uma política pacificadora, tendo como ponta de lança do Estado a ocupação inicial pela polícia comunitária.

Outras políticas de corte ecológico foram tentadas em diversos outros locais, algumas com resultados efetivos, outras nem tanto. Algumas delas tiveram viés conservador enquanto outras vieram associadas a políticas públicas progressistas. Podemos citar, dentre muitas: a cidade de Buenos Aires restaurou um conjunto de galpões da então decadente área de Puerto Madero, os quais vieram a ser transformados em edifícios com escritórios, restaurantes modernos, áreas arborizadas e agradáveis. De uma região decadente do centro da capital Argentina mudou-se para um ponto de atração de turistas e circulação de profissionais liberais, executivos e empresários. No centro da capital peruana, o prefeito de Lima, Andrade, iniciou um processo de revitalização do centro antigo. Os antigos balcões externos dos edifícios públicos e particulares, com uma arquitetura colonial espanhola, foram todos restaurados com apoio da iniciativa privada. Cada empresa "adotava" um balcão por onde se iniciava o restauro da fachada do edifício. A única contrapartida da empresa é a divulgação do nome dela como patrocinadora do restauro. Paralelamente a isso todos os ambulantes foram retirados do centro antigo, o que diminuiu o índice de furtos e roubos na área central. Atlanta, nos Estados Unidos, associou um projeto de reurbanização central, revitalização da cidade, com a construção da vila olímpica. Todo o projeto foi financiado por iniciativa privada, com a incorporação de todos os prédios utilizados na Olimpíada ao patrimônio municipal. Os alojamentos usados pelos atletas foram transformados em casas populares. Salvador, na Bahia, adotou uma agressiva política de revitalização da região central do Pelourinho. Era, no passado recente, um quadrilátero decadente, com a concentração de prostitutas, vadios e criminosos; veio a ser transformada em um polo de atração de turistas nacionais e estrangeiros, de realização cultural, com a implementação de *shows* diários diante de bares, restaurantes etc. Esta intervenção de cariz ecológico veio associada a projetos sociais, como o Axé, dentre outros, que envolvem a comunidade carente, principalmente meninos de rua, em atividades folclóricas e culturais. Muitas prostitutas tiveram apoio comunitário (por meio da Casa de Passagem), sendo retiradas das ruas e envolvendo-se em atividades lícitas e produtivas. Em São Paulo, por sua vez, foi criada uma entidade não governamental intitulada "Associação Viva o Centro". Tal entidade nasceu em 1991 como resultado da tomada de consciência das organizações vinculadas ao centro de São Paulo em seu papel de sujeitos e agentes do desenvolvimento urbano. Tem por objetivo o "desenvolvimento da área central de São Paulo, em seus aspectos urbanísticos, culturais, funcionais, sociais e econômicos, de forma a transformá-la num grande, forte e eficiente Centro Metropolitano que contribua eficazmente para o equilíbrio econômico e social da metrópole e para o pleno acesso à cidadania e ao bem-estar da população".[66] Dentre seus princípios encontra-se aquele que menciona que só a metrópole socialmente justa e politicamente democrática pode ser funcional e competitiva, identificando a qualidade do espaço público com um requisito básico para o pleno exercício da cidadania.

De outra parte, associado aos projetos ecológicos, é necessário um amplo projeto de corte social, algo que, ao contrário do que afirmam os criminólogos dos países centrais, poderia produzir um *imediato* resgate de cidadania. Em recente levantamento da Prefeitura de São Paulo, por meio da Secretaria Municipal do Trabalho, que calculou o Índice de Desenvolvimento Humano dos 96 distritos que compõem a cidade, verificou-se que 55,38% dos paulistanos têm um padrão "africano" de vida (contra 3,46% que tem um padrão "europeu"). Se associarmos os "africanos" (muito baixo índice de IDH) aos indianos, que perfazem 31,10% (baixo índice de IDH), teremos mais de 86% de pessoas que vivem com índices próximos da pobreza ou mesmo da miséria.[67] Entenda-se bem: muito mais de metade da população passa necessidade. Muitos são famintos, esquálidos, não possuem ocupação lícita e vivem de bicos. Moram amontoados em favelas ou cortiços. Vivem em meio à miséria e violência. Associados à falta de acesso aos recursos materiais, à desigualdade social, à corrupção policial e ao péssimo exemplo de impunidade dado pelos chamados criminosos de colarinho-branco, esses fatores de risco criam um caldo de cultura que alimenta uma violência crescente nas cidades. Por outro lado, em documento de avaliação de um ano dos projetos sociais da Prefeitura de São Paulo, constatou-se a diminuição de 10% nos crimes de homicídio nos distritos que receberam programas sociais do poder público, contrastando com um crescimento de criminalidade de 1,5% naqueles distritos que não foram aquinhoados com os respectivos programas. Segundo a avaliação da Prefeitura de São Paulo, "ao se comparar a evolução da violência, especialmente nos 20 distritos administrativos com maiores índices de homicídios por 100 mil habitantes, constata-se que, nos locais com acesso aos programas sociais, a taxa de violência caiu significativamente, enquanto naqueles ainda sem cobertura dos programas sociais a mortalidade por causas violentas segue aumentando. Nesse sentido, o adequado enfrentamento da violência requer também ações de inclusão social. Nota-se que a implantação dos programas sociais da Prefeitura de São Paulo poupou 28 vidas somente nos distritos administrativos beneficiados, considerando-se que sem a ação dos

---

66. Dos objetivos da Associação Viva o Centro: sociedade pró-revalorização do Centro de São Paulo.
67. NOVAES, Tereza. O abismo entre os padrões de vida que existem em São Paulo. *Folha de S. Paulo*, 19.08.2002, Caderno Folhateen, p. 11.

programas sociais manter-se-ia a tendência de expansão das mortes violentas".[68] Depreende-se, pois, que as medidas de resgate da cidadania, associadas aos projetos ecológicos, especialmente em áreas muito carentes da periferia, poderiam – como, de resto, têm podido – fazer decrescer imediatamente a criminalidade (violência decorrente dos fatores de massa), especialmente aquela mais associada aos fatores econômico-sociais.

Cláudio Beato mostra-se igualmente atento à necessidade de que sejam observados, em cada cidade, os bairros e regiões com índices criminais problemáticos. Exemplificando a tese segundo a qual o crime não se distribui de maneira aleatória e dispersa, tendendo a se concentrar em determinados setores do país e das cidades, lembra que 40% dos homicídios no Brasil ocorrem nas regiões metropolitanas do Rio de Janeiro e de São Paulo. Reafirma, então, a importância de que se conheçam quais são, por exemplo, os oito dos 2500 setores censitários de Belo Horizonte responsáveis por 15% dos crimes violentos da cidade. Por acreditar que, ao lado do investimento em segurança, em prisões, é necessário pensar em atividades de sociedade civil, como programas em escolas ou bairros, defende a necessidade de que sejam levantados dados criminais de cada distrito, de cada favela, o que ajudará a determinar quais deles merecem atenção prioritária do Poder Público. Em geral, explica Beato retomando o conceito tão caro à teoria ecológica, a desorganização social é determinante: quanto maior a ausência de controle social numa dada comunidade, quanto maior a quantidade de pessoas convivendo num mesmo espaço sem laços sociais, quanto maior o número de crianças sem nenhum tipo de supervisão nas ruas, quanto maior a falta de controle sobre a atividade dos jovens, que podem sujar ou grafitar a cidade, bem como praticar atos de vandalismo e consumir drogas em público, tanto maior a desorganização social, tão propícia ao surgimento de crime no Brasil.[69]

Os projetos de urbanização de favelas cariocas no contexto do PAC – Programa de Aceleração do Crescimento – é outro exemplo de intervenção no espaço que segue uma matriz ecológica. Obras de infraestrutura estão trazendo moradia, iluminação pública, drenagem de águas pluviais, pavimentação e alargamento de ruas, abastecimento de água, escolas, meios de transporte, serviços de saúde e de saneamento básico, centro de atendimento jurídico e de apoio psicossocial para muitos dos moradores de alguns morros, como Pavão-Pavãozinho, Cantagalo,

---

68. *Programas sociais da Prefeitura de São Paulo*: avaliação preliminar. Documento da Secretaria Municipal do Desenvolvimento, Trabalho e Solidariedade, jul. 2002, p. 13 (documento não publicado).
69. O problema da violência está nas áreas metropolitanas. Entrevista com Cláudio Beato. *Folha de São Paulo*, 05.03.2007, Caderno Cotidiano, p. 6.

Alemão, Manguinhos e Rocinha. Um teleférico com capacidade para transportar 30 mil pessoas por dia foi construído para o complexo do Alemão. Na Rocinha deveria ser construída uma passarela e um elevador em plano inclinado. Para o Pavão-Pavãozinho, a ideia foi construir um grande elevador panorâmico, que tem uma saída em Ipanema, junto a uma estação do metrô. Biblioteca, pista de skate, praças, piscina olímpica, creche, escola de música, anfiteatro, centro comercial, ciclovia e escola técnica profissionalizante também figuram entre as apostas do poder público para melhorar a qualidade de vida da população e transformar o cenário de violência dessas comunidades. Se é verdade que a cultura estatal nasce com as Unidades de Polícia Pacificadoras (UPPs), também é verdade que tais unidades são apenas o primeiro passo do tratamento digno aos moradores de tais regiões. Infelizmente, parece que tal projeto pereceu por fraqueza do próprio governo, tendo sido sepultado com a intervenção federal no Estado do Rio.

Nunca é demais lembrar que existem alternativas às moradias degradadas e que podem permitir transformações das cidades ancoradas em princípios de cidadania. Raquel Rolnik, relatora especial da ONU para o direito à moradia adequada, dá inúmeros exemplos disso. Desde a década de 1980, surgiu um novo paradigma de financiamento que modifica uma concepção até então vigente. Os habitantes de favelas e a população pobre das cidades não eram considerados um mercado para serviços financeiros. O surgimento do microfinanciamento, no entanto, acabou por fazer com que os pobres se tornassem bancáveis. Tais linhas de crédito permitem, num primeiro momento um empreendedorismo dos pobres, bem ao sabor dos neoliberais, e em segundo momento apoio de processos de autoconstrução progressiva. "Na experiência pioneira do Banco Grameen, em Bangladesh, o microfinanciamento adotava a linguagem dos direitos humanos ou do direito ao crédito. O microcrédito era, então, definido, como um empréstimo não lucrativo dirigido ao combate à pobreza e também ao empoderamento das mulheres.[70]

Uma outra perspectiva inovadora, ainda nesse mesmo sentido, são os projetos ecológicos de arquitetura urbana. Tais projetos preveem a utilização de áreas dentro da cidade que são destinadas aos cultivos e criação de animais de pequeno porte, tanto para consumo quanto para a venda. Esses projetos consideram uma dúplice perspectiva. De um lado, a utilização de terrenos internos para produção de hortaliças e frutas para consumo da população (o chamado "projeto quintal");

---

70. ROLNIK, Raquel. *Guerra dos lugares:* a colonização da terra e da moradia na era das finanças, p. 130.

de outra parte, o uso de terrenos públicos ou privados cujo acesso é possível às pessoas que vivem em determinado bairro. Nos terrenos privados a agricultura seria feita mediante incentivos fiscais, enquanto nos terrenos públicos haveria destinação de verbas para organização da comunidade em torno de diversos projetos produtivos. "A criação de ocupação e renda para a população pobre e a consequente melhoria de sua qualidade de vida constituem a grande contribuição econômica dessa agricultura urbana que pode ainda aumentar os recursos nas comunidades com a agregação de renda, que pode ser obtida da venda direta para a população moradora nos entornos da comunidade, ou por algum tipo de pré-processamento, como a produção de compostas".[71] Esse projeto foi iniciado, com grande sucesso, na cidade de Brasília em 1995, sendo trazido para São Paulo, por meio da aprovação de emendas – da vereadora Lucila Pizani – para o Plano Diretor da Cidade. As primeiras avaliações desses projetos, além de permitirem uma modificação do aspecto visual de determinadas zonas da periferia, tão carente de áreas verdes, sugerem o desenvolvimento da capacidade de gestão de negócios da comunidade, fazendo com que muitos se engajem em uma discussão da relação custo/benefício das atividades que desenvolvem, saindo de uma esfera de desemprego/subemprego para o envolvimento com o processo produtivo e participativo. O processo de exclusão de parcelas da população é interrompido, permitindo sentirem-se os membros dessa ativa iniciativa como empreendedores rurais. A lógica da exclusão passa a ser substituída pela lógica do contexto participativo da inclusão, interrompendo um processo que pode culminar com a marginalidade.[72]

É fundamental que o fantasma da violência, que afeta principalmente a convivência urbana e impessoal, não tenha o poder de fazer com que se tenha o puro e simples enclausuramento progressivo da população, fazendo com que os desprovidos permaneçam à mercê da sorte e permitindo aos mais ricos viverem em condomínios fechados, frequentando os ambientes fechados dos *shopping centers*,

---

71. MONTEIRO, Ana Victória Vieira Martins. *Agricultura urbana e peri-urbana*: questões e perspectivas. Trabalho inédito apresentado no I Seminário A Agricultura Urbana e Peri-Urbana da Região Metropolitana de São Paulo, como Instrumento de Inclusão Social, em 02.08.2002, p. 3.
72. CARVALHO, José Luís Homem de. *Prove*: a verticalização da agricultura urbana e peri-urbana no combate à pobreza. Trabalho inédito, apresentado no I Seminário "A Agricultura Urbana e Peri-Urbana da Região Metropolitana de São Paulo, como Instrumento de Inclusão Social", em 02.08.2002, p. 14.

verdadeiros espaços de exclusão. O espaço público das ruas deve ser devolvido ao público, deixando de ser privatizado com as vigilâncias particulares ostensivas.[73]

A experiência da violência urbana é uma experiência de violação de direitos individuais que afeta a própria cidadania brasileira. A violência e o enclausuramento nas grandes cidades bem caracterizam uma democracia disjuntiva. Tal conceito advém da ideia de termos uma democracia formal em termos políticos, mas não material, em termos de direitos sociais. Esse processo é contraditório posto que simultaneamente contempla uma expansão de direitos e sua negação. Os aspectos civis da cidadania são continuamente violados em nossas cidades, em que as pessoas acabaram por viver detrás das grades e entre muros.[74]

4.7 Ponderação crítica sobre a ecologia criminal

A principal contribuição da escola de Chicago deu-se nos campos metodológico e político-criminal. Suas investigações científicas em amplas áreas da cidade inauguram uma tradição irreversível da sociologia criminal e da criminologia. Fomentaram a utilização de métodos de pesquisa que propiciam o conhecimento da realidade da cidade antes de estabelecer a política criminal adequada para intervenção estatal. Mais do que isso, permitiram o envolvimento de toda a comunidade por meio de seus diferentes canais – junto com o Estado – para o enfrentamento do problema diagnosticado. O empirismo da escola de Chicago criou uma análise estatística dos dados policiais e judiciais vinculados ao delito, chamando a atenção da criminalidade em áreas pobres e deterioradas da cidade.[75] A partir desta Escola de pensamento, teve-se o desenvolvimento de um amplo rol de técnicas de pesquisa de campo, que atualmente são agrupadas como métodos qualitativos, utilizando tanto da análise de documentos pessoais, autobiografias, correspondências, diários, entrevistas, e outras diversas técnicas para observação participante.[76] Além disso, asfaltou o caminho para o surgimento de teorias posteriores – como a da subcultura delinquente – introduzindo mais um componente para os fatores de desviação criminal. Também teve o condão de superar a visão

---

73. WANDERLEY, Luis Eduardo; RAICHELIS, Raquel (orgs.) *A cidade de São Paulo: relações internacionais e gestão pública*, p. 78-79.
74. Merece destaque o brilhante trabalho de CALDEIRA, Teresa Pires do Rio, *Cidade de muros: crimes, segregação e cidadania em São Paulo*, p. 343, por descrever todo o processo de perda da cidadania daqueles que vivem em uma cidade delimitada pela criminalidade. Não se pode deixar de dizer que nossas cidades são tão situadas quanto sitiadas, especialmente após a intervenção federal levada a cabo no Rio de Janeiro no ano de 2018.
75. É o que fez o Cedec no Mapa de Violência da Cidade de São Paulo.
76. ROSA, Pablo Ornelas. *Sociologia da Violência, do crime e da punição*. Op. Cit., p. 70.

etiológica da delinquência, surgida com o positivismo italiano de Lombroso, Ferri e Garofalo, servindo para denunciar a inadequação das respostas de tratamento individual. Em outras palavras, inaugura-se um paradigma *reformista* da resposta ao crime. No que concerne à política criminal, o foco é voltado para a comunidade local, com a mobilização das instituições locais para obviar a desorganização social, reconstituir a solidariedade humana e controlar as condutas desviadas. A absorção das pessoas que apresentaram condutas delituosas só seria possível com o envolvimento *preventivo* da comunidade (e não repressivo), reconhecendo-se implicitamente que a sociedade era a responsável pela existência da *própria* criminalidade.

De outra parte, muitos chegaram a destacar seu viés conservador. É que se pode entender como a substituição do determinismo positivista por um *determinismo ecológico*. Em uma primeira leitura podem-se relacionar áreas deterioradas e pobreza com a criminalidade, e áreas nobres da cidade e riqueza com não criminalidade. Nunca se pôde compreender se as áreas delinquentes *produziam* criminosos ou se estes eram *atraídos* para elas por uma busca de identidade. Alguns autores destacam que uma das críticas centrais a fazer à teoria em tela é a de que o conceito de desorganização social é ao mesmo tempo a descrição de uma condição e a causa dessa mesma condição; isto é, o crime é produto da desorganização social e também um exemplo dela. Assim, logicamente, o conceito de desorganização social passa a ser tautológico, ou seja, uma repetição inadequada de uma mesma ideia sob óticas distintas.[77] Ademais, as observações feitas por tal escola parecem ser válidas quase que exclusivamente para uma sociedade muito dinâmica, em processo de acumulação de capital e desenvolvimento acentuados, de tal sorte que a transferência de pessoas de regiões de um país para outras regiões rompiam vínculos comunitários existentes e davam ensejo a conflitos significativamente grandes. Uma sociedade estratificada jamais poderia ser palco dessa análise.[78]

Outra limitação desta teoria decorreu da perspectiva limitadora na investigação criminal concernente aos cometimentos dos delitos. Estudos atuais nos permitem compreender que alguns delitos são realizados nas áreas de moradia dos criminosos, enquanto outros não. Assim é que, por exemplo, na cidade de São Paulo, se o bairro das Perdizes tem o menor índice de homicídios, tem um dos maiores índices de furto de veículos, enquanto o furto de autos nos bairros periféricos é muito pequeno, embora tenha altos índices de homicídio. "A análise

---

77. EINDSTADTER, Werner; HENRY, Stuart. *The criminological theory*: an analysis of its underlying assumptions, p. 140.
78. ZAFFARONI, Eugenio Raúl. *La palabra de los muertos*, p. 182.

estritamente ecológica tende a ser substituída desde os anos 50 pelo estudo da *área social* e por métodos estatísticos multivariados".[79] Esta mesma observação sobre o método estatístico quem a faz, a considerar uma única variável delituosa (homicídios), é o sociólogo Tulio Kahn.[80] Os métodos multivariados investigam a incidência de uma série de variáveis independentes, aplicando a análise fatorial para examinar as correlações possíveis. Por outro lado, a teoria ecológica não tem condições de explicar as condutas desviadas ocorridas fora das *áreas delitivas*. Ademais, observe-se, os teóricos da Universidade de Chicago ignoravam a cifra negra – diferença entre os casos comunicados e os fatos delituosos efetivamente ocorridos –, trabalhando somente com dados oficiais. Isto poderia levar a uma diferenciação dos dados finais contabilizados. Note-se, ainda, que a teoria ecológica em nenhum momento questionou o conceito de delito, partindo daquilo que era convencionado no período como ato antissocial. Uma última menção crítica pode ser feita: a de ignorar o caráter eminentemente ético da conduta delituosa. O homem, em última instância, pode decidir sua vida. Tem o poder de discernimento que é característico unicamente da raça humana. Essa capacidade de intelecção permite-lhe captar o mundo que o rodeia e os fenômenos que nele se desenrolam, isto é, pode ele discernir. É um sujeito capaz, por si mesmo, de perceber, julgar e resolver acerca de si em relação a tudo que está a sua volta. Nenhuma coerção externa pode alcançar sua interioridade com bastante força para violar esse reduto íntimo que reside dentro dele. Ora, uma escola que analisa a criminalidade centrada na cidade tende a minimizar o caráter ético e individual do crime. Essa crítica seria irresponsável; mas o seria também para qualquer que fosse a perspectiva sociológica de criminalidade que analisasse muito mais a floresta do que a árvore; muito mais a cidade do que o cidadão; muito mais o grupo que o indivíduo. De qualquer forma, não há que ter em conta qualquer ideia de ter esta teoria plena e absoluta abrangência; ela não ignora os demais fatores concorrentes para compreensão da criminalidade. As teorias sociológicas não excluem as outras visões explicativas da criminalidade, apenas trazem uma vertente de análise que não pode deixar de ser considerada na perspectiva explicadora do fenômeno criminal.

---

79. García-Pablos de Molina, Antonio; Gomes, Luiz Flávio. Op. cit., p. 248.
80. Textualmente: "Uma cifra resumo é mais útil do que uma multiplicidade de indicadores isolados, pois combina-os num todo mais significativo. Contudo, a confiabilidade do instrumento decresce com a inclusão de indicadores alheios ao conceito que se mede" (Metodologia... cit., p. 11).

4.8 Notas conclusivas

A primeira – e principal – consequência da teoria ecológica é priorizar a ação preventiva, minimizando-se a atuação repressiva. Qualquer intervenção na cidade deve ser planejada. Iniciar-se-á pela vizinhança e deve restringir-se ao bairro ou a uma área predeterminada. É fundamental o envolvimento da sociedade com a busca de comunhão de esforços dos diferentes segmentos sociais. Programas comunitários devem ser buscados, com a utilização de atividades recreativas em larga escala.[81] Seria interessante, pois, estudar um pouco mais certas políticas sociais e públicas, como a implementada pela Secretaria da Justiça de São Paulo, nestes últimos anos, que criou os Centros de Integração da Cidadania – CICs – de forma a reforçar a presença estatal em defesa de posturas sociais restauradoras da dignidade humana na periferia da cidade. A política de enfrentamento da criminalidade, pensada sob a ótica da cidade, deve priorizar a diminuição do desemprego, a retirada de menores da rua e seu envolvimento em atividades escolares (o "Projeto Bolsa Escola" ou de "renda mínima" são interessantes exemplos de como pode ser implementada essa política), a reurbanização das favelas (projetos como o "Cingapura" e o "Mutirão" devem ser associados para a realização dessa tarefa). Enfim, uma vasta política social que prevê a articulação de atividades da Prefeitura, Estado e comunidade.

No âmbito puramente metodológico, depois da escola de Chicago, não há qualquer política criminal séria que não se baseie em estudos empíricos da criminalidade na cidade. A criminologia passa a ser o substrato teórico para intervenção político-criminal no combate à criminalidade. O próprio direito penal terá que buscar articular sua atuação de uma maneira convergente com o ideário da teoria acima estudada. Políticas preventivas ou repressivas sem exames prévios da realidade podem criar uma disfunção prejudicial aos interesses da comunidade, com investimentos de recursos da comunidade de uma forma incompatível com os interesses dos habitantes da cidade.

---

81. "Os estudos do Ministério da Justiça propõem a criação de áreas de lazer e dos chamados centros integrados de cidadania nos bairros periféricos dos grandes centros urbanos. Esses centros aglutinariam, em trabalho integrado, representantes do Ministério Público, dos governos estaduais, juízes, agentes sociais e policiais." Esta notícia, publicada na *Folha de S. Paulo*, 05.02.2000, 3.º Caderno, p. 5, *Governo prevê lazer para coibir crime*, bem demonstra que as opções científicas adotadas pelo Ministério da Justiça, por intermédio do grupo de trabalho presidido pelo Prof. MIGUEL REALE JR., incluem também medidas preventivas que reforçam a sociabilidade humana sem se preocupar tanto com a exclusiva repressão policial.

No plano jurídico-penal tal teoria suscitou, de longa data, um debate sobre os chamados patrimônios agregados aos naturais. É que a ideia de meio ambiente não se cinge à obra da natureza, mas também a tudo aquilo que o homem construiu (as cidades, por exemplo) e que constitui o entorno social. Com muita propriedade, Ivete Senise Ferreira pondera que, "à medida que cresceu a preocupação com os problemas globais que se relacionam com a proteção da sadia qualidade de vida e com a conservação do ambiente para as futuras gerações, que a Declaração de Estocolmo recomendava, a legislação ambiental passou também a orientar-se de forma mais eficaz, para tais fins, ao ambiente construído ou modificado pelo homem, cuidando de sua ordenação através de normas que Raul Brañes intitula 'direito de tecnosfera' (em contraposição ao 'direito de biosfera'), destinado também à proteção ambiental, mas ocupando-se de 'los efectos ambientales de las actividades humanas vinculadas a las obras materiales que se desarrollan dentro de la biosfera'".[82] E, mais adiante, arremata: "a característica comum de todos esses ordenamentos destinados à proteção do meio ambiente construído ou modificado é a regulamentação das diversas atividades humanas que participam da criação ou conservação do referido ambiente, na medida em que estas possam provocar impactos adversos seja para o meio natural, seja para os seres humanos ou para o próprio ambiente criado".[83]

Em termos legais, tal proteção encontrou guarida em inúmeras leis. Uma das mais antigas é o Dec.-lei 25, de 30.11.1937, que protege o patrimônio histórico e artístico nacional, punindo a exportação de coisas tombadas do País. Mais recentemente, com o advento da Lei 9.605, de 12.02.1998, criou-se uma seção específica naquele diploma normativo, prevendo-se punições àqueles que cometam crimes contra o ordenamento urbano e o patrimônio cultural. Dentre os dispositivos criados, um que está a merecer destaque é o art. 65 nos termos da Lei 12.408, de 2011 que prevê pena de detenção de três meses a um ano e multa para todo agente que venha a "pichar, grafitar ou por outro meio conspurcar edificação ou monumento urbano". Sem querer discutir a opção de política criminal do legislador ambiental, o fato é que a punição para tais atos só pode decorrer de um interesse preservacionista vinculado às ideias da escola de Chicago. Pune-se um pequeno ato, para reforçar a tutela de controle social informal, usando-se simbolicamente – é verdade – o direito penal para instar mais pessoas a preservarem a sociedade, o patrimônio urbano e as próprias relações sociais.

---

82. *Tutela penal do patrimônio cultural*, p. 22.
83. Idem, p. 23.

Bem é de ver que a doutrina voltada para as questões ambientais saudou com grande entusiasmo a opção do legislador em criminalizar a conduta acima descrita, em capítulo próprio, na Lei 9.605/1998. Alguns autores, com muita propriedade, chegam mesmo a destacar, no sentido do que aqui se disse, que "a maioria dos brasileiros vive em grandes megalópoles cinzentas, mal urbanizadas e edificadas, carentes de água potável e esgoto tratado, com serviços deficientes de transporte e habitação, sem áreas verdes, assoladas pela poluição da água, do solo, do ar e sonora, repletas de desempregados, subempregados, favelados e moradores de rua, que transitam por suas inseguras vias, onde a criminalidade corre solta. Enfim, o ambiente urbano brasileiro, pelo seu altíssimo grau de degradação, especialmente nas grandes cidades, deixa à mostra a triste chaga do sistema injusto que rege a nossa sociedade e que gera violentas desigualdades sociais".[84] E arremata que "exatamente por isso é que devemos saudar a inclusão de crimes contra o ordenamento urbano e o patrimônio cultural nesta Lei 9.605/1998 (arts. 62 a 65). Tal lembrança, do legislador, contribui em vários aspectos para o fortalecimento da proteção do meio ambiente urbano, especialmente no que tange ao patrimônio cultural, cuja defesa é enfatizada nos quatro mencionados artigos".[85]

---

84. RODRIGUES, José Eduardo Ramos. A evolução da proteção do patrimônio cultural – Crimes contra o ordenamento urbano e o patrimônio cultural. *Temas de direito ambiental e urbanístico*, p. 200.
85. Idem, ibidem.

5
TEORIA DA ASSOCIAÇÃO DIFERENCIAL

5.1 Notas introdutórias

A teoria da associação diferencial tem seus aportes iniciais com o pensamento de Edwin Sutherland (1883-1950), nos idos de 1924, com base no pensamento originário de Gabriel Tarde. O primeiro contato de Sutherland com a criminologia ocorre em 1906, na Universidade de Chicago, daí por que sofre grande influência dos autores da Escola de Chicago (também chamados de teóricos da "ecologia criminal" ou da "desorganização social"). No final dos anos 30 cunha a expressão *white-collar crime* que passa a identificar os autores de crimes diferenciados que apresentavam pontos acentuados de dessemelhança com os criminosos chamados comuns. Dez anos mais tarde, em 1949, revê parcialmente sua teoria, chegando a uma formulação mais próxima da que conhecemos hoje. Sua consagração nos Estados Unidos se dá, fundamentalmente, quando noticia seu conceito de crime de colarinho-branco, em discurso pronunciado perante a Sociedade Americana de Criminologia, naquele mesmo ano. A importância de Sutherland jamais foi desconhecida ou ignorada. Hermann Mannheim, em uma aguda observação, afirma que não há – e, provavelmente, nunca haverá – um prêmio Nobel de criminologia. Se o houvesse, Sutherland teria sido, pelo seu trabalho sobre o crime de colarinhos-brancos, um dos candidatos mais credenciados.[1]

Os desenvolvimentos posteriores do pensamento da teoria da associação diferencial enveredaram para novas contribuições com desdobramentos diferenciados e bastante ricos. Mas é fundamental que tenhamos o quadro original da teoria com seus antecedentes para uma perfeita intelecção do problema e para a própria compreensão do pensamento em questão.

É o que se fará a seguir.

5.2 Antecedentes da teoria da associação diferencial

Logo após a 1.ª Grande Guerra, os Estados Unidos tiveram crescimento econômico considerável. Além de terem um sólido mercado interno, com um crescimento demográfico significativo, ainda passam a desfrutar de parte dos

---

1. *Criminologia...* cit., p. 722.

mercados anteriormente fechados pelo colonialismo europeu. Alguns dos famosos 14 pontos da Liga das Nações eram exatamente medidas desregulamentadoras, como: 1) a liberdade dos mares exceto onde e quando o uso internacional restrinja tal prática; 2) a remoção, dentro do possível, das tarifas alfandegárias; 3) o ajuste imparcial das disputas coloniais entre as potências, de acordo com os interesses da população.

Tal período do pós-guerra é marcado por uma "volta à normalidade". Os grandes negócios passam a ter lucros consideráveis. "Entre 1920 e 1929 o produto nacional bruto americano cresceu de 103,6 para 152,7 bilhões de dólares (a preços constantes), o que representa um aumento da renda *per capita* de mais de 35 por cento".[2] No entanto, há um alastramento da corrupção administrativa, bem como o surgimento de escândalos financeiros. O Promotor Daugherty, pessoa de confiança do Chefe de Justiça, é demitido por pactuar com quadrilheiros; Charles Forbes, diretor do Serviço de Veteranos de Guerra, foi preso por apropriação indébita de fundos do governo; Albert Fall, secretário do Interior, é denunciado no Senado por entregar a particulares campos petrolíferos do Estado, sendo condenado e preso. Esse período, que poderia ser mais tranquilo (mas não o foi), dominou-o o Partido Republicano. Para o quadriênio 1928-1932 é eleito Herbert Hoover. A prosperidade do pós-guerra passa a enfrentar as primeiras adversidades concretas. O jogo na Bolsa de Valores torna-se desenfreado. Compravam-se títulos às centenas, por preço baixo, e dias depois eram vendidos por quantias muitas vezes superiores. A especulação torna-se avassaladora e enormes fortunas são construídas, algumas vezes só de papéis. A insolvência surge em outubro de 1929 com o *crack* da Bolsa de Valores de Nova York. Internamente o período é marcado por um crescimento da pobreza e da criminalidade potencializada pela famosa "Lei Seca", propícia para o surgimento do gangsterismo. A crise torna-se incontrolável acabando por produzir graves consequências para muitos países. A quebra da bolsa de Nova York impossibilita a concessão de novos créditos à Europa. Em toda parte começam a ruir bancos em dificuldade: em Riga, na Áustria, na Romênia, na Iugoslávia, na França. Em 24.09.1931, só as Bolsas de Nova York, Paris e Praga continuavam abertas. A vaga de falências bancárias não chega a termo senão na primavera de 1932.[3]

Nas eleições americanas de 1932 vence o candidato democrata Franklin Delano Roosevelt. No início de 1933, ao assumir a Presidência diante do Congresso, apresentou seu plano de combate à grave depressão econômica, o *New Deal* (nova

---

2. FURTADO, Celso. *Formação econômica do Brasil*, p. 197.
3. CROUZET, Maurice. *História geral das civilizações*: a época contemporânea, p. 123.

política). Roosevelt implementa um programa econômico baseado nas ideias do economista inglês John Maynard Keynes. Segundo Keynes, ao contrário do que afirmavam os economistas clássicos e do que diziam os críticos marxistas, o desajustamento e desequilíbrio da economia não tendiam naturalmente ao reajustamento e ao reequilíbrio nas condições anteriores, e sim em novas condições de crise endêmica e depressão prolongada. "Na teoria keynesiana a crise não é somente o rompimento de um equilíbrio estável, mas representa antes o mecanismo através do qual se restabelece um novo equilíbrio em nível mais baixo, isto é, em que a produção e as atividades econômicas em geral se ajustam a uma capacidade e um ritmo inferior, e com incidência, portanto, de desemprego".[4] Assim, o livre jogo dos fatores naturais e a confiança depositada na automática recuperação das crises, por meio da iniciativa privada e da espontânea determinação dos indivíduos, são substituídas por uma política pública ativa de intervenção no domínio econômico. Uma vez que o responsável direto e imediato das crises é a insuficiência dos investimentos, e essa insuficiência não se corrige automaticamente, há que ter uma política estimuladora de inversões para combater as flutuações cíclicas, assegurando a superação daquele momento de perplexidade e estupefação gerados por aquela crise.

Segundo os princípios básicos do *New Deal*, adotado por Roosevelt, o Estado passava a ter o direito de intervir na economia, no sentido de amenizar os focos de tensão social; o governo iniciava um intenso processo de vultosos investimentos em construções de grande porte, como estradas, usinas, pontes etc., visando absorver a massa desempregada; a renda seria mais bem distribuída, o que resultaria em um aumento da capacidade de compra do cidadão médio; o volume da produção agrícola tornava-se controlado, para que o risco da superprodução não mostrasse sua cara. Para levar adiante algumas dessas medidas os bancos foram temporariamente fechados, a fim de evitar os saques em contas correntes que a população fazia para guardar o dinheiro em casa; os estoques de ouro foram utilizados para sanar o caos financeiro; a moeda foi desvalorizada para que os gêneros agrícolas sofressem ligeira alta e os produtores pudessem pagar os credores; foi criado o seguro-desemprego, que visava garantir o bem-estar da população mais miserável; os empregados teriam direito de organizar-se e de associar-se coletivamente; os empregadores não poderiam perseguir os empregados por se filiarem a organizações de trabalho e teriam de concordar com o estabelecimento de salários mínimos estabelecidos pelo governo. É desse período a revogação da Lei Seca, o que acabou em parte com a criminalidade de massas. Ainda que a

---

4. Prado Jr., Caio. *Esboço dos fundamentos da teoria econômica*, p. 114.

situação global da economia americana tenha sido controlada, a crítica situação social das camadas mais baixas só foi solucionada com os esforços de guerra às vésperas da Segunda Conflagração Mundial. Em outros países, por exemplo, o reequacionamento econômico demorou alguns anos mais.[5]

A mudança do paradigma de não intervenção na economia para uma perspectiva flagrantemente intervencionista não se fez sem resistência. Esta partiu não somente de alguns empresários, mas também da própria Suprema Corte americana.[6] Já foi dito, por outro lado, que Sutherland foi vivamente influenciado pelo pensamento da escola de Chicago. Segundo esses autores, o que explicaria o aparecimento preferencial do crime nas comunidades onde os vínculos fossem mais tênues era a sensação de desorganização social que diminuía a possibilidade de um controle social informal, muito mais efetivo para a dissuasão da atividade delitiva. O período acima enfocado mostra como o mundo dos negócios passava por uma situação de anomia, "associada à passagem do liberalismo econômico para uma fase de cada vez maior intervenção governamental. Uma tal transição seria, muitas vezes, mal compreendida pelo homem de negócios e pelo público em geral, que sofreriam assim um conflito de valores, divididos entre uma antiga perspectiva da economia e os novos tempos de intervencionismo estatal, com os diferentes padrões de comportamento que este acarreta".[7] Note-se, aqui, que a passagem para uma economia regrada, com a permissão de os sindicatos atuarem na defesa legítima dos direitos dos empregados e com a delimitação da atividade empresarial, fez com que aquela economia opulenta e lucrativa passasse por um período de diminuição de seus lucros, o que suscitaria não poucos interesses de quebra das regras do jogo. Não se pode olvidar, ademais, que o principal movimento de persecução às grandes corporações se dá exatamente após 1932. Os orçamentos das empresas são aumentados e surgem novas leis estabelecendo

---

5. Calcula-se, por exemplo, que na Austrália – e em muitos outros países – a plena capacidade econômica só foi atingida em 1942, três anos depois de a guerra iniciar-se. FURTADO, Celso. *Formação...* cit., p. 223.
6. Sete dos nove membros da Suprema Corte tinham sido indicados pelo ex-presidente Herbert Hoover, antes dos anos 30. Em fevereiro de 1937, Roosevelt ataca a Suprema Corte, dizendo que a diferença de 10.000.000 de votos sobre o candidato republicano autorizavam-no a adotar políticas públicas em benefício da população que não podiam ser vetadas por alguns juízes. A polêmica só acaba em março de 1937 com a aprovação, por cinco votos a favor e quatro contra, de duas novas leis, de caráter constitucional na Suprema Corte, que regulamentavam a atividade sindical e o seguro social.
7. SANTOS, Cláudia Maria Cruz. *O crime de colarinho-branco*: da origem do conceito e sua relevância criminológica à questão da desigualdade na administração da justiça penal, p. 48.

regras para violações que haviam sido descuidadas nos anos anteriores. A aprovação de todas essas leis também estava relacionada com o descrédito sofrido pelos empresários, e sua consequente perda de prestígio, nascida com a grande depressão de 1929.[8]

O mundo dos negócios possui uma firme organização no sentido de permitir a infração das normas que o regem, enquanto a sociedade não está tão organizada para impedir tal violação. Assim, as normas têm pouca importância no controle dos comportamentos negociais, a menos que sejam suportadas por uma administração empenhada em impedir o comportamento ilegal. O que Roosevelt fez foi exatamente traduzir, mediante sua política intervencionista, o substrato legal para o controle dessas atividades chamadas ilícitas. O projeto do *New Deal* traz em seu bojo o fermento necessário para o crescimento do controle da atividade empresarial, denominada por Sutherland de crime do colarinho-branco, por meio de sua teoria da associação diferencial.

5.3 A associação diferencial e o crime do colarinho-branco

A teoria da associação diferencial parte da ideia segundo a qual o crime não pode ser definido simplesmente como disfunção ou inadaptação de pessoas de classes menos favorecidas, não sendo ele exclusividade destas. Em certo sentido, ainda que influenciado pelo pensamento da desorganização social de William Thomas, Sutherland supera o conceito acima para falar de uma organização diferencial e da aprendizagem dos valores criminais. A vantagem dessa teoria é que, ao contrário do positivismo, que estava centrado no perfil biológico do criminoso, tal pensamento traduz uma grande discussão dentro da perspectiva social. O homem aprende a conduta desviada e associa-se com referência nela.

Sutherland tem como um de seus principais precursores o jurista e sociólogo francês Gabriel Tarde (1843-1904). Tarde afirmava que o delinquente era um tipo profissional que necessitava de um aprendizado, assim como todas as profissões precisam de um mestre. "Todo comportamento tem sua origem social. Começa como uma moda, torna-se um hábito ou costume. Pode ser uma imitação por costume, por obediência, ou por educação. O que é a sociedade? Eu já respondi: sociedade é imitação".[9] Afloram de tal pensamento as chamadas leis da imitação. Para ele as classes sociais exercem uma influência sobre as outras, assim como os campesinos imitam as atitudes dos citadinos. A imitação decorre, ademais, do

---

8. Sutherland, Edwin H. *El delito de cuello blanco*, p. 27.
9. Tarde, Gabriel. *The laws of imitation*, p. 74.

grau de intimidade dos contatos interpessoais.[10] Assim, ninguém nasce criminoso, mas o delito (e a delinquência) é o resultado de socialização incorreta. Não há, pois, "herança biológica", mas sim um processo de aprendizagem que conduz o homem à prática dos atos socialmente reprováveis.

A teoria da associação diferencial assenta-se na consideração de que o processo de comunicação é determinante para a prática delitiva. Os valores dominantes no seio do grupo "ensinam" o delito. Uma pessoa converte-se em delinquente quando as definições favoráveis à violação superam as desfavoráveis. As seguintes assertivas se referem ao processo pelo qual um indivíduo se inclina a praticar um ato criminoso, segundo o pensamento da associação diferencial: 1. o comportamento criminal é um *comportamento aprendido*. Isto significa que ele não é produto de uma carga hereditária. Aprende-se a delinquir como se aprende também o comportamento virtuoso ou qualquer outra atividade. "Qualquer pessoa pode aprender qualquer padrão de comportamento que seja capaz de executar. Ela assimila inevitavelmente da cultura ambiente esse comportamento."[11] Nenhum indivíduo herda tendências que fazem dele criminoso, ou respeitador da lei. Também a pessoa que não está treinada no crime não inventa o comportamento criminoso sistemático. Embora o ser humano tenha uma capacidade de inventividade incrível, ele não inventa o crime, a menos que tenha recebido treino nessa espécie de comportamento; 2. o comportamento criminal é aprendido mediante a interação com outras pessoas, resultante de um *processo de comunicação*. Trata-se de um processo de imitação que se inicia no âmbito familiar, incluindo até mesmo a aprendizagem do gestual. É uma resposta comportamental que responde a um estímulo não automático (estímulo reativo), mas sim operante, resultante de um filtro determinado pelos efeitos ambientais passados e presentes; 3. a parte decisiva do processo de aprendizagem ocorre no seio das *relações sociais mais íntimas* do indivíduo com seus familiares ou com pessoas do seu meio. A influência criminógena depende do grau de proximidade do contato entre as pessoas. O grau de assimilação da aprendizagem é diretamente

---

10. É de extremo interesse a leitura, contemporânea, do sociólogo e antropólogo Pierre Bourdieu. Em seu Gostos de classe e estilos de vida, *Sociologia*, p. 83, o autor traça um panorama intrigante das diferenças culturais e estéticas dos diferentes extratos sociais e suas distintas manifestações exteriores. Para ele, "constituindo num tipo determinado de condições materiais de existência, esse sistema de esquemas geradores, inseparavelmente éticos ou estéticos, exprime segundo sua lógica própria a necessidade dessas condições em sistemas de preferências cujas oposições reproduzem, sob uma forma transfigurada e muitas vezes irreconhecível, as diferenças ligadas à posição da estrutura da distribuição dos instrumentos de apropriação, transmutadas, assim, em distinções simbólicas".
11. SUTHERLAND, Edwin. H. *Princípios de criminologia*, p. 12.

proporcional à interação existente entre as pessoas; 4. quando se aprende um comportamento criminal, o aprendizado inclui: *a técnica de cometimento do delito*, que às vezes é simples, às vezes é complexa, e também a *orientação específica das correspondentes motivações, impulsos, atitudes*, além da própria racionalização (justificação) da conduta delitiva.[12] A pessoa que nunca ouviu falar de furtos em lojas, como profissão, dificilmente encontrará os códigos de conduta que a levem à prática dessa modalidade delituosa; 5. a direção específica dos motivos e dos impulsos se aprende com as *definições favoráveis ou desfavoráveis* aos códigos legais. Em algumas comunidades um indivíduo está rodeado de pessoas que invariavelmente definem o código como o do descumprimento da norma. Há, por sua vez, aquelas pessoas que veem a conveniência no acatamento dos códigos éticos de condutas. Nas sociedades diferenciadas o choque de valores é inerente ao sistema, o que produz como consequência conflitos culturais em relação a tais códigos.[13] Se uma pessoa só pudesse entrar em contato com o comportamento legal, seria ela, inevitavelmente, por completo acatadora da lei. Se só pudesse entrar em contato com o comportamento criminoso (o que é impossível, desde que nenhum grupo poderia existir no qual todo comportamento seja criminoso), seria ela, inevitavelmente, por completo criminosa. A situação real acha-se entre esses extremos; 6. uma pessoa se converte em delinquente quando as *definições favoráveis à violação da norma superam as definições desfavoráveis*. Este é o princípio da associação diferencial. Quando uma pessoa se torna autora de um crime, isto se dá pelos modelos criminais que superam os modelos não criminais. Os princípios do processo de associação pelo qual se desenvolve o comportamento criminoso são os mesmos que os princípios do processo pelo qual se desenvolve o comportamento legal, mas os conteúdos dos padrões apresentados na associação diferem. Por essa razão, tal processo de interação chama-se associação diferencial. A associação, que é de primordial importância no comportamento criminoso, é a associação com pessoas que se empenham no comportamento criminoso sistemático; 7. as associações diferenciais podem variar em *frequência, duração, prioridade e intensidade*. Isto significa que as associações com o comportamento criminal e não criminal variam conforme tais aspectos. A frequência e duração como modalidades de associações diferenciadas são óbvias. A prioridade é importante, pois o comportamento respeitoso aprendido na infância pode persistir por toda a vida, assim como o comportamento criminoso aprendido na infância pode igualmente persistir por toda a vida. Quanto à intensidade, são relevantes as fontes dos modelos de comportamento criminal (ou não criminal), bem como as relações

---

12. SUTHERLAND, Edwin H.; CRESSEY, Donald R. *Criminologia*, p. 115.
13. Idem, ibidem.

emotivas que o agente enfrenta em sua vida antecedente; 8. o *conflito cultural* é a causa fundamental da associação diferencial e, portanto, do comportamento criminoso sistemático. A associação diferencial é possível porque a sociedade se compõe de vários grupos com culturas diversas. A cultura criminosa é tão real como a cultura legal e prevalece em muitas circunstâncias, dependendo apenas da preponderância dos fatores favoráveis em relação aos desfavoráveis. Nas sociedades não diferenciadas, em que os padrões culturais são iguais (na Idade Média, por exemplo), era possível prever, quase com certeza, como se comportaria uma pessoa crescida em uma pequena vila. Hoje, ao contrário, "as mais intrincadas maquinações dos homens de profissões liberais e de negócios podem ater-se à lei tal como é interpretada, mas ser idênticas, na lógica e nos efeitos, ao comportamento criminoso que resulta em prisão. Essas práticas, ainda que não se transformem em condenação pública como crimes, fazem parte da cultura criminosa";[14] 9. a *desorganização social* é a causa básica do comportamento criminoso sistemático. A perda de raízes pessoais e a falta de controle social informal sobre as pessoas é que fazem com que elas se vejam inclinadas à prática do ato delitivo.[15]

A partir da formulação dessa teoria, de caráter mais geral, Sutherland passa a mostrar como é que se opera um novo conceito, desta feita específico para aquelas pessoas que, por determinadas características, não se espera que venham a praticar certos crimes. Trata-se dos crimes praticados por uma nova categoria de criminosos que ele passará a chamar de "criminosos do colarinho-branco".

Suas primeiras investigações esbarraram nas violações da Lei Antitruste nos Estados Unidos, que feriam as normas reguladoras dos monopólios. Suas pesquisas apontaram problemas com as companhias produtoras de aparelhos elétricos, que haviam dividido o território americano em quatro grandes zonas de influência. Independentemente dos custos de produção, e fazendo ouvidos moucos à lei da oferta e da procura, tais companhias fixavam os preços com base exclusiva em seus interesses econômicos. Ele observou, ainda, que, quando os representantes dessas corporações queriam se encontrar para suas decisões, procuravam sempre hotéis de província e usavam um jargão específico que não pudesse ser identificado por aqueles que não pertencessem àquela esfera de produção. Assim, em vez de falarem em lista de preços utilizavam expressões como "lista de natal". Utilizavam-se de telefones públicos, registravam-se em hotéis não indicando as companhias por eles representadas etc. Sutherland considerou

---

14. SUTHERLAND, Edwin. H. *Princípios...* cit., p. 16.
15. Em 1949, na versão final da sua teoria explicativa da criminalidade, Sutherland substituiu os termos "desorganização social", cuja inspiração advém da escola da ecologia criminal, pela expressão "organização social diferencial".

todas essas atitudes como similares às dos chamados criminosos convencionais, ainda que não tivessem todas aquelas características.[16]

O crime do colarinho-branco é aquele que é cometido no âmbito da sua profissão por uma pessoa de respeitabilidade e elevado estatuto social. Cinco aspectos relevantes podem ser destacados a partir desta definição. O crime de colarinho-branco é um *crime*.[17] E o é porque suas consequências são tão gravosas como quaisquer condutas criminais. Algumas vezes até mais gravosas. Ademais, é cometido por *pessoas respeitáveis. Com elevado estatuto social*. Ele é praticado *no exercício da sua profissão*, o que evidentemente exclui todos os demais crimes que, embora realizados por aqueles agentes acima nomeados, relacionam-se com a sua vida privada. Ocorre, em regra, com *uma violação de confiança*.[18] Outras características diferenciais – ainda que secundárias – podem ser agregadas a essas. Inicialmente, o crime do colarinho-branco não pode ser explicado pela pobreza, nem por má habitação, carências de recreação, falta de educação etc., enfim, aqueles critérios tradicionais explicativos da criminalidade. Um segundo aspecto a destacar é a grande dificuldade na elaboração de estatísticas, pois a cifra negra é alta e conta com certa proteção das autoridades governamentais na ocultação de certos fatos. Como consequência disso são enormes as dificuldades em descobrir tais crimes, bem como em sancioná-los. Além disso, a própria comunidade, mediante a opinião pública, traduz alguma perplexidade em identificar tais fatos como delituosos. Muitas pessoas comuns não captam a essência danosa de alguns dos atos cometidos, normalmente identificados como crimes de colarinho-branco. Isto faz com que a própria legislação seja mais condescendente com tais agentes, seja não considerando tais atos delituosos, seja para conceder certas imunidades a seus autores, tais como: tribunais especiais, prisões diferenciadas, penas mais leves etc.[19]

Para expor sua tese quanto ao delito do colarinho-branco, Sutherland estudou as 70 principais corporações americanas por vários anos (dos anos 20 a 44) demonstrando que elas haviam sido processadas por infringirem diversas leis, especialmente aprovadas após a grande depressão de 29, quando já havia mecanismos específicos para controle da produção e distribuição de bens. Os atos nocivos à comunidade tinham sido praticados por todas as corporações e 91,7%

---

16. ANIYAR DE CASTRO, Lola. *Criminologia*... cit., p. 73.
17. Em sua monografia específica sobre o assunto, um dos capítulos tem exatamente o título: o crime do colarinho-branco é um crime? In: SUTHERLAND. Edwin H. *El delito*... cit., p. 29 e ss.
18. SANTOS, Cláudia Maria Cruz. Op. cit., p. 42; também: MANNHEIM, Hermann. *Criminologia*... cit., p. 724 e ss.
19. ANIYAR DE CASTRO. Lola. *Criminologia*... cit., p. 78-80.

eram reincidentes. Elas praticaram, em média, 14 infrações por empresas. No entanto, por várias razões havia uma apreciação diferencial dos grandes empresários, comerciantes e industriais.[20] É que estes homens possuíam um *status* que não os permitia ser confundidos com as pessoas que comumente praticavam delitos. Em primeiro lugar, o juízo que se faz dos grandes empresários, dos banqueiros poderosos ou dos megaindustriais inclui um misto de medo e admiração. Aqueles que são responsáveis pelo sistema de justiça penal podem sofrer as consequências de um enfrentamento com os homens que detêm o poder econômico.[21] Além disso, os legisladores admiram e respeitam os homens de negócios, não sendo concebível tratá-los como delinquentes. No período medieval algumas pessoas da sociedade eram beneficiadas com imunidades quanto ao castigo, denominadas "benefício do clero". Hoje, tal imunidade relativa decorre do "benefício do negócio".[22] Em segundo lugar, também justificam uma implementação de respostas diferenciais, normalmente não penais, aos autores de crime do colarinho-branco. E o fazem para coibir tais atos não com o mesmo rigor que coíbem outros delitos patrimoniais. Em geral, as penas não são altas, admitem mecanismos substitutivos da privação da liberdade, as penas são mais pecuniárias que pessoais, tudo com base na ideia da desnecessidade de uma *ressocialização* de tais delinquentes, pois não estão eles *dessocializados*. Um terceiro fator a que normalmente se recorre para tratar diferenciadamente o criminoso do colarinho-branco diz respeito às consequências de tais delitos não serem diretamente sentidas pela comunidade. As violações da lei feitas pelos poderosos são complexas e seus efeitos são difusos. Não são ataques simples e diretos de uma pessoa a outra, como em um assalto ou em uma agressão pessoal, ou mesmo um furto. Muitas vezes uma grande empresa viola uma norma por uma década ou mais antes que as agências administrativas de controle ou a própria comunidade identifiquem a violação. Todos esses fatores, convergentes, levam a comunidade jurídica a não querer punir da mesma forma o crime de

---

20. Estudo extremamente interessante realizado entre nós foi o de Ela Wiecko V. de Castilho em que a autora examina, com estudos estatísticos precisos, Estado a Estado da Federação, os casos de crimes econômicos no Brasil. *O controle penal nos crimes contra o sistema financeiro nacional*.
21. Este fato é bastante visualizável nos Estados Unidos onde muitos promotores e juízes são eleitos diretamente pelo povo, o que faz com que haja uma dependência direta dos detentores do poder econômico. No Brasil, este fato só ocorre indiretamente, mas não deixa de ser identificado, especialmente nos grotões mais distantes. É que em tais lugares o próprio funcionamento do Poder Judiciário depende diretamente das colaborações dadas ora pelo Executivo, ora por pessoas de renome da comunidade local.
22. Podemos notar o tratamento diferenciado, modernamente, nas concessões de prisões especiais para algumas categorias de cidadãos portadores de título superior ou de algumas profissões específicas.

colarinho-branco, ainda que suas consequências possam ser muito, muito mais lesivas à comunidade, atingindo difusamente a sociedade e produzindo lesões a inúmeras vítimas. Pode-se dizer, de outro modo, que o crime do colarinho-branco é um crime; é uma espécie delitiva tratada com especial brandura; este tratamento desigual – por sua leniência – é injusto, estando a demandar medidas específicas mais severas das instâncias formais de controle.

A nova concepção de crime do colarinho-branco veio contribuir decisivamente para o descrédito das tradicionais explicações de natureza individual centradas na "antropologia" criminal. Se é verdade que as ideias positivistas já estavam combalidas com a crítica de inúmeros autores, também é verdade ser inegável o contributo desta teoria para o fim das ideias de Lombroso, Ferri e Garofalo. É que, ao chamar a atenção para os crimes praticados por pessoas bem-sucedidas, não mais se pode identificar a delinquência com a "anormalidade". Também fica prejudicada a ideia segundo a qual somente os desfavorecidos, enquanto estrato social, são os autores de crimes com base na pobreza e na falta de inserção social. Os autores dos crimes de colarinho-branco são não só pessoas com uma boa situação econômica e socialmente integradas, como sujeitos perfeitamente aptos, capazes quer do ponto de vista biológico, quer social. Intelectualmente possuem, muitas vezes, até mesmo capacidade acima da média das pessoas comuns. Eis, pois, a razão pela qual a teoria do crime do colarinho-branco surge como uma espécie de joia da coroa do pensamento criminológico: ela é a prova inequívoca da importância da teoria da associação diferencial.[23]

5.4 Algumas formulações posteriores

Posteriormente às teorias desenvolvidas por Sutherland, algumas correções, modificações e ampliações foram feitas. Algumas delas pelo próprio autor; outras por seus seguidores. No próprio momento em que sua teoria era concebida, formulações de outros campos científicos – que se ocupavam do estudo da formação e evolução da conduta, com antecedentes em Pavlov e seu pensamento do reflexo condicionado, que desembocaria no pensamento behaviorista de Skinner – foram aditadas aos pensamentos da teoria da associação diferencial. Importantes sociólogos como Mead, Cressey e Glazer trabalharam junto a Sutherland e os últimos seriam, anos mais tarde, autores de propostas teóricas importantes da sequência do mesmo pensamento.[24]

---

23. Santos, Cláudia Maria Cruz. Op. cit., p. 41.
24. Elbert, Carlos Alberto. Manual... cit., p. 93.

A partir dos experimentos com cães realizados pelo fisiólogo Pavlov, sabe-se que o comportamento pode ser de dois tipos: o *reativo*[25] e o *operante*. O primeiro é produzido como resposta a certos estímulos e gera-se na esfera automática do sistema nervoso. Para utilizarmos os originais pensamentos que expressam essa ideia: "O recém-nascido é construído de forma a ingerir ar e comida e a expelir resíduos. Respirar, mamar, urinar e defecar são coisas que o recém-nascido faz, mas o mesmo se pode dizer de todas as suas outras atividade fisiológicas (...) Dizer que um bebê respira ou mama porque possui reflexos apropriados é simplesmente dizer que respira ou mama presumivelmente porque evolui de maneira a poder fazê-lo. Respirar e mamar implicam respostas ao ambiente, mas não devem, de nenhuma forma, ser diferenciados do restante da respiração ou da digestão".[26] O comportamento operante interessa ao sistema nervoso central e é uma função dos aspectos ambientais passados e presentes. Quando um comportamento operante é seguido de certo tipo de estímulo, aquele é aumentado no futuro. Esta frequência e a variedade do comportamento dependem de possíveis efeitos ambientais, dentre outros.[27] Para distinguir este comportamento operante do reativo pode-se dizer que este comportamento é "emitido". Reconhece-se isso quando se diz "ocorreu-lhe ir" como se dissesse que "o ato de ir ocorreu-lhe". "Ideia" é usada para representar comportamento nesse sentido (diz-se que "a ideia lhe ocorreu"), assim como se fala em "aprender uma ideia" ou "tomar emprestada uma ideia".[28] A partir destes dados a teoria original de Sutherland resulta modificada, introduzindo-se como determinante o estímulo de reforço: se o comportamento criminal é aprendido segundo os princípios do comportamento operante, essa aprendizagem terá lugar tanto em situações não sociais que sejam reforçadoras ou discriminadoras, como também quando outras pessoas venham a cumprir esse papel de reforço em face da função determinante das relações humanas desviadas e do seu entorno social.[29]

Uma nova leitura, mais atual, pode ser feita a partir da constatação das consequências existentes entre as pessoas e os efeitos envolventes e persuasivos da imprensa, cinema, rádio e televisão. Tais efeitos se fazem sentir mais do que qualquer domínio no que toca à delinquência juvenil. A experiência cotidiana mostra que a imitação tem, de fato, uma força poderosa sobre o crime. Casos de

---

25. Também chamado, conforme o autor, comportamento *inato*.
26. SKINNER, B. F. *Sobre o behaviorismo*, p. 33.
27. BERGALLI, R. et al. *El pensamiento criminológico*: un análisis crítico, vol. I, p. 121.
28. SKINNER, B. F. Op. cit., p. 48-49.
29. BERGALLI, R. et al. *El pensamiento...* cit., vol. I, p. 121-122.

crimes, tratados de forma sensacionalista pela mídia, são ocasional e rapidamente reproduzidos por outras pessoas que se espelham no "sucesso" encorajador do ato criminal.

A comunicação de massas tem importante função na formação dos valores da sociedade. Desde que o indivíduo nasce há uma conformação de esferas que acompanham o despertar do homem para as relações sociais. São as influências familiares, a educação, os grupos de amizade e convivência, a escola, a igreja etc. Dentro deste contexto – de formação de valores – não podemos deixar de mencionar a grande importância que têm os meios de comunicação a influenciar na conformação das atitudes humanas e em suas formas de conduta.

A mídia transmite uma imagem codificada de mundo. Tem a capacidade de alterar o conteúdo e significado da própria realidade. Os meios de comunicação fazem parte do processo de socialização do indivíduo, processo que, ainda que comece com mais intensidade na infância, é contínuo até a morte. Portanto, de uma maneira ou de outra, as mensagens que são transmitidas passam a integrar o modo de ser da população que está submetida a sua influência.[30] O mundo atual, mundo das comunicações, vive da ficção, da fantasia, em que a definição da realidade assume um papel maior que a própria realidade. As notícias disseminam-se com rapidez incontrolável e com cores muito fortes: textos e imagens, fotos e vídeos, depoimentos e *closes* revelam a crueza dos acontecimentos – corpos mutilados, nus, desfigurados; vidas devassadas sem qualquer pudor ou respeito pela privacidade; armas sofisticadas são retratadas em profusão; histórias de premeditação, de infortúnios e de deslizes morais. Nada escapa ao arguto olhar do repórter/narrador que passa seu percuciente olho clínico pela realidade, construindo seu próprio objeto de investigação e análise.[31] A chamada sociedade da informação no seio da chamada *aldeia global* transmite uma imagem da realidade na qual o que está distante e o que está próximo têm uma presença quase idêntica na forma como o receptor recebe a mensagem. A dramatização e a morbidez com a qual se examinam determinadas notícias atuam como um multiplicador dos ilícitos e catástrofes, gerando uma insegurança subjetiva que muitas vezes não corresponde com o nível de risco objetivo. Assim, não raro, os meios de comunicação aceleram a invasão da democracia pela emoção, propagam uma sensação de medo e introduzem

---

30. ANIYAR DE CASTRO, Lola. Prevención del delito y medios de comunicación: entre la vaguedad y lo imposible. *Derecho penal y criminología*, vol. 9, p. 121.
31. ADORNO, Sérgio. Crime, justiça penal e desigualdade jurídica: as mortes que se contam no tribunal do júri. *Revista USP*, n. 21, p. 137.

no coração do individualismo moderno o mecanismo do bode expiatório que se acreditava superado.³²

Segundo a teoria da aprendizagem social, de Albert Bandura, citado por Schneider, o comportamento se aprende não somente mediante o êxito, mas também pela observação de modelos, ou seja, pela experiência vivida por outros. Os homens criam por meio de sua conduta condições sociais que, por sua vez, influem em seu comportamento. Os homens não aprendem tão somente formas de conduta, mas também orientações e justificações de seu comportamento a partir de estereótipos sociais, de preconceitos. As noções de valor e estilos são ajustadas em face do comportamento que se supõe dominante, uma vez que se imagina ser esta a postura praticada pela maioria da população. Os meios de comunicação de massas se amoldam a semelhantes noções de valor da opinião pública, mas também as modificam e formam. Formam e deformam o comportamento social.³³

As diversas discussões apontam a inescondível relação entre a mídia e a violência. Em seminário internacional sobre o tema, que contou com as presenças do filósofo Henri Pierre Jeudy, do jurista Alessandro Baratta, da criminóloga Lolita Aniyar de Castro, dentre outros, realizado no Rio de Janeiro no mês de julho de 1993, muito se discutiu sobre o tema. Os debates indicaram, em linhas gerais, que a mídia não é um simples espelho da realidade, mas é uma verdadeira intervenção na realidade. A mistura do real e do imaginário traz um processo de intervenção que transmite à realidade cenas do próprio imaginário, além de fazer com que o imaginário seja influenciado pelo real. Demonstrativo disso foi o ocorrido no metrô de Paris. Recentemente, pelo monitor de TV que controla uma das estações da capital francesa, um segurança acompanhava os circunstantes. Paralelamente, em outro monitor, assistia a um filme na TV. Repentinamente, passa a verificar um grande movimento no monitor que transmitia os fatos reais e nota que, num dos corredores do metrô, há uma tentativa de estupro. Acostumado com a violência do imaginário, o segurança ignora a violência da realidade, como se não fosse a sua função combatê-la. O crime é evitado por populares que ouviram o grito da vítima, sem que o guarda tomasse qualquer providência. Aqui, imagem e acontecimento são faces de uma mesma moeda, e o imaginário se sobrepõe ao real; o real se alça à condição de imaginário! Não mais se vê o real e sim o real midiatizado. A

---

32. SILVA SÁNCHEZ, Jesús Maria. *A expansão do direito penal*: aspectos da política criminal nas sociedades pós-industriais, p. 38-39.
33. SCHNEIDER, Hans Joachim. La criminalidad en los medios de comunicación de masas. *Derecho penal y criminología*, vol. 11, p. 154.

verificação da violência na TV transformou-a num objeto universal de fascinação, num espetáculo planetário.

A influência da mídia sobre a violência, nos últimos anos, além da preocupação dos criminólogos, ganha a preocupação das próprias redes de TV americanas. A imprensa escrita noticiou amplamente a reunião entre os quatro principais canais de televisão – ABC, CBS, NBC e FOX – e inúmeros congressistas, para reduzir o impacto da violência na TV. Este acordo, basicamente, visa a evitar um sistema de códigos de censura a programas de TV com um alerta aos pais antes da exibição de filmes violentos.[34]

Nas regiões marginais, assim como nos países centrais, os meios de comunicação de massa não se limitam a proporcionar uma falsa imagem da realidade, mas a produzir a própria realidade. Como ressalta Zaffaroni, com muita oportunidade, "a capacidade reprodutora da violência dos meios de comunicação de massa é enorme: na necessidade de uma criminalidade mais cruel para melhor excitar a indignação moral, basta que a televisão dê exagerada publicidade a vários casos de violência ou crueldade gratuita para que, imediatamente, as demandas de papéis vinculados ao estereótipo assumam conteúdos de maior crueldade e, por conseguinte, os que assumem o papel correspondente ao estereótipo ajustem sua conduta a estes papéis".[35] Os meios de comunicação são elementos indispensáveis para o exercício do poder de todo o sistema penal, pois permitem criar a ilusão, difundir os discursos justificadores, induzir os medos no sentido que se deseja e, o que é pior, reproduzir os fatos conflitivos que servem para cada conjuntura.

A mídia se outorga, a si mesma, o papel de mera reprodutora da informação. Sua atribuição seria exercer a função de simples espelho da realidade, transmitindo os fatos em face das ocorrências existentes no curso dos acontecimentos. No entanto, na realidade, entre o jornalista e a audiência se estabelecem um acordo comunicativo e uma confiança socialmente negociada.[36] Assim, a notícia não é – jamais – um simples espelho da realidade, mas sim um objeto construído, não

---

34. Este pacto foi noticiado pelo *Jornal do Brasil*, de 1.º.07.1993, na p. 15, e pela revista semanal *Newsweek*, de 12.07.1993. Esta, em matéria bastante extensa, apresenta todos os dados referentes à violência na TV norte-americana, de um simples soco aos mais graves crimes de morte (f. 46-48), relacionando sua influência sobre a população.
35. Zaffaroni, Eugenio Raúl. *Em busca das penas perdidas*: a perda de legitimidade do sistema penal, p. 131.
36. Isso pode ser ainda mais evidenciado com a TV interativa, em que o telespectador tem influência ativa no resultado da estória que se narra. Por outro lado, a confiança entre o jornalista e seu interlocutor pode ser aferida pela eleição de vários profissionais da área.

obstante tentar parecer um espelho dessa realidade.³⁷ À liberdade de imprensa, tão característica das sociedades democráticas, quase sempre se impõe a totalitária lei do espetáculo.³⁸

Nunca é demais ressaltar que a análise crítica do fenômeno de comunicação de massa encontra sempre aspectos interessantes de serem analisados sob a perspectiva do cinema, teatro, música etc. Segundo Mannheim, há filmes que abordam a questão da violência como se a sociedade fosse muito mais violenta do que realmente é; os reais fatores psicológicos e sociológicos da criminalidade são frequentemente distorcidos ou inteiramente ignorados em favor de um sensacionalismo barato; o delinquente é sempre pintado de forma demasiado atraente e como um herói; os órgãos de prevenção da criminalidade, em suas diversas instâncias, são mostrados como fracos, estúpidos ou brutais; o final dos filmes é frequentemente – se bem que talvez com menos frequência do que na vida real – demasiado favorável para com o criminoso, como se o crime compensasse.³⁹ Enfim, a imagem idealizada do criminoso acaba por suscitar um envolvimento apaixonado com tal imagem, o que faz com que alguns possam querer referenciar-se com base nessa imagem, em face desse aprendizado.

5.5 Observações conclusivas, críticas e relevância da teoria

A teoria da associação diferencial tem o grande mérito de ampliar a crítica ao fenômeno criminal como tendo um caráter exclusivamente biológico. A criminologia proporciona, a partir de Sutherland, uma explicação de valor onicompreensivo e macrossocial do fenômeno delitivo. É evidente que estas ideias puseram em xeque as aporias dos paradigmas etiológicos e seu encurtamento de

---

Nas eleições de 1994, por exemplo, um dos deputados federais mais votados em São Paulo foi um dos jornalistas do programa "Aqui Agora".

37. Em 1984, o médico Jeffrey MacDonald, condenado pelo assassinato de sua esposa e das duas filhas, moveu um processo inaudito contra um jornalista que escrevera um livro sobre ele, baseado em entrevistas feitas durante o julgamento e na prisão. A conclusão do jornalista foi que o condenado era um psicopata e seu livro acaba por denegrir a imagem do condenado, com cores ainda mais dramáticas do que a realidade aponta. O processo acabou resultando em uma indenização de mais de US$ 300.000, a ser paga pelo jornalista ao condenado por homicídio. Janet Malcolm, com brilhantismo, analisa a relação entre a ética e o jornalismo, no livro *O jornalista e o assassino*, editado em 1993 pela Cia. das Letras.
38. CERVINI, Raúl. Incidencia de la "mass media" en la expansión del control penal en latinoamérica. *Revista Brasileira de Ciências Criminais*, n. 5, p. 45-46.
39. MANNHEIM, Hermann. *Criminologia*... cit., p. 37.

visão em haver se concentrado no delito e no delinquente como categorias dadas.[40] Ademais, o estudo do crime de colarinho-branco abriu comportas muito vastas. Não se pode ignorar que o trabalho esboçado anos antes permitiu o desenvolvimento posterior daquilo que nós conhecemos como interesses difusos, ou seja, os interesses legítimos que atingem bens jurídicos cujos titulares são a própria comunidade, indiscriminadamente.

Ademais, se cotejarmos as matrizes da criminologia do conflito com o pensamento aqui preconizado acerca do crime de colarinho-branco, pode-se concluir que muitas das ideias hoje defendidas surgem exatamente com Sutherland. Algumas, como a desigualdade no sancionamento de certos agentes, capazes de manipular o sistema de justiça penal, são temas dos mais atuais cujos desenvolvimentos contemporâneos não prescindiram dos aportes iniciais da teoria da associação diferencial. Ademais, ainda no que diz respeito à desigualdade, não obstante a existência de divergências no que concerne a algumas ideias dos teóricos da associação diferencial e dos pensadores críticos contemporâneos (enquanto os primeiros circunscrevem a desigualdade ao sistema jurídico, procurando eliminá-la sem modificar a estrutura social, os últimos optam por uma perspectiva transformadora mais compreensiva), foi exatamente esta teoria a primeira a colocar o foco na criminalidade dos poderosos, desnudando a forma diferenciada como a justiça penal os tratava.

A própria criminalidade econômica, associada ao polo de imputação denominado empresa, não pode ser ignorada. Se hoje a responsabilidade penal da pessoa jurídica é uma realidade em muitos países, as origens do pensamento de repressão à criminalidade empresarial encontram-se exatamente nesse período. Surge aqui uma nova criminalidade: aquela destes centros agregadores de mão de obra – a empresa – e, com ela, seu estudo como categoria proposicional e normativa no seio do pensamento jurídico-penal. A máquina, produto da técnica, é um elemento potencializador dos perigos. A empresa, como polo agregacional de interesses, passa a ser, em algumas circunstâncias e dentro de determinados contextos, o centro de atenção da cena criminal. Nesta perspectiva, a empresa não é só expressão de uma realidade social, como também se racionaliza por meio de um conceito de manifesto valor instrumental. A empresa é, assim, um dos nódulos essenciais do modo de ser das comunidades das atuais sociedades pós-industriais. Ela não é o lugar onde ou por onde a criminalidade econômica se desencadeia; é, sim, o *topos* de onde a criminalidade econômica pode advir.

---

40. ELBERT, Carlos Alberto. *Manual...* cit., p. 85.

Portanto, tal concepção das coisas leva a que a empresa possa apresentar-se como um verdadeiro centro gerador de imputação penal.

Quer-se sublinhar que os fenômenos sociais produzem no âmbito jurídico uma relação dialética e interativa: a lei como resultado social, mas também como produtora das modificações. O homem, em seu espírito associativo, e pela utilização das tecnologias, pode, pela primeira vez na história da humanidade, pôr em perigo a própria escala humana, destruir a si próprio e se destruir enquanto espécie. Não é por outra razão que o direito deve dar uma resposta a estas situações, permitindo modificações em alguns de seus dogmas tradicionais. É o direito (e, evidentemente, também o direito penal) fruto dessa situação. O interesse de proteção de direitos difusos e coletivos, a modificação da responsabilidade, a preponderância de valores públicos sobre o pensamento privatístico são algumas das muitas modificações resultantes desse processo. E elas, sem qualquer dúvida, tiveram início com os estudos de Sutherland.

No entanto, não poucas críticas devem ser feitas à teoria. A primeira delas diz com a desconsideração da incidência de fatores individuais de personalidade, ocultos e até inconscientes na associação e demais processos psicossociais. O crime nem sempre decorre de padrões racionais e utilitários, pois há fatos absurdos, ocasionais, espontâneos, impulsivos, alheios a qualquer processo de aprendizagem. Existe, ademais, uma certa simplificação na reconstrução muito mecânica do processo de aprendizagem. Há que sublinhar que o processo de aprendizagem depende de contatos simbólicos e nada concretos, que o convertem em um desenvolvimento muito complexo. Do mesmo modo, a teoria desatende as diferentes aptidões individuais para a aprendizagem; tampouco aclara o porquê de sua interpretação estar dirigida unicamente aos modelos de comportamento criminal e às orientações de valores desviados. Ainda mais: não se explica a razão pela qual, em iguais condições, uma pessoa cede à influência do modelo desviante, e outra, nas mesmas circunstâncias, não. Ou, em outras palavras, por que alguém que convive com o modelo criminoso não adere obrigatoriamente a ele? Por fim – mas não menos importante –, tal como foi construída, a teoria não resulta eficaz para explicar a conduta individual dos agentes, ainda que tenha sido relevante para aplainar caminhos que posteriormente tenham sido analisados em termos sociais mais amplos.

6
TEORIA DA ANOMIA

6.1 Notas introdutórias

A teoria da anomia pode ser considerada a réplica mais significativa às teorias estruturais de obediência marxista. Ela se distancia do modelo médico e patológico de interpretação do crime por não interpretá-lo como anomalia, como o fizeram os primeiros estudiosos da criminologia.

O sentido de anomia, como o de tantos outros conceitos sociológicos, passou por muitas modificações, nas mãos de muitos autores. Em vez de tentar fazer a análise da rica evolução que teve o vocábulo, ao longo de muitas formulações teóricas, a opção de estudo foi se concentrar na principal linha de desenvolvimento da teoria da anomia. Em um primeiro momento serão utilizados os aportes teóricos de Émile Durkheim para depois mencionar o contributo de Robert Merton. Não se ignoram os acréscimos e/ou modificações de Cloward e Ohlin, Parsons e Opp, dentre muitos outros, nem mesmo o desenvolvimento mais singular do pensamento de Luhmann, que tanto influenciou uma geração de penalistas e de quem se falará mais adiante. No entanto, para os objetivos deste trabalho, melhor circunscrever o objeto para um mais adequado desenvolvimento do tema.

Inicialmente, é importante mencionar que esta teoria insere-se dentro da família de teorias designadas como *funcionalistas*. Este ramo de análise em ciências sociais refere-se a uma orientação metodológica e teórica em que as consequências de um dado conjunto de fenômenos empíricos, em vez de suas causas, constituem o centro da atenção analítica. O pensamento funcionalista considera a sociedade um todo orgânico, que tem uma articulação interna. Sua finalidade é a "reprodução através do funcionamento perfeito dos seus vários componentes. Isto pressupõe que os indivíduos sejam integrados no sistema de valores da sociedade e que compartilhem os mesmos objetivos, ou seja, que aceitem as regras sociais vigentes e se comportem de forma adequada às mesmas".[1] A abordagem funcional surgiu da tentativa de usar, em análise social, noções desenvolvidas inicialmente nas áreas das ciências biológicas. Esse modo de raciocínio teve como pioneiros Herbert Spencer, na Inglaterra, e Durkheim, na França. A própria definição do que

---
1. SABADELL, Ana Lúcia. Op. cit., p. 67.

seja função, para Durkheim, é muito esclarecedora. Para ele, "a palavra função é empregada de duas maneiras diferentes. Designa ora um sistema de movimentos vitais, abstração feita de suas consequências, ora a relação de correspondência que existe entre estes movimentos e algumas necessidades do organismo. É assim que se fala da função de digestão, de respiração etc.".[2] Tais assertivas, oriundas da análise orgânica do ser humano, foram transpostas para as ciências sociais. Para esse pensamento, pois, a "máquina social" deve encontrar meios de autopreservação; toda vez que não encontrar, no entanto, estar-se-á diante de uma disfunção. Em face dessa disfunção, a sociedade deve reagir, para que a falha desse sistema seja corrigida e para que se possa voltar ao normal funcionamento da sociedade como um todo. O interessante dessa perspectiva é que o combate à disfunção far-se-á não pelo estudo de suas causas, mas sim pelo exame de suas consequências exteriores. Daí por que se pode afirmar serem as teorias funcionalistas conservadoras, já que não vão às raízes do problema, que é analisado pela sua superfície.

6.2 O pensamento de Émile Durkheim

Anomia é uma palavra que tem origem etimológica no grego (a = ausência; nomos = lei) e que significa sem lei, conotando também a ideia de iniquidade, injustiça e desordem. Sua carreira sociológica inicia-se com as obras de Durkheim: *Da divisão do trabalho social* (1893), *As regras do método sociológico* (1895) e *O suicídio* (1897). No primeiro desses livros, a forma anômica da divisão do trabalho social consistia na ausência de um corpo de regras governando as relações entre as funções sociais, podendo ser detectada nas crises industriais e comerciais existentes no conflito entre capital e trabalho. Isso decorria, fundamentalmente, do súbito incremento industrial, de tal forma que os conflitos não puderam ser absorvidos pelo "corpo social". No terceiro livro acima citado, a anomia constitui uma das causas do suicídio, uma condição do ambiente social em função da qual aumentam as taxas de suicídio. São situações de desregulação que deixam os movimentos sociais sem um freio para discipliná-los.[3]

---

2. DURKHEIM, Émile. *Da divisão do trabalho social*, p. 25.
3. Estudos antropológicos de sociedades primitivas demonstram que o suicídio pode acabar sendo um tipo de "punição" por atos graves cometidos no seio de certas sociedades. Malinowski narra o episódio de um rapaz que quebra a regra da exogamia. Pressionado socialmente "ele vestiu sua roupa de festa, enfeitou-se, subiu num coqueiro e dirigiu-se à comunidade, falando do meio das folhas em despedida. Explicou as razões de seu ato de desespero e lançou também uma acusação velada contra o homem que o levava à morte – o que obrigava os homens de seu clã ao dever de vingá-lo. Depois, chorou muito alto, como é de costume, atirou-se do coqueiro de uns vinte metros de altura e morreu no ato." MALINOWSKI, Bronislaw. *Crime e costume na sociedade selvagem*, p. 63.

É a anomia, pois, uma ausência ou desintegração das normas sociais. Podem-se resumir, em face das diferentes acepções que a palavra contempla, três diferentes ideias que são importantes para este estudo: a situação existente de transgressão das normas por quem pratica ilegalidades – é o caso do delinquente; a existência de um conflito de normas claras, que tornam difícil a adequação do indivíduo aos padrões sociais; a existência de um movimento contestatório que descortina a inexistência de normas que vinculem as pessoas num contexto social.[4] É a chamada crise de valores, causadora das grandes mudanças comportamentais de nosso tempo.[5] De qualquer forma, seja qual for a acepção tomada, o foco da questão será a ausência de normas sociais de referência que acarreta uma ruptura dos padrões sociais de conduta, produzindo uma situação de pouca coesão social.

O conceito de anomia em Durkheim remete o estudioso, necessariamente, à ideia da consciência coletiva ou comum. Esta é o conjunto de crenças e dos sentimentos comuns à média dos membros de uma mesma sociedade e que forma um sistema determinado que tem sua vida própria. A consciência coletiva não tem por substrato um órgão único; é, por definição, difusa em toda a extensão da sociedade, mas não deixa de ter caracteres específicos que fazem dela uma realidade distinta. Ela independe das condições particulares em que os indivíduos estão colocados, pois transcendem a estes. É a mesma no Norte e no Sul, nas pequenas e nas grandes cidades, nas diferentes profissões. Da mesma forma, não muda a cada geração, mas, ao contrário, liga umas às outras gerações sucessivas. Assim, é completamente diversa das consciências particulares, ainda que se realize somente entre indivíduos. É uma espécie de "tipo psíquico" da sociedade, tipo que tem suas propriedades, suas condições de existência, seu modo de desenvolvimento, tudo como os tipos individuais, embora de uma outra maneira.[6]

Essa consciência coletiva comporta, de acordo com as sociedades, maior ou menor extensão ou força. Nas sociedades arcaicas, em que há maior solidariedade, denominada por Durkheim de "solidariedade mecânica", a consciência coletiva abrange a maior parte das consciências individuais. Importante, aqui, abrir um pequeno parêntese para explicar a diferença que o autor estabelece entre as sociedades arcaicas (ou primitivas) e as sociedades contemporâneas (ou diferenciadas). A solidariedade mecânica é típica da sociedade arcaica. É uma solidariedade por

---

4. SABADELL, Ana Lúcia. Op. cit., p. 69-70.
5. Sobre as crises de valores denominadas subcultura e contracultura, com suas consequências criminais, pode-se remeter o leitor para capítulos subsequentes, em que a matéria será oportunamente versada.
6. DURKHEIM, Émile. Da divisão... cit., p. 40.

semelhança, pois os homens diferem pouco uns dos outros. Membros de uma mesma coletividade, eles se assemelham porque têm os mesmos sentimentos, os mesmos valores, reconhecem os mesmos objetos como sagrados. A sociedade tem coerência porque os indivíduos ainda não se diferenciaram. Na realidade, os habitantes dessa sociedade, a rigor, não podem ser considerados *indivíduos*. Dentro de um clã todos são, por assim dizer, intercambiáveis, pois o indivíduo não vem, historicamente, em primeiro lugar. "A tomada de consciência da individualidade decorre do próprio desenvolvimento histórico. Nas sociedades primitivas, cada indivíduo é o que são os outros; na consciência de cada um predominam, em número e intensidade, os sentimentos comuns a todos, os sentimentos coletivos".[7] De fato, somente a partir do Iluminismo é que vamos encontrar o conceito histórico de indivíduo, daí por que, não de outra forma, é que se consubstanciou a pena aplicável ao infrator, não podendo ultrapassar os limites pessoais para atingir a família, clã, comunidade etc.; é aquilo que se denominou princípio da personalidade das penas.

Nas sociedades contemporâneas, ao contrário das arcaicas, a diferenciação das profissões e a multiplicação das atividades industriais exprimem as características sociais que Durkheim define como ensejadoras da solidariedade orgânica. Essa diferenciação se origina na desintegração da solidariedade mecânica e vai se assemelhar aos órgãos – diferentes – de um organismo (social). Assim, nessas sociedades mais modernas, os indivíduos têm, cada um, a liberdade de crer, querer e agir, conforme suas preferências. É uma sociedade baseada no individualismo e em laços de dependência e de troca criados por uma complexa diferenciação, funcional, na qual um número grande de instituições econômicas, políticas e culturais especializadas estava envolvido. Nas sociedades em que há solidariedade orgânica existe uma redução da esfera da existência que cobre a consciência coletiva, um enfraquecimento das reações coletivas contra a violação das proibições e, sobretudo, uma margem maior na interpretação individual dos imperativos sociais. Dessa forma, "o que a justiça exige, numa sociedade primitiva, é fixado com exatidão minuciosa pelos sentimentos coletivos. Por outro lado, nas sociedades onde a divisão do trabalho é mais avançada, essa exigência só será feita de modo abstrato, por assim dizer universal. Num caso, a justiça é que tal indivíduo receba tal sanção precisa; em outro, que haja uma espécie de igualdade nos contratos e que cada um receba o que lhe é devido, que é definido de muitas formas, nenhuma das quais é isenta de dúvidas, e fixada de modo unívoco".[8]

---

7. Aron, Raymond. *As etapas do pensamento sociológico*, p. 298.
8. Aron, Raymond. Op. cit., p. 301.

Embora se tenha uma diferenciação entre as distintas formas de sociedade e suas consequentes maneiras de solidariedade, não é possível, na essência, prescindir de algo comum a ambas as instituições: a consciência coletiva. Ainda que com diferentes características e intensidade, não há como ignorar o traço comum da consciência coletiva. A sociedade não é, segundo Durkheim, uma simples soma de indivíduos; o sistema formado por sua associação representa uma realidade específica que tem suas próprias características. Sem dúvida, nada poderia se produzir de coletivo se as consciências individuais não existissem, mas essa condição, apesar de necessária, não é suficiente. É preciso, ainda, que essas consciências estejam associadas e combinadas de certa forma; é dessa combinação que resulta a vida social e, por conseguinte, é ela que a explica. Agregando-se, penetrando-se e fugindo-se, as almas individuais dão origem a um ser, psíquico se quisermos, mas que constitui uma individualidade psíquica de um novo gênero.[9] Sua grande preocupação, pois, está exatamente não na suposta inexistência de uma consciência coletiva, comum a todas as sociedades, mas sim nas formas "patológicas" da divisão do trabalho, principalmente a frequente tendência de uma divisão cada vez maior do trabalho ser acompanhada por coordenação imperfeita das partes, redução da solidariedade social e conflitos entre as classes sociais.[10]

Assim, lançadas as premissas de seu pensamento: solidariedade orgânica ligada a sociedades mais diferenciadas e solidariedade mecânica relacionada às sociedades primitivas, tem-se que haverá anomia, compreendida como ausência ou desintegração das normas sociais, sempre que os mecanismos institucionais reguladores do bom gerenciamento da sociedade não estiverem cumprindo seu papel funcional. Vale dizer, as crises decorrem, muitas vezes, do fenômeno da anomia. O crime, por sua vez, é um fenômeno normal de toda estrutura social. Só deixa de sê-lo, tornando-se preocupante, quando são ultrapassados determinados limites, quando o fenômeno do desvio passa a ser negativo para a existência e o desenvolvimento da estrutura social, seguindo-se um estado de desorganização, no qual todo o sistema de regras de conduta perde valor, enquanto um novo sistema ainda não se firmou (esta é a definição de anomia). Ao contrário dos pensadores com perfil biologicista do crime, dentro de seus limites funcionais, o comportamento desviante é um fator necessário e útil para o equilíbrio e o desenvolvimento sociocultural.[11] No entanto, quando o ato criminoso ofende os estados fortes e definidos da consciência coletiva, tem-se uma preocupação. Não

---

9. Durkheim, Émile. *As regras do método sociológico*, p. 139.
10. Cohen, Albert K. *Transgressão e controle*, p. 160.
11. Baratta, Alessandro. *Criminologia...* cit., p. 59-60.

se contesta que todo delito seja universalmente reprovado, mas admite-se que a reprovação, da qual ele é objeto, resulta de sua delituosidade. Em outros termos, "não é preciso dizer que um ato fere a consciência comum porque é criminoso, mas que é criminoso porque fere a consciência comum. Não o reprovamos porque é um crime, mas é um crime porque o reprovamos".[12]

O fato criminoso, pois, só terá relevo quando atingir a consciência coletiva na sociedade. O fenômeno delito apresenta, segundo este pensamento, todos os sintomas de normalidade, uma vez que eles aparecem estreitamente ligados às condições de toda a vida coletiva. Encarar o crime como uma doença, como o faziam Lombroso, Ferri, Garofalo e todos os autores que aderiram a um modelo médico-repressivo de crime, seria admitir que a doença não é algo de acidental, mas, ao contrário, que em certos casos deriva da constituição fundamental do ser vivo; seria apagar toda distinção entre o fisiológico e o patológico. Nesse contexto, a simples existência da criminalidade reveste-se de normalidade e de funcionalidade. Isto é, não é o crime um fato necessariamente nocivo, uma vez que pode ter inúmeros aspectos favoráveis à estabilidade e mudança social, pelo reforço que pode trazer à solidariedade dos homens. O anormal não é a existência do delito, senão um súbito incremento ou decréscimo dos números médios ou das taxas de criminalidade. Uma sociedade sem crimes é pouco desenvolvida, monolítica, imóvel e primitiva. Esse súbito incremento da criminalidade decorre da anomia, que é um desmoronamento das normas vigentes em dada sociedade. Assim, muitas vezes pode ser o crime o elemento desencadeador das mudanças sociais, bem como do estreitamento entre cidadãos das ideias de adesão ao consenso comunitário. Se é verdade que quanto mais forte a consciência coletiva maior será a indignação com o crime, também pode-se afirmar que quanto maior o crime mais acentuada será a adesão ao consenso em torno dos valores que presidem à ordem social (consciência coletiva). O direito repressivo, portanto, revela a consciência coletiva nas sociedades de solidariedade mecânica, já que, pelo próprio fato de multiplicar as sanções, manifesta a força dos sentimentos comuns, sua extensão e sua particularização. Dentro dessa perspectiva, o crime é simplesmente um ato proibido pela consciência coletiva. Criminoso é aquele que, numa sociedade determinada, deixou de obedecer às leis do Estado. Nesse sentido, Sócrates provavelmente mereceria ser considerado criminoso.[13]

---

12. DURKHEIM, Émile. *Da divisão...* cit., p. 41.
13. ARON, Raymond. Op. cit., p. 303. O "crime" de Sócrates foi não reconhecer o básico ético que se constituía na base da *polis* grega. A visão grega predominante dava dignidade ao homem comum. A visão socrática básica o rebaixava. Era uma divergência irreconciliável,

Se é normal que em toda sociedade haja crimes, não é menos normal que sejam sempre punidos. A instituição de um sistema repressivo constitui fato não menos universal nem menos indispensável à saúde da consciência coletiva do que a existência da criminalidade. Para que não existissem crimes, seria preciso um nivelamento das consciências individuais que não seria possível de ser atingido; mas para que a repressão não existisse, seria necessária uma ausência de homogeneidade que é inconciliável com a existência de uma sociedade que tem na consciência coletiva seu ponto de coesão.[14]

De qualquer forma, uma vez formulada uma teoria para o crime, Durkheim deduz dela, sem grandes dificuldades, uma teoria para as penas. Afasta com um certo desprezo as interpretações tradicionais, segundo as quais as sanções teriam por finalidade prevenir a repetição do ato culpado (prevenção especial). Para ele, a sanção não tem função de amedrontar ou dissuadir (prevenção geral); seu sentido é outro. A função da pena é satisfazer a consciência comum, ferida pelo ato cometido por um dos membros da coletividade. Ela exige reparação e o castigo do culpado é esta reparação feita aos sentimentos de todos. Ou, em suas próprias palavras: "Ela (a pena) não serve, ou não serve senão secundariamente para corrigir o culpado ou intimidar seus imitadores possíveis; sob este duplo ponto de vista, sua eficácia é justamente duvidosa e, em qualquer caso, medíocre. Sua verdadeira função é manter intacta a coesão social mantendo toda a vitalidade da consciência comum. (...) Ela é o signo que atesta que os sentimentos coletivos são sempre coletivos, que a comunhão dos espíritos na mesma fé permanece inteira, e, através disto, ela repara o mal que o crime fez à sociedade. (...) Poder-se-ia, pois, dizer, sem paradoxo, que o castigo está destinado a agir sobretudo sobre as pessoas honestas; pois, porque serve para curar as feridas feitas nos sentimentos coletivos, só pode preencher este papel onde estes sentimentos existem na medida em que estão vivos".[15] Ao mesmo tempo, Durkheim rebate a ideia, surgida no período iluminista, segundo a qual nas sociedades civilizadas a pena deixou de ser um ato de vingança para passar a ser um instrumento de defesa da sociedade. Ao contrário, nos diz que a pena segue sendo, ao menos em parte, uma obra de vingança. E isto porque a pena consiste basicamente em uma reação passional, de intensidade graduada, que a sociedade exerce por intermédio de um corpo constituído sobre aqueles de seus membros que violaram certas regras de conduta. Assim, a natureza e as funções da pena são as mesmas nas sociedades primitivas

---

razão pela qual Sócrates não tenta se evadir à punição que recebe. Antes, ele a acolhe. Nesse sentido: STONE, I. F. *O julgamento de Sócrates*, p. 55 e ss.
14. COSTA, Álvaro Mayrink da. *Raízes da sociedade criminógena*, p. 167.
15. DURKHEIM, Émile. *Da divisão...* cit., p. 56.

como nas mais evoluídas. O que muda é a quantidade e a qualidade do castigo.[16] Quanto maior é a intensidade do castigo mais primitiva é a sociedade; ao contrário, quanto mais desenvolvida for a sociedade, menor o poder centralizador exercido na sociedade, o que atenua significativamente as penas. A pena seria, portanto, uma vingança passional graduada quantitativa e qualitativamente que atingiria espontaneamente o efeito de reforçar a coesão social.

Embora as concepções teóricas de Durkheim não sejam imediatamente utilizadas pelos estudiosos do direito penal em seu cotidiano, de um lado, e mesmo sabendo que o povo não teve acesso ao seu estudo, de outro lado, não se ignora que suas formulações teóricas sejam constantemente usadas, ainda que não se saiba a exata fonte. Em seu trabalho sobre a corrupção no Brasil, Flávia Schilling destaca que "uma linha da análise que encontramos reiteradamente na imprensa, nos documentos oficiais das CPIs e em estudos teóricos sobre a corrupção, combinando-se de forma mais ou menos conflitante com outras visões, é a que retoma amplamente o significado do termo, tal como foi por nós apresentado, com sua ênfase da degradação ou decomposição de algo anteriormente puro pela ação de um elemento externo. Ligada a uma determinada visão da natureza humana ou da sociedade, surge como algo externo que desvia alguma natureza estável de sua função".[17] Isto é, menciona a autora o esboroamento, a degradação ou decomposição do tecido social como forma elementar de corrosão da consciência coletiva da comunidade. Vale dizer, tem-se uma ideia de que o que favorece o crescimento da criminalidade é exatamente o *discurso da impunidade*. A referida autora, no corpo do seu trabalho, cita inúmeros discursos e declarações que não destoam dessa linha de pensamento: "A perda da noção do bem e o desprezo real pelo amor e pela justiça são as causas da corrupção que grassa em todos os setores da vida nacional e das violências explícitas e implícitas, ou veladas, que a todos nos vitimam (Jorge Boaventura, *Folha de S. Paulo*, 31 jan. 1983)".[18] A própria abertura da petição inaugural do pedido de *impeachment* contra Fernando Collor, assinada por Barbosa Lima Sobrinho (presidente da ABI) e Marcelo Lavenère (presidente da OAB), baseando-se em Rui Barbosa, menciona que "já naquele tempo, para Rui Barbosa, a crise moral era o substrato de todas as demais crises, a crise política, a econômica, a financeira. Crise prolongada, portanto, na qual os valores a serem prezados, a honestidade, o decoro, o bem, o amor, a justiça,

---

16. Monclús Masó, Marta. La sociología del castigo en Émile Durkheim y la influencia del funcionalismo en las ciencias penales, p. 134-135.
17. Schilling, Flávia. *Corrupção*: ilegalidade intolerável? Comissões Parlamentares de Inquérito e a luta contra a corrupção no Brasil (1980-1992), p. 63.
18. Idem, ibidem.

pareceriam estar em permanente contestação. Se temos, desta forma, a corrupção se prolongando no tempo, esta também é vista como generalizada, afetando todos os setores da vida nacional".[19] O próprio contágio que percorreria a sociedade, em um sentido vertical, seguindo o mau exemplo do Estado – já degradado – e que levaria de roldão os indivíduos, foi observado pelo então líder da oposição, ao destacar o potencial corruptor em face do Estado deteriorado: "à degradação política e moral do Estado corresponde uma degradação ética da sociedade (...) não há o sentido da vida em comum porque perdeu-se a medida do que é vida justa em comum. Isto revela a falência do Estado (José Genoíno, *Folha de S. Paulo*, 7 mar. 1991, p. 1-3)".[20]

Em outro contexto (mas nem tanto), o próprio ex-presidente Fernando Henrique Cardoso, ao referir-se à violência e suas consequências, se reiterada, em face do Estado, asseverou que, "quando o Estado não está em setores da cidade, é a desagregação, anomia".[21] Assim, do mais humilde cidadão ao mais erudito dos políticos, a ideia de que a impunidade fomenta a criminalidade está disseminada entre nós. Desse modo, sempre que surge um espaço anômico, isto é, quando o indivíduo perde as referências comunitárias normativas que orientam suas relações éticas com os membros restantes da sociedade (enfraquecimento da solidariedade social), rompe-se o equilíbrio entre as necessidades e os meios de sua satisfação.[22] O indivíduo sente-se sem peias em face dos vínculos sociais, podendo, eventualmente, ter comportamentos autodestrutivos (materializados na ideia do suicídio anômico) ou *delituosos*. Eis, pois, a atualidade do pensamento de Durkheim.

6.3 O pensamento de Robert Merton

Em 1938, nos Estados Unidos, outro sociólogo, Robert King Merton, retomará com grande ênfase a ideia da anomia. Seu objetivo principal foi demonstrar como algumas estruturas sociais exercem uma pressão definida sobre certas pessoas da sociedade, para que sigam condutas não conformistas, em vez de trilharem os caminhos de conformidade aos valores culturais socialmente aprovados. Defendeu, como hipótese central, que o comportamento aberrante pode ser considerado sociologicamente um sintoma de dissociação entre as aspirações culturalmente prescritas e os caminhos socialmente estruturados para realizar

---

19. Idem, p. 63-64.
20. Idem, p. 65.
21. YAROCHEWSKY Leonardo Isaac. Estado paralelo e anomia. Disponível em [www.direitopenal.adv.br]. Acesso em: 22.01.2003.
22. O tema será logo abaixo retomado por Robert Merton.

tais aspirações.[23] Merton define a estrutura cultural como o conjunto de valores normativos que governam a conduta comum dos membros de uma determinada sociedade ou grupo. E por estrutura social entende-se o conjunto organizado de relações sociais, no qual os membros da sociedade ou grupo são implicados de várias maneiras.[24] Assim, o cometimento do crime decorre da pressão da estrutura cultural e das contradições desta com a estrutura social. A anomia, fomentadora da criminalidade, advém do colapso na estrutura cultural, especialmente de uma bifurcação aguda entre as normas e objetivos culturais e as capacidades (socialmente estruturadas) dos membros do grupo de agirem de acordo com essas normas e objetivos.

Os objetivos culturais são variáveis de sociedade a sociedade, mas sempre lhe são ínsitos. São interesses, valores, propósitos ou fins propostos aos membros da sociedade com os caminhos que lhe são acessíveis. Já a estrutura social é o conjunto organizado das relações sociais, isto é, a estrutura de oportunidades reais que condiciona, de fato, a possibilidade de os cidadãos se orientarem para alcançar seus objetivos culturais, respeitando as normas legais. Segundo Merton, a cultura norte-americana se aproxima da ideia que acentua a ascensão social como valor precípuo da sociedade. O *American Dream,* que destina ao consumo e ao dinheiro, como símbolo de prestígio, papéis relevantes, acaba tornando-se uma referência, um padrão da sociedade como um todo. É como se em cada nível de renda cada americano quisesse 25% a mais do que aquilo que tem.[25] Esse relevo à riqueza como símbolo básico do sucesso, sem uma ênfase correspondente às legítimas vias, nas quais se deve marchar para alcançar este objetivo, cria uma delicada tensão que pode derivar para um comportamento desviado dos padrões normais. Este desajuste propicia o surgimento de condutas que vão desde a indiferença perante as metas culturais até a tentativa de chegar às metas mediante meios diversos daqueles socialmente prescritos. Merton prevê cinco tipos denominados de adaptação individual: *conformidade, ritualismo, retraimento, inovação e rebelião.*

O *conformista,* em uma sociedade estável, é o tipo mais comum e mais difundido, pois é ele que garante a estabilidade da própria sociedade. Neste tipo de adaptação individual, há conformidade tanto com os objetivos culturais como com os meios institucionalizados. Somente porque o comportamento é tipicamente orientado em direção aos valores básicos de dada sociedade é que se pode falar de uma coesão social como elemento constitutivo de uma comunidade.

---

23. MERTON, Robert K. *Social theory and social structure*, p. 188.
24. Idem, p. 216.
25. Idem, p. 190.

O segundo tipo de adaptação social é o *ritualista*. Ele atua renunciando aos objetivos valorados por ser incapaz de realizá-los. Há, aqui, um abandono ou redução dos elevados alvos culturais do grande sucesso pecuniário e da rápida mobilidade social, até o ponto em que possam ser satisfeitas as aspirações de cada um. No entanto, embora não valorize a obrigação cultural de ascensão social, as normas institucionais são compulsivamente seguidas.[26] É uma espécie de fuga particular dos perigos e frustrações, que é inerente à competição, pela obtenção de mais riqueza em um curto espaço de tempo. O estereótipo do tipo ritualista, na cultura brasileira, encontra-se no tímido funcionário público – muitas vezes chamado "barnabé" –, que mantém seu ritual diário e burocrático de vinculação às normas e que não pretende dar grandes voos além de seus tímidos horizontes. É tão atento ao ritual que, muitas vezes, não tem a necessária flexibilidade para excepcionar a regra mínima de conduta, adaptando-se a situações banais do cotidiano. Aquele rigorismo às normas oculta uma adaptação ritualizada aos padrões de conduta legais, sem interesses maiores que escapam de seu cotidiano burocrático.

Outra forma sugerida por Merton é a do *retraimento*. Ao contrário do ritualista que renuncia aos objetivos sociais, mas adere às normas, no retraimento seu personagem renuncia a ambos. Pertencem a esta categoria os párias, proscritos, errantes, mendigos, bêbados crônicos e viciados em drogas. Eles renunciaram a quaisquer objetivos, não se ajustando às normas institucionais. O derrotismo, a introspecção e a resignação são manifestados em mecanismos de fuga que posteriormente levam a um escape dos requisitos da sociedade como um todo. Em contraste com o conformista, que mantém as rodas da sociedade, esse tipo de desviado representa uma responsabilidade improdutiva; em contraste com o ritualista que se conforma pelo menos com os costumes, ele presta escassa atenção às práticas institucionais.[27]

A quarta forma descrita por Merton é a *inovação*. A grande ênfase cultural sobre a meta de êxito estimula este modo adaptativo mediante meios legalmente proibidos, mas frequentemente eficientes de atingir, pelos menos, o simulacro do sucesso: a riqueza e o poder. Trata-se, pois, da delinquência propriamente dita. O criminoso, aqui, corta caminho para atingir mais rapidamente a ascensão social. O referido autor abre um parêntese para analisar a tolerância maior que têm os americanos com os crimes de colarinho-branco, mecanismo mais eficaz das classes abastadas em obterem "aqueles 25% a mais" que todos querem ter, por

---

26. MERTON, Robert K. *Social theory and social structure*, p. 203-204.
27. Idem, p. 207-208.

vias inovadoras. Para ele, este criminoso, ao contrário do que dizia Sutherland, faz parte da classe dos homens de negócio, da qual se recruta grande parte desta população desviante, mas escassamente perseguida. Estes sujeitos aderem e personificam decididamente o fim social dominante da sociedade norte-americana (o sucesso econômico) sem terem interiorizado as normas institucionais, pelas quais são determinados as modalidades e os meios para a obtenção dos fins culturais.[28] Nesse sentido, a virtude cardeal norte-americana, que é a ambição, estimula um vício cardeal, também norte-americano, que é o comportamento desviado de competição, a todo custo, pelo sucesso pecuniário.[29]

Por fim, dentro das categorias suscitadas, encontra-se a figura da *rebelião*. Tal conduta é caracterizada pelo inconformismo e pela revolta. O indivíduo refuta os padrões vigentes da sociedade, propondo o estabelecimento de novas metas e a institucionalização de novos meios para atingi-las. Assim, novos deveriam ser os próprios critérios de sucesso, bem como novos esquemas de correspondência entre o esforço e o mérito por um lado, e as recompensas, por outro. Nesta postura, o que se condena é a própria ambição que, como foi dito, seria a virtude precípua da cultura norte-americana. Exemplos claros de conduta de rebelião veem-se nas posturas individuais dos "rebeldes sem causa" e nas coletivas de movimentos de revolução social.

Com base nas combinações desses diferentes modos de comportamento, Merton propõe um conceito de sociedade anômica invocando as lições de MacIver. Para esse autor, anomia está associada ao estado de espírito de alguém que foi arrancado de suas razões morais, que já não segue quaisquer padrões, mas somente necessidades avulsas, e que já não tem senso de continuidade, de grupo e de obrigação. O homem anômico é espiritualmente estéril, reage somente diante de si mesmo e não é responsável para com ninguém. Ele ri dos valores dos outros homens. Sua única fé é a filosofia da negação. Merton, a partir dessas ideias, e em face da delicada tensão entre estrutura e cultura social, conclui que a anomia é concebida como uma ruptura da estrutura cultural, ocorrendo, particularmente, quando há uma disjunção aguda entre as normas e metas culturais e as capacidades socialmente estruturadas dos membros do grupo em agir de acordo com as primeiras. De acordo com esta concepção, os valores culturais podem ajudar a produzir um comportamento que esteja em oposição aos mandatos dos próprios valores.[30] Assim, toda vez que a sociedade acentuar a importância de determinadas

---

28. BARATTA, Alessandro. *Criminologia...* cit., p. 66.
29. MERTON, Rober K. Op. cit., p. 200.
30. Idem, p. 216-217.

metas, sem oferecer à maioria das pessoas a possibilidade de atingi-las, por meios legítimos, estar-se-á diante de uma situação de anomia. "Esta discrepância favorece particularmente o comportamento 'inovador' (anômico) e leva ao crescimento dos casos de desvio: os membros da sociedade são pressionados a atingir determinadas metas (por exemplo, enriquecer e ostentar a riqueza através do consumo de luxo), sem que seja possível, para a maioria deles, atingir este objetivo de uma forma que seja aceita pela opinião dominante".[31]

6.4 Observações críticas e notas conclusivas

Os autores funcionalistas que se ocupam da anomia veem o delito como um fenômeno normal da sociedade e não necessariamente ruim. É normal, já que se encontra em todas as sociedades humanas, desde o nascimento do convívio social entre os homens. Ademais, o crime, em certas ocasiões, pode ajudar a sociedade a consagrar sua própria identidade em torno de determinados valores. Por fim, há crimes que apresentam um caráter progressista, ajudando a comunidade a refletir sobre seus valores e crenças a serem superados. As condutas desviantes permitem à sociedade definir com mais precisão sua ordem moral (a chamada consciência coletiva) e, de outra parte, fortalecê-la, por meio do aprendizado em face da violação da lei. Esta reação revigora a solidariedade social e confirma os valores éticos tão necessários a um bom convívio social. Foi o que ocorreu por ocasião do chamado Plano Cruzado, quando os índices criminais sofreram brusca alteração, com quedas acentuadas, pelo simples fato de todos acreditarem que aquele período significaria a mudança dos rumos morais do próprio País. Mais tarde, os já citados crimes de corrupção, tão famosos no momento das chamadas Comissões Parlamentares de Inquéritos, "ensinaram" ao povo que a evasão de divisas, desvios de verbas dos poderes públicos, peculatos, concussões e crimes assemelhados não só trazem um prejuízo imediato aos cofres públicos e à Nação, como também criam um sentimento de fracasso moral comum a todos os cidadãos. Anos depois, quando da existência do caso do desvio de verbas do TRT, cujo principal suspeito foi o juiz Nicolau dos Santos Neto, toda a Nação se juntou em um desejo natural pela captura do suspeito que se evadira. A punição de tais figuras mais notórias da criminalidade, ainda que se tenha feito com muitos excessos da mídia,[32] mostrou que os anseios comunitários são no sentido de se reprovarem os desvios de altas quantias pertencentes ao patrimônio público que

---

31. SABADELL, Ana Lúcia. Op. cit., p. 78.
32. Os excessos já foram por mim criticados em artigo intitulado Mídia e crime, trabalho esse inserido no livro de homenagens a Evandro Lins e Silva, publicado pela Editora Método.

sangram os cofres do País. Mais do que isso, criou-se um sentimento de reforço às instituições democráticas do País, sedimentando os valores do povo. Assim, o criminoso pode desenvolver um útil papel para a sociedade, seja quando contribui para o progresso social, criando impulsos para a mudança das regras sociais, seja quando os seus atos oferecem a ocasião de afirmar a validade destas regras, mobilizando a sociedade em torno dos valores coletivos. Por outro lado, a teoria da anomia também tem o mérito de desmistificar a conduta delituosa como uma anormalidade. As figuras de criminosos com características fisionômicas distintas, com comportamentos estranhos etc., são superadas pela constatação de que os criminosos são iguais a nós mesmos, apenas querendo inovar nos caminhos para atingirem sucesso pessoal.

Por outro lado, o sistema transforma-se em funcional, uma vez que a criminalidade propicia o nascimento de um lucrativo comércio em diferentes áreas. As companhias de seguros lucram diretamente com a criminalidade, com a venda de apólices para diferentes fins. O comércio de portões eletrônicos, alarmes com sofisticados sensores (seja para veículos, seja para residências), transformou-se em lucrativo negócio. No Brasil, não obstante os períodos recessivos, tal comércio encontra-se em contínua expansão. A indústria da segurança transformou a segurança privada em produtivo comércio. A força policial paraestatal é muito maior do que o número de policiais civis e militares em todo o País. Em outros países, há um diversificado comércio que vai desde a venda de pulseiras eletrônicas para condenados em livramento condicional até a venda de cadeias inteiras.[33]

Falando-se de Brasil, não é difícil entender como a teoria da anomia se aplica. Muitas das formas anômicas mostradas por Merton se consubstanciam em atos concretos. A falta de oportunidades, em um país de contrastes, favorece não só o crescimento da mendicância (retraimento), como o avanço do tráfico de entorpecentes (inovação). Da mesma forma, muitas atividades de rebelião, em uma sociedade heterogênea, nascem de manifestações *punks*, anarquistas etc. A existência de ostentação acintosa, por parte de *socialites* que organizam festas de aniversário para seus cães, enquanto pessoas não têm o que comer, cria uma sensação de perda das raízes morais, com o nascimento de um estado de espírito de anomia.[34] Da mesma forma, num país em que o salário mínimo necessário

---

33. CHRISTIE, Nils. *A indústria...* cit., p. 95 e ss.
34. Devemos recordar a festa de aniversário, ocorrida no dia 27.10.1999, organizada pela *socialite* Vera Loyola, para comemorar o primeiro ano de vida de *Pepezinha*, uma cachorra da raça *japonese chin*. Foi contratado, para o evento, um bufê de elite carioca, sendo a festa regada à bebida estrangeira com bolo, brigadeiros, cajuzinhos, pirulitos e outras iguarias. A decoração foi feita com referência no filme 101 dálmatas. Dentre os presentes recebidos pela aniversariante, destaca-se um, dado por Rosane Castro Neves, consistente em uma cesta de café da manhã com biscoitos, refrigerantes, batatas fritas

para atender as necessidades vitais básicas de seu beneficiário e de sua família corresponde a cerca de cinco vezes o salário mínimo a que ele efetivamente tem direito,[35] não é fácil impedir que um favelado se convença, sem perspectiva de ascensão social, a não aderir ao tráfico de entorpecentes que pagará, por semana, quatro vezes mais do que ganharia ao mês, para que trabalhe como "avião" para os traficantes. Da mesma maneira, é difícil convencer a comunidade, acostumada com a mais famosa das regras – a "Lei de Gerson" –, a também não querer obter também sua vantagem, a todo custo, em detrimento de um valor comunitário que deveria se sobrepor aos interesses individuais. Daí por que as experiências da comunidade na luta contra a corrupção fizeram da opinião pública uma verdadeira escola de cidadania contra o crime.

Além disso, de um ponto de vista epistemológico e metodológico, o funcionalismo constitui um grande avanço em relação ao positivismo. O conceito de função não só permite perceber a sociedade como um processo, mas também afastar a transposição mecânica da bagagem científica das ciências naturais às sociais. É implícita ao conceito de função a ideia, segundo a qual o crime não é um fato isolado, mas um fato que deve ser considerado dentro de um sistema, isto é, da relação com um contexto global em que se dão os diversos atos humanos.[36]

O pensamento de Merton é uma evolução considerável em face das ideias originais de Durkheim. Pelo seu pensamento explica-se por que os membros das classes desfavorecidas cometem a maior parte das infrações penais e dos atos desviantes: sendo excluídos do circuito dos meios institucionalizados para atingir a riqueza, encontrando-se mais distantes da perspectiva de ascensão social, tendem a recorrer mais frequentemente à delinquência para realizar os objetivos que a sociedade de consumo difunde. Assim, toda vez que uma pessoa, bombardeada pela propaganda da televisão que associa a obtenção do sucesso ao acesso aos bens de consumo, vê-se mais distante do poder de realizar aquela compra, estará,

---

e produtos de beleza (CASTRO, Eliana. *Festa boa pra cachorro*. Disponível em: [www.zaz.com.br/istoe]. Acesso em: 28.01.2003). No dia seguinte, preso em flagrante por roubo na cidade do Rio de Janeiro, o assaltante Paulo César dos Santos Oliveira, 30 anos, ex-motorista de Kombi, desempregado, pai de um filho de oito meses, indagado do porquê do cometimento do delito, afirmou que seu filho Eugênio estava passando fome e "essa gente fazendo festa para cachorro"! (Disponível em: [www.observatoriodaimprensa.com.br]. Acesso em: 28.01.2003). O episódio citado é importante, por ser lembrado, mesmo anos depois, como um símbolo de uma sociedade perversa e fútil. Como os brioches de Maria Antonieta.

35. Fonte: Dieese – Departamento Intersindical de Estatísticas e Estudos Socioeconômicos. Tabela disponível em [www.dieese.org.br/rel/rac/salminmai08.xml]. Acesso em: 01.06.2008.
36. BUSTOS RAMÍREZ, Juan. Criminología y evolución de las ideas sociales. *El pensamiento criminológico*: un análisis crítico, vol. I, p. 37-38.

teoricamente, mais propensa ao cometimento do delito. Ademais, os desvios por motivos econômicos podem ser bem explicados por meio da teoria da anomia (inovação). O mesmo acontece com os crimes de motivação política (terrorismos, manifestações violentas, ocupações, saques), que decorrem de uma conduta de rebelião. Finalmente, o modelo de retraimento explica comportamentos desviantes autodestrutivos, como o alcoolismo ou toxicodependência.[37]

Merton, no entanto, prevê a inovação, o ritualismo, o retraimento e a rebelião como resultados de uma disfunção do sistema social, no que se diferencia da ideia original de seu antecessor, Émile Durkheim. Assim, em certa medida, o crime deixa de ser algo "normal", passando a ser uma manifestação de anormalidade dentro de uma sociedade normal. A sutil diferença apenas reforça a ideia, segundo a qual a própria sociedade encontra mecanismos de defesa intrassistêmicos contra o crime, não necessitando recorrer às rupturas sociais para enfrentá-lo. Por outro lado, não se tem como absoluto que os indivíduos se encontram permanentemente em competição e na busca do sucesso individual, como afirma Merton.[38]

Algumas críticas não se podem deixar de fazer. Durkheim, tanto como Merton, parte do falso e indemonstrável pressuposto do consenso coletivo original, caudatário do pensamento rousseauniano do contrato social. Uma afirmação desse jaez não pode ser feita senão para pequenas sociedades primitivas de normas da sua maioria espontânea. Nas sociedades diferenciadas, de difícil manejo e de variados núcleos culturais, o consenso coletivo não pode significar mais do que um critério imposto pelos grupos que detêm o poder e que simplificam assim as divergências em benefício dos seus interesses. Por outro lado, deve-se entender a consciência como um produto cultural. Como tal é algo que se aprende (e que se ensina). Assim, as normas e todas as outras convenções sociais também são impostas pelo convívio comunitário. Assentar, portanto, o fundamento das normas penais em uma consciência coletiva que não é original significa partir de uma premissa que não é verdadeira. Seria como construir um edifício sobre o primeiro andar, sem serem feitas as fundações subterrâneas.[39]

---

37. SABADELL, Ana Lúcia. Op. cit., p. 79.
38. A competição permanente, tanto nos aspectos sociais como pessoais, é mais pronunciada nos Estados Unidos. Outras sociedades são mais solidárias e fundadas na colaboração entre as pessoas e não na competição entre elas. Um exemplo disso pode ser visualizado nas condutas dos estudantes – lá e cá – em relação à cola. Verdadeiro pecado para os americanos, enfaticamente reprovado socialmente, a fraude na realização das avaliações escolares tem uma leitura de muito maior tolerância em nosso país, muitas vezes chegando à situação de quase obrigação daquele que tem mais conhecimento em ajudar seu colega menos preparado ou estudioso.
39. ANIYAR DE CASTRO, Lola. *Criminologia...* cit., p. 87-88.

Por outro lado, a teoria da anomia não consegue explicar um sem-número de interrogantes que escapam à sua perspectiva, como: por que existe também uma criminalidade que não persegue o lucro?; por que não delinquem certos sujeitos que se encontram em situações sociais desvantajosas?; por que não se criminaliza e persegue a criminalidade dos poderosos na mesma proporção em que se faz com relação aos desprovidos? Na realidade, tal teoria não pressupõe a possibilidade de crítica à sociedade competitiva, mas sim a integração do indivíduo a essa sociedade, algo que, no mínimo, seria duvidoso enquanto perspectiva. Torna-se absoluta a ideologia das classes médias, ignorando-se não haver um absoluto consenso em relação a ela.[40]

Também se imputa à teoria funcionalista o fato de ser ela intrinsecamente conservadora, por solucionar a questão criminal nos estreitos limites da funcionalidade social. Para tais críticos, este pensamento é meramente a orientação do cientista social conservador que defenderia a presente ordem de coisas assim como ela é, e que atacaria a conveniência de fazerem mudanças, embora moderadas. A principal direção desse pensamento é a de que uma descrição das instituições sociais, em termos de suas funções, necessariamente conduzirá a uma teleologia conservadora. O próprio Merton responde a essa crítica, destacando que seu pensamento também foi acusado de ser progressista. Assim, "o fato de a análise funcional poder ser encarada por alguns como inerentemente conservadora, e por outros como intrinsecamente radical, sugere que talvez ela não seja *inerentemente* uma coisa, nem outra. Sugere que a análise funcional pode não implicar em nenhum compromisso ideológico *intrínseco*, embora, como outras formas de análise sociológica, ela possa estar imbuída de uma extensa variedade de valores ideológicos".[41]

O pensamento estrutural-funcionalista inspirou, sem qualquer dúvida, um conjunto de teorias que aparecem no seio da sociologia jurídica alemã moderna (também denominada de teoria sistêmica), cujos representantes, dentre outros, são Amelung, Otto, Jakobs e Luhmann.

Niklas Luhmann é considerado, hoje, um dos principais expoentes da Sociologia alemã. Após ter estudado em Harvard, na década de 1960, com Talcott Parsons, elaborou seu próprio pensamento sistêmico. Sua teoria dos sistemas é reconhecida por muitos estudiosos como excessivamente complexa. A dificuldade em se assimilar suas lições sistêmicas pode ser ilustrada com sua explicação sobre a função do Direito, que seria a de generalização congruente de expectativas normativas.

---

40. BERGALLI, Roberto. Perspectiva... cit., vol. I, p. 138-139.
41. Op. cit., p. 117.

Para Luhmann, a sociedade seria o sistema social mais abrangente, dentro do qual, e servindo uns como ambiente para os demais, estariam localizados, por exemplo, os subsistemas jurídico, político e econômico. Ele explica que a função do sistema jurídico somente será compreendida recorrendo-se à noção de expectativa. Relatando a importância desse conceito, Luhmann traça o seguinte raciocínio. O mundo apresenta ao homem uma multiplicidade de possíveis experiências e ações. Sempre existem mais possibilidades do que se pode realizar (complexidade). Ao mesmo tempo, as possibilidades apontadas para as experiências podem ser diferentes das esperadas (contingência). Vive-se, pois, em uma realidade complexa e contingente. No campo da percepção fala-se em contingência simples; já no campo social, em que há outros homens (*alter ego*), que são fontes eu-idênticas de experimentação e ação, há a chamada dupla contingência. Frente a contingências simples há estruturas estabilizadas de expectativas mais ou menos imunes a desapontamentos, como por exemplo: à noite segue-se o dia; a criança crescerá. No campo social, por sua vez, deve ser levada em consideração a liberdade de comportamento dos outros homens. Aqui as estruturas de expectativas têm que ser construídas de forma mais complexa e variável. É necessário trabalhar não somente com expectativas sobre o comportamento, mas também com expectativas sobre as expectativas do outro. Cada um deve ter expectativa sobre a expectativa que o outro tem dele.

As expectativas conseguem regular o medo ao sedimentar um recorte mais delimitado das amplas possibilidades existentes no mundo. Elas são estruturas mais ou menos consistentes que forçam a aceitação de riscos, apesar de estarem sujeitas a desapontamentos. Como essas frustrações poderiam levar a um nível insustentável de tensões e problemas de orientação, o sistema social apresenta duas possibilidades contrárias de reação a desapontamentos de expectativas: "existe a alternativa de modificação da expectativa desapontada, adaptando-a à realidade decepcionante, ou então sustentar a expectativa, e seguir a vida protestando contra a realidade decepcionante. Dependendo de qual dessas orientações predomina, podemos falar de expectativas cognitivas ou normativas."[42]

Pode ser que haja ajuste às novas circunstâncias. Adapta-se à frustração, falando-se, pois, em expectativa disposta ao aprendizado, adaptativa, ou, no vocabulário luhmanniano, expectativa cognitiva. A expectativa normativa, explica Luhmann, é justamente o oposto. Ela não aprende com os fatos que lhe frustram, mas, ao contrário, resiste a eles. O indivíduo imbuído de uma expectativa normativa persiste na expectativa apesar do desapontamento que a realidade lhe impõe. O mecanismo especializado em manter as expectativas não obstante a frustração

---

42. LUHMANN, Niklas. *Sociologia do direito I*, Rio de Janeiro: Edições Tempo Brasileiro, 1983, p. 56.

é o Direito. As expectativas normativas são também chamadas de expectativas contrafáticas, pois resistem aos fatos que lhes desapontam.

Para Luhmann, na sociedade moderna, é muito importante a diferença entre a função de um sistema e a função dos demais sistemas. Desse modo, a função de um sistema parcial (como o sistema jurídico, por exemplo) é desempenhada por e somente por esse sistema. Ele identifica o Direito de um sistema social como sendo "a estrutura de um sistema social que se baseia na generalização congruente de expectativas comportamentais normativas".[43] A função do Direito seria selecionar as expectativas comportamentais que possam ser generalizadas nas dimensões temporal, social e prática.

O respeito a essa tríplice dimensão implica a observância de que, ao generalizar uma expectativa normativa, o Direito se preocupe em: mantê-la ao longo do tempo, dando-lhe continuidade, ainda que de tempos em tempos seja frustrada; garantir que a generalização esteja de acordo com o mínimo de aceitação coletiva, independentemente do fato de não existir uma aprovação individual; estabelecer instituições, papéis e programas que garantam essas expectativas, como é caso das leis. A necessidade de que seja conjugado o respeito às três mencionadas dimensões é que faz com que se fale em generalização *congruente* de expectativas comportamentais normativas.

Essa explicação sobre qual seja a função do subsistema jurídico não apenas dá mostras da complexidade da construção de Luhmann, mas igualmente permite que se perceba a continuidade existente entre o seu pensamento e o de Durkheim. É que Durkheim já demonstrava a funcionalidade do castigo explicando que o cometimento de um crime debilita as normas da vida social ao mostrá-las menos universais e que o surgimento de uma paixão coletiva, como reação ao crime, que exige o castigo do infrator demonstra a força real que apoia as normas sociais e as reafirma na consciência de cada indivíduo. O castigo teria, pois, uma raiz passional, mas alcançaria espontaneamente um efeito funcional: a reafirmação das crenças e relações mútuas que reforçam, por sua vez, a coesão social.[44]

Reforçando, então, a ideia de Durkheim, já neste capítulo apresentada, de que a verdadeira função da pena é manter intacta a coesão social, reafirmando a vitalidade da consciência comum, Luhmann surge para, de maneira muito mais complexa e hermética, explicar que a função do Direito é generalizar expectativas normativas, isto é, fazer com que saibamos o que esperar dos demais; e que o estabelecimento de uma sanção para a violação das normas é necessária para que

---

43. LUHMANN, Niklas. Op. cit., p. 121.
44. MONCLÚS MASÓ, Marta. La sociología del castigo en Émile Durkheim y la influencia del funcionalismo en las ciencias penales, p. 135.

a norma possa se manter.⁴⁵ O poder punitivo não tem, pois, outro objetivo que repor a normalidade daquilo que foi desnormalizado pelo crime. Os funcionalistas seguidores de Luhmann acreditam que o poder punitivo produzirá o consenso pela pena que não foi conseguido com as relações sociais. Assim, as pessoas passarão a crer que o poder punitivo faz o que em realidade não faz, mas que como as pessoas acreditam que faz, disso resultará o consenso.⁴⁶

Assim, se Durkheim já afirmava que o castigo age, sobretudo, sobre as pessoas honestas, curando as feridas abertas nos sentimentos coletivos, demonstrando que a consciência coletiva permanece dotada de vitalidade, Luhmann segue sua trilha, mostrando às mesmas pessoas honestas que elas podem continuar portando suas expectativas sobre a conduta dos demais e sobre o seu entorno. Yarochewski lembra que, para Baratta, no funcionalismo a pena é dirigida principalmente aos cidadãos fiéis à lei, aos que manifestam uma tendência espontânea a respeitá-la. "Se a função do direito é manter e assegurar determinadas expectativas, admitindo-se as desilusões (infrações à norma) como um fato, essas se tornam irrelevantes para a expectativa generalizada, ou seja, a norma continuará a existir independentemente da infração. Do contrário, estaria comprometida e abalada a confiança na norma e sua função orientadora".⁴⁷

E é exatamente na esteira do pensamento de Luhmann que aparece o pensamento do polêmico penalista alemão, Günther Jakobs, segundo o qual "o fato, como ato de uma pessoa racional, significa algo, significa uma desautorização da norma, um ataque a sua vigência, e a pena também significa algo; significa que a afirmação do autor é irrelevante e que a norma segue vigente sem modificações, mantendo-se, portanto, a configuração da sociedade".⁴⁸ Essas são as premissas que lhe levarão a perigosamente sustentar que a infração da norma penal não representa um problema por suas consequências externas – por lesão a bens jurídicos –, mas porque constitui desautorização da norma. A missão da pena não é evitar lesão a bens jurídicos, mas reafirmar a vigência da norma como modelo de orientação das condutas.⁴⁹ Não apenas a teoria do bem jurídico, mas outro pilar fundamental do Direito Penal é questionado por Jakobs: o princípio da culpabilidade, que acaba sendo esvaziado. A culpabilidade é deixada como algo apenas formal, o que é muito perigoso, pois pode levar a que se faça a dosimetria

---

45. Idem, p. 138.
46. Zaffaroni, Eugenio Raúl. *La palabra de los muertos*, p. 211.
47. Yarochewsky, Leonardo Isaac. A influência da teoria dos sistemas de Niklas Luhmann na teoria da pena, p. 295.
48. Jakobs, Günther; Cancio Meliá, Manuel. *Direito Penal do Inimigo*: noções e críticas, p. 22.
49. Monclús Masó, Op. cit., p. 140.

da pena não em função da culpabilidade, mas sim em função da desordem que o delito causa na sociedade, conforme constitua uma ameaça maior ou menor à norma como orientação de conduta.[50] Vê-se, pois, que Luhmann, além de tornar bastante complexo aquele raciocínio iniciado em Durkheim, acabou, no âmbito penal, possibilitando que seus seguidores viessem a modificar seu pensamento com uma construção extremamente autoritária.

Jakobs conduz o ideário funcionalista às suas últimas consequências. Seu pensamento, por ser extremo, e de certo modo isolado, não pode ser utilizado como instrumento de ataque genérico ao funcionalismo. Muitos autores funcionalistas trataram de incorporar às suas teorias o respeito aos princípios mais caros ao Direito Penal. Podemos citar, por exemplo, toda a escola de pensamento liderada na Alemanha por Claus Roxin, que é tido como um penalista com uma visão "funcionalista moderada". Valores funcionalistas hauridos de Luhmann, como por exemplo, a função da pena, convivem com um ideário democrático de preservação do bem jurídico, algo que será suprimido por Jakobs. Daí deduzir-se que a norma penal somente se justificará na medida da sua proteção das condições de vida de uma sociedade estruturada sobre a base da liberdade e da dignidade humana.[51]

O ponto comum de todas as teorias de corte estrutural-funcionalista consiste em que deslocam o centro de atenção para o sistema social, subordinando a seu bom funcionamento a produção de um eficaz consenso. Tal perspectiva permite, também, uma reconstrução teórica da ideia de legitimação das penas. A pena não é examinada sob o enfoque axiológico ou dentro da visão de um fim ideal, mas sim na ótica dinâmica, funcional, como revalorização de qualquer outra instituição social.

A pena, segundo essa visão, "cumpre uma função de prevenção integradora (distinta dos objetivos 'retributivos', de prevenção 'geral' e 'especial' que lhe foram atribuídos pela dogmática tradicional). Se o delito lesiona os sentimentos coletivos da comunidade, que são tidos como 'bons e corretos', a pena 'simboliza' a necessária reação social: aclara e atualiza exemplarmente a vigência efetiva dos valores violados pelo delinquente, impedindo que se enfraqueçam; reforça a convicção coletiva em relação à transcendência desses valores; fomenta e dissemina os mecanismos de integração e de solidariedade social frente ao infrator e devolve ao cidadão honesto sua confiança no sistema".[52] Na mesma linha argumentativa,

---

50. Idem, p. 141.
51. BECHARA, Ana Elisa. Delitos sem bens jurídicos? *Boletim do IBCCRIM*, n. 181, dez. 2007, p. 4.
52. GARCÍA-PABLOS DE MOLINA, Antonio; GOMES, Luiz Flávio. Op. cit., p. 257.

Jescheck, quando, em longa explanação, afirma que a justificação da pena está na necessidade de manutenção da ordem pública como condição para a convivência das pessoas.[53]

Comentando o tema da pena e sua relação com a evolução da dogmática penal, e em particular com o pensamento funcionalista, Silva Sánchez assevera que "a concepção clássica da pena, desvinculada de 'fins' e orientada tão somente a retribuição da culpabilidade pelo ato, se revelou insuficiente. Fazia-se necessária uma concepção de sanção penal que afrontasse o cumprimento de fins empíricos com relação ao sujeito que havia delinquido. Assim, se elaborou a concepção de 'pena funcional' em termos preventivos especiais (*Zweckstrafe*). Esta, por sua parte, tinha três manifestações: como meio de intimidação individual se dirigia ao delinquente ocasional; como instrumento de ressocialização, ao delinquente habitual corrigível; e, enfim, como mecanismo de neutralização, ao delinquente incorrigível. Com isso assentavam-se as bases para as medidas de segurança que, em realidade, tinham a vocação de substituir as penas, tomando como ponto de referência não a culpabilidade, mas a periculosidade do delinquente".[54]

Na doutrina nacional este pensamento, ainda que baseado em contribuições mais recentes e com amparo em outros autores, não deixa de ecoar. Antonio Luis Chaves Camargo, fundamentando suas ideias em Jürgen Habermas, afirma que, "quando as condições de validade de uma norma a tornam obrigatória, no campo penal, haverá um consenso, motivando as pessoas a respeitarem o conceito de bem jurídico vigente. A simulação da obrigatoriedade, ao contrário, leva ao questionamento desta norma, podendo, ao final, ser observada ou não, pelos partícipes da comunicação".[55] E atalha, com a sua visão acerca da pena: "a reprovação penal imposta pela conduta em dissenso, causadora de dano insuportável ao bem jurídico, terá que considerar a competência comunicativa dos integrantes do grupo e as condições sociais do discurso, numa situação dialógica ideal. Servindo como meio de coerção, a reprovação penal, único instrumento do Estado para a proteção do bem jurídico, atuará como imperativo, no sentido de determinar a aceitação do conceito pelo agente".[56]

---

53. JESCHECK, Hans-Heinrich. *Tratado de derecho penal*: parte general, p. 55.
54. SILVA SÁNCHEZ, Jesús Maria. *A expansão do direito penal*: aspectos de política criminal nas sociedades pós-industriais.
55. CAMARGO, Antonio Luis Chaves. *Culpabilidade e reprovação penal*, p. 223.
56. Idem, p. 224. Neste mesmo sentido o nosso pensamento: "A publicização da pena, de resto, é resultado da própria evolução do direito penal, que passa da vingança privada para a vingança estatal; que evolui da Lei de Talião para as teorias preventivas; que supera a prevenção geral para adotar a teoria da prevenção geral positiva; que passa da

Outra perspectiva interessante é aquela que, a partir do funcionalismo recente que ecoou de forma mais rica na Alemanha, pretende não apenas explicar o sistema jurídico, mas compor também uma análise global de todo o sistema social. Partindo-se dessa ótica, toda pessoa em face de determinada ação espera dos demais cidadãos que se comportem de determinada forma, de sorte que, quando se frustra a expectativa esperada, não havendo a sua absorção, resta a norma a ser aplicada, na espécie de norma penal. Tal visão repercutiu na esfera da circulação dos veículos, com a chamada "teoria da confiança", segundo a qual se espera que cada motorista aja de determinada forma, sem o que estar-se-ia diante do caos.[57] Por outro lado, Fábio Guedes de Paula Machado, ao analisar a questão da prescrição penal, destaca seu vínculo funcionalista ancorado na própria Constituição de 1988: "quando se reconhece essa base constitucional à prescrição, tem-se em consideração que o Estado garantista tutela o *ius libertatis* do cidadão, em desprestígio do exercício da ação penal ou da aplicação de uma pena contra aquele, denominado pela doutrina clássica como *ius puniendi*, em razão da ausência de motivos ensejadores de prevenção geral positiva que acarretassem ao final na aplicação de uma pena. Com isso se quer dizer que, ainda que violada a norma penal, não se consubstancia por parte do Estado e da sociedade qualquer dúvida acerca da motivação ou confiança de que a norma é capaz de solucionar o conflito *in abstracto*, ou de que deve a norma ser cumprida pelos demais, até mesmo pelo convencimento de sua qualidade e propriedade, mantendo-se reforçada essa convicção e a solidariedade social".[58]

Assim, embora não se tenham dispositivos penais como resultado direto da perspectiva da teoria da anomia, incontáveis são as influências da referida teoria no âmbito do direito pátrio, seja em termos da doutrina penal, seja no que concerne às posturas de política criminal, que são utilizadas para intervenções punitivas ou descriminalizadoras. Eis sua principal riqueza.

---

reprovação moral para, com a secularização do direito, atingir a reprovação ética; que, finalmente, desloca o interesse de punir do indivíduo para o interesse que tem a sociedade em reafirmar os seus bens jurídicos, aqueles que são essenciais à mantença do Estado Democrático de Direito. Assim, só o dissenso social é que pode gerar a pena, sob a ótica da relevância pública e para a reafirmação dos princípios de convivência existentes na sociedade atual" (*Responsabilidade penal da pessoa jurídica*, p. 94).

57. Sobre o tema, merece destaque o livro de Geraldo de Faria Lemos Pinheiro e Dorival Ribeiro, *Código de Trânsito Brasileiro interpretado*.
58. MACHADO, Fábio Guedes de Paula. *Prescrição penal*: prescrição funcionalista, p. 190.

7
TEORIA DA SUBCULTURA DELINQUENTE

7.1 Notas introdutórias

A ideia da subcultura delinquente foi consagrada na literatura criminológica pela obra de Albert Cohen: *Delinquent boys*. O conceito não é exclusivo da área criminal, sendo utilizado igualmente em outras esferas do conhecimento, como na antropologia e na sociologia. Trata-se de um conceito importante dentro das sociedades complexas e diferenciadas existentes no mundo contemporâneo, caracterizado pela pluralidade de classes, grupos, etnias e raças.

A conceituação do que seja subcultura não é muito pacífica. Etimologicamente falando, o termo subcultura nos remete à ideia de "uma cultura dentro da cultura". Esta definição enfrenta o problema de se dizer claramente o que é cultura. Problema ainda mais agravado se pensarmos que, algum tempo depois de consagrada a ideia da subcultura, se passou a conhecer um outro conceito: o da contracultura. Há que iniciar, pois, pela ideia do que venha a ser chamado cultura. Na realidade, cultura é, ao mesmo tempo, objeto de estudo da filosofia, da antropologia, da sociologia e da história, dentre outras ciências. Todos esses domínios, não obstante a clareza da expressão, apresentam distintas abordagens pela própria equivocidade do termo. Como a abordagem deste trabalho volta sua atenção para a sociologia criminal, tentaremos, a partir da ideia sociológica, junto com Figueiredo Dias e Costa Andrade, conceituar a cultura como "todos os modelos coletivos de ação, identificáveis nas palavras e na conduta dos membros de uma dada comunidade, dinamicamente transmitidos de geração para geração e dotados de certa durabilidade".[1] Na realidade, aos complexos mecanismos de conhecimento, artes, crenças, costumes, direito, bem como no que concerne a todas as atividades humanas de uma determinada sociedade, pode-se traduzir a ideia de cultura. No mesmo sentido o pensamento de Lola Aniyar de Castro ao definir cultura como "um conjunto de símbolos, de significados, de crenças, de atitudes e de valores, que têm como característica o fato de serem compartilhados, de serem transmissíveis e de serem apreendidos. Quando esta cultura penetra na personalidade, o faz através de um processo que se denomina processo de socialização".[2]

---

1. DIAS, Jorge de Figueiredo; ANDRADE, Manuel da Costa. Op. cit., p. 290.
2. *Criminologia...* cit., p. 10.

Questão ainda mais intrigante é aquela de indagar sobre a existência de várias culturas em uma determinada sociedade. Por exemplo, haveria uma cultura do povo que se traduz numa recusa explícita ou implícita da cultura da elite? A pergunta formulada por Marilena Chauí encontra a seguinte explicitação: "Se a resposta for afirmativa, estaremos diante de duas culturas realmente diferentes que exprimiriam a existência de diferenças sociais, de sorte que seria preciso admitir que a sociedade não é um todo unitário, mas encontra-se internamente dividida. Nesse caso, o autoritarismo das elites se manifestaria na necessidade de dissimular a divisão, vindo abater-se contra a cultura do povo para anulá-la, absorvendo-a numa universalidade abstrata, sempre necessária à dominação em uma sociedade fundada na luta de classes". (...) De outra parte, "negando o direito à existência para a cultura do povo (como cultura 'menor', 'atrasada' ou 'tradicional') e negando o direito à fruição da cultura 'melhor' aos membros do povo, as elites surgem como autoritárias por 'essência'. Em outras palavras, a expressão 'autoritarismo das elites' é redundante".[3] E, algumas páginas adiante, arremata: "O plural (de culturas) permitiria, ainda que não caíssemos no embuste dos dominantes para os quais interessa justamente que a multiplicidade cultural seja encarada como multiplicidade empírica de experiências que, de direito, seriam unificáveis e homogêneas, ou para usar os jargões em voga, destinadas à integração nacional ou à racionalidade capitalista. Se mantivermos viva a pluralidade permaneceremos abertos a uma criação que é sempre múltipla, solo de qualquer proposta política que se pretenda democrática".[4]

Nunca é demais remarcar que Herbert Marcuse, um dos mais renomados autores da escola de Frankfurt, chega até mesmo a afirmar que a cultura de massa é o principal agente de um consenso social manipulado que nega os reais interesses humanos.[5] Desta simples leitura já podemos notar quão difíceis e polêmicos se traduzem, hoje, não só o conceito de subcultura, como a própria ideia de cultura.

Se pensarmos, ademais, nas chamadas sociedades globalizadas, a questão se complica ainda mais. Já a partir da década de 80 do século XX, e mais pronunciadamente no decênio posterior, verificar-se-á um processo acelerado de mudanças que passa pela criação de um novo paradigma da sociedade. É o fenômeno da chamada globalização, que entra na pauta das grandes discussões sociais e culturais da atualidade. Se é verdade que a mola propulsora das acentuadas modificações globais passa necessariamente pelas transformações econômicas, não é menos

---

3. CHAUÍ, Marilena. *Cultura e democracia*: o discurso competente e outras falas, p. 40.
4. Idem, p. 45.
5. MARCUSE, Herbert. *One-dimensional man*: the ideology of industrial society, p. 97.

verdade que o poder econômico global significa também uma ausência de Estado global, ou, ainda, uma sociedade mundial sem Estado, mas com um governo econômico "transnacional" ou – quiçá – "metanacional". A grande verdade é que a premissa econômica, dimensão a ser considerada de maneira bastante abrangente, não é autossatisfativa. Ela produzirá consequências em outras esferas que abarcarão a política, a área social, as manifestações jurídicas e culturais (sem prejuízo de inúmeras outras). Os meios tecnológicos diversos permitem que o objetivo principal desse processo seja "tornar-se o único interlocutor do cidadão, não só prestando-lhe todo tipo de informação, mas também colocando-o em conexão com todos os meios de comunicação disponíveis. Se, de um lado, permite que o cidadão passe a dispor de um volume de informações nunca dantes colocado à sua disposição e seja dotado ainda de uma incrível capacidade de comunicação, de outro lado, pode levá-lo a ser contaminado por tais informações ou ser oprimido pela tirania comunicacional, máxime quando a informação e a comunicação são postas a serviço de colossais empresas transnacionais que obedecem à lógica, aos interesses, à dinâmica e aos objetivos do mercado. A informação insistentemente repetida pelos meios comunicacionais (cinema, rádio, televisão, publicidade, pesquisas etc.) anestesia e, em seguida, manipula a consciência das pessoas a tal ponto que estas passam a acolher os mandamentos do mercado como verdades incontestáveis, dando reforço, deste modo, ao pensamento único. E 'de todas as ilusões a mais perigosa consiste em pensar que existe apenas uma só realidade'".[6] Não se tem qualquer pretensão de esgotar a discussão sobre a unidimensionalidade ou pluridimensionalidade da cultura, mas tão somente esclarecer as dificuldades que perspectivas mais estreitas sobre o tema poderiam vir a enfrentar.

O próprio Albert Cohen, ao falar sobre a ideia de cultura, afirma que o conceito é suficientemente familiar ao leigo. Refere-se ao conhecimento, crenças, valores, códigos, gostos e preconceitos que são tradicionais em grupos sociais e que são adquiridos pela participação nesses grupos. A linguagem habitual do americano, seus hábitos políticos, o gosto por hambúrguer e Coca-Cola e a aversão por carne de cavalo são parte da cultura americana.[7]

A segunda questão inicial a ser enfrentada diz respeito à diferença entre a subcultura e a contracultura. Ambas expressões surgiram dos enfrentamentos desviantes dos jovens em relação à sociedade adulta tradicional, o chamado *establishment*. As subculturas, em uma primeira abordagem, aceitam certos aspectos

---

6. FRANCO, Alberto Silva. Globalização e criminalidade dos poderosos. *Revista Brasileira de Ciências Criminais*, vol. 31, p. 110.
7. COHEN, Albert K. *Delinquent boys*: the culture of the gang, p. 12.

dos sistemas de valores predominantes, mas também expressam sentimentos e crenças exclusivas de seu próprio grupo, enquanto a contracultura é uma subcultura que desafia a cultura e a sociedade dominantes. A subcultura, em grande parte, reproduz alguns valores contidos na sociedade tradicional, porém com um sinal invertido. A lealdade é valorizada, enquanto o traidor será considerado arqui-inimigo do grupo. Algumas atitudes são normalmente aceitas dentro dos padrões do grupo, incluindo jogos de azar, algazarras nas ruas, obscenidades e vandalismo.[8] Um meio de distinguir entre as duas formas de cultura da juventude é notar que os grupos subculturais se retiram da sociedade convencional, enquanto os grupos contraculturais são contestadores e confrontadores. Entre os exemplos de grupos subculturais incluem-se alguns delinquentes juvenis, as gangues de periferia, grupos *anarcopunks, skinheads,* os chamados *hooligans* etc. Outro grupo subcultural que merece destaque são os metaleiros, também conhecidos como *headbangers* ou *metalheads*,[9] no entanto esses termos são considerados pejorativos para os integrantes desse grupo cujo principal gênero apreciado é o *heavy metal*.

Esse gênero musical também chamado somente de metal, iniciou-se entre o final da década de 1960 e o início da década de 1970,[10] nos Estados Unidos e na Inglaterra. Segundo Ian Christe, o heavy metal surgiu no começo de 1970, na Inglaterra, com a banda *Black Sabbath*,[11] e o nascimento desse gênero musical teve como objetivo resgatar a decadência do rock, pois em abril de 1970, Paul MacCartney anunciava sua saída dos Beatles; no final desse mesmo ano Janis Joplin, Jim Morrison e Jimi Hendrix morreram de overdose. Nesse contexto de mortes dos principais precursores do *rock*, surge um novo movimento musical: o *heavy metal*.[12]

Esse gênero musical ficou consagrado pelo uso da guitarra elétrica distorcida e o poder sônico que ela projeta por meio dos amplificadores. Os temas abordados em suas músicas são geralmente os de cunho depressivo, traumas pessoais, consumo de drogas, morte, sexo e a revolta dos adolescentes.[13] Assim como outros grupos subculturais os apreciadores do *heavy metal* têm uma indumentária

---

8. Taft, Donald R. *Criminology*, p. 227.
9. Denominação do grupo subcultural dos apreciadores do *heavy metal: link*: [http://pt.wikipedia.org/wiki/Heavy_metal], acessado em: 01.12.2010.
10. Início do gênero musical do *heavy metal: link*: [http://pt.wikipedia.org/wiki/Heavy_metal], acessado em: 01.12.2010.
11. Christe, Ian. *Heavy metal*: a história completa, São Paulo: Arx/Saraiva, 2010, p. 13.
12. Christe, Ian. *Heavy metal*: a história completa, São Paulo: Arx, Saraiva, 2010, p. 19 e 20.
13. Características e temas do *heavy metal: link*: [http://pt.wikipedia.org/wiki/Heavy_metal], acessado em: 01.12.2010.

própria constituída de roupas de couro pretas com adereços de metal bem como o uso de correntes.[14]

Diante das músicas desse gênero, alguns críticos consideraram o *heavy metal* como somente um movimento de manifestação da juventude. No entanto, para outros críticos, o *heavy metal* era considerado como um movimento de apologia à delinquência juvenil bem como ao ocultismo, devido às letras das músicas.

Nesse sentido, nos anos 80, uma organização americana chamada Parents Music Resource Center, com o objetivo de modificar a indústria da música, enviou uma petição ao Congresso dos Estados Unidos, questionando suas letras, mais especificadamente em canções de *heavy metal*.[15] O auge da controvérsia sobre o conteúdo das canções ocorreu em 1990, quando a banda *Judas Priest*[16] foi processada nos Estados Unidos pelos pais de dois jovens de 20 anos de idade que se suicidaram em 1985. Os autores da ação alegaram que os filhos teriam cometido o suicídio após terem ouvido uma suposta mensagem subliminar (*"do it"*) em uma das músicas da banda.[17]

O processo durou anos e na última audiência ficou provado que o suicídio dos dois jovens foi resultado de problemas familiares e não por causa de um trecho da música do *Judas Priest*.[18]

A juventude contracultural, por sua vez, faz uma negação mais compreensiva e articulada da sociedade. Como exemplo podem ser lembrados os movimentos *hippies*, *beatniks* etc. A contracultura é, pois, caracterizada por um conjunto de valores e padrões de comportamento que contradizem diretamente os da sociedade dominante. Embora a palavra tenha entrado para o idioma inglês (*counterculture*) em face do comportamento dos jovens nos anos 60, que se revoltavam contra as instituições culturais dominantes de seu país, há quem diga que ela é muito antiga: o próprio cristianismo teria sido uma contracultura na Jerusalém judaica e mais tarde na Roma pagã. No entanto, tais perspectivas não ganharam a devida maturidade para serem alçadas a um conceito autônomo digno de nota pela sociologia e/ou criminologia.

---

14. Indumentária dos apreciadores de *heavy metal*: *link*: [http://pt.wikipedia.org/wiki/Judas_Priest], acessado em: 01.12.2010.
15. Críticas ao *heavy metal*: *link*: [http://pt.wikipedia.org/wiki/Heavy_metal], acessado em: 01.12.2010.
16. *Judas Priest* é uma banda britânica criada em Birmingham em 1969, é considerada como precursora do *heavy metal*, assim como a banda *Black Sabbath*, *link*: [http://pt.wikipedia.org/wiki/Judas_Priest], acessado em: 01.12.2010.
17. Processo judicial contra a banda *Judas Priest*, *link*:[http://pt.wikipedia.org/wiki/Heavy_metal], acessado em: 01.12.2010.
18. Processo judicial contra a banda *Judas Priest*, *link*: [http://pt.wikipedia.org/wiki/Judas_Priest], acessado em: 01.12.2010.

Vale lembrar que esse enfrentamento dos jovens ao mundo adulto faz parte do processo de formação da identidade. Luiz Eduardo Soares recorda que a adolescência é uma fase difícil, em que não se é mais criança, ou seja, em que começa a superação da infância, fase em que acreditamos em tudo, nos adultos que nos cercam, em seu amor, no que dizem. Na adolescência, aprendemos a descrer. As convicções da infância se diluem e igualmente se desfaz a crença em nós mesmos. É o que o antropólogo chama de identidade em obras. A identidade que o adolescente passa a buscar a partir desse momento de descrença justifica, de certo modo, atitudes subculturais e contraculturais. "Identidade é uma palavra enigmática: por um lado, significa a originalidade de alguém, a singularidade que torna cada pessoa incomparável e única; por outro lado, adquire o sentido oposto ao designar a semelhança que aproxima duas pessoas".[19]

É, pois, na construção do primeiro sentido do termo identidade – identidade como singularidade – que o jovem procura se apresentar como algo diferente, novo, original. Isso pode se dar em atitudes as mais variadas, que vão desde a escolha de uma roupa, a formação de um gosto musical, a adoção de um corte de cabelo alternativo, a marcação do corpo com tatuagens e *piercings,* até posturas mais radicais de rechaço aos valores estabelecidos, que incluem atos de rebeldia, vandalismo e delinquência. E é na formação da identidade em seu segundo sentido – identidade como semelhança que aproxima duas pessoas – que os jovens vão se unir em grupos, muitos deles subculturais ou contraculturais.

Um dos símbolos dessa identidade é *A Galeria do Rock,* um dos lugares mais conhecidos de São Paulo e que serve de reduto para os grupos subculturais mencionados. Localizada no centro, essa galeria possui 450 estabelecimentos comerciais voltados para a venda de produtos relacionados ao *rock*. No entanto, também comercializa produtos para outros estilos musicais, tais como *hip hop, rap* e adeptos do *skate*, sendo também famosa por abrigar vários estúdios de tatuagem e *piercing*.[20] A movimentação diária dessa galeria é movida pela ocupação desses grupos subculturais com seus costumes próprios e particularidades (roupas, músicas, vocabulário).

7.2 Notícia histórica

Algumas questões sociais propiciaram o nascimento do pensamento subcultural. No final da Segunda Grande Guerra Mundial, os norte-americanos estavam

---

19. ATHAYDE, Celso et al. *Cabeça de porco*, p. 205.
20. Galeria do *rock, link:* [http://pt.wikipedia.org/wiki/Galeria_do_Rock], acessado em: 06.12.2010.

confiantes e orgulhosos em relação a suas instituições, que tinham raízes em valores culturais protestantes bastante arraigados. Entre estes incluía-se a fé na razão, na ciência e na tecnologia; uma ética puritana de empenho no trabalho e autoaperfeiçoamento; a democracia representativa estava limitada pela lei e pela Constituição; existia uma família moderadamente patriarcal em que o divórcio ainda era relativo tabu; admitia-se, ainda, a autoridade paterna como suprema; por derradeiro, o comparecimento da família à igreja era mais elevado do que em qualquer outra nação ocidental. Nessa sociedade confiante, ordem e autoridade eram formadas por um sistema de classes hierárquico, porém cada vez mais aberto e incentivador do aproveitamento das oportunidades, liderado pelas elites extraídas de um sistema denominado WASP (White Anglo-Saxon Protestant), ou seja, branco, protestante e anglo-saxão. Tal sistema, para as camadas médias da população, era perfeitamente aceito. Essa sociedade otimista desencadeou o mais longo *boom* econômico da história dos Estados Unidos.

No final dos anos 50, no entanto, começam a proliferar alguns problemas em grandes cidades norte-americanas, decorrentes da não acessibilidade de alguns jovens aos valores consagrados por essa sociedade. O choque entre a cultura e a estrutura social, que não fornecia as condições de acesso aos bens sociais para todos, cria uma espécie de desilusão em relação ao sistema de vida americano. Iniciava-se o desnudamento da falência do *American Dream*. As metas culturais condicionam a estrutura social. Se o fim último era enriquecer – e este mito está difundido –, era necessário que a sociedade se estruturasse para poder perseguir essa meta. Do ponto de vista teórico, pode-se afirmar que os dois termos (cultura e sociedade) não podem ser separados. No entanto, a crise do modelo, que se inicia nos anos 50 e se aprofunda nos anos 60, não mais permite às pessoas a realização desse sonho cultural. Aos jovens negros, por exemplo, não se garantiam as metas ou fins culturais de bem-estar e riqueza. Quando tal situação passa a atingir algumas camadas da baixa burguesia branca, tais descontentamentos começam a aflorar em termos subculturais.

Um outro aspecto a se destacar é que há uma característica geral da cultura americana, segundo a qual jovens de diferentes origens e proveniências devam ser julgados com base nos mesmos padrões, de maneira que jovens de classes sociais distintas, raças e etnias diversas veem-se numa competição pelo *status* e pela aprovação, sob o mesmo conjunto de regras. Todavia, não estavam igualmente aptos a fazer frente às dificuldades da vida para que pudessem dela obter êxito. Por esta razão, alguns jovens de estratos inferiores tinham mais probabilidade de sentir um ideal de fracasso e humilhação, contrastante com a disseminada ética do sucesso. Embora interiorizassem o sistema dominante de valores, tanto quanto as demais pessoas que efetivamente tinham acesso aos bens de consumo, também possuíam suas próprias regras que contrariavam aquelas. "É sobretudo na escola que este contraste se torna mais nítido e mais condicionante da sorte dos jovens das classes trabalhadoras. Lugar privilegiado de seleção, a escola espelha-se na ideologia democratizante e meritocrática da sociedade global: abre-se a todos, e nela todos são julgados segundo os mesmos padrões. Simplesmente, os filhos da classe média sofrem a socialização escolar como um prolongamento e desenvolvimento da sua educação familiar; já para os jovens das classes trabalhadoras a aculturação na escola implica a desaculturação da sua socialização familiar. Isto é, enquanto os primeiros correm no seu próprio terreno, os últimos correm no terreno alheio e são condenados a partir com atraso. Acresce que os critérios de seleção e de distribuição de *status*, manipulados pelos professores, são critérios da classe média".[21]

Assim, a constituição das subculturas criminais representa a reação necessária de algumas minorias altamente desfavorecidas diante da exigência de sobreviver, de orientar-se dentro de uma estrutura social, apesar das limitadíssimas possibilidades legítimas de atuar.[22] Nesse momento histórico (anos 50) ainda não há que falar em contracultura (característica dos anos 60), pois ainda não há a força política suficiente para se colocar uma alternativa em relação à cultura dominante, mas tão somente para se apresentar uma resposta minoritária, necessária é verdade, mas ainda meramente reativa e não proativa.

A subcultura, no entanto, não é uma manifestação delinquencial isolada. Vários indivíduos, cada um dos quais funcionando como objeto de referência dos outros, chegam de comum acordo a um novo conjunto de critérios e aplicam estes critérios entre si. Para que isso ocorra, as pessoas com problemas semelhantes, os que "estão no mesmo barco", porque ocupam posições semelhantes na estrutura social, precisam ser capazes de localização e comunicação mútuas.[23] Aqui é possível ver o destaque da dimensão coletiva do comportamento transgressor, característica própria do pensamento subcultural. É um caso específico de solução coletiva de um problema comum.

7.3 Definição e modalidades

Cada sociedade é internamente diferenciada em inúmeros subgrupos, cada um deles com distintos modos de pensar e agir, com suas próprias peculiaridades e que podem fazer com que cada indivíduo, ao participar destes grupos menores,

---

21. DIAS, Jorge de Figueiredo; ANDRADE, Manuel da Costa. Op. cit., p. 296.
22. PAVARINI, Massimo. *Control y dominación*: teorías criminológicas burguesas y proyecto hegemónico, p. 111.
23. COHEN, Albert K. *Transgressão...* cit., p. 228.

adquira "culturas dentro da cultura", isto é, subculturas. Qualquer sociedade diferenciada encontrará formas distintas de cozinhar, expressar-se artisticamente, jogar, vestir-se, enfim, agir. Tais mecanismos permitem a visualização de subculturas de lojas ou empresas, fábricas, quartéis, universidades, associações dentro da universidade, organizações maçônicas, presídios e outras instituições fechadas.

A subcultura delinquente, por sua vez, pode ser resumida como um comportamento de transgressão que é determinado por um subsistema de conhecimento, crenças e atitudes que possibilitam, permitem ou determinam formas particulares de comportamento transgressor em situações específicas. Esse conhecimento, essas crenças e atitudes precisam existir, primeiramente, no ambiente cultural dos agentes dos delitos e são incorporados à personalidade, mais ou menos como quaisquer outros elementos da cultura ambiente.[24] Quando se fala da subcultura delinquente está-se considerando um modo de vida que em certa medida tornou-se tradicional entre certos grupos sociais norte-americanos. Estes grupos de criminalidade juvenil floresceram mais pronunciadamente nas vizinhanças de algumas grandes cidades dos EUA, fazendo nascer uma criminalidade particular profissional também na idade adulta, ainda que estes fossem portadores daqueles valores criminais adquiridos em seu período de amadurecimento intelectual e físico (especialmente na adolescência). Na realidade, em todos os momentos os teóricos da subcultura delinquente não tiveram qualquer interesse em afirmar que explicariam todos os crimes de massas ou mesmo toda criminalidade juvenil. Seria muita presunção se assim quisessem fazê-lo. Propuseram, somente, uma perspectiva tópica de explicação de algumas modalidades de crimes e dentro de determinados contextos bastante específicos.

Grande parte das considerações referentes às gangues aplicava-se à criminalidade juvenil. A revolta da moderna sociedade, especialmente quanto aos jovens, aparece mais pronunciadamente na adolescência. Sob certas condições de insegurança e de falta de crenças morais, esta revolta da juventude induz algumas pessoas à prática de atos de vandalismo, que se constituem em suas atitudes mais evidentes. As gangues têm origem mais ou menos espontânea. Um encontro casual nas ruas, a revolta contra organizações convencionais, a combinação de pessoas dentro de um grupo na luta por territórios contra outros grupos, a união de um certo número de estudantes gazeteiros podem propiciar a organização de um grupo de subcultura juvenil.[25] Muitas vezes têm os adolescentes dois caminhos

---

24. Note-se, desta definição do próprio Cohen, escrita em 1966, como ela já sofre as influências das teorias interacionistas, que serão objeto de análise em capítulo posterior. *Transgressão...* cit., p. 199.
25. *Transgressão...* cit., p. 225.

para obter algum reconhecimento dos adultos: "fazer grupo e fazer estardalhaço, ou 'besteiras'. Melhor ainda: fazer grupo e com o grupo fazer besteiras. Enfim, associar-se para transgredir.

O exemplo mais atual dessa transgressão é verificado pelo fenômeno do *bullying*, que é uma forma de violência escolar que nasce no centro das relações entre alunos dentro da escola e manifesta-se por meio de agressões físicas, insultos, ameaças, intimidação e pelo consequente isolamento. O *bullying* entre crianças e adolescentes engloba uma ampla variedade de comportamentos, todos eles negativos, que se reiteram no tempo, como consequência de um real e identificado desequilíbrio de poder, em que as crianças mais fortes do grupo se valem dessa diferença etária para dominar os mais fracos. Alguns atos são conhecidos: colocar apelidos, fazer brincadeiras violentas, esperar as crianças menores na saída da escola para intimidação etc.[26] Nesse mesmo sentido, Lélio Braga Calhau afirma que não se tratam de brincadeiras próprias da infância, mas sim de casos de violência, que podem ocorrer dentro das salas de aula, nos corredores e pátios de escolas e até mesmo nos arredores. Essas agressões morais e físicas são realizadas de modo repetitivo e exacerbado, cujo resultado podem causar evasão escolar, danos psicológicos para a criança e para o adolescente e, consequentemente, pode facilitar a entrada dos mesmos na criminalidade.[27] No entanto, não se recomenda enfrentar tal tipo de atividade com a persecução criminal, mas por meio de medidas preventivas e de acompanhamento no âmbito das escolas.

A principal consequência desse fenômeno reside no fato de que o adolescente, vítima de seus iguais, tende a inculpar-se e a desvalorizar sua autoimagem, para fazer frente ao trato vexatório e à discriminação que sofre. A perda da autoestima, o sentimento de insegurança, a personalidade humilhada levam o adolescente a associarem-se em grupos de proteção, que compensarão o assédio escolar com uma reação muitas vezes violenta. Tais grupos podem dar origem a gangues. Em conclusão, pode-se dizer que crianças e adolescentes menos capazes e de pior conduta na escola, geralmente de lares problemáticos e com baixa autoestima, têm mais probabilidade de cometimento de delitos que aqueles com melhor rendimento acadêmico e bem integrados ao meio escolar e familiar.

Também os meios de comunicação de massa, os efeitos envolventes e persuasivos de programas jornalísticos sobre violência, filmes com muitas mortes e programas de TV e rádio com grande realismo em mostrar a violência podem

---

26. VÁZQUEZ GONZÁLEZ, Carlos & SERRANO TÁRRAGA, María Dolores (edit.). *Derecho Penal Juvenil*, Madrid: Dykinson, 2005, p. 24-25.
27. CALHAU, Lélio Braga. *Resumo de criminologia*, 5. ed., Niterói: Impetus, 2009, p. 91.

fazer sentir sua influência no campo da criminalidade juvenil. Os estudiosos estão de acordo em concluir que existem poucas dúvidas de que a violência transmitida pela TV, principalmente por meio de filmes, seja capaz de induzir a imitação da agressividade nas crianças e adolescentes, ainda mais do que nos adultos. É que a personalidade ainda em formação é mais maleável às influências do meio, especialmente quando há uma larga exposição, um uso frequente da violência.[28]

Nessas condições, a delinquência poderia ser uma sólida vocação da adolescência. 'Delinquência' não é uma palavra excessiva, embora de fato pouquíssimos adolescentes se tornem propriamente delinquentes. Mas existe uma parceria de adolescência e delinquência, porque o adolescente, por não ser reconhecido dentro do pacto social, tentará ser reconhecido 'fora' ou contra ele – ou, o que dá na mesma, no pacto alternativo do grupo".[29] Se a criança tem uma educação considerada normal dentro da família, suplementada pela educação formal oferecida pela escola, existirá uma certa resistência à incorporação de valores desviados de uma gangue. No entanto, caso haja um espaço de internalização pela ausência dos modelos morais tradicionais da família ou se houver um conflito entre as normas familiares e escolares – o que ocorre com alguns imigrantes –, ou por outras razões existir um apelo específico ao "contágio" cultural do grupo desviado, as gangues serão capazes de impor seu próprio padrão moral.[30]

Para Cohen a subcultura delinquencial caracteriza-se por três fatores: *não utilitarismo da ação, malícia da conduta e seu negativismo.*[31]

Os principais teóricos da criminalidade afirmam que as pessoas cometem crimes por uma razão justificável racionalmente. Alguns furtam coisas porque precisam delas. Elas podem ser comidas, colocadas como ornamentos, utilizadas de qualquer forma ou mesmo vendidas para obtenção de dinheiro. Todas essas diferentes atitudes significam que a posse da coisa subtraída destina-se a um fim específico: um fim racional e utilitário. No entanto, muitas subtrações de grupos juvenis, as chamadas gangues, nem sempre têm essa motivação racional. Ao contrário, não têm qualquer motivação. São *não utilitárias.* Alguns jovens furtam roupas que não serão vestidas e brinquedos que não serão usados. Furtam doces e outros alimentos que não serão efetivamente comidos. Na linguagem das ruas,

---

28. SHECAIRA, Sérgio Salomão. *Sistema de garantias e o direito penal juvenil,* São Paulo: RT, 2008, p. 121-122.
29. CALLIGARIS, Contardo. *A adolescência,* p. 40-41.
30. Idem, p. 225.
31. COHEN, Albert K. *Delinquent...* cit., p. 25.

tais furtos só se justificam por um puro prazer.³² Outras considerações aparte – especialmente no que concerne aos ganhos ou proveitos do crime –, tais atos só têm valor para seus autores por serem uma façanha que lhes assegura glória entre grupos rivais e profunda autossatisfação. Furtar algo, em uma ação ousada, é um meio de obtenção de *status*. Muitos destes casos se realizam para haver um reconhecimento entre iguais e para evitar o isolamento e o opróbrio da opinião pública.³³ A questão é: por que tais crimes configuram uma busca de *status* em um grupo e uma degradação que mancha a conduta pessoal em outros grupos? Se a subtração por si só não é motivada por razões racionais e utilitárias, menos ainda são muitas das atividades que constituem o repertório de atos praticados por essas pessoas. Frederic Thrasher cita episódios que bem demonstram o não utilitarismo de alguns atos delituosos, ao narrar os depoimentos de alguns membros de gangues juvenis: "Nós fizemos todos os tipos de atos por puro prazer. Nós vimos uma placa com os dizeres: *Por favor mantenha as ruas limpas*, mas nós a derrubamos e dissemos: *Nós não queremos mantê-las limpas*. Um dia nós colocamos uma lata de cola no motor de um carro de um homem. Aquilo nos fazia rir e sentir bem, como se contássemos piadas".³⁴ Não é difícil enumerar os comportamentos mais frequentes desse tipo de delinquência, no mais das vezes cometida por adolescentes. Sua banalidade só demonstra a banalidade dos desejos que os adolescentes conseguem descobrir atrás do silêncio dos adultos.

Além do não utilitarismo dos atos praticados em face da perspectiva da subcultura delinquente, uma segunda característica atribuída à teoria é a *malícia* ínsita ao ato. Trata-se do prazer em desconcertar o outro; o desafio de atingir algumas metas proibidas e inatingíveis aos seres comuns; o deliciar-se com o desconforto alheio. Os estudos das gangues juvenis demonstraram que seus membros exibem uma hostilidade gratuita contra jovens que não pertencem a gangues, tanto quanto em relação aos adultos. Exceto naquelas hipóteses mais dramáticas de guerras de grupos rivais, muitas dessas patotas têm um verdadeiro prazer em aterrorizar "boas" crianças de classe média; em desafiar as regras impostas das instituições de ensino; escarnecer das reações singelas de meninos que se veem ameaçados e que não sabem como proceder. Esta malícia usada só para causar desconformidade nas pessoas é que leva algumas gangues juvenis a defecar na mesa do professor antes da aula, sem qualquer objetivo aparente com a atitude.³⁵

---

32. No original a expressão utilizada é "for the hell of it" que poderia ser traduzida livremente por "pura adrenalina".
33. Cohen, Albert K. *Delinquent...* cit., p. 27.
34. Thrasher, Frederic M. *The gang*, p. 94-95.
35. Cohen, Albert. K. *Delinquent...* cit., p. 28.

O terceiro elemento característico da subcultura delinquente é o *negativismo* dos atos praticados pelo grupo. Não se trata de um rol de regras próprias, uma proposta de vida que seja diferente – ou mesmo indiferente –, ou que esteja em conflito com as normas da sociedade dita de respeito. Cuida-se de uma espécie de polaridade negativa ao conjunto de valores da sociedade obediente às normas sociais. As condutas dos delinquentes são corretas, conforme os padrões da subcultura dominante, exatamente por serem contrárias às normas da cultura mais gerais. Assim, os *standards* desses grupos representam o reverso radical dos *standards* e normas da sociedade convencional. Algumas condutas que significariam degradação e desonra em um grupo convencional servem para engrandecer e elevar o prestígio pessoal e o *status* de um membro de um grupo delinquente. Este negativismo não tem um grande raio de alcance. É apenas um hedonismo com interesse de mostrar o rechaço deliberado dos valores correlativos da classe dominante. Muitos adolescentes transgridem as normas não para burlar a lei, não na esperança de escapar das consequências de seus atos, mas, ao contrário, para excitá-la, para que a repressão corra atrás deles e assim os reconheça como pares dos adultos, ou melhor, como as partes escuras e esquecidas dos adultos.[36] Não há, pois, um planejamento das atividades delituosas a serem praticadas em um futuro longínquo, com objetivo de obter vantagens específicas. Não há prévia deliberação ou estudo de metas a serem atingidas com o produto do crime, de um furto, por exemplo. Os membros de uma gangue somente se unem para circular pela noite praticando atos isolados de um contexto de permanência. Cria-se uma relação interna de solidariedade, cuja única identidade é a busca desse prazer exterior por meio de pequenos delitos e prática de atos de desordem.

Cohen centrou sua abordagem sobre a subcultura das camadas mais baixas da população. Whyte, anos antes, também focara sua abordagem subcultural, analisando bairros pobres de Boston, como não sendo fruto de uma desorganização social. Para ambos os autores as *delinquency areas* ou zonas onde as gangues concentravam suas atividades não eram âmbitos "desorganizados", em que faltassem normas ou regras de controle social – contrariando as primeiras ideias da escola de Chicago, caudatárias do pensamento de William Thomas. Eram, ao contrário, áreas nas quais vigoravam normas distintas das oficiais, isto é, valores "invertidos", mas em estado de funcionalidade intrínseco. Whyte analisa uma área pobre e degradada, conhecida como *Cornerville* que é, para as pessoas de classe média, uma formidável massa de confusão, um caos social. Os moradores de dentro, no entanto, veem em *Cornerville* um sistema social altamente organizado

---

36. CALLIGARIS, Contardo. Op. cit., p. 42.

e integrado. Os vínculos entre as famílias eram cimentados por relações padrinho-afilhado. Os parentes de sangue, bem como os amigos de família, ligavam-se uns aos outros numa rede intrincada de obrigações recíprocas. O indivíduo que sofresse um infortúnio era ajudado por parentes e amigos, e, quando estivesse restabelecido, partilharia sua boa sorte com aqueles que o tinham ajudado. O pensamento de Whyte põe claramente em relevo a organização vigente do *slum*, onde a vida caminha com base em uma hierarquia própria de valores obedientes a uma obrigação recíproca. Tal ideia é compartilhada por Cohen.[37] Assim, o delito deixa de ser uma consequência do "contágio social" proveniente de uma "desorganização social" em face das chamadas perdas de raízes decorrentes da imigração ou migração (como sustentavam as teorias ecológicas). É, para estes pensadores, expressão de um sistema normativo próprio, característico da subcultura, cujos valores diferem dos majoritários em forma deliberadamente contraposta.

Talcott Parsons, ainda nos anos 40 do século passado, e nas décadas subsequentes, fez interessantes aportes sobre a subcultura delinquente, inserindo-a num conceito sociológico mais amplo e apresentando uma análise diferenciada da exposta por Cohen e Whyte. Parsons inicia sua análise a partir das estruturas de classes de Karl Marx, fazendo uma rica leitura que agrega uma perspectiva weberiana e durkheiminiana. Menciona, por exemplo, que o desenvolvimento de diferentes culturas em sociedades diferenciadas pode impedir um perfeito sistema de comunicações entre grupos distintos. Tal mecanismo, se não "corrigido" mediante um sistema de interação entre grupos, pode fazer com que haja um distanciamento cultural com grande diversidade de consequências. A partir desse contexto, analisa as relações de parentesco e as relações existentes entre jovens e suas respectivas famílias, diferenciando as famílias de baixa renda e as famílias de classe média. Estas diferenças penetram nas camadas mais profundas da determinação das atitudes dos jovens, de tal forma que são acentuadas as disparidades entre as classes média e a menos favorecida. Em um sistema de competitividade absoluta, fundado na meritocracia e na busca de um sistema de valores que privilegia a ascensão social, surgem conflitos que tornam inacessível a alguns o atingimento de determinados bens, fazendo com que se tenha um fator cumulativo de afastamento das classes, criando um conflito entre elas.[38] De outra parte, nunca é demais remarcar que o próprio Parsons inseriu no contexto criminológico a discussão segundo a qual há também uma subcultura de classe

---

37. Cohen, Albert K. *Delinquent...* cit., p. 32-33; Whyte, William F. *Street corner society*: the social structure of an Italian slum, p. 269 e ss.
38. Parsons, Talcott. Social classes and class conflict in the light of recent sociological theory. In: Thompson, Kenneth; Tunstall, Jeremy (orgs.). *Sociological perspectives*, p. 271-272.

média que se apresenta como hedonista e irresponsável e que advém das tensões naturais existentes entre adultos e adolescentes, a que nós podemos denominar conflito de gerações.[39] O negativismo de tais posturas é assemelhado à perspectiva de rechaço dos valores da subcultura delinquente mais tradicional. Aparece exatamente como resposta às diferentes perspectivas de vida e dos conflitos de expectativas, surgidos com o fim do modelo da tradicional família norte-americana. A não permanência da mulher nos papéis que lhe foram destinados (cuidar da casa e da educação dos filhos) e as diferentes possibilidades que se descortinavam aos jovens, com a modificação dos valores pelo aparecimento de uma sociedade mais diferenciada, permitem surgir um conflito de gerações e um afastamento do jovem em relação aos tradicionais e conservadores valores sociais. A tensão entre jovens e adultos cria uma espécie de insurgência familiar que, quando pronunciada na sociedade, faz com que vários jovens, pelo seu espírito associativo e de identidade, venham a se reunir em grupos para a prática de atos de desafio. A busca do prazer, o não utilitarismo dos atos e a inversão dos valores dominantes da classe média também são inerentes a estes grupos, pequenas gangues com uma cultura própria. Exemplo mais característico desse pensamento pode ser identificado, no cinema, pelo clássico *Rebelde sem causa (juventude transviada)*, filme dirigido por Nicholas Ray e protagonizado por James Dean, Sal Mineo e Natalie Wood. Ele narra exatamente as relações tensas entre três adolescentes de classe média com suas famílias e seus colegas de bairro, e como as relações humanas dentro da subcultura são distintas.

Outra forma de subcultura, muita assemelhada à das classes médias, é aquela decorrente da convivência estudantil. Os interesses, atitudes e atividades de estudantes em escolas secundárias e superiores são influenciados pela cultura característica da juventude, marcadamente vigorante dentro da escola. O período entre a infância e a idade adulta é marcado por algumas incertezas, muitas vezes definido como um "período de espera". Nesse período, o papel e o *status* do indivíduo são ambíguos, pois não são mais crianças e ainda não chegaram à condição de adultos. Enquanto luta com tais ambiguidades de sua posição, exigem-se desse jovem algumas importantes decisões que marcarão suas vidas futuras, sem que possa ter a adequada maturidade psicológica para tais escolhas. Ao enfrentar tais incertezas, os jovens criam e formulam seu próprio código que, ainda que não seja antiadulto, é marcadamente não adulto. Para muitos desses jovens, o envolvimento com outros grupos juvenis, que carregam a cultura e os

---

39. PARSONS, Talcott. Age and sex in the social structure of the United States. *Essays in sociological theory, pure and applied*, p. 342-343.

valores próprios da idade, permite ao indivíduo romper sua dependência da família, ainda que, frequentemente, ao preço de rígida conformidade a suas próprias exigências. Muitas dessas atividades oferecem, partindo do grupo para chegar ao indivíduo, a possibilidade de uma libertação das pressões e tensões a que estão submetidos tais jovens. Isto é, o coletivo dá ao indivíduo a oportunidade de libertar-se das exigências protagonizadas pelos pais (ainda que também o sejam da própria sociedade). A chamada "subcultura da diversão", aquela identificada com o realce aos esportes atléticos, às atividades extracurriculares e à sucessão de festas e farras, esbarra, não raro, em atos delinquenciais bastante sutis (embriaguez, direção nessa condição, pequenos atos de vandalismo etc.), mas muito barulhentos, muito na linha de se ter o reconhecimento das proezas atléticas das superações pessoais, que atribuem popularidade ao jovem dentro do grupo.[40]

Se é verdade que a estrutura e organização de cada subcultura – e sua clientela – são variáveis, suas funções básicas são as mesmas: tornar possível a aprendizagem do jovem, preparando sua carreira delitiva futura; criar um marco de oportunidades para que obtenha o êxito por vias alternativas e articular os adequados mecanismos de controle para limitar o emprego dos meios ilegais que possam pôr em perigo referido controle.[41]

Algumas abordagens mais recentes sobre o tema têm sido feitas com análises específicas de grupos subculturais. Interessante estudo é aquele realizado sobre os *ravers* (frequentadores de festas *raves*), também denominados *clubbers*, que mostra as principais características de funcionamento desse grupo. As regras próprias, seguidas pela maioria de seus membros, incluem a utilização de indumentária específica com roupas de marca e justas, calças jeans tipo *skinny*, mas ao mesmo tempo são roupas informais que exploram de forma bastante pragmática a comercialização de uma indumentária *radical chic*. As festas *raves*, que podem durar até três dias e em sua maioria localizam se em fazendas do interior dos Estados, são embaladas por *ecstasy* ou outras drogas e por músicas de uma batida acelerada que permitem uma dança intensiva, com muito movimento lateral do corpo. Os *ravers* apareceram para eliminar todas as diferenças entre idade, sexo, classe ou condição social e é um produto de um escapismo surgido em face das dificuldades advindas de uma sociedade pós-industrial com altos índices de desemprego, que limita a possibilidade de acesso de todos a um Estado de Bem-Estar Social.[42]

---

40. CHINOY, Ely. *Sociedade*: uma introdução à sociologia, p. 251-252.
41. GARCÍA-PABLOS DE MOLINA, Antonio; GOMES, Luiz Flávio. Op. cit., p. 274.
42. PRIDDLE, Jacqueline. Discuss and illustrate the main changes in youth subcultures over the last twenty year. Illustrate with particular reference to two examples. Disponível em: [www.arasite.org]. Acesso em: 19.01.2002, p. 3.

No Brasil, muitos desses atos de protestos, aparentemente gratuitos, apareceram com manifestações públicas de depredações do patrimônio público ou privado, na grande maioria das vezes por meio das chamadas pichações. As grafitagens ou pichações surgem no final do regime militar com características claramente políticas. Manifestações contra a ditadura, por anistia ampla e irrestrita, por liberdade sindical, contra a carestia, por constituinte, foram muito comuns no final dos anos 70 e início dos 80 do século passado. Com o processo de redemocratização do País, iniciado com a anistia em 1979, e o gradativo acesso às liberdades formais de expressão e manifestação, de votar e ser votado, com o fim da censura aos espetáculos teatrais e de cinema, as chamadas pichações passam a assumir um caráter subcultural. São grupos de baixa classe média, pessoas sem perspectivas de ascensão social, com baixos índices de escolaridade, que passam a praticar tais condutas por puro prazer. Um hedonismo cuja principal finalidade é causar desconforto no proprietário do imóvel que, tendo acabado de pintar os muros de sua residência, vê a transgressão reiterada sem dispor de efetivos meios para opor-se à conduta furtiva efetivada. Tais pichações passam a ser uma verdadeira febre, vindo a culminar com um famoso episódio em 17.01.1991, assim narrado pelo jornal *O Estado de S. Paulo*:

"Paulistas picham a estátua do Cristo Redentor

"O Cristo Redentor, no Rio, um dos mais importantes monumentos do País, amanheceu pichado na manhã de hoje.

"Mochilas nas costas, os adolescentes A. M. A. N. e F. L. S., ambos com 17 anos, saíram na sexta-feira à noite de São Paulo com o único objetivo de sujar o monumento. Trocaram o sol carioca por planos de ação e fuga, dormiram na mata escura ao redor do Cristo e sujaram a base do monumento e a capela. Eles integram o grupo de pichação Diferentes, que já sujou pelo menos 500 muros e prédios de São Paulo.

"Os menores vão ficar à disposição do Juizado de Menores do SOS Criança, no Brás, na Zona Leste de São Paulo, para onde foram levados à tarde, logo após desembarcarem no Terminal Rodoviário do Tietê.

"A base negra do monumento recebeu jatos de *spray* na cor prata e a inscrição do nome do grupo e o apelido da dupla: 'Neto' e 'Binho'. Na capela, eles usaram *spray* preto e escreveram 'Zona Oeste – São Paulo' e 'Apavoramos'. Segundo Binho, eles queriam pichar a testa do Cristo, onde inscreveriam seus apelidos e, nos braços, o nome do grupo. 'Não encontramos a escada de acesso e então resolvemos concluir o trabalho na base', afirmou. Os adolescentes chegaram ao Rio às 7 horas do sábado. Passaram por Copacabana, tomaram um lanche e, às 16 horas, já estavam no acesso ao monumento.

"Quando começou a escurecer, por volta das 18h30, a dupla se escondeu na mata em volta do Cristo, onde discutiu ideias para uma pichação bem-sucedida. Eles dormiram até a meia-noite, foram picados por insetos, mas antes já haviam separado os equipamentos necessários para a entrada forçada no interior do monumento: um alicate, chave-mestra para abrir todas as portas, além de uma pequena lanterna. A primeira porta foi arrombada por Binho, com os pés. 'Pensei que fosse encontrar uma escada para chegar no alto do Cristo', conta.

"Na segunda porta, que dá acesso à Capela Nossa Senhora da Aparecida, os dois arrombaram um cadeado e usaram uma vela para iluminar o local, uma vez que Binho havia perdido a lanterna. 'Foi a maior emoção da minha vida', relata Neto, que decidiu pichar o Cristo para provar aos amigos do que era capaz. 'Muitas pessoas do grupo não picham e ficam usando o nome do grupo', reclama. Eles avisaram a 'Rede Globo', no Rio, sobre o que tinham feito, e Binho passou seu nome e telefone em São Paulo. 'Quero o estrelato', confessou.

"A Polícia Civil do Rio entrou em contato com a Polícia Militar de São Paulo logo após ter encontrado nas proximidades do monumento a passagem de ida de Binho, da empresa Expresso Brasileiro. A dupla saiu do Rio às 8h40 e chegou a São Paulo às 14h50, quando a PM já os esperava.

"A dupla viajava ao Rio mensalmente, desde agosto, sempre com o objetivo de pichar o monumento. Nas vezes anteriores, eles picharam os muros de acesso ao Cristo com frases como: 'Bem triste'; 'Isto é que é pichação'; 'Breve na Lua' e 'Zeramos tudo 91'. Como lembrança da 'conquista', os dois trouxeram quatro cartões postais do Cristo, cinco velas que pegaram na capela e o cadeado e a corrente que travavam a porta de acesso à capela.

"Para a aventura, a dupla levou Cr$ 10 mil (US$ 12). 'Comíamos bolachas e frutas', conta Neto, que saiu de casa na sexta-feira, em Parada de Taipas, Zona Oeste, sem avisar para onde ia viajar. Binho disse à mãe, C. A. S., que ia acampar com amigos em Santos, no litoral paulista. Os dois se conheceram no início do ano e sempre arquitetam novas pichações por São Paulo. 'Já pensamos até em pichar a Estátua da Liberdade, nos Estados Unidos, mas agora vamos dar um tempo', disse Neto, que trabalha como vendedor autônomo de cerâmica e parou de estudar este ano, quando cursava a sétima série.

"Binho trabalha com o pai L. G. S. numa pequena fábrica de blocos em Pirituba, na Zona Oeste, onde mora. Os pais dos garotos devem ser ouvidos hoje. 'Não podemos permitir que o vandalismo se propague', disse o delegado Antônio Carlos Gonzaga Cabral, da Delegacia de Policiamento do Metropolitano (Delpom), onde os pichadores foram indiciados".[43]

---

43. Disponível em: [www.estadao.com.br]. Acesso em: 19.01.2002.

O mais importante no episódio é que os próprios autores da façanha avisaram a televisão, pois "queriam o estrelato" e "tiveram a maior emoção da suas vidas". Também é relevante ressaltar que os dois adolescentes faziam parte de um grupo de pichadores da periferia e que eles sentiam um desprezo por "aquelas pessoas que não picham e ficam usando o nome do grupo". Se tomarmos os três pilares básicos do pensamento das subculturas, notaremos que as características descritas por Albert Cohen estão claramente aqui manifestadas: não utilitarismo da conduta, negativismo do ato e malícia em causar a desconformidade nas outras pessoas.[44]

Também hão de ser lembradas as manifestações de cunho *anarcopunks* em seus diferentes matizes. O movimento *punk* teve seu início no fim da década de 1970 nos Estados Unidos,[45] representado pelas bandas *New York Dolls* e *Ramones*. Posteriormente, foi introduzido na Europa tendo como principal palco a Inglaterra, cuja popularização desse estilo musical é devida pela formação de bandas como *The Clash* e *Sex Pistols*. No entanto, o *punk* não pode só ser definido como um movimento musical, cujas características são as músicas rápidas com refrões e acordes simples, dotadas de atitude agressiva, cujos principais temas abordam ideias revolucionárias, anarquistas, niilistas, problemas políticos (guerras) e sociais (desemprego), sexo, drogas e diversão. O *punk* é também um movimento cultural,[46] no sentido de que é considerado como uma cultura de costumes, tradições e ideologias de determinado grupo social, sendo a sua principal filosofia a ideia segundo a qual "se você não está contente com o sistema faça-você-mesmo".[47] Outro de seus aspectos a destacar é a sua atitude destrutiva. O exemplo célebre dessa cultura foi eternizado pelo *single* de 1977 da banda inglesa *Sex Pistols*,[48] cujo título irônico é: "God Save the Queen". O *single* serviu de manifesto contra o conformismo social e a submissão da sociedade à Coroa britânica. Os trechos que comprovam a indignação merecem ser destacados: "God save the Queen/ Her fascist regim/ It made you a moron/ God save the Queen/ She ain't no human being/ There is no future/ In England's

---

44. Não é demais lembrar que um dos protagonistas da famosa pichação acabou vítima de seu sucesso, por se envolver em brigas de gangues, vindo a ser morto em um desses conflitos por grupos rivais.
45. Origem do movimento *punk*, *link*: [http://pt.wikipedia.org/wiki/Punk_rock], acessado em: 26.11.2010.
46. *Punk* como movimento cultural: [http://pt.wikipedia.org/wiki/Cultura_punk], acessado em: 26.11.2010.
47. Características e filosofia do movimento *punk*: [http://pt.wikipedia.org/wiki/Punk_rock], acessado em: 26.11.2010.
48. Sex Pistols, uma das principais bandas *punk* que popularizou esse gênero, *link*: [http://pt.wikipedia.org/wiki/Sex_Pistols], acessado em: 26.11.2010.

dreaming/ God save the Queen/ 'cos turists are money/ And our figurehead/ Is not what she seems".[49]

É muito comum, nas periferias das grandes cidades, em estratos sociais de baixa classe média, agrupamentos de protestos com a utilização de uma indumentária própria, toda ela copiada de outras manifestações similares de países estrangeiros. "Carecas do ABC", *skinheads*, *punks*, neonazistas, anarquistas, metaleiros acabam externando suas atitudes, muitas vezes de maneira desordenada, como uma manifestação natural de inconformismo mal canalizado contra a sociedade de consumo. Quando Gilberto Gil, detectando o fenômeno, com a sensibilidade do artista, criou sua música o *"Punk da periferia"*, em 1983, quase foi linchado pelos grupos *punks* paulistanos.[50] A letra explora a esperança vã dos mais velhos que será substituída pelas manifestações de negação, de reversão dos valores dominantes da sociedade de consumo. É por isso o culto à "carniça" e ao "lixo", como manifestações de reprovação e desagrado, que se exteriorizam em um pó caliça (pó, ou fragmentos de argamassa ressequida, que sobram de uma construção ou resultam da demolição de obra de alvenaria) ou no "ter um cabelo de índio moicano".

As subculturas de classe média também atingem jovens de estratos sociais intermediários da sociedade, hedonistas e irresponsáveis, cujas tensões pessoais e familiares são projetadas para atos deliquenciais. Três exemplos, que fogem à simplista explicação do crime originado em fatores econômicos como pobreza ou miséria, podem ser lembrados: alguns casos de "trote" em universidades, as brigas de gangues de jiu-jítsu e, especialmente, o caso da morte do índio Pataxó.

Muitos "trotes", rituais de passagem a que são submetidos calouros em universidades públicas e privadas, já produziram consequências terríveis para

---

49. Tradução livre: "Deus salve a rainha/ Seu regime fascista/ Fez de você um retardado/ Deus salve a rainha/ Ela não é um ser humano/ Não há futuro/ Nos sonhos da Inglaterra/ Deus salve a rainha/ Porque os turistas são dinheiro/ Nossa representante/ Não é o que ela parece".

50. Das feridas que a pobreza cria / Sou o pus / Sou o que de resto restaria / Aos urubus / Pus por isso mesmo este blusão carniça / Fiz no rosto este *make-up* pó caliça / Quis trazer assim nossa desgraça à luz / Sou um punk da periferia / Sou da freguesia do Ó / Ó / Ó, aqui pra vocês! / Sou da Freguesia / Ter cabelo índio moicano / Me apraz / Saber que entraremos pelo cano / Satisfaz / Vós tereis um padre pra rezar a missa / Dez minutos antes de virar fumaça / Nós ocuparemos a praça da Paz / Sou um punk da periferia / Sou da freguesia do ó / Ó / Ó, aqui pra vocês! / Sou da Freguesia / Transo lixo, curto porcaria / Tenho dó / Da esperança vã da minha tia / Da vovó / Esgotados os poderes da ciência / Esgotada toda a nossa paciência / Eis que esta cidade é um esgoto só / Sou um punk da periferia / Sou da freguesia do Ó / Ó / Ó, aqui pra vocês! / Sou da freguesia (*Todas as letras*, p. 267).

pessoas. Em Sorocaba, a recepção aos calouros da Faculdade de Medicina acabou produzindo graves queimaduras em um jovem calouro, pois os veteranos simulavam atear fogo com álcool no corpo do novel aluno. Em São Paulo, na Faculdade de Medicina da USP, vários alunos foram vítimas de brincadeiras dentro do contexto da "recepção" que veteranos faziam aos ingressantes. De outra parte, também podem ser considerados alguns casos de lutadores de jiu-jítsu, na zona sul carioca, que saem pela noite desafiando pessoas em lutas que não têm qualquer justificativa racional, ao menos pelas outras teorias explicativas da criminalidade. São verdadeiras gangues cujo único prazer é provocar pessoas para afirmar a aparente masculinidade resultante da prática de artes marciais. Nada, porém, teve repercussão maior do que a morte do índio Pataxó.

G. J. S. estava em Brasília para as festividades do "Dia do Índio". Não tendo condução para retornar à pensão, onde se hospedara, resolveu passar a noite no banco de um ponto de ônibus. Quatro jovens resolveram atear fogo em G. para divertir-se e para imitar uma "pegadinha" da televisão. No depoimento, prestado diante dos jurados no plenário do júri, T. O. A. afirmou:

"Naquele dia, depois que saímos do G., ficamos rodando, procurando algo pra gente fazer, um lugar pra gente ir. Foi quando a gente passou na parada de ônibus. Passamos, vimos que tinha uma pessoa, e aí como a gente estava conversando sobre vários assuntos no carro, tava falando de um assunto sobre pegadinhas, exatamente nesse momento a gente tava passando na frente da parada de ônibus quando viu que tinha uma pessoa deitada e teve a ideia de fazer uma brincadeira, dar um susto nele (...).

"(...) Fez um barulho na hora do fogo, parece uma explosão, mas não é. A gente correu, todo mundo correu em direção ao carro. O E. foi o primeiro a chegar, quando cheguei ele já estava lá (...). A gente entrou no carro e sem saber se a gente ia embora ou não, o E. estava do lado de fora, ele estava pasmado. A gente não esperava, ficamos sem saber se íamos ou não embora (...). A gente avistou um carro vindo, o E. entrou, a gente estava na dúvida se voltava pra ajudar ou não, o cara deu farol alto, aquele farol alto inibiu a gente de voltar, já estava como se tivesse perseguindo, a gente saiu desesperado (...). A gente já tinha visto o que tinha acontecido, que nada do que a gente tinha planejado tinha dado certo (...).

"Aquilo deixou de ser uma brincadeira a partir daquele momento que o fogo subiu. Passou a ser muito mais sério para a gente. A gente mudou muito. Temos noção de que a brincadeira foi estúpida. A gente não pensou direito".

A. N. C. V. confirma a versão da brincadeira:

"Quando passamos pela W3, estávamos só falando besteiras, banalidades. Eu me lembro que um dos assuntos era sobre umas pegadinhas que a gente tinha visto na televisão. Foi aí que vimos um homem dormindo na parada de ônibus e alguém teve a ideia de darmos um susto nele".

E. C. O. apresenta depoimento absolutamente compatível com as versões anteriores:

"A gente estava conversando no carro sobre negócio de pegadinha, esse tipo de brincadeira. Aí a gente viu ele, e surgiu a ideia de fazer uma pegadinha".

M. R. A., o último dos acusados a ir a júri, afirmou:

"A gente não saiu direto do posto para a parada de ônibus. Passamos antes pela Asa Norte e depois voltamos para a Asa Sul. A gente já havia esquecido a história do álcool. Mas alguém falou que o cara ainda estava lá. Nós fizemos o retorno e estacionamos o carro na via W2. Não paramos na W3 porque ficamos com medo que ele levantasse e jogasse alguma coisa no carro. Porque a brincadeira era para isso: para ele sair correndo. Descemos e nos dirigimos até o ponto de ônibus".

Os depoimentos prestados, mais de quatro anos depois dos fatos, são claros: os acusados do terrível crime pretendiam apenas divertir-se, pois "procuravam algo para fazer", "um lugar para ir". Fazer "uma brincadeira" que reproduzisse uma "pegadinha" da televisão. Aqui, mais uma vez, os três elementos das teorias subculturais: negativismo, malícia da ação, não utilitarismo do ato.

Outra importante manifestação subcultural no Brasil, muitas vezes reprimida de forma implícita, é a existência de grandes bailes de funk.[51] O funk é um gênero musical que contempla grandes variações, e tem suas origens em camadas mais pobres e desprivilegiadas da comunidade. Suas raízes negras acabam por produzir um processo seletivo e repressivo que esconde a criminalização da população identificada por esse estilo de música: jovem, negra e da favela. Embora o funk não seja caso de polícia, é assim que vem sendo tratado pela mídia e pelo próprio poder público. "Sob os pretextos de combater o barulho excessivo, as brigas, o tráfico de drogas, a corrupção de menores e a apologia ao crime, os bailes funk chegaram a ser, na prática, proibidos em todo o território fluminense a partir da segunda metade da década de 1990, por meio de leis que

---

51. Importante trabalho sobre o tema é a dissertação de mestrado de Danilo Cymrot intitulada "A criminalização do funk sob a perspectiva da teoria crítica". O trabalho demonstra como a persecução penal contra funkeiros cria uma zona nebulosa de intervenção punitiva junto a essas manifestações culturais.

impunham uma série de requisitos burocráticos para sua realização de maneira lícita".[52] Parte dessa intervenção limitadora decorre de bailes funks de corredor. No Rio de Janeiro da Década de 90, eram comuns diferentes modalidades de bailes: o baile normal, o baile da comunidade e o baile de corredor ou embate. Estes últimos também eram conhecidos como bailes de briga. O espaço do baile era distribuído em dois territórios. De um lado a galera A e de outro a galera B. O corredor formava uma linha imaginária que separava amigos e inimigos, onde ficavam seguranças que controlava a excitação excessiva. Embora fosse uma violência regrada, tal embate, visto de fora, era facilmente justificador de uma intervenção proibitiva pois uma violência ínsita à disputa podia parecer chocante.[53] Ademais, uma sucessão de mortes dos MCs (mestres de cerimônia dos bailes) passou a colocar em dúvida as posturas das autoridades policiais em relação ao esclarecimento de tais mortes. De outra parte, as letras de tais músicas representam uma postura agressiva e combativa, acabando "por chocar aqueles que ainda creem no mito do homem cordial brasileiro e da democracia racial. A abordagem nua e crua da temática da violência e as críticas à polícia são confundidas com apologia ao crime".[54]

Um último matiz da teoria da subcultura delinquente pode ser vinculado à questão carcerária. Dentro do presídio, a opção por tomar parte dos padrões normativos de um grupo, com seus standards próprios de conduta, pode significar a opção entre a vida e a morte, com os mecanismos de violência entre presos ou entre presos e carcereiros. Hoje, sabemos que a situação interna de uma prisão é incompreensível, se essa realidade não for interpretada tomando em conta os valores subculturais de seus distintos atores e seções, a não ser que nos conformemos com a(s) versão(ões) oficial(is).[55] Para mostrar esse mundo específico, com características próprias, não é demais lembrar o pensamento de Manoel Pedro Pimentel, ao assinalar a vida do detento: "o preso aprende desde logo a mistificar, assumindo uma posição comparável à esquizofrenia: finge acatar, assimilar, aprender e respeitar tudo o que lhe for transmitido pela Administração. Na verdade, porém, vive outra vida, inteiramente diversa, acatando, assimilando, aprendendo e respeitando realmente tudo aquilo que é passado pelos seus companheiros de prisão. O prisioneiro interioriza rapidamente as regras de convivência com os

---

52. CYMROT, Danilo. *Criminalização do funk e extermínio de MCs.*, p. 3
53. CYMROT, Danilo. *O funk na batida: baile, rua e parlamento.* São Paulo, Edições SESC, 2022, p. 149.
54. CYMROT, Danilo. *Proibidão de colarinho-branco.* Tamborzão: olhares sobre a criminalização do funk, p. 78.
55. ELBERT, Carlos Alberto. *Manual...* cit., p. 87.

demais presos, para sobreviver. Identifica-se com estes, com seus valores, que são opostos aos estimados pela sociedade livre. Aprende a falar com as mãos, para entender o que os outros conversam, adota o jargão usual, os costumes assumidos pelos demais, e respeita a hierarquia existente entre os condenados, colocando-se nesse quadro e procurando o lugar que lhe cabe e o espaço que pode ocupar. As regras estimadas no mundo livre, os ensinamentos advindos dos terapeutas, dos religiosos, dos mestres, dos funcionários, são deixados de lado, embora o preso aparente recebê-los com o acatamento e atenção".[56] E, mais adiante, arremata: "formam, assim, uma sociedade peculiar, com objetivos próprios e aspirações comuns, linguagem especial, valores específicos diversos dos que são estimados pela sociedade convencional".[57] Notam-se, aqui, desde logo, alguns pontos de semelhança entre esta teoria e os aportes posteriores trazidos pelo interacionismo e, particularmente, com as ideias defendidas por Goffman em suas análises sobre a instituição total, que serão objeto de análise específica e mais aprofundada em capítulo posterior.

7.4 Notas conclusivas

Albert Cohen foi, em seu tempo, considerado um progressista, a ponto de ser censurado e perseguido pela repressão macarthista, nos Estados Unidos. O mote pejorativo que lhe foi atribuído, no entanto, fez com que todo o comportamento mais ou menos frequente, geralmente juvenil, que desafiasse os modelos de conduta impostos pelo sistema de produção consumista, viesse a ser chamado de subcultural.[58] Também é qualidade do seu pensamento dar um melhor equacionamento – não criminal e não punitivo – entre a sociedade e grupos de "minorias" de poder como *hippies*, *beatniks*, pacifistas, e outros grupos surgidos logo após a grande discussão trazida pelo pensamento subcultural e aprofundada com a temática candente da contracultura. Também é seu mérito dar uma nova visão àquela temática (então dominante nos EUA) que apontava para uma explicação "ecológica" da criminalidade de algumas minorias.

Várias críticas, ao longo do tempo, são feitas ao pensamento subcultural. Tal perspectiva não consegue oferecer uma explicação generalizadora da criminalidade, supervalorando algumas conclusões válidas, em princípio, somente para determinadas manifestações da delinquência juvenil nos grandes centros urbanos. Elas não justificam, por exemplo, nem a delinquência que se produz à margem

---

56. *O crime e a pena na atualidade*, p. 154.
57. Idem, p. 154.
58. BERGALLI, Roberto et al. *El pensamiento...* cit., vol. I, p. 128.

das correspondentes subculturas, nem os comportamentos regulares que também têm lugar no seio daquelas; de outra parte, nem sempre se verificam nos grupos subculturais uma coesão e consenso em torno de determinados valores, réplica invertida dos oficiais, como afirmava Cohen. Em última instância pode-se dizer que há na análise subcultural um apego exclusivo a determinado tipo de criminalidade, sem que se tenha uma abordagem do todo. Perigo, pois, tomar o todo pela parte, com o que teríamos uma generalização inadequada e que transferiria para algumas manifestações criminosas outras características que não lhes seriam aplicáveis. Segundo Baratta, a teoria em foco "permanece, pois, limitada a um registro meramente descritivo das condições econômicas das subculturas, que não se liga nem a uma teoria explicativa, nem a um interesse político alternativo, em face destas condições. Estas são, desse modo, acriticamente postuladas como quadro estrutural dentro do qual se insere e funciona uma teoria criminológica de médio alcance: ou seja, uma teoria que parte da análise de determinados setores da fenomenologia social (como seriam, no nosso caso, os fenômenos da criminalização e da pena) para permanecer, no próprio contexto explicativo, dentro dos limites do setor examinado.[59]

A principal lição que se pode tirar de tais teorias, sem qualquer dúvida, é que dadas suas características particulares, o combate a essa criminalidade não se pode fazer através dos mecanismos tradicionais de enfrentamento do crime. Primeiro porque a ideia central dessa forma de prática delituosa tem certas particularidades que são dessemelhantes de outras formas mais corriqueiras. Ademais, algumas dessas manifestações não se combatem com a pura repressão, mas sim com um processo de cooptação dos grupos, envolvendo-os com o mercado de trabalho e com o acesso à sociedade produtiva (é o caso dos grupos de pichadores nas grandes cidades).[60] Outros, ao contrário, demandam uma delicada investigação cujo foco

---

59. BARATTA, Alessandro. *Criminologia...* cit., p. 82.
60. Tal processo foi tentado na cidade de São Paulo, na gestão da então Prefeita Luísa Erundina com os pichadores; houve a "concessão" de alguns muros da cidade, em locais de grande visibilidade, onde aqueles jovens podiam expressar livremente sua forma artística de grafites. Durante a gestão da prefeita Marta Suplicy, postura semelhante foi adotada, já que houve incentivo aos grupos de periferia em suas manifestações artísticas, especialmente o *hip-hop*, antes associado estereotipicamente à marginalidade. Na gestão de José Serra, iniciou-se o combate declarado às pichações. Comentando essa política da prefeitura de pintar, todas as manhãs, durante três semanas, numa experiência piloto, pichações da Rua Cardeal Arcoverde, o subprefeito de Pinheiros, Antonio Marsiglia Netto afirmou: "Não queremos mandar ninguém para a Febem. Temos assistentes sociais e esperamos que eles descubram alternativas, até artísticas, para essa rebeldia" (ATHAYDE, Phydia de. *Artimanhas da pichação*. Disponível em: [http://cms.cartacapital.

precípuo estaria na inteligência da polícia, com delegacias especializadas para controle dessas manifestações criminais (assim, nas hipóteses de *gangs punks*, *skinheads*, ou semelhantes, tais como "Carecas do ABC").

---

com.br/carta/2005/06/2210]. Acesso em: 01.06.2008). Gilberto Kassab, por sua vez, adotou a Lei 14.451, que "institui o Programa Antipichação no Município de São Paulo e autoriza o Poder Executivo Municipal a promover, direta ou indiretamente, serviços de pintura reparadora em muros e fachadas de imóveis públicos *e particulares* atingidos por pichação." O art. 3.º da lei estabelece, positivamente, que para a execução dos serviços de pintura deverá ser dada preferência à mão de obra de pessoas encaminhadas judicialmente para prestação de serviços à comunidade, em cumprimento de medida socioeducativa ou de pena restritiva de direitos. Mas o art. 1.º do mesmo diploma legal faz questão de destacar o caráter criminoso do ato de pichação. Na gestão do então prefeito João Dória, declarou-se guerra aos pichadores. Já no primeiro mês de sua administração o ex-prefeito declarou que não teria diálogo com pichadores, pois não conversa com contraventores. Disse, ademais que grafite não tem nada a ver com grafiteiros e se dispôs a multar aqueles apanhados sujando os muros da cidade com um valor de até R$ 50.000,00 (cinquenta mil reais). Disponível em: 'Todos os pichadores são bandidos', afirma Doria em entrevista à rádio – 04/02/2017 – Cotidiano – Folha de S. Paulo (uol.com.br). Acesso em 01.06.2021. Na gestão de Bruno Covas, no entanto, arrefeceu-se a política repressiva, estabelecendo-se um processo de diálogo. De qualquer sorte, uma outra análise, sob a perspectiva da criminologia cultural, pode ser encontrada no apêndice desta obra.

8

LABELLING APPROACH

8.1 Notas introdutórias

O movimento criminológico do *labelling approach*, surgido nos anos 60, é o verdadeiro marco da chamada teoria do conflito. Ele significa, desde logo, um abandono do paradigma etiológico-determinista e a substituição de um modelo estático e monolítico de análise social por uma perspectiva dinâmica e contínua de corte democrático. A superação do monismo cultural pelo pluralismo axiológico é a marca registrada da ruptura metodológica e epistemológica desta tendência de pensamento. Assim, a ideia de encarar a sociedade como um "todo" pacífico, sem fissuras interiores, que trabalha ordenadamente para a manutenção da coesão social, é substituída, em face de uma crise de valores, por uma referência que aponta para as relações conflitivas existentes dentro da sociedade e que estavam mascaradas pelo sucesso do Estado de Bem-Estar Social. As questões centrais do pensamento criminológico, a partir desse momento histórico, deixam de referir-se ao crime e ao criminoso, passando a voltar sua base de reflexão ao sistema de controle social e suas consequências, bem como ao papel exercido pela vítima na relação delitual. Se esse pensamento já era marcante nos anos 60, não deixou de sê-lo no início deste novo século. Como muito bem observa Jacques Rancière, por ocasião da análise dos novos conflitos surgidos no final do passado milênio, "o consenso quer suprimir a política, seu povo e seus litígios arcaicos. Quer substituí-los pela população, suas partes e os simples problemas de repartição de esforços e das riquezas. Mas o povo político e seu litígio não desaparecem sem resto. Quando se quer suprimir o povo dissensual da política pela população consensualmente gerida, vê-se aparecer em seu lugar um outro povo, mais antigo, mais intratável, o povo da etnia que se declara incompatível com a etnia vizinha. Quando se quer substituir a condução política dos litígios pelo tratamento gestionário dos problemas, vê-se reaparecer o conflito sob uma forma mais radical, como impossibilidade de coexistir, como puro ódio do outro".[1]

Não é demais marcar o porquê do aparecimento desta linha de pensamento, marcadamente indagativa e crítica, no horizonte do pensamento sociológico e

---

1. O dissenso. *Crise da razão*, p. 380.

criminológico. Ela corresponde ao quadro vivenciado por um ambiente cultural de uma época que tocou as democracias europeias, os Estados Unidos e o Brasil. As ciências humanas, nomeadamente a sociologia e psicologia, têm um grande impulso crítico com o questionamento de valores arraigados que passam a ser debatidos sob uma perspectiva inovadora e, em alguns casos, até revolucionária. A criminologia, por seu turno, recebe o contributo dessas vertentes de pensamento passando a ser depositária de toda essa transformação. Neste passo, a título introdutório, há que examinar quais os fatores sociais que foram determinantes para a mudança do caminho até então trilhado por uma criminologia que explicava topicamente os fenômenos sociais. Tal estudo centrar-se-á inicialmente nos Estados Unidos por ser este o país onde a perspectiva crítica do *labelling approach* primeiro se firmou. É o que se fará a seguir.

8.2 O fermento da ruptura

Logo após a 2.ª Guerra Mundial, os Estados Unidos apresentaram um grande crescimento econômico interno que, em certa medida, foi usufruído por grande parte da população – especialmente as classes médias – que teve acesso às cotas de bem-estar material produzidas pela economia americana. Esse período é marcado pela transformação dos EUA em uma das duas grandes potências mundiais e por uma expansão de seus mercados em níveis planetários, o que garantia um constante crescimento dos lucros das empresas americanas em alguma medida repassados às classes médias. De outra parte, no plano externo, vê-se uma sociedade internacional marcada pela divisão do mundo em duas grandes áreas de influência, o que gerou um surdo conflito conhecido historicamente como Guerra Fria. Esse quadro movia a sociedade americana, pela coesão interna contra o inimigo externo e pelo acesso a bens de consumo, a um sentimento de estabilidade, coesão e integração que propiciou o surgimento de um forte pensamento que poderia ser chamado de ideologia do consenso.

No entanto, os anos 60 marcam um sucessivo período de relações críticas que abrem uma fissura no aparente monolitismo cultural e social americano. Sucedeu um período de intensas e extensas áreas de conflito, com repercussão notada em todas as áreas do conhecimento, no plano das ideologias, na esfera da cultura, no alcance das relações humanas. Vários sociólogos e historiadores tentam explicar o ocorrido naquele período. Em todas as épocas, sempre se ouviu falar em desajuste, delinquência e rebeldia.[2] Nos anos 60 isso não poderia

---

2. Robert Merton, sob outra perspectiva, já analisara alguns destes aspectos em seu livro *Social...*, cit.

ser diferente. Entretanto, de braços dados com essa rebeldia, surge um potencial crítico e criativo, um idealismo marcante e abrangente, uma força transformadora como nunca na história da humanidade os jovens haviam experimentado. Essa década é marcada por um culto "científico" às drogas,[3] pelo psicodelismo do *rock and roll*, por uma enfática resistência pacifista à Guerra do Vietnã, por uma campanha abrangente pelos direitos civis, pela luta das minorias negras, pelo fim das discriminações sexuais, pelo despertar da consciência estudantil que passa a conhecer seu próprio poder, por transformações existenciais que permitem aos jovens encontrarem seu próprio eu, enfim, por um fermento de ruptura potencializador da sociologia do conflito.

Nos anos 50, em pleno pós-guerra, havia um certo sentimento de insatisfação entre os jovens. Nem todos estavam dispostos a assumir os papéis costumeiros na sociedade. Especificamente nos EUA, uma parte dos jovens já não tinha interesse de reproduzir seu papel de coadjuvante de seus pais que pensavam exclusivamente na aquisição de coisas desnecessárias e que faziam dessa sociedade de consumo sua razão de existência.[4] O *American Way of Life* passa a ser analisado

---

3. O movimento contracultural da década de 60 foi muito rico em seus questionamentos sobre a criminalização das drogas. A seleção de textos realizada por Beatriz Resende na obra *Cocaína* ilustra a propriedade dessa contestação, por demonstrar que as substâncias psicoativas nem sempre foram consideradas drogas e como são arbitrárias as escolhas políticas e culturais sobre quais drogas serão lícitas e toleradas (como, aliás, explica Luiz Eduardo Soares, no prefácio do livro). São textos do começo do século XX, uma época em que consumir cocaína demonstrava o pertencimento a um círculo de ilustres, e que coincidem temporalmente, pois, com o início da repressão à venda da cocaína no Brasil – que se dá em 1921. Há, por exemplo, uma interessante passagem do documento de críticas e sugestões sobre a legislação de drogas, elaborado por uma comissão de farmacêuticos, que sugere seja o governo vendedor exclusivo de entorpecentes e que as penas de prisão para toxicômanos sejam eliminadas (RESENDE, Beatriz. *Cocaína*, p. 21). A canção-tango *A cocaína*, uma criação de 1923 da atriz Celeste Reis oferecida ao amigo Roberto Marinho, possui estrofes emblemáticas: "Só um vício me traz / Cabisbaixa me faz / Reduz-me a pequenina / Quando não tenho à mão / A forte cocaína (...) És a gota orvalina / Só tu és minha vida / Só tu ó cocaína!" (RESENDE, Beatriz. *Cocaína*, p. 86). São ótimas ilustrações daquele período anterior ao lento e contínuo processo de 'satanização' das drogas que, desconsiderando o potencial destrutivo das substâncias, levou à caótica situação de atual violência e consumo disseminados.
4. Ao contrário dos jovens que no passado criticavam a sociedade de consumo, hoje eles aderem cada vez mais ao excesso de consumo. Além dos estabelecimentos comerciais instalados nas ruas e nos *shoppings*, a compra por meio eletrônico surge como outra alternativa de aquisição de bens. Um exemplo disso são os *sites* de compra coletiva. Esse formato surgiu nos Estados Unidos, em 2008, com o GroupOn. A partir das parcerias com os estabelecimentos (gastronomia, entretenimento, beleza e turismo), os *sites* disponibilizam ofertas diárias com descontos de 50% a 90%. O sucesso desse formato de

de maneira crítica, pois eles estavam em busca de uma verdadeira liberdade, de emoções diferentes, sensações novas. Como consequência dessa insatisfação e por não acreditarem que as coisas fossem melhorar, eles mandavam tudo para o inferno,[5] "embalavam-se" com álcool e drogas, deixavam seus cabelos crescer e botavam o pé na estrada em busca de aventura, viajando de carona através do país, especialmente pela famosa Rota 66. Eles fariam parte da chamada geração *beat*, mais tarde batizados de *beatniks*. Por possuir uma linguagem muito própria, o movimento *beat* gerou um estilo de literatura bem particular, caracterizado por uma maneira solta de escrever, esquecendo regras, usando gírias e criando novas expressões vernaculares, enfim, rompendo as barreiras tradicionais do próprio idioma. Entre os escritores que se destacaram nesse período está Allen Ginsberg, autor de *Howl* (*Uivo*), poema escrito com doses de erotismo e obscenidade que fizeram de Ginsberg um símbolo mundial da quebra dos cânones,[6] rendendo-lhe um processo criminal por "obscenidade" na cidade de San Francisco. Além dele podemos destacar Jack Kerouac (1922/1969), consagrado como o grande ícone da geração *beat* e celebrizado por seu livro *On the road* (*Pé na estrada*), verdadeira bíblia do movimento, em que ele conta as suas aventuras e de seus amigos cruzando a América de costa a costa.[7]

---

comércio deve-se aos faturamentos milionários. Somente no mês de agosto de 2010 o lucro calculado foi de 6 milhões e a expectativa de lucro para 2011 é entre R$30 milhões e R$50 milhões. Com todas as possibilidades de consumo disponíveis hoje, os excessos têm seu reflexo nas dívidas contraídas pelos jovens, que atualmente representam a parte da população que mais adquire bens. Nesse sentido, uma pesquisa realizada pela Federação do Comércio de São Paulo (Fecomercio), dentre consumidores de 19 a 34 anos, aponta que 60% possuem dívidas. A facilidade ao crédito (cartão de crédito e cheque) cumulada com a inexperiência dos jovens para organizar as finanças, de acordo com os especialistas, são as principais causas desse fenômeno. Links acessados: [www1.folha.uol.com.br/folha/dinheiro/ult91u550994.shtml], acessado em: :21.12.2010; [http://cuattromkt.blogspot.com/2010/09/sites-de-compras-coletivas-briga-apenas.html], acessado em: 21.12.2010; [http://aprendiz.uol.com.br/content/druphutrod.mmp], acessado em: 21.12.2010.

5. Roberto e Erasmo Carlos, entre nós, no início dos anos 60, ainda que em pose mais comportada, diziam "quero que você me aqueça nesse inverno e que tudo o mais vá pro inferno", em sua música *Quero que vá tudo para o inferno*.
6. "(...) as melhores mentes da minha geração destruídas pela loucura, definhando histericamente nus, arrastando-se pelas ruas negras, ao raiar do dia, atrás de uma dose raivosa... o mundo é sagrado! A Alma é sagrada. A língua, o pau, a mão e o cu são sagrados! Tudo é sagrado! Todo mundo é sagrado!". In: BERMAN, Marshall. *Tudo que é sólido desmancha no ar*: a aventura da modernidade, p. 297-298).
7. Em dado momento ele afirma: "eliminai a inibição literária, gramatical e sintática", seguindo com a pregação de obediência a "nenhuma disciplina que não seja a da exal-

Importante papel iconoclástico foi desempenhado por um psicólogo americano, Thimothy Leary (1920/1995), conhecido como "pai da contracultura". Psicólogo brilhante, professor de renomadas universidades americanas e adepto do uso das drogas – com "precisão e segurança" – para aprofundamento de aspectos da psicologia, filosofia, estética, religião e vida, Leary foi o principal defensor da utilização das drogas como mecanismo ativo de "expansão da consciência". Em 1960, na condição de professor em Harvard, Leary escreve uma carta para o Laboratório Sandoz, empresa suíça que descobrira o LSD e que sintetizara o princípio ativo dos cogumelos. Nessa carta, com autorização da direção da Universidade, utilizando o papel timbrado da instituição, solicita o fornecimento de psilocibina, alcaloide alucinógeno encontrado em certos cogumelos nativos do México. Dias depois, chega uma "caixa de papelão com quatro vidrinhos marrons. Em cada etiqueta, um aviso sugestivo: *não pode ser vendido: apenas para uso em pesquisas experimentais*".[8] Leary, com apoio da Universidade e com a anuência do próprio governo americano,[9] passa a fazer inúmeras experiências com voluntários, muitos dos quais recrutados na própria Universidade, além de muitas outras personalidades que se ofereciam para participar.[10] Tais iniciativas chegaram a ser realizadas até mesmo com detentos da Penitenciária Estadual de Concórdia, autorizadas por seu diretor, Jefferson Monroe, no ano de 1961.[11] Assim, a experiência com as drogas passa a ser defendida como um estudo sério de questionamento dos próprios valores políticos, sociais e culturais da sociedade americana. As drogas eram uma janela para o misticismo oriental ou um vínculo com um grande artista; eram um protesto contra tudo o que havia de errado com o mundo burguês; eram a base do rompimento com os valores arraigados e tradicionais da sociedade de consumo comportada. No final da década de 60, por exemplo, a maconha havia se tornado um poderoso símbolo político de liberdade e desobediência civil. "Fumar baseado faz de você um criminoso e um revolucionário, disse o ativista Jerry Rubin, fundador do Partido Internacional

---

tação retórica e da afirmação não censurada". In: PEREIRA, Carlos Alberto M. *O que é contracultura?*, p. 34.
8. LEARY, Thimoty. *Flashbacks*: surfando no caos, p. 52.
9. Nesta altura dos acontecimentos, 1960, interessados na eventual utilidade dos experimentos, para aproveitamento em interrogatórios de inimigos na Guerra Fria ainda em curso.
10. Interessante é a participação do escritor inglês Aldous Huxley, autor de *Admirável mundo novo* (em que se descreve a droga perfeita: soma), como voluntário de algumas sessões dessa experiência.
11. LEARY, Thimoty. The effects of consciousness expanding drugs in prisoner rehabilitation, *Psychodelic Review*, vol. 10.

da Juventude, falando em maio de 1970. Assim que você dá o primeiro 'tapa' você vira um inimigo da sociedade".[12]

Apesar de as raízes iniciais estarem em Nova York, o movimento *hippie* espalha-se, chegando a San Francisco. Eles acreditavam conseguir modificar a sociedade moderna, criando o paraíso dos sonhos, baseado apenas no amor, na arte, no êxtase. Queriam acabar com a pobreza e o racismo, denunciar a poluição atmosférica, se libertar da inveja e da cobiça. Eram os *hippies* uma versão colorida dos *beatniks*. Velhos ideais de vida comunitária e amor livre coexistiam pacificamente com crenças ancestrais e exóticas religiões orientais, além de uma revalorização do cristianismo original. Muitos *hippies* foram viver em comunidades rurais, fugindo da sociedade industrial e de seus valores. Em 1967 é realizado o primeiro grande festival de *rock*, em Monterey. Ali, envolvidos pela atmosfera de mais de 50 mil pessoas, surgem duas estrelas, Janis Joplin e Jimi Hendrix. É também desse ano a inusitada tentativa de levitar o Pentágono, em enorme manifestação pacifista realizada no mês de outubro.[13]

Nesse período há o lançamento do disco *Sergeant Pepper's*, considerado o divisor de águas da obra dos Beatles. A partir desse álbum, eles abandonavam de vez a imagem de adolescentes e firmavam-se como músicos mais criativos e transgressores. Surge a música *Lucy in the sky with diamonds*, música que contém em anagrama um elogio ao LSD (para alguns, parte da criatividade dos Beatles teria vindo do uso de LSD). Um segundo acontecimento, também envolvendo os Beatles, foi um especial de TV, transmitido para 200 milhões de pessoas em vários países, pelo novo sistema via satélite, onde eles cantaram *All you need is love*, cuja letra dizia que tudo era possível, desde que existisse amor. O guitarrista John Lennon, em entrevista concedida a jornalistas em 1966, afirma: "A cristandade vai indo, vai indo, um dia desaparecerá. Atualmente somos mais populares do que Jesus. Não sei quem irá primeiro – o *rock and roll* ou o cristianismo. Jesus estava certo, mas seus discípulos eram grossos e vulgares".[14] Um pouco mais tarde, já em fase solo, John Lennon lança seu *Imagine*, álbum ancorado pela música de mesmo nome, em que defendia um mundo sem fronteiras, religiões, parâmetros tradicionais.

Apesar de caracterizada principalmente pela busca do prazer, a utopia *hippie* não deixava lugar para injustiças sociais e opressão. Em outubro de 1967, muitos participaram da Marcha ao Pentágono, que foi um dos maiores confrontos entre

---

12. ROBINSON, Rowan. *O grande livro da Cannabis*: guia completo de seu uso industrial, medicinal e ambiental, p. 100.
13. PEREIRA, Carlos Alberto M. Op. cit., p. 87.
14. Beatle desafia a cristandade. *O Estado de S. Paulo*, 31.12.1968, p. H-16.

estudantes e a força militar. A deserção e a desobediência civil assumiam dimensões de radical atitude política. A oposição à guerra começa a ganhar espaço até mesmo entre as camadas médias da população.[15] O movimento *hippie* fervilhava, chocando a sisudez ocidental, inconformada diante da promiscuidade de jovens de cabelos crescidos que faziam da liberdade comportamental suas armas para combater a violência do *Way of Life* industrializado. "Bob Dylan, Allen Ginsberg, Black Panthers... novos símbolos e formas culturais tomavam corpo, expressando aquilo de Herbert Marcuse, filósofo de cabeceira da nova *intelligentsia*, chamou de a *Grande Recusa*".[16]

Em 1968 surge outro conflito, desta vez em Chicago, por ocasião da Convenção do Partido Democrata realizada no mês de agosto. A polícia reprime violentamente uma manifestação de protesto tendo como resultado um enorme saldo de mortos e feridos. Na realidade, o liberalismo americano estava estupefato com as sucessivas manifestações, não sabendo ao certo quais atitudes tomar em face das repetidas transgressões. Seria melhor o confronto ou a tolerância? O resultado deste episódio foi a abertura de um grande processo criminal contra os líderes do movimento ali presentes, como Jerry Rubin do Partido Internacional da Juventude, Bobby Seale, dos Black Panther, Tom Hayden, do SDS (Students for a Democratic Society) e importante líder da nova esquerda. Todos acabaram processados por "conspiração" – ainda que sem provas – (algo que hoje nós chamaríamos de utilização dos efeitos simbólicos do direito penal).[17]

No verão de 1969, tentando transformar seus sonhos em realidade e pôr a sua utopia em prática, estudantes e voluntários ocuparam um terreno abandonado da Universidade de Berkeley e o transformaram num parque público, com *playgrounds* para as crianças, fontes d'água e concertos de *rock*. Era o *People's Park*, Parque do Povo. Vendo isso como uma ameaça ao sistema, que já se sentia vulnerável, o Governador da Califórnia, Ronald Reagan, convocou a polícia e a Guarda Nacional para resolverem a situação. O *People's Park* foi arrasado e transformado em estacionamento de veículos; um estudante foi morto. Mas o ano de 1969 ainda seria marcado pelo Festival de Woodstock. Milhares de pessoas, entre os dias 15 e 17 de agosto, revezam-se para ouvir seus ídolos *pop*. Jimi Hendrix, com sua interpretação do hino nacional dos EUA, arranca de sua guitarra explosões de bombas, granadas, rajadas de metralhadoras e roncos de helicópteros, em um claro protesto contra a Guerra do Vietnã.

---

15. O campeão mundial de boxe, categoria pesos pesados, Cassius Clay, nega-se a ir para a Guerra do Vietnã e tem seu título esportivo cassado.
16. HOLLANDA, Heloísa B. de; GONÇALVES, Marcos A. *Cultura e participação nos anos 60*, p. 69.
17. PEREIRA, Carlos Alberto M. Op. cit., p. 88-89.

Já no ano anterior as revoltas estudantis tinham sido bastante intensas em vários lugares do mundo. 1968 é um verdadeiro marco, pois representou o auge da ofensiva transgressora. A França, centro da revolta estudantil, presenciou a eclosão do mitológico *Maio de 68*, quando as ruas de Paris, em torno da tradicional Sorbonne, viram-se transformadas em cenário de guerra civil. O estopim da crise estudantil foi a tentativa de implementar uma reforma universitária – conhecida como plano Fouchet – que tinha por objetivo controlar, selecionar e limitar a saída de profissionais de nível superior que não estavam sendo absorvidos pelo mercado de trabalho. Em janeiro de 1968, o Ministro Alain Peyrefitte sintetiza a Reforma Fouchet na seguinte frase: "tem estudante demais nas universidades". Em março de 1968, liderados por Daniel Cohn-Bendit, em protesto contra a prisão de membros do comitê contra a Guerra do Vietnã, os estudantes ocuparam a administração na Universidade de Nanterre. A Universidade é fechada no dia 2 de maio, fazendo com que os estudantes sigam à Sorbonne e ocupem-na no dia seguinte. Surgem as primeiras barricadas e a repressão é violenta, com a prisão de 600 estudantes e dezenas de feridos. Tentando atrair a solidariedade do operariado, que deflagraria uma greve geral envolvendo 10 milhões de trabalhadores, e da intelectualidade, os estudantes franceses colocavam em prática novas formas de luta e de organização, questionando a um só tempo o *establishment* social e a política tradicional dos partidos de esquerda. Os partidos comunista e socialista, que controlavam os sindicatos, não dão apoio, inicialmente, à greve e são ignorados pelos estudantes. Muitas fábricas são ocupadas e a organização é tamanha que o Primeiro-Ministro George Pompidou se vê obrigado a negociar com os estudantes. Soprava um vento libertário arrasador. "A imaginação no poder" tinha basicamente um lema: "é estritamente proibido proibir". O grande líder desse movimento, Daniel Cohn-Bendit, foi processado e perseguido. Nascido na França, porém de nacionalidade alemã, Dany *le rouge* é expulso do país e proibido de entrar em território francês por dez anos. Fixando residência em Frankfurt é eleito para o Parlamento Europeu pelo Partido Verde alemão, em 1994. Com o tratado de Maastricht, que permite aos cidadãos europeus se apresentarem como candidatos ao Parlamento Europeu em um outro país que não o próprio, volta a candidatar-se, desta vez na França, sendo eleito deputado nas eleições de 1999.

A repercussão das revoltas estudantis da França é enorme, não só nos Estados Unidos, como também no Brasil. No Rio de Janeiro, com a morte do estudante Edson Luiz, de 19 anos, no restaurante Calabouço, tem-se o estopim para a *Passeata dos Cem Mil*. O regime militar era frontalmente atacado. Em São Paulo, a Faculdade de Direito da Universidade de São Paulo é tomada pelos estudantes e por alguns professores que estavam em desacordo com a reforma universitária, fruto do chamado *Acordo Mec-Usaid*. Novas cenas de violência surgem com o Congresso da UNE em Ibiúna, onde os principais líderes estudantis do País são presos e processados criminalmente.

Nos planos existencial e cultural as transformações são brutais. "Em 1963/4, o ambicioso discurso do inquieto cinema brasileiro alcançaria, de forma definitiva, sua inscrição no âmbito da melhor produção cultural do país. Com *Vidas secas*, de Nelson Pereira dos Santos, e *Deus e o diabo na terra do sol*, de Glauber Rocha, o cinema novo levava o filme brasileiro a um novo patamar dentro do quadro de nossa cultura".[18] Aqui, a representação do povo como massa passiva transforma o diapasão naturalista, muito comum nesse período, para mostrar as manifestações de insurgência e transgressão. Na música, outra não é a transformação. Surge o tropicalismo, movimento musical responsável pela introdução da guitarra elétrica na nossa música, e que submetia os "arcaísmos culturais à luz branca do ultramoderno, apresentando o resultado como uma alegoria do Brasil".[19] Esse era o procedimento inicial do tropicalismo: incorporar o caráter explosivo do momento às experiências culturais que vinham se processando; redescobrir e criticar a tradição, segundo a nova leitura cosmopolita da modernidade.[20] Daí o interesse pelo grotesco, cafona, popular, folclore, circense, gírias e pelo programa do Chacrinha. Enquanto a música de protesto queria resistir ao regime militar, a tropicália queria transgredir, dessacralizar, romper e recriar. "Caminhar contra o vento, sem lenço sem documento, nada nos bolsos ou nas mãos, eu quero seguir vivendo", mote de *Alegria, alegria*, composição de Caetano Veloso, passa a ser o símbolo da crítica contracultural ao *establishment*. O que importava era seguir vivendo...

No Brasil, o envolvimento da crítica contracultural com aspectos políticos foi inevitável. Até mesmo em face das características específicas de nossa situação política que misturava um regime repressivo no plano político com a própria repressão cultural, social e existencial. A democracia partidária estava reduzida a dois partidos permitidos pelo poder: Arena e MDB, que tinham a finalidade precípua de legitimar o sistema. É por isso que logo após a redemocratização, ainda nos anos 80, a crítica contracultural esteve intimamente associada à política partidária. Em 1982, muitos candidatos, do Rio de Janeiro e de São Paulo, adotaram uma plataforma que incorporava a discussão de temas como desigualdade sexual, racial, descriminalização da maconha etc. Liszt Vieira, no Rio, Ruth Escobar e Caterina

---

18. HOLLANDA, Heloísa B de; GONÇALVES, Marcos A. Op. cit., p. 39-40.
19. SCHWARZ, Roberto. *O pai de família e outros ensaios*, p. 52.
20. FAVARETTO, Celso F. *Tropicália*: alegoria, alegria, p. 17.

Koltai, em São Paulo, foram alguns dos nomes a se envolverem nesse processo. Esta última, em campanha para a Câmara Municipal, sofre retaliações do TRE por seu programa *Desobedeça*. Foi proibida a circulação de todo o material que dizia "desobedeça à ordem dos que querem regulamentar o seu prazer: lute pela descriminalização da maconha, porque o mal é o que sai da boca do homem". A candidata reage à apreensão com o manifesto *Obedeça* que afirmava: "obedeça à ordem daqueles que regulamentam o seu prazer: embriague-se à vontade, tome todos os remédios da praça, e consuma sem susto todos os enlatados danificados, porque se são permitidos é porque nunca fazem mal. Não lute pela descriminalização da maconha, já que sua proibição legal foi antecedida de profundos estudos científicos e fruto de um amplo debate nacional".[21]

Outra terrível vertente contestatória foi aquela determinada pela perspectiva da crítica racial. Esta crítica – de tão acentuadamente aguda – atinge a própria essência do Estado americano, com resultados consagrados na legislação daquele país e que ainda hoje são objeto de polêmicas em países periféricos como o nosso. Papel determinante nesse processo teve Martin Luther King Jr., ganhador do Prêmio Nobel da Paz de 1964. Luther King nasceu em 1929 em Atlanta, Estado da Georgia. Seu avô era um pastor batista, assim como seu pai. Luther King, seguindo o caminho de seus antecessores, vem a tornar-se pastor em 1951. Estuda filosofia na Universidade de Boston onde obtém o título de doutor em 1955. Ainda quando realizava seus estudos teológicos conhece o pensamento de Mohandas Gandhi concernente à não violência. Inicia sua luta pública pelos direitos dos negros em 1956. Em 1959 viaja à Índia para contatar os discípulos da resistência pacífica na luta pela liberdade. Um dia, uma mulher, chamada Rosa Parks, estava andando em um ônibus, do trabalho para sua casa, na cidade de Montgomery, Alabama. Ela sentou-se em um dos bancos destinados aos negros, situados na parte traseira do coletivo. Naquele dia o ônibus estava particularmente cheio não havendo bancos para todos os usuários. Quando um homem branco entra no ônibus e ordena que ela ofereça o banco para si ela surpreendentemente se recusa. É detida e arrastada até a prisão.[22] Toda a população da cidade se insurge contra a atitude da polícia. Multidões passam a reunir-se nas igrejas e nas ruas. Luther King passa a pregar a não utilização de ônibus coletivos com discriminação dos assentos. O boicote, inspirado nas táticas de não violência de Gandhi, dura mais de um ano. Milhares de pessoas chamam atenção da Nação andando quilômetros até o trabalho para não se submeterem ao racismo dentro dos coletivos. Luther King é processado

---

21. ROBINSON, Rowan. Op. cit., p. 122-123.
22. CHRISTIAN, Carol. *Great people of our time*, p. 64.

e condenado à prisão pelo episódio, mas já conseguira ganhar a opinião pública para sua campanha de direitos civis. Sua *Letter from Birmingham Jail* inspirou o crescimento do movimento em defesa dos direitos civis que o levaria a liderar uma monstruosa manifestação na capital da República.

Era 1963 e Luther King consegue reunir mais de duzentas e cinquenta mil pessoas, brancos e negros, no coração da Nação, cantando músicas de liberdade. Foi ele o principal orador da *Marcha sobre Washington*, quando expôs um dos mais notáveis discursos de protesto contra o *American Way of Life: I have a dream*. Nesse discurso, a própria essência do *sonho americano* de ascensão social, supostamente igualitário e que estaria ao alcance de todos, é questionado. Alguns trechos são paradigmáticos e merecem citação: "Cem anos depois, os negros vivem em uma ilha de pobreza em meio a um vasto oceano de prosperidade material. Cem anos depois, os negros ainda estão enfraquecidos, à margem da sociedade americana, encontrando-se exilados em sua própria terra... Não nos deixemos chafurdar no vale do desespero. Eu digo a vocês, meus amigos, que ainda que tenhamos que enfrentar as dificuldades de hoje e do amanhã, eu ainda tenho um sonho. É um sonho profundamente enraizado no sonho americano. Eu tenho um sonho que um dia esta Nação vai se rebelar e sobreviver ao verdadeiro significado deste credo evidente de que todos os homens são criados iguais. Eu tenho um sonho que um dia, nas montanhas vermelhas da Geórgia, os filhos dos antigos escravos e os filhos dos proprietários de escravos serão capazes de sentar-se à mesa em fraternidade. Eu tenho um sonho que um dia até mesmo o Estado do Mississipi, um Estado marcado pelo calor da injustiça, marcado pelo calor da opressão, será transformado em um oásis de liberdade e justiça. Eu tenho um sonho que meus quatro pequenos filhos viverão um dia em uma Nação onde eles não serão julgados pela cor de sua pele, mas sim pela natureza de seu caráter".[23] Martin Luther King, conforme se nota, propugna a substituição daquele estado de injustiça por uma nova ordem. Queria ele que o sonho americano de ascensão social pudesse ser usufruído também pelos negros. É por isso que ele afirma que suas perspectivas críticas estavam verdadeiramente enraizadas no sonho americano.

Evidentemente que a leitura de tal discurso se afina com o pensamento pacifista deste grande líder negro. De outra parte, no entanto, tinha-se a referência de um engajamento político mais militante e aguerrido. Tal paradigma vai encontrar no nome de Malcom X sua principal figura. Nascido Malcom Little em 1925, tem uma atribulada vida pessoal que o leva à prisão por crime de roubo. Ali vincula-se

---

23. A tradução foi feita do original que consta do *site:* [www.imn.com.br].

à *Nação do Islã*, seita muçulmana dirigida por Elijah Mohamed. Malcom para de beber, de fumar, de comer porco, e transforma-se, ele mesmo, em um ministro da seita. Alguns anos mais tarde rompe com o líder da *Nação do Islã*, porque ele cometera adultério, e passa para uma linha mais ortodoxa do islamismo. A partir daí, deixa de ter uma leitura "negra" do problema racial, fazendo uma leitura "religiosa" do mesmo problema. Ele afirma não ser mais um negro, mas sim um ser que tem Alá como guia. E é Alá o deus de todos, brancos e negros, o deus da igualdade racial e da superação do racismo. A afirmação dessa igualdade vai sensibilizar e mobilizar inúmeros militantes na crítica aos valores tradicionais da sociedade americana. É por isso que personalidades já consagradas, como Cassius Clay – depois, Mohamed Ali –, mudam de identidade pessoal e religiosa para manterem-se engajados na crítica à sociedade de consumo tradicional. A associação do problema racial ao religioso trazia um tempero ainda mais forte à luta dos pacifistas seguidores de Luther King. Estabelecia, ainda, uma aguda crítica em relação à Guerra do Vietnã por entenderem que tal guerra não expressava as perspectivas e os interesses da raça negra como um todo. De qualquer forma, constituíram-se tais visões em um componente a mais de ruptura, que se materializará na teoria do *labelling approach*.

Outra crítica aguda ao *establishment* vem a ser apresentada pelo movimento feminista, especialmente em face da postura de Betty Friedan. O pensamento central dessa pensadora era criticar a ideia disseminada de que a mulher poderia satisfazer-se completamente com os papéis socialmente a ela atribuídos de mãe, esposa e "dona de casa". Em sua luta para divulgação de seus artigos enfrentou uma renhida resistência dos editores que se negavam a reconhecer os méritos de sua perspectiva em face do corporativismo então ainda imperante. Ademais, nesse período as desigualdades decorrentes do sexo eram muito pronunciadas, o que produzia diferenciação salarial evidente, ainda que as pessoas exercessem as mesmas funções. Em 1963 ela finalmente consegue editar sua principal obra, *The feminine mystique*. Três anos depois esse livro já vendera três milhões de exemplares. No seu livro, Friedan mostra como donas de casa suburbanas sofriam de uma espécie de senso de vazio, decorrente de uma vida exclusivamente familiar de cuidados com os filhos, com afazeres domésticos etc. Assim, passa a advogar um *plano para a nova vida* que permitisse às mulheres a conciliação de suas carreiras com a vida privada. Ela passa a defender, então, o abandono do *American Dream* para que as mulheres pudessem frequentar a universidade, lutar por melhores empregos, obter espaços no mercado de trabalho etc.[24]

---

24. FRIEDAN, Betty. *The feminine mystique*, especialmente p. 15 e ss.

A grande consequência social das políticas de críticas racial e feminista foi a chamada ação afirmativa. "O termo ação afirmativa refere-se a políticas e procedimentos obrigatórios e voluntários desenhados com o objetivo de combater a discriminação no mercado de trabalho e de retificar os efeitos de práticas discriminatórias exercidas no passado pelos empregadores. Da mesma forma que no caso das leis antidiscriminatórias, o objetivo da ação afirmativa é tornar a igualdade de oportunidades uma realidade, através de um 'nivelamento do campo'. Ao contrário das leis antidiscriminatórias, que apresentam remédios aos quais os trabalhadores podem recorrer após terem sofrido discriminação, as políticas de ação afirmativa têm como objetivo prevenir a ocorrência da discriminação. A ação afirmativa pode prevenir a discriminação no mercado de trabalho substituindo práticas discriminatórias – intencionais ou rotinizadas – por práticas que são uma proteção contra a discriminação".[25]

Essa definição refere-se especificamente a políticas reguladoras no âmbito do mercado de trabalho. Políticas de ação afirmativa foram implementadas também na educação superior e nos contratos governamentais. Em muitos casos foram estabelecidas cotas, proporcionalmente ao número de pessoas do grupo em relação aos membros da comunidade, que asseguravam o acesso, por exemplo, às universidades públicas e privadas. Este legado produziu o que alguns autores chamam de sociedade *colorblind*.[26] Tais políticas datam dos anos 60 e originaram os primeiros resultados concretos já em 1965, quando o Presidente Lyndon Johnson assinou a ordem executiva 11.746. Mais tarde, já nos anos 70, tem-se um reforço destas posturas com a decisão da Suprema Corte no caso Bakke *versus* Regentes da Universidade da Califórnia, que dispôs que raça era um critério aceitável nas admissões universitárias.[27]

Eis, em síntese, os principais movimentos políticos e sociais que conduziram àquilo que se convencionou chamar fermento de ruptura. Vejamos agora as consequências criminológicas de tais questionamentos sociais.

8.3 O *labelling approach*

A teoria do *labelling approach* surge, precipuamente, nos Estados Unidos no início dos anos 60. Muitos autores, em uma análise superficial desse período,

---

25. HERINGER, Rosana. *Desigualdades raciais, políticas antidiscriminatórias e ação afirmativa no Brasil*, p. 7.
26. Significa "sociedade cega em relação à cor"; o termo é amplamente utilizado no sentido de uma sociedade que não leva em conta as diferenças raciais.
27. HERINGER, Rosana. Addressing race inequalities in Brazil: lessons from the United States. *Working Paper Series*, n. 237, p. 13.

chegam a mencionar que se trata de uma teoria crítica ou nova, fazendo alusão a toda a carga modificadora ínsita a esse grupo de pensadores. Na realidade, nos anos 60, muitos chamaram tais autores de *críticos*, pois a nova perspectiva introduzida era, de fato, crítica ao direito penal e à criminologia tradicionais. No entanto, desponta nos anos 70 uma outra teoria, a partir das obras de Taylor, Walton e Young, *Criminologia nova* e *Criminologia radical*, em que os autores fazem uma análise de cariz marxista e que passa a ser chamada de *teoria radical ou crítica* (ou ainda, *nova*). A partir daí, para uma perfeita diferenciação destes pensamentos, que em grande medida divergem, não mais poderíamos chamar os teóricos do *labelling approach* de críticos – ainda que o sejam em face das velhas teorias do consenso.[28] Também utilizaremos as outras nomenclaturas que têm grande curso entre os autores, como *teoria da rotulação social* ou *etiquetagem* (conforme as diferentes fontes de tradução da expressão americana *labelling approach*). Ou ainda, conforme parte da doutrina o faz, Figueiredo Dias inclusive, *teoria interacionista* ou da *reação social*.

A ideia segundo a qual a intervenção da justiça criminal pode aprofundar a criminalidade não surge com os teóricos dos anos 60. Um grande número de criminologistas, por exemplo, notou que a prisão, uma das mais graves formas de reprovação penal, contribuía de alguma forma para a criminalização: desde Jeremy Bentham, precursor da criminologia, passando por Lombroso, até Clifford Shaw, dentre muitos outros. Lombroso era taxativo ao afirmar que as condições da prisão e o contato dos presos com outros criminosos acabavam por criar os criminosos habituais. Shaw, por sua vez, em seu belíssimo livro *Jack-Roller*, faz uma compreensiva análise daqueles que, mesmo tendo cometido crimes pouquíssimo relevantes, são transformados em criminosos profissionais pela reação social das instituições correcionais para crianças e adolescentes. Mais tarde, no final dos anos 30, Frank Tannenbaum demonstra como as dramatizações do diabo vão separar as crianças do grupo, fazendo com que assumam um papel construtor da criminalidade, por meio da rotulação e da identificação.[29] A expressão "interação simbólica" foi concebida por Herbert Blumer em 1937.[30] Indica um ramo da sociologia e da psicologia social que se concentra em processos de interação. Tal visão parte da ideia segundo a qual

---

28. Cesar Herrero, ao dissertar sobre o problema terminológico em questão, por exemplo, afirma ser o *labelling* uma das perspectivas da teoria crítica. *Criminología*: parte general y especial, p. 293. No mesmo sentido a obra de Joe Tennyson Velo, ao longo de todo o seu trabalho, *Criminologia analítica*: conceitos de psicologia analítica para uma hipótese etiológica em criminologia, passim.
29. LILLY, J. Robert et al. *Criminological theory*: context and consequences, p. 116.
30. BLUMER, Herbert. Social psychology. *Man and society*, passim.

as relações sociais em que as pessoas estão inseridas as condicionam reciprocamente. As relações sociais, então, não surgem como determinadas de uma vez por todas, mas como abertas e dependendo de constante aprovação em comum. Esse princípio básico do interacionismo simbólico explica a sua afinidade metodológica com os chamados métodos qualitativos, particularmente a abordagem de dados biográficos e a utilização da observação participante. Este último recurso metodológico foi usado por Goffman para análise das instituições totais. Já nos anos 50, Edwin Lemert traz à baila os conceitos de criminalização primária e secundária; este último advindo da adoção do estereótipo pelo agente do delito.[31] No entanto, somente nos anos 60 surge um caldo de cultura suficientemente forte para engendrar a criação da teoria da rotulação social. Isto se deve, de um lado, àquele fermento de ruptura por nós aludido no tópico anterior; por outro lado, às leis penais utilizadas para conter e controlar condutas existencialmente problemáticas, de um ponto de vista social, e que ao serem empregadas para reprimir os movimentos sociais transformaram pessoas comuns em criminosos. Nunca é demais remarcar que até o final dos anos 50, nos Estados Unidos, havia um otimismo acentuado com os sonhos de grande sociedade que poderia eliminar gradativa e firmemente a pobreza. O Estado era confiável, pois distribuía a riqueza de forma mais ou menos equitativa. Após o movimento pelos direitos civis, que desnudou questões como racismo, discriminação sexual, desigualdade de classes etc. – e a reação desastrosa do governo –, a agenda social passa por uma indiscutível modificação. Surge um sólido grupo de teóricos que vão produzir uma interminável coleção de artigos, ensaios e livros sobre a perspectiva da interação social.[32] Sua profunda crítica social e criminológica altera substancialmente a estrutura de pensar da criminologia a partir de então. As bases éticas de uma moralidade tradicional são substituídas por um *ethos* de secular relativismo.

Em uma primeira aproximação, pode-se dizer que a perspectiva interacionista, pela primeira vez na história, procura uma explicação para o crime em paradigmas diversos daqueles concebidos pela criminologia tradicional. As pessoas tornam-se sociais no processo de interação com outras pessoas, entrelaçando-se na ação projetada de outros, incorporadas as perspectivas dos outros nas suas próprias. Naquilo que foi chamado de "gesto significativo", elas podem assumir múltiplas identidades interatuantes que são encenadas ao longo do tempo. Parte-se, pois, de um modelo que eleva à categoria de fatores criminógenos as instâncias formais de controle. O *labelling* desloca o problema criminológico do plano da ação para o

---

31. Lilly J. Robert et al. Op. cit., p. 116-117.
32. Podemos citar, em um primeiro momento, mesmo correndo o risco de esquecer muitos outros, alguns nomes relevantes para essa perspectiva: Becker, Erikson, Lemert, Schur, Goffman, Cooley, Mead etc.

da reação (dos *bad actors* para os *powerful reactors*), fazendo com que a verdadeira característica comum dos delinquentes seja a resposta das audiências de controle.[33] A explicação interacionista caracteriza-se, assim, por incidir quase exclusivamente sobre a chamada delinquência secundária, isto é, a delinquência que resulta do processo causal desencadeado pela estigmatização. A pessoa que tem um estigma particular, conforme menciona Goffman, tende a passar pelas mesmas experiências de aprendizagem social relativas à sua condição e pelas mesmas modificações em sua concepção do "eu" – uma carreira moral similar que é, ao mesmo tempo, causa e efeito do compromisso com uma sequência semelhante de ajustamentos pessoais.[34] Na realidade, a experiência imaginada por esse paradigma não se propôs a estudar especificamente o problema etiológico da criminalidade – ainda que dele não tenha se esquecido –, mas, no dizer de Becker, a "alargar a área tomada em consideração", introduzindo "nos cálculos dos estudiosos novas fontes de variabilidade".[35]

No plano do controle social punitivo constatou-se que as diferenças entre as instâncias de controle social informais – família, escola, profissão, opinião pública etc. – são flagrantes se comparadas ao controle social formal exercido pela esfera estatal (polícia, justiça, administração penitenciária etc.). Este é seletivo e discriminatório, primando o *status* sobre o merecimento. O princípio geral é bastante simples. Quando os outros decidem que determinada pessoa é *non grata*, perigosa, não confiável, moralmente repugnante, eles tomarão contra tal pessoa atitudes normalmente desagradáveis, que não seriam adotadas com qualquer um. São atitudes a demonstrar a rejeição e a humilhação nos contatos interpessoais e que trazem a pessoa estigmatizada para um controle que restringirá sua liberdade.[36] É ainda estigmatizador, porque acaba por desencadear a chamada desviação secundária e as carreiras criminais. Estabelece-se, assim, uma dialética que se constrói por meio do que Tannenbaum denominou a dramatização do mal, que serve para traduzir uma mecânica de aplicação pública de uma etiqueta a uma pessoa.[37]

É Howard S. Becker, no entanto, o primeiro autor a aprofundar a problemática das condutas desviadas, em seu livro *Outsiders*. Em tradução livre pode-se dizer que um *outsider* é a pessoa que não é aceita como membro de uma sociedade, de um grupo, de um clube etc. Becker, na primeira página de seu livro, afirma que quando uma regra é posta em vigor, aquele que, supõe-se, a tenha quebrado pode

---

33. DIAS, Jorge de Figueiredo; ANDRADE, Manuel da Costa. Op. cit., p. 346.
34. GOFFMAN, Erving. *Estigma*: notas sobre a manipulação da identidade deteriorada, p. 45.
35. BECKER, H. *Outsiders*: studies in the sociology of deviance, p. 46.
36. LEMERT, Edwin M. *Human deviance, social problems, and social control*, p. 44.
37. BERGALLI, Roberto. Perspectiva... cit., vol. I, p. 151.

começar a ser encarado como um tipo especial de pessoa, não confiável para viver com as regras acordadas pelo grupo. Essa pessoa é um *outsider*.[38] Pode alcançar um traficante de drogas ou alguém que bebeu em excesso em uma festa e que se porta de maneira inconveniente. Surgindo a intolerância, haverá uma espécie de estigmatização desse agente. Obviamente que crimes mais graves, como roubo, assassinato, estupro, acabam por formar uma figura que os identificará como *desviantes*. Observe-se, desde logo, que os autores do *labelling* tentam evitar a tradicional terminologia (crime, criminosos, delinquentes, bandidos etc.) por entenderem que a forte carga valorativa – e pejorativa – é negativa e adere àquele que se envolveu com a justiça criminal. Assim, o primeiro problema é construir um conceito de *desviante* que não perpetue o desvalor do rótulo que se agrega a alguém. A primeira grande perspectiva é, sem dúvida, a estatística. É *desviante* aquele que varia muito da média das pessoas, que difere do comum. Nesse sentido um canhoto é um *desviante* da média de destros.[39] A segunda ideia de desvio decorre de um conceito patológico. Muitas pessoas identificam, por exemplo, as enfermidades mentais como desvios das pessoas que, em média, são sãs. Evidentemente que este conceito é adotado de forma analógica com as ciências médicas para referenciar alguns dados sociais e que devem ser relativizados, algo que o autor o faz.[40] A terceira perspectiva do *desviante* diz respeito àquele que fracassa em obedecer às regras do grupo e que será visto como um *outsider*. No entanto, tais perspectivas são suficientemente superficiais e não expressam a própria opinião do autor. São referências aos pensamentos tradicionais que partem do princípio de que os desvios se constituem em uma qualidade ontológica da ação. Para os autores do *labelling* a conduta *desviante* é o resultado de uma reação social e o delinquente apenas se distingue do homem comum devido à estigmatização que sofre. Daí o tema central desta teoria ser precisamente o estudo do processo de interação, no qual o indivíduo é chamado de delinquente.[41]

Para Becker, a conduta *desviante* é originada pela sociedade. Os grupos sociais criam a *desviação* por meio do estabelecimento das regras cuja infração constitui *desviação*, e por aplicação dessas regras a pessoas específicas é que são rotuladas como *outsiders*. Dentro dessa linha de raciocínio, a *desviação* não é uma qualidade

---

38. Poderíamos chamar essa pessoa de "fora da lei" se fosse considerado o grupo social mais amplo (a sociedade). Mas Becker trabalha também com os pequenos grupos, clubes de serviço etc. BECKER, Howard S. *Outsiders*... cit., p. 1.
39. BECKER, Howard S. *Outsiders*... cit., p. 4-5.
40. Idem, p. 5.
41. Em face do que se disse no corpo do texto é que alguns autores chamam os teóricos do *labelling* de *interacionistas* ou estudiosos da *reação social*.

do ato que a pessoa comete, mas uma *consequência* da aplicação pelos outros das regras e sanções para o *ofensor*. O *desviante* é alguém a quem o rótulo social de criminoso foi aplicado com sucesso; as condutas *desviantes* são aquelas que as pessoas de uma dada comunidade aplicam como um rótulo àquele que comete um ato determinado.[42] As definições de atos *desviantes* são relativas e, pois, variáveis. O comportamento que permite mandar alguém à prisão é o mesmo que autoriza a qualificar outro como honesto, já que a atribuição valorativa do ato depende das circunstâncias em que ele se realiza e do temperamento e apreciação da audiência que o testemunhou. No estudo de Erikson a conduta *desviante* é definida como aquela que um grupo considera perigosa ou constrangedora a ponto de serem impostas sanções especiais para coibir as pessoas que apresentam tal conduta. Desvio é uma propriedade conferida àquele comportamento pelas pessoas que têm contato direto ou indireto com o comportamento, não é uma propriedade inerente a determinados comportamentos.[43] Assim, a reação é fundamental para definir a conduta desviada e ela varia também conforme a pessoa que comete o ato. Um jovem de classe média terá, pois, uma reação diversa da reação que é tida por um jovem da favela. Brancos e negros têm, similarmente, diferentes reações sociais em face de suas condições pessoais. Da mesma forma os cidadãos e os estrangeiros; os homens nascidos na terra e os migrantes etc. Em resumo, se um dado ato é *desviado* ou não, vai depender em parte da natureza do ato (isto é, se ele viola ou não uma regra imposta pela sociedade) e em parte como decorrência do que as outras pessoas vão fazer em face daquele ato. O desvio de conduta deixa de ser uma simples qualidade em si, presente em alguns atos humanos e ausentes em outros.

Tornar-se transgressor é um processo transformativo que gravita em torno da aquisição de nomes, significados, motivos e perspectivas. É mediado pela linguagem e pelas identidades e interpretações que a linguagem confere. É assistido e, por vezes, forçado pelos outros significativos que povoam os ambientes onde se movimenta o transgressor emergente. O transgressor, em suma, está profundamente implicado em definições negociadas de pessoas e comportamentos. As reações à transgressão dão-lhe organização simbólica e identidade pública.

É, portanto, a partir do *labelling* que a pergunta feita pelos criminólogos passa a mudar. Não mais se indaga o porquê de o criminoso cometer os crimes. A pergunta passa a ser: por que é que algumas pessoas são tratadas como criminosas,

---

42. BECKER, Howard S. *Outsiders*... cit., p. 9.
43. ERIKSON, Kai T. *Wayward puritans*: a study in the sociology of deviance, p. 6. No mesmo sentido, leia-se o pensamento de Edwin M. Schur, *Labelling deviant behavior*: its sociological implications, p. 12.

quais as consequências desse tratamento e qual a fonte de sua legitimidade? Ou ainda, nas argutas observações de Kai T. Erikson, a demonstrar quão relativas são as condutas humanas e as reações a essas condutas; alguns homens que bebem em demasia são chamados de alcoólicos, outros não; alguns homens que se comportam de forma excêntrica são chamados de loucos e enviados para manicômios, outros não; alguns homens que não têm meio aparente de subsistência são processados em um tribunal, outros não. A sociedade separa e cataloga os múltiplos pormenores das condutas a que assiste.[44]

As explicações tradicionais da criminalidade enveredam por *perquirir quais razões levam algumas pessoas a terem motivações delituosas*. De uma maneira sucinta pode-se dizer que as teorias de fundo psicológico buscam as causas da criminalidade nas primeiras experiências do indivíduo, que produziram necessidades inconscientes e que precisam ser satisfeitas para produção de um equilíbrio pessoal. As vertentes sociológicas procuram as causas últimas nas fontes sociais, as demandas surgidas de uma sociedade de consumo e que busca sempre a ascensão das pessoas, ainda que para tanto tenha, conforme categorização de Robert Merton, de *inovar*. Neste momento do desenvolvimento da teoria, a indagação – em vez de perguntar por que os *desviantes* querem fazer coisas que são desaprovadas pela sociedade – seria *por que pessoas convencionais não seguem os impulsos desviantes que todos têm?!* Becker responde a essa pergunta dizendo que as classes médias, que já conseguiram certos padrões mínimos de bem-estar e conforto, teriam muito a perder com um crime. Um estudante da universidade, com carreira promissora, perderia muito se fosse pego utilizando entorpecentes. A família saberia, o emprego futuro estaria em risco, sua reputação seria abalada. Já as pessoas que não têm necessidade de manter uma aparência poderiam seguir seus instintos naturais, seus impulsos.[45] Evidentemente que, aplicado isso ao crime e à criminalidade, bem como ao momento de transição que viviam os Estados Unidos nos anos 60, em que o Estado de Bem-Estar Social era questionado e atacado, tem-se a fórmula química necessária para uma situação explosiva e para uma nova criminologia que viesse a transcender a criminologia tradicional.

Praticado o ato inicial, uma nova relação advirá da reação social. A mais importante consequência é uma drástica mudança na identidade pessoal que o indivíduo tem diante da sociedade. Surge um novo *status* que revelará o agente *desviado* como alguém que supostamente deveria ser. Para ser rotulado como criminoso basta que cometa uma única ofensa criminal e isto passará a ser tudo

---

44. Notes on the sociology if deviance. In: BECKER, Howard S. (org.). *The other side*, p. 11-12.
45. BECKER, Howard S. *The other*... cit., p. 27-28.

que se tem de referência estigmatizante dessa pessoa. Imagine-se, por exemplo, um crime de furto praticado em uma residência. A polícia (especialmente), assim como outras agências de controle, sempre partirá de uma premissa segundo a qual é aquele agente um "ladrão", o que gerará um rótulo com o qual o *desviante* será identificado. As rotinas diárias farão como que ele busque a aproximação com os iguais, o que gera o início de uma *carreira criminal*. A pessoa que chega à corte criminal sendo tachado de "ladrão" ou "drogado" pode ter gasto não mais do que um momento nessas atividades. Mas a sociedade destaca alguns detalhes do comportamento de tal pessoa e declara que eles refletem o tipo de pessoa que realmente é. "Ele é um ladrão" ou "ele é um drogado" parece indicar imediatamente uma descrição de sua posição na sociedade e o perfil do seu caráter.[46] Observa-se, por exemplo, que as agências criadas pela sociedade para prevenir a delinquência são sempre tão mal equipadas para a tarefa que se pode bem perguntar se isto é considerado como sua real função. As condutas *desviantes* parecem ser alimentadas pelas agências designadas para inibi-las. Muitas instituições destinadas a desencorajar o comportamento *desviante* operam, na realidade, de modo a perpetuá-lo. Essas instituições acabam reunindo pessoas que estão à margem da sociedade em grupos segregados, o que dá a eles a oportunidade de ensinar uns aos outros as habilidades e comportamentos da carreira delinquente e, até mesmo, provocar o uso dessas habilidades para reforçar o senso de alienação do resto da sociedade.[47] E por quê? Talvez seja porque as pessoas não esperam que os agentes de delitos mudem enquanto estão nas agências de controle. Talvez só queiram desincumbir-se da tarefa que lhes foi atribuída de "recuperar" as pessoas.

Aqui já se pode melhor diferenciar a chamada *desviação primária* da *desviação secundária*. Aquela pode ser entendida, em contraste com esta, como poligenética advinda de uma grande variedade social, cultural, econômica e racial (ou desses fatores todos combinados). Embora possa ser socialmente reconhecida e mesmo definida como indesejável, *a desviação primária* somente terá implicações com a marginalização do indivíduo no que concerne às implicações na sua estrutura psíquica. A *desviação secundária*, por sua vez, refere-se a uma especial classe de pessoas cujos problemas são criados pela reação social à desviação. O agente do

---

46. ERIKSON, Kai T. Op. cit., p. 7.
47. Veja-se o que ocorre com a pena restritiva de direitos denominada limitação de fim de semana. Ela deverá ser cumprida em uma casa de albergado (art. 43, VI, c/c o art. 48, ambos do CP); local onde teoricamente estarão todos os condenados que estão no 3.º estágio do regime progressivo e que, ao menos em tese, cometeram crimes mais graves e lutam para se desinstitucionalizar. Isto é no mínimo um contrassenso, pois aproximaremos desiguais, rotulando-os e não fazendo a adequada individualização defendida pela Lei 7.210/1984.

delito que já passou para a fase da *desviação secundária* é uma pessoa cuja identidade já está estruturada em torno da *desviação*. É um mecanismo criado, mantido e intensificado pelo estigma.[48]

Uma das maiores consequências do processo de *desviação* é o agente ser capturado pelo papel *desviante*. Este mergulho interativo será chamado pelos teóricos do *labelling* de *role engulfment*. No que concerne ao *mergulho no papel desviado*, podem-se destacar dois principais pontos de referência: como os outros definem o *ator* e como o *ator* se define. De maneira bastante cruel, pode ser dito que, à medida que o *mergulho no papel desviado* cresce, há uma tendência para que o autor do delito defina-se como os outros o definem. A personalidade do agente se referenciará no *papel desviado* ainda que ele se defina como não *desviado*.[49] As dificuldades são ainda mais pronunciadas quando o agente, embora negue o *papel desviado*, é, cada vez, identificado por terceiros pela conduta classificada como desviada.[50] Surgirá uma espécie de subcultura delinquente facilitadora da imersão do agente em um processo em espiral que traga o *desviante* cada vez mais para a reincidência.

Outro aspecto relevante apontado pelos teóricos do *labelling* são as chamadas *cerimônias degradantes*: são os processos ritualizados a que se submetem os envolvidos com um processo criminal, em que um indivíduo é condenado e despojado da sua identidade, recebendo uma outra degradada.[51] Inicia-se, via de regra, com o envolvimento do *desviante* com as diferentes agências de controle sociocriminal. Pode ser somente um primeiro contato com um assistente social, ou ainda o próprio processo criminal que, de maneira mais contundente, atinge o ser humano. Há inúmeros exemplos de como uma cerimônia degradante, que em grande parte das vezes acontece antes mesmo de um processo criminal ser iniciado, pode atingir a identidade de alguém. Por certo que todos se lembram das consequências advindas da irresponsável cobertura de um episódio jornalístico, ocorrido há algum tempo em São Paulo, em que os donos de uma escola infantil foram ferozmente crucificados pela imprensa de todo o País por uma acusação que não tinha qualquer base material. Foram presos, sua escola depredada, suas honras atingidas, suas reputações destruídas, suas fotos publicadas na capa dos jornais com manchetes desairosas. Qual o resultado desse prejulgamento?

---

48. LEMERT, Edwin M. Op. cit., p. 40-41.
49. É muito comum notar, na vida profissional do advogado criminal, ou de outros operadores jurídicos, o contato com pessoas que afirmam taxativamente estarem recuperadas e que não o estão.
50. SCHUR, Edwin M. Op. cit., p. 69-70.
51. DIAS, Jorge Figueiredo; ANDRADE, Manuel da Costa. Op. cit., p. 350.

Processualmente nada aconteceu. Não houve sequer denúncia contra os acusados! Mais de cinco anos depois, a Folha de São Paulo publicava: "os seis acusados de abuso sexual contra crianças, no episódio que ficou conhecido como Escola Base, ainda não conseguiram reconstruir suas vidas, arrasadas pela irresponsabilidade da polícia e da imprensa. Ninguém recebeu qualquer tipo de indenização pelos danos materiais e morais que sofreu".[52] Passados mais alguns anos, começaram a aparecer as primeiras indenizações. Os jornais Folha de São Paulo e O Estado de São Paulo, a revista Isto É, a Rede Globo de Televisão e o Governo paulista foram obrigados a reparar os danos morais e materiais sofridos pelos donos e pelo motorista da Escola Base. Os valores das condenações, entretanto, não obstante vultosos, jamais terão o condão de apagar da vida dessas pessoas o gosto amargo deixado pela experiência de terem sido acusados sem julgamento, de terem sido estigmatizados numa cerimônia que provavelmente se configurou como a mais degradante de suas vidas.

O ilustre magistrado, Ranulfo de Melo Freire, em discurso proferido ao se aposentar do Tribunal de Alçada Criminal de São Paulo, asseverou com a propriedade de sempre: "País em que é incipiente a formação de uma sociedade de estrutura democrática (37 e 64, antes que de exceção, figuram apenas como momentos expressivos de um regime de arbítrio), não é fácil o ministério de julgar. Com o ouvido e a vista empanados de som e imagens (rádio e canal de televisão) pregando o extermínio indiscriminado do marginal, não sei com que armas o meu Tribunal de Alçada Criminal (não só agora mas desde a geração de juízes que integram o Tribunal de Justiça) pôde e pode travar a luta pela consecução do devido processo legal. E já se observou que, à medida que cresciam a violência e o arbítrio, o TACrim – sem se dar conta, talvez – ampliava, nos julgamentos, os mecanismos de defesa".[53]

A preocupação com o papel das *cerimônias degradantes* atinge a própria discussão do devido processo legal. Este tema é recorrente na doutrina estrangeira. A 5.ª Emenda da Constituição americana garante a cada um, inclusive àquele que é acusado criminalmente, que não será privado de sua vida, liberdade ou propriedade sem o devido processo legal. O nome do acusado, se citado pela imprensa, não pode, antes da condenação definitiva, ser acompanhado de termos como "ladrão", "assassino", "sequestrador" etc., pois pretende-se preservar a identidade

---

52. Acusados vivem cinco anos de traumas: seis envolvidos não conseguem emprego nem receber indenização por danos morais e materiais. *Folha de S. Paulo*, 10.10.1999, 3.º caderno, p. 7.
53. TORON, Alberto Zacharias. O indevido processo legal, a ideologia da *law and order* e falta de citação do réu preso para o interrogatório. *RT* 685/279.

do suspeito ou acusado e também vige o princípio da presunção de inocência. É estreme de dúvidas, para a doutrina americana, que o *due process of law* é atingido por algumas coberturas feitas pela mídia. A Suprema Corte, em decisão de 1961, no caso Irvin *versus* Dowd, sustentou que a simples exposição a que os jurados são submetidos pela mídia viola o direito do acusado de ver garantido o devido processo legal. Mais tarde, em decisão de 1963, no caso Rideau *versus* Louisiana, nova decisão foi proferida pela Suprema Corte, com o mesmo teor da decisão anteriormente citada.[54]

Em uma breve recapitulação do que até aqui se disse, a decorrência lógica da criminalização de condutas e da persecução penal não é outra que o surgimento de um processo estigmatizante para o condenado. A pena atua como geradora de desigualdades. Ela cria uma reação dos círculos familiares, de amigos, de conhecidos, que acaba por gerar uma marginalização no âmbito do mercado de trabalho e escolar. Levar uma conduta desviada para a esfera da reprovação estigmatizante tem uma função reprodutora do sistema de controle social. O que é uma conduta social desviada, o mais das vezes cometida por um agente primário, transforma-se, pela repercussão que encontra na sociedade em face da pena, em uma carreira delitiva permanente e irreversível. A repressão punitiva – e em especial a prisão – passa a funcionar como elemento de criminalização que gera um processo em espiral para a clientela do sistema penal. A criminalização primária produz rotulação, que produz criminalizações secundárias (reincidência). O rótulo criminal (cristalizado em folhas de antecedentes, certidões criminais, ou surgido mediante a divulgação sensacionalista da mídia) produz a assimilação de suas características pelas pessoas rotuladas, a geração de expectativas sociais de condutas correspondentes ao seu significado, a perpetuação do comportamento criminoso e a aproximação recíproca de indivíduos estigmatizados.[55]

No âmbito das prisões as contribuições de Goffman foram decisivas. Trouxe ele o conceito de *instituição total*, "simbolizado pela barreira à relação com o mundo externo e por proibições à saída que muitas vezes estão incluídas no esquema físico – por exemplo, portas fechadas, paredes altas, arame farpado, fossos, água, florestas ou pântanos".[56] As principais características das *instituições totais* são: em primeiro lugar, todos os aspectos da vida do condenado são realizados no mesmo local e sob uma autoridade única; em segundo lugar, todos os atos da atividade cotidiana são executados diante de um grupo de pessoas razoavelmente grande,

---

54. Zuckman, Harvey L. et al. *Mass communications law in a nutshell*, p. 209-210.
55. Santos, Juarez Cirino dos. *A criminologia...* cit., p. 14.
56. *Manicômios, prisões e conventos*, p. 16.

sendo as pessoas tratadas de uma maneira padrão; ademais, todas as atividades são rigorosamente estabelecidas em horário e sequenciadas, de forma a se encadearem de maneira aparentemente racional; por derradeiro, as atividades obrigatórias são projetadas para atender aos objetivos oficiais da instituição.[57]

Se a permanência do condenado é longa na *instituição total* ele passa a sofrer um processo gradativo de *desculturamento*, isto é, ele sofre progressivamente uma série de rebaixamentos, humilhações, degradações pessoais e profanações do eu. Esse mecanismo mortificador inicia-se com o processo de recepção do condenado. Ele passa a ser desculturado, inicialmente, pela perda do nome e com a atribuição de um número de prontuário que passará a ser sua nova identidade. Ele será privado de seus pertences pessoais (roupas, documentos, dinheiro etc.) e lhe será dado um uniforme padrão, exatamente igual ao de todos os outros condenados. A partir daí ele é medido, identificado, fotografado, examinado por um médico para depois ser lavado, o que simboliza o despir-se de sua velha identidade para então assumir a nova. Muitas vezes esse ritual de passagem será acentuado pela ação dos condenados que identificarão o novo preso com uma identidade especial, normalmente por meio de uma tatuagem.[58] Além da deformação pessoal que decorre do fato de a pessoa perder seu conjunto de identidade (nome, roupa, maneira de cortar o cabelo, postura que deverá ser "respeitosa"), perderá um sentido de segurança pessoal que constituirá um fundamento para suas angústias e seu desfiguramento pessoal.[59] Viverá um ritual diário de medo, pois não terá garantida sua integridade física. Passará a dar aos superiores respostas verbais humilhantes, dizendo, por exemplo, um "senhor" a todo momento, sendo obrigado a baixar a cabeça e colocar as mãos para trás em sinal de respeito. Se tudo isso não bastasse, passa a ser permanentemente vigiado, seja pelo sistema pan-óptico, seja pelos modernos mecanismos de controle por câmeras de televisão.

---

57. Idem, p. 17-18.
58. No sistema penitenciário paulista muitos condenados, conforme o crime, são identificados com tatuagens. O processo, especialmente para aqueles que cometem um crime de natureza sexual, inicia-se com a depilação do recém-chegado, uma maquilagem, a tatuagem identificadora do crime sexual (normalmente um pênis), após o que será violentado sexualmente por todos os moradores da cela, a começar do mais velho. Tal *cerimônia degradante* pode durar algumas horas e tem a complacência dos guardas do presídio.
59. Nos distritos policiais de São Paulo, onde há muito não se pode mais falar em respeito à dignidade do preso provisório (quando não definitivo), há um mecanismo de submissão do novo preso que se constitui em fazer com que ele, em uma cela coletiva com cerca de 50 condenados, evacue diante de todos para mostrar a perda de sua identidade individual e de sua privacidade e da necessidade de adaptação aos novos parâmetros do regime fechado prisional.

Michel Foucault com muita propriedade explica qual a finalidade do sistema de controle permanente: "induzir no detento um estado consciente e permanente de visibilidade que assegura o funcionamento automático do poder. Fazer com que a vigilância seja permanente em seus efeitos, mesmo se descontínua em sua ação; que a perfeição do poder tenda a tornar inútil a atualidade de seu exercício; que esse aparelho arquitetural seja uma máquina de criar e sustentar uma relação de poder independente daquele que o exerce; enfim, que os detentos se encontrem presos numa situação de poder de que eles mesmos são os portadores".[60]

Essa perspectiva goffmaniana de instituição total é recuperada por Felipe Martínez para analisar a pena privativa de liberdade em três aspectos. O primeiro aspecto é aquele da desestruturação da personalidade e mutilação do "eu", em que o preso passa por toda aquela mencionada série de atos de degradação: é despojado de tudo o que diz respeito à sua identidade anterior, sofre humilhações públicas, é pouco amigavelmente instruído sobre as normas da instituição e é comunicado sobre quais serão os traços característicos de sua nova vida.[61] O segundo aspecto diz respeito à relação dramatúrgica que se estabelece entre os atores deste tipo de instituição total: em função da existência do mito ressocializador, os funcionários e diretores agem como quem está avaliando e colaborando com a recuperação dos internos, e os internos se engajam numa obediência fingida, que se mantém com base num sistema de prêmio ao bom comportamento (progressão de regime, saídas temporárias, recebimento de visitas) e castigo às atitudes não compatíveis com as regras da instituição. Os presos atuam de acordo com o que deles se espera no processo reabilitador.[62] O terceiro aspecto analisado por Goffman é o estigma. Aqui seria possível lembrar tanto do estigma que opera no momento prévio à entrada do indivíduo nos mecanismos seletivos penais – determinando que setores sociais marginalizados sejam com mais facilidade tratados como delinquentes –, como daquele que atua nas situações que vivem os presos quando saem temporária ou definitivamente do cárcere, fazendo com que se sintam os mais inferiores dos seres humanos.[63]

Interessante notar a esse respeito como, apesar da função de prevenção especial positiva da pena (ressocialização) ser hoje considerada ultrapassada pela maioria dos estudiosos do tema, ela é constantemente localizada nos discursos daqueles que interagem na realidade prisional brasileira. Os presos têm opinião formada sobre o assunto e muitos chegam a afirmar que querem cumprir sua pena,

---

60. *Vigiar...* cit., p. 177-178.
61. MARTÍNEZ, Felipe. *Otro enfoque sobre el castigo*, p. 200.
62. Idem, p. 202-203.
63. Idem, p. 204-205.

encarada como uma oportunidade de redenção e de aprendizado, ressocialização. Agentes estatais, por sua vez, insistem em diferenciar os presos ressocializáveis dos irrecuperáveis, partindo de uma concepção quase lombrosiana e esquecendo que, ainda que fosse possível ressocializar alguém retirando-o da sociedade, para tal seria necessário um Estado que fornecesse as condições mínimas de dignidade aos encarcerados.

Embora os condenados contem os anos de suas penas em minutos, sempre imaginando quando será a saída do cárcere, a aproximação da data-limite transforma a ansiedade do condenado em uma angústia. Ele perguntará a si mesmo, a todo instante, se poderá readaptar-se ao convívio dos homens livres. Sua interação com o presídio é tão grande que ele não mais vai querer obter sua liberdade.[64] De forma candente, Manoel Pedro Pimentel disserta sobre o assunto, com a autoridade de intelectual de grande teórico, homem de farta experiência prática não só como advogado e magistrado, mas também como Secretário da Justiça de São Paulo: "Seu aprendizado (do condenado), nesse mundo novo e peculiar, é estimulado pela necessidade de se manter vivo e, se possível, ser aceito no grupo. Portanto, longe de estar sendo *ressocializado* para a vida livre, está, na verdade, sendo *socializado* para viver na prisão. É claro que o preso aprende rapidamente as regras disciplinares na prisão, pois está interessado em não sofrer punições. Assim, um observador desprevenido pode supor que um preso de bom comportamento é um homem regenerado quando o que se dá é algo inteiramente diverso: trata-se, apenas, de um homem *prisonizado*".[65]

O tempo do homem preso é essencialmente distinto daquele que vive fora da prisão. O preso vive um descompasso entre tempo e espaço. Tem falta de espaço para um excesso de tempo. Ao contrário do homem livre, que cada vez mais tem menos tempo (com toda facilidade de espaço), o preso tem que "matar o tempo", gastar aquilo que ele tem em excesso. Kiko Goifman descreve o paradoxo de tal fenômeno com bastante propriedade: "o tempo passado na prisão é muitas vezes também o tempo da não reconciliação possível com ideais sagrados. Considerado como tempo morto pelos presos, desvia-se da ideia de tempo da purificação de formuladores da penitenciária canônica da Idade Média. Na prisão reconhece-se o tempo longo como punição que não necessariamente traz a redenção. Condenam-se os homens a uma condição condenada pela sociedade, a ociosidade. Enquanto o tempo livre passa a ser valorizado pela sociedade no sentido de melhoria da qualidade de vida,

---

64. Quem retrata esta situação, de maneira poética e lúdica, é o filme *Um sonho de liberdade*, que mostra a inadaptação de um dos personagens, na transição da prisão para a liberdade.
65. *O crime...* cit., p.158.

essa valorização só aparece para pessoas que trabalham sistematicamente, na qual o descanso é necessário. Essa valorização positiva do tempo livre não encontra seu espaço quando esses mesmos atores sociais olham para a prisão. O tempo livre não é visto como merecido, nem mesmo como desejado, para uma grande parte da população carcerária".[66] Daí por que na prisão o trabalho pode – e deve – ser visto modernamente como um direito e não como uma obrigação, já que ele propicia exatamente a ocupação do tempo livre, seu preenchimento.

O homem *prisonizado*, como diz Manoel Pedro, ou *institucionalizado*, como afirma Erving Goffman, é alguém inadaptado para o convívio em liberdade, exatamente por se identificar com a *instituição total* a que está recolhido, até por necessidade de sobrevivência. Fica ele condicionado pelas "regras da casa", um conjunto relativamente explícito e formal de prescrições e proibições que expõe as principais exigências quanto à conduta do internado. Passa, a partir daí, a assumir um *comportamento desviante*. Tais pessoas tendem a engajar-se numa espécie de negação coletiva da ordem social. Agem de forma diferenciada. São identificadas como incapazes de usar as oportunidades disponíveis para o progresso nos vários caminhos aprovados pela sociedade.[67] O preso *institucionalizado* carrega, pois, uma nova identidade, fruto do estigma da prisão. Para Goffman, o estigma pode ser definido como um tipo especial de relação entre atributo e estereótipo, os quais levam a pessoa ao descrédito. "Assume o estigmatizado que a sua característica distintiva já é conhecida ou é imediatamente evidente ou então que ela não é nem conhecida pelos presentes nem imediatamente perceptível por eles? No primeiro caso, está-se lidando com a condição do desacreditado, no segundo com a do desacreditável".[68] De qualquer forma, agirá com referência na nova identidade, adquirida durante o prolongado convívio íntimo com seus companheiros de infortúnio e que será entronizado em sua vida pessoal, assim que ele assumir a condição de egresso.

Tomados os atos humanos como condutas coletivas (ainda que não se desconsidere o ato humano como individual), pode-se dizer que as pessoas agem com um olho no que os outros fizeram, estão fazendo, ou poderão fazer no futuro. O ato humano ajusta-se aos atos daqueles que estão à nossa volta com a expectativa do que irão ver, fazer ou como vão reagir. Quando se vê a *desviação* como um ato dentro de um contexto de coletividade sempre se terá uma própria avaliação de como os outros receberão o ato e qual será a avaliação que dele se fará. O ato jamais

---

66. Op. cit., p. 103.
67. GOFFMAN, Erving. *Estigma...* cit., p. 155.
68. Idem, p. 14.

é um ato isolado; ele é a expectativa da reação ao ato. Ele é a própria interação com o ato. O ato deixa, pois, de ser exclusivamente uma aguda manifestação da interioridade humana. É também o que se espera que ele seja. A maneira como o ato será avaliado é que produzirá um novo contexto de ação, o que demanda – sempre – tentar entender como o ato deverá ser recebido pela coletividade. Não é por outra razão que tal teoria, além de ser denominada teoria da rotulação social (com suas variações semânticas), também é chamada de teoria da reação ou da interação social.

Edwin Schur (Crimes without victims – 1965, e Radical non-intervention – 1973), muito cedo, assinalou, dentre outras coisas, que a repressão ao uso de drogas era a principal forma de construir uma identidade de desviação secundária, seja por forçar o autor do fato a tratar-se do seu eventual vício, seja pela perspectiva de tratá-lo como delinquente. Tais fatos favorecem, segundo Schur, a criação de um mercado ilícito de drogas[69] e o florescimento da corrupção policial, realidade que continua a existir mesmo depois de quase meio século. Sua sugestão era, pois, a desinstitucionalização das pessoas submetidas ao crivo do processo degradante e violento da persecução penal.[70]

Neste passo, há que fazer uma breve recapitulação para melhor compreensão dos novos conceitos introduzidos pelos adeptos dessa teoria. A *desviação primária* é poligenética e se deve a uma variedade de fatores culturais, sociais, psicológicos e sociológicos. A *desviação secundária* traduz-se numa resposta de adaptação aos problemas ocasionados pela reação social à *desviação primária*. Surge a teoria do estigma, etiqueta ou rótulo, *status* diferenciado que vai aderir ao autor do crime e com o qual ele interagirá. Toda reação à conduta criminal passa por *cerimônias degradantes*, processos ritualizados a que é submetido o réu e que atinge a autoestima do agente do delito. Quando a reação à conduta criminal é uma pena privativa de liberdade, nasce um processo *institucionalizador* que recolhe

---

69. A visão de Edwin Schur antecipa em alguns anos o fenômeno de corrupção policial e violência que envolvia a exportação de cocaína por cartéis colombianos para os Estados Unidos. No auge da organização criminosa fundada por Pablo Escobar na Colômbia, o conhecido traficante chegou a contribuir para que o comércio das drogas tivesse participação de 7% de todo o PIB colombiano, permitindo com que se transformasse num dos 15 homens mais ricos do mundo. O poderoso "patrón", como era conhecido, chegou a exercer um mandato como deputado, deixando um verdadeiro rastro de destruição e violência por onde atuou. Vide: *El patrón: vida y muerte de Pablo Escobar*, por Luis Cañón.
70. Sobre o tema das muitas guerras contra as drogas, especialmente com referência à maconha, e políticas que mudam tal visão com um giro copernicano, vide o trabalho de Denis Russo Burgierman, *O fim da Guerra: a maconha e a criação de um novo sistema para lidar com as drogas*, publicado em 2011, pela Ed. Leya.

o condenado a um local isolado de moradia com rotina diária e administração formal. As consequências disso serão, sempre, a acentuação da *carreira criminal* e a *institucionalização* do condenado, potencializando-se a recidiva. A interação e a autoimagem tendem a polarizar-se em torno do papel desviante, o que cria o *role engulfment*.

Pode-se resumir o modelo explicativo sequencial dos atos do *labelling approach* da seguinte forma: delinquência primária → resposta ritualizada e estigmatização → distância social e redução de oportunidades → surgimento de uma subcultura delinquente com reflexo na autoimagem → estigma decorrente da institucionalização → carreira criminal → delinquência secundária.

A grande dúvida dos teóricos a ser formulada é: como é que se poderia quebrar a inexorável consequência produzida pela delinquência primária? Desencadeado o processo referido no modelo explicativo, seria possível obstar a continuidade dos passos subsequentes ali previstos? Há algum elo da cadeia que poderia ser retirado para impedir a delinquência secundária?

Para que se possa responder a essas indagações necessário seria repensar a própria teoria. É impossível eliminar a delinquência primária dada a multiplicidade de valores existentes a fomentar o desencadeamento da conduta desviada. Isto só seria possível, *ad argumentandum*, se todos os problemas sociais, culturais, existenciais e psicológicos fossem eliminados. Aí estar-se-ia diante de uma situação ideal ensejadora dessas hipóteses; mas seriam apenas hipóteses.

O segundo elo da corrente é a resposta ritualizada e estigmatizante. Este elo poderá ser rompido, se as cerimônias degradantes que envolvem um processo criminal forem repensadas. Seria necessário dar garantias protetivas para não divulgação da reação estatal junto aos órgãos de imprensa (problema deveras difícil de ser equacionado) ou eliminar o processo por meio de um mecanismo pensado pelos adeptos dessa teoria e chamado de *diversion*. A *diversão ou diversificação* constitui uma maneira de desviar os agentes de delito do sistema estigmatizante da justiça criminal, o que projeta a discussão para soluções informais e não institucionais.

O terceiro ponto a ser atacado é a distância social que cria uma redução de oportunidades para as pessoas que se envolvem com o sistema de justiça criminal. Para tanto seria necessário eliminar todas as marcas de um processo, como folha de antecedentes criminais, documentos informativos indicativos de processos anteriores etc., para que tais pessoais não encontrassem dificuldades no processo de reinserção social.

Evitar uma subcultura delinquente com reflexos na autoimagem do agente do delito significa investir em uma terapia social emancipadora que atue sobre o ego do acusado, permitindo uma reconsideração em seus mecanismos pessoais de autocrítica. Este sistema é possível em termos teóricos, mas de difícil viabilização prática pelo seu custo altíssimo.

Para acabar com a institucionalização decorrente do recolhimento prisional só mesmo com o seu fim. A solução seria, pois, diminuir o encarceramento proveniente de um processo penal, por meio de medidas alternativas à prisão, ou ainda com a eliminação de alguns crimes do rol previsto no Código Penal.

Por fim, para que se tenha a diminuição das carreiras criminais, necessário se faz criar um mecanismo de facilitação da transição entre a prisão fechada e a sociedade aberta, proporcionando, ainda, condições ao egresso para concretização dessa transição com ofertas de emprego, atividades remuneradas lícitas etc.

Aplicado esse receituário, poder-se-ia ter uma sensível redução desse processo em espiral diagnosticado pelo *labelling* e que inevitavelmente leva à criminalização secundária, à reincidência e ao cometimento de novos crimes.

As principais consequências da teoria no plano político-criminal poderiam ser reduzidas àquilo que se convencionou chamar a "política dos quatro Ds": Descriminalização, Diversão, Devido processo legal e Desinstitucionalização. Tal política nos Estados Unidos, no plano das descriminalizações, significou concretamente a legalização do aborto, por uma decisão da Suprema Corte; a não punição do porte de pequenas quantidades de maconha, frequentemente reduzidas a uma violação menor; o *status* de "material pornográfico" foi deixado para que as próprias comunidades decidissem sua natureza; algumas formas de jogo, como loterias e cassinos, foram legalizadas e controladas por agências estatais.[71] Na esfera da *diversão* muitos delinquentes juvenis foram retirados do normal processamento por cortes juvenis para utilização de algumas políticas públicas que os envolvessem com escolas especiais, agências de atendimento à juventude etc.[72] Na esfera do devido processo legal foi necessária a criação de um procedimento formal que devolvesse aos delinquentes juvenis as garantias de um devido processo legal, em que se define em que condições dar-se-á a punição. As penas deveriam ser prescritas em lei e as sentenças deveriam ser determinadas.

Para os adultos, coisa semelhante ocorreu. Houve uma limitação do poder discricionário do magistrado, especialmente no que concerne às aplicações das sentenças. Isto começou a acontecer em finais de 1989 em face de um episódio que teve grande publicidade e que chegou ao fim com o processo criminal contra o "televangelista" Jim Bakker. Acusado de obtenção fraudulenta de 158 milhões de dólares de seguidores de sua Igreja, foi condenado a 45 anos de prisão. Tal pena,

---

71. LILLY, J. Robert. Op. cit., p. 127.
72. Idem, p. 128.

segundo os padrões norte-americanos, foi considerada extremamente rigorosa. Excede, em muito, às penas normalmente atribuídas a crimes graves (9 anos e 4 meses, por estupro; 8 anos, por homicídio; 3 anos e 9 meses, por fraude).[73] A flexibilidade imperante como decorrência lógica do sistema do *common law* acaba por trazer grande dose de incerteza nas decisões criminais condenatórias. Levando em conta tais incertezas é que, em 1984, o Congresso norte-americano criou uma comissão com objetivos de ensejar um enquadramento uniforme para as punições (*U.S. Sentencing Commission*), que tomaria por referência circunstâncias como o uso de arma de fogo, o grau de prejuízo, a idade da vítima etc. O novo sistema passou a vigorar, somente no âmbito dos crimes federais, a partir de 1987. A comissão de sentenças é um órgão independente, pertencente ao Poder Judiciário, composto de sete membros votantes e dois não votantes. Tem como objetivo declarado estabelecer políticas e práticas de determinação das penas para o sistema de justiça criminal federal. A dificuldade para resolução do problema nos Estados Unidos é agravada pela autonomia que aquele sistema federativo atribui aos membros da Federação. Lá, cada Estado-membro pode legislar sobre direito substancial e direito processual, o que dificulta a criação de uma norma com alcance mais abrangente. No Brasil, "a doutrina entende que no 'sistema do direito anglo-americano' não existe norma impondo 'o dever de inserção dos fundamentos' nos julgamentos.[74] Haveria apenas o uso reiterado de 'motivação espontânea' e não um requisito legal da sentença".[75]

Um dos principais legados criminológicos da teoria do *labelling* é, sem qualquer dúvida, a chamada *prudente não intervenção* que decorre da necessidade de repensar o ordenamento penal no contexto de uma sociedade aberta, democrática e pluralista, ampliando as margens de tolerância para superação dos conflitos e das tensões sociais.

Um legado relevante, no plano científico, foi a acentuação da multidisciplinaridade com a introdução de novas técnicas investigativas, de uma nova linguagem não estigmatizante e especialmente de novas variáveis criminógenas até então desconhecidas. Foi uma espécie de alargamento de horizontes que permitiu desenvolvimentos ulteriores pelos adeptos da teoria crítica.

---

73. Cruz, José Raimundo Gomes da. Individualização da pena e garantias do acusado. *RT* 671/395.
74. Cruz e Tucci, José Rogério. *A motivação da sentença no processo civil*, p. 96.
75. Idem, p. 96-97.

8.4 A influência do *labelling approach* no pensamento jurídico brasileiro

Não é muito fácil identificar, de forma imediata, quais as principais modificações doutrinárias ou legais decorrentes da teoria do *labelling approach* em nosso pensamento jurídico. E muito disso advém de, não obstante tal teoria ter sido criada há cerca de 40 anos, ainda ter dela um desconhecimento profundo a doutrina jurídica brasileira, em grande parte em face de seu dogmatismo arraigado. No entanto, no plano das ideias, existe uma espécie de mecanismo de vasos comunicantes que autoriza entender que o líquido do conhecimento provém do recipiente vizinho sempre que se tenha uma comunicação entre os dois recipientes. Dentro dessa perspectiva, ainda que não se tenha uma perfeita identificação por parte da dogmática acerca da origem do líquido que goteja, não há que desconhecer sua proveniência.

No plano jurídico, nossa doutrina penal bem recepcionou os postulados teóricos daquela teoria. A prudente não intervenção foi acolhida com o nome de *direito penal mínimo*. A intervenção penal, diz de forma quase unânime a moderna doutrina brasileira, deve restringir-se a alcançar somente os bens jurídicos relevantes. Bens jurídicos são todos os valores sociais que sejam dignos de ser protegidos para que não estejam expostos a perigo de ataque ou a lesões efetivas. Dentro dessa ótica, bem jurídico penal é aquele que merece uma proteção especial, no âmbito das normas de direito penal, por se revelarem insuficientes, em relação a ele, as garantias oferecidas pelo ordenamento jurídico em outras áreas, extrapenais (direito civil, administrativo etc.). Nesse pórtico pode-se dizer que o direito penal terá um caráter subsidiário e fragmentário. É fragmentário por só atuar com pequenas partes do todo; por agir somente em alguns casos, aqueles mais relevantes. Assim, apenas quando alguns fragmentos do ordenamento – fragmentos esses conhecidos como mais relevantes – forem atingidos é que se desencadeará a reação penal punitiva. "Isto significa que o mecanismo penal não dá uma cobertura de proteção total e homogênea a todos os bens jurídicos, mas, sim, uma proteção parcial e fragmentária".[76] É, ainda, subsidiário por estar condicionado à não utilização das outras instâncias sociais de controle, como o direito civil ou administrativo. A subsidiariedade está a exigir que só se faça uso do direito penal quando não tenham tido êxito os meios coativos menos gravosos de natureza não penal. Onde a proteção de outros ramos do direito revelar-se insuficiente, se a lesão ou exposição a perigo do bem jurídico tutelado apresentar certa gravidade, deverá atuar o direito penal. É ele, pois, a *ultima ratio regum*, ou

---

76. FRANCO, Aberto Silva et al. *O Código Penal e sua interpretação jurisprudencial*, p. 38.

a última instância de controle social.⁷⁷ Portanto, a intervenção do direito penal só deverá ser utilizada se não houver outro tipo de intervenção estatal menos lesiva e menos gravosa aos direitos dos cidadãos. A decorrência doutrinária dessas ideias é quase infinita. Projeta suas consequências para o plano do princípio da legalidade, da proporcionalidade, da lesividade, da efetividade, da culpabilidade (entendida não como objetiva, mas sim subjetiva) etc.⁷⁸

A Reforma de 1984, trazida pelas Leis 7.209/84 e 7.210/84, inaugurou em nosso ordenamento uma ampla modificação que acolheu as ideias centrais do *labelling*.

Houve a instituição do regime progressivo de cumprimento da pena privativa de liberdade. Por meio desse mecanismo instituído pelos arts. 33 e seguintes do CP reformado, o condenado que inicia sua pena no regime fechado, ao cumprir 1/6 dela, e desde que preencha determinados requisitos objetivos e subjetivos, poderá progredir para o regime semiaberto – em uma primeira etapa – e para o regime aberto em uma derradeira fase.⁷⁹ No regime fechado quase não há possibilidades de contatos com o mundo externo ao presídio. No regime semiaberto de cumprimento da pena, o condenado poderá, em certas circunstâncias, frequentar cursos supletivos profissionalizantes, de instrução de segundo grau ou superior, bem como trabalhar fora do presídio. Já no regime aberto, terceira e última etapa do regime progressivo, é a autodisciplina e o senso de responsabilidade que orientarão a execução de pena. Aqui, o reeducando *deverá* trabalhar e estudar fora do estabelecimento, permanecendo recolhido durante o período noturno e nos dias de folga. O sistema progressivo de cumprimento da pena privativa de liberdade foi concebido para atenuar o choque da reinserção social quando o preso está institucionalizado. Acolheu a lei, pois, uma ideia do *labelling* que propugna mecanismos mitigadores à *institucionalização* da pena privativa de liberdade. Criou, pois, uma espécie de *desinstitucionalização* progressiva, mecanismo inteligente para fazer com que o condenado passe – gradativa e progressivamente – a conviver com parcelas de liberdade e que não sofra aquela síndrome gerada pelo afastamento social dos homens livres. Não é por outra razão que, com muita propriedade, Alberto Silva Franco, ao comentar a Lei 8.072/1990, Lei de Crimes Hediondos,

---

77. TOLEDO, Francisco de Assis. *Princípios básicos de direito penal*: de acordo com a Lei n. 7.209/84 e a Constituição de 1988, p. 14.
78. Sobre este tema específico é significativa a relação buscada por Flavia Goulart Pereira em sua monografia de final de curso intitulada *Os reflexos da teoria da rotulação social no ordenamento positivo brasileiro*, especialmente p. 106 e ss.
79. Esse prazo de 1/6 aumenta se o crime for hediondo: 2/5 para o primário e 3/5 para o reincidente (art. 2.º, § 2.º, da Lei 8.072/90).

quando ela ainda proibia a progressão de regime para os crimes assim designados, aduziu que "a opção feita pelo legislador no sentido de agravar a execução da pena foi, no mínimo, desarrazoada, infeliz. Nada pior, num estabelecimento penitenciário, do que um condenado sem nenhuma perspectiva de ser libertado, ou, ao menos, de receber regime penitenciário mais favorável, antes do término de uma pena privativa de liberdade, de longa duração".[80] No mesmo diapasão as palavras de Francisco de Assis Toledo ao narrar as expectativas que tem o preso no regime progressivo: "essa esperança de liberdade que, para o preso, deve significar uma conquista, é o único ingrediente de que se pode valer o aparelhamento penitenciário para impregnar a execução da pena de algum utilitarismo, de sorte a não transformá-lo em mero castigo, dentre um retributivismo kantiano, formal e desalmado".[81]

Também constitui-se uma política *desinstitucionalizadora* a adoção das penas substitutivas (ou alternativas à prisão) adotadas em 1984 e reformuladas em 1998 pela Lei 9.714. Por meio dela, toda vez que se puder evitar o recolhimento prisional (institucional), adotar-se-ão medidas alternativas à prisão.

Inicialmente, idealizou o legislador da Reforma de 84 três espécies de penas restritivas de direito: a prestação de serviços à comunidade, a interdição temporária de direitos e a limitação de fim de semana. Posteriormente, com a Lei 9.714/1998, o rol de penas foi alargado para se incluir a prestação pecuniária e a perda de bens e valores, bem como para dar nova disciplina – mais compreensiva – de medidas aplicáveis a certa categoria jurídica de condenados. Em certa medida, e desde a Reforma de 84, a multa também era uma pena alternativa, pois poderia substituir certa quantidade de prisão (cf. art. 60, § 2.º, do CP). É verdade que, não obstante o alargamento permitir uma melhor individualização da pena aplicável ao réu, pois alcança aqueles que tenham uma pena de até quatro anos, não se fez tal reforma sem que críticas surgissem. Miguel Reale Jr., em artigo publicado assim que surgiu a lei, advertiu que "pode-se dizer adeus à pena de prestação de serviços à comunidade. Daqui para frente, serão privilegiadas as penas cômodas de prestação pecuniária ou perda de bens, respostas frágeis para delitos punidos com quatro anos de reclusão, como gestão fraudulenta de instituição financeira, receptação qualificada ('desmanche' de automóveis) e corrupção de fiscal fazendário". E ao final arremata: "A adoção

---
80. *Crimes hediondos*: notas sobre a Lei 8.072/90, p. 149.
81. Crimes hediondos. *Fascículos de Ciências Penais*, n. 2, p. 67.

da lei do mínimo esforço exige o máximo esforço em defesa da dignidade do direito penal".[82]

Por outro lado, há que destacar que o alargamento do rol de medidas amplia o elastério judicial, de tal forma que se permite um juízo de adequação da melhor resposta penal, em face das circunstâncias específicas de cada caso.

Pela sistemática adotada pelo Código Penal, o juiz, ao condenar o réu, imporá uma pena privativa de liberdade e, se necessário e suficiente para a reprovação e prevenção do crime, substituirá essa pena pela restritiva de direitos que entender mais adequada. Pela nova dicção da Lei 9.714/1998, "na condenação igual ou inferior a 1 (um) ano, a substituição pode ser feita por multa ou por uma pena restritiva de direitos; se superior a 1 (um) ano, a pena privativa de liberdade pode ser substituída por uma pena restritiva de direitos e multa ou por duas restritivas de direitos" (art. 44, § 2.º, do CP). Assim, havendo uma maior reprovabilidade da conduta praticada, o que via de regra se constata pela quantidade de pena, caberá ao juiz estabelecer se se aplica uma pena alternativa ou se há necessidade de duas restritivas ou ainda uma restritiva de direitos e multa.

Os artigos da Lei de Execução Penal que preveem os direitos do preso – 40 a 43 – são flagrantemente calcados nas ideias suscitadas pelos teóricos do *labelling*. Aqui, diferentemente de medidas alternativas à prisão, têm-se alternativas na prisão. Há inúmeros dispositivos ensejadores do contato do condenado com o mundo externo, com a criação dos Conselhos da Comunidade que permitem o fluxo permanente entre o mundo livre e o institucionalizado mediante as visitas permanentes, entrevistas com os presos etc. Da mesma forma, o art. 103 da LEP prevê que "cada comarca terá, pelo menos, uma Cadeia Pública a fim de resguardar o interesse da administração da justiça criminal e a permanência do preso em local próximo ao seu meio social e familiar". Diga-se, a propósito, que toda Lei de Execução Penal adotou soluções práticas que decorrem das formulações teóricas daqueles autores. Pela primeira vez declarou uma lei do nosso ordenamento ser o "chamamento nominal" um direito do preso (art. 41, XI). Isto para que sua dignidade de cidadão fosse respeitada e para que não houvesse uma acentuada *despersonalização* ou *profanação do eu*, quando do cumprimento de sua pena privativa de liberdade.[83] A "proteção contra qualquer forma de sensacionalismo" (art. 41, VIII) é uma clara proibição das chamadas *cerimônias degradantes*

---

82. A lei penal do mínimo esforço. *Folha de S. Paulo*, 02.12.1998, Seção Tendências/Debates, p. 3.
83. Observe-se que o chamamento nominal foi uma das reivindicações dos presos na famosa rebelião na Penitenciária de Ática.

tão comuns ao próprio processo penal, mas que também podem ocorrer antes e depois do procedimento acusatório. A "audiência especial com o diretor do estabelecimento" (art. 41, XIII), bem como o direito de "representação e petição a qualquer autoridade em defesa de direito" (art. 41, XIV), são diferentes formas não só da garantia objetiva para implementação dos direitos do condenado, mas também de mecanismos que garantam a *voz* do preso, elo permanente com o mundo exterior que minimiza o choque existente no retorno ao mundo dos homens livres.[84] O "contato com o mundo exterior por meio de correspondência escrita, da leitura e de outros meios de informação" (art. 41, XV) visa a atender aos reclamos daqueles que criticavam o evidente processo institucionalizador inerente ao sistema penitenciário. Da mesma forma pode-se dizer da "visita do cônjuge, da companheira, de parentes e amigos em dias determinados" (art. 41, X), cujo escopo precípuo é eliminar o *isolamento social* que acaba por produzir *reflexos na autoimagem* do condenado e, por via de consequência, na *carreira delinquente*. O art. 88 e incisos da LEP define que o condenado à pena de reclusão será alojado em cela individual, de no mínimo 6 metros quadrados, que conterá dormitório, aparelho sanitário e lavatório, devendo ser salubre, arejado e com adequadas condições à existência humana. Tal artigo não quer só preservar a dignidade da pessoa humana presa com objetivo de proporcionar condições para a harmônica integração social do condenado (art. 1.º, III, da CF, c/c o art. 1.º da LEP), mas também eliminar a possibilidade de deformação pessoal que faz parte do distanciamento e desfiguramento do indivíduo decorrente do estado de visibilidade permanente do condenado. O art. 25 da LEP dispõe sobre a assistência ao egresso, consistente "na orientação e apoio para reintegrá-lo à vida em liberdade", bem como "na concessão, se necessário, de alojamento e alimentação, em estabelecimento adequado, pelo prazo de 2 (dois) meses". Ademais, nos exatos termos do art. 27, "o serviço de assistência social colaborará com o egresso para a obtenção do trabalho". Tais dispositivos preveem instrumentos mitigadores do impacto que o preso sofre no retorno ao convívio social, tentando impedir, por meio do trabalho e da assistência social, a ocorrência da recidiva que leva à *carreira criminal*. O acesso à informação foi plenamente assegurado no art. 21 que prevê a constituição de uma biblioteca em cada presídio provida de livros instrutivos, recreativos e didáticos, a fim de evitar qualquer perda de contato com o mundo externo. Ademais, segundo o art. 202, "cumprida ou extinta a pena, não constarão da folha corrida, atestados ou certidões fornecidas por autoridade policial ou por auxiliares da Justiça, qualquer notícia ou referência à condenação,

---

84. No Estado de São Paulo, no ano de 2000, foi criada uma ouvidoria dos presídios para que os presos tivessem facilitadas suas reclamações e reivindicações.

salvo para instruir processo pela prática de nova infração penal ou outros casos expressos em lei". Desnecessário dizer que a finalidade de tal medida é evitar o registro marcante do estigma criminal.

A Constituição Federal de 1988, também para evitar o estigma da identificação criminal estatuiu, por exemplo, que *o civilmente identificado não será submetido à identificação criminal, salvo nas hipóteses previstas em lei* (art. 5.º, LVIII). Tal dispositivo teve como precípua finalidade atenuar a mudança da concepção do indivíduo sobre o seu próprio eu, algo que o faria interagir com o atributo que lhe seria posto pelo Estado.

Desde que a Constituição brasileira de 1988 cunhou a expressão "infrações de menor potencial ofensivo" (art. 98, I), assinalando para elas um *novo modelo* de Justiça Criminal, a comunidade em geral e a comunidade jurídica em particular esperavam ansiosamente por uma lei que viesse impor a necessária delimitação a essa alocução.

A Lei 9.099/1995, no plano da legislação ordinária, regulamentou os Juizados Especiais Criminais. Seu art. 2.º enfatiza que o processo, nas infrações de menor potencial ofensivo, além da simplicidade, oralidade, informalidade, economia processual e celeridade, deve buscar a *conciliação* e a *transação*.

O art. 62 da referida Lei afirma que o processo perante o Juizado Especial orientar-se-á pelos critérios da oralidade, informalidade, economia processual e celeridade, objetivando a reparação dos danos sofridos pela vítima e a aplicação de pena não privativa de liberdade. O art. 69, parágrafo único, do mesmo diploma normativo afirma que àquele que assumir o compromisso de comparecer ao Juizado não se imporá prisão em flagrante, nem se exigirá fiança. Tal medida evita o encarceramento desnecessário, com a redução das intervenções institucionalizadoras. O art. 72 dispõe que, se houver conciliação entre o autor do fato e a vítima, não haverá imposição de medida privativa de liberdade. De forma semelhante, o art. 76 dispõe que, em casos de ação penal pública, o representante do Ministério Público poderá "transacionar" com o autor do fato para aplicação imediata de pena restritiva de direitos ou multa. A imposição de pena de que trata este artigo não constará de certidão de antecedentes e não importará em reincidência. O art. 88 da Lei, por sua vez, condiciona à representação a ação penal relativa aos crimes de lesões corporais leves e lesões culposas. A partir deste dispositivo, a conveniência e oportunidade para iniciar o processo penal estarão adstritas ao interesse da vítima, reduzindo-se drasticamente as ações em trâmite pela Justiça e minimizando as estigmatizações delas decorrentes. Por derradeiro, o art. 89 da Lei, para os casos em que a pena mínima cominada seja igual ou inferior a um ano, permite que haja uma suspensão condicional do processo, permanecendo o acusado sob prova por um período de dois a quatro anos, ao final dos quais o juiz declarará extinta a punibilidade. A inserção deste último dispositivo faculta a não punição do acusado em casos de furtos, estelionatos, apropriações indébitas etc., desde que ele não seja reincidente.[85]

Em 1995, a maior parte da doutrina brasileira saudou a nova lei como uma "nova filosofia político-criminal".[86] A boa recepção se deu por vários motivos: primeiro, porque eliminou da esfera penal e punitiva inúmeros crimes (aqueles com penas inferiores a um ano), livrando de um processo criminal e propiciando que os envolvidos chegassem a um acordo que seria homologado pela Justiça – mediante esse acordo entre os envolvidos, naquilo que Hulsman chamaria de "situações-problema", evitar-se-ia a esfera penal, sem que o acusado do fato delituoso carregasse os estigmas das cerimônias degradantes inerentes ao processo criminal –; segundo, por *despenalizar* fatos, isto é, adotar processos ou medidas substitutivas ou alternativas, de natureza penal ou processual, que visam dificultar a aplicação da pena de prisão ou sua execução; terceiro, porque adotou posturas *descarcerizadoras* de forma a evitar a decretação ou manutenção da prisão cautelar, ou permitir que ela seja executada posteriormente à decisão. De certa forma, a nova lei conseguiu atender à recomendação de autores do *labelling* e também dos abolicionistas, adotando um movimento parecido com a *diversion,* pela abdicação de instâncias formais na resolução dos conflitos penais, podendo atribuir a tarefa conciliatória a juízes leigos. Por fim, a lei foi igualmente elogiada, pois atendeu aos reclamos dos *vitimologistas* por dar especial atenção à vítima no processo de realização dos acordos a serem homologados em juízo.

A postura central da Lei 9.099/1995 é de um *nolo contendere*, isto é, o acusado não assume a culpa, mas tampouco quer discutir. Prefere uma pena restritiva de direitos, sem correr o risco de prosseguir na tramitação do processo, a enfrentar tal risco e ser condenado à pena privativa de liberdade.

Se é verdade que a maior parte da doutrina entendeu ser essa lei um grande avanço, exatamente por acatar algumas das propostas propugnadas desde os anos 60 pelos teóricos do *labelling* e pela teoria crítica, alguns autores insurgiram-se contra a modificação.

---

85. Tais medidas despenalizadoras não se aplicam aos crimes praticados com violência doméstica e familiar contra a mulher, independentemente da pena prevista, por força do art. 41 da Lei 11.340/2006, conhecida como Lei Maria da Penha.
86. Em especial Luiz Flávio Gomes em suas obras sobre os Juizados: *Suspensão condicional do processo penal; Juizados especiais criminais*: comentários à Lei 9.099/95 (em coautoria com Ada Pellegrini Grinover, Antonio Scarance Fernandes e Antonio Magalhães Gomes Filho) e *Criminologia* (escrita com Antonio García-Pablos de Molina), todas publicadas pela Editora Revista dos Tribunais.

Miguel Reale Jr. criticou a colocação da "maximização dos resultados, o eficientismo próprio da sociedade pós-industrial, acima do valor da Justiça". Para ele o que se visava com a nova lei era resolver o mais rápido possível os processos, esvaziando as varas criminais. "Não aceitar a transação significa, portanto, preferir que a condenação à mesma pena decorra do exame da acusação e das provas no exercício amplo do direito de defesa, com respeito ao contraditório, e não de apressada imposição sem processo. É optar pela eventual condenação em processo regular, no qual se pode ser absolvido (...)".[87]

Outros autores, como Cezar Roberto Bitencourt, criticaram a lei sob a perspectiva da infringência ao princípio da legalidade,[88] enquanto alguns chegaram a mencionar que a verdadeira modificação seria a efetiva descriminalização das condutas delitivas, como se esperava de uma verdadeira Reforma Penal.[89]

Bem é de lembrar que uma das reivindicações dos teóricos do *labelling*, especialmente no que dizia respeito à legislação concernente aos agentes de delito menores de idade, era ter um *devido processo legal*. Tal crítica certamente poderia ser feita no Brasil para o singelo procedimento aqui previsto em face da Lei 8.069/1990, em que não são dadas as devidas garantias formais se cotejadas com um procedimento equivalente previsto para um infrator adulto. No entanto, críticas à *deformalização* do processo também foram feitas ao mecanismo criado pela Lei 9.099/1995. Fauzi Hassan Choukr, em artigo publicado quando do advento da Lei dos Juizados Especiais, afirmava: "se o Juizado for encarado de uma mera forma utilitarista, com o singelo intuito de 'agilizar' o funcionamento da máquina e desafogar os operadores da Justiça da alegada carga excessiva de trabalho, não há muito que se festejar. Teríamos então chegado à pós-modernidade processual, onde o processo, que é ao mesmo tempo garantia e instrumento, não é sequer necessário para a formação de títulos executivos judiciais penais (vide a proposta de pena sem processo contido no novo ordenamento). Oswald de Andrade não teria melhor exemplo de autofagia".[90] Cinco anos mais tarde, o mesmo autor volta ao assunto, ao comentar as penas alternativas: "o conceito de penas alternativas, qualquer que seja o ponto de partida teórico para alcançá-lo, jamais abre mão da jurisdicionalização ou, em outras palavras, a formação de um título condenatório. Por mais informal que seja, nunca chega a ponto de dispensar o processo. Pode-se,

---

87. *Juizados especiais criminais*: interpretação e crítica, p. 28-29.
88. *Juizados especiais criminais e alternativas à pena de prisão*, p. 152.
89. Podemos citar, dentre outros, Alberto Silva Franco e Mauricio Antonio Ribeiro Lopes.
90. Qual justiça penal? *Boletim do IBCCrim*, n. 35, p. 15.

em maior ou menor grau, flexibilizar o processo e reinterpretar as garantias do *due process of law*, mas em instante algum a ela renunciar".[91]

Mais recentemente, alguns autores voltaram à análise da Lei dos Juizados Criminais. Andrei Koerner, em trabalho intitulado O debate sobre a Reforma Judiciária, observa: "Estas mudanças fortalecem sobremaneira os poderes das autoridades públicas, dispondo de instrumentos simplificados e discricionários de repressão criminal, ao mesmo tempo em que são flexibilizados os princípios e garantias do processo, pelo uso da barganha com os acusados a respeito das penas e do próprio indiciamento criminal. Assim, cidadãos são estimulados a reconhecer a culpa de crimes de que são acusados, mesmo que os indícios contra eles sejam muito tênues ou até inexistentes, para se ver livres dos percalços de processos cujo resultado estará sujeito a riscos e incertezas muito maiores que no passado. Neste sentido, os juizados especiais criminais significam a expansão do sistema repressivo estatal, tanto em relação ao conjunto de condutas definidas legalmente como crimes como em virtude do aumento da eficácia do aparelho que passa a reprimir condutas até então toleradas".[92]

Dessa forma, a simples ameaça do processo passou a ser a principal "moeda de troca" para convencer a pessoa suspeita da prática do fato delitivo a assumir uma pena – ainda que não institucional – sem que haja o mecanismo inerente ao devido processo legal, garantido legalmente a partir da Constituição democrática de 1988.

Nils Christie, com muita perspicácia, ao analisar o instituto do *plea bargaining* americano, chega à conclusão semelhante: "Na América do século XX, repetimos a experiência central do processo penal da Europa da Idade Média: passamos de um processo de acusação para um processo de confissão. Coagimos o acusado a confessar sua culpa. Certamente, nossos meios são muito mais delicados; não torturamos, não esmagamos polegares, nem usamos botas espanholas para esmagar suas pernas. Mas, tal como os europeus dos séculos passados que não empregaram essas máquinas, cobramos um preço muito alto ao acusado que usa o direito à salvaguarda constitucional do julgamento. Ameaçamo-lo de aumentar as punições se ele se faz valer de seu direito e depois é condenado. A diferença de penas é o que faz o *plea bargaining* coercitivo".[93]

A essa mesma conclusão (em certa medida) também chegou Rodrigo Ghiringhelli de Azevedo quando afirma: "Ao invés de retirar do sistema formal os casos considerados de menor potencial ofensivo, a Lei 9.099/95 incluiu esses

---

91. Penas alternativas. *RT* 777/460-461.
92. O debate sobre a reforma judiciária. *Novos Estudos – Cebrap*, n. 54, p. 21.
93. *A indústria...* cit., p. 145.

casos no sistema formal de justiça, através de mecanismos informalizantes para o seu ingresso e processamento".[94]

A grande verdade é que a Lei 9.099/1995 deixou intocada a estrutura do Código Penal, preferindo atuar nos aspectos adjetivos, não querendo, pois, comprometer-se com os substantivos. Assim, em vez de adotar a efetiva *descriminalização*, optou por medidas *despenalizadoras* (composição civil, transação penal, condicionar à representação as lesões corporais culposas ou leves, suspensão condicional do processo). Despenalizar, no dizer de Luiz Flávio Gomes, "significa adotar processos ou medidas substitutivas ou alternativas, de natureza penal ou processual, que visam, sem rejeitar o caráter ilícito da conduta, dificultar ou evitar ou restringir a aplicação da pena de prisão ou sua execução ou, ainda, pelo menos sua redução".[95] No entanto, se a despenalização atinge, em alguns casos, sua meta, também é verdade que acaba por reafirmar os tipos proibitivos do Código Penal – alguns esboroados pelo tempo – ratificando uma realidade que tinha todo o sentido em 1940, mas que perde suas razões quando posta em exame com olhares de uma sociedade pós-industrial.

Independentemente da leitura que se faça – crítica, moderada ou condescendente –, a verdade é que sob a ótica do direito penal todas as posições contemplaram as visões suscitadas pelo *labelling*. Os elogios foram feitos em face da minimização da intervenção penal, conseguida pela desinstitucionalização. As críticas, em face da não preservação de um devido processo legal. Todas as duas posições advêm, de forma inconteste, das formulações teóricas da escola de rotulação social.

Alessandro Baratta assim resume o que representou a mudança de paradigma em criminologia com o pensamento do *labelling*: "A introdução do *labelling approach*, sobretudo devido à influência de correntes de origem fenomenológica (como o interacionismo simbólico e a etnometodologia), na sociologia do desvio e do controle social, e de outros desenvolvimentos da reflexão sociológica e histórica sobre o fenômeno criminal e sobre o direito penal, determinaram, no seio da criminologia contemporânea, uma troca de paradigmas mediante a qual esses mecanismos de definição e de reação social vieram ocupar um lugar cada vez mais central no interior do objeto da investigação criminológica. Constitui-se, assim, um paradigma alternativo relativamente ao paradigma etiológico, que se chama, justamente, o paradigma da 'reação social' ou 'paradigma da definição'. Na base deste 'novo' paradigma, a investigação criminológica tem tendência para se deslocar das causas do comportamento criminal em direção às condições a partir das quais, numa dada sociedade, as etiquetas da criminalidade e o estatuto do criminoso são atribuídos a comportamentos e a

---

94. *Informalização da justiça e controle social*, p. 196.
95. *Suspensão condicional do processo penal*, p. 87.

sujeitos, e para o funcionamento da reação social informal e institucional (processos de criminalização)".[96] A verdade é que a grande investigação do *labelling*, ao aproximar as condutas desviantes dos processos de interação, nos conduz para a investigação acerca das agências de controle social e de seu papel definitorial da própria reprodução do poder.[97]

Algumas críticas são tradicionalmente formuladas à escola da rotulação social. Ao deslocar o centro das atenções da desviação primária para a desviação secundária, deixou em segundo plano as causas primeiras da criminalidade. Massimo Pavarini, ao fazer uma aguda observação ao pensamento interacionista, associando-o às ideologias das classes médias burguesas dos países de economias capitalistas, vaticina uma "incapacidade de dar um sentido real ao mundo social que o circunda; uma indiferença agnóstica quanto à política e em geral quanto aos problemas sociais; uma ausência dos valores que não estejam ligados ao consumismo e ao êxito econômico pessoal (não tanto uma profissão que satisfaça como que enriqueça); uma dependência absoluta dos modelos de comportamento (como a moda, a organização do tempo livre etc.) impostos pelos meios de comunicação de massas".[98]

Da mesma maneira, pode-se dizer que, ao superar-se o tal determinismo ainda imperante naquele momento dos estudos criminológicos, criou-se perversamente um certo determinismo da reação social. Nunca se disse que, havendo a desviação primária e existindo o modelo explicativo definido por E. Schur, certamente haveria desviação secundária. No entanto, os estudos desta perspectiva teórica não deixam de apontar para tal caminho como inexorável.

Também há que dizer que a teoria interacionista não foi uma verdadeira escola criminológica. Com efeito, melhor seria se descrevêssemos tal pensamento como um enfoque criminológico de algo que consegue dar conta com absoluta precisão *do que sucede e de como sucede*, mas não do *por que sucede*. Em outras palavras, deve-se reconhecer no enfoque interacionista a mais sofisticada análise criminológica não adstrita ao velho modelo de cunho positivista. No entanto, as velhas interrogações de fundo da criminologia não podem achar por esta via uma única resposta, ainda que se possa, seguindo seu caminho, encontrar um fundamento mais correto de estudo da criminalidade.[99]

---

96. BARATTA, Alessandro. Sobre a criminologia crítica e sua função na política criminal. *Separata de documentação e direito comparado (Boletim do Ministério da Justiça)*, n. 13, p. 147.
97. Neste mesmo sentido o pensamento de Baratta pode ser destacado em *Criminologia...* cit., p. 89.
98. PAVARINI, Massimo. *Control...* cit., p. 136-137.
99. Idem, p. 137.

Não há que ignorar, no entanto, que a partir desta perspectiva de pensamento, o próprio direito penal – além da Criminologia em si mesma – passou a ter uma nova perspectiva, superadora das tradicionais teorias do consenso e inauguradora de uma rica visão transformadora que irá desaguar, cerca de dez anos depois, nas várias visões críticas e radicais.

9

TEORIA CRÍTICA

9.1 Notas introdutórias

A referência mais longínqua da criminologia crítica pode ser encontrada na obra de Friedrich Spee, a *Cautio Criminalis*, de 1631. A obra escrita em latim e originalmente publicada sob pseudônimo, é uma acusação contra os julgamentos por bruxaria, então implementados pela Inquisição. Segundo o pensamento de Zaffaroni, não importa se a persecução penal recai sobre bruxas, hereges, subversivos, parasitas, burgueses ou criminosos. O que é comum a todos esses casos é a existência de agências punitivas que apelam aos mesmos programas argumentativos. Assim, a existência de uma insurgência contra atos persecutórios marcaria a emergência de uma crítica à punição.[1] No entanto, a teoria crítica enquanto pensamento organizado – também denominada por muitos como radical[2] – tem sua origem mediata no livro *Punição e estrutura social* de Georg Rusche e Otto Kirchheimer. O livro veio a lume em Nova York, já que seus autores tinham sido obrigados a emigrar em função da perseguição nazista. É o resultado mais bem acabado do pensamento então vigente na chamada "Escola de Frankfurt". À época, a influência marxista ainda era consideravelmente forte, razão pela qual as ideias dos autores estavam calcadas no raciocínio do pensador alemão, em que se relacionam as manifestações superestruturais como decorrência lógica da forma de produção. A história das penas é desnudada com precisão, mostrando os autores a inter-relação existente entre os mecanismos punitivos com a forma de produzir e vender mercadorias. A prisão é relacionada ao surgimento do capitalismo mercantil. Rusche e Kirchheimer demonstram como foram abolidas as formas punitivas que envolviam o sacrifício do corpo dos criminosos, passando-se à disciplina da mão de obra com interesses econômicos. Se o livro tem importância inescondível,

---

1. ZAFFARONI, Eugenio Raúl. *O nascimento da criminologia crítica*. São Paulo: Tirant lo Blanch, 2020, p. 105.
2. Juarez Cirino dos Santos, um dos tradutores da obra *Criminologia crítica* de Taylor, Walton e Young, é o responsável no Brasil pela inserção da expressão radical no contexto da criminologia. Sua obra *Criminologia radical* foi originalmente publicada em 1981, tendo sua 3.ª edição em 2008. Santos, Juarez Cirino dos. *A criminologia radical*. Curitiba: ICPC: Lumen Juris, 2008.

não teve a repercussão merecida em sua época. Isso porque a Europa mergulhou na guerra, que acabou envolvendo os Estados Unidos, ficando o mundo muito mais envolvido com o deslinde da guerra do que propriamente com a discussão acadêmica proposta na obra. No entanto, ainda não são poucos os autores, como Lola Anyar de Castro, que relacionam prisão à política. A base desse pensamento é o seguinte silogismo: se a lei é um ato político, sua infração é delinquência política e, em consequência, todo preso é preso político.[3]

Em 1967 o livro de Rusche e Kirchheimer é republicado nos Estados Unidos, servindo de referência para outros autores que o mencionariam em seus estudos nos anos 70.[4] A partir daí, concomitantemente nos Estados Unidos e na Inglaterra, muitos autores começam a reescrever a criminologia de matiz etiológico, criando aquilo que também seria denominado de "nova criminologia". O movimento anglo-americano irradia-se, quase de imediato, por toda a Europa. Os dois primeiros movimentos dessa retomada do livro de Rusche e Kirchheimer que nasceram foram: o da Universidade de Berkeley (Califórnia, EUA), surgido precipuamente entre professores e alunos da sua escola de criminologia e que se denominou Union of Radical Criminologists (URC), com grande influência de H. e J. Schwendinger e T. Platt; e o movimento inglês, organizado em torno da National Deviance Conference (NDC), encabeçados por I. Taylor, P. Walton e J. Young, autores dos mais conhecidos livros sobre o assunto (*The new criminology*: for a social theory of deviance, de 1973, e *Critical criminology*, de 1975).[5] De outra parte, considerando a corrente abolicionista como uma das vertentes da teoria crítica – como nós o fazemos –, há que levar em conta a publicação da então inovadora obra de Thomas Mathiesen, denominada *The politics of abolition*: essays in political action theory, cuja primeira edição é de 1971, e que lança, por meio de vários ensaios, as bases do pensamento abolicionista que, a partir da Escandinávia, se irradia por toda Europa.

O grupo de Berkeley surge como reação aos objetivos básicos da escola de criminologia que se consubstanciava na formação de técnicos e profissionais treinados para "a luta contra o crime". Tratava-se do confronto entre os interesses básicos do Estado, em sua política de criação de novos profissionais para o

---

3. Matar com a prisão, o paraíso legal e o inferno carcerário: os estabelecimentos, concordes, seguros e capazes. *Depois do grande encarceramento*, p. 87.
4. Entre nós é conhecida a edição de 2004 publicada pela Editora Revan com a chancela do Instituto Carioca de Criminologia.
5. ANIYAR DE CASTRO, Lola. *Criminologia...* cit., p. 142; e, ainda, DIAS, Jorge de Figueiredo; ANDRADE, Manuel da Costa. Op. cit., p. 56.

exercício do controle funcional da criminalidade, e os teóricos universitários que queriam a redefinição do próprio objeto da criminologia.

O grupo inglês, por seu turno, parte de uma premissa segundo a qual deve-se buscar a abolição das desigualdades sociais em riqueza e poder, afirmando que a solução para o problema do crime depende da eliminação da exploração econômica e da opressão política de classe. Ademais, seus compromissos são com a radical transformação social, e não com uma mera "moralização" ou "reabilitação pessoal" que acaba por identificar crime com patologia e, nas formas mais liberais, propõe reformas de superfície, ou mais serviços sociais, tendentes a modificar as coisas para deixá-las como estão, de maneira preservacionista.[6] A National Deviance Conference nasce como uma reação ao pragmatismo da criminologia europeia, na busca da visão interdisciplinar associada à sociologia e com uma postura crítica ao positivismo e às posições reformistas e correcionais da criminologia tradicional.

A linha abolicionista tem suas origens na Escandinávia, com a criação, nos idos de 1966, do Krum, sigla cujo significado expressava a criação da Associação Sueca Nacional para a Reforma Penal. A crítica à prisão iniciara-se em um grande encontro em Stromsund, chamado "O Parlamento dos Ladrões", pois tinha a participação de egressos do sistema penitenciário discutindo ao lado de advogados, psiquiatras, assistentes sociais e sociólogos. Pela primeira vez na Escandinávia, ex-internos publicamente anunciavam sua visão sobre a condição das prisões e o tratamento destinado ao preso. As atividades humanitárias do Krum motivaram a criação de entidades assemelhadas em países vizinhos, como o Krom na Noruega e o Krim na Dinamarca.[7]

Estas três vertentes radicais acabam por divulgar ideias novas em sucessivos congressos que têm repercussão nos Estados Unidos, Canadá e em toda a Europa, fazendo com que inúmeros estudiosos passem a integrar grupos de pensadores críticos. Na Itália, por exemplo, avultam os nomes de D. Melossi, M. Pavarini, F. Bricola e A. Baratta, à frente de um conjunto de autores a quem se devem vários trabalhos de criminologia radical, bem como a publicação, desde 1975, da revista *La Questione Criminale*. Tal grupo fica conhecido como a Escola de Bolonha e, dentre outros objetivos, tinha o de "aprofundar e tentar individualizar uma criminologia de tipo marxista, quer dizer, de colocar o fenômeno da criminalidade no interior de uma teoria do Estado e das instituições", além de expressar "as linhas de desenvolvimento de uma política criminal do movimento operário"

---

6. SANTOS, Juarez Cirino dos. *A criminologia...* cit., p. 25-26.
7. MATHIENSEN, Thomas. *The politics of abolition*: essays in political action theory, p. 44.

com uma espécie de política criminal alternativa.[8] Em Amsterdã, na Holanda é criado o Instituto de Justiça Criminal, dirigido por H. Bianchi, o qual passa a ser o centro da criminologia radical holandesa, criminologia esta que, a partir de 1977, disponibiliza a revista *Contemporary Crises: Crime, Law and Social Policy*. Na França, a obra de Michel Foucault, *Vigiar e punir*, concebida em 1975, revela-se convergente com os temas centrais da criminologia radical. Referido autor tem produção das mais profícuas, discorrendo sobre a história da prisão, examinando questões intrincadas como a loucura e criando uma verdadeira análise sobre o próprio poder. Dois anos depois, a criminologia desse país passa a expressar-se por intermédio de uma revista chamada *Déviance et Société*, que se publica em Genebra. Movimentos assemelhados surgem na Alemanha e em outros países europeus. Nos países de língua portuguesa, merecem destaque os estudos de Boaventura de Sousa Santos (*A lei dos oprimidos*: a construção e reprodução da legalidade em Pasárgada, 1977), Roberto Lyra Filho (*Criminologia dialética*, 1972) e Juarez Cirino dos Santos (no já mencionado livro intitulado *A criminologia radical*, de 1981). Mais recentemente, sob direção de Nilo Batista, é criada a revista *Discursos Sediciosos*, editada desde 1996 sob os auspícios do Instituto Carioca de Criminologia, e que também pode ser considerada uma revista dos teóricos críticos, além da coleção denominada *O pensamento criminológico*, cujos trabalhos publicados passam por novos pensadores, como Loic Wacquant, a velhos conhecidos, como Jock Young.

9.2 As ideias centrais da teoria crítica

Os dois principais livros desencadeadores de todo o pensamento crítico foram concebidos por três autores ingleses: Ian Taylor, Paul Walton e Jock Young. O primeiro – *A nova criminologia* – faz um grande balanço de todas as escolas sociológicas até o ano de 1973. O segundo trabalho, editado dois anos depois, e intitulado *Criminologia crítica*, traz uma série de ensaios que formam um todo coeso de acentuação da crítica iniciada com o livro anterior.

As bases desta linha de pensamento se materializam na crítica acerba às posturas tradicionais da criminologia do consenso, incapazes de compreender a totalidade do fenômeno criminal. A premissa de pensamento estava inescondivelmente ancorada no pensamento marxista, pois sustentava ser o delito um fenômeno dependente do modo de produção capitalista. Segundo afirmação de Marx, com sua proverbial ironia, o crime produziria professores e livros, todo o sistema de controle social – juízes, policiais, promotores, jurados –, métodos de

---

8. ANIYAR DE CASTRO, Lola. *Criminologia...* cit., p. 144.

tortura; teria feito evoluir procedimentos técnicos, datiloscópicos, químicos e físicos, para detectar falsificações; favoreceria, assim, fabricantes e artesãos, rompendo a monotonia da vida burguesa; enfim, daria, desta maneira, um estímulo às forças produtivas. Vale dizer, o centro das atenções do marxismo em relação à criminalidade é o seu caráter de crítica ao funcionalismo do pensamento criminal. A lei penal nada mais é do que uma estrutura (também designada superestrutura) dependente do sistema de produção (infraestrutura ou base econômica). O direito, ao contrário do que afirmam os funcionalistas, não é uma ciência, mas sim uma ideologia que só será entendida mediante uma análise sistêmica denominada método histórico-dialético. O homem, por sua vez, não tem o livre-arbítrio que lhe atribuem, pois está submetido a um vetor econômico que lhe é insuperável e que acaba por produzir não só o crime em particular, mas também a criminalidade como um fenômeno mais global, com as feições patrimoniais e econômicas que todos conhecem.

A crítica feita a todas as teorias é bastante sólida e dura. Quando descreve, por exemplo, o pensamento da escola de Chicago, compara as ideias da ecologia criminal com o naturalismo de Spencer. Afirma-se, por exemplo, que aquela corrente "utilizou inicialmente o que, em última instância, era uma analogia biológica; pensava-se que a relação simbiótica entre as diversas 'espécies' de homens havia caído em um estado de desequilíbrio",[9] fazendo clara alusão ao pensamento da desorganização social, coração da escola de Chicago. E arrematam os referidos autores: "quando a analogia biológica na ecologia se traduz em termos sociais, encontramo-nos com uma ideia de 'organização', a sociedade geral que é identificável de maneira positivista, e com uma imagem da desorganização social dentro de certas zonas residuais ou de transição, desorganização que se define fazendo referência a organização que caracteriza a sociedade dominante. Isto leva implícita a noção durkheiminiana de anomia, no sentido de que a competência entre indivíduos nas zonas delitivas produz a falta de normas".[10]

Nem mesmo a mais próxima e contemporânea de todas as teorias, que é a teoria da rotulação social, escapa às críticas. "Ainda que reconheçamos importante contribuição feita pelo enfoque da reação social ao esclarecimento dos processos de reação da sociedade e à maior ou menor probabilidade que diferentes atos e atores têm de ser descobertos, rotulados e estigmatizados, nossa crítica quer pôr em relevo sua incapacidade para tratar as origens mediatas (e, em realidade,

---

9. TAYLOR, I. et al. *La nueva criminología*: contribuición a una teoría social de la conducta desviada, p. 140.
10. TAYLOR, I. et al. *La nueva criminología*... cit., p. 140.

também as imediatas) da desviação, e o fato de que evita discutir as causas da reação da sociedade concentrando-se na questão importante, mas limitada, da influência que essa reação exerce sobre o comportamento posterior do desviado."[11] Assim, o pensamento dos autores da *Rotulação social* não deixa de ser encarado como puro reformismo liberal que se basta com a sugestão de "melhorias" nas instâncias de controle, de modo a respeitar, até onde for possível, o pluralismo cultural e moral. Ou, como com muita oportunidade asseveram Figueiredo Dias e Costa Andrade: "a criminologia radical é, em grande parte, uma criminologia da criminologia, principalmente a discussão e análise de dois temas: a definição do objeto e do papel da investigação criminológica".[12] Ou, ainda em outras palavras, a criminologia crítica é a crítica final de todas as outras correntes criminológicas, fundamentalmente por recusar assumir este papel tecnocrático de gerenciador do sistema, pois considera o problema criminal insolúvel dentro dos marcos de uma sociedade capitalista. Ademais, a aceitação das tarefas tradicionais de gerenciamento da criminalidade é absolutamente incompatível com as metas da criminologia radical. Como poderiam, afinal, os estudiosos críticos se propor a auxiliar a defesa da sociedade contra o crime, se o seu propósito último é defender o homem contra este tipo de sociedade?

Em um texto da coletânea intitulada *Criminologia crítica*, William J. Chambliss traça um paralelo entre as posturas radicais e as posturas por ele denominadas de funcionalistas. Dizia ele que, para Durkheim, a mais importante função do crime na sociedade foi estabelecer e preservar os limites morais da comunidade. Para Marx, ao contrário, o mais importante é a sua contribuição para uma estabilidade econômica temporária em um sistema econômico que é intrinsecamente instável. Vale dizer, Marx via o crime como uma contribuição para a estabilidade política, pela legitimação do monopólio do Estado sobre a violência, e justificativa para o controle político legal das massas.[13] Na sequência, traça o referido autor um quadro mostrando o paralelo entre as hipóteses funcionais, feitas do crime, e as que ele denomina de dialéticas (ou, como estamos utilizando, críticas). Para os primeiros autores, os atos são criminosos porque ofendem a moralidade do povo. Para os críticos os atos são criminosos porque é do interesse da classe dominante assim defini-los. Uma das hipóteses da criminologia mais tradicional é que as pessoas são rotuladas criminosas porque seu comportamento foi além dos limites de tolerância da consciência da comunidade. Para os radicais, as pessoas

---

11. Idem, p. 187.
12. DIAS, Jorge de Figueiredo; ANDRADE, Manuel da Costa. Op. cit., p. 59.
13. *Criminologia crítica*, p. 204-205.

são rotuladas criminosas porque, assim as definindo, serve-se aos interesses da classe dominante. Estes afirmam que as pessoas das classes mais baixas são rotuladas criminosas e as da burguesia não, porque o controle da burguesia sobre os meios de produção lhes dá o controle do Estado, assim como da aplicação da lei. Aqueles, ao contrário, sustentam que as pessoas das classes mais baixas são mais propensas a ser presas porque cometem mais crimes. Funcionalistas asseveram que o crime é uma constante na sociedade. Todas as sociedades precisam de sua produção. Radicais refutam tal assertiva, afirmando que o crime varia de sociedade para sociedade, de acordo com cada estrutura econômica e política. Funcionalistas entendem que, à medida que as sociedades se tornam mais especializadas na divisão do trabalho, cada vez mais as leis vão refletir disputas contratuais e as leis penais vão se tornar cada vez menos importantes. Para os radicais, ao contrário, à medida que as sociedades capitalistas se industrializam, a divisão entre as classes sociais vai crescendo e as leis penais vão, progressivamente, tendo que ser aprovadas e aplicadas para manter uma estabilidade temporária, encobrindo confrontações violentas entre as classes sociais. Ademais, acreditam os teóricos críticos que as sociedades socialista e capitalista deveriam ter índices significativamente diferentes de crimes, pois o conflito de classes será menor nas sociedades socialistas, o que acarreta menor quantidade de crimes. Os funcionalistas pensam exatamente o oposto, pois entendem que as sociedades socialista e capitalista deveriam ter a mesma quantidade de crimes, uma vez que apresentam índices comparáveis de industrialização e burocratização. Por fim, funcionalistas acreditam que o crime faz as pessoas mais conscientes dos interesses que têm em comum e que estabelece um vínculo mais firme, o que leva a uma maior solidariedade entre os membros da comunidade. Críticos, por seu turno, afirmam que definir certas pessoas como criminosas permite um controle maior sobre o proletariado e que o crime orienta a hostilidade do oprimido para longe dos opressores e em direção à sua própria classe.[14]

A partir desse diagnóstico distintivo entre propostas funcionalistas e radicais, a teoria crítica propõe uma ampla reflexão do próprio conceito de crime. Passam seus diversos autores, pois, a asseverar que a redefinição de crime depende de uma ampla reflexão crítica sobre a realidade, de modo a enfrentar a questão de um sistema legal baseado no poder e privilégio. Aceitar a definição legal de crime é aceitar a ficção da neutralidade do direito. "Sob a definição legal de crime, as soluções são primariamente destinadas a controlar as vítimas da exploração (pobres, terceiro mundo, jovens, mulheres) que, como uma consequência de

---

14. *Criminologia crítica*, p. 205-207.

sua opressão, são canalizados através do sistema de justiça criminal. Sob uma definição radical de direitos humanos, a solução para o 'crime' consiste na transformação revolucionária da sociedade e a eliminação dos sistemas de exploração econômica e política".[15]

Em um segundo momento, quando são superados mais ou menos dez anos das publicações originais do primeiro lustro dos anos 70 do século passado, começam a se delinear três distintas tendências no interior da criminologia moderna: *o neorrealismo de esquerda, a teoria do direito penal mínimo e o pensamento abolicionista.*

O chamado neorrealismo de esquerda toma seu nome de *realismo* para contrapor-se ao idealismo, como são designados os representantes das tendências críticas em geral. Denomina-se de *esquerda* para diferenciar-se do movimento realista de direita, que tanto nos Estados Unidos como na Inglaterra, no começo dos anos 80, exigia mais repressão contra a criminalidade de massas e contra as minorias étnicas.[16] É o período dos Governos Reagan/Bush nos EUA e Thatcher (seguido de John Major) na Inglaterra, em que o neoconservadorismo recebe a feição hoje conhecida do *Law and Order Movement*, tendo como seus representantes Van den Haag, Wilson James, Edward Benfield, Freda Adler, dentre outros. Suas exigências sensacionalistas geraram muitas críticas, a ponto de serem identificados como uma mistura extravagante de moralismo nos moldes de *Seleções de Reader's Digest.*[17] Não obstante, não deixaram de impor grande parte de suas ideias, que podem ser sintetizadas em recomendar penas mais longas e duras, quando não a própria pena capital. Defendem, ainda, menor poder discricionário a ser atribuído ao juízo, impedindo, especialmente em sede de execução, a flexibilização do cumprimento da pena privativa de liberdade. De outra parte, asseveram que os crimes graves estão a merecer, desde logo, uma resposta enfática da sociedade, daí por que preconizam a ampliação das medidas cautelares detentivas. Ademais, defendem um extremo rigor nos regimes de cumprimento de pena, descartando a ideia central do pensamento penal tradicional que via na recuperação do condenado uma de suas principais finalidades.

Paralelamente ao pensamento da Lei e da Ordem concebido nesse período, e que está se denominando de realismo de direita, surge o programa de tolerância

---

15. PLATT, Tony. Perspectivas para uma criminologia radical nos EUA. *Criminologia crítica*, p. 126.
16. MARTÍNEZ SÁNCHES, Mauricio. *¿Qué pasa en la criminología moderna?*, p. 2.
17. Sobre tal pensamento na doutrina brasileira, verificar, especialmente, a obra de Alberto Silva Franco, *Crimes...* cit., p. 32 e ss.

zero, que tem em sua origem em um famoso artigo publicado por James Q. Wilson em parceria com George Kelling, no ano de 1982. O artigo intitulou-se "Broken Windows: the Police and neighborhood safety" (Janelas quebradas: a segurança da polícia e da vizinhança). A ideia central desse pensamento é que há um caráter sagrado dos espaços públicos – em clara retomada dos postulados conservadores da Escola de Chicago – e que o "desarranjo" no qual se comprazem as classes pobres é terreno natural do crime, bem como a ideia de que uma pequena infração, quando tolerada, pode levar ao cometimento de crimes mais graves, em função de uma sensação de anomia que viceja em certas áreas da cidade. O pensamento do programa de tolerância zero é metaforicamente exposto com a teoria das janelas quebradas. "Psicólogos sociais e chefes de polícia tendem a concordar que se uma janela de um prédio é quebrada e não é consertada, todas as demais janelas serão imediatamente quebradas".[18] A teoria é expressada através de um interessante exemplo. Dois carros foram abandonados, sem placas, com o capô aberto em duas ruas de diferentes cidades. Uma, em Palo Alto, Califórnia. Outra no Bronx, Nova York. O carro parado no bairro do Bronx é imediatamente depredado, em não mais que 10 minutos.

Os primeiros a chegar ao veículo foram pai, mãe e um filho (de uma mesma família) que levaram o radiador e a bateria. Em um prazo de vinte e quatro horas o carro servia de playground para as crianças. A maior parte dos vândalos estava bem vestida e eram brancos. O carro, nas mesmas condições, estacionado em um bairro de elite em Palo Alto, não foi tocado no prazo de uma semana. O pesquisador, então, destruiu uma janela do veículo com um martelo e em poucas horas o veículo foi igualmente depredado. Isto foi feito, da mesma forma, por pessoas brancas aparentemente respeitáveis.[19] Segundo os autores, a explicação da diferença das posturas das comunidades explica-se pela sensação de anomia no Bronx, pela frequência com que carros são abandonados, coisas são roubadas e pela anterior experiência de vandalismos por quem conhece que ali "ninguém dá bola" para as coisas.[20] Os quatro principais elementos da teoria podem ser assim resumidos: (I) Ao lidar com a desordem e com pequenos desordeiros, a polícia fica mais bem informada e se põe em contato com os autores de crimes mais graves, prendendo também os mais perigosos; (II) a alta visibilidade das ações da polícia e de sua concentração em áreas caracterizadas pelo alto grau de desordem, protege os bons

---

18. WILSON, James Q. & KELLING, George L. *Broken Windows: the police and neighborhood safety.* Atlantic Montly (Digital edition), mar. 1982, p. 4.
19. Idem, p. 4.
20. Idem, p. 5.

cidadãos e, ao mesmo tempo, emite mensagem para os maus e aqueles culpados de crimes menores no sentido de que suas atitudes não serão toleradas; (III) os cidadãos começam a retomar o controle sobre os espaços públicos, movendo-se para o centro dos esforços de manutenção da ordem e prevenção do crime; (IV) na medida em que os problemas relacionados à desordem a ao crime deixam de ser responsabilidade exclusiva da polícia e passam a envolver toda a comunidade, todos se mobilizam para enfrentar tais questões de uma forma mais integrada.[21]

O período de 1950 a 1973 é conhecido nos Estados Unidos como um momento de grande abundância, com marcantes crescimentos dos parâmetros sociais em termos de sociedades industrializadas. Esse período do pós-guerra deu pleno emprego à população americana, produziu condições para oferta de sucessivos aumentos salariais, assegurou segurança econômica, permitiu investimentos constantes das empresas e uma fé geral na sociedade americana. O objetivo precípuo da política penal era a reabilitação e reinserção social dos ofensores, dentro do velho sistema de controle. A crise social que se iniciaria nos anos 60 (conhecida como movimento contracultural) tem, no final dos anos 70 e início dos anos 80, uma consequência voltada ao plano econômico. Sucessivas recessões, conflitos sindicais e instabilidade política provocam consequências sociais marcantes em grandes cidades americanas. Os índices de criminalidade passam a crescer e o velho sistema construído nos anos anteriores não dá mais conta do enfrentamento do problema criminal. Nasce, assim, uma demanda de endurecimento da guerra contra o crime.

Ao final dos anos 80 e início dos 90, Nova York tinha como prefeito um defensor da velha política criminal marcada por mais tolerância (o prefeito era David Dinkins). Em 1993, o candidato pelo Partido Republicano, Rudolph Giuliani, é eleito prefeito de Nova York, com uma plataforma clara de "endurecimento" com os criminosos e de guerra ao crime. No início de 1994, Giuliani nomeou William Bratton comissário de polícia de Nova York, com amplos poderes de enfrentamento do problema criminal. Bratton fora chefe do Departamento de Trânsito de Nova York, tendo combatido com ênfase o estado de decadência do metrô. Além disso, Bratton era defensor da teoria das "janelas quebradas" e passou a adotar tal política em todos os distritos da cidade.[22] Dentre as medidas iniciais, destaca-se a sistemática da mudança de gestão. O policiamento da cidade passou a ser descentralizado, cabendo ao chefe de cada distrito policial prestar contas da redução da criminalidade. Isso passa

---

21. BELLI, Benoni. *Tolerância zero e democracia no Brasil*, São Paulo: Perspectiva, 2004, p. 65.
22. VITALE, Alex S. *Innovation and Institutionalization: factors in the development of "quality of life" policing in New York City*. Policing & Society, vol. 15, n. 2, jun. 2005, p. 101.

a ser possível com a introdução de um sistema computadorizado de mapeamento dos atos criminosos (COMPSTAT da sigla em inglês: *computerized mapping system*).

O sistema computadorizado[23] recebeu suporte de sistema com câmeras de monitoramento externo, bem como de todo o material eletrônico necessário às informações dos computadores policiais. A ideia de produtividade e competitividade entre os distritos policiais passava a fazer parte do universo policial. O chefe do distrito estava obrigado a prestar contas de todos os seus atos e a apontar os resultados advindos de suas ações. O pilar da gestão acerca da tolerância zero foi, pois, o uso cartográfico[24] de estatísticas de delinquência a avaliação constante das performances da polícia, com adicionais de produtividade aos envolvidos, como se fosse a melhor empresa capitalista privada. No que concerne às atitudes iniciais de policiamento sob a égide da política de tolerância zero, passou-se a reprimir todo tipo de desordem social, ainda que isso não significasse necessariamente um crime.

As pequenas infrações do cotidiano passaram a ser coibidas. Lavadores de para-brisas foram perseguidos. Grafiteiros foram presos. Mendigos e sem tetos foram reprimidos. Alguns foram removidos das pontes, onde haviam fixado moradia, sendo mandados compulsoriamente para abrigos da prefeitura. A prática de pular roletas no metrô deixou de ser tolerada. A prostituição e a pornografia são enfaticamente reprimidas. Policiais ficavam perto de escolas para identificar alunos gazeteiros, sendo as informações levadas para os pais e direção da escola. Até mesmo sentar-se na calçada passou a ser uma infração a ser reprimida pela polícia de Nova York.[25] A política de "guerra às drogas" ganha novos coloridos, com a exacerbação da repressão. Ela se dá através da postura conhecida como *stop and frisk*, mecanismo relativamente incomum nos Estados Unidos, que permitia parar os suspeitos para revistá-los com objetivo de apreensão de drogas.

Giuliani começou, com grande alarde, a divulgar a queda das taxas de criminalidade. Ele omite, no entanto, alguns dados importantes, como a queda acentuada do desemprego nesse período, em face de uma forte recuperação econômica; a estabilização e exaustão do mercado de *crack*; a diminuição do número de

---

23. No Estado de São Paulo, sistema assemelhado recebeu o nome de Infocrim, tendo sido implementado sob os auspícios da Coordenadoria de Assessoria e Planejamento (CAP) da Secretaria de Segurança Pública.
24. Para analisar as origens dos estudos estatísticos e matemáticos aplicados à investigação criminal, merece menção o pensamento do belga, Adolphe Quetelet, fundador da Escola Cartográfica. Para ele, havia uma regularidade dos fenômenos criminais, chegando a mencionar o postulado das relações constantes entre a criminalidade real, aparente e legal.
25. VITALE, Alex S. Op. cit., p. 110.

jovens, que normalmente constituem a maioria dos delinquentes. Também omitiu que outras grandes cidades importantes americanas tiveram substancial queda de criminalidade no mesmo período, mesmo sem qualquer medida assemelhada à tolerância zero. Também omitiu que a criminalidade já havia caído 20% antes da aplicação da política, porquanto o pico de criminalidade já havia atingido o auge em 1990, já sendo decrescente três anos antes da política exacerbadora de Tolerância Zero.[26]

Alguns episódios inevitáveis aconteceram ao longo dos anos de implementação do programa. Entre os vários casos, podem ser destacados aqueles de brutalidade da polícia como o de Abner Louima, imigrante sodomizado com um cassetete. Ou ainda, o de Amadou Diallo, assassinado no vestíbulo do prédio onde morava com 41 tiros, 19 dos quais certeiros. A opção da polícia era clara: atingir jovens representantes de minorias, especialmente negros, latinos e imigrantes. Passou a pesar sobre o Departamento de Polícia de Nova York a grave acusação de *race profiling*, isto é, a escolha de alvos do policiamento pela cor da pele.

Por último, o pensamento regente da proposta dessa teoria é a ideia de que lutando passo a passo contra os pequenos distúrbios cotidianos, se faz recuar as grandes patologias criminais. É assim que os pichadores passaram a ser combatidos com rigor. Sem-tetos, mendigos e vagabundos foram perseguidos. Os danos públicos e privados foram objeto de combate ferrenho por parte das autoridades públicas, refreando o medo das classes médias e superiores por meio da perseguição permanente dos pobres nos espaços públicos (ruas, parques, estações de metrô, paradas de ônibus etc.).[27] O *insight* de Wilson e Kelling foi perceber que o controle de pequenos infratores era muito importante para a população, especialmente para a classe média, reprodutora da ideologia dominante.[28] Se a polícia não conseguia pegar os "peixes pequenos" como poderia atacar os tubarões? Como assegurar tranquilidade sem enfrentar os problemas do cotidiano?

No bojo desse processo, as polícias, envolvidas com a ideia de tolerância zero, passam a ser administradas como se fossem empresas privadas. Alocam-se verbas fabulosas, aumentam-se os efetivos, relatórios periódicos passam a ser exigidos dos chefes de polícia de área e avaliações permanentes dos resultados devem ser apresentadas na medida em que o plano se implementa.

---

26. SMITH, Neil. *Global Social Cleansing: post liberal revanchism and the export of Zero Tolerance*. Social Justice, vol. 28, n. 3, 2001, p. 72.
27. WACQUANT, Loïc. As prisões da miséria. Rio de Janeiro: Jorge Zahar Editor, 2001. p. 26.
28. YOUNG, Jock. *A sociedade excludente: exclusão social, criminalidade e diferença na modernidade recente,* Rio de Janeiro: Revan, 2002, p. 188.

Nesse período da década de 90 os Estados Unidos foram beneficiados decididamente pelo fenômeno da Globalização. Pleno emprego, crescimento dos lucros das empresas, e outros fatores econômicos criaram um decréscimo acentuado de criminalidade nas principais metrópoles americanas. No entanto, Nova York, incensada pela mídia, parece não ter sido a única cidade beneficiária dos índices de criminalidade linearmente decrescentes nesse período.[29]

A segunda grande esfera de reação a maximizar a intervenção punitiva foi o Movimento da Lei e Ordem. A ideia central foi dar uma resposta ao fenômeno da criminalidade com acréscimo de medidas repressivas decorrentes de leis penais. Nas duas últimas décadas do século passado crimes atrozes são apresentados pelo *mass media* e por muitos políticos como uma ocorrência terrível, geradora de insegurança e consequência do tratamento benigno dispensado pela lei aos criminosos, que, por isso, não lhe têm respeito. O remédio milagroso outro é senão a ideologia da repressão, fulcrada no velho regime punitivo – retributivo, que recebe o nome de Movimento da Lei e da Ordem. Os defensores deste pensamento partem do pressuposto dicotômico de que a sociedade está dividida em homens bons e maus. A violência destes só poderá ser controlada através de leis severas, que imponham longas penas privativas de liberdade, quando não a morte. Estes seriam os únicos meios de controle efetivo da criminalidade crescente, a única forma de intimidação e neutralização dos criminosos. Seria mais, permitiria fazer justiça às vítimas e aos "homens de bem", ou seja, àqueles que não cometem delitos.

João Marcello de Araújo Júnior, logo após o advento da Lei de Crimes Hediondos, elencava as principais características desse pensamento, da seguinte forma: (i) "a pena se justifica como castigo e retribuição, no velho sentido, não devendo a expressão ser confundida com o que, hoje, denominamos retribuição jurídica; (ii) os chamados crimes atrozes devem ser punidos com penas severas e duradoura (morte e privação de liberdade longa); (iii) as penas privativas de liberdade impostas por crimes violentos hão de ser cumpridas em estabelecimentos penais se segurança máxima, devendo ser o condenado

---

29. Vide, nesse ponto, as comparações estatísticas apresentadas no livro de Wacquant, op. cit., p. 28 e ss. e cujos resultados são os seguintes: Enquanto Nova York propalava "recorde" de quedas das taxas de criminalidade, da ordem de 70,6% entre os anos de 1991 a 1998, San Diego, implementando uma política de policiamento comunitário, teve queda de 76,4% na taxa de homicídios, no mesmo período. Boston obteve índices assemelhados aos de Nova York, 69,3%, com uma política de envolvimento de líderes religiosos na prevenção de crimes. Outras cidades, sem qualquer política coerente predeterminada, obtiveram índices grandes de redução. Destaque para os 61,3% de Houston e os 59,3% de Los Angeles. (BELLI, Benoni, op. cit., p. 74-75.)

submetido a um excepcional regime de severidade, diverso daquele destinado aos demais condenados; (iv) a prisão provisória deve ter o seu espectro ampliado, de maneira a representar uma resposta imediata ao crime; (v) deve haver uma diminuição dos poderes de individualização do juiz e um menor controle judicial da execução, que, na hipótese, deverá ficar a cargo, quase que exclusivamente, para as autoridades penitenciárias".[30]

Tais ideias encontraram eco, principalmente, na legislação de alguns Estados norte-americanos. Entre nós, vimos um preocupante avanço de tal movimento com a criminalização mais gravosa de determinadas condutas delituosas e com o aumento da repressão estatal, sem quaisquer critérios científicos. Para tanto, basta que se vejam os efeitos das famigeradas Leis de Crimes Hediondos e do Regime Disciplinar Diferenciado, unanimemente criticadas pela doutrina.

A insanidade de tais movimentos criou uma cultura punitivista que não encontra parâmetros no pensamento contemporâneo. A expressão maior desse ideário é a teoria da "incapacitação seletiva". Tal teoria sugere que a pena não deva ser resultado do ato delituoso ou mesmo da avaliação dos atos passados do agente, mas que analise determinados perfis de risco do acusado. Tal ideia foi concebida por Peter Greenwood e Allan Abrahamse, que tiveram suas investigações pagas por uma empresa especializada em construção e administração de prisões, a Rand Corporation. Segundo eles, autores do livro intitulado Selective Incapacitation, sete critérios devem ser analisados para uma adequada prevenção criminal: condenação prévia por um delito do mesmo tipo; mais da metade dos dois últimos anos no cárcere; existência de sentença condenatória antes dos dezesseis anos; passagem por uma prisão juvenil; consumo de drogas pesadas nos dois últimos anos; consumo de drogas pesadas na adolescência; desemprego em mais da metade do período de dois anos. Quem tiver a concorrência de mais do que quatro desses critérios, deveria, segundo esses autores, serem neutralizados com prisão perpétua ou de longuíssima duração.[31]

O movimento de "Lei e Ordem", associado ao pensamento de "Tolerância Zero", produziram o maior índice de encarceramento de que se tem notícia na história recente. O ano de 2008 inicia-se nos Estados Unidos com 2.319.258 pessoas nos cárceres, o que significa dizer que um em cada cem adultos estava encarcerado nos Estados

---

30. Os grandes movimentos da política criminal de nosso tempo – aspectos. *Sistema penal para o 3.º milênio,* Rio de Janeiro: Revan, 1990, p. 70; também SHECAIRA, Sérgio Salomão & CORREA JR., Alceu. *Teoria da pena: finalidades, direito positivo, jurisprudência e outros estudos de ciências criminais,* São Paulo: RT, 2002, p. 141.
31. ANITUA, Gabriel Ignácio. *Castigo, cárceles y controles,* p. 106-107.

Unidos no início de 2008.³² Isso faz dos Estados Unidos o país com maior população encarcerada em termos relativos do mundo: 756 presos por 100 mil habitantes. O ensinamento disciplinar, tão importante no início do movimento de substituição das penas corporais pelo sistema prisional, não tem mais sentido na sociedade pós--moderna ou pós-fordista, porque não há mais ensinamento a propor. Resta aquilo que se denomina *warehousing*, o armazenamento de sujeitos que não são mais úteis e que, portanto, podem ser administrados apenas através da neutralização.³³ Até mesmo porque, como já citado na Introdução da presente obra, tem razão Bauman ao afirmar que é mais barato excluir e encarcerar pessoas do que as incluir no processo produtivo. O fato é que essa política é elogiada por muitos, exigindo daqueles grupos de esquerda que chegam ao poder uma resposta efetiva contra o crime.

Os neorrealistas defendem, dentre outras coisas, o regresso ao estudo da etiologia do delito com prioridade aos estudos vitimológicos. Asseveram que o esquecimento de tais temas por parte da teoria crítica é prejudicial ao debate. Afirmam que muitos pensadores críticos se dedicam mais à economia política e à teoria do Estado do que propriamente à criminologia. Para eles, as chamadas "causas do delito" devem ser denunciadas, a fim de que a injustiça estrutural seja identificada com sua gênese. Entendem não ser a pobreza o fator único de cometimento delitivo, devendo ser agregados a este o individualismo, a competição desenfreada, a busca incessante de bens materiais, as discriminações sexuais e o racismo. No que concerne à vítima, querem voltar seu olhar para as pessoas que mais sofrem com a criminalidade, os desprovidos. É que o temor de ser vítima do delito golpeia e desorganiza mais a classe trabalhadora do que qualquer outro setor social e os mais desprovidos são exatamente aqueles que mais solicitam aumento de policiais nas ruas. O delito como problema real é, de fato, um fenômeno intraclassista e não interclassista; sendo assim, tal fenômeno produz uma divisão dentro das classes menos favorecidas e faz esquecer o inimigo real: a sociedade capitalista. Essas ideias poderiam ser resumidas pela seguinte fórmula: "a carência relativa produz inconformidade. Inconformidade mais a falta de soluções políticas produzem o delito".³⁴ Sua ideia central continua a ser socialista, porém com uma perspectiva realista. Propõem, igualmente, facilitar a

---

32. One in 100: behind bars in America 2008. Disponível em: [www.pewcenteronthestates.org]. Acesso em: 05.04.2008. Após 2010, a crise do capitalismo iniciada em 2008 começa a produzir um pequeno decréscimo da população carcerária. Vide, nesse sentido, o artigo intitulado *Cárcere foi um bom negócio*, publicado no Boletim do IBCCrim de n. 232, março de 2012.
33. DE GIORGI, Alessandro. *A miséria governada através do sistema penal*, p. 15-16.
34. LEA, John; YOUNG, Jock. *What is to be done about law and order*, p. 96.

criação de uma nova relação entre a polícia e a sociedade, assim como uma "organização democrática da comunidade" com a finalidade de contribuir para uma luta comum contra o delito. Sugerem, de outra parte, uma linha reducionista na política criminal, descriminalizando certos comportamentos e criminalizando outros.[35] Assim, entendem que as novas demandas sociais exigem a criação de "novos" crimes, ainda que se reconheça a necessidade da diminuição da "velha" criminalidade.

Em linhas bastante gerais poder-se-ia dizer que, em relação ao controle social, o neorrealismo de esquerda propugna: redução do controle penal e extensão a outras esferas. Isto é, querem que a criminologia se preocupe com certos fatos que atingem mais diretamente a classe trabalhadora. São exemplos disso: roubos, violências sexuais, abusos contra crianças e adolescentes, violências com motivações raciais, violências nos locais de trabalho, delitos cometidos por governos e grandes empresas.[36] Trata-se, sem dúvida, de um neopunitivismo, ao menos em certa medida. Defendem, ainda, reinserção dos delinquentes. Consideram que, no lugar de marginalizar e excluir os autores dos delitos, devem-se buscar alternativas à reclusão para que adquiram uma espécie de compromisso ético com a comunidade, na prestação de serviços e na reparação dos danos às vítimas dos fatos delituosos.[37] Adotam, pois, a ideia da prevenção geral positiva, em grande parte sustentada pelos chamados funcionalistas, mas muito criticada pelos primeiros pensadores críticos. Defendem, ademais, que se dê uma especial atenção às instituições *comunidade e polícia*, para traçar uma política criminal setorial que trata de representar os interesses da localidade, do bairro, independentemente da estratificação social. Acusam os demais pensadores críticos de haverem considerado a polícia como um instrumento de controle social da ordem capitalista em vez de ser um controle da criminalidade. Defendem, por derradeiro, que a prisão deve ser mantida, ainda que somente em circunstâncias extremas, pois algumas pessoas, em liberdade, seriam perigosas à sociedade, especialmente àqueles mais desprovidos de condições de autodefesa. Polemizam, portanto, com os críticos defensores do direito penal mínimo e do abolicionismo, por entenderem que a busca de alternativas à prisão é, definitivamente, uma manifestação de idealismo.[38] Com isso, em grande medida, acabam relegitimando a ideia do cárcere, pois

---

35. Idem, p. 2.
36. MARTÍNEZ SÁNCHES, Mauricio. ¿Qué pasa... cit., p. 30.
37. Idem, p. 31.
38. MARTÍNEZ SÁNCHES, Mauricio. ¿Qué pasa... cit., p. 33.

aceitam ser situações em que a classe trabalhadora e os setores marginalizados viriam a se educar.

Tal perspectiva não deixa de ter aspectos interessantes, pois, nos últimos anos, há de reconhecer que muitas mudanças ocorreram no âmbito do crime, do controle da criminalidade e da própria criminologia. Com efeito, estabelecer a conexão entre as mudanças de longo alcance efetivadas no mercado de trabalho, no seio da família, na distribuição do lazer, no uso dos espaços públicos e privados, nos relacionamentos raciais e de gênero, e os padrões recentes emergentes de criminalidade e vitimização, deve transformar a prioridade da agenda dos criminólogos. Algumas crises inesperadas sucederam nos últimos anos, especialmente nas sociedades de bem-estar social. Mesmo que esses países ainda tenham altos padrões sociais, existe um constante aumento de suas taxas de criminalidade. Isso se deve a uma retomada de um processo social de exclusão. "Trata-se de um processo de duas partes, implicando em primeiro lugar a transformação e a separação dos mercados de trabalho e um aumento maciço do desemprego estrutural, e em segundo a exclusão decorrente das tentativas de controlar a criminalidade resultante das circunstâncias transformadas e da natureza excludente do próprio comportamento antissocial".[39] No imaginário social, o criminoso é extracomunitário (na Europa), imigrante latino (nos Estados Unidos), ou migrante nordestino (no Centro-Sul brasileiro). Enfim, é um *outro* desviante. É minoria, se comparada com a grande maioria que, mesmo enfrentando adversidades, não delinque; contesta os valores sociais, mas não de forma articulada, constituindo sua atitude numa espécie de falta de sensibilidade ou maturidade; é um sujeito que, qualquer que seja o discurso punitivo, terapêutico ou de integração, precisa pagar sua dívida com a sociedade para depois se reintegrar.[40]

Segundo os neorrealistas de esquerda, algumas forças fundamentais lançaram novos paradigmas criminológicos que regalvanizaram a disciplina. O primeiro é o aumento das taxas de criminalidade, que transformou não só o perfil das exigências sociais, mas também a própria intervenção punitiva. Este aspecto decorre fundamentalmente do fenômeno de desemprego estrutural, espécie de força motriz da criminalidade nos grandes centros, onde há grande riqueza em contraste com pobreza profunda.

O segundo aspecto é a revelação de vítimas até então invisíveis. A extensão da cifra oculta da criminalidade (cifra negra), de acordo com diversas estimativas, é

---

39. YOUNG, Jock. *A sociedade excludente*: exclusão social, criminalidade e diferença da modernidade recente, p. 23.
40. Idem, p. 21.

de dois casos não noticiados para cada caso apresentado aos órgãos de persecução criminal. Em algumas circunstâncias tais cifras são ainda maiores, como nas situações de violência doméstica e agressões sexuais, especialmente quando a vítima é socialmente vulnerável, ou o cenário de perpetração do crime é muito íntimo.[41]

O terceiro ponto é a problematização da criminalidade. Desde as teorias da rotulação social verificou-se a crítica às formulações positivistas que se fundavam na ideia segundo a qual o desvio leva ao controle social. Para esses teóricos, é o controle social que leva ao desvio, o que fez com que todos os estudos passassem a girar em torno dessa premissa, potencialmente mais rica, para analisar o desvio na sociedade moderna. "Tal posição torna o desejo positivista de medição objetiva e precisa, de modo a emular as ciências exatas, extremamente precário. A criminalidade se torna problematizada; em vez da distinção clara entre crime/não crime, é mais fácil percebê-la como um *continuum* entre comportamento tolerado e comportamento criminalizado, em que o ponto de corte varia com o tempo e entre grupos sociais diferentes".[42]

Dentro da mesma linha de pensamento encontra-se o quarto ponto ensejador de alterações substanciais na perspectiva de abordagem. Trata-se da universalidade do crime e a seletividade da justiça. Houve uma certa superação dos estereótipos acerca da criminalidade, que veem na parte mais baixa da estrutura de classes, e entre adolescentes do sexo masculino, a grande concentração do cometimento de delitos. Desde a obra de Sutherland, de fato um grande visionário pelo que antecipou em relação às teorias dos anos 60, busca-se a ideia segundo a qual o crime é muito mais disseminado do que sugere o estereótipo do criminoso e o sistema punitivo seleciona amostragens parciais não aleatoriamente. Assim, tal pensamento aponta "para a natureza endêmica da criminalidade (universalidade) e enfatiza o viés de classe sistemático do enfoque do sistema de justiça criminal (seletividade). E se a universalidade tornou improváveis as noções positivistas convencionais de causalidade, a seletividade apontou problemas fundamentais nas ideias neoclássicas de igualdade perante a lei".[43]

A última questão relevante diz respeito à problematização da punição e da culpabilidade. O crescente volume de criminalidade levou a um aprofundamento das posturas estatais relativas a ela. Em vez de a polícia suspeitar de certos indivíduos, passou a suspeitar de categorias sociais. A evocação de Casablanca, "prenda

---

41. YOUNG, Jock. *A sociedade excludente...* cit., p. 65.
42. Idem, p. 68.
43. Idem, p. 71-72.

os suspeitos de sempre", está sendo transformada em "prenda as categorias de sempre".

Essa questão foi muito bem analisada por Maurício Stegemann Dieter em seu livro *Política Criminal Atuarial: a criminologia do fim da história*. A criminologia atuarial trata-se de um fenômeno fundamentalmente americano, que tem por objetivo estabelecer um mecanismo de neutralização de categorias de indivíduos de alto risco como medida de gestão da criminalidade. Segundo o autor, pode-se sintetizar tal pensamento como *"a racionalização das estratégias de controle social pela lógica atuarial para fins de incapacitação seletiva dos membros das classes perigosas contemporâneas, descobertos mediante cálculo multifatorial"*.[44] O autor descreve minudentemente o pensamento americano para liberação de condenados que obedece a padrões de risco (idade, primeiro crime, família desestruturada, condição racial, existência ou não de crimes anteriores etc.). A concorrência de tais fatores autorizam o prolongamento da pena ou, à luz da inexistência de tais elementos, a abreviação da condenação. Com isso, as categorias individuais deixam de existir para ceder espaço a grupos de risco. Segundo o autor, ao lado do populismo penal, o gerencialismo da Política Criminal Atuarial potencializa o encarceramento e a punição dos mais fracos.

De outra parte, a noção categórica de culpabilidade é matizada por outros fatores, externos à avaliação pessoal e que são sempre relevantes nas decisões dos tribunais. Jock Young, citando o caso de O. J. Simpson, sintetiza este pensamento: "a extraordinária atenção da mídia ao evento não foi somente função da natureza célebre do acusado, mas do fato de que o caso reuniu vividamente as contradições entre as categorias de culpa e inocência presumidas nos discursos liberal e conservador sobre a criminalidade. Assim, do ponto de vista liberal O. J. Simpson era negro (portanto inocente), batia na esposa (portanto culpado), uma estrela (portanto inocente), e suficientemente rico para comprar a melhor justiça disponível (portanto culpado). Raça, Gênero, *Status* e Classe se reuniram numa colisão estrondosa!".[45] O reconhecimento desses cinco fatores constitui o ponto de partida da visão revisionista dos neorrealistas de esquerda, algo nem sempre compartilhado pelos outros autores que estão dentro do espectro da teoria crítica. É o que se verá a seguir.

Os autores minimalistas – segunda corrente dentro da teoria crítica – desenvolveram suas ideias principalmente na Europa meridional. O nome minimalismo deriva de sua proposta a respeito do direito penal atual, que tem como objetivo, em curto prazo, reduzi-lo. Seus autores, fazendo um aprofundamento da já analisada

---

44. Idem, p. 24.
45. Idem, p. 74-75.

teoria da rotulação social, defendem uma "prudente não intervenção" em face de alguns delitos cometidos, por entenderem que qualquer radical aplicação de pena pode produzir consequências mais gravosas quanto aos benefícios que pode trazer. A concepção de fundo desse pensamento não deixa de ser marxista, ainda que de forma não ortodoxa. Por isso, desde o início do pensamento crítico, foram manifestadas reservas aos pontos suscitados pelos teóricos ingleses, autores da "nova criminologia". Daí por que, ao longo dos anos, chegaram a polemizar com os neorrealistas de esquerda, em muitos pontos. Assim, afirmam os neorrealistas que os minimalistas abandonaram o estudo das "causas do delito", para dedicarem-se exclusivamente às razões econômicas e políticas que enveredam para a teoria do Estado. Minimalistas rechaçam esse pensamento, pois sustentam que neorrealistas regressaram à noção de "causa", porém dentro da perspectiva criminológica positivista. Incorreriam em um erro epistemológico de averiguar a "causa" de um objeto (o delito) ao qual não se podem aplicar as regras das ciências naturais, pois o delito não existe por "natureza", mas sim por definição legal; nesse sentido, o delito é criado pela lei e, em última instância, pelo próprio homem. Assim muitos minimalistas criticam neorrealistas por haverem "reificado" um objeto que é um produto de definição normativa.[46] Ademais, minimalistas consideram a criminologia como resultado de um processo de definição, cuja finalidade está em ocultar situações negativas e sofrimentos reais da classe menos favorecida. Assim, propugnam superar o idealismo da teoria da rotulação social, em grande medida adotada por neorrealistas ingleses, para ter uma atitude de simpatia pelos infratores. Evidentemente que tal atitude só será possível quando for refeita a consideração crítica do próprio conceito de delito. Aceitar sua definição na sociedade atual é ignorar que o direito regula uma sociedade desigual e que, portanto, estaria atuando de forma a não conservar qualquer neutralidade. Assim, propõem um repensar de todo o sistema de exploração na sociedade capitalista que permeia a criminalidade. Deve-se deixar de atribuir relevo aos pensamentos tradicionais da criminalidade de massas ou criminalidade de rua (furto, roubo etc.) para pensar uma "criminalidade dos oprimidos": racismo, discriminação sexual, criminalidade de colarinho-branco, crimes ecológicos, belicismo etc.

Outra leitura que também não pode ser descartada, dentro da visão minimalista, é a de utilizar o direito para a defesa do mais fraco perante uma eventual reação, por parte do ofendido, mais forte que a pena institucional e em prevenção ao cometimento ou ameaça de novo delito. Desta maneira o direito penal readquiriria o sentido original reconhecido na época iluminista, de proteção dos cidadãos e de resposta racional – e não emocional –, como alguns

---

46. Martínez Sánches, Mauricio. ¿Qué pasa... cit., p. 20.

setores hoje têm trabalhado, especialmente na mídia. Tal visão, trazendo sem qualquer dúvida um certo positivismo jurídico em favor do acusado, foi muito bem desenvolvida por Luigi Ferrajoli, em seu *Direito e razão*.[47]

As propostas de política criminal da corrente minimalista poderiam ser sintetizadas em alguns pontos cardeais. O primeiro é transformar radicalmente a sociedade como melhor maneira de combate ao crime. A verdadeira política criminal seria, pois, uma política de radicais transformações sociais e institucionais para o desenvolvimento da igualdade e democracia. Em síntese, adotar-se-ia uma superação das relações sociais de produção capitalista.

O segundo ponto prevê uma contração do sistema penal em certas áreas para expansão de outras. Ao mesmo tempo em que se propõe a descriminalização de certos comportamentos, como delitos contra a moralidade pública, delitos cometidos sem violência ou grave ameaça à pessoa, são defendidas intervenções mais agudas nas áreas em que se trabalha com interesses coletivos, tais como saúde e segurança do trabalho, revendo a hierarquia dos bens jurídicos tutelados pelo Estado. Diferentemente dos neorrealistas, minimalistas são céticos relativamente à eficácia do instrumento penal para combater a criminalidade organizada ou para dar resposta aos conflitos cujos autores não são individualizados, mas que correspondem a modalidades, organizações e sistemas complexos de ações.[48]

A terceira proposta dos minimalistas é a defesa de um novo direito penal, em curto prazo, mediante a consagração de certos princípios com os quais seriam assegurados os direitos humanos fundamentais. Tais princípios poderiam ser destinados desde a criminalização primária, bem como poderiam servir para conter a violência das agências de controle. Isto se faria por meio do reconhecimento de um norte minimizador, com base em três postulados: caráter fragmentário do direito penal; intervenção punitiva como *ultima ratio*; reafirmação da natureza acessória do direito penal.[49] O "programa" de direito penal mínimo deve ser acompanha-

---

47. O prefácio de Norberto Bobbio à obra de Ferrajoli não deixa de reconhecer conter o livro o mais bem acabado pensamento positivista que se construiu ao longo dos anos. A reinterpretação da Constituição como forma garantidora é uma engenhosa maneira de usar a norma posta para assegurar as conquistas do Iluminismo, em face de posturas revisionistas ou maximizadoras da intervenção punitiva.
48. Martínez Sánches, Mauricio. ¿Qué pasa... cit., p. 37.
49. Tais postulados são, nos países periféricos, muito mais declarações de intenções do que algo concretamente viável em sua implantação. É que, quanto mais profundas são as injustiças sociais, mais punitiva tem sido a política criminal dos países subdesenvolvidos.

do de uma ação de mobilização política e cultural que faça da questão criminal uma questão política crucial interpretada à luz dos conflitos que caracterizam a sociedade em geral. Os minimalistas entendem não haver, a curto e médio prazo, condições para implantação de um programa abolicionista, mas entendem que, com a utilização dos meios de comunicação, poderiam "asfaltar" o caminho para num futuro distante as metas abolicionistas serem atingidas.

A classificação defendida nesta obra, tem um reconhecimento de muitos autores críticos. Richard Quinney não deixa de considerar neorrealistas de esquerda e minimalistas: "uma nova criminologia emergiu, que tem laços ainda mais próximos, mais explícitos, com o Estado e seu controle do comportamento social ameaçador. Por outro lado, parcialmente em resposta às mesmas forças, emergiu uma criminologia radical que questiona ambas, a criminologia tradicional e os novos desenvolvimentos da justiça criminal. Os dois grupos emergentes dentro da criminologia diferem um do outro em seus objetivos, valores e ações. As diferenças são, no mínimo, significativas".[50]

A terceira grande corrente criminológica, que neste trabalho está sendo classificada como "crítica", é o pensamento abolicionista. Como será possível a existência de uma corrente de pensamento que propõe a abolição de todo o sistema de solução de conflitos, pelo qual as sociedades tanto lutaram? Ou como prescindir do sistema penal, esta instituição secular que não só nos conforta, mas também nos protege?

O abolicionismo faz uma crítica arrasadora ao sistema punitivo. Abolicionistas afirmam que o sistema penal só tem servido para legitimar e reproduzir as desigualdades e injustiças sociais. O direito penal é considerado uma instância seletiva e elitista, daí por que é necessário desmistificar o papel das instituições penais (Magistratura, Ministério Público, Polícia etc.). Na realidade, não existe um único abolicionismo. O materialismo militante de Thomas Mathiesen na concepção de sociedade e de Estado parece incompatível com o antimaterialismo de Nils Christie e Louk Hulsman, este último marcado por uma forte influência fenomenológica da Escola de Utrecht. Como perspectiva teórica, o abolicionismo se desenvolve gradualmente a partir das teorias de rotulação social e do pensamento originário de Taylor, Walton e Young. Nos primeiros anos da década de 70 apareceram trabalhos individuais, mas eles vão ter sua grande arrancada como discussão acadêmica a partir do Congresso Mundial de Criminologia, realizado

---

50. QUINNEY, Richard. *Classe, Estado e crime*, p. 175.

em Viena, no ano de 1973, quando o abolicionismo passa a se apresentar como um movimento acadêmico e organizado.

Na origem, enquanto movimento social, a ideia de "abolição" tem sido usada desde o século XVIII, quando muitos filantropos passaram a lutar pela pena de prisão como um movimento humanitário em substituição às penas de açoites, trabalhos forçados, mutilações e à própria pena de morte. Também podem ser considerados movimentos precursores do abolicionismo toda a luta pela abolição da escravatura surgida na Europa e na América, como são exemplos o American Abolition Movement (de 1783 a 1888) e o German Abolition Movement (de 1875 a 1927). No século XX, em decorrência da agitação estudantil dos anos 60, nasce um movimento na Europa setentrional, inspirado por ideias libertárias, com objetivo específico de combater o sistema carcerário. Trata-se do já mencionado Krum, na Suécia, cuja iniciativa pioneira repercute em outros países, com propósitos assemelhados. Surgem, sucessivamente, o Krim, na Dinamarca, o Krom, na Noruega, o Krak e o IBK, na Alemanha, o RAP, na Inglaterra, e o GIP, na França, entidades similares que vão aprofundar a discussão sobre temas carcerários e a preservação dos direitos humanos daquelas pessoas que são recolhidas a uma instituição total.

Três são as matrizes ideológicas do abolicionismo: a anarquista, a marxista e a liberal/cristã.

Dentro da visão anarquista, a principal preocupação está na perda da liberdade e autonomia do indivíduo por obra do Estado. O sistema penal é visto como uma das instituições que colonizam o mundo vital do homem, impedindo sua felicidade plena. Nesse contexto, todas as classes seriam igualmente submetidas ao jugo dessa dominação, algo que poderia ser corrigido por meio de uma libertação em relação ao papel desempenhado pelo Estado. Tal visão, em grande medida, reproduzirá a perspectiva suscitada pelas teses anarquistas e do socialismo utópico que pretendiam a abolição do Estado e que foram muito questionadas por Marx no âmbito da Primeira Internacional.[51] Permeia essa visão a defesa de que a sociedade pode ser mais fraterna e solidária e que esta seria o cimento das posturas que autorizariam prescindir do sistema punitivo.

A visão marxista do abolicionismo não diverge muito do pensamento marxista em geral, que de resto serviu de base ideológica para inúmeros outros teóricos críticos. Entende-se o sistema penal como instrumento repressor e como

---

51. O papel desempenhado por Marx, hoje, certamente seria capitaneado por Alessandro Baratta e outros teóricos do direito penal mínimo.

modo de ocultar os conflitos sociais. Partem da visão consagrada na "ideologia alemã" quanto ao conceito de *alienação*, que conduz classes antitéticas a terem um pensamento conducente a uma ideia de colaboração entre elas. A mudança dessa concepção, que desaguaria no socialismo, produziria não só mais justiça social, mas especialmente mais liberdade, pois as decisões sociais seriam tomadas coletivamente, o que permitiria uma própria redução do controle social sobre a maioria.

Base da matriz liberal e cristã é o exame do conceito de solidariedade orgânica. Em oposição ao sistema anômico, construído pelas sociedades repressivas, seria criado um sistema eunômico, em que os homens se ocupariam de seus próprios conflitos. Hulsman se identifica com Durkheim quando assevera que a solidariedade entre as pessoas seria fundamental para solução das "situações problemas", maneira pela qual denomina os conflitos entre as pessoas. Segundo ele, "estes mecanismos naturais de regulação social estão disponíveis em todo momento, são fatores de desalienação. O fato de não se encontrar isolado ante um problema, torna este problema mais suportável. Buscar com outros uma solução é, já em si, uma atividade libertadora".[52] De outra parte, também o conceito de pena é criticado por abolicionistas pela dor desnecessária que impõe aos autores do delito, dor essa que estaria a merecer pontos delimitadores.[53] Hulsman, cabe mencionar, era professor emérito da Universidade de Rotterdam e um dos líderes do documento de descriminalização do Conselho da Europa, de 1980. No ano de seu falecimento, em 2009, foi indicado ao Prêmio Nobel da Paz, por ter proposto as primeiras políticas descriminalizantes de drogas na Holanda.

Os abolicionistas afirmam que o delito é uma realidade construída. Os fatos que são considerados crimes resultam de uma decisão humana modificável. Isto significa que o conceito de crime não é operacional. "Num certo dia o poder político cessa de perseguir as bruxas e já não há mais bruxas. Até 1975, na França, o marido podia encarcerar a sua mulher pelo crime de adultério. Nesta data, uma lei modificadora descriminalizou o adultério; assim, a mulher já não pode ser perseguida diante de um juiz penal. De um dia para outro o que era delito deixa de sê-lo e o que era considerado delinquente passa a ser um homem honesto. Ao menos, já não tem que prestar contas ante a justiça criminal. É a lei, pois, que diz onde há um crime; é a lei, pois, que cria o criminoso".[54] No mesmo sentido o pensamento de Nils Christie ao afirmar que "atos não são, eles se tornam alguma

---

52. HULSMAN, Louk; CELIS, J. Bernat de. *Sistema penal y seguridad ciudadana*: hacia una alternativa, p. 119.
53. CHRISTIE, Nils. *Los límites del dolor*, p. 121.
54. HULSMAN, Louk. *Sistema penal*... cit., p. 52.

coisa. O mesmo acontece com o crime. O crime não existe. É criado. Primeiro, existem atos. Segue-se depois um longo processo de atribuir significado a esses atos. A distância social tem uma importância particular. A distância aumenta a tendência de atribuir a certos atos o significado de crimes, e às pessoas o simples atributo de criminosas. Em outros ambientes – e a vida familiar é apenas um dos exemplos – as condições sociais são tais que criam resistências a identificar os atos como crimes e as pessoas como criminosas".[55] Ora, se o crime é uma realidade construída, evidente que pode haver uma vontade para "desconstruir" a realidade, isto é, abolir os fatos que seriam considerados desnecessários para tal realidade. Mas a grande pergunta é: por que abolir?

Os abolicionistas elencam algumas razões para abolir o "problema" por eles designado "sistema penal". A primeira delas *é que nós já vivemos numa sociedade sem direito penal*. A criminalidade efetiva, ou conhecida, é um evento raro e excepcional diante da cifra negra altíssima, que, em alguns casos, chega a 90%. Todas as demais "situações problemas" são resolvidas fora da justiça criminal, o que demonstraria a desnecessidade de uma intervenção tão radical quanto a utilização desse sistema.

A segunda razão suscitada é que o sistema é *anômico*. Isto é, as normas do sistema não cumprem as funções esperadas; não protegem nem a vida, nem a propriedade, nem as relações sociais. As normas penais, que deveriam evitar o cometimento de novos delitos, não atingem seu intento. Ao contrário, os delitos se multiplicam e se sofisticam. A função de prevenção geral atribuída à pena não se cumpre. O suposto efeito dissuasório da ameaça penal não está relacionado com o número de encarcerados.[56] Não há qualquer investigação empírica demonstrando o efeito de dissuasão que poderia ter a lei penal junto aos criminosos.[57]

Além de anômico, o sistema punitivo é *seletivo e estigmatizante*. Ele visivelmente cria e reforça as desigualdades. A clientela habitual do sistema penal é formada por aquelas pessoas que têm problemas com a lei, não por praticarem mais crimes do que os outros, mas porque o controle social formal é discriminatório. Na realidade, vale aqui a assertiva segundo a qual a desviação não é uma qualidade ontológica da ação, mas antes o resultado de uma reação social e que o delinquente apenas se distingue do homem normal devido ao fenômeno da seletividade do sistema. O condenado, em face do processo criminal, fica marcado

---

55. CHRISTIE, Nils. *A indústria...* cit., p. 13.
56. Sobre a relação existente entre o número de condenados e a prevenção veja-se o livro de Christie, *A indústria do controle do crime*.
57. MARTÍNEZ SANCHES, Mauricio. *La abolición del sistema penal*: inconvenientes em Latinoamérica, p. 57.

perante a sociedade e si mesmo. O estigma lhe pesa de tal forma que acaba interagindo com o rótulo criminal e ele é impulsionado a viver e a comportar-se com a imagem que incorpora.

Ademais, o sistema é *burocrata*. Nos países do *civil law* (especialmente), cada instituição tem sua estrutura compartimentalizada em estrutura independente, voltada para si própria. Polícia, Ministério Público, Magistratura e outras agências de controle (penitenciárias, instituições de internação para delinquentes juvenis etc.) desenvolvem critérios próprios de ação, ideologias, culturas e subculturas, e, não raro, em vez de trabalharem articuladamente, atuam como agências independentes, quando não inimigas.[58] Nessa compartimentalização diluem-se as responsabilidades e ninguém acaba se preocupando com o que ocorrerá com o acusado ou com a vítima. Caso paradigmático desse processo burocratizante aconteceu há alguns anos em Brasília. Um lavrador, desempregado, está nas cercanias da cidade raspando algumas cascas de árvores que seriam utilizadas para fazer um chá para sua mulher, portadora do mal de Chagas e que estava no leito com profundas dores no coração. O casal não dispunha de qualquer dinheiro para remédios. Flagrado pelo policial florestal, o lavrador é levado ao Distrito Policial para a lavratura do auto de prisão em flagrante. O policial fez a sua parte. O delegado encarregado do caso, tendo em vista que se tratava de crime inafiançável, deixou-o preso. O representante do Ministério Público, tendo de atuar em face do princípio da obrigatoriedade, denuncia o lavrador; a denúncia é recebida pelo magistrado. Todos atuaram irrepreensivelmente, conforme a lei e em acordo com as ideologias de suas instituições. Só não se preocuparam com o homem, pessoa central nessa relação. O Ministro do Meio Ambiente foi até a prisão externar sua solidariedade e oferecer os préstimos ao preso que, não obstante, continuou preso.

Some-se a isso o fato de se partir *de uma falsa concepção da sociedade*. Na ideologia iluminista, o sistema penal vê a sociedade falsamente, concebida como uma totalidade consensual, em que o ato desviado é uma exceção. Desde os pensamentos mais recentes, a partir de Ralf Darhrendorf, não mais a sociedade é encarada como um todo consensual, mas como um conflito permanente entre

---

58. O caso brasileiro é paradigmático. As polícias civil e militar, que deveriam trabalhar com competências determinadas, superpõem-se e agem como inimigas. Por razões corporativas e culturais mais profundas, delegados e promotores de justiça nutrem brutal desconfiança recíproca. O mesmo pode ser dito entre juízes e promotores, pois as idiossincrasias de parte a parte avultam, não raro, para entulhar o Judiciário com recursos muitas vezes desnecessários, parecendo que o objetivo não é a busca da verdade material, mas sim a prevalência de teses quase sempre conflitantes.

as pessoas. Tem-se, pois, uma concepção maniqueísta e dicotômica da realidade. Tudo é um acordo ou desacordo, social ou antissocial, bom ou mau; representa, portanto, a negação do pluralismo das sociedades heterogêneas.[59]

O fato de *conceber o homem como um inimigo de guerra* também é um problema desse sistema de repressão penal, o qual atua como um exército em estado de guerra; o homem é o objetivo a eliminar e muitas vezes é visto como um Estado inimigo. A luta contra a criminalidade está em todas as campanhas eleitorais e é o mote de intervenção de muitos políticos na luta interna contra as atrocidades praticadas pelo homem, sua maldade, perversidade. Diferentemente do sistema militar para a guerra externa, que um dia termina, a guerra interna é permanente, funciona todo o tempo e está voltada para fazer o dano. Como se pode desarmar esse sistema?[60] Qualquer investigação empírica constata o número brutal de pessoas recolhidas às prisões ou submetidas a alguma forma de controle.[61]

O *hostis*, inimigo ou estranho nunca desapareceu da realidade operativa do poder punitivo nem da teoria jurídico-penal.[62] Recentemente, no entanto, com toda a discussão havida em torno do "Direito Penal do Inimigo", ideia concebida a partir do pensamento de Günther Jakobs, o tema passa a ser revisitado. As concepções expansionistas do direito penal apontam para um tipo de pensamento que direciona a bateria punitiva quer para o estrangeiro, quer para o estranho (cujo conceito nos leva à ideia do *outsider*). Pondere-se que a concepção de inimigo, embora esteja em grande evidência nos dias que correm, já fazia parte da crítica abolicionista ao sistema de controle. No entanto, com a categorização jurídica do inimigo há uma verdadeira retomada desse pensamento.

Bem destaca Nils Christie que "um inimigo doce e pacífico não é um bom inimigo. Mau e perigoso é que deve ser; e forte. Forte o suficiente para render honras e deferência ao herói que retorna para casa da guerra. Mas não tão forte

---

59. MARTÍNEZ SANCHES, Maurício. *La abolición...* cit., p. 58.
60. HULSMAN, Louk; CELIS, J. Bernat. Op. cit., p. 77.
61. Os números apresentados por Nils Christie, em seu livro *A indústria do controle do crime*, em relação aos Estados Unidos do início dos anos 90 são estarrecedores. 3,4% da população negra adulta masculina está na prisão. Se 3,4% estão na prisão, uma vez e meia está provavelmente sob *probation* ou em liberdade condicional, o que significa que entre 7% e 8% dos homens negros estão sob algum tipo de controle legal. E, se a investigação for feita junto à população negra em torno dos vinte anos, o índice é catapultado para 25%. Assim, um em cada quatro homens, na faixa dos 20 anos, foi submetido a uma persecução penal, tendo envolvimento com a justiça (op. cit., p. 126-127).
62. ZAFFARONI. Eugenio Raúl. *O inimigo no direito penal*, p. 23.

que impeça o herói de retornar. O retrato do inimigo é um importante elemento na preparação para a guerra. Conceitos de grande utilidade nesse setor são 'máfia' e 'crime organizado'. Sua extraordinária vagueza os torna úteis como *slogans para representar todo tipo de força do mal*".[63]

O sistema penal *se opõe à estrutura geral da sociedade civil*. A criação de uma estrutura burocrática na sociedade moderna, com a profissionalização do sistema persecutório, gerou um mecanismo em que as sanções são impostas por uma autoridade estranha e vertical, no estilo militar. As normas são conhecidas somente pelos operadores do sistema; nem autores nem vítimas conhecem as regras que orientam o processo. Este mecanismo se opõe à estrutura mais informal da sociedade civil, que muitas vezes facilita encontros cara a cara, os quais podem agilizar a solução dos conflitos entre as partes envolvidas. Os operadores jurídicos, especialmente o magistrado, pertencem a um mundo diferente ao do processado; condenar para ele é um ato de rotina burocrático, uma ordem escrita sobre um papel que outros funcionários executarão e que ele assinará em escassos segundos. Quando o juiz volta sua cabeça para confiar seu expediente ao escrevente, o condenado, que ficou diante dos olhos do juiz por alguns minutos, já estará fora de seu raio de visão e o juiz se ocupará do réu seguinte.[64]

A vítima não interessa ao sistema penal. Ela ocupa um lugar secundário ou nenhum lugar. Há um sofisma de que ela é parte interessada na sentença condenatória, o que faz com que não seja admissível sua participação no processo. Para o processo penal é mais importante buscar um culpável para que a razão de Estado se imponha. A vítima resulta sendo vítima também do sistema punitivo. Ademais, não raro, é a vítima que trará uma luz para solução da pendência existente com o réu. No mais das vezes, vítimas de um processo não diferenciam uma questão civil da penal; muitas vezes não têm qualquer interesse em perseguir quem quer que seja; tais vítimas, normalmente, querem obter uma reparação e reencontrar sua tranquilidade, assim como encontrar na Justiça alguém que as escute com paciência e simpatia.[65]

O sistema penal continua sendo uma *máquina para produzir dor inutilmente*. A execução da pena produz um meio de coação, de sofrimento, de dor moral e física para o condenado e sua família. É estéril, pois não o transforma; ao contrário, é irracional porque destrói e aniquila o condenado. O controle do

---

63. *Uma razoável quantidade de crime*, p. 69.
64. HULSMAN, Louk. Op. cit., p. 66; MARTÍNEZ SANCHEZ, Mauricio. Op. cit., p. 60.
65. MATHIENSEN, Thomas. A caminho do séc. XXI – Abolição, um sonho impossível? *Conversações abolicionistas*: uma crítica do sistema penal e da sociedade punitiva, p. 263.

crime se converteu em uma operação limpa e higiênica. A dor e o sofrimento desapareceram dos livros de direito penal, que trata do assunto como se fora tudo muito natural e asséptico. A experiência dos envolvidos não é trazida à tona. A dor foi esquecida.[66]

Outra crítica presente é que *a pena, especialmente a de prisão, é ilegítima*. O sistema de imposição da pena obedece a uma ideia de verticalidade, sem estabelecer aquilo que René Ariel Dotti designa como "processo dialógico".[67] Para os abolicionistas só se pode falar verdadeiramente em pena quando existe o "acordo entre as partes". Se há a possibilidade de uma impugnação da autoridade, tratar-se-ia de uma pura violência. Ademais, a prisão pode ser considerada um gigante com pés de barro, contemplando uma total irracionalidade.[68] É que as finalidades atribuídas à prisão, na realidade, não se cumprem. Ela não reabilita o preso. Todos os estudos demonstram que o condenado a uma instituição total internaliza os valores do presídio, com efeitos devastadores sobre sua personalidade. O índice de reincidência é sempre muito alto e a capacidade de superação do delito anterior está muito mais ligada aos apoios sociais e familiares que ele tem no presídio do que propriamente à "ação" desencadeada pelo encarceramento. Além disso, a prisão não intimida o transgressor. A prisão, por si só, não intimida. O cometimento de cada novo crime está a demonstrar a falibilidade da prisão quanto aos seus efeitos intimidatórios. Se a prisão pudesse intimidar o transgressor, o conhecimento que teria o criminoso já submetido ao "tratamento" penitenciário faria dele uma pessoa melhor, ou ao menos mais temerosa, pois conhecedor das agruras prisionais. Não é o que ocorre, no entanto. Basta que se veja, por exemplo, a evolução das estatísticas dos últimos anos, em face da Lei de Crimes Hediondos, no que concerne aos crimes por ela alcançados. Não há notícia, não obstante brutal aumento de penas, de diminuição do cometimento de tais crimes. Por fim, a pena de prisão não intimida a sociedade. Apesar de esta hipótese ser menos sensível à pesquisa científica, pode-se asseverar que o efeito da pena sobre a generalidade das pessoas é incerto, para se dizer o menos. Sabe-se que a prática, ou não, de um delito por um infrator eventual está muito mais ligada às razões socioeconômicas do que a uma hipotética ameaça penal. Se as penas não cumprem as funções que normalmente lhes são atribuídas, quais seriam as reais razões de sua existência?

---

66. CHRISTIE, Nils. *Los limites*... cit., p. 21.
67. DOTTI, René Ariel. *Reforma penal brasileira*, p. 58.
68. MATHIENSEN, Thomas. *A caminho*... cit., p. 263.

Sabe-se que, nas origens, o sistema carcerário possuía como fim precípuo disciplinar certos grupos da população para o trabalho das fábricas.[69] Superados mais de dois séculos, as finalidades foram transformadas. Segundo Thomas Mathiesen, cinco são as funções que podem ser atribuídas ao cárcere; nenhuma delas se aproxima daquelas que os penalistas estão acostumados a verificar em seus manuais de direito. Segundo ele, a primeira função é *depurativa*. A sociedade pós-industrial, cujos conceitos de produtividade e eficiência são fundamentais, deve zelar para preservação desses "valores". Uma sociedade assim concebida deve desembaraçar-se dos elementos considerados improdutivos, em parte porque a sua existência cria ineficiência no sistema produtivo, em parte porque isso nos faz lembrar a incapacidade desse sistema. Tal sociedade pode libertar-se da improdutividade de várias maneiras, mas a mais difundida é a internação. Anciãos vão para uma casa de repouso; os loucos são conduzidos a um hospital psiquiátrico; os alcoólatras e viciados em drogas se tratam em clínicas especializadas. Ladrões e traficantes são destinados ao cárcere. O muro que se ergue entre a sociedade produtiva e aquela improdutiva perpassa a muralha, real e simbólica dessas instituições. Quem governa o sistema carcerário é, nesse contexto social, um funcionário do sistema de depuração.[70] A segunda função da prisão é de *redução da impotência*. Para a sociedade produtiva, não é suficiente colocar os "improdutivos" em uma instituição fechada. É importante que não se ouça mais falar deles para que a depuração tenha bom êxito.[71] É fundamental que o preso seja reduzido ao silêncio, já que isolado do resto do mundo qualquer protesto fica facilmente sufocado, com a máxima facilidade.[72] A terceira função do cárcere é a *diversiva*. Na nossa sociedade são cometidos inúmeros crimes por pessoas perigosas e que representam perigo à sociedade. *Grosso modo* são aquelas ações cometidas por indivíduos ou grupos de interesses que dispõem de um grande poder: capacidade poluidora, utilização de mão de obra de maneira nociva para a saúde dos empregados, produção de coisas que devastam o ambiente, enfim, ações que atingem bens difusos, prejudicando toda a comunidade. Essas são, de fato, as pessoas mais perigosas

---

69. Pavarini, Massimo. *Los confines...* cit., p. 68; Foucault, Michel. *Vigiar...* cit., p. 37.
70. Mathiensen, Thomas. *Perché il cárcere*, p. 180.
71. A indignação da comunidade, causada com as revoltas penitenciárias no Brasil, é absolutamente compreensível. Como admitir que presos possam, de dentro dos cárceres, organizar tantas práticas delituosas, coordenar revoltas em diferentes presídios, comandar o crime organizado? Todo o esforço depurador dos órgãos de persecução penal cai por terra quando a comunidade identifica que não basta prender o preso, há que tratá-lo de forma desumana, de forma depuradora. É a finalidade destacada de "redução da impotência".
72. Mathiensen, Thomas. *Perché...* cit., p. 181.

socialmente. A pena privativa de liberdade, no entanto, destina-se aos autores de crimes contra a propriedade, delitos nem sempre relevantes para a comunidade como um todo. Sua função precípua é chamar a atenção para tais crimes, cujas penas são maiores do que aquelas capituladas para os fatos criminosos realmente relevantes, fazendo com que a comunidade não volte sua atenção para aquilo que é o mais importante. A pena cumpre, pois, o papel de tornar-se visível.[73] A quarta função é *simbólica*. Embora possa se parecer com a função anterior, podem ser destacados alguns aspectos específicos. É com a entrada no cárcere que se inicia o processo de estigmatização. A detenção de poucos simboliza a infalibilidade de muitos. Talvez nesta função seja encontrada a razão profunda para o fato de, enquanto o detido é submetido a um complexo processo estigmatizante ao entrar para a prisão, não receber ele um equivalente processo desestigmatizante ao sair da prisão. É um método bastante eficiente de fazer continuar delinquente o delinquente; de reduzi-lo à impotência.[74] Por fim, a quinta e última função é *demonstrar a ação*. O encarceramento é o tipo de sanção com maior impacto e visibilidade na nossa sociedade. Em tempos distantes, as punições eram corporais e públicas. O suplício corporal era a prova visível e incontrastável da ação do Estado. A sociedade moderna, por seu turno, na sua riqueza e complexidade, reclama soluções coletivas e não individuais. Construindo prisões, construindo ainda mais prisões, aprovando leis que preveem penas detentivas ainda mais severas, os autores da política moderna encontram um modo de fazer ver a todos, e em especial àqueles que trabalham sobre o crime como categoria comportamental, que alguma coisa está se fazendo a esse propósito; qualquer coisa, especialmente para que se possam reafirmar a "lei e a ordem". Nenhuma outra sanção, senão a prisão, atinge tal objetivo.[75]

Assim se explica por que se continua a manter a prisão enquanto pena principal, a despeito de seu fiasco.

Ademais, a expansão da prisão é o coração – e as razões primeira e última – para o gasto com a indústria do sistema prisional privatizado. Se a "indústria do controle do crime", como mencionava Nils Christie já nos anos 80 do século passado, era algo muito lucrativo, alimentou-se a expansão da população prisional americana em função dos interesses comerciais na privatização das prisões, movimento só parcialmente revertido recentemente. Um poderoso lobby, liderado pela *American Legislative Exchange Council*, pedia um endurecimento de políticas

---
73. Idem, ibidem.
74. Idem, p. 182.
75. Idem, p. 183.

penais, com contribuições feitas a políticos que estabelecem políticas criminais. Para a legislatura 2002/4, por exemplo, 3,3 milhões de dólares foram gastos em financiamento do ciclo eleitoral de diversos congressistas.[76] Ignorou-se nos EUA, como se quer ignorar no Brasil, que o aprisionamento é uma função central do governo que não pode ser transferida à iniciativa privada. Entregar a operação das prisões para organizações estruturadas sobre o propósito único de gerar lucros irá inevitavelmente produzir pressão para o aumento do encarceramento. Ou na contundente expressão de Tara Herivel: "a solitária andorinha do contrato prisional irá decidir o verão das políticas correcionais", permitindo a imoralidade da motivação financeira no contexto prisional, por significar a priorização do lucro em relação ao bem-estar dos prisioneiros e o interesse da sociedade.[77]

No Brasil teve-se uma curiosa situação a distinguir-se da perspectiva americana toda privatizante. Nosso país passou por constantes aumentos prisionais chegando a ter a terceira população prisional do mundo (atrás somente de China e EUA). Desde o primeiro censo penitenciário dos anos 90 do século passado, o crescimento dos encarcerados no Brasil é vigoroso e contínuo. E nosso país teve uma curiosa forma de privatização. Fez-se uma espécie de sociedade de economia mista prisional, em que os Estados da federação entram com o presídio, e as facções criminosas entram com um processo de cogestão. Em São Paulo, por exemplo, a principal facção criminosa, o PCC (Primeiro Comando da Capital) nasce em 1993, no anexo da Casa de Custódia de Taubaté. O processo de expansão dentro do sistema teve início em 1994, até culminar com uma megarrebelião no ano de 2001, quando o governo estadual passa a reconhecer a existência da facção. Nesta fase, não só o PCC havia demonstrado seu protagonismo no monopólio da violência no Estado, como demonstrava que nada se fazia no sistema prisional sem algum tipo de interlocução com a facção criminosa. Não deixa de ser uma ironia afirmarmos que o sistema prisional brasileiro é em termos legais majoritariamente público, mas com uma oculta participação privada.[78]

A despeito dos quase contínuos incrementos de população carcerária nos Estados Unidos, resultantes dos interesses políticos da "indústria do controle do crime", como nos fala Nils Christie, uma irônica notícia é resultado da crise americana de 2008: está muito caro encarcerar. Por isso, um recente relatório americano menciona a primeira diminuição da quantidade de encarcerados em

---

76. HERIVEL, Tara. *Quem lucra com as prisões:* o negócio do grande encarceramento, p. 28.
77. *Op. cit.*, p. 29.
78. DIAS, Camila Caldeira Nunes. *PCC:* hegemonia nas prisões e monopólio da violência, p. 211-212.

38 anos.⁷⁹ Muitos estados foram obrigados a cortar os custos da prisão e reduzir suas populações carcerárias, pois o negócio está em baixa!⁸⁰ Talvez uma torcida abolicionista possa ajudar tal movimento...

Não há dúvidas da relevância de diferentes visões de abolicionismos penais para a compreensão do crime, do castigo, da violência e da punição. Experiências com a justiça restaurativa, por exemplo, lembra muito o sugerido por Hulsman como "encontros cara a cara" e estão sendo incorporadas por agências internacionais, a exemplo da ONU – Organização das Nações Unidas –, assim como associações da área jurídica, como a Associação dos Magistrados Brasileiros – AMB. Tais experiências evitam a judicialização do conflito, a privação de liberdade, favorecendo medidas alternativas à prisão, reduzem o tempo do cumprimento da pena privativa de liberdade e apoiam a reintegração quando os jovens – principal clientela do sistema punitivo – saem da prisão.⁸¹

9.3 Um enfoque final e notas conclusivas: a contribuição da teoria crítica

Dentre as principais contribuições teóricas da criminologia crítica está o fato de que o fundamento mais geral do ato desviado deve ser investigado junto às bases estruturais econômicas e sociais, que caracterizam a sociedade na qual vive o autor do delito. Vale dizer, a perfeita compreensão do fato delituoso não está no fato em si, mas deve ser buscada na sociedade em cujas entranhas podem ser encontradas as causas últimas da criminalidade. O fundamento imediato do ato desviado é a ocasião, a experiência ou o desenvolvimento estrutural que fazem precipitar esse ato não em um sentido determinista, mas no sentido de eleger, com plena consciência, o caminho da desviação como solução dos problemas impostos pelo fato de viver em uma sociedade caracterizada por contradições (psicologia social do delito).⁸²

A partir do momento em que se passaram a usar os direitos humanos para marcar o comportamento criminoso, muitos começaram a se perguntar se existem

---

79. *State of recidivism: the revolving door of America´s prison*. Disponível em: [www.pewcenteronthestates.org.], acesso em: 26.12.2011.
80. BARKER, Vanessa. *The politics of imprisonment: how the democratic process shapes the way America punishes offenders*, p. 6.
81. ROSA, Pablo Ornelas et alii. *Sociologia da violência, do crime e da punição*. Belo Horizonte: Ed. D´Plácido, 2020, p. 258-259; um amplo painel sobre abolicionismo pode ser encontrado em PIRES, Guilherme Moreira e CORDEIRO, Patrícia. *Abolicionismos e cultura libertária*. Florianópolis: Empório do Direito, 2020.
82. BERGALLI, Roberto. Propostas críticas concretas. *El pensamiento criminológico*: un análisis crítico, vol. I, p. 228.

violações de tais direitos que são mais fundamentais do que outras, e designar aqueles direitos como mais relevantes para o domínio da criminologia. Direitos básicos são diferenciados porque o seu preenchimento é essencial para a efetivação de uma grande quantidade de valores. Evidentemente que para um homem morto desaparece toda a possibilidade de realizar qualquer de suas potencialidades humanas. Afirmações similares podem ser feitas a respeito dos direitos de igualdade racial, de gênero, de sexo e de poder econômico. A ab-rogação desses direitos certamente limita a oportunidade de o indivíduo realizar-se em muitas esferas da vida. Esses direitos, portanto, são básicos e necessitam ser criminalmente protegidos. Do mesmo modo, relações e sistemas sociais que causam a ab-rogação desses direitos são igualmente criminosos. Se os termos racismo, discriminação sexual, discriminação de gênero e pobreza são signos abreviados para teorias de relações sociais ou sistemas sociais que determinam a sistemática negação dos direitos básicos, então tais signos podem ser chamados crimes segundo a lógica desse argumento.[83] Quando essas afirmações apareceram pela primeira vez, nos anos 70 do século passado, elas causaram certo pasmo. Seriam necessárias modificações legais dos crimes, quando a magnitude da injúria social causada pelo imperialismo, racismo, discriminações de gênero, de sexo e crimes decorrentes da pobreza fosse mais lesiva que os atos individuais praticados. Em outras palavras, uma das principais contribuições dos teóricos críticos para a modificação do direito penal está, exatamente, em mudar o paradigma das criminalizações. A proposta para o processo criminalizador (incriminação legal), a partir da visão crítica, objetiva reduzir as desigualdades de classe e sociais. Esta visão faz repensar toda a política criminalizadora do Estado, que deve assumir uma criminalização e penalização da criminalidade das classes sociais dominantes: criminalidade econômica e política (abuso de poder), práticas antissociais na área de segurança do trabalho, da saúde pública, do meio ambiente, da economia popular, do patrimônio coletivo estatal e – não menos importante – contra o crime organizado.[84] Esse tipo de perspectiva não só deu ensejo a uma grande campanha pela criminalização dos bens jurídicos difusos, como também contribuiu para a criação de instrumentos legais, substantivos e adjetivos, na proteção desses valores. Nesse sentido, a simples existência de legislações penais protetivas do meio ambiente e da ordem econômica, financeira e tributária, por exemplo, com os consectários instrumentos processuais (ação civil pública, mandado de segurança coletivo etc.), é uma demonstração da esfera de influência legal da teoria crítica.

---

83. SCHWENDINGER, Herman; SCHWENDINGER, Julia. Defensores da ordem ou guardiães dos direitos humanos? In: TAYLOR; WALTON; YOUNG, *Criminologia*... cit., p. 174.
84. SANTOS, Juarez Cirino dos. *A criminologia*... cit., p. 83.

A criminologia crítica distingue, pois, entre os crimes que são expressão de um sistema intrinsecamente criminoso (criminalidade do colarinho-branco, racismo, corrupção dos agentes estatais, crime organizado, belicismo) e o crime das classes mais desprotegidas.[85] Para aqueles, defende-se uma maximização da intervenção punitiva (nas origens defendeu-se a própria intervenção punitiva, já que muitas dessas condutas não eram criminalizadas); para estes, ao contrário, defende-se uma minimização da intervenção punitiva, quando não a própria descriminalização da conduta, bem como a substituição das sanções estigmatizantes por não estigmatizantes na pequena criminalidade pessoal/patrimonial. Entre as normas que estiveram na mira dos críticos podemos mencionar as referentes a: blasfêmia, adultério, incesto, homossexualidade, sodomia, prostituição, aborto, mendicância, vadiagem, toxicomania, pequenos delitos patrimoniais (furtos de supermercados, pequenas trapaças etc.).[86]

Uma última palavra está a ser dita sobre qual opção cabe ao criminólogo: criticar ou construir? Na primeira geração da criminologia crítica a opção era muito clara. Não competia ao estudioso desta ciência resolver convenientemente os problemas, senão apresentá-los para discussão.[87] Mas, desde a aparição, em 1984, do livro *What is to be done about law and order? Crisis in the eighties*, de Lea e Young, a divisão entre os criminólogos chamados críticos tornou-se insuperável: o delito é um problema para as classes sociais mais débeis da sociedade; desconhecer este fato supõe deixar o terreno abandonado para que os setores conservadores se apresentem como paladinos da "lei e ordem"; a tarefa da criminologia passa a ser a luta contra o delito e para este combate deve recuperar-se a polícia, utilizar o sistema penal e elaborar, ao mesmo tempo, um programa de controle do pequeno delito, de forma democrática e multiinstitucional.[88] Ou, em outros termos, com a queda do Muro de Berlim e a desestruturação dos países do "socialismo real" do Leste Europeu, que inviabilizam os grandes objetivos de transformação social ou colocam definitivamente fora de alcance grandes e reais transformações, os pequenos experimentos de alternativas ao cárcere devem ser pensados, ainda que desemboquem em uma sociedade *disciplinária*.[89] Esta atitude, naturalmente, pode trazer consigo o risco de colaboração com a reprodução ideológica, com uma

---

85. DIAS, Jorge de Figueiredo; ANDRADE, Manuel da Costa Andrade. Op. cit., p. 62.
86. SANTOS, Juarez Cirino dos. *A criminologia...* cit., p. 83; HULSMAN, Louk. Descriminalização (Relatório apresentado ao Colóquio do XI Congresso de Internacional de Direito Penal de 1973). *Revista de Direito Penal*, n. 7, p. 25.
87. TAYLOR et al. *La nueva...* cit., p. 296.
88. LARRAURI, Elena. *La herencia de la criminología crítica*, p. 197.
89. Idem, p. 193.

espécie de legitimação do sistema punitivo vigente, como ocorreu no passado, quando no interior do discurso oficial do sistema falou-se, inclusive, do direito penal mínimo. Assim, se não há condições políticas e culturais para a realização em curto e médio prazo de um programa abolicionista em nossas sociedades, não se pode deixar de lado a crítica, enquanto instrumento e meio, para que se tenha uma ampla política de descriminalização, acompanhada da experimentação, com intervenções alternativas à da Justiça Criminal (*diversion*), para que a concretização de reformas possa diminuir a distância até a meta final.[90] Ter a crítica como guia, porém sem perder a ideia do que está por ser construído dentro dos paradigmas da sociedade vigente.

Ninguém desconhece, pois, o que a teoria crítica permitiu construir: desde as respostas alternativas ao pensamento tradicional, com o aprofundamento da crítica iniciada com a teoria da rotulação social, até uma grande modificação na feição do direito penal contemporâneo, com intervenções diferenciadas, conforme a relevância do bem jurídico. Não se pode, pois, ignorar que toda essa transformação advém do instrumental crítico e transformador de que fizeram uso esses teóricos radicais.

---

90. Martínez Sánchez, Mauricio. *¿Qué pasa...* cit., p. 144.

REFLEXÕES FINAIS

Em face daquilo que se discutiu no corpo deste trabalho, desde logo podem ser formuladas algumas conclusões, necessárias à compreensão do tema e que poderão servir, no futuro, para um reexame aprofundado do direito penal em sua conexão com a criminologia e com a política criminal.

1. Direito penal, criminologia e política criminal constituem os três pilares sobre os quais se assentam as chamadas "ciências criminais", formando um modelo integrado de ciência conjunta. O direito penal examina os aspectos que subjazem aos temas jurídico-penais, em sua visão dogmática. A política criminal, enquanto disciplina que oferece aos poderes públicos as opções científicas concretas mais adequadas para controle do crime, é a ponte eficaz entre o direito penal – enquanto ciência axiológica, dedutiva, e que utiliza o método jurídico-dogmático – e a criminologia. Esta é o substrato teórico e investigativo que aponta um conjunto sistemático dos princípios fundados na investigação científica das causas do crime e dos efeitos da intervenção punitiva. A criminologia aproxima-se do fenômeno delitivo, sem prejuízos, sem mediações, procurando obter uma informação direta deste; tem por objeto a análise do delito, do delinquente, da vítima e do controle social, com a finalidade de prevenir o crime e intervir na pessoa do infrator. Por suas características, a criminologia pode ser considerada uma ciência, com método, objeto e funções próprios.

2. O estudo da criminologia pode ser dividido em três grandes fases: a primeira delas, chamada de *pré-científica*, contempla vários estudiosos que não se valiam de um método lógico-científico para a busca do conhecimento; em fase intermediária, Lombroso e seus seguidores dão ensejo a uma busca pelo cientificismo com a opção por um método experimental de investigação da realidade criminal. Tais autores não lograram, contudo, completo êxito, tendo, no entanto, lançado as bases de uma nova abordagem que, quer quanto ao método, quer quanto ao objeto, distanciam-se do direito penal; o terceiro e último estágio da criminologia, o *científico*, tem início com os estudos sociológicos norte-americanos, desdobrando-se em inúmeras visões da criminalidade, sejam elas consensuais, sejam conflitivas.

3. A escola de Chicago, também conhecida por teoria da ecologia criminal, produziu grandes consequências metodológicas, por centrar o estudo em investigações empíricas dentro de cada cidade. Sua primeira e grande consequência é priorizar a ação preventiva, minimizando a atuação repressiva do Estado. O

controle social informal deve ser reforçado, dando-se menor importância ao controle social formal, que tem posição acessória em relação ao controle primário. Além das contribuições na esfera da política criminal, especialmente no que concerne à prevenção da criminalidade de massas, produziu substanciosas influências na órbita do direito penal, principalmente quanto às questões ambientais, consubstanciadas, no Brasil, na Lei 9.605/1998.

4. A teoria da associação diferencial amplia a crítica ao fenômeno criminal por ter ele um caráter exclusivamente biológico e, pela primeira vez na história, volta o foco de observação para a criminalidade dos poderosos, desnudando a forma diferenciada com que a Justiça Penal os tratava. O crime do colarinho-branco é, pois, analisado em sua essência, traduzindo inúmeras contribuições que põem por terra muitos preconceitos em relação aos autores dos delitos. A partir da ideia segundo a qual o comportamento delituoso é aprendido, Sutherland tece um mosaico de características específicas desse tipo de crime, que o distingue daqueles crimes praticados no cotidiano pelas pessoas. No plano jurídico-penal, a teoria da associação diferencial permite compreender o direito penal econômico, com todas as suas especificidades, mostrando como a empresa pode ser um centro de imputação.

5. A teoria da subcultura delinquente decorre das chamadas sociedades complexas, contemplando a existência de padrões normativos divergentes daqueles que presidem a cultura dominante. Os atos criminais praticados pelos agentes, nessas circunstâncias, são não utilitários, maliciosos e negativistas. A abordagem da teoria subcultural permite um melhor equacionamento do problema das minorias, bem como da criminalidade juvenil; é que, dadas as suas características particulares, o combate a essa criminalidade não se pode fazer por meio dos mecanismos tradicionais de enfrentamento do crime. Primeiramente, pelo fato de que a ideia central dessa forma de prática delituosa tem certas particularidades que são dessemelhantes de outras formas mais corriqueiras. Ademais, algumas dessas manifestações não se combatem com a pura repressão, mas sim com um processo de cooptação dos grupos, envolvendo-os com o mercado de trabalho e com o acesso à sociedade produtiva. Mais uma vez o caminho da pura repressão é abandonado, tendo uma função acessória de controle desses delitos.

6. A teoria da anomia, desdobrada em dois momentos históricos distintos, distancia-se do modelo de interpretação do crime, por não o julgar como anomalia. O crime é o resultado de um normal funcionamento da sociedade. Seus postulados básicos são: normalidade e funcionalidade do crime. O anormal não é a existência do delito, mas seu súbito incremento; e isto decorre de um desmoronamento das normas vigentes em dada sociedade, por haver uma debilitação

da consciência coletiva. A grande contribuição desta teoria para o direito penal está na concepção de *pena funcional*. Esta tem três manifestações: como meio de intimidação individual se dirige ao delinquente ocasional; como instrumento de reinserção social, ao delinquente habitual corrigível; e, enfim, como mecanismo de neutralização, ao delinquente incorrigível. Ou, em outros termos, a atribuição de responsabilidade à pena é querer evitar que a consciência coletiva seja debilitada. Tal teoria, embora não tenha decisiva relação com qualquer lei em particular, influencia todo o pensamento da literatura jurídica no que concerne às penas, deitando suas raízes sobre a própria Lei de Execução Penal.

7. A teoria do *labelling approach*, também chamada de interacionista ou da rotulação social, parte da premissa segundo a qual a sociedade não é um todo consensual, mas que vivemos em uma sociedade pautada pelo conflito. A pergunta, formulada até então, para saber quais eram as razões que levavam algumas pessoas a ter motivações delituosas, é substituída pela indagação: por que pessoas convencionais não seguem os impulsos desviantes que todos têm? Partindo-se desse relativismo moral, chega-se à conclusão de que o cometimento de um delito – a chamada desviação – não é uma qualidade ontológica da ação, mas o resultado de uma reação social; conclui-se, também, que o delinquente apenas se distingue do homem normal devido à estigmatização que sofre, particularmente aquela decorrente do recolhimento às chamadas instituições totais, em especial a prisão. A grande contribuição desta perspectiva está no legado criminológico da prudente não intervenção (teoria da *ultima ratio*), da criação de um movimento de descriminalização de certas condutas delituosas e da *diversion*. No plano do direito penal brasileiro, é consequência direta desta teoria a luta por penas alternativas (Leis 7.209/1984 e 9.714/1998) e por medidas alternativas ao próprio processo (institutos da transação penal, composição civil e suspensão condicional do processo, contidos na Lei 9.099/1995).

8. A teoria crítica ou radical é assim denominada por fazer a mais aguda crítica ao pensamento criminológico tradicional, bem como às instâncias de controle punitivas. Ao longo dos anos subdividiu-se em três grandes correntes: o neorrealismo de esquerda, a teoria do direito penal mínimo e o pensamento abolicionista. Ainda que de formas distintas, tais visões apontam para uma transformação da sociedade e do próprio direito penal, traçando caminhos humanistas de tratamento do criminoso. Dentre as contribuições da criminologia crítica está o fato de que o fundamento mais geral do ato desviado deve ser investigado junto às bases estruturais econômicas e sociais que caracterizam a sociedade na qual vive o autor do delito. A proposta desta teoria para o processo criminalizador objetiva reduzir as desigualdades de classe e sociais: o Estado deve assumir uma criminalização e

penalização da criminalidade das classes sociais dominantes, como a criminalidade econômica e política, práticas antissociais na área de segurança do trabalho, da saúde pública, do meio ambiente, da economia popular, do patrimônio coletivo estatal e contra o crime organizado, com uma maximização da intervenção punitiva; de outro lado, há de fazer uma minimização da intervenção punitiva para pequenos delitos, crimes patrimoniais (cometidos sem violência ou grave ameaça à pessoa), delitos que envolvem questões morais e uso de entorpecentes.

REFERÊNCIAS BIBLIOGRÁFICAS

ABRAMOVAY, Pedro Vieira; BATISTA, Vera Malaguti. *Depois do grande encarceramento*. Rio de Janeiro: Revan, 2010.

Acusados vivem cinco anos de traumas: seis envolvidos não conseguem emprego nem receber indenização por danos morais e materiais. *Folha de S. Paulo*, 10.10.1999, 3.º Cad., p. 7.

ADORNO, Sérgio. Crime, justiça penal e desigualdade jurídica: as mortes que se contam no tribunal do júri. *Revista USP*, n. 21, mar.-maio 1994.

AGAMBEM, Giorgio. *Homo Sacer:* o poder soberano e a vida nua. Belo Horizonte: UFMG, 1999.

_____. *Meios sem fim*: notas sobre a política. Trad. Davi Pessoa Carneiro, Belo Horizonte: Ed. Autêntica, 2015.

AGRA, Cândido (direção). *A criminologia*: um arquipélago interdisciplinar. Porto: Universidade do Porto, 2012.

_____; KUHN, André. *Somos todos criminosos?* Lisboa: Casa das Letras, 2010.

ALBERGARIA, Jason. *Noções de criminologia*. Belo Horizonte: Mandamentos, 1999.

ALENCAR, José de. *Iracema*. São Paulo: Edições de Ouro, [s.d.].

ALEXANDER, MICHELLE. *A nova segregação*: racismo e encarceramento em massa. São Paulo: Boitempo, 2017.

ALMEIDA, Júlia de Moraes. *O processo gentrificador de São Paulo e o Grafite: uma perspectiva do sul global sob a ótica da criminologia cultural*. In: SÁ, Alvino Augusto et alii. Novas perspectivas de criminologia. Belo Horizonte: Ed. D´Plácido, 2019.

ALMEIDA, Rosemary de Oliveira. *Mulheres que matam*: universo imaginário do crime no feminino. Rio de Janeiro: Relume Dumará: UFRJ: Núcleo de Antropologia da Política, 2001 (Coleção Antropologia da Política).

ALVAREZ, Marcos César. *A criminologia no Brasil ou como tratar desigualmente os desiguais*. 2002. Disponível em [www.nevusp.org/dowload/down068.pdf]. Acesso em: 06.05.2018

ALVIRA MARTIN, Francisco. Ciudad y delincuencia. *Estudios penales y criminológicos – V*. Santiago de Compostela: Universidad de Santiago, 1982.

AMARAL, Antonio Jobim do (org.). *Violência e cinema: diálogos entre ficção e realidade*. Florianópolis, Tirant lo Blanch, 2018.

ANCEL, Marc. *A nova defesa social*. Trad. Osvaldo Melo. Rio de Janeiro: Forense, 1979.

ANDRADE, Vera Regina Pereira. Criminologia e feminismo: da mulher como vítima à mulher como sujeito de construção da cidadania. In: CAMPOS, Carmen Hein de (org.). *Criminologia e feminismo*. Porto Alegre: Sulina, 1999.

_____. *Pelas mãos da criminologia*: o controle penal para além da (des) ilusão. Florianópolis: Revan, 2012.

ANITUA, Gabriel Ignácio. *Castigo, cárceles y controles*. Buenos Aires: Ediciones Didot, 2011.

_____. *História dos pensamentos criminológicos*. Rio de Janeiro: Revan, 2008.

_____. *Introdução à criminologia: uma aproximação desde o poder de julgar*. Florianópolis: Empório do Direito, 2018.

ANIYAR DE CASTRO, Lola. Conocimiento y orden social: criminología como legitimación y criminología de la liberación: proposiciones para una criminología latinoamericana como teoría crítica del control social. *Capítulo Criminología*. Revista de las Disciplinas del Control Social, n. 9-10, 1981-1982.

_____. *Criminologia da libertação*. Trad. Sylvia Moretzsohn. Rio de Janeiro: Revan: ICC: 2005 (Coleção Pensamento Criminológico).

_____. *Criminologia da reação social*. Trad. Ester Kosovski. Rio de Janeiro: Forense, 1983.

_____. *Criminología de los derechos humanos*. Buenos Aires: Editores del Puerto, 2010.

_____. Prevención del delito y medios de comunicación: entre la vaguedad y lo imposible. *Derecho Penal y Criminología*, Bogotá, vol. 9, 1989.

_____. ANIYAR DE CASTRO, Lola; Codino, Rodrigo. *Manual de Criminologia sociopolítica*. Rio de Janeiro: Ed. Revan, 2017.

ARAÚJO JR., João Marcelo (org.). *Ciência e política criminal em honra de Heleno Fragoso*. Rio de Janeiro: Forense, 1992.

ARON, Raymond. *As etapas do pensamento sociológico*. Brasília: Martins Fontes: Editora Universidade de Brasília, 1990.

ASUA BATARRITA, ADELA. Criminologia y multiculturalismo. Medidas internacionales y propuestas de tratamiento jurídico para la erradicación de la mutilación genital femenina. *Eguzkilore*, n.º 18, 2004.

ATHAYDE, Celso et al. *Cabeça de porco*. Rio de Janeiro: Objetiva, 2005.

ATHAYDE, Phydia de. *Artimanhas da pichação*. Disponível em: [http://cms.cartacapital.com.br/carta/2005/06/2210]. Acesso em: 01.06.2008.

AZEVEDO, Aluízio. *O cortiço*. Rio de Janeiro: Edições de Ouro, [s.d.].

AZEVEDO, Rodrigo Ghiringhelli. *Informalização da justiça e controle social*. São Paulo: IBCCrim, 2000.

BACIGALUPO, Enrique. *Manual de derecho penal*. Bogotá: Temis: Ilanud, 1984.

BACILA, Carlos Roberto. *Estigmas*: um estudo sobre os preconceitos. Rio de Janeiro: Lumen Juris, 2005.

BALTAR TOJO, Rafael. Conducta social y hábitat. *Estudios penales y criminológicos – V*. Santiago de Compostela: Ed. Universidad de Santiago de Compostela, 1982.

BARATTA, Alessandro. *Criminologia crítica e crítica do direito penal*: introdução à sociologia do direito penal. Trad. Juarez Cirino dos Santos. Rio de Janeiro: Revan, 1997.

_____. *Criminología y sistema penal*: compilación in memoriam. Montevidéu; Buenos Aires: Editorial B de F, 2004 (Coleção Memória Criminológica).

_____. O paradigma do gênero: da questão criminal à questão humana. In: CAMPOS, Carmen Hein de (org.). *Criminologia e feminismo*. Porto Alegre: Sulina, 1999.

_____. Sobre a criminologia crítica e sua função na política criminal. *Separata de documentação e direito comparado (Boletim do Ministério da Justiça)*, Lisboa, n. 13.

_____. Principi del diritto penale mínimo. Per una teoria dei diritti umani come eggetti e limiti della legge penale. *Dei delitti e delle pene, Rivista di studi sociali, storici e giuridici sella questione criminale*, ano III, n. 3, set.-dez. 1985.

BARCELLOS, Caco. *Rota 66*: a história da polícia que mata. 10. ed. São Paulo: Globo, 1992.

BARKER, Vanessa. *The politics of imprisonment*. New York: Oxford, 2009.

BARRETO, Tobias. *Estudos de direito*. Rio de Janeiro: Laemmert, 1892.

_____. *Menores e loucos em direito criminal*. Rio de Janeiro: Organização Simões, 1951.

BARTHES, Roland. *Aula*. Trad. Leyla Perrone Moisés. São Paulo: Cultrix, [s.d.].

BATAGLINI, Giulio. *Diritto penale*: parte generale. Padova, Cedam, 1949.

BATISTA, Nilo. Alternativas às penas privativas de liberdade no Código Penal argentino de 1922. *Revista do Ministério Público*, vol. 4, n. 7, jan.-jun. 1998.

_____. *Introdução crítica à criminologia brasileira*. Rio de Janeiro: Revan, 2011.

_____. *Introdução crítica ao direito penal brasileiro*. Rio de Janeiro: Revan, 1990.

_____. *Matrizes ibéricas do sistema penal brasileiro – I*. Rio de Janeiro: Freitas Bastos/ICC, 2000.

_____. *Punidos e mal pagos*: violência, justiça, segurança pública e direitos humanos no Brasil de hoje. Rio de Janeiro: Revan, 1990.

BATISTA, Vera Malaguti. *Difíceis ganhos fáceis*: drogas e juventude pobre no Rio de Janeiro. Rio de Janeiro: Freitas Bastos, 1998.

_____. *Introdução crítica à Criminologia Brasileira*. Rio de Janeiro: Revan, 2011.

BAUMAN, Zygmunt. *Bauman sobre Bauman*. Rio de Janeiro: Jorge Zahar Ed., 2011.

_____. *Cegueira moral*: a perda da sensibilidade na modernidade líquida. Rio de Janeiro: Jorge Zahar Ed., 2014.

_____. *Comunidade*: a busca por segurança no mundo atual. Trad. Plínio Dentzien. Rio de Janeiro: Jorge Zahar Ed., 2003.

_____. *Europa*. Rio de Janeiro: Jorge Zahar Ed., 2006.

_____. *Globalização*. Rio de Janeiro: Jorge Zahar Ed., 1999.

_____. *O mal-estar da pós-modernidade*. Rio de Janeiro: Jorge Zahar Ed., 1997.

_____. *Vidas desperdiçadas*. Rio de Janeiro: Jorge Zahar Ed., 2005.

_____. *44 cartas do mundo líquido moderno*. Rio de Janeiro: Jorge Zahar Ed., 2011.

_____. *Vigilância líquida*. Rio de Janeiro: Jorge Zahar Ed., 2103.

_____. *Modernidade líquida*. Rio de Janeiro: Jorge Zahar Ed., 2001.

BEATLE desafia a cristandade. *O Estado de S. Paulo*, 31.12.1968, p. H-16.

BECK, Koa. *Feminismo Branco: das sufragistas às influenciadoras e quem elas deixam para trás*. Rio de Janeiro, Ed. Harper Collins, 2021.

BECHARA, Ana Elisa. *Bem jurídico-penal*. São Paulo, Quartier Latin, 2014.

_____. *Valor, Norma e Injusto penal: considerações sobre os elementos normativos do tipo objetivo no Direito Penal Contemporâneo*. Belo Horizonte, D´Plácido, 2018.

BECHARA, Ana Elisa. Delitos sem bens jurídicos? *Boletim do IBCCrim*, n. 181, dez. 2007.

BECK, Ulrich. *O que é globalização*: equívocos do globalismo, respostas à globalização. Trad. André Carone. São Paulo: Ed. Paz e Terra, 1999.

BECKER, Howard S. *Outsiders*: studies in the sociology of deviance. Nova York: Free Press, 1963.

_____ (org.). *The other side*. Nova York: Free Press, 1964.

_____. *Uma teoria da ação coletiva*. Trad. Márcia Bandeira de Mello Leite Nunes. São Paulo: Zahar, 1977.

BECKETT, Katherine; HERBERT, Steve. *Banished: the new social control in urban America*. New York: Oxford, 2010.

BELLI, Benoni. *Tolerância zero e democracia no Brasil*. São Paulo: Perspectiva, 2004.

BERGALLI, Roberto. *Control social punitivo*: sistema penal e instancias de aplicación (policía, jurisdicción y cárcel). Barcelona: Bosch, 1996.

_____. *Criminología en América Latina*: cambio social, normatividad y comportamientos desviados. Buenos Aires: Pannedille, 1972.

_____. *Crítica a la criminología*: hacia una teoría crítica del control social en América Latina. Bogotá: Temis, 1982.

_____. Il dibattito della criminologia critica e la realtà dei sistemi penali in Spagna e America Latina. *Dei delitti e delle penne*, 3/94.

_____. Perspectivas sociológicas: desarollos ulteriores. *El pensamiento criminológico*: un análisis crítico. Bogotá: Temis, 1993. vol. I.

_____ et al. *El pensamiento criminológico*: estado y control. Bogotá, Temis, 1983. vol. II.

_____ et al. *El pensamiento criminológico*: un análisis crítico. Bogotá: Temis, 1983. vol. I.

BERISTAIN IPIÑA, Antonio. *Nova criminologia à luz do direito penal e da vitimologia*. Trad. Cândido Furtado Maia Neto. Brasilia: Ed. UNB, 2000.

_____. *Victimología*. San Sebastián: Servicio Editorial Universidad del País Basco, [s.d.].

BERMAN, Marshall. *Tudo que é sólido desmancha no ar*: a aventura da modernidade. Trad. Carlos F. Moisés e Ana Maria L. Ioriatti. São Paulo: Cia. das Letras, 1986.

BÉZE, Patrícia Mothé Glioche. *Concurso formal e crime continuado*. Rio de Janeiro: Renovar, 2001.

BINDER, Alberto. *Política criminal de la formulación a la praxis*. Buenos Aires: Ad-hoc, 1997.

BISSOLI FILHO, Francisco. *Estigmas da criminalização*: dos antecedentes à reincidência criminal. Santa Catarina: Obra Jurídica, 1998.

BITENCOURT, Cezar Roberto. *Juizados especiais criminais e alternativas à pena de prisão*. Porto Alegre: Lael, 1997.

BITTENCOURT, Edgard de Moura. *Vítima*. São Paulo: Ed. Universitária de Direito, [s.d.].

BLACK, Edwin. *A guerra contra os fracos*: a eugenia e a campanha norte-americana para criar uma raça superior. São Paulo: Ed. A Girafa, 2003.

BLACKMON, Douglas. *Slavery by another name*. New York: Anchor Books, 2009.

BLUMER, Herbert. Social psychology. In: SCHMIDT, E. P. (org.). *Man and society*. Nova York: Barnes & Noble, 1937.

BOBBIO, Norberto. *O conceito de sociedade civil*. Trad. Carlos Nelson Coutinho. Rio de Janeiro: Graal, 1994.

BOLETIM DO IBCCRIM. Editorial. Intolerância: zero, *Boletim* n. 53, abr. 1997, p. 2.

BONESANA, Cesare. *Dos delitos e das penas*. Trad. Torrieri Guimarães. São Paulo: Hemus, [s.d.].

BORTOLOZZI JR., Flávio. "Resistir para re-existir": criminologia (d)e resistência e a (necro) política brasileira de drogas. Belo Horizonte: Ed. D´Plácido, 2019.

BOSI, Ecléa. *Memória e sociedade*: lembranças de velhos. São Paulo: T. Queiroz, 1979.

BOURDIEU, Pierre. Gostos de classe e estilos de vida. In: ORTIZ, Renato (org.). *Sociologia*. São Paulo: Ática, 1993.

BRAÑES, Raul. *Tutela penal do patrimônio cultural*. São Paulo: RT, 1995.

BRUNO, Aníbal. *Direito penal*. 3. ed. Rio de Janeiro: Forense, 1978. t. 1.

BUCCI, Eugênio. *O peixe morre pela boca*. São Paulo: Scritta, 1993.

_____; KEHL, Maria Rita. *Videologias*: ensaios sobre televisão. São Paulo: Boitempo, 2004 (Coleção Estado de Sítio).

BURGESS, Ernest W. O crescimento da cidade: introdução a um projeto de pesquisa. *Estudos de ecologia humana*. Trad. Olga Dória. São Paulo: Livraria Martins, 1948.

_____. Introduction. In: SHAW; MCKAY. *Juvenile delinquency and urban areas*. Chicago: The University of Chicago Press, 1942.

BURGIERMAN, Denis Russo. *Maconha*. São Paulo: Abril, 2002 (Coleção Para Saber Mais).

_____. *O fim da guerra:a maconha e a criação de um novo sistema para lidar com as drogas*. São Paulo: Leya, 2011.

BUSTOS RAMÍREZ, Juan. *Bases críticas de un nuevo derecho penal*. Bogotá: Temis, 1982.

_____. Criminología y evolución de las ideas sociales. *El pensamiento criminológico*: un análisis crítico. Bogotá: Temis, 1983. vol. I.

_____. La criminología. *El pensamiento criminológico*: un análisis crítico. Bogotá: Temis, 1983. vol. I.

_____; LARRAURI, Elena. *Victimología*: presente y futuro. Bogotá: Temis, 1993.

CALDEIRA, Teresa Pires do Rio. *Cidade de muros*: crimes, segregação e cidadania em São Paulo. São Paulo: Edusp, 2000.

CALHAU, Lélio Braga. *Resumo de criminologia*. 5. ed. Niterói: Impetus, 2009.

_____. *Vítima e direito penal*. Belo Horizonte: Mandamentos, 2002.

CALLEGARI, André Luís. *Política criminal, Estado e democracia*. Rio de Janeiro: Lumen Juris, 2007.

CALLIGARIS, Contardo. *A adolescência*. São Paulo: Publifolha, 2000.

CALVO GONZÁLEZ, José. *Criminologia visual: selos postais como artefatos imagéticos de aculturação ideológico-jurídica*. Florianópolis: Empório do Direito, 2019.

CÂMARA, Guilherme Costa. *Programa de Política Criminal*: orientado para a vítima do crime. Coimbra/São Paulo: Coimbra Ed/Ed. RT, 2008.

CAMARGO, Antonio Luis Chaves. *Culpabilidade e reprovação penal*. São Paulo: Sugestões Literárias, 1994.

_____. *Imputação objetiva e direito penal brasileiro*. São Paulo: Cultural Paulista, 2001.

_____. *Sistema de penas, dogmática jurídico-penal e política criminal*. São Paulo: Cultural Paulista, 2002.

CAMPER, Petrus. Disponível em: [www.pages.britishlibrary.net]. Acesso em: 01.02.2002.

CANDIDO, Antonio. *Literatura e sociedade*. São Paulo: TAQ: Publifolha, 2000.

CAÑÓN, Luis. *El patrón: vida y muerte de Pablo Escobar*. Bogotá: Ed. Planeta, 2002.

CANOTILHO, J. J. Gomes. *Direito constitucional e teoria da Constituição*. 3. ed. Coimbra: Almedina, 1999.

CARDOSO, Helena Schiessl. *Criminologia brasileira: um mosaico à luz do ensino jurídico*. São Paulo: Tirant lo Blanch, 2019.

CARLEN, Pat; França, Leandro Ayres. *Criminologias Alternativas*. Porto Alegre: Canal Ciências Criminais, 2017.

CARRARA, Francesco. *Programma del corso di diritto criminal*. Parte generale. 10. ed. Firenze: Fratelli Camelli, 1907. vol. 1.

CARRARA, Sérgio. *Crime e loucura*: o aparecimento do manicômio judiciário na passagem do século. Rio de Janeiro/São Paulo: Eduerj/Edusp, 1998.

CARVALHO, Hilário Veiga. *Compêndio de criminologia*. São Paulo: Bushatsky, 1973.

CARVALHO, José Luís Homem de. *Prove*: a verticalização da agricultura urbana e periurbana no combate à pobreza. Trabalho inédito, apresentado no I Seminário "A Agricultura urbana e Peri-Urbana da Região Metropolitana de São Paulo: como instrumento de Inclusão Social", em 02.08.2002.

Carvalho, Paulo Egydio de Oliveira. *Estudos de sociologia criminal*: do conceito geral do crime segundo o methodo contemporâneo. São Paulo: RT, 1941.

Carvalho, Pedro Armando Egydio. Racismo. *Revista Brasileira de Ciências Criminais*, n. 21, jan.-mar. 1998.

Carvalho, Salo. *A política criminal de drogas no Brasil*: do discurso oficial às razões de descriminalização. 2. ed. Rio de Janeiro: Luam, 1997.

_____. Criminologia crítica: dimensões, significados e perspectivas atuais. *Revista Brasileira de Ciências Criminais*, vol. 104, 2013.

_____. Criminologia cultural, complexidade e as fronteiras de pesquisa nas ciências criminais. *Revista Brasileira de Ciências Criminais*, vol. 81, 2009.

_____ et al. *Criminologia cultural e rock*. Rio de Janeiro: Lumens Juris, 2011.

_____. *Curso de Criminologia Crítica Brasileira*. Rio de Janeiro, Editora Revan, 2022.

Casoy, Ilana. *Serial Killer*: louco ou cruel? 8. ed. São Paulo: Ediouro, 2008.

Castiglione, Teodolindo. *Lombroso perante a criminologia contemporânea*. São Paulo: Saraiva, 1962.

Castilho, Ela Wiecko V. de Castilho. *O controle penal nos crimes contra o Sistema Financeiro Nacional*. Belo Horizonte: Del Rey, 1998.

Castro, Ana Maria de; Dias, Edmundo Fernandes. *Introdução ao pensamento sociológico*. São Paulo: Moraes, 1992.

Castro, Eliana. Festa boa pra cachorro. Disponível em: [www.zaz.com.br/istoe]. Acesso em: 28.01.2003.

Catani, Afranio Mendes; Gilioli, Renato de Sousa Porto. *Culturas Juvenis*: múltiplos olhares. São Paulo: Edit. Unesp, 2008.

Centro de Estudo de Cultura Contemporânea – Cedec. *Mapa de risco da violência*: cidade de São Paulo. São Paulo, 1996.

Cervini, Raúl. Incidencia de la "mass media" en la expansión del control penal en Latinoamérica. *Revista Brasileira de Ciências Criminais*, n. 5, jan.-mar. 1994.

_____. *Os processos de descriminalização*. Trad. Eliana Granja et al. São Paulo: RT, 1995.

Cervo, Amado Luiz; Bervian, Pedro Alcino. *Metodologia científica*. 3. ed. São Paulo: McGraw-Hill, 1983.

Chauí, Marilena. *Convite à filosofia*. São Paulo: Ática, 2005.

_____. *Cultura e democracia*: o discurso competente e outras falas. 7. ed. São Paulo: Cortez, 1997.

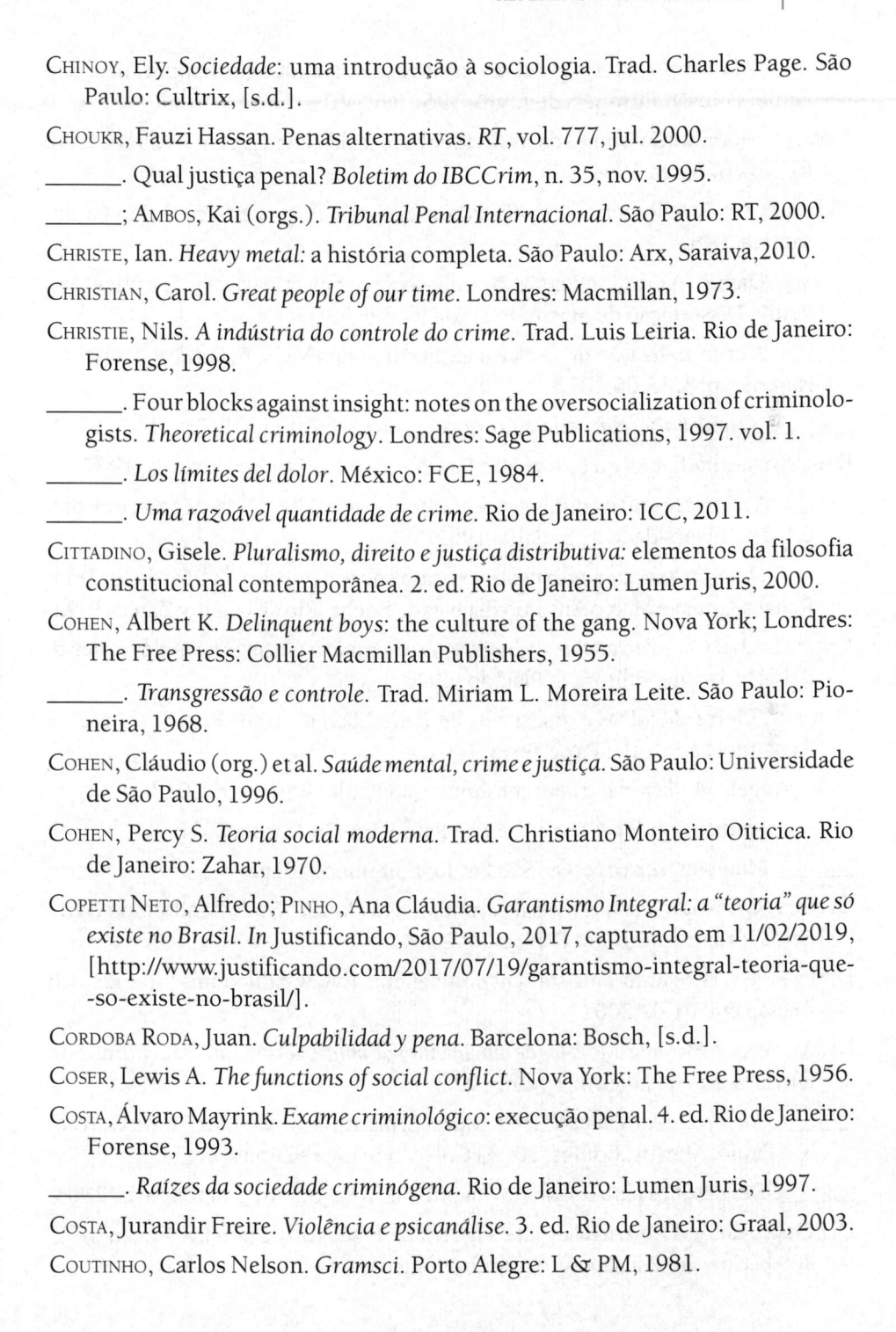

CHINOY, Ely. *Sociedade*: uma introdução à sociologia. Trad. Charles Page. São Paulo: Cultrix, [s.d.].

CHOUKR, Fauzi Hassan. Penas alternativas. *RT*, vol. 777, jul. 2000.

_____. Qual justiça penal? *Boletim do IBCCrim*, n. 35, nov. 1995.

_____; AMBOS, Kai (orgs.). *Tribunal Penal Internacional*. São Paulo: RT, 2000.

CHRISTE, Ian. *Heavy metal*: a história completa. São Paulo: Arx, Saraiva, 2010.

CHRISTIAN, Carol. *Great people of our time*. Londres: Macmillan, 1973.

CHRISTIE, Nils. *A indústria do controle do crime*. Trad. Luis Leiria. Rio de Janeiro: Forense, 1998.

_____. Four blocks against insight: notes on the oversocialization of criminologists. *Theoretical criminology*. Londres: Sage Publications, 1997. vol. 1.

_____. *Los límites del dolor*. México: FCE, 1984.

_____. *Uma razoável quantidade de crime*. Rio de Janeiro: ICC, 2011.

CITTADINO, Gisele. *Pluralismo, direito e justiça distributiva*: elementos da filosofia constitucional contemporânea. 2. ed. Rio de Janeiro: Lumen Juris, 2000.

COHEN, Albert K. *Delinquent boys*: the culture of the gang. Nova York; Londres: The Free Press: Collier Macmillan Publishers, 1955.

_____. *Transgressão e controle*. Trad. Miriam L. Moreira Leite. São Paulo: Pioneira, 1968.

COHEN, Cláudio (org.) et al. *Saúde mental, crime e justiça*. São Paulo: Universidade de São Paulo, 1996.

COHEN, Percy S. *Teoria social moderna*. Trad. Christiano Monteiro Oiticica. Rio de Janeiro: Zahar, 1970.

COPETTI NETO, Alfredo; PINHO, Ana Cláudia. *Garantismo Integral: a "teoria" que só existe no Brasil*. In Justificando, São Paulo, 2017, capturado em 11/02/2019, [http://www.justificando.com/2017/07/19/garantismo-integral-teoria-que-so-existe-no-brasil/].

CORDOBA RODA, Juan. *Culpabilidad y pena*. Barcelona: Bosch, [s.d.].

COSER, Lewis A. *The functions of social conflict*. Nova York: The Free Press, 1956.

COSTA, Álvaro Mayrink. *Exame criminológico*: execução penal. 4. ed. Rio de Janeiro: Forense, 1993.

_____. *Raízes da sociedade criminógena*. Rio de Janeiro: Lumen Juris, 1997.

COSTA, Jurandir Freire. *Violência e psicanálise*. 3. ed. Rio de Janeiro: Graal, 2003.

COUTINHO, Carlos Nelson. *Gramsci*. Porto Alegre: L & PM, 1981.

CROUZET, Maurice. *História geral das civilizações*: a época contemporânea. São Paulo: Difusão Européia do Livro, 1961. vol. VII.

CRUZ, José Raimundo Gomes da. Individualização da pena e garantias do acusado. *RT*, vol. 671, set. 1991.

CRUZ E TUCCI, José Rogério. *A motivação da sentença no processo civil*. São Paulo: Saraiva, 1987.

CYMROT, Danilo. A criminalização do funk sob a perspectiva da teoria crítica. São Paulo: Dissertação de mestrado ainda inédita, 2011.

_____. A criminalização do funk e o extermínio dos MCS. *Folha de S. Paulo*, 1.º caderno, p. 3, 13.06.2012.

_____. *O funk na batida: baile, rua e parlamento*. São Paulo, Edições SESC, 2022.

DAHRENDORF, Ralf. *A lei e a ordem*. São Paulo: Instituto Tancredo Neves, 1987.

_____. *As classes e seus conflitos na sociedade industrial*. Trad. José Viegas. Brasília: Ed. da Universidade de Brasília, 1982.

_____. *O conflito social moderno*: um ensaio sobre a política da liberdade. Trad. Renato Aguiar e Marco Antonio Esteves da Rocha. Rio de Janeiro: Zahar, 1992.

DARKE, Sacha. *Convívio e sobrevivência: coproduzindo a ordem prisional brasileira*. Belo Horizonte: Editora D`Plácido, 2020.

DARMON, Pierre. *Médicos e assassinos na Belle Époque*. Trad. Regina Grisse de Agostino. São Paulo: Paz e Terra, 1991.

DAVIS, Angela. *A liberdade é uma constante*. São Paulo: Boitempo, 2018.

_____. *Mulheres, cultura e política*. São Paulo: Ed. Boitempo, 2017.

_____. *Mulheres, raça e classe*. São Paulo: Boitempo, 2016.

DEBUYST, Christian. *Perspectivas de criminologia clínica*. Trad. Cândido da Agra. Belo Horizonte: Editora D`Plácido, 2018.

DELLA PORTA, Giovanni Battista. Disponível em: [www.galileo.imss.firenze.it.]. Acesso em: 01.02.2002.

DELMAS-MARTY, Mireille. *Modelos de movimentos de política criminal*. Trad. Edmundo Oliveira. Rio de Janeiro: Revan, 1992.

_____. *Por um Direito comum*. Trad. Maria Ermantina de Almeida Prado Galvão. São Paulo: Martins Fontes, 2004 (Coleção Justiça e Direito).

_____. *Três desafios para um direito mundial*. Rio de Janeiro: Lumen Juris, 2003.

DEL OLMO, Rosa. *A América Latina e sua criminologia*. Rio de Janeiro: Revan: ICC, 2004 (Coleção Pensamento Criminológico).

_____. *Criminología argentina*: apuntes para su reconstrucción histórica. Buenos Aires: Depalma, 1992.

DESCARTES, René. *Discurso do método*. Trad. João Cruz Costa. Rio de Janeiro: Edições de Ouro, [s.d.].

DETHLEFSEN, Thorwald. *Édipo*: o solucionador de enigmas. Trad. Zilda Hutchisnson Schild. São Paulo: Cultrix, [s.d.].

DIAS, Augusto Silva. Faz sentido punir o ritual do fanado? Reflexões sobre a punibilidade da excisão clitoriana. *Revista Portuguesa de Ciência Criminal*, n. 2, vol. 16, 2006.

DIAS, Camila Caldeira Nunes. *PCC*: hegemonia nas prisões e monopólio da violência. São Paulo:, Saraiva, 2013.

DIAS, Jorge Figueiredo. *Questões fundamentais do direito penal revisitadas*. São Paulo: RT, 1999.

_____; ANDRADE, Manuel da Costa. *Criminologia*: o homem delinqüente e a sociedade criminógena. Coimbra: Coimbra Ed., 1992.

DIETER, Maurício Stegemann. *Política criminal atuarial*. Rio de Janeiro: Revan, 2013.

DÍEZ RIPOLLÉS, José Luis. *El derecho penal simbólico y los efectos de la pena. Modernas tendencias en la ciencia del derecho penal y en la criminología*. Madri: Uned, 2001.

DI TULLIO, Benigno. *Trattato de antopologia criminale*: studio clinico e medico legale ad uso dei medici, dei giuristi e degli studenti. Roma: Criminalia, 1945.

DIMENSTEIN, Gilberto. Medellín passou de capital da violência a laboratório da paz. Disponível em: [www1.folha.uol.com.br/folha/dimenstein/colunas/gd161006a.htm]. Acesso em: 30.05.2008.

DONICCI, Virgílio. *A criminalidade no Brasil*: meio milênio de repressão. Rio de Janeiro: Forense, 1984.

_____. *A criminologia na administração da justiça criminal*. 2. ed. Rio de Janeiro: Forense, 1976.

DORADO MONTERO, Pedro. *Derecho protector de los criminales*. Madri: Victoriano Suarez, 1915.

DOTTI, René Ariel. A globalização e o direito penal. *Boletim do IBCCrim*, ano 7, n. 86, jan. 2000.

_____. *Curso de direito penal*: parte geral. Rio de Janeiro: Forense, 2001.

_____. *Reforma penal brasileira*. Rio de Janeiro: Forense, 1988.

DRAPKIN, Israel. *Criminología de la violencia*. Buenos Aires: Depalma, 1984.

_____. *Manual de criminologia*. Trad. Éster Kosovski. São Paulo: Bushatsky, 1978.

DURKHEIM, Émile. *As regras do método sociológico*. Trad. Margarida Garrido Esteves. São Paulo: Abril Cultural, 1978 (Coleção Os pensadores).

_____. *Da divisão do trabalho social*. Trad. Carlos Alberto Ribeiro Moura. São Paulo: Abril Cultural, 1978 (Coleção Os pensadores).

_____. *O suicídio*. Trad. Luz Cary et al. São Paulo: Abril Cultural, 1978 (Coleção Os pensadores).

EINDSTADTER, Werner; HENRY, Stuart. *The criminological theory*: an analysis of its underlying assumptions. Forth Worth: Harcout Brace College Publishers, 1995.

ELBERT, Carlos Alberto. *La criminología del siglo XXI en América Latina*. Buenos Aires: Rubinzal-Culzoni, 1999.

_____. *Manual básico de criminología*. Buenos Aires: Eudeba, 1998.

ELIAS, Norberto; SCOTSON, Jonh L. *Os estabelecidos e os outsiders*: sociologia das relações de poder a partir de uma pequena comunidade. Trad. Vera Ribeiro. Rio de Janeiro: Zahar, 2000.

ENDO, Paulo Cesar. *A violência no coração da cidade*: um estudo psicanalítico. São Paulo: Escuta/Fapesp, 2005.

ERIKSON, Kai T. *Wayward puritans*: a study in the sociology of deviance. Boston: Allyn & Bacon, 1966.

ESER, Albin et al. *De los delitos y las víctimas*. Buenos Aires: Ad-hoc, 1992.

_____. *Una justicia penal a la medida del ser humano en la época de la europeización y la globalización. Modernas tendencias en la ciencia del derecho penal y en la criminología*. Madri: Uned, 2001.

ESQUIROL, Jean Etienne Dominique. Disponível em: [www.drwebsa.com.ar]. Acesso em: 01.02.2002.

_____. Disponível em: [www.indiana.edu]. Acesso em: 01.02.2002.

EUFRASIO, Mário A. *Estrutura urbana e ecologia humana*: a escola sociológica de Chicago (1915-1940). São Paulo: Ed. 34, 1999.

FACINA, Adriana; BATISTA, Carlos Bruce (org.). *Tamborzão*: olhares sobre a criminalização do funk. Rio de Janeiro: ICC/Revan, 2013.

FARIAS JR., João. *Manual de criminologia*. 2. ed. Curitiba: Juruá, 1996.

FAUSTO, Boris. *Crime e cotidiano*: a criminalidade em São Paulo (1880-1924). São Paulo: Brasiliense, 1984.

_____. *O crime do restaurante chinês: carnaval, futebol e justiça na São Paulo dos anos 30*. São Paulo: Companhia das Letras, 2009.

FAVARETTO, Celso F. *Tropicália*: alegoria, alegria. São Paulo: Kairós, 1979.

FERENCZI, Sándor. *Psicanálise–IV*. Trad. Álvaro Cabral. São Paulo: Martins Fontes, 1992.

FERNANDES, Antonio Scarance. *O papel da vítima no processo criminal*. São Paulo: Malheiros, 1995.

FERNANDES, Newton; FERNANDES, Valter. *Criminologia integrada*. 2. ed. São Paulo: RT, 2002.

FERNANDEZ, Luis Diego. *Ensayos californianos:* Libertarismos e Contracultura. Buenos Aires: ISFRee, 2014.

FERRACUTI, Franco (org.). *Temas de criminologia*. Trad. Marie Madaleine Hutyra. São Paulo: Resenha Universitária Ed., 1975. vol. I.

FERRAJOLI, Luigi. *Democracia y garantismo*. Madrid: Ed. Trotta, 2010.

_____. *Garantismo:* una discussión sobre derecho y democracia. Madrid: Ed. Trotta, 2009.

FERRARI, Eduardo Reale. *Medidas de segurança e direito penal no Estado Democrático de Direito*. São Paulo: RT, 2001.

FERREIRA, Ivete Senise. *Tutela penal do patrimônio cultural*. São Paulo: RT, 1995.

FERREL, Jeff. *Crimes of style:* urban graffiti and the politics of criminality. New york: Garland, 1993.

_____. Cultural criminology: crime, meaning and power. *Revista Brasileira de Ciências Criminais*, n. 99, 2012.

_____. Tédio, crime e criminologia: um convite à criminologia cultural. *Revista Brasileira de Ciências Criminais*, n. 82, 2010.

_____. Urban graffiti: crime, control and resistence. *Youth and Society*, n. 27, 1995.

_____ et al. *Cultural criminology*. London: Sage, 2013.

_____; HAYWARD, Keith; YOUNG, Jock. Introducing cultural criminology. *Revista de Estudos Criminais*, n. 58, jul.-set. 2015.

_____; SANDERS, Clinton R. *Cultural criminology*. Boston: Northeastern University Press, 1995.

FERRI, Enrico. *O delito passional na sociedade contemporânea*. Campinas: LZN Editora, 2003.

_____. *Princípios de direito criminal*. Trad. Paolo Capitanio. Campinas: Bookseller, 1996.

_____. *Sociologia criminale*. 4. ed. Turim: Fratelli Bocca, 1900.

FILMER, Paul et al. *New directions in sociological theory*. Londres: Collier-Macmillan, 1972.

FOLHA DE SÃO PAULO. *O problema da violência está nas áreas metropolitanas*. Entrevista com Cláudio Beato. Cotidiano, p. 6, 05.03.2007.

FOUCAULT, Michel. *Eu, Piere Rivière, que degolei minha mãe, minha irmã e meu irmão*. Trad. Denize Lezan de Almeida. Rio de Janeiro: Graal, 1977.

_____. *Microfísica do poder*. Trad. Roberto Machado. Rio de Janeiro: Graal, 1979.

_____. *Vigiar e punir*: história da violência nas prisões. Trad. Ligia Pondé Vassalo. 3. ed. Petrópolis: Vozes, 1984.

FRANÇA, Leandro Ayres (coord.) *Atlas do Pensamento Criminológico Brasileiro*. São Paulo, Editora Blimunda, 2022.

FRANCO, Alberto Silva. *Crimes hediondos*: notas sobre a Lei 8.072/90. 3. ed. São Paulo: RT, 1994.

_____. Globalização e criminalidade dos poderosos. *Revista Brasileira de Ciências Criminais*, n. 31, jul.-set. 2000.

_____. *Temas de direito penal*: breves anotações sobre a Lei 7.209/84. São Paulo: Saraiva, 1986.

_____ et al. *O Código Penal e sua interpretação jurisprudencial*. 6. ed. São Paulo: RT, 1997. vol. 1, t. 1.

FREDERICO, Cláudio de Senna. *URBS*, n. 15, dez. 1999- jan. 2000.

FREITAS, Ricardo de Brito A. P. *Razão e sensibilidade*: fundamentos do direito penal moderno. São Paulo: Juarez de Oliveira, 2001.

FREITAS, Wagner Cinelli de Paula. *Espaço urbano e criminalidade*: lições da escola de Chicago. São Paulo: IBCCrim, 2002.

FREUD, Sigmund. *O mal-estar na civilização*. Trad. José Octávio de Aguiar Abreu. Rio de Janeiro: Imago, 1997.

_____. Psicanálise – IV. *Obras completas*. São Paulo: Martins Fontes, 1992.

_____. Psicología de las masas y análisis del yo. *Obras completas*. Biblioteca Nueva, 1973. t. III.

FRIEDAN, Betty. *The feminine mystique*. Nova York: W. W. Norton, 1963.

FURQUIM, Saulo Ramos. *A criminologia cultural e a criminalização cultural periférica*. Rio de Janeiro: Lumen Juris, 2016.

FURTADO, Celso. *Formação econômica do Brasil*. São Paulo: Nacional/Publifolha, 2000.

Fuziger, Rodrigo José. *Ao arbítrio de Ananke*: por uma revisão do conceito de autodeterminação no direito penal. São Paulo: tese inédita, 2018

Galeano, Eduardo. *El libro de los abrazos*. Buenos Aires: Catálogos, 1996.

Gall, Franz Joseph. Disponível em: [http://artsci.wustl.edu]. Acesso em: 01.02.2002.

_____. Disponível em: [www.epub.org.br]. Acesso em: 01.02.2002.

Galperin, I. M. *La sanción*: funciones sociales y práctica de su aplicación. La Habana: Editorial de Ciencias Sociales, 1988.

García Andrade, José Antonio. La xenofobia y el crimen. *Cuadernos de Política Criminal*, Madrid, n. 54, 1994.

Garcia-Cervigón, Josefina Garcia. La mutilación genital femenina en el ordenamiento jurídico. *Revista de Derecho Penal, Procesal Penal y Penitenciario*, n. 78, 2010.

Garland, David. *Punishment and modern society*: a study in social theory. Chicago: The University of Chicago Press, 1990.

_____. *The culture of control*: crime and social order in contemporary society. Chicago: The University of Chicago Press, 2002.

Garofalo, Raffaele. *Criminologie*. Trad. Felix Alcan. Paris: Alcan, 1888.

_____. *La criminología*: estudio sobre el delito y la teoría de la represión. Montevidéu; Buenos Aires: Editorial B de F, 2005.

Garrido, Vicente et al. *Principios de criminología*. 2. ed. Valencia: Tirant lo Blanch, 2001.

Gauer, Gabriel J. Chittó; Gauer, Ruth M. Chittó (org.). *A fenomenologia da violência*. Curitiba: Juruá, 1999.

Giannini, Maria Cristina. Economia e criminalidade. *Temas de criminologia*. São Paulo: Resenha Universitária, 1975. vol. I.

Giorgi, Alessandro de. *A miséria governada através do sistema penal*. Trad. Sérgio Lamarrão. Rio de Janeiro: Revan: ICC, 2006 (Coleção Pensamento Criminológico).

Gil, Gilberto. Punk da periferia. *Todas as letras*. São Paulo: Cia. das Letras, 1996.

Gimbernat Ordeig, Enrique. *Conceito e método da ciência do direito penal*. Trad. José Carlos Gobbis Pagliuca. São Paulo: RT, 2002. vol. 9.

Goés, Luciano. *A "tradução" de Lombroso na obra de Nina Rodrigues*: o racismo como base estruturante da criminologia brasileira. Rio de Janeiro:, Ed. Revan, 2016.

GOFFMAN, Erving. *Estigma*: notas sobre a manipulação da identidade deteriorada. 4. ed. Trad. Márcia Bandeira M. L. Nunes. Rio de Janeiro: Guanabara, 1988.

_____. *Manicômios, prisões e conventos*. Trad. Dante Moreira Leite. São Paulo: Perspectiva, 1996.

_____. *A representação do eu na vida cotidiana*. Trad. Maria Célia Santos Raposo. 8. ed. Petrópolis: Vozes, 1999.

GOIFMAN, Kiko. *Valetes em* slow motion. Campinas: Ed. da Unicamp, 1998.

GOMES, Joaquim P. Barbosa. *Ação afirmativa e princípio constitucional da igualdade*: o direito como instrumento de transformação social: a experiência dos EUA. Rio de Janeiro: Renovar, 2001.

GOMES, Luiz Flávio. *Penas e medidas alternativas à prisão*. 1. ed. São Paulo: RT, 1999.

_____. *Suspensão condicional do processo penal*. São Paulo: RT, 1995.

_____; GARCÍA-PABLOS DE MOLINA, Antonio. *Criminologia*. 3. ed. São Paulo: RT, 2000.

_____ et al. *Juizados especiais criminais*: comentários à Lei 9.099/95. 3. ed. São Paulo: RT, 2000.

_____. *Beccaria (250 anos) e o drama do castigo penal*: civilização ou barbárie? São Paulo: Saraiva, 2014.

GOVERNO prevê lazer para coibir crime. *Folha de S. Paulo*. 3. caderno, p. 5, 05.02.2000.

GOSTINSKI, Aline; MARTINS, Fernanda. *Estudos Feministas por um direito menos machista*. Florianópolis, Empório do Direito, 2016.

GOSTINSKI, Aline; MARTINS, Fernanda. *Estudos Feministas por um direito menos machista*. Vol. II, Florianópolis, Empório do Direito, 2017.

GREER, Desmond. *Compensating crime victims*. Strafrecht: Iuscrim, 1996.

GUIMARÃES, Antonio Sérgio Alfredo. *Racismo e anti-racismo no Brasil*. São Paulo: Ed. 34, 1999.

HALL, Stuart. *A identidade cultural na pós-modernidade*. Rio de Janeiro: D P & A Editora, 1998.

HARARI, Yuval Noah. *Sapiens*: uma breve história da humanidade. 25.ª ed., São Paulo: L&PM, 2017.

HASSEMER, Winfried. *Três temas de direito penal*. Porto Alegre: AMP: Escola Superior do Ministério Público, 1993.

_____; MUÑOZ CONDE, Francisco. *Introducción a la criminología y al derecho penal*. Valencia: Tirant lo Blanch, 1989.

HERINGER, Rosana. Addressing race inequalities in Brazil: lessons from the United States. *Working Paper Series*, n. 237, The Latin American Program, Washington, Woodrow Wilson International Center for Scholars, 1999.

_____. *Desigualdades raciais, políticas anti-discriminatórias e ação afirmativa no Brasil*. Trabalho apresentado no XXIII Encontro Anual da Anpocs, 1999.

HERIVEL, Tara. *Quem lucra com as prisões*: o negócio do grande encarceramento. Rio de Janeiro: Revan, 2013.

HERNANDEZ, Héctor H. *El garantismo abolicionista*. Madrid: Marcial Pons, 2013.

HERRERA MORENO, Myriam. Multiculturalismo y tutela penal: a propósito de la problemática sobre la mutilación genital feminina. *Revista de Derecho Penal y Proceso Penal*, n. 6, 2006.

HERRERO HERRERO, Cesar. *Criminología*: parte general y especial. Madrid: Dykinson, 1997.

HIPÓCRATES. *Conhecer, cuidar, amar*: o juramento e outros textos. Trad. Dunia Marino Silva. São Paulo: Landy Editora, 2001.

HOBSBAWM, E. J. *Bandidos*. Trad. Donaldson Magalhães Garschagen. Rio de Janeiro: Forense Universitária, [s.d.].

HOCQUART, Edouard. *O Lavater das senhoras*: ou a arte de conhecer as mulheres pela sua fisionomia. São Paulo: Imprensa Oficial, 2010.

HOLLANDA, Heloisa B.; GONÇALVES, Marcos A. *Cultura e participação nos anos 60*. São Paulo: Brasiliense, 1982.

HOOKS, Bell. *Teoria feminista: da margem ao centro*. São Paulo: Perspectiva, 2019.

HOPE, R. A et al. *Oxford handbook of clinical medicine*. Oxford; Nova York; Tóquio: Oxford University Press, 1998.

HÜGEL, Carlos Rodolfo. *La política de drogas y el paradigma de enfermedad*. Buenos Aires: Depalma, 1997.

HULSMAN, Louk. Descriminalização. *Revista de Direito Penal*, n. 7, 1973.

_____. *Pensar en clave abolicionista*. Trad. Alejandra Vallespir. Buenos Aires: Cinap, 1997.

_____; CELIS, J. Bernat. *Sistema penal y seguridad ciudadana*: hacia una alternativa. Barcelona: Ariel, 1984.

HUSAK, Douglas. *Sobrecriminalización*: los limites del derecho penal. Madrid: Marcial Pons, 2013.

INGENIEROS, José. *Criminologia*. Trad. Haeckel de Lemos. 2. ed. Rio de Janeiro: Livraria Jacynto, 1934.

JAPIASSÚ, Carlos Eduardo Adriano. *O Tribunal Penal Internacional*: a internacionalização do Direito Penal. Rio de Janeiro: Lumen Juris, 2004.

JAKOBS, Günther; CANCIO MELIÁ, Manuel. *Direito penal do inimigo:* noções e críticas. 2. ed. Trad. e org. André Luíz Callegari e Nereu José Giacomolli. Porto Alegre: Livraria do Advogado, 2007.

JEFFERY, C. P. Criminology as an interdisciplinary behavioral science. *Criminology*, n. 16, 1978.

JESCHECK, Hans-Heinrich. *Tratado de derecho penal*: parte general. Trad. José Luiz Manzanares Samaniego. Granada: Comares, 1993.

JESUS, Damásio Evangelista de. *Direito penal*: parte geral. 15. ed. São Paulo: Saraiva, 1991. vol. 1.

_____. *Penas alternativas:* anotações à Lei 9.714, de 25 de novembro de 1988. São Paulo: Saraiva, 1999.

JEUDY, Henri-Pierre. *Espelho das cidades.* Trad. Rejane Janowitzer. Rio de Janeiro: Casa da Palavra, 2005.

JUNG, Carl Gustav. *Psicologia do inconsciente*. Trad. Maria Luiza Appy. Petrópolis: Vozes, 1987.

KAHN, Tulio. *Cidades blindadas*: ensaio de criminologia. São Paulo: Conjuntura, 2001.

_____. *Ensaio sobre o racismo*: manifestações modernas de preconceito na sociedade brasileira. São Paulo: Conjuntura, 1999.

_____. Metodologia para a construção de um índice de criminalidade. *Revista do Ilanud*, n. 2, São Paulo, Ilanud, 1997.

_____. Pesquisas de vitimização. *Revista do Ilanud*, n. 10, São Paulo, Ilanud, 1998.

KARAM, Maria Lúcia. *Dos crimes, penas e fantasias.* 2. ed. Niterói: Luam, 1993.

KOERNER, Andrei. O debate sobre a reforma judiciária. *Novos Estudos – Cebrap*, n. 54, jul. 1999.

KOSOVSKI, Ester (org.). *Vitimologia*: enfoque interdisciplinar. Rio de Janeiro: Sociedade Brasileira de Vitimologia, 1991.

_____. _____. Rio de Janeiro: Sociedade Brasileira de Vitimologia, 1993.

_____; PIEDADE JR., Heitor. *Temas de vitimologia II.* Rio de Janeiro: Lumen Juris, 2001.

_____; SÉGUIN, Elida (org.). *Temas de vitimologia.* Rio de Janeiro: Lumen Juris, 2000.

LACASSAGNE, Alexandre. Disponível em: [www.mdpd.com]. Acesso em: 01.02.2002.

_____. Disponível em: [www.perso.wanadoo.fr]. Acesso em: 01.02.2002.

LANDROVE DÍAZ, Gerardo. *Victimología*. Valencia: Tirant lo Blanch, 1990.

LANGON CUÑARRO, Miguel. *Criminología*: factores individuales de la criminalidad. Montevideo: Fundación de Cultura Universitaria, 1991.

_____. *Criminología:* historia y doctrinas. Montevideo: Ediciones Jurídicas, 1981.

LARRAURI, Elena. *La herencia de la criminología crítica*. Madrid: Siglo XXI, 1991.

_____ (org.). *Mujeres, derecho penal y criminología*. Madri: Siglo XXI, 1994.

_____; CID MOLINÉ, José. *Teorías criminológicas*: explicación y prevención de la delincuencia. Madrid: Bosch, 2001.

LAVATER, Jonh Caspar. Disponível em: [www.newcastle.edu.au]. Acesso em: 31.01.2002.

LEA, John; YOUNG, Jock. *What is to be done about law and order*. Londres: Penguin Books, 1986.

LEAL, Jackson da Silva. *Criminologia da libertação:* a construção da criminologia crítica latino-americana como teoria crítica do controle social e a contribuição desde o Brasil. Belo Horizonte: D'Plácido, 2017.

LEARY, Thimoty. The effects of consciousness expanding drugs in prisoner rehabilitation. *Psychodelic Review*, vol. 10, 1969.

_____. *Flashbacks*: surfando no caos. Trad. Hélio Melo. São Paulo: Beca, 1999.

LE GOFF, Jacques. *Por amor às cidades*. São Paulo: Ed. Unesp, 1998.

LEITÃO, Helena Martins. A mutilação genital feminina à luz do direito penal português. *Revista do Ministério Público Português*, n.º 136, 2013.

LEMERT, Edwin M. *Human deviance, social problems, and social control*. Londres: Prentice-Hall International, 1967.

LEMGRUBER, Julita. *Cemitério dos vivos*: análise sociológica de uma prisão de mulheres. Rio de Janeiro: Forense, 1999.

LEWIS, Sinclair. *Não vai acontecer aqui*. Trad. Cássio de Arantes Leite. Rio de Janeiro: Ed. Alfaguara, 2017.

LILLY, J. Robert et al. *Criminological theory*: context and consequences. 2. ed. Londres: Sage Publications, 1995.

LIMA, Emanuel Fonseca; Watson, Carmen Soledad Aurazo (orgs.). *Identidade e Diversidade cultural na América Latina*. Porto Alegre: Editora Fi, 2017.

LIMA, Renato Sérgio de et al. Raça e gênero no funcionamento da justiça criminal. *Boletim do IBCCrim*, n. 125, abr. 2003.

LOMBROSO, Cesare. *L'uomo delinquente*. 5. ed. Torino: Fratelli Bocca, 1896.

_____; FERRERO, G. *La donna delinquente*: la prostituta e la donna normale. 3. ed. Torino: Fratelli Bocca, 1915.

LOMBROSO, Gina. *Vida de Lombroso*. Cidade do México: Inacipe, 2009.

LUHMANN, Niklas. *Sociologia do direito – I*. Trad. Gustavo Bayer. Rio de Janeiro: Tempo Brasileiro, 1983.

_____. *Sociologia do direito – II*. Trad. Gustavo Bayer. Rio de Janeiro: Tempo Brasileiro, 1983.

LUTHER KING, Martin. *Marcha sobre Washington*. Disponível em: [www.imn.com.br].

LYRA, Roberto. *Criminologia*. Rio de Janeiro: Distribuidora Récord, 1961.

_____. *Direito penal científico*. 2. ed. Rio de Janeiro: Konfino, 1977.

_____. *Introdução do estudo do direito criminal*. Rio de Janeiro: Nacional de Direito, 1946.

_____. *A obra de Sylvio Romero em criminologia e direito criminal*. Rio de Janeiro: Nacional de Direito, 1951.

_____. *Polícia e justiça para o amor!*: criminalidade artística e passional. Rio de Janeiro: S. A. A. Noite, [s.d.].

_____; ARAÚJO JR., João Marcelo. *Criminologia*. 2. ed. Rio de Janeiro: Forense, 1990.

MACHADO, Fábio Guedes de Paula. *Prescrição penal*: prescrição funcionalista. São Paulo: RT, 2000.

MACHADO DE ASSIS. *Esaú e Jacó*. São Paulo: Círculo do Livro, [s.d.].

_____. *O alienista*. São Paulo: Scipione, 1994.

MAIEROVITCH, Walter Fanganiello (org.) et al. *Política criminal*: semana João Mendes Jr. de Direito Criminal. São Paulo: Usina, 1993.

MAILLARD, Jean de. *Crimes e leis*. São Paulo: Instituto Piaget, 1994.

MALAMUD GOTI, Jaime. *Política criminal de la empresa*: cuestiones – Alternativas. Buenos Aires: Hammurabi, 1983.

MALCOLM, Janet. *O jornalista e o assassino*: uma questão ética. Trad. Tomás Rosa Bueno. São Paulo: Cia. das Letras, 1993.

MALINOWSKI, Bronislaw. *Crime e costume na sociedade selvagem*. Trad. Maria Clara Corrêa Dias. Brasília: Ed. UNB, 2002.

MANNHEIM, Hermann. *Criminologia comparada*. Trad. J. F. Faria Costa e M. Costa Andrade. Lisboa: Fundação Calouste Gulbenkian, 1984. vol. I.

_____. *Criminologia comparada*. Trad. J. F. Faria Costa e M. Costa Andrade. Lisboa: Fundação Calouste Gulbenkian, 1984. vol. II.

MANTOVANI, Fernando. *El siglo XIX y las ciencias criminales*. Bogotá: Temis, 1998.

MARÇAL, Rosimeyre. *Controle social em assentamentos rurais*: análise de três casos. Trabalho inédito, São Paulo, 2004.

MARCUSE, Herbert. *A grande recusa de hoje*. Trad. Isabel Loureiro. Petrópolis: Vozes, 1999.

_____. *A ideologia da sociedade industrial*: o homem unidimensional. 6. ed. Rio de Janeiro: Zahar, 1982.

_____. *One-dimensional man*: the ideology of industrial society. Londres: Routledge & Kegan Paul, 1964.

MAROTTA, Gemma. La prevenzione della criminalità attraverso le strutture urbanistiche. *Criminologia e società*. Milão: Giuffrè, 1987. vol. 4.

MARTÍNEZ, Felipe. *Otro enfoque sobre el castigo*: análisis de las "instituciones totales" encargadas de la pena privativa de libertad desde la perspectiva de Erving Goffman. In: RIVERA BEIRAS, Iñaki (org.). *Mitologías y discursos sobre el castigo*: historia del presente y posibles escenarios. Barcelona: Anthropos: OSPDH: Universitat de Barcelona, 2004.

MARTÍNEZ SÁNCHES, Mauricio. *La abolición del sistema penal*: inconvenientes en Lationomérica. Bogotá: Temis, 1990.

_____. *¿Qué pasa en la criminología moderna?* Bogotá: Temis, 1990.

MARTINS, Sérgio Mazina. Unificação de penas pela continuidade delitiva. *Revista Brasileira de Ciências Criminais*, vol. 18, abr.-jun. 1997.

MARX, Karl. Crítica ao programa de Gotha. *Obras escolhidas*. São Paulo: Alfa-Omega, [s.d.]. vol. 2.

_____. A ideologia alemã. *Obras escolhidas*. São Paulo: Alfa-Omega, [s.d.]. vol. 3.

_____. *A liberdade de imprensa*. Trad. Cláudia Schilling e José Fonseca. Porto Alegre: L&PM, 2000.

_____. Manifesto do Partido Comunista. *Obras escolhidas*. São Paulo: Alfa-Omega, [s.d.]. vol. 3.

_____. Teses sobre Feuerbach. *Obras escolhidas*. São Paulo: Alfa-Omega, [s.d.]. vol. 3.

MASIERO, Clara Moura. Criminologias queer in *Criminologias Alternativas*. Porto Alegre: Canal Ciências Criminais, 2017.

MATHIENSEN, Thomas. A caminho do século XXI – Abolição de um sonho impossível? *Conversações abolicionistas*: uma crítica do sistema penal e da sociedade punitiva. São Paulo: IBCCrim, 1996.

_____. *Perché il cárcere?* Torino: Gruppo Abele, 1996.

_____. *The politics of abolition*: essays in political action theory. Oslo: Universitetsforlaget, 1974.

MBEMBE, Achille. *Necropolítica*, São Paulo: N-1 Edições, 2018.

MCKENZIE, Roderick D. Matéria-objeto da ecologia humana. *Estudos de ecologia humana*. Trad. Olga Dória. São Paulo: Livraria Martins, 1948.

MELLO, Tiago. *Poesias comprometidas com a minha e a tua vida*: pequena história natural do homem no fim que vem vindo do século vinte. 6. ed. Rio de Janeiro: Civilização Brasileira, [s.d.].

MELOSSI, Dario. A imigração e a construção de uma democracia européia. *Discursos Sediciosos: Crime, Direito e Sociedade*, n. 11, 1.º semestre 2002.

_____; PAVARINI, Massimo. *Cárcere e fábrica*: as origens do sistema penitenciário (séculos XVI – XIX). Trad. Sérgio Lamarrão. Rio de Janeiro: Revan: ICC, 2006 (Coleção Pensamento Criminológico).

MEREJE, Rodrigues. *Princípios de criminologia*. São Paulo: Bentivegna, 1989.

MENDES, Soraia da Rosa. *Criminologia feminista: novos paradigmas*. 2ª ed, São Paulo: Saraiva, 2017.

_____. *Processo penal feminista*. São Paulo: Atlas, 2020.

MERTON, Robert. *Social theory and social structure*. Nova York: The Free Press, 1968.

MESSUTI, Ana (org.). *Perspectivas criminológicas*: en el umbral del tercer milenio. Montevidéu: Fundación de Cultura Universitaria, 1998.

MIDDENDORFF, Wolf. *Teoría y práctica de la prognosis criminal*. Trad. José Maria Rodríguez Devesa. Madri: Espasa-Calpe, 1970.

MINGARDI, Guaracy. Estudo desvincula tráfico da violência. *Folha de S. Paulo*, Cotidiano, p. 1, 12.06.1998.

_____. *Tiras, gansos e trutas*: Segurança Pública e Polícia Civil em São Paulo. Porto Alegre: Corag, [s.d.] (Coleção Estado e Sociedade).

MINHOTO, Laurindo Dias. *Privatização de presídios e criminalidade*: a gestão da violência no capitalismo global. São Paulo: Max Limonad, 2000.

MIRABETE, Julio Fabbrini. *Manual de direito penal*. 12. ed. São Paulo: Atlas, 1997. vol. 1.

MIRANDA, Carlos Alberto Cunha. Saberes e práticas do movimento eugênico no Brasil: uma busca pela regeneração integral da natureza humana. *Eugenia e história*: ciência, educação e regionalidades. São Paulo, Museu histórico, 2013.

MIRANDA ROSA, F. A. de. *Criminalidade e violência global*. Rio de Janeiro: Lumen Juris, 2003.

Monclús Masó, Marta. La sociología del castigo en Émile Durkheim y la influencia del funcionalismo en las ciencias penales. In: Rivera Beiras, Iñaki (org.). *Mitologías y discursos sobre el castigo:* historia del presente y posibles escenarios. Barcelona: Anthropos: OSPDH: Universitat de Barcelona, 2004.

Monteiro, Ana Victória Vieira Martins. *Agricultura urbana e peri-urbana*: questões e perspectivas. Trabalho inédito apresentado no I Seminário "A Agricultura urbana e Peri-Urbana da Região Metropolitana de São Paulo: como instrumento de Inclusão Social", em 02.08.2002.

Morillas Cueva, Lorenzo. *Metodología y ciencia penal*. Granada: Universidad de Granada, 1990.

Morris, Norval; Rothman, David J. *Oxford history of the prison*. Oxford: Oxford University Press, 1995.

Mota, André; Marinho, Maria Gabriela S. M. C. (Org.). *Eugenia e história*: ciência, educação e regionalidades. São Paulo, Museu histórico, 2013.

Motta, Cândido. *Classificação dos criminosos*: introdução ao estudo do direito penal. São Paulo: J. Rossetti, 1925.

Mowrer, Ernest R. Ecologia da vida familiar. *Estudos de ecologia humana*. Trad. Mauro Brandão Lopes. São Paulo: Livraria Martins, 1948.

Muñoz Conde, Francisco. *Edmundo Mezger e o direito penal de seu tempo:* estudos sobre o direito penal no nacional-socialismo. Trad. Paulo César Busato. Rio de Janeiro: Ed. Lúmen Júris, 2005.

Nazário, Ana Luiza Teixeira; RIGON, Bruno Silveira (coord.). *Criminologia e Música Brasileira*. Porto Alegre: Canal Ciências Criminais, 2020.

Neuman, Elías. *La legalización de las drogas*. 2. ed. Buenos Aires: Depalma, 1997.

_____ et al. *Victimología*. Montevidéu: Fundación de Cultura Universitaria, 1998.

Newman, Oscar. *Defensible space*. Nova York: McMillan, 1973.

Nina Rodrigues, Raimundo. *As raças humanas e a responsabilidade penal no Brasil*. 3. ed. São Paulo/Rio de Janeiro/Recife/Porto Alegre: Nacional, 1938.

Novaes, Tereza. O abismo entre os padrões de vida que existem em São Paulo. *Folha de S. Paulo*, Folhateen, p. 11, 13.08.1999.

Oliveira, Ana Sofia Schmidt. *A vítima e o direito penal*. São Paulo: RT, 1999.

Oliveira, Edmundo. *Vitimologia e direito penal*: o crime precipitado pela vítima. 2. ed. Rio de Janeiro: Forense, 2001.

_____. *Política criminal e alternativas à prisão*. Rio de Janeiro: Forense, 1997.

O'MALLEY, Pat. *Criminologia e governamentalidade*. Florianópolis: Empório do Direito, 2017.

ORTIZ, Renato. *Pierre Bourdieu*. São Paulo: Ática, [s.d.] (Coleção Grandes cientistas sociais).

OUTHWAITE, William; BOTTOMORE, Tom. *Dicionário do pensamento social do século XX*. Trad. Renato Lessa. Rio de Janeiro: Zahar, 1996.

PANDOLFI, Dulce Chaves et al. (org.). *Cidadania, justiça e violência*. Rio de Janeiro: Getúlio Vargas, 1999.

PARK, Robert Ezra. A cidade: sugestões para a investigação do comportamento humano. *O fenômeno humano*. Trad. de Sérgio Magalhães Santeiro. Rio de Janeiro: Zahar, 1967.

PARSONS, Talcott. Age and sex in the social structure of the United States. *Essays in sociological theory, pure and applied*. Illinois: The Free Press, 1949.

_____. *A estrutura da ação social: um estudo de teoria social com especial referência a um grupo de autores europeus recentes*.vols. I e II. Petrópolis: Vozes, 2010.

_____. Social classes and class conflict in the light of recent sociological theory. In: TUNSTALL, Jeremy. *Sociological perspectives*. Middleses: Peguin Books, 1971.

PASSETTI, Edson (org.). *Curso livre de abolicionismo penal*. Rio de Janeiro: Revan, 2004.

PASSOS, Paulo Roberto da Silva. *Elementos de criminologia e política criminal*. Bauru-SP: Edipro, 1994.

PAVARINI, Massimo. *Castigar al enemigo: criminalidad, exclusión e inseguridad*. Quito: FLACSO, 2009.

_____. *Control y dominación*: teorías criminológicas burguesas y proyecto hegemónico. Trad. Ignácio Muñagorri. México: Siglo Veintiuno, 1980.

_____. *Los confines de la cárcel*. Montevidéu: Carlos Alvarez, 1995.

PEIXOTO, Afrânio. *Criminologia*. 3. ed. São Paulo: Nacional, 1936.

PELLETIER, Jean; DELFANTE, Charles. *Cidades e urbanismo no mundo*. Trad. Sylvie Canape. Lisboa: Instituto Piaget, [s.d.] (Coleção O Homem e a Cidade).

PELLEGRINO, Laercio. *Vitimologia*: história, teoria, prática e jurisprudência. Rio de Janeiro: Forense, 1987.

PEÑARANDA RAMOS, Enrique et al. *Um novo sistema do direito penal*: considerações sobre a teoria de Günther Jakobs. Trad. André Luís Callegari e Nereu José Giacomolli. Barueri, SP: Manole, 2003.

PEREIRA, Carlos Alberto M. *O que é contracultura?* São Paulo: Nova Cultural: Brasiliense, 1986.

PEREIRA, Flávia Goulart. *Os reflexos da teoria da rotulação social no ordenamento positivo brasileiro*. Trabalho inédito, São Paulo, 2002.

PESAVENTO, Sandra Jatahy. *Visões do cárcere*. Porto Alegre: Ed. Zouk, 2009.

PESSOTTI, Isaias. *A loucura e as épocas*. Rio de Janeiro: Ed. 34, 1994.

_____. *O século dos manicômios*. Rio de Janeiro: Ed. 34, 1996.

PEZZIN, Liliana E. *Criminalidade urbana e crise econômica*: o caso de São Paulo. São Paulo: IPE: USP, 1986.

PIEDADE JR., Heitor (org.) et al. *Vitimologia em debate – II*. Rio de Janeiro: Lumen Juris, 1997.

_____. *Vitimologia*: evolução no tempo e no espaço. Rio de Janeiro: Freitas Bastos, 1993.

PIERANGELI, José Henrique; ZAFFARONI, Eugenio Raúl. *Manual de direito penal brasileiro*: parte geral. 3. ed. São Paulo: RT, 2001.

PIERSON, Donald (org.). *Estudos de ecologia humana*. São Paulo: Martins, 1948. t. I.

_____. *Teoria e pesquisa em sociologia*. São Paulo: Melhoramentos, 1962.

_____. Um estudo comparativo em São Paulo. *Revista do Arquivo Municipal*, ano VII, vol. LXXXII, [s.d.].

PIMENTEL, Manoel Pedro. Breves notas para a história da criminologia no Brasil. *Ciência Penal*, ano V, n. 2, 1979.

_____. *O crime e a pena na atualidade*. São Paulo: RT, 1983.

PINEL, Philippe. Disponível em: [www.whonamedit.com]. Acesso em: 01.02.2002.

PINEZI, Ana Keila Mosca. Infanticídio indígena, relativismo cultural e direitos humanos: elementos para reflexão. *Revista Aurora*, n. 8, PUC-SP, 2008.

PINHEIRO, Geraldo Faria Lemos; RIBEIRO, Dorival. *Código de Trânsito Brasileiro interpretado*. 2. ed. São Paulo: Juarez de Oliveira, 2001.

PINHEIRO, Paulo Sérgio et al. *São Paulo sem medo*: um diagnóstico da violência urbana. Rio de Janeiro: Garamond, 1998.

PIRES, Guilherme Moreira; CORDEIRO, Patrícia. *Abolicionismos e cultura libertária*. Florianópolis: Empório do Direito, 2017.

PLATT, Tony. Perspectivas para uma criminologia radical nos EUA. *Criminologia crítica*. Trad. Juarez Cirino dos Santos e Sérgio Tacredo. Rio de Janeiro: Graal, 1980.

Policiamento comunitário: experiências no Brasil 2000-2002. São Paulo: Página Viva, 2002.

PONTI, Gianluigi. A vítima. Uma dívida a ser paga. In: ZOMER, Ana Paula (org.). *Ensaios criminológicos*. São Paulo: IBCCrim, 2002.

PORTELLI, Hugues. *Gramsci e o bloco histórico*. Trad. Angelina Peralva. Rio de Janeiro: Paz e Terra, 1977.

PRADO JR., Caio. *Esboço dos fundamentos da teoria econômica*. 3. ed. São Paulo: Brasiliense, 1961.

PRADO, Luiz Regis. *Bem jurídico-penal e Constituição*. São Paulo: RT, 1996.

_____. *Curso de direito penal brasileiro*: parte geral. São Paulo: RT, 2002. vol. 1.

PREUSSLER, Gustavo de Souza. *Criminologias do conflito*. Curitiba: Íthala, 2015.

PRIDDLE, Jacqueline. *Discuss and illustrate the main changes in youth subcultures over the last twenty year*. Illustrate with particular reference to two examples. Disponível em: [www.arasite.org]. Acesso em: 19.01.2002.

PRIOR, Tamires. Contra a decadência: o mito da virtude eugênica. *Eugenia e história*: ciência, educação e regionalidades. São Paulo, Museu histórico, 2013.

PROGRAMAS SOCIAIS da Prefeitura de São Paulo: avaliação preliminar. Documento da Secretaria Municipal do Desenvolvimento, Trabalho e Solidariedade, jul. 2002.

QUEIROZ, José J. (org.). *As prisões, os jovens e o povo*. São Paulo: Paulinas, 1985.

QUETELET, Adolphe. Disponível em: [www.tdl.edu.au]. Acesso em: 01.02.2002.

QUINNEY, Richard. Classe, *Estado e crime*. Curitiba: Íthala, 2016.

RADBRUCH, Gustavo; GWINNER, Enrique. *Historia de la criminalidad*: ensayo de una criminología histórica. Barcelona: Bosch, 1955.

RAFTER, Nicole. *The criminal brain: understanding biological theories of crime*. New York: New York University Press, 2008.

RAMOS, Silvia; PAIVA, Anabela. *Mídia e violencia*: novas tendências na cobertura da criminalidade e segurança no Brasil. Rio de Janeiro: IUPERJ, 2007.

RANCIÈRE, Jacques. O dissenso. *Crise da razão*. São Paulo: Cia. das Letras, 1999.

RAUTER, Cristina. *Criminologia e subjetividade no Brasil*. Rio de Janeiro: Revan: ICC, 2003 (Coleção Pensamento Criminológico).

REALE JR., Miguel. A lei penal do mínimo esforço. *Folha de S. Paulo*, Seção Tendências/Debates, 02.12.1998.

_____. *Instituições de direito penal*. Rio de Janeiro: Forense, 2002.

_____. *Juizados especiais criminais*: interpretação e crítica. São Paulo: Malheiros, 1997.

REICH, Wilhelm. *Psicologia de massa do fascismo*. São Paulo: Martins Fontes, 1988.

RESTEN, René. *Caracterología del criminal*. Trad. Ramón Meseguer. Barcelona: Ed. Luis Miracle, 1963.

REYES ECHANDÍA, Alfonso. *Criminología*. Bogotá: Temis, 1996.

RESENDE, Beatriz (org.). *Cocaína*: literatura e outros companheiros de ilusão. Rio de Janeiro: Casa da Palavra, 2006.

RIBEIRO, Djamila. *Quem tem medo do feminismo negro?* São Paulo, Cia das Letras, 2018.

_____. *O que é lugar de fala?* São Paulo, Ed. Letramento, 2017.

RIBEIRO, Dorival. *Código de Trânsito Brasileiro interpretado*. 2. ed. São Paulo: Juarez de Oliveira, 2001.

RIBEIRO, Maurides de Melo; SEIBEL, Sérgio Dário (org.). *Drogas*: hegemonia do cinismo. São Paulo: Fundação Memorial da América Latina, 1997.

RIERA ENCINOZA, Argenis. El movimiento radical de Berkeley: un ejemplo de teoría y praxis criminológicas. *Capítulo Criminológico, Revista de las Disciplinas del Control Social*, n. 9-10, 1981-1982.

RIVERA BEIRAS, Iñaki (org.). *Mitologías y discursos sobre el castigo*: historias del presente y posibles escenarios. Barcelona: Anthropos: OSPDH: Universitat de Barcelona, 2004.

_____. *La cuestión carcelaria*: historia, epistemología, derecho y política penitenciaria. Buenos Aires: Editores del Puerto, 2009.

ROBINSON, Rowan. *O grande livro da Cannabis*: guia completo de seu uso industrial, medicinal e ambiental. Trad. Maria Luiza X. de A. Borges. Rio de Janeiro: Zahar, 1999.

RODRIGUES, José Eduardo Ramos. A evolução da proteção do patrimônio cultural – Crimes contra o ordenamento urbano e o patrimônio cultural. *Temas de direito ambiental e urbanístico*. São Paulo: Max Limonad, 1998.

ROLNIK, Raquel. *Guerra dos lugares*: a colonização da terra e da moradia na era das finanças. São Paulo: Boitempo, 2015.

ROSA, Pablo Ornelas et allí. *Sociologia da violência, do crime e da punição*. Belo Horizonte: Ed. D´Plácido: 2020.

ROTHBARTH, Guilherme Schmalz. A ocidentalização dos direitos humanos. *Revista de Direitos Humanos Fundamentais*, n.º 1, 2014.

Roxin, Claus. *Derecho Penal:* Parte General. Tomo I: Fundamentos. La Estructura de la Teoría del Delito. Madrid: Civitas, 2001.

_____. *Política criminal y sistema de derecho penal.* Trad. Francisco Muñoz Conde. Barcelona: Bosch, 1972.

Rusche, Georg; Otto, Kirchheimer. *Punição e estrutura social.* Trad. Gizlene Neder. 2.ed. Rio de Janeiro: Revan: ICC, 2004 (Coleção Pensamento Criminológico).

Russell, Bertrand. *A perspectiva científica.* Trad. João Baptista Ramos. São Paulo: Nacional, 1956.

Sá, Alvino Augusto. *Criminologia clínica e psicologia social.* São Paulo: RT, 2007.

_____. *Reincidência criminal:* sob o enfoque da psicologia clínica preventiva. São Paulo: Pedagógica e Universitária, 1987.

_____; Shecaira, Sérgio Salomão. *Criminologia e os problemas da atualidade.* São Paulo: Atlas, 2008.

_____. (org.) et al. *Criminologia no Brasil:* história e aplicações clínicas e sociológicas. São Paulo: Elsevier, 2010.

_____. *Criminologia Clínica e execução penal:* proposta de um modelo de terceira geração. São Pauo: Ed. RT, 2011.

_____. Et alii (coord.) *GDUCC Grupo de Diálogo Universidade-Cárcere-Comunidade.* Brasília: Ministério da Justtiça, 2013.

_____. Et alii (orgs). *Novas perspectivas de criminologia.* Belo Horizonte: Ed. D´Plácido, 2019.

Sabadell, Ana Lúcia. *Manual de sociologia jurídica*: introdução a uma leitura externa do direito. 2. ed. São Paulo: RT, 2000.

Saint-Arnaud, Pierre. *William Graham Summer et les déguts de la sociologie américaine.* Quebec: Presses de l'Université Laval, 1984.

Saldaña, Quintiliano. *Los orígenes de la criminología.* Madri: Aguilar, 1914.

_____. *Nova criminologia.* Trad. Alfredo Ulson e Alcantara Carreira. Publicações Brasil, [s.d.].

Salinas i Colomer, Esther Giménez; Roman Maestre, Begoña. Criminologia e inmigración en una sociedad pluralista. *Eguzkilore*, n. 18, 2004.

Santoro, Antonio Eduardo Ramires; Tavares, Natália Lucero Frias. *Impeachment de 2016: uma estratégia de lawfare político instrumental.* Belo Horizonte, D' Plácido, 2017.

SANTOS, Boaventura de Sousa. Por uma concepção multicultural de direitos humanos. *Reconhecer para libertar*. Rio de Janeiro: Civilização Brasileira, 2003 (Coleção Reinventar a Emancipação Social).

_____; NUNES, João Arriscado. Introdução para aplicar o cânone do reconhecimento, da diferença e da igualdade. *Revista Crítica de Ciências Sociais*, n. 48, jul. 1997.

SANTOS, Boaventura de Sousa (Org). *Os processos de Globalização*. In Globalização: fatalidade ou utopia? Porto, Edições Afrontamento, 2000.

SANTOS, Cláudia Maria Cruz. *O crime de colarinho branco*: da origem do conceito e sua relevância criminológica à questão da desigualdade na administração da justiça penal. Dissertação (Mestrado). Coimbra, 1999.

SANTOS, Hugo Leonardo Rodrigues. *Estudos críticos de criminologia e direito penal*. Rio de Janeiro: Lumen Juris, 2015.

SANTOS, Juarez Cirino dos. *A criminologia radical*. Rio de Janeiro: Forense, 1981.

_____. *A criminologia radical*. Curitiba: ICPC: Lumen Juris, 2008.

_____. *As raízes do crime*: um estudo sobre as estruturas e as instituições da violência. Rio de Janeiro: Forense, 1984.

_____. *A criminologia da repressão*: crítica à criminologia positivista. 2ª ed. Florianópolis: Tirant lo Blanch, 2019.

_____. *Criminologia: contribuição para crítica da economia da punição*. São Paulo, Tirant lo Blanch, 2021.

SANTOS, Marco Cabral; MOTA, André. *São Paulo 1932*: memória, mito e identidade. São Paulo: Alameda, 2010.

SANTOS, Maurício Cirino dos. *Sistemas de produção e sistemas de punição: estudo crítico sobre a pena no capitalismo*. São Paulo: Tirant lo Blanch, 2019.

SARTORETTO, Laura Madrid. A proteção dos direitos humanos e dos refugiados e o respeito ao multiculturalismo na União Europeia: revisão jurisprudencial da corte europeia de direitos humanos sobre a liberdade de manifestação religiosa. RPGE, n. 74, 2014.

SCHILLING, Flávia. *Corrupção*: ilegalidade intolerável? Comissões Parlamentares de Inquérito e a luta contra a corrupção no Brasil (1980-1992). São Paulo: IBCCrim, 1999.

SCHNEIDER, Hans Joachim. La criminalidad en los medios de comunicación de masas. *Derecho penal y criminología*. Bogotá: Universidad Externado de Colombia, vol. 11.

SCHULER-SPRINGORUM, Horst. *Cuestiones básicas y estrategias de la política criminal*. Buenos Aires: Depalma, 1989.

SCHUR, Edwin M. *Labelling deviant behavior*: its sociological implications. Nova York: Harper& Row, 1971.

SCHWARCZ, Lilia Moritz. *O espetáculo das raças*: cientistas, instituições e questão racial no Brasil – 1870-1930. São Paulo: Cia. das Letras, 2001.

SCHWARZ, Roberto. *O pai de família e outros ensaios*. Rio de Janeiro: Paz e Terra, 1978.

SCHWENDINGER, Herman; SCHWENDINGER, Julia. Defensores da ordem ou guardiões dos direitos humanos? *Criminologia crítica*. Trad. Juarez Cirino dos Santos e Sérgio Tancredo. Rio de Janeiro: Graal, 1980.

SEELIG, Ernest. *Manual de criminologia*. Trad. Guilherme de Oliveira. Coimbra: Arménio Amado, 1957. vol. I.

_____. *Manual de criminologia*. Trad. Guilherme de Oliveira. Coimbra: Arménio Amado 1959. vol. II.

SÉGUIN, Elida (org.). *Vitimologia no terceiro milênio*. Rio de Janeiro: Forense, 2004.

SENDEREY, Israel Drapkin. *Manual de criminologia*. Trad. Ester Kosovski. São Paulo: Bushatsky, 1978.

SEVERINO, Antonio Joaquim. *Metodologia do trabalho científico*. 20. ed. São Paulo: Cortez, 1996.

SCURO NETO, Pedro. *O mistério da caixa preta*: violência e criminalidade. Oliveira Mendes, 1998.

SHAW, Clifford R. *The Jack-Roller*: a delinquent boy's own story. 7. reimp. Chicago: The University of Chicago Press, 1974.

_____; MCKAY, Henry D. *Juvenile delinquency and urban areas*: a study of rates of delinquents in relation to differential characteristics of local communities in American cities. Chicago: The University of Chicago Press, 1942.

SHECAIRA, Sérgio Salomão. *Criminologia*: um estudo das escolas sociológicas. São Paulo: Estúdio Editores, 2014.

_____. *Mídia e crime. Estudos criminais em homenagem a Evandro Lins e Silva*. São Paulo: Método, 2001.

_____. *Prestação de serviços à comunidade*: alternativa à pena privativa de liberdade. São Paulo: Saraiva, 1993.

_____. *Responsabilidade penal da pessoa jurídica*. 2. ed. São Paulo: Método, 2003.

_____. *Sistema de garantias e o direito penal juvenil*. São Paulo: Ed. RT, 2008.

_____. et alii. *Criminologia: estudos em homenagem ao Professor Alvino Augusto de Sá*. Belo Horizonte: Ed. D´Plácido, 2020.

_____. *Novos ensaios criminológicos críticos*. Belo Horizonte. Editora D`Plácido, 2023.

_____; CORREA Jr., Alceu. *Teoria da pena*: finalidades, direito positivo, jurisprudência e outros estudos de ciências criminais. São Paulo: RT, 2002.

SIGHELE, Scipio. *A multidão criminosa*: ensaio de psicologia colectiva. Trad. Adolpho Lima. 2. ed. Bertrand, 1932.

SILVA, Roberto. *Os filhos do governo*: a formação da identidade criminosa em crianças órfãs e abandonadas. São Paulo: Ática, 1997.

SILVA, Vasco Pereira da. *A cultura a que tenho direito:* direitos fundamentais e cultura. Coimbra: Almedina, 2007.

SILVA SANCHEZ, Jesus Maria. *A expansão do direito penal*: aspectos da política criminal nas sociedades pós-industriais. São Paulo: RT, 2002.

SILVEIRA, Dartiu Xavier da; MOREIRA, Fernanda Gonçalves. *Panorama atual de drogas e dependências*. São Paulo: Atheneu, 2006.

SILVEIRA, Renato de Mello Jorge. *Fundamentos da adequação social em direito penal*. São Paulo: Quartier Latin, 2010.

_____. *Direito penal supra-individuais*: interesses difusos. São Paulo: Revista dos Tribunais, 2003.

SKINNER, B.F. *Sobre o behaviorismo*. Trad. Maria da Penha Villalobos. São Paulo: Cultrix, 1993.

SMANIO, Gianpaolo Poggio. *Criminologia e juizado especial criminal*. São Paulo: Atlas, 1997.

SMITH, Neil. Global social cleansing: post liberal revanchism and the export of zero tolerance. *Social Justice*, vol. 28, n. 3, 2001.

SOARES, Luiz Eduardo. *Meu casaco de general*: quinhentos dias no *front* da segurança pública do Rio de Janeiro. Rio de Janeiro: Cia. das Letras, 2000.

SOARES, Magda. *Metamemória-memórias*: travessia de uma educadora. 2. ed. São Paulo: Cortez, 2001.

SOARES, Orlando. *Criminologia*. Rio de Janeiro: Freitas Bastos, 1986.

SOSA CHACÍN, Jorge. *El hombre y el crimen*: fundamentos de criminología. Caracas: Facultad de Ciencias Jurídicas y Políticas, 1986.

SOUZA, Braz Florentino Henriques. *Do delito e do delinqüente*. São Paulo: Saraiva, 1965.

SOZZO, Máximo. *Loucura y crimen: nascimiento de la intersección penal y psiquiátrico*. Buenos Aires: Ediciones Didot, 2015.

_____. *Viagens culturais e a questão criminal.* Rio de Janeiro, Ed.: Revan, 2014.

Sposato, Karyna B. Pedagogia do medo: adolescente em conflito com a lei e as propostas de redução da idade penal. *Cadernos Adenauer.* São Paulo: Fundação Konrad Adenauer, 2001.

Spurzheim, Johann Caspar. Disponível em: [www.usyd.edu.au]. Acesso em: 01.02.2002.

Stangeland, Per. El papel del criminólogo en la cooperación internacional. *Modernas tendencias en la ciencia del derecho penal y en la criminología.* Madri: Uned, 2001.

Stone, I. F. *O julgamento de Sócrates.* Trad. Paulo Henriques Britto. São Paulo: Cia. das Letras, 1988.

Strano, Rafael Folador. *Política Pública Criminal.* São Paulo, Ed. Tirant Lo Blanch, 2023.

Streck, Lenio Luiz. Criminologia e feminismo. In: Campos, Carmen Hein de (org.). *Criminologia e feminismo.* Porto Alegre: Sulina, 1999.

_____. *Hermenêutica jurídica e(m) crise*: uma exploração hermenêutica da construção do direito. Porto Alegre: Livraria do Advogado, 1999.

Sutherland, Edwin H. *Criminologia comparada.* Trad. Faria Costa e Costa Andrade. Lisboa: Fundação Calouste Gulbenkian, 1985.

_____. *El delito de cuello blanco.* Trad. Rosa del Olmo. Caracas: Ed. Universidad Central de Venezuela, 1969.

_____. *Princípios de criminologia.* Trad. Asdrúbal M. Gonçalves. São Paulo: Livraria Martins, 1949.

_____; Cressey, Donald R. *Criminologia.* Trad. Mario Zanchetti, Milão: Giuffrè, 1996.

Sznick, Valdir. *Delito habitual.* 4. ed. São Paulo: Lejus, 1996.

Taft, Donald R. *Criminology.* 3. ed. Nova York: The Macmillan Company, 1956.

Tangerino, Davi de Paiva Costa. *Crime e cidade:* violência urbana e a Escola de Chicago. Rio de Janeiro: Lumen Juris, 2007.

Tarde, Gabriel. *A criminalidade comparada.* Trad. Ludy Veloso. Rio de Janeiro: Nacional, 1957.

_____. *The laws of imitation.* Trad. E. C. Parsons. Nova York: Henry, Holt and Co., 1903.

Tavares, Juarez. *Teoria do injusto penal.* Belo Horizonte: Del Rey, 2000.

Taylor, Ian. *Law and order:* arguments for socialism. Londres: Macmillan, 1982.

_____ (org.) et al. *Criminologia crítica*. Trad. Juarez Cirino dos Santos e Sérgio Tancredo. Rio de Janeiro: Graal, 1980.

_____ et al. *La nueva criminología*: contribución a una teoría social de la conducta desviada. Trad. Adolfo Crosa. Buenos Aires: Amorrortu, 1997.

TEPERDGIAN, Maria Fernanda. Homicídio cai 9% em São Paulo no primeiro trimestre. Disponível em [www.saopaulo.sp.gov.br/sis/lenoticia.php?id=94555&c=560]. Acesso em: 30.05.2008.

THOMPSON, Augusto. *Quem são os criminosos*: o crime e o criminoso, entes políticos. Rio de Janeiro: Lumen Juris, 1998.

_____. *A questão penitenciária*: de acordo com a Constituição de 1988. 3. ed. Rio de Janeiro: Forense, 1991.

THOMPSON, Kenneth. Disponível em: [www.estadao.com.br]. Acesso em: 19.01.2002.

_____; TUNSTALL, Jeremy. *Sociological perspectives*. Open University Press, 1971.

THRASHER, Frederic M. *The gang*. Chicago: University of Chicago Press, 1936.

TITO, Frei. *Símbolo de esperança*. São Paulo: CEPE, 1999.

TOLEDO, Francisco de Assis. Crimes hediondos. *Fascículos de Ciências Penais*, n. 2, abr.-jun. 1992.

_____. *Princípios básicos de direito penal*: de acordo com a Lei 7.209/84 e a Constituição de 1988. 4. ed. São Paulo: Saraiva, 1991.

TORON, Alberto Zacharias. *Crimes hediondos*: o mito da repressão penal. São Paulo: RT, 1996.

_____. O indevido processo legal: a ideologia da *law and order* e falta de citação do réu preso para o interrogatório. *RT*, vol. 685, nov. 1992.

_____. The constitutional protection as privacy and punishment for drug use. *Beyond Law*, [s.d.].

TROJANOWICZ, Robert; BUCQUEROUX, Bonnie. *Policiamento comunitário*: como recomeçar. 2. ed. Trad. Mina Seinfeld de Carakushansky. Rio de Janeiro: Polícia Militar do Estado do Rio de Janeiro, 1994.

VÁZQUEZ GONZÁLEZ, Carlos; SERRANO TÁRRAGA, María Dolores (edit.). *Derecho penal juvenil*. Madrid: Dykinson, 2005.

VELHO, Otávio Guilherme (org.). *O fenômeno urbano*. Rio de Janeiro: Zahar, 1967.

VELO, Joe Tennyson. *Criminologia analítica*: conceitos de psicologia analítica para uma hipótese etiológica em criminologia. São Paulo: IBCCrim, 1998.

VERAS, Ryanna Pala. *Nova Criminologia e os crimes do colarinho branco*. São Paulo: Martins Fontes, 2010.

VERGARA, Rodrigo. *Drogas*. Editora Abril, 2003 (Coleção Para Saber Mais).

VIERA, Margarita. *Criminologia*. Cuba: Departamento de Textos e Materiais Didáticos do Ministério de Educação Superior, [s.d.].

VIGARELLO, Georges. *História do estupro*: violência sexual nos séculos XVI-XX. Trad. Lucy Magalhães. Rio de Janeiro: Zahar, 1998.

VITALE, Alex S. Innovation and institutionalization: factors in the development of "quality of life" policing in New York City. Policing; Society, vol. 15, n. 2, jun. 2005.

VON HENTIG, Hans. *El delito*: el delincuente bajo la influencia de las fuerzas del mundo circundante. Trad. José Cerezo Mir. Madri: Espasa-Calpe, 1972. vol. II.

VON LISZT, Franz. *Tratado de derecho penal*. Trad. Luis Jimenez de Asua. 4. ed. Madri: Reus, 1999. t. II.

WACQUANT, Loïc. As duas faces do gueto. São Paulo: Editorial Botempo, 2008.

_____. *As prisões da miséria*. Trad. André Telles. Rio de Janeiro: Jorge Zahar, 2001.

_____. *Punir os pobres*: a nova gestão da miséria nos Estados Unidos. Rio de Janeiro: Freitas Bastos, 2001.

WANDERLEY, Luiz Eduardo; RAICHLEIS, Raquel (orgs.) *A cidade de São Paulo:* relações internacionais e gestão pública. São Paulo: Educ, 2009.

WHYTE, William F. *Sociedade de esquina*. Trad. Maria Lúcia de Oliveira. Rio de Janeiro: Jorge Zahar Ed., 2005.

_____. *Street corner society*: the social structure of an Italian slum. Chicago: The University of Chicago Press, 1953.

WILLIAMS, Gwens. Gabriel Tarde and the imitation of deviance. Disponível em: [www.criminology.fsu.edu]. Acesso em: 01.02.2002.

WILSON, Edmund. *Rumo à estação Finlândia*. Trad. Paulo Henriques Britto. São Paulo: Cia. das Letras, 1986.

WILSON, James Q.; KELLING, George L. The police and neighborhood safety. Disponível em: [www.theatlantic.com/politics/crime/windows.htm]. Acesso em: 06.05.2003.

WINNICOTT, Donald W. *Privação e delinqüência*. Trad. Álvaro Cabral. São Paulo: Martins Fontes, 2005.

WIRTH, Louis. O urbanismo como modo de vida. *O fenômeno urbano*. Trad. Marina Corrêa Treuherz. Rio de Janeiro: Zahar, 1967.

WRANGHAM, Richard; PETERSON, Dale. *O macho demoníaco*: as origens da agressividade humana. Rio de Janeiro: Ed. Objetiva, 1998.

YAROCHEWSKY, Leonardo Isaac. Estado paralelo e anomia. Disponível em: [www.direitopenal.adv.br]. Acesso em: 22.01.2003.

_____. A influência da teoria dos sistemas de Niklas Luhmann na teoria da pena. *Ciências Penais, Revista da Associação Brasileira de Professores de Ciências Penais*, ano 1, n. 0, 2004.

YOUNG, Jock. *A sociedade excludente*: exclusão social, criminalidade e diferença da modernidade recente. Rio de Janeiro: Revan: ICC, 2002.

ZAFFARONI, Eugenio Raúl. *Crímenes de masa*. Ciudad Autónoma de Buenos Aires: Ediciones Madres de Plaza de Mayo, 2010.

_____. *El derecho latinoamericano en la fase superior del colonialismo*. Buenos Aires: Ediciones Madres de Plaza de mayo, 2015.

_____. *Criminología*: aproximación desde un margen. Bogotá, Temis, 1998.

_____. *Em busca das penas perdidas*: a perda de legitimidade do sistema penal. Trad. Vânia Romano Pedrosa e Amir Lopes da Conceição. Rio de Janeiro: Revan, 1991.

_____. *La palabra de los muertos*: conferencias de criminologia cautelar. Buenos Aires: Ediar, 2011.

_____. *Manual de derecho penal*: parte general. 6. ed. Buenos Aires: Ediar, 1991.

_____. *Muertes anunciadas*. Bogotá: Temis, 1993.

_____. *O inimigo no direito penal*. Rio de Janeiro: Ed. Revan/ICC, 2007.

_____. *Poder Judiciário*: crises, acertos e desacertos. Trad. Juarez Tavarez. São Paulo: RT, 1995.

_____. *Política criminal latinoamericana*: perspectivas – disyuntivas. Buenos Aires: Hammurabi, 1982.

_____. *La cuestión criminal*. Buenos Aires: Ed. Planeta, 2012.

_____ et alii. *La emergencia del miedo*. Buenos Aires: Ediar, 2012.

_____. *O nascimento da criminologia crítica*. São Paulo: Tirant lo Blanch, 2020.

_____; SANTOS, Ílison Dias dos. *A nova crítica criminológica: criminologia em tempos de totalitarismo financeiro*. São Paulo, Tirant lo Blanch, 2020.

ZIMMERMANN, Egberto. *Criminologia e natureza humana*: possíveis contribuições da psicologia evolucionista para o estudo da criminalidade. Dissertação apresentada ao programa de Pós-Graduação da Faculdade de Direito, da Universidade do Estado do Rio de Janeiro, como requisito para a obtenção do título de Mestre em Direito Penal. Rio de Janeiro, 2010.

ZUCKMAN, Harvey L. et al. *Mass communication law in a nutshell*. St. Paul: West Publishing Co., 1988.

ZÚÑIGA RODRÍGUEZ, Laura. *Política criminal*. Madri: Colex, 2001.

Bibliografia eletrônica

– Artigo "Em defesa da estudante Mayara", escrito por Janaina Conceição Paschoal: [www1.folha.uol.com.br/fsp/opiniao/fz1211201007.htm], acessado em: 07.12.2010.

– Características e filosofia do movimento *punk*:
[http://pt.wikipedia.org/wiki/Punk_rock], acessado em: 26.11.2010.

– Características e temas do *heavy metal*:
[http://pt.wikipedia.org/wiki/Heavy_metal], acessado em: 01.12.2010.

– Críticas ao *heavy metal*:
[http://pt.wikipedia.org/wiki/Heavy_metal], acessado em: 01.12.2010.

– Denominação do grupo subcultural dos apreciadores do *heavy metal*:
[http://pt.wikipedia.org/wiki/Heavy_metal], acessado em: 01.12.2010.

– Galeria do *Rock*:
[http://pt.wikipedia.org/wiki/Galeria_do_Rock], acessado em: 06.12.2010.

– Indumentária dos apreciadores de *heavy metal*:
[http://pt.wikipedia.org/wiki/Judas_Priest], acessado em: 01.12.2010.

– Início do gênero musical do *heavy metal*:
[http://pt.wikipedia.org/wiki/Heavy_metal], acessado em: 01.12.2010.

– *Judas Priest* é uma banda britânica criada em Birmingham em 1969, é considerada como precursora do *heavy metal*, assim como a banda *Black Sabbath*:
[http://pt.wikipedia.org/wiki/Judas_Priest], acessado em: 01.12.2010.

– Origem do movimento *punk*:
[http://pt.wikipedia.org/wiki/Punk_rock], acessado em: 26.11.2010.

– Processo judicial contra a banda Judas Priest:
[http://pt.wikipedia.org/wiki/Heavy_metal], acessado em: 01.12.2010.

– *Punk* como movimento cultural:
[http://pt.wikipedia.org/wiki/Cultura_punk], acessado em: 26.11.2010.

– *Sex Pistols*, uma das principais bandas que popularizou esse gênero:
[http://pt.wikipedia.org/wiki/Sex_Pistols], acessado em: 26.11.2010.

– *Sites* de compra coletiva:
[www1.folha.uol.com.br/folha/dinheiro/ult9lu550994.shtml], acessado em: 21.12.2010.

[http://cuattromkt.blogspot.com/2010/09/sites-de-compras-coletivas-briga-
-apenas.html], acessado em: 21.12.2010.
[http://aprendiz.uol.com.br/content/druphutrod.mmp], acessado em: 21.12.2010.

OUTRAS OBRAS DO AUTOR NA
THOMSON REUTERS REVISTA DOS TRIBUNAIS

A responsabilidade penal da pessoa jurídica e nossa recente legislação. *Responsabilidade penal da pessoa jurídica & medidas provisórias e direito penal* (vários autores). São Paulo: RT, 1999 (Coleção Temas Atuais de Direito Criminal, vol. 2).

Pena e Constituição: aspectos relevantes para sua aplicação e execução (com Alceu Corrêa Júnior). São Paulo: RT, 1995.

Penas alternativas. *Penas restritivas de direitos* (vários autores). São Paulo: RT, 1999.

Racismo. *Escritos em homenagem a Alberto Silva Franco* (vários autores). São Paulo: RT, 2002.

Sistema de garantias e o direito penal juvenil. 2ª edição. São Paulo: RT, 2014.

Teoria da pena: finalidades, direito positivo, jurisprudência e outros estudos da ciência criminal (com Alceu Corrêa Júnior). São Paulo: RT, 2002.

APÊNDICE

I. IDENTIDADE CRIMINAL E MODERNIDADE LÍQUIDA

Acesse o conteúdo
em Visual Law

1. Nota preambular

Sinclair Lewis foi o primeiro autor americano a ganhar o Prêmio Nobel de literatura, em 1930. Em 1920 publicou uma ácida crítica à sociedade americana, intitulada *Rua principal* (*Main street*, no título original). A crítica ao provincianismo das pequenas cidades americanas e ao próprio materialismo existente no período entre guerras fez com que o livro fosse banido de algumas bibliotecas públicas de cidades pequenas, como a de Alexandria, no Minnesota. Dois anos depois, Lewis volta a satirizar a vida cotidiana americana, com a publicação de *Babbitt*, voltando suas baterias contra o comportamento conformista da classe média estadunidense. Já consagrado com o Nobel, Lewis escreveu outros nove romances, merecendo destaque o livro escrito em 1935 para narrar o avanço do fascismo norte-americano: *Não vai acontecer aqui* (*It can't happen here*, no título original).

Os Estados Unidos viviam naquele período um avanço de ideias fascistas e eugenistas. Em 1905, ambas as casas da legislatura na Pensilvânia promulgaram uma "Lei para prevenção da Imbecilidade", vetada pelo Governador Samuel Pennypacker. Em fevereiro de 1906, no entanto, o Senado de Indiana marcou a história da medicina ao tornar-se a primeira jurisdição do mundo a legislar sobre a coerção de pacientes deficientes mentais, dos moradores de seus asilos de pobres e de seus prisioneiros. Já em 1909, três Estados americanos haviam ratificado a esterilização eugenista iniciada em 1906. O Estado de Washington visava aos criminosos contumazes e aos estupradores, ordenando a esterilização como um castigo para a prevenção da procriação. A Califórnia permitia a castração ou a esterilização de presos e crianças deficientes mentais. Iowa permitia a cirurgia em criminosos, idiotas, deficientes mentais, imbecis, ébrios, drogados, epilépticos, além dos pervertidos morais e sexuais.[1] Estado a Estado, nasceram normas eugenistas, estabelecendo critérios semelhantes, ainda que distintos, para as práticas racistas da eugenia. Em 2 de maio de 1927, em julgamento na Suprema Corte americana, em decisão da lavra do Juiz Oliver Wendel Homes Jr., autorizou-se a esterilização de Carrie Buck, nos seguintes termos:

> "O Julgamento acolhe os fatos que foram declarados formalmente, e que Carrie Buck é a mãe provável e potencial de descendentes inadequados, igualmente afligidos, que ela pode ser sexualmente esterilizada sem detrimento de sua saúde geral, e que seu bem-estar e o da sociedade serão promovidos por sua esterilização... É melhor para todos no mundo que, em vez de esperar para executar descendentes degenerados por crimes, ou deixar que morram de fome por causa de sua imbecilidade, a sociedade possa impedir os que são claramente incapazes de continuar a espécie. O princípio que sustenta a vacinação compulsória é amplo o bastante para cobrir o corte das trompas de falópio. Três gerações de imbecis são suficientes."[2]

Em 1940, não menos de 35.878 homens, mulheres e crianças, loucos, criminosos e vagabundos tinham sido esterilizados. As primeiras experiências eugenistas americanas foram copiadas por cientistas nazistas, de tal sorte que trocas de informações permitiram o desenvolvimento das técnicas alemãs a partir daquilo que se fizera nos EUA.[3]

Pois bem. *Não vai acontecer aqui* narra a estória da ascensão ao poder do Senador Berzelius Windrip pela ótica do jornalista Doremus Jessup. Windrip venceu nas primárias americanas o Presidente Franklin Roosevelt – que não teria conseguido um segundo mandato – para o período de 1933 a 1937. Com populismo e muita demagogia Windrip venceu as eleições americanas e implantou uma ditadura fascista. Na dicção de Jessup

> "o presidente Windrip de tão humilde Beócia, não era capaz de explicar seu poder de enfeitiçar grandes multidões. Ele era vulgar, quase analfabeto, um mentiroso público facilmente identificável e, em suas 'ideias', praticamente um idiota, ao passo que sua celebrada devoção era a de

---

1. BLACK, Edwin. *A guerra contra os fracos: a eugenia e a campanha norte-americana para criar uma raça superior.* São Paulo, Ed. A Girafa, 2003, p.134/5.
2. Op. cit., p. 214/5.
3. Mais referências sobre esse tema serão encontrados no capítulo 2 deste trabalho.

um vendedor itinerante de mobília de igreja e seu ainda mais celebrado senso de humor não passava do dissimulado cinismo de mercearia rural."[4]

Windrip cercou-se de milícias fascistas, os *minute men*, e apoiou a estabilidade de seu governo em militares, que foram fundamentais nas modificações sociais para vencer a resistência democrática. Seu programa não era muito detalhado, mas algumas medidas importantes, entre um programa de 15 pontos, podem ser destacadas: i. O sistema financeiro passa a ser centralizado; ii. Direito e propriedade privada são eternamente garantidos; iii. Sindicatos "vermelhos" serão fechados; iv. Todo o poder renderá suas homenagens a Deus, que estará acima de tudo; v. Há um incremento do poderio bélico, com total liberdade para compra e venda de armas; vi. Negros ficam proibidos de votar, ocupar cargos públicos e exercer certas profissões como direito, medicina e magistério. Seus salários serão necessariamente menores do que os dos brancos; vii. Toda mulher, exceto em esferas da atividade peculiarmente femininas como enfermagem e salões de beleza, deve voltar aos sagrados deveres domésticos para ser mãe de fortes e honrados futuros cidadãos da comunidade; viii. Comunistas, socialistas e anarquistas devem ser julgados por alta traição; ix. A suprema corte não poderá julgar contra o governo nas emendas constitucionais que implementam essa peculiar forma de democracia.[5] Felizmente, *Não vai acontecer aqui* é uma obra de ficção.[6]

2. Modernidade líquida e globalização

O mundo passa por um processo criativo extremamente agressivo e que foi chamado por muitos sociólogos de pós-modernidade. A modernidade teve como uma de suas características a revolução industrial e a distinção do proletariado

---

4. LEWIS, Sinclair. *Não vai acontecer aqui*. Trad. Cássio de Arantes Leite. Rio de Janeiro, Ed. Alfaguara, 2017, p. 81.
5. Op. cit., p. 71/4.
6. No dia 6 de janeiro de 2021, Donald Trump, presidente americano não reeleito nas eleições de 2020, incitou uma turba de fanáticos a marchar sobre o Capitólio. Em comício na frente da Casa Branca disse ele que o patriotismo estava em não permitir a conclusão do processo eleitoral posto que supostamente as eleições americanas teriam sido fraudadas para favorecer Joe Biden, candidato eleito. Não se sabe de onde ele tirou tal ideia, mas o fato de repeti-la insistentemente acabou por fazer com que vândalos invadissem a sede do parlamento americano causando cinco mortes e dezenas de feridos. Esse fracassado golpe de estado foi inédito nos Estados Unidos e espero que não seja imitado na periferia do capitalismo por ninguém. Certamente, no futuro, esse episódio será examinado nos livros de história.

como classe, bem como o nascimento epistemológico da individualidade. Já a sociedade pós-moderna gerou uma forma transnacional de produção, criando um processo comunicativo global inédito, gestando processos econômicos percebidos como globais, produzindo destruição ambiental que transcende as fronteiras territoriais de países, e produzindo crises e guerras vivenciadas por muitas nações. A esse processo, que reflete o momento vivido pelos povos de diferentes Estados-nações, convencionou-se denominar de *Globalização*, cujo significado sugere "processos, em cujo andamento os Estados nacionais vêm a sua soberania, sua identidade, suas redes de comunicação, suas chances de poder e suas orientações sofrerem a interferência cruzada de atores transnacionais".[7] A rigor, o fenômeno reflete-se na economia de maneira acentuada.

> "Os traços principais desta nova economia mundial são os seguintes: economia dominada pelo sistema financeiro e pelo investimento à escala global; processos de produção flexíveis e multilocais; baixos custos de transporte; revolução nas tecnologias de informação e comunicação; desregulação das economias nacionais; preeminências das agências financeiras multilaterais; emergência de três grandes capitalismos transnacionais: o americano, baseado nos EUA e nas relações privilegiadas deste país com o Canadá, México e América Latina; o japonês, baseado no Japão e nas suas relações privilegiadas com os quatro tigres e com o resto da Ásia; e o europeu, baseado na União Europeia e nas relações privilegiadas desta com a Europa de Leste e com o Norte da África."[8]

Adota-se aqui o conceito de Bauman de **Modernidade Líquida**.[9] Assim como o faz o sociólogo polonês, compreende-se que a ideia de *pós-modernidade* implicaria em um fim da modernidade, o que seria flagrantemente falso, pois muitas ideias da modernidade continuam válidas. Acredita-se que a passagem da modernidade sólida para a modernidade líquida contempla muitas mudanças, mas não deixa de conservar parte daquilo que foi construído em grande medida no século XIX. Tampouco se crê que o conceito de *modernidade tardia* seja funcional. Tal concepção de Giddens acaba remetendo a discussão para um aspecto

---

7. BECK, Ulrich. *O que é globalização: equívocos do globalismo, respostas à globalização*. Trad. André Carone, São Paulo, Ed. Paz e Terra, 1999, p. 30.
8. SANTOS, Boaventura de Sousa (Org). *Os processos de Globalização*. In Globalização: fatalidade ou utopia? Porto, Edições Afrontamento, 2000, p. 35.
9. BAUMAN, Zygmunt, *Modernidade líquida*. Rio de Janeiro, Jorge Zahar, 2001, p. 13.

meramente cronológico que não traduz a exata expressão do problema. Por fim, pelas mesmas razões, a ideia de segunda modernidade, tributária de Beck, acaba por criar uma espécie de *container* vazio, cujo significado não se traduz por sua definição. Se definir é dar a oração reveladora do que a coisa é, e conceituar nada mais é do que definir em toda sua acepção, falar em modernidade líquida traduz um pensamento que parte da modernidade para uma particularização modificadora do conceito original. Assim como Marx dizia que a dialética não é um apagar do que aconteceu, mas um transcender a partir do que já aconteceu, tal pensamento não nega a modernidade, mas a transmuta. Pois bem. A expressão *modernidade líquida* contempla o contínuo – a fusão e o desencaixe – assim como o descontínuo – a impossibilidade da solidificação do fundido, do (re)encaixe. A análise do social passará a contemplar suas graves consequências humanas. A liquidez, a qual Bauman alude, vem do fato que os líquidos não têm uma forma, ou seja, são fluidos que se moldam conforme o recipiente nos quais estão contidos. Os fluidos movem-se facilmente, quer dizer: simplesmente "fluem", "escorrem entre os dedos", "transbordam", "vazam", "preenchem vazios com leveza e fluidez". Muitas vezes não são facilmente contidos, por exemplo, quando fluem para uma fenda mínima. Os líquidos penetram nos lugares, nas pessoas, contornam o todo, vão e vêm ao sabor das ondas do mar. A solidez das instituições sociais, como a família, o governo, as relações de trabalho, vem perdendo espaço para o fenômeno de liquefação. De acordo com essa metáfora, a solidez dessas instituições, firmes e inabaláveis, está se derretendo, transformando-se, irreversivelmente, num estado líquido. O definhamento, o declínio e a ruptura do projeto social fazem desaparecer as oportunidades de redenção e a eliminação do direito de apelar por esperança, algo que era a essência do racionalismo construído no Iluminismo e aprofundado na Modernidade sólida.[10] Apenas para exemplificar com um dos fatores de modificação, ao invés da condição de desemprego – termo que indica uma aflição temporária que pode ser curada –, não ter emprego é cada vez mais percebido como um estado de redundância da vida líquida.

O certo é que o fenômeno da Globalização entra na pauta do direito, da cultura, das relações humanas e da própria política. Se é verdade que a mola propulsora das acentuadas modificações globais passa necessariamente pelas transformações econômicas, não é menos verdade que o poder econômico global significa também uma ausência de Estado global, ou, ainda, uma sociedade mundial sem Estado, mas com um governo econômico "transnacional" ou, quiçá, "meta-nacional". A grande verdade é que a premissa econômica, dimensão a ser

---

10. BAUMAN, Zygmunt, *Modernidade líquida*. Rio de Janeiro, Jorge Zahar, 2001, p. 7/10.

considerada de maneira bastante abrangente, não é automaticamente satisfativa. Ela produzirá consequências em outras esferas que abarcarão a política, a área social, as manifestações jurídicas e culturais (sem prejuízo de inúmeras outras), sendo claramente hábeis para a mudança do próprio direito penal. Os meios tecnológicos diversos permitem que o objetivo principal desse processo seja tornar-se o único interlocutor do cidadão, não só lhe prestando todo tipo de informação, mas também o colocando em conexão com todos os meios de comunicação disponíveis. Se, de um lado, permite que o cidadão passe a dispor de um volume de informações nunca dantes colocado à sua disposição e seja dotado ainda de uma incrível capacidade de comunicação, de outro lado, pode levá-lo a ser contaminado por tais informações ou ser oprimido pela tirania comunicacional, máxime quando a informação e a comunicação são postas a serviço de colossais empresas transnacionais que obedecem à lógica, aos interesses, à dinâmica e aos objetivos do mercado. A informação insistentemente repetida pelos meios comunicacionais (cinema, rádio, televisão, publicidade, internet, redes sociais, pesquisas etc.) anestesia e, em seguida, manipula a consciência das pessoas, a tal ponto que essas passam a acolher os mandamentos do mercado como verdades incontestáveis, dando reforço ao pensamento único. E, "de todas as ilusões, a mais perigosa consiste em pensar que existe apenas uma só realidade".[11]

Importante destacar que globalização e exclusão são faces de uma mesma moeda. O mesmo fenômeno que cria processos globais inovadores, também transforma o mundo, com acento nos países subdesenvolvidos (ou eufemisticamente denominados "em desenvolvimento") numa sociedade abissalmente desigual. As relações de emprego são totalmente alteradas e o valor social do trabalho é modificado por demandas internacionais. Nesse sentido Bauman ressalta:

> "Os desempregados eram o exército de reserva da mão de obra. (...) Já não acontece desse modo. Exceto nos nostálgicos e cada vez mais demagógicos textos da propaganda, os sem emprego deixaram de ser um 'exército de reserva de mão-de-obra'. As melhorias econômicas já não anunciam o fim do desemprego. Atualmente, racionalizar significa cortar e não criar empregos, e o progresso tecnológico e administrativo é avaliado pelo 'emagrecimento' da força de trabalho, fechamento de divisões e redução de funcionários. Modernizar a maneira como a empresa é dirigida consiste em tornar o trabalho flexível – desfazer-se

---

11. FRANCO, Alberto Silva. Globalização e criminalidade dos poderosos. *Revista Brasileira de Ciências Criminais*, n. 31, 2000, p. 110.

da mão-de-obra e abandonar linhas e locais de produção de uma hora para outra, sempre que uma relva mais verde se divise em outra parte, sempre que possibilidades comerciais mais lucrativas, ou mão-de-obra mais submissa e menos dispendiosa, acenem ao longe."[12]

Solapando as conquistas nascidas no período da modernidade sólida, o ser humano na modernidade líquida tem algumas das mais violentas privações de estatuto político, ficando reduzido a verdadeiros corpos biológicos. É conhecido o pensamento de Agamben, ao descrever aquilo que aconteceu nos campos de concentração nazistas, como o lugar no qual se realizou a mais absoluta condição inumana que já se deu na face da terra.[13] O Estado nazista foi o mais completo exemplo de um Estado exercendo o direito de matar. Esse Estado tornou a gestão, a proteção e o cultivo da vida coextensivos ao direito soberano de matar.[14] Nesse momento, tem-se um espraiamento dessa condição, com a proliferação de campos de concentração, acampamentos provisórios/permanentes de imigrantes na Europa, recorrentes intervenções militares no Oriente Médio, onde a vida de uma pessoa vale menos do que o custo da bomba que ceifa tal vida, além da redução da condição de vida para uma simples sobrevivência em continentes inteiros como África, grandes áreas da Ásia e América Latina. A redução ao conceito de *Homo Sacer* parece estar hoje incorporada ao pensamento doutrinário contemporâneo. Ou, em outra perspectiva:

> "Experiências contemporâneas de destruição humana sugerem que é possível desenvolver uma leitura da política, da soberania e do sujeito, diferente daquela que herdamos do discurso filosófico da modernidade. Em vez de considerar a razão a verdade do sujeito, podemos olhar para outras categorias fundadoras menos abstratas e mais palpáveis, tais como vida e a morte".[15]

---

12. BAUMAN, Zygmunt. *O mal-estar da pós-modernidade*. Rio de Janeiro, Jorge Zahar, 1997, p. 50.
13. AGAMBEN, Giorgio. *Meios sem fim: notas sobre a política*. Trad. Davi Pessoa Carneiro, Belo Horizonte, Ed. Autêntica, 2015, p. 41.
14. MBEMBE, Achille. *Necropolítica*, São Paulo, N-1 Edições, 2018, p. 19.
15. Op. cit., p. 11.

3. As três concepções da identidade

3.1. Conceito

Identidade é a qualidade do que é idêntico. É o reconhecimento de que o indivíduo é o próprio ser. Identidade é o conjunto de caracteres particulares, que identificam uma pessoa, sua origem, trajetória, vida particular e pública. Identidade é o compartilhamento de várias ideias pessoais com um processo interativo do grupo. É o desenvolvimento daquilo que se é, ou seja, do caráter do que é único.[16] Claro que o processo de inserção dessa personalidade ímpar, dentro do contexto do grupo, faz-se com uma adaptação em que o sujeito passa a pensar que ele é o que pensa, mas também aquilo que pensam dele, assim como o que ele pensa do que pensam dele.

A complexidade do conceito de identidade decorre em grande medida da inserção do indivíduo dentro do contexto social. A fragmentação do indivíduo decorre fundamentalmente da transformação da modernidade tradicional ou sólida em modernidade líquida. Surge um processo de fragmentação da identidade tradicional, que até poucos anos era visto como um sujeito unificado. O descentramento, o deslocamento ou a fragmentação são formas de tentar demonstrar que padrões culturais de classe, gênero, sexualidade, etnia, raça e nacionalidade que, no passado, dava a todos uma sólida localização do indivíduo social, foram solapados por uma grande perda de certeza. Dividir-se-á a análise identitária em três grandes momentos, ainda que eles não sejam assim tão linearmente constituídos.

---

16. Os nomes são marcas identitárias que aprisionam o sujeito. É uma experiência de contenção. É como se dissesse: "é ele e não outro". Por isso a dificuldade que existe para alguém mudar de nome, pois os nomes são únicos. Meu pai foi o sexto filho de uma família de cinco mulheres. O nascimento do homem nas famílias tradicionais é sempre muito esperado, pois é ele quem levará adiante o nome da família. Não por outra razão, quando meu pai nasceu, recebeu o nome de *Farid*, cujo significado literal na tradução do árabe ao português é *único*. Porque era único, em sua inteireza. Quando meu filho estava prestes a nascer, o ultrassom indicava ser *feto único*. Claro que para a cruzeza de um exame médico isso nada mais significava do que uma gravidez não gemelar. Entre o alívio de ter só um filho, e não ter que enfrentar a nova vida em duplicata, comecei a me indagar sobre o sentido filosófico da questão. Meu filho seria único na sua existência, único na sua personalidade, único na forma de agir e reagir, único no jeito, único no afeto, único na construção da existência, único em sua inteireza, como o foi o avô. Enfim, seria único. Se um dia perguntarem a ele a razão de algum ato, ele dirá que esse fato é irrelevante, pois ele é único.

3.2. Os sujeitos iluminista, moderno e moderno líquido

O centro essencial da identidade do sujeito iluminista advém de uma concepção funcionalista, concebida originalmente por Émile Durkheim. Na realidade, antes da Revolução Francesa, não se podia encontrar o conceito político-social de indivíduo; da mesma forma, antes de Durkheim não se pode falar epistemologicamente em indivíduo. Para o pensador francês, a sociedade arcaica era fundada em uma solidariedade mecânica. Diferentemente, nas sociedades contemporâneas (leia-se industrial), a solidariedade será orgânica, porquanto baseada nas diferenças dos indivíduos que criam entre si uma relação de interdependência.[17] Com o fim do conceito de coletividade da antiguidade, as responsabilidades passam a ser consideradas individuais.[18] Por isso, poderíamos pensar que a frase de Luís XIV: *O Estado sou eu,* passou a ser pensada de outra forma: *O homem sou eu.* A identidade decorre do conceito do indivíduo que é instrumental ao pensamento burguês. Nessa visão

> "o indivíduo estará totalmente centrado, unificado, dotado das capacidades de razão, de consciência e de ação, cujo 'centro' consistia num núcleo interior, que emergia pela primeira vez quando o sujeito nascia e com ele se desenvolvia, ainda que permanecendo essencial o mesmo – contínuo ou 'idêntico' a ele – ao longo da existência do indivíduo. O Centro essencial do eu era a identidade de uma pessoa".[19]

Desnecessário dizer que a identidade do sujeito iluminista estará calcada no individualismo exacerbado, concebido pela Revolução Francesa. Mas nem todos os indivíduos terão espaço no ser racional burguês. Nunca haverá espaço para o homem negro, tampouco para a mulher (negra ou branca). Esse mundo ainda não lhes pertence. Quando, por exemplo, os revolucionários cunharam sua Declaração de Direitos do Homem e do Cidadão, não pensavam no *homem* de uma forma lata, compreendendo *ser humano* (homens e mulheres). Pensavam de forma estrita, dizendo que só os homens eram sujeitos desse direito consagrado pelos iluministas. Não por outra razão, quando Olympe de Gouges aventurou-se em criar a Declaração dos Direitos da Mulher e da cidadã, foi imediatamente enviada

---

17. DURKHEIM, Émile. *Da divisão do trabalho social.* São Paulo, Abril Cultural, 1978, p. 40.
18. Não nos esqueçamos que é a partir desse momento histórico que a responsabilidade penal passa a ser individual e que se consagra o princípio segundo o qual nenhuma pena passará da pessoa do indivíduo.
19. HALL, Stuart. *A identidade cultural na pós-modernidade.* Rio de Janeiro, D P & A Editora, 1998, p. 10/1.

à guilhotina.[20] Ainda não existia o espaço do feminino – e do feminista – que só seria conquistado quase duzentos anos depois...

O nascimento do sujeito moderno sólido, passa a refletir a crescente complexidade do mundo, não permitindo que a noção de indivíduo galgue a autossuficiência plena. O ser humano não se basta, é necessário analisar o processo interativo com outras pessoas que lhe são importantes. Tal teoria nasce com os autores interacionistas e está a indicar um ramo da sociologia e da psicologia social que se concentra em processos de interação. Tal visão parte da ideia segundo a qual as relações sociais em que as pessoas estão inseridas as condicionam reciprocamente. As relações sociais, então, não surgem como determinadas de uma vez por todas, mas como abertas e dependendo de constante aprovação em comum.[21] O sujeito individual continua a ter um núcleo ou essência interior que é o "eu real", mas esse é formado e modificado em diálogo contínuo com valores da cultura e as outras identidades que esse mundo oferece.[22]

Ainda na modernidade sólida, o sujeito passa a ter uma concepção dos seus valores sociais calcados na solidez da modernidade. Seus valores identitários o colocam ao lado dos seus semelhantes. Um operário de fábrica encontrará seu espaço no sindicato e no clube que o sindicato provê. Ele encontrará os amigos no campinho de futebol, onde terá espaço para espairecer com a atividade física e uma bebidinha depois do jogo. O empresário frequentará seu clube fechado, no seio da elite, frequentando as reuniões do Rotary Club e encontrando seus amigos em cruzeiros organizados com a finalidade do congraçamento entre semelhantes. Jamais se misturará com a classe subalterna, salvo nas festas de fim de ano, quando o pecado da democracia será admitido. O sujeito, anteriormente vivido

---

20. *Declaração dos direitos da mulher e da cidadã.*
    "Mães, filhas, irmãs, mulheres representantes da nação reivindicam constituir-se em uma assembleia nacional. Considerando que a ignorância, o menosprezo e a ofensa aos direitos da mulher são as únicas causas das desgraças públicas e da corrupção no governo, resolvem expor em uma declaração solene, os direitos naturais, inalienáveis e sagrados da mulher. Assim, que esta declaração possa lembrar sempre, a todos os membros do corpo social seus direitos e seus deveres; que, para gozar de confiança, ao ser comparado com o fim de toda e qualquer instituição política, os atos de poder de homens e de mulheres devem ser inteiramente respeitados; e, que, para serem fundamentadas, doravante, em princípios simples e incontestáveis, as reivindicações das cidadãs devem sempre respeitar a constituição, os bons costumes e o bem-estar geral. (...)."
21. Vide esta obra p. 255/6.
22. HALL, Stuart. *A identidade cultural na pós-modernidade*. Rio de Janeiro, D P & A Editora, 1998, p. 11.

como tendo uma identidade unificada e estável, começa a se tornar fragmentado, composto do núcleo duro do "eu" e da vida externa que ainda lhe é estável.

A terceira fase desse processo está no encontro do sujeito moderno líquido com uma sociedade em que a representação cultural se multiplica. O ser humano passa a conviver com multiplicidades desconcertantes e cambiantes de identidades possíveis, vivendo num mundo em que tudo o que é sólido se desmancha no ar.[23] O definhamento, o declínio e a ruptura do projeto social fazem desaparecer as oportunidades de redenção e a eliminação do direito de apelar por esperança. A identidade passa a ser atravessada, não se sabendo ao certo quem são seus "semelhantes". Nesse passo, pode-se dizer que o sujeito não nasce mais sujeito, transforma-se em sujeito. Há uma perda dos centramentos humanos e decadência do falocentrismo, como uma das principais fragmentações do homem (aqui utilizando o vocábulo em sentido estrito). O feminismo, por fim, politiza toda a subjetividade e a identificação, modificando a divisão doméstica do trabalho, da educação e do cuidado das crianças, bem como todas as relações sociais. O pessoal torna-se político invertendo a lógica da modernidade sólida em que o político se tornou pessoal.

Se isso não bastasse, alguns aprofundamentos da psicanálise fazem com que a descoberta do inconsciente (Freud) arrase o conceito do sujeito cognoscente e racional, e a descoberta do inconsciente coletivo (Jung) elimina a certeza do consciente coletivo (Durkheim), que permitia a amálgama da estruturação social sob a perspectiva do funcionalismo burguês. O racionalismo passará a fluir como os líquidos fluem. Os valores sólidos são solapados e transformados em pó. Claro que algumas simplificações tiveram que ser feitas para encontrar o significado da divisão. A sociedade não é, como se pode pensar, um todo unificado e bem delimitado, uma totalidade, produzindo-se através de mudanças evolucionárias. A sociedade da modernidade sólida, com seus seres humanos complexos, está constantemente sendo desfragmentada, descentrada ou deslocada por forças fora de si mesmas. Nunca deixam de ser atravessadas por diferentes divisões e antagonismos sociais que produzem uma variedade de diferentes identidades.[24] Se tais sociedades não se desintegram não é porque sejam unas, mas simplesmente por estarem articuladas pela diversidade.

---

23. MARX, Karl, ENGELS, Friedrich. *O manifesto comunista in* Obras escolhidas. São Paulo, Ed. Alfa Omega, s/d., p. 40.
24. HALL, Stuart. *A identidade cultural na pós-modernidade*. Rio de Janeiro, D P & A Editora, 1998, p. 17.

4. O direito penal iluminista, moderno sólido e moderno líquido

4.1. O pensamento iluminista do direito penal

O Iluminismo e todas as formas de pensar ancoradas no racionalismo advêm em grande medida do Renascimento, e com obras preconizadoras de ideias liberais e humanizantes como a de Marques de Beccaria. É desse autor a ideia segundo a qual a pena só é justa quando necessária.[25] Interessante notar que o movimento de reforma penal iniciado no século XVIII, o qual originou o denominado período humanitário da pena, foi extremamente influenciado pelo pensamento iluminista e, por óbvio, por seus ideólogos como Montesquieu, Rousseau, Diderot, D'Alembert e outros. Durante o movimento de reforma penal ocorreu a Revolução Francesa, cujo símbolo foi exatamente a tomada e a destruição de uma cadeia chamada *Bastilha* (14 de julho de 1789). A prisão caracterizava-se como a imagem do despotismo e da arbitrariedade do Antigo Regime.

Beccaria, autor de *Dos Delitos e das Penas*, obra publicada de forma anônima em 1764, foi o mais contundente crítico do sistema penal do Antigo Regime, que mesclava o delito com o pecado e processava todos os acusados de quaisquer delitos consoante as desumanas formas inquisitivas, fundadas na denúncia anônima, na prisão cautelar e na tortura para confessar e delatar. Beccaria, dois anos depois da publicação de sua obra, viaja à França, para uma série de conferências, e suas ideias repercutem de tal sorte que algumas delas comporão a pauta da Revolução Francesa de alguns anos depois.

Luiz Flávio Gomes assevera que se pode ver dez "Beccarias", tal a influência da obra do autor, identificando-se i) Beccaria **iluminista**, dada a perspectiva de combate à forma arbitrária de gestão do poder absolutista então vigente; ii) Beccaria **secular**, que propugna separar a Igreja do Estado, a religião – e a moral – do direito e o crime do pecado; iii) Beccaria **racionalista**, que permitirá libertar o ser humano das crenças e superstições, das religiões estabelecidas e dos costumes autoritários; iv) Beccaria **contratualista**, remetendo-se à ideia de que o poder está ligado a um pacto entre as pessoas, que racionalmente decidem a ordem das coisas; v) Beccaria **crítico** do sistema penal vigente; vi) Beccaria **garantista**, sistematizador dos princípios orientadores do moderno direito penal e processual; vii) Beccaria

---

25. É importante destacar que Beccaria não é considerado um autor original. Talvez se possa dizer que ele era o produto de seu tempo, alguém que vivia em um caldo de cultura e que reproduziu em uma única obra aquilo que era o pensamento corrente de muitos de seus contemporâneos. Nesse sentido, seu grande mérito foi o de reunir o pensamento vigente para fundir tudo que os iluministas asseveravam sobre o momento em uma única obra de divulgação daquele modo de pensar.

humanista, para o qual o gênero humano deve ser tratado com compreensão, inteligência, tolerância para os seus erros e fraquezas; viii) Beccaria **utilitarista**, em que se propugna que tudo deve ser avaliado pelo quanto é útil à sociedade; ix) Beccaria "**socialista**", que prega reformas socioeconômicas e educacionais para prevenção do delito; x) e, por fim, um Beccaria "**burguês**" responsável em sua obra pela construção de um novo sistema punitivo, típico da burguesia ascendente.[26]

Beccaria pode ser compreendido como o pensador que foi responsável pelo nascimento da filosofia do direito penal, pelo princípio da legalidade e da igualdade formal. O ideário de sua obra será fundamental para a adoção do princípio da legalidade. A Declaração Universal dos Direitos do Homem e do Cidadão consagrou a ideia de legalidade[27], ainda que não tenham feito em um único brocardo, o que acontecerá somente no início do século XIX por Feuerbach. De qualquer sorte, o florescimento do novo direito penal, já elaborado com base nos fundamentos iluministas calcados na *Razão*, servirá para consagrar uma principiologia de direito material e processual que serão fundamentais aos primeiros juristas penais do século XIX. Dizer que nenhuma pena passará da pessoa do delinquente, que o processo deve buscar a verdade, com paridade de armas, em sua forma devida, pode parecer estranho aos olhos contemporâneos em que as visões deformadoras dos projetos apresentados pelo governo eleito em 2018 ignoram a razão iluminista.

4.2. O direito penal moderno sólido

A principal característica do direito penal moderno sólido é o florescimento da dogmática como unidade operativa. Tal elaboração teve início no século XIX e passa por um longo processo que chega aos nossos dias. Em um resumo radical poderíamos suscitar algumas teorias que apresentaram contributos essenciais a essa elaboração. A concepção psicológica da culpabilidade surge, no século XIX, fundamentalmente como decorrência lógica do positivismo de origem naturalista

---

26. GOMES, Luiz Flávio. *Beccaria (250 anos) e o drama do castigo penal: civilização ou barbárie?* São Paulo, Saraiva, 2014.
27. Art. 7.º Ninguém pode ser acusado, preso ou detido senão nos casos determinados pela lei e de acordo com as formas por esta prescritas. Os que solicitam, expedem, executam ou mandam executar ordens arbitrárias devem ser punidos; mas qualquer cidadão convocado ou detido em virtude da lei deve obedecer imediatamente, caso contrário torna-se culpado de resistência.
    Art. 8.º A lei apenas deve estabelecer penas estrita e evidentemente necessárias e ninguém pode ser punido senão por força de uma lei estabelecida e promulgada antes do delito e legalmente aplicada. (https://pt.wikipedia.org/wiki/Declara%C3%A7%C3%A3o_dos_ Direitos_do_Homem_e_do_Cidad%C3%A3o, capturado em 6/2/2019).

causal. Construiu-se, sob o patrocínio da escola técnico-jurídica, a teoria de que o dolo (e a culpa) era um conceito puramente psicológico. Para os defensores desse pensamento a imputabilidade era um pressuposto da culpabilidade jurídico-penal. A culpabilidade passa a ser conceituada como uma ligação de natureza interior, anímica, psíquica entre o autor e o fato. Não havia momentos valorativos que mediassem o responsável pelo ilícito e o resultado desse. Bataglini, um dos defensores dessa teoria, destaca que a "culpabilidade deve entender-se como a relação psíquica entre o agente, que seja reconhecida (enquanto capaz de entender e querer) válido destinatário da norma abstrata de conduta, e o fato por ele em concreto realizado".[28]

Reinhart Frank, professor da Universidade de Munique, lança as bases da teoria normativa da culpabilidade, no ano de 1907, introduzindo um elemento valorativo no conceito de culpabilidade. Tal teoria supera o positivismo naturalista então imperante, adotando posturas neokantianas. Esse juízo normativo que adota é a reprovabilidade do ato praticado. Assim, não basta mais que o fato seja doloso ou culposo, mas torna-se necessário que o autor possa ser censurado. Dolo e culpa, que eram considerados a própria culpabilidade, ganham o fator "juízo de censura" que se faz ao autor do fato ilícito. Edmund Mezger aprofunda alguns conceitos chegando à ideia de culpabilidade como sendo um juízo de reprovação ao autor do fato pelo cometimento de um ilícito em face do conhecimento existente quanto à antijuridicidade da conduta praticada.[29]

O terceiro salto no desenvolvimento dogmático se deve à teoria finalista da ação de Hans Welzel. A principal contribuição de Hans Welzel para a teoria do crime foi a retirada de dolo e culpa da culpabilidade e sua transferência para a ação típica. Ele percebeu que na tentativa é impossível comprovar, de um ponto de vista puramente objetivo, isto é, sem verificar a decisão subjetiva do autor, que tipo penal ele realiza. Dessa elaboração teórica verifica-se que o dolo é ínsito à ação típica e antecede, pois, à verificação do juízo de culpabilidade. A teoria finalista permitiu uma perfeita compreensão de dois problemas graves para a teoria do delito: o erro de tipo e o erro de proibição. Somente com o deslocamento do dolo e da culpa para a ação típica é que se pode superar a fase causal-clássica que mencionava os erros de fato e de direito, e que dominou o pensamento penal brasileiro, até a Reforma de 1984.

---

28. BATAGLINI, Giulio. *Diritto penale*: parte generale. Padova, Cedam, 1949, p. 224.
29. SHECAIRA, Sérgio Salomão. *Responsabilidade penal da pessoa jurídica*. São Paulo, Campus/Elsevier, 2011.

A culpabilidade, dentro de um contexto moderno, contexto fundado nas várias teorias que bebem na fonte do funcionalismo sistêmico, vincula o autor ao fato, aspecto esse que a doutrina denomina imputação subjetiva. A desaprovação que se atribui ao autor do delito é resultado de um enlace eminentemente individual; depende de sua personalidade, suas particulares relações afetivas, psicológicas, espirituais, fundamentalmente éticas (mas não morais). A culpabilidade sugere, portanto, uma especificidade bastante estrita, pois é um critério valorativo que faz depender sua apreciação unicamente do ser humano que é objeto de exame. Trata-se de analisar o homem desigualmente, como desigual que ele é. A análise da culpa do homem através de um conceito geral de culpabilidade, comparando-se com um hipotético sujeito, imaginário, que serve como referência-padrão a todos os autores de delito, é um evidente retrocesso, que não mais é usado na doutrina contemporânea.

No projeto de elaboração dogmática penal da modernidade sólida não bastava definir uma conduta como delito, por infringir uma norma ética, sendo necessário muito mais. O processo de elaboração da teoria da tipicidade permite aflorar a verificação da ofensividade a interesses sociais fundamentais, entendidos como bens jurídicos. Nessa fase de elaboração do sistema, os bens jurídicos são exclusivamente individuais e podem ser definidos como tudo aquilo que é suscetível de merecer proteção jurídico-penal.[30] Em outras palavras, se no plano formal demanda-se a existência de lei – princípio da legalidade advindo do Iluminismo – no plano material requer-se a existência de lei que ao ser infringida possa ofender algo digno de tutela penal. Os bens jurídicos, nesse estágio dogmático eram exclusivamente individuais e na grande maioria dos casos decorriam de um dano concreto material ou materializável.

Tampouco pode-se pensar em direito penal sem se tomar como referência a existência de um sistema mais amplo de controle social. O sistema é a articulação de várias esferas, que vão desde aquelas contempladas pela pura ética, até a de um complexo sistema normativo. O direito penal insere-se nesse contexto como a última – e mais radical – forma desse controle. O direito agirá quando houver uma falha esfera ética e a esfera jurídica extrapenal falharem. Assim, o direito penal será considerado a *ultima ratio* desse todo articulado. Será a extrema ação jurídica lançando mão das penas para fazer valer determinada ordem instituída. Isto é, se o direito penal é a última instância do sistema não poderá ser a primeira instância, tampouco a única. Nunca é demais lembrar que tal sistema é algo

---

30. BECHARA, Ana Elisa Liberatore Silva. *Bem jurídico-penal*. São Paulo, Quartier Latin, 2014, p. 20.

que constitucionalmente se justifica para garantir ao cidadão direitos oponíveis ao Estado. Tal teoria, devida em grande medida a Luigi Ferrajoli, consagra um avanço de natureza positivista, que não pode ser ignorado na proteção de valores humanitários exigíveis contra o Estado. [31]

4.3. O direito penal moderno líquido

Ainda que alguns princípios das fases anteriores sejam preservados, seja formal, seja materialmente, como o princípio da legalidade, da culpabilidade individual – como regra orientadora –, princípio da *ultima ratio*, para os crimes comuns, muitos solapamentos começam a modificar esse sistema de garantias concebido por Luigi Ferrajoli e fazem com que se possa identificar um novo sistema denominado sistema penal moderno líquido. A primeira quebra do sistema advém do fim do direito penal mínimo como resultado de forças expansivas tradicionais: o Movimento da Lei e da Ordem e o Movimento de Tolerância Zero. Tais movimentos de origem americana, acabaram por produzir uma ampliação do sistema de controle punitivo, seja por modificações legais, seja pela leitura mais rigorosa nos sistemas interpretativos das mesmas leis. Quanto ao Movimento da Lei e Ordem, consegue-se ver claramente o marco legal de sua chegada ao Brasil. A criação da Lei de Crimes Hediondos, Lei 8.072/90, e suas sucessivas modificações, permitiu a ampliação de penas (casos de estupro, latrocínio, extorsão mediante sequestro etc.), a limitação da concessão de medidas liberatórias processuais em casos de prisão processual (depois consideradas inconstitucionais), a proibição da concessão de regime progressivo de penas (também consideradas inconstitucionais pelo STF), a dificuldade de concessão de regimes menos rigorosos de progressão de regime, (de 1/6 para 2/5, quando réu primário e de 1/6 para 3/5 quando réu reincidente), entre muitas outras normas que se constituíram em gravame punitivo, resultando em grande medida no encarceramento em massa hoje vigente. Ademais, o pacote anticrime ampliou a restrição de direitos de condenados, aprofundando ainda mais tal processo. De outra parte, o Movimento de Tolerância Zero, concebido como uma política restritiva para pôr cobro ao avanço da criminalidade na cidade de Nova York, aqui chegou como uma espécie de aval hermenêutico para juízes e promotores repaginarem suas visões mais tolerantes para uma leitura radical e extremada do que deve ser o sistema de garantias. Embora o mundo saiba com precisão o que é o garantismo penal, no Brasil criou-se um tal *garantismo integral*, arremedo de garantia à vítima e ao réu. Essa jabuticaba

---

31. FERRAJOLI, Luigi. *Diritto e ragione: teoria del garantismo pénale*. Roma, Carteza, 1998.

jurídico-penal tem se constituído em uma das muitas vergonhas interpretativas aqui concebidas.[32]

Esses dois movimentos foram disseminados entre nós por uma mídia conservadora e bastante atuante, verdadeira criadora de novos tipos punitivos, responsável maior pelo agravamento das punibilidades e marteladora cotidiana nos ouvidos incautos de um novo direito penal que não vinha sendo o nosso. A comunicação de massas tem importante função na formação dos valores da sociedade. Desde que o indivíduo nasce há uma conformação de esferas que acompanham o despertar do homem para as relações sociais. São as influências familiares, a educação, os grupos de amizade e convivência, a escola, a igreja etc. Dentro desse contexto – de formação de valores – não podemos deixar de mencionar a fundamental importância que têm os meios de comunicação a influenciar na conformação das atitudes humanas e em suas formas de conduta. A mídia transmite uma imagem codificada de mundo. Tem a capacidade de alterar o conteúdo e o significado da própria realidade. Os meios de comunicação fazem parte do processo de socialização do indivíduo, processo que, ainda que comece com mais intensidade na infância, é contínuo até a morte. Portanto, de uma maneira ou de outra, as mensagens que são transmitidas passam a integrar a maneira de ser da população que está submetida a sua influência.[33] O mundo atual, mundo das comunicações, vive da ficção, da fantasia, em que a definição da realidade assume um papel maior que a própria realidade e a verdade deixa de ser importante e não por outra razão esse mundo passou a ser conhecido como da pós-verdade.

Desde o direito penal da modernidade sólida constituiu-se uma rica doutrina que identificava no bem jurídico a necessária comprovação de lesão a um dado bem para sua eventual proteção. Especificamente, entendia-se a mácula ao princípio da ofensividade sempre que um bem jurídico não fosse muito presente. Desde o finalismo tinha-se a ideia de que o bem jurídico deveria ser aquele bem vital da comunidade ou do indivíduo protegido juridicamente, tendo em vista o significado social. Tal bem, por definição, era individual. No entanto, no direito penal da modernidade líquida, em função da verdadeira revolução tecnológica na sociedade de risco, passa-se a pensar em excepcionar esse conceito, para consagrar-se um bem jurídico supraindividual. A necessária tutela dos interesses difusos é

---

32. COPETTI NETO, Alfredo e PINHO, Ana Cláudia. *Garantismo Integral: a "teoria" que só existe no Brasil. In* Justificando, São Paulo, 2017, capturado em 11/02/2019, http://www.justificando.com/2017/07/19/garantismo-integral-teoria-que-so-existe-no-brasil.
33. CASTRO, Lola Anyar. Prevención del delito y medios de comunicación: entre la vaguedad y lo imposible. *Derecho penal y Criminologia*, Bogotá, v. 9, 1989, p. 121.

fruto da articulação de uma vasta exigência política de satisfação de necessidades essenciais e de participação no processo econômico. Amplia-se consideravelmente o horizonte penal, abandonando-se a conceituação iluminista quanto a uma consideração relativa à pessoa enquanto elemento individual, tomando-se em conta bens metaindividuais e sociais.[34] Tal ampliação, por óbvio, impõe um sacrifício da segurança garantidora que tem a teoria tradicional do bem jurídico.

Na antiguidade, a responsabilidade penal era coletiva. Como corolário do Iluminismo os crimes passaram a ser imputados exclusivamente aos indivíduos de tal sorte que *nenhuma pena passa da pessoa do criminoso*. O princípio da responsabilidade individual, outrossim, voltará a ser revisto com o advento do poderio das empresas no século XX. Gradativamente começam a surgir demandas preventivas, identificáveis desde a década de 20 do século passado. Pondere-se, ademais, que com o processo de globalização, tal movimento ganha corpo, permitindo uma ampla modificação do princípio iluminista. Em muitas esferas, do direito penal econômico ao direito ambiental, amplia-se a intervenção penal, consagrando-se novos valores típicos da modernidade líquida.[35] Ainda que o passar dos anos tenha permitido constituir sólida doutrina favorável à responsabilidade dos entes coletivos, não foram poucas as críticas dos opositores e dos refratários à ideia ao longo dos anos; e tais críticas só deixam de ser relevantes com as constantes reformas legais europeias para implementação da responsabilidade corporativa.

Outra força expansiva do sistema punitivo da modernidade líquida relaciona-se com a ideia de um novo direito decorrente de uma nova realidade cambiante. O reconhecimento da existência da sociedade de risco, um âmbito econômico rapidamente variante e o aparecimento de avanços tecnológicos sem paralelos em toda a história da humanidade, permitiram o surgimento de uma concepção que reconfigura o direito penal a partir do risco de procedência humana como fenômeno social estrutural.[36] A criminalidade associada aos meios informáticos e à internet, a criminalidade ambiental, a criminalidade econômica em uma sociedade globalizada, sugerem uma reflexão sobre o interesse na quebra da univocidade

---

34. SILVEIRA, Renato de Mello Jorge. *Direito Penal Supra-individual: interesses difusos*. São Paulo, Revista dos Tribunais, 2003, p. 56/7.
35. No direito brasileiro, em face de uma interpretação restritiva da Constituição de 1988, a maior parte da doutrina entende que a responsabilidade penal da pessoa jurídica está restrita ao direito ambiental, nos termos do art. 225, § 3º, da CF, não se compreendendo como possível sua expansão pela controversa interpretação do art. 173, § 5º, do mesmo diploma normativo.
36. SILVA SÁNCHEZ, Jesús-María. *A expansão do direito penal: aspectos da política criminal nas sociedades pós-industriais*. São Paulo, Revista dos Tribunais, 2002, p. 29.

das respostas punitivas. Para a criminalidade de massas, conhecida desde o direito penal iluminista e sólido, um tipo de resposta distinto da resposta dada à nova criminalidade. Tal proposta concebe um *Direito Penal de Duas Velocidades* significando a renúncia à teoria do delito como teoria geral e uniforme do ilícito penal. Ao crime de massas, todas as regras garantidoras e a aplicação eventual de pena privativa de liberdade. À nova criminalidade, uma diminuição das garantias, mas a não aplicação de penas institucionais. Em outras palavras, o problema não seria tanto a expansão do direito penal em geral, senão especificamente a expansão do direito penal da pena privativa de liberdade.[37] Nunca se esqueça de uma terceira velocidade penal representada pelo *Direito Penal do Inimigo,* em que todas as garantias seriam flexibilizadas para a imposição de penas sem quaisquer garantias.[38] Esse pensamento concebido para aqueles que atentassem contra a estrutura do estado autorizaria a criação de um direito penal de emergência – com uma emergência perene –, sem um devido processo legal, com inversão do ônus da prova e o fim total do sistema de garantias. Mas aqui já não se estaria a falar de um direito... está-se a falar do escarnecimento do Estado-Nação, de um não direito e isso é outra história.

Na construção das diversas forças normativas de um processo criminalizador político-criminal, merece destaque o influxo da internacionalização da política criminal. Se a força dos tratados contribui para pressionar os Estados-Nações para criminalizar certas condutas de interesse do mundo globalizado, ainda pior é a influência da *Soft Law.* Tal expressão é utilizada no âmbito do Direito Internacional Público e designa o texto internacional, sob diversas denominações, que são desprovidos de caráter jurídico em relação aos signatários. São, em teoria, facultativos, ao contrário do que ocorre com o *jus cogens*, que são normas cogentes. Mas o mundo moderno líquido acompanha preocupado com a segurança jurídica dos cidadãos uma espécie de soberano privado supraestatal difuso, titular de um poder de fato conferido não por tratados ou pactos internacionais, mas pela conjunção de entidades transnacionais e conglomerados econômicos que interagem com Estados, como o G7, o Banco Mundial, o Fundo Monetário Internacional (FMI), a Organização para a Cooperação e Desenvolvimento Econômico (OCDE) e a Organização Mundial de Saúde (OMS), que são geradores de normas impostas aos Estados, por meio de instrumentos de *soft law*.[39] O nascimento da

---

37. Op. cit., p. 139.
38. Op. cit., p. 148.
39. BECCHARA, Ana Elisa Liberatore Silva. *Valor, Norma e Injusto penal: considerações sobre os elementos normativos do tipo objetivo no Direito Penal Contemporâneo.* Belo Horizonte, D'Plácido, 2018, p. 270.

soft law punitiva avança na exata medida em que há o recuo do Estado-Nação. Se a referência da segurança jurídica era típica de um processo estatal, a liquefação dos valores acaba transformando a vida de cidadãos pelo declínio do próprio Estado.

A sociedade moderna líquida assiste com preocupação de segurança jurídica a utilização de estratégias do uso do direito como um substitutivo dos meios militares tradicionais para atingimento de um objetivo de combate de guerra, no plano político interno. Se a existência do *Lawfare* serviu à autoridade palestina para internacionalizar o conflito com Israel como um problema legal, iniciando processos judiciais e investigações na Europa contra empresas acusadas de fornecer material para crimes de guerra israelenses,[40] o *Lawfare*, recentemente, tem encontrado repercussão em questões relevantes no plano interno dos Estados. Se no plano externo o *Lawfare* significa o uso da lei como uma arma de guerra, no plano interno dos Estados, vemos um *Lawfare* político que acaba por usar o direito para criar os mesmos ou similares efeitos àqueles tradicionalmente buscados pelas ações políticas para destruição de carreiras ou aprisionamento de pessoas de certos grupos políticos. Enfim, uma verdadeira estratégia de guerra externa que imobiliza o adversário, com apoio de instituições como Ministério Público e Magistratura. Isso aconteceu recentemente no Brasil quando a Presidenta Dilma acabou sofrendo um processo de *impeachment* por fatos no mínimo duvidosos, e o Presidente Lula veio a ser condenado por um juiz, com fundamentos probatórios usados no *Common Law* mas não sustentáveis em processos equivalentes no âmbito do direito escrito.[41]

Por fim, não se pode ignorar, quando se mencionaram as mudanças identitárias anteriormente – a visão de gênero, raça e a questão sexual – que elas se constituem como forma de ação expansiva do direito penal líquido. A revolução epistêmica nascida do feminismo, por exemplo, não elimina a própria crítica feminista ao feminismo que reconhece em grande medida uma neocriminalização decorrente de impulsos punitivos. No plano das lutas da racialidade, as raças foram uma sombra sempre presente no pensamento e na prática das políticas do ocidente, especialmente quando se trata de imaginar a desumanidade dos povos estrangeiros – ou a dominação a ser exercida sobre eles de tal sorte que o racismo é

---

40. SANTORO, Antonio Eduardo Ramires & TAVARES, Natália Lucero Frias. *Impeachment de 2016: uma estratégia de lawfare político instrumental*. Belo Horizonte, D'Plácido, 2017, p. 34/5.
41. Reforça tal argumento a existência de um novo governo brasileiro em que o ex-juiz Sérgio Moro deixa a carreira da Magistratura para ser Ministro da Justiça. Enfim, o político vai para a política (explicitamente).

sem dúvida uma política de morte, ou uma *Necropolítica*.[42] É, pois, perfeitamente compreensível a existência de demandas punitivas também nessa esfera, assim como o é quando falamos da categoria LGBT+. Neste último sentido é importante o diálogo entre os estudos *queer* e criminológicos. Tais estudos reconhecem a existência de um campo próprio que consagra novas e necessárias perspectivas criminológicas que procuram compreender e revelar a violência, a exclusão e o estigma gerados pela normalização de uma dada ordem heteronormativa.[43]

5. Pequena conclusão

No mundo da pós-verdade que se relaciona ou denota circunstâncias nas quais fatos objetivos têm menos influência em moldar a opinião pública do que apelos à emoção e a crenças pessoais, os valores da **razão** iluminista e moderna (sólida) se liquefazem e se perdem a ponto de solapar os principais valores da modernidade líquida. A palavra tem sido usada por quem avalia que a verdade está perdendo importância no debate político. Por exemplo: o boato amplamente divulgado de que o Papa Francisco apoiava a candidatura de Donald Trump não vale menos do que as fontes confiáveis que negaram essa história. O medo do florescimento de outros Berzelius Windrip em terras tupiniquins é real não só pela realidade que se avizinha, mas também por aquilo que já se apresenta.

Mesmo sem a pós-verdade, um verdadeiro *Não vai acontecer aqui*, já está em curso com o tornar-se líquido aquilo que um dia foi sólido. O vaticínio segundo o qual *tudo o que é sólido se desmancha no ar* já é realidade.

---

42. MBEMBE, Achille. *Necropolítica*, São Paulo, N-1 Edições, 2018, p. 18. Não se deixe de considerar a contundente afirmação, que tem o endosso do autor, da existência do genocídio do povo negro em curso no Brasil. Não se olvide o que a escravidão fez em terras americanas, especialmente no Brasil, mas que continua a fazer por conta das sucessivas políticas não declaradas de extermínio seletivo ainda em curso por aqui.
43. MASIERO, Clara Moura. Criminologias queer in *Criminologias Alternativas*. Porto Alegre, Canal Ciências Criminais, 2017, p. 162.

II. CRIMINOLOGIA CULTURAL (OU UMA LEITURA CRIMINOLÓGICA DA CULTURA)

Acesse o conteúdo em Visual Law

1. Notas introdutórias

Desde meados dos anos 90, especialmente nos países de língua inglesa, proliferaram vários livros e artigos sobre *criminologia cultural*. Data de 1993 a obra de Jeff Ferrell sobre os *Crimes of styles* em que o autor relata sua experiência entre grafiteiros de Denver, Colorado. O próprio autor revisita o tema, com um texto, sempre referência no assunto, *Urban graffiti: crime, control, and resistance*. Sucedem-se inúmeros artigos e livros, podendo ser destacados: *Cultural criminology*, surgido de uma parceria entre Ferrell e Clinton R. Sanders (1995) ou ainda *Cultural criminology*, coletânea mais recente em que Ferrell, Keith Haiyward, e Jock Young analisam temas concernentes à chamada criminologia cultural (2008). O tema não foi ignorado pela doutrina brasileira, podendo ser ressaltados livros como *Criminologia cultural e rock*, organizado por Salo de Carvalho e outros, de 2011; *A criminologia cultural e a criminalização cultural periférica*, de Saulo Ramos Furquim (2016), "Criminologia e música brasileira" de Ana Luiza Teixeira Nazário e Bruno Silveira Rigon (orgs), em que o assunto é tangenciado, e uma boa dezena de artigos, merecendo realce "Criminologia cultural, complexidade e as fronteiras de pesquisa nas ciências criminais", de Salo de Carvalho, publicado na *Revista Brasileira de Ciências Criminais*, no ano de 2009, bem como o interessante estudo de Júlia de Moraes Almeida intitulado "O processo gentrificador de São Paulo e o grafite: uma perspectiva do sul global sob a ótica da criminologia cultural", inserido no livro por mim organizado com outros autores, cujo nome é *Novas perspectivas de criminologia*.

A primeira grande questão, quando se estuda a chamada criminologia cultural, é tentar entender em que contexto sociológico e criminológico tal pensamento se insere. Entendi, ao longo dos meus estudos sobre a criminologia, que as principais teorias criminológicas poderiam ser divididas em dois grandes blocos, por critérios epistemológicos, mas também cronológicos: teorias do consenso, de cariz mais conservador; teorias do conflito, de perfil progressista. As primeiras têm uma matriz etiológica, trabalhando um conceito de causa/efeito, nem sempre viável de ser compreendida nas ciências humanas. São elas: Escola de Chicago, Teoria da Associação Diferencial, Teoria da Anomia, Teoria da Subcultura delinquente. As teorias do conflito, de perfil progressista, contemplam as teorias da Rotulação Social e a Teoria Crítica (*stricto sensu*) e foram a primeira grande virada criminológica em termos do repensar o fenômeno crime/criminoso. Nunca é demais afirmar que toda classificação contempla certa dose de simplificação, porquanto a complexidade do tema, especialmente na esfera das ciências flexíveis, não comporta exatos contornos com os quais as classificações trabalham. De qualquer sorte, parece que a macroclassificação – consenso/conflito – tem sido aceita pela maior parte da doutrina brasileira. Também é importante dizer, neste passo, que há continuidades e descontinuidades entre as teorias mencionadas. Não se pode compreender o movimento contracultural, substrato político da teoria da rotulação social, ignorando as teorias subculturais. Ainda que se tenha uma ruptura epistemológica entre um pensamento e outro, certa continuidade não deixa de existir, ainda que por oposição.

Quando a teoria crítica, enquanto saber criminológico, surge nos anos 70 do século passado (são referências as obras de Taylor, Walton e Young, *Criminologia nova*, de 1973 e *Criminologia crítica*, de 1975), ela nasce com duas pautas: uma negativa e outra positiva. A agenda negativa da Criminologia Crítica contempla uma: i. Crítica aos fundamentos e aos pressupostos da criminologia etiológica, negando os modelos sociais da sociedade capitalista, o postulado causal-determinista e o caráter científico deste saber, assim como criticando os critérios metodológicos de constatação da criminalidade; ii. Crítica aos fundamentos e aos pressupostos do direito penal dogmático, com a negação do discurso da igualdade e imparcialidade no âmbito da criminalização primária e o caráter positivo atribuído à sanção penal; iii. Crítica ao funcionamento das agências punitivas, com a demonstração do caráter seletivo do controle penal (que gera uma criminalização secundária, bem como o desnudar da relação de dependência existente entre o sistema econômico e o sistema de controle social punitivo; iv. Crítica do sistema econômico que dá os contornos do sistema punitivo denunciando, pois, a utilização do sistema capitalista na mantença do *status quo*, assim como a demonstração da relação de dependência entre o sistema econômico e o sistema de controle punitivo.[1]

---

1. CARVALHO, Salo. Criminologia crítica: dimensões, significados e perspectivas atuais, *RBCCRIM*, vol. 104, p. 287-288.

De outra parte, a agenda positiva da teoria crítica contempla diferentes propostas: i. o deslocamento do objeto de investigação do desviante para a estrutura econômica e às instituições do poder punitivo; ii. O entrelaçamento da teoria criminológica com uma práxis transformadora, dentro da concepção marxista segundo a qual não basta interpretar a sociedade, mas é preciso transformá-la. iii. A constante revisão conceitual, especialmente após a queda do muro de Berlim, com agendas modificadoras que contemplam várias visões não necessariamente convergentes como o estudo do garantismo penal, direito penal mínimo, uso alternativo do direito penal, adoção de políticas pragmáticas de práticas criminológicas como o realismo de esquerda, bem como a discussão da visão abolicionista penal; iv. o repensar das práticas punitivas, como um mecanismo de inversão de seletividade do direito penal, diminuindo-se a punição de crimes que atentam contra bens jurídicos individuais e que apontam para novas esferas criminalizantes (imperialismo, genocídio, danos ecológicos, crimes de colarinho branco etc.).[2] Assim, se a criminologia crítica defende uma diminuição do processo de criminalização de vários crimes, também defende uma ampliação para crimes que atentam contra bens jurídicos supraindividuais.

Pode-se dizer que, ao final dos anos 80 e início dos 90 da década passada, era esse o quadro da criminologia vivenciado em um mundo bipolar centrado em referência de duas grandes potências: EUA e URSS. No entanto, com a queda do Muro de Berlim em 1989 e com o desmoronamento da potência soviética e seus satélites do leste europeu, houve uma transformação acentuada no âmbito das relações econômico-sociais em todo o mundo, com larga expansão das relações de troca, com a superação das fronteiras entre países, com a crise dos Estados-nação e com um acentuado meio de intercomunicação que gerou o esboroamento de culturas locais e um mundo globalizado em termos culturais. As profundas modificações culturais trazidas pelo processo conhecido como Globalização, também produziram mudanças nas esferas da criminalidade e da própria criminologia. Uma das facetas destas novas reflexões criminológicas é exatamente o estudo deste tema até então assim não denominado. Tentarei demonstrar esse contexto.

Uma das discussões permanentes no âmbito do pensamento progressista é a utilização do conceito de criminologia crítica. Existe mais de uma acepção para a ideia de criminologia crítica? Em seu surgimento, a ideia de se ter uma criminologia crítica era espécie de eufemismo para falar do pensamento marxista. Afinal, mesmo antes do livro de Taylor, Walton e Young, *Criminologia crítica*, de 1975 o adjetivo *crítica* já havia sido consagrado pela Escola de Frankfurt, uma

---

2. Idem, p. 293-296.

das muitas visões de pensar que invocava ser caudatária do pensamento de Marx. Assim, quando de sua consagração com tal nome, a criminologia crítica passou a ser identificada como seguidora dos ideais do filósofo alemão. No entanto, com o tempo ela passou a "denotar qualquer posição teórica que ao dizer 'não' a antigas formas de saber e a pressupostas hierarquias do saber, também desafia os arranjos sociais e políticos naturalizados que dão origem a desigualdades de riqueza, conhecimento e poder, com seus acompanhantes sistemas de justiça criminal exploradores."[3] A propósito, a afirmação dos direitos humanos, uma das consequências do processo globalizador mundial, e a negação da criminologia etiológico-positivista, permitiram que inúmeras correntes de pensamento, mais ou menos autônomas em relação ao pensamento crítico original, viessem a integrar um rol amplo das criminologias críticas, com análises específicas do feminismo, das criminologias culturais, criminologia "queer", criminologia racial, criminologia ambiental, criminologia visual,[4] criminologia pós-moderna ou da sociedade líquida, criminologia da libertação, criminologia marginal etc.[5]

Pat Carlen, sem prejuízo de sua preferência pela expressão por ela criada – criminologia imaginativa –, fala do caminho fragmentado da criminologia, pautado pela alteridade e dissensos, e que não pode abstrair das linhas epistemológicas de pensar mais tradicionais. Dá-se um renascimento cultural nas perspectivas criminológicas de todas as variáveis cintilantes da imaginação (por isso, criminologia imaginativa) da criatividade e da crítica, que são tão vitais ao saber criminológico. Tal saber deixa de ter esse lado obscuro da lei e da ordem e passa a ter uma visão brilhante do esforço humano e das visões da justiça. Não por outra razão, em face da amplitude de saberes e das diferentes perspectivas culturais que envolvem a criminologia, não deixa de considerar o uso da expressão *Criminologias alternativas*. Tal conceito, desconstrói os significados do crime e da justiça social a fim de expor as relações entre desiguais estruturas sociais, injustiça criminais, leis e identidades humanas. Tal desconstrução se dá analiticamente pela crítica; artisticamente, pelas artes visuais ou dramáticas e/ou formas musicais; matematicamente, pelo cálculo

---

3. CARLEN, Pat; FRANÇA, Leandro Ayres. *Criminologias alternativas*, p. 24.
4. O livro de José Calvo González, *Criminologia visual: selos postais como artefatos imagéticos de aculturação ideológico-jurídica*, editado pela Empório do Direito, 2020, traz uma diferente –tanto quanto interessante – perspectiva da criminologia. O autor espanhol ensina que o sentido visual atravessa praticamente todas as dimensões da nossa sociedade. A lógica frenética da velocidade, do instanteísmo imagético, modifica as dimensões da própria vida chegando às vezes a aniquilar nossa capacidade de abstração e crítica reunindo uma condição nova da cultura contemporânea. Vide, em particular, o interessante prefácio de Augusto Jobim do Amaral, fls.5/18.
5. CARVALHO, Salo. Criminologia crítica... cit., p. 297-298.

estatístico; historicamente, pelos registros e memórias culturais; e, empaticamente, pelas emoções.[6] O fenômeno da fragmentação produz, desta forma, uma nova crise paradigmática,[7] criando uma profunda reflexão naquilo que se convencionou chamar racionalidade criminológica. Ou, no dizer de Salo de Carvalho: "Ao extrapolar a esfera acadêmica, os autores entendem que o fato de o problema do crime e da criminalidade ser integrante dos discursos e das práticas de inúmeras instituições sociais, a criminologia se articula com esta fragmentação dentro e entre as instituições".[8] Aquilo que se produziu com a teoria da rotulação social, abrindo espaço para grandes mudanças criminológicas que anteciparam a modernidade líquida do mundo globalizado, vem a criar, neste passo, uma complexa discussão que poderíamos denominar de bastante mais complexa. A sociedade mudou e com ela foi a criminologia. Ademais, com a recente visão epistemológica crítica, o planejamento do Sul Global ostenta uma nova razão argumentativa que critica o imperialismo cultural do consumo nascido e impingido ao mundo pelo Norte Global. A cultura, com um olhar insurgente, analisa não somente a arte periférica como também a arte periférica com identidades locais.[9]

A sociedade em que vivemos, da modernidade líquida, é cada vez mais punitiva. A irrevogabilidade da exclusão é consequência direta da decomposição do Estado Social. O definhamento, o declínio e a ruptura do projeto social fazem desaparecer as oportunidades de redenção e a eliminação do direito de apelar por esperança. A ideia pode ser posta nos seguintes termos: na modernidade havia as instituições e seus muros; na modernidade líquida esses muros não deixam de existir, mas acompanha-se um movimento contínuo em que a vigilância se espraia por toda a sociedade. O controle extrapola os muros e se distribui numa

---

6. CARLEN, Pat; FRANÇA, Leandro Ayres. *Criminologias...* cit., p. 20.
7. Pode-se dizer que a primeira grande transformação paradigmática foi aquela gerada pela formulação da teoria do *labelling* nos anos 60, que passa a interagir com a teoria crítica, de perfil marxista, e que produziram grandes alterações na forma de pensar dos primeiros criminólogos. Salo de Carvalho menciona que os dois principais trabalhos da "viragem" criminológica foram *The White colar crime* (1949) e *Outsiders: studies in the sociology of deviance* (1963) de Edwin Sutherland e Howard Becker. Os dois textos, cada um de uma forma, desestabilizaram a estrutura de pensamento desenvolvida pelos criminólogos positivista. Criminologia cultural, complexidade e as fronteiras de pesquisa nas ciências criminais, *RBCCRIM*, vol. 81, p. 300.
8. Criminologia cultural... cit. p. 310.
9. ALMEIDA, Julia de Moraes. O processo gentrificado de São Paulo e o grafite: uma perspectiva do sul global sob a ótica da criminologia cultural. In: *Novas perspectivas de criminologia.* SÁ, Alvino Augusto de. Belo Horizonte: Ed. D'Plácido: 2019, p. 12.

rede social em que se alcança toda a subjetividade.[10] De outra parte, o processo que existia desde as grandes descobertas, acentua-se brutalmente nos últimos 20 anos do século passado, em período que coincidirá com as grandes modificações decorrentes do fim do socialismo real e com a construção de um mundo globalizado líquido: o processo imigratório explode, seja pela criação de um continente sem fronteiras, como aconteceu na Europa, seja pela facilitação das grandes imigrações, quer por necessidade quer pela busca de novos desafios. O mundo passa a ter uma explosão multicultural e isso não poderá ser ignorado pela criminologia. Consequência maior desse fenômeno, é que a criminologia da modernidade líquida pode ser resumida em duas grandes características: o reconhecimento da perda de validade universal das grandes narrativas e a impossibilidade de aceitação de qualquer tipo de verdade universal. Assim, não se desconhece a importância de todas as teorias desenvolvidas nos capítulos deste livro. Ao contrário, delas se utiliza. Mas não se pode mais, na modernidade líquida, descartar-se certa relativização do seu importante papel. O processo é dialético, interagindo o reconhecimento da importância das teorias com o fim de sua dogmática obediência.

2. A configuração da criminologia cultural

Pouco antes da consolidação do pensamento da criminologia cultural, Jock Young destacava que o mundo via um retorno a processos de essencialização baseados em dois discursos: o biológico e o cultural.[11] O primeiro baseia-se na ideia muito em voga em alguns livros de direito e criminologia em que se destaca, com base nas neurociências, uma revitalização do positivismo criminológico pela explicação do comportamento humano pelos argumentos biológicos.[12] O

---

10. SHECAIRA, Sérgio Salomão. *Criminologia:* um estudo das escolas sociológicas, p. 6-7.
11. YOUNG, Jock. *A sociedade excludente*: exclusão social, criminalidade e diferença da modernidade recente, p. 158.
12. A principal discussão dos autores que professam alguma fé nas neurociências é a relativização do conceito de livre-arbítrio. Nunca é demais lembrar que tal conceito é uma espécie de fundamento do arcabouço sobre o qual está estruturada a humanidade. Uma realidade sem livre-arbítrio só poderia ser concebida com drásticas mudanças na cultura humana. No entanto, a visão mais radical de defesa do livre-arbítrio se funda na ideia de que o homem, independentemente do seu entorno, de forma absoluta, poderia dar respostas abstratas de forma universalizante. Parece que essa ideia seria empiricamente indemonstrável e, portanto, cientificamente insustentável. No entanto, se adaptarmos o conceito para autodeterminação, "compreendida como a capacidade do sujeito poder se comportar com diversos graus de autonomia, os quais dependem do número e intensidade das condicionantes que afetam sua capacidade de deliberação e externalização ou não de uma conduta no plano concreto", uma espécie de livre-arbítrio relativizado, nosso sistema deixa de ser disfuncional, passando a admitir possibilidades de escolhas, dentro

segundo, envolve a crença de que a tradição de um grupo origina uma essência decorrente de um comportamento negativo e inerente a certos grupos. Ou seja, ou se nasce criminoso, ou a pessoa se torna criminosa pela cultura do grupo. Como bem destaca o autor inglês, a fusão de ambos os pensamentos – culturais e biológicos – permite condições ideais para o exercício de demonizações bem-sucedidas e fabricação de monstros.[13] O raciocínio é simples e eficaz: reduzem-se os problemas a casos-padrão, aplicando as respostas ao receituário. De certa forma era isso que a teoria da subcultura fazia ao dizer que o comportamento do grupo contaminava as pessoas e que tais condutas humanas eram não utilitárias em suas ações, maliciosas e negativistas.

Mas como o mundo transformou-se brutalmente, a criminologia deve dar conta da mudança do sujeito e de sua cultura. A sensação de que o lugar de alguém no mundo não é definido pela associação comunitária duradoura, mas pela construção bem-sucedida de si mesmo por meio do consumo apropriado e da realização mediada, modifica totalmente as relações criminais. Veja-se que não poucos teóricos da sociedade líquida argumentam com a ideia da *criminologia da mobilidade,* colocando o foco da análise dos não cidadãos e na governança para o controle das migrações; o controle da mobilidade passa a ser uma importante subárea que não é somente um complemento da criminalidade, mas está interligado com ele. Este fluxo constante obriga a pôr um foco acentuado nos estudos decorrentes da mobilidade, com estudiosos interessados na cidadania, raça, cultura, gênero, etnias, controle migratório e tudo o mais que forma os valores da cultura.[14] Os estudos do século passado, inaugurados com a Escola de Chicago, não dão conta da constância e intensidade desses fenômenos da sociedade globalizada, demandando uma nova esfera de investigação. Essa reinvenção decorre de algumas características da sociedade líquida: o fluxo infinito, instantâneo e globalizado de imagens, informações e identidades anunciadas via celulares, telas de computadores, tudo isso proporcionando uma miríade de possibilidades, sempre dando a sensação de que nenhuma escolha possível jamais é a certa.

---

de certos vetores. O fato é que não obstante muitos juristas e criminólogos rejeitarem os aportes da neurociência, não poucos estudiosos se deixam seduzir pelo "cientificismo positivista" que ainda simboliza uma vontade nas ciências humanas. Veja-se, nesse sentido, o ainda inédito trabalho de Rodrigo José Fuziger, tese de doutorado defendida em fevereiro de 2018, e intitulada *Ao arbítrio de Ananke:* por uma revisão do conceito de autodeterminação no direito penal, p. 386.

13. YOUNG, Jock. *A sociedade...* cit., p. 165.
14. PICKERING, Sharon; BOSWORTH, Mary; FRANCO, Katja. Criminologia da mobilidade. In: CARLEN, Pat; FRANÇA, Leandro Ayres. *Criminologias...* cit., p. 185.

Chegamos a um hiperpluralismo de identidades e orientações culturais que, por sua vez, é matéria-prima que alimenta o individualismo e grande parte dos crimes estudados por esta nova área da criminologia.

Outra questão importante no âmbito da relação crime/cultura é a forma como a modernidade líquida se relaciona com o consumo e o consumismo. O consumismo infiltrou-se em nossos sonhos e os criminólogos continuamente tentam compreender o impacto do consumismo em nossas orientações individuais, desejos e motivações sociais, bem como porque e como agimos e interagimos com o fenômeno e sua relação com as condutas desviantes. Consumo e consumismo são coisas diferentes. Consumo é uma necessidade básica. O consumismo excede a funcionalidade material do objeto. Por exemplo, um brasileiro vai pela primeira vez para a Rússia ou Canadá. Evidentemente, precisa se preparar comprando um casaco para enfrentar o frio desses países. Esse é um ato de consumo. Mas no consumismo, a grossura do casaco cede espaço para outras ideias como a escolha do casaco para combinar com vestidos; a escolha de uma marca por ter sido usada por uma cantora em um videoclipe; a definição do produto a se adquirir pela cor, marca ou brilho diferente que ele possa ter; a decisão pois seus amigos têm algo parecido etc. Depois, podemos pensar na aquisição de maior quantidade do que seria necessário, para ninguém pensar que só temos um (quando até então tinha-se nenhum), como se fossemos escravos dos olhares alheios. Enfim, a diferença entre o consumo e o consumismo também está nos prazeres que o consumismo propicia e que são bastante fugazes; na prospecção de satisfação através da propriedade; na colocação de bugigangas diante de nós e no diálogo social que acompanha as pessoas e as inspiram. Não é à toa o sucesso das chamadas lojas de R$ 1,99, que não têm nome certo e cuja principal característica está no preço que sequer existe. Mas no momento em que o consumo deixa de ser possível – ou mesmo quando ele nunca foi possível –, por não cumprir com a demanda de satisfação e passar a produzir descontentamento e com ele atos desviantes, será necessário compreender que o individualismo criado pela cultura da modernidade líquida é parte relevante do problema dos chamados crimes aquisitivos.[15]

---

15. O conceito de crime aquisitivo não somente se relaciona com a sociedade que o criou, de consumismo exacerbado, característico da modernidade líquida, mas também com os bens jurídicos que são protegidos. Na esfera do direito penal pode-se dizer que um furto ou um roubo atingem um bem jurídico patrimonial, enquanto o tráfico de drogas tem como bem jurídico a saúde pública (não entro, aqui, na discussão da funcionalidade deste último conceito). Mas todos esses três crimes, aqueles que são os mais praticados na nossa sociedade, podem ser capitulados em termos criminológicos como *crimes aquisitivos*. Inserem-se nesse conceito todos aqueles que visam à acumulação material, em

A silenciosa maioria tende a aceitar os constituintes básicos dessa realidade; e se ela está insatisfeita, tende a ser o próprio fracasso contrastado com os valores de sucesso existentes na sociedade capitalista; e tenderão a dissentir da cultura e da ordem. Por tudo isso, pode-se pensar em uma nova virada criminológica, com as criminologias alternativas da modernidade líquida e encontrando grande expressão na criminologia cultural; e esses criminólogos, por seu turno, passam a estudar o consumismo, ideologia e economia política.[16] Também relacionado ao tema do consumo, devemos pensar num tema trabalhado pelos criminólogos culturais que é o estilo. Os estilos são uma forma de expressão de autonomia das culturas juvenis, um meio de tentar escapar à moda. Já esta última corresponde à noção de consumismo impulsionado pela indústria cultural. Nesse contexto é que se fala em "tribos urbanas" para designar alguns grupos de jovens que se identificam por adotarem padrões de consumo comuns, assim como padrões de conduta, sendo muitas vezes identificados por seu perfil específico de consumo de determinados bens. O próprio termo "tribo" pode indicar uma selvageria nos comportamentos grupais desses jovens, estereotipando-os com características negativas. O desajuste eventual de conduta acaba aderindo como rótulo aos grupos: *punks*, logo violentos; *skinheads*, logo nazistas etc. O surgimento desses novos padrões de comportamento, mais autônomos em relação às instituições tradicionais e ao mundo adulto, favorece a generalização da ideia de que há uma ampla cultura juvenil internacionalizada e não mais uma subcultura restrita a jovens socialmente marginalizados.[17] Mais do que nunca, a arguta observação de Boaventura de Sousa Santos se faz destacável, a sociedade líquida comporta um localismo globalizado, processo pelo qual um fenômeno local é globalizado, como ocorre com a transformação da língua inglesa em língua franca e com a difusão do *fast food* e da música popular americana em detrimento de outras culinárias e estilos musicais locais. De outra parte, a relação dialética se produz em um globalismo localizado, em que as condições locais são impactadas e reestruturadas a fim de atender práticas e imperativos transnacionais. É o caso do desmatamento e destruição maciça dos recursos naturais para pagamento da dívida externa; do uso de tesouros históricos, vida selvagem e cerimônias religiosas pela indústria

---

grande medida incentivada no capitalismo. Cerca de quase 90% de todos os presos no Brasil cometeram crimes aquisitivos, denotando a relação íntima entre crime e sociedade.
16. WINLOW, Simon; HALL, Steve. Criminologia e consumo. In: CARLEN, Pat; FRANÇA, Leandro Ayres. *Criminologias...* cit., p. 127.
17. CATANI, Afrânio Mendes; GILIOLI, Renato de Sousa Porto. *Culturas juvenis:* múltiplos olhares, p. 27.

global do turismo e da exploração de mão de obra local por empresas multinacionais sem a observância de parâmetros mínimos de trabalho.[18]

A criminologia cultural surge integrando campos distintos da criminologia com estudos culturais, ou, olhando-se desde outra perspectiva, importando os estudos culturais para dentro da criminologia contemporânea.[19] A criminologia cultural não é uma nova teoria. Ela incorpora ampla gama de orientações teóricas – visões interacionistas, culturalistas, feministas, críticas em sentido amplo, subculturais – procurando encontrar uma confluência entre crime e cultura na sociedade líquida. Nesse sentido, a criminologia cultural pode ser compreendida como uma parte das criminologias alternativas, para usar o pensamento de Pat Carlen, anteriormente mencionado. Ou no dizer de Jeff Ferrel e Keith Hayward: "A criminologia cultural está interessada na convergência de processos culturais, criminais e de controle do crime; como tal, ela situa a criminalidade e seu controle no contexto de dinâmicas culturais e da controvertida produção de significado. Dessa forma, a criminologia cultural busca entender as realidades cotidianas de um mundo profundamente desigual e injusto, e destacar as maneiras nas quais o poder é exercido e resistido entre a interação de criação de regras, violação de regras e representação."[20] Em outro texto os mesmos autores, ao lado de Jock Young, afirmam que o principal ponto de análise da criminologia cultural inclui não somente o crime e a justiça criminal, mas diversos fenômenos como a representação que o crime tem na mídia, os desvios não criminalizados dos políticos e das elites financeiras, os desvios emocionais divulgados publicamente das vítimas de crime etc. Ou, em outras palavras, é o crime e o controle no contexto da cultura, vendo ambos – crime e agências de controle – como produtos culturais de construtos criativos.[21]

Quando, em meados da década de 90 do século passado, a criminologia cultural aparece pela primeira vez como uma visão criminológica distinta, sintetizava e revitalizava duas linhas de pensamento: uma norte-americana e outra

---

18. Por uma concepção multicultural de direitos humanos. *Reconhecer para libertar*, p. 18.
19. Avolumam-se os estudos conectando padrões culturais traduzidos pelo cinema que permitem aos leitores uma conexão com a realidade. É um "afetar" do humano, no sentido de ação, mas também de afeto. O envolvimento da pessoa com um tema abordado é facilitador do processo cognitivo, posto que o anímico/volitivo já está "afetado" pela estória que nos insere da história. Vide, AMARAL, Augusto Jobim do. *Violência e cinema. Diálogos entre ficção e realidade*. Florianópolis: Tirant lo Blanch, 2018.
20. Criminologia cultural continuada. In: CARLEN, Pat; FRANÇA, Leandro Ayres. *Criminologias...* cit., p. 35.
21. Introducing cultural criminology. *Revista de Estudos Criminais*, p. 10.

britânica. A tradição norte-americana incluía a teoria da rotulação social, com suas compreensões do crime e desvio como construções sociais, e também como a ação delituosa era compreendida como tal e como a expectativa social da ação. Assim, a ação podia ser compreendida ou não como crime, dependendo de contextos sociais, dos exercícios de poder e da descriminação social existente. As dimensões simbólicas podiam demonstrar e simbolizar heroísmo ou horror, autodefesa ou assalto.[22] Igualmente importante foi a tradição inglesa, especialmente da Universidade de Kent, pela adoção da teoria da subcultura delinquente desenvolvida por Albert Cohen e seguida por tantos outros autores. Como se sabe, tais autores não viam nos atos desviados subculturais ações coletivas de grupos marginalizados desprovidas de conteúdo. Não era uma simples desobediência ou autodestruição, mas, ao invés, a criação de significados e interpretações alternativas em resposta ao Estado injusto que não permite integralmente o exercício dos valores supostamente meritocráticos da sociedade capitalista. Todo este caldo de cultura vinha sempre pontuado pelo pensamento crítico, de origem marxista, especialmente no período da modernidade sólida, em que referências estatais significavam um padrão. Com o fim do mundo bipolar e com a emergência da criminologia cultural ressurge uma vigorosa crítica ao Estado, com uma perspectiva anarquista da lei e das estruturas organizacionais do aparato repressivo.[23] Dessa forma, revisita-se o abolicionismo penal, tributário do pensamento de Louk Hulsman e Nils Christie.

Os criminólogos culturais revitalizam o método etnográfico de pesquisa utilizando iniciativas de investigação que focalizam subculturas, teorizando epistêmica e emocionalmente sobre objetos, afastando-se dos métodos quantitativos de pesquisa. Isso permite explorações do mundo dos grafiteiros, neonazistas *skinheads*, garotas(os) de programa que fazem suas atividades nas ruas, grupos identitários que controlam áreas territoriais de bairros periféricos das grandes cidades, moradores de rua que praticam a mendicância etc. Esse método oferece um poderoso quadro teórico para análise da relação existente entre tais condições e o crime. O foco da pesquisa, pois, é o estilo, a linguagem, os significados simbólicos que animam esse mundo ilícito e os caminhos que as autoridades, por seu turno, utilizam para fazerem a mediação social para a criminalização das condutas desses mundos. Nesse contexto, a análise etnográfica de moradores de rua, por exemplo, permite identificar que os sujeitos que consomem certas drogas, não são apenas um arranjo químico, mas um produto cultural que carrega toda a

---

22. Ferrel, Jeff. Cultural criminology: crime meaning and power. *RBCCrim*, n. 99, p. 174.
23. Idem, p. 175.

carga de valores que lhe são próprios, cuja importância é fundamental no destino individual e social de cada prática tóxica.[24]

Antes de discorrer sobre o multiculturalismo, necessário se faz falar um pouco sobre o conceito de cultura. A origem etimológica da palavra provém do verbo latino *colere*, que tem o sentido de cultivar, criar, tomar conta, cuidar, estando muito associado em sua origem à ideia do cultivo na agricultura. Não por outra razão, ainda hoje se tem a expressão de "cultura do arroz ou do milho". Nessa primeira acepção a ideia que aflora é o aprimoramento da natureza humana pela educação em sentido amplo.[25] Mais tarde, especialmente a partir do século XVIII, "cultura passa a significar os resultados e consequências daquela formação ou educação dos seres humanos, resultados expressos em obras, feitos, ações e instituições: as técnicas e os ofícios, as artes, a religião, as ciências, a filosofia, a vida moral e a vida política ou o Estado. Torna-se sinônimo de civilização..."[26] Ou, trocando em miúdos, é tudo aquilo que é gestado por um povo. Mas, esse conceito está sujeito a grandes variações, e não é propriamente pacífico na história do saber. Vasco Pereira da Silva, desdobra o conceito em três distintas visões: "a) uma acepção mais restrita, que entende a cultura como realidade intelectual e artística, correspondente ao universo das belas artes e belas letras; b) uma acepção intermédia, que não corresponde apenas ao domínio de criação e fruição intelectual e artística, mas que procede também ao respectivo relacionamento com outros direitos espirituais; c) uma acepção mais ampla, que identifica a cultura como realidade complexa, enraizada em grupos sociais, agregados populacionais ou comunidades políticas, que conjuga nomeadamente elementos de ordem histórica, filosófica, antropológica, sociológica ou mesmo psicológica."[27]

Da essência do conceito de criminologia cultural é a definição do multiculturalismo. Como decorrência do mundo globalizado atual, podem ser concebidas muitas realidades sociais em um mesmo universo amostral. Trata-se do que se conhece por sociedade plural.[28]

Duas são as vertentes desse multiculturalismo, que não se excluem entre si. Existem sociedades multiculturais do tipo multinacional, com povos de culturas, idiomas e pensares distintos. A segunda percepção é a existência de sociedades

---

24. Mayora, Marcelo. Criminologia cultural, drogas e rock and roll in *Criminologia Cultural e Rock*, p. 50.
25. Chauí, Marilena. *Convite à filosofia*, p. 245.
26. Idem, p. 246.
27. *A cultura a que tenho direito:* direitos fundamentais e cultura, p. 9.
28. Silveira, Renato de Mello Jorge. *Fundamentos da adequação social em direito penal*, p. 315.

multiculturais do tipo poliétnico, onde o pluralismo cultural é derivado de imigração de indivíduos e famílias. São exemplos do primeiro modelo, Canadá, com suas populações francófonas e anglófonas, Suíça, Bélgica etc. O segundo modelo tem referência, sobretudo na Europa, em função de grandes levas imigratórias recentes, o principal exemplo. No Brasil, há uma situação bastante tópica, decorrente da relação que se tem com culturas indígenas isoladas e parcialmente integradas, sem prejuízo de inúmeras correntes imigratórias recentes, sobretudo de países sul-americanos e caribenhos, que produzem situações de conflitos culturais. Boaventura de Sousa Santos e João Arriscado asseveram que o conceito de multiculturalismo designa a coexistência de formas culturais ou grupos caracterizados por culturas diferentes no seio de sociedades modernas.[29] Tal conceito pode indicar a existência de multiplicidade de culturas no mundo; a coexistência de culturas diversas dentro de um Estado-nação; a existência de culturas que se interinfluenciam tanto dentro como para além do Estado-nação. Logo, a multiculturalidade apoia-se na ideia das interações de convivência entre múltiplos de uma determinada sociedade formando distintas redes de convivência. Pode-se dizer "que o multiculturalismo assume uma postura crítica, que considera a natureza, os fundamentos políticos e jurídicos, o conjunto de matrizes e aspectos essenciais da formação cultural, étnica, racial e de gênero em uma sociedade. Para tanto, a problemática central do multiculturalismo nas sociedades atuais gira em torno da procura incessante em reconhecer o outro como um igual, sendo que o mesmo é diverso".[30] A relatividade histórica do que é considerado crime posta-se de forma ainda mais flexível quando se contemplam diferentes culturas, quando não opostas, em um mesmo ambiente. Não raro, como bem observa Renato de Mello Jorge Silveira, depara-se com "a situação de delitos de cultura (*cultural offense*), ou em outros termos, eximentes culturais (*cultural defense*), por vezes exercendo o papel de uma objeção de consciência, ativa ou omissiva, por vezes, situação de erro ou ignorância."[31] Se no quadrante do direito o multiculturalismo pode ter uma leitura conducente a resolução de alguns conflitos, próprio da ciência dogmática, no âmbito da criminologia, típica de um saber zetético, as dificuldades são maiores, porquanto estão a demandar um enveredar por todas as complexidades que a amplitude de tal saber contempla.

---

29. Santos, Boaventura de Sousa; Nunes, João Arriscado. Introdução para aplicar o cânone do reconhecimento, da diferença e da igualdade, *Revista Crítica de Ciências Sociais*, n. 48, p. 5.
30. Furquim, Saulo Ramos. *A criminalização cultural e a criminalização cultural periférica*, p. 47.
31. Op. cit. p. 319.

A criminologia cultural insere na pauta das criminologias alternativas novos temas que solapam os horizontes da pesquisa criminológica, causando a dissolução de qualquer fronteira ou parâmetro para investigação. Uma questão relevante para tais estudiosos é a institucionalização do indivíduo, pois de todos os lados surgem estândares, padrões a serem seguidos, pensamentos a serem observados, novas profissões que ganham o beneplácito cultural, palavras a serem ditas, a noção de sentimentos certos e errados. As redes sociais são recorrentes nos novos procederes. Faz-se uma nova "amizade" no Facebook, e demanda-se um "aceno" ao novo "amigo". Ele faz aniversário e responde ao cumprimento formal, com um "curtir". Ai de quem não aperta o botão do curtir em determinados contextos. Parece não estar inserido na vivência líquida que substitui as relações cotidianas pelas mediações tecnológicas. Quem não domina a tecnologia sequer compreende as abreviaturas que se consagraram em pouco tempo nas redes sociais ("blz", por exemplo) ou os ideogramas japoneses (emojis) que destruíram a expressividade do idioma escrito. A pessoa que não está nesse mundo sente-se excluída, não é parte da modernidade líquida, parecendo ser alguém do passado. Os itinerários, pois, estão a exigir do indivíduo uma verdadeira participação no estândar, um envolvimento com a vida contemporânea. Essa rotina e falta de excitação tornaram-se permanentes no cotidiano da maioria das pessoas nas grandes cidades. O tédio, palavra que melhor expressa esse sentimento, tornou-se parte da experiência da vida cotidiana moderna.[32] Mas em busca da anti-institucionalização o indivíduo procura um novo começo na sociedade, um rompimento com os padrões normativos convencionais, uma válvula de escape para se livrar dessa situação mórbida e cotidiana.[33] A busca alternativa ao tédio pode passar pelo consumo exacerbado, pelas sistemáticas viagens que um grupo de pessoas faz com suas motos Harley-Davidson nos finais de semana, pelo caminhar em grupos em trilhas distantes e muitas vezes inóspitas, ou de colocação de sua existência em riscos (saltos de paraquedas, voos de paraglider etc.), mas também pode passar pela pura e simples transgressão. A transgressão como uma forma de válvula de escape do cotidiano. A transgressão contra a interminável monotonia que se constitui nessa verdadeira doença incapacitante, uma verdadeira morte a conta-gotas. Ou, como afirma Jeff Ferrel: "nós não queremos um mundo onde a garantia de não morrer de inanição traga o risco de morrer de tédio. O

---

32. FERREL, Jeff. Tédio, crime e criminologia: um convite à criminologia cultural, *RBCCRIM*, n. 82, p. 340.
33. FURQUIM, Saulo Ramos. *A criminalização cultural e a criminalização cultural periférica*, p. 97.

tédio é contrarrevolucionário."³⁴ Na modernidade líquida vicejaram movimentos urbanos de transgressão ao tédio, como *ocuppy wall street*³⁵ ou *reclaim the streets* cuja finalidade é a de se manifestar contra a regularidade da vida. Muitas dessas manifestações foram consideradas ilícitas pelas autoridades, emergindo alheias aos benefícios da legalidade.³⁶ Tampouco se ignora o alastramento da quebra de legalidade pelas pichações urbanas, que deixaram de ser manifestações subculturais³⁷ de grupos da periferia, para explodirem numa miríade de transgressões de cunho anárquico em verdadeira irresignação contra a ordem pública. Enfim, há uma verdadeira sedução pelo crime. Agregou-se na modernidade líquida – e a criminologia cultural tem importante instrumental de análise – um universo investigativo de representação da cultura, sobretudo para um público jovem, que gera demandas de consumo de diferentes atos desviantes, um pouco diferentes dos desvios tradicionais próprios dos estudos das cidades, como as diferentes tribos urbanas, o estilo de vida boêmio e *underground*, moradores de ruas e seus artistas, os agenciadores dos comércios (drogas e mercadorias pirateadas) e dos entretenimentos ilícitos (jogo, prostituição), em dinâmicas próprias da urbe.³⁸

Neste quadro de novas iniciativas de abordagem criminológica, não se pode deixar de ter em conta que a crítica criminológica da modernidade líquida tem mecanismos de releituras interpretativas e pode aprimorar as problematizações de determinadas condutas e reações a elas. A problematização da criminologia cultural não deixa de ser interessante, embora não tenha um fôlego para ser uma nova teoria que epistemologicamente faça grande modificação da abordagem criminológica. A própria transversalidade com que a teoria usa pensamentos consagrados (teorias subculturais, teoria da rotulação social, teoria crítica etc.) está a demonstrar ser esse tipo de abordagem um reenvelopamento da mesma correspondência. É evidente que como qualquer nova leitura criminológica, faz-se necessária uma harmonização com as especificidades culturais e os saberes locais. Temas e abordagens distintos devem poder dialogar com os problemas locais, de forma a criar uma relação dialética que possa ser superadora. Se assim não for,

---

34. FERREL, Jeff. Tédio... cit., p. 356.
35. O ano de 2011 foi marcado por inúmeras manifestações públicas, algumas reprimidas pela polícia, com o nome de *occupy São Paulo*. Tais manifestações contemplaram passeatas, e tiveram um acampamento no Vale do Anhangabaú, centro da cidade, por meses.
36. FERREL, Jeff. Tédio... cit., p. 356; FURQUIM, Saulo Ramos. *A criminalização...* cit., p. 99.
37. Vide, neste passo, considerações mais aprofundadas e que foram desenvolvidas no capítulo 7 deste livro.
38. CARVALHO, Salo de. Criminologia cultural, complexidade e as fronteiras de pesquisa nas ciências criminais, *RBCRRIM*, vol. 104, p. 326.

teremos uma mera colonização eurocentrada, muito comum no âmbito das ciências humanas, sem que se tenha um verdadeiro diálogo com a multiculturalidade. Não por outra razão, recorrente é a recomendação do pensamento de Zaffaroni no sentido de se ter um realismo marginal com a perspectiva desde uma margem.[39] Na contemporaneidade latino-americana, especialmente com as movimentações muito significativas no próprio continente e as agências de controle social sendo tão punitivas e seletivas, é de se supor agravamentos culturais no encarceramento em massa, em função da juventude urbana pobre diversificar-se em termos culturais e populacionais. Novas línguas, novas etnias, novos conflitos e novos problemas somam-se aos já tradicionais, projetando novos campos a explorar pela crítica realista da criminologia na cultura marginal.[40]

---

39. São Paulo é uma cidade evidentemente multicultural. Em finais do século XIX, mais de 40% da população paulistana falava exclusivamente o italiano. A propósito, considerados todos os descendentes, São Paulo é a maior cidade italiana do mundo, fora da própria Itália. Não obstante inúmeras levas de imigrantes de distintos continentes – japoneses, chineses e coreanos da Ásia, portugueses, espanhóis e alemães da Europa, sírio-libaneses da Ásia menor, bem como muitos africanos especialmente dos países de língua portuguesa –, novas levas de imigrantes latino-americanos têm se constituído nas principais correntes nos últimos tempos. Para um país com os problemas que o Brasil tem, há que se aprender a conviver com um novo ator na comunidade que traz uma nova cultura, língua e história e que demanda políticas públicas de acolhimento destas novas levas de imigrantes, muitos dos quais pessoas de baixa renda, com trabalhos precários e com muitas deficiências de formação. É interessante de se notar que dois bairros centrais de São Paulo, como Bom Retiro e Brás, tiveram contínuas diminuições populacionais entre 1950 e 2000. A população do Bom Retiro passou de 45.800 para 25.598; o Brás, teve diminuição populacional de 55.097 para 25.158. No entanto, novas levas de imigrantes modificaram esse quadro nos anos recentes, de tal sorte que ambos os bairros aumentaram suas populações. Bom Retiro cresceu 38,24% e Brás 24,80%. Além da presença forte de coreanos e chineses, já tradicionais, uma grande corrente hispano-americana modificou o quadro populacional. Cifras extraoficiais falam em mais de 200 mil bolivianos em São Paulo, considerando os indocumentados, criando guetos, ou enclaves urbanos. Para que se tenha uma ideia, nas escolas do Bom Retiro há 42,37% de imigrantes matriculados, enquanto no Brás esse percentual é de 24,24%. Não são poucos os problemas culturais. Tais imigrantes, dependendo da procedência, falam quéchua ou aimará. No entanto, os andinos têm uma própria crítica aos falantes desses idiomas, identificados com o atraso, enquanto o inglês é identificado com o desenvolvimento e a modernidade. Ademais, a assimilação de tantos imigrantes não é feita sem alguns conflitos, o que está a demandar maiores estudos e pesquisas de campo. Vide, nesse sentido Watson, Carmen Aurazo. Imigrantes latinos e escolas públicas em dois bairros da cidade de São Paulo: Bom Retiro e Brás. In: Lima, Emanuel Fonseca; Watson, Carmen Soledad Aurazo (orgs.). *Identidade e diversidade cultural na América Latina*, p. 158-165.
40. Vide, novamente, o pensamento de Carvalho, Salo de. Criminologia cultural... cit., p. 335, que tem uma visão bastante interessante, desde a periferia e não dos países centrais.

3. Multiculturalismo e algumas esferas criminais

A temática do multiculturalismo não foi até há pouco tempo, assunto que merecesse a atenção da nossa sociedade. Não se pode pensar, na Antiguidade, que um cidadão egípcio pudesse pensar em viajar a Constantinopla para fazer turismo. Tampouco um nabateu viajaria para a Fenícia ou para Mesopotâmia para conhecer e agregar uma forma de conhecimento, como muitos cidadãos globalizados da modernidade líquida o fazem. Conhecer o "mundo" é algo recente, porquanto é a mobilidade de pessoas depois das grandes descobertas, e mais proximamente do mundo globalizado, que permite incluir como meta cultural conhecer novos países, integrar-se a eles trabalhando, estudando ou mesmo explorando novas possibilidades e perspectivas. Se um cidadão "culto" da vida contemporânea está acostumado a fazer viagens e a se deparar com novas culturas, ouvir novas músicas, enfrentar culinárias exóticas ou mesmo manter contatos com novas etnias e diferentes línguas, isso não ocorria em um passado mais distante. Esse deslocamento de pessoas no passado era um tema de referência como mera curiosidade que ganhou relevância, pela primeira vez, com o colonialismo.

No entanto, a globalização nos impôs a presença do diferente, em tempos recordes. Não há como ignorar que a mobilidade humana, quer seja forçada, que voluntária, coloca diante de nós muita diversidade e demanda um relacionamento respeitoso e racional com as diferentes culturas. Mesmo em blocos regionais, como a União Europeia, que mais desenvolveu o trânsito de pessoas e culturas, há problemas relativos às diferenças culturais dos cidadãos de países que integram o bloco, bem como, e com muito mais ênfase, com extracomunitários que migram para aquela região. A visão Kantiana de um direito cosmopolita, fundado na hospitalidade e nos direitos humanos e que pudesse ser a base integradora de diferentes comunidades, é colocada em xeque. Não raro as relações entre cidadãos e os imigrantes/refugiados se deterioram, havendo um recrudescimento no monitoramento de fronteiras, com muitas restrições a entrada de pessoas.[41] A globalização, em suas múltiplas dimensões, aporta ante todos a visibilidade das diferenças de panorama político, econômico e cultural. Diferenças perceptíveis e muitas vezes chocantes passaram a ser identificadas não somente pela mobilidade das pessoas, mas principalmente pelos mecanismos integrativos dos meios de comunicação de massa, da forma de relação digital em redes por parte dos

---

41. SARTORETTO, Laura Madrid. A proteção dos direitos humanos e dos refugiados e o respeito ao multiculturalismo na União Europeia: revisão jurisprudencial da corte europeia de direitos humanos sobre a liberdade de manifestação religiosa, *RPGE,* n. 74, p. 165.

cidadãos, bem como pela eliminação das distâncias físicas pulverizadas pelos avanços tecnológicos.[42]

A relação dialética existente, segundo Boaventura de Sousa Santos, entre o "localismo globalizado" e o "globalismo localizado" permite identificar inúmeros fenômenos na modernidade líquida. Há, por exemplo, a perda acelerada da diversidade e riquezas culturais provocadas por práticas de dominação cultural e processos de globalização hegemônica. Pode-se mencionar, a título exemplificativo, políticas linguísticas de imposição de um idioma adotadas no Sri Lanka e na Moldávia, que acabaram contribuindo para o acirramento dos conflitos nesses países. Ademais, em muitos países, idiomas considerados sem grande importância acabam substituídos por outros na busca do "localismo globalizado". Isso foi identificado no Brasil com os bolivianos que preferem trocar línguas ancestrais pelo inglês, por ser esse mais útil, já que se tornou uma verdadeira língua franca mundial. Além disso, discursos xenófobos têm levado muitos países a ataques a comunidades minoritárias. No ano de 2002, por exemplo, foram registrados 12.933 casos de ataques contra minorias na Alemanha, 2.391 na Suécia, 3.597 no Reino Unido e 7.314 nos Estados Unidos.[43] Some-se a isso o caso de inúmeras guerras fraticidas que redundaram da fragmentação da antiga Iugoslávia, por exemplo. A reprodução de novos ciclos e planos geográficos e políticos, de novas minorias despojadas de liberdade cultural e da sua identificação nacional, são um exemplo desse fenômeno. O caso de Kosovo, com êxodos e planos de purificação étnica sucessivos e contraditórios, constitui um exemplo bem negativo desse tipo de alterações, em que um povo passou rapidamente de minoria oprimida a maioria opressora.[44]

Dentre as características do novo paradigma da globalização no plano das relações humanas, nunca é demais lembrar a exigência, universalmente imposta, por direitos humanos, ou seja, o princípio (do discurso) democrático passa a fazer com que muitos países se integrem a um constitucionalismo global, como decorrência dessa transformação e da existência de diferentes fenômenos. O Brasil, por seu turno, passa a ratificar tratados internacionais de direitos humanos,

---

42. Asua Bararrita, Adela. Criminología y multiculturalismo. Medidas internacionales y propuestas de tratamiento jurídico para la erradicación de la mutilación genital femenina, *Eguszkilore*, n. 18, p. 85.
43. Lima, Emanuel Fonseca. Fundamentos jurídicos para proteção da diversidade Cultural. In: Lima, Emanuel Fonseca; Watson, Carmen Soledad Aurazo (orgs.). *Identidade e Diversidade Cultural na América Latina*, p. 385-386.
44. Cluny, António. Multiculturalismo, interculturalismo e imigração em Portugal no início do séc. XXI, *Revista do ministério público de Lisboa*, n. 97, p. 105.

obrigando-se a proteger valores que são consagrados internacionalmente em diversos tratados. Esse processo de integração e consagração de direitos universalizados evolui rapidamente a partir dos anos 70 do século passado, especialmente em função do acelerado processo identitário existente no continente europeu, por força da consagração da União Europeia, com o fim das fronteiras entre muitos países, com a incorporação de vários novos Estados àquele bloco regional e pelo livre trânsito de pessoas e mercadorias. Não obstante tal processo, a imigração tão acentuada fez aflorar o fenômeno das *ofensas culturalmente motivadas*. Pode-se entender "como ofensa cultural um ato de um indivíduo de uma cultura minoritária, que é considerado um crime pelo ordenamento jurídico da cultura dominante. Esse mesmo ato é, no entanto, dentro do grupo cultural do infrator tido como tolerado, aceito e aprovado como comportamento normal, até mesmo, apoiado e promovido em uma dada situação".[45]

Veja-se, por exemplo, o caso da excisão genital feminina, chamada entre os portugueses de fanado. Tal fenômeno é relativamente comum em alguns países da África subsaariana, cujas correntes migratórias fizeram aportar milhares de pessoas no continente europeu, levando a discussão para terras europeias. Esses povos apelam a argumentos de tradição, cuja origem data de 3.000 anos, com antecedentes da época faraônica, em que um tabu explícito proibiria aos homens casar-se com mulheres que não tenham sofrido a ablação. Ou, de outra forma, tratar-se-ia de uma prática de fundamento meramente cultural dirigido a favorecer a castidade conjugal da mulher, mediante a eliminação do prazer sexual feminino em benefício de sua orientação exclusiva à procriação.[46] As perguntas que se fazem são as seguintes: pode de alguma forma ter-se em conta a força dessa tradição? É legítimo proibir essa tradição condenando os pais a uma pena de prisão pela excisão de suas filhas? Existem razões dirimentes ou, ao menos, atenuantes em face da consciência distinta cultural, ou ao erro de proibição como crença culturalmente condicionada? Para lidar com os conflitos culturais, crê-se que o ideal seria utilizar remédios não jurídicos, ao menos os remédios jurídicos tradicionais. A escola pode ter um papel determinante neste processo, de não segregar as culturas dos grupos minoritários e, até, de as valorizar como um contributo enriquecedor da cultura, enquanto celebra os direitos fundamentais dos homens e os valores da sociedade laica.[47] Contudo, muitos desses choques culturais acabam por chegar aos tribunais. Não por outra razão, como bem destaca

---

45. Furquim, Saulo Ramos. *A criminologia...* cit., p. 70-71.
46. Asua Batarrita, Adela. Criminología... cit., p. 86.
47. Cluny, António. Multiculturalismo... cit., p. 115.

Renato de Mello Jorge Silveira, "notam-se leis a tratar da matéria na Suécia, em 1982 (com modificações em 1998 e em 1999), na Grã-Bretanha, em 1985 (com modificações em 2003), na Noruega, em 1995, e na Bélgica, em 2000. Significativamente, também, verificam-se as previsões havidas na Espanha, por meio da Ley Orgánica 11/2003, por onde se estabeleceu a incriminação expressa ainda mais severa da mutilação genital feminina entre as lesões graves, ou na Itália, com a Lei n. 7, de 9 de janeiro de 2006."[48]

Não obstante a maior parte dos países terem adotado mandatos punitivos em seus ordenamentos, especialmente em casos mais graves de conflitos culturais, por força da supremacia dos direitos humanos, a principal escusa defensiva tem sido a *cultural defense*, uma estratégia utilizada na sede do processo penal com fundamento na integração do acusado a uma minoria cultural, dirigido para obter absolvição ou ao cabimento a uma sanção mais branda.[49] O fundamental dessa linha de pensar é que o acusado possa explicar aos tribunais a influência que sua origem cultural haja exercido em sua postura, tendo gerado uma conduta que seja socialmente adequada aos seus valores, ainda que não pertencentes à cultura do país em que a pessoa passou a viver. Na realidade, não se trata de punir ou permitir-se tais condutas, nem hostilizar tais grupos étnicos, com suas distintas tradições, mas sim de compreender o fenômeno não ignorando as diferenças no contexto da igualdade. Questões ainda mais complexas são aquelas que envolvem em terras americanas, inclusive no Brasil, condutas contrárias ao ordenamento, mas que são praticadas por povos originários. No Brasil, por exemplo, algumas tribos indígenas praticam o infanticídio de uma das crianças nascida de parto de gêmeos. Entendem tais povos que o nascimento de uma criança que apresenta alguma anomalia física, bem como o mais fraco dos gêmeos, é uma maldição e uma ameaça ao bem-estar de toda a tribo.[50]

Enfim, muitos são os problemas nessa esfera, não sendo nosso objetivo analisar multiculturalismo e suas relações com a criminologia e o direito penal. O tocar no tema teve o objetivo de abrir uma discussão que é relevante, e que pode ganhar corpo com as novas abordagens suscitadas pela criminologia cultural. Não foi outro o objetivo deste apêndice, que está a demandar maiores aprofundamentos da doutrina brasileira.

---

48. *Fundamentos da adequação social em direito penal*, p. 334-335.
49. FURQUIM, Saulo Ramos. *A criminologia... cit.*, p. 75.
50. PINEZI, Ana Keila Mosca. Infanticídio indígena, relativismo cultural e direitos humanos: elementos para reflexão. *Revista Aurora*, n. 8, p. 20.

III. FEMINISMO, GÊNERO E CRIMINOLOGIA: A OUSADIA DESTA VIAGEM

Acesse o conteúdo em Visual Law

1. Um debate amplo

Nunca é muito fácil começar a discutir sobre um tema tão complexo e que contempla tantas polêmicas. Mais ainda quando o autor é um homem, branco e cisgênero como eu, vendo toda a polêmica a partir de uma perspectiva de alguém que vive em uma sociedade em que o aborto é pouco mais do que se autorizou a ser em 1940 quando do advento do Código Penal vigente. Isso mostra bem o pouco que evoluímos em mais de 80 anos — Lembro de Mao Tse-Tung quando foi indagado por um repórter estrangeiro, logo após a vitória dos comunistas na Revolução Chinesa: qual sua opinião sobre a Revolução Francesa de 1789. O líder comunista, mais de cento e cinquenta anos depois, respondeu "que ainda era cedo para opinar". Fico pensando se não deveria utilizar a mesma cautela oriental para enfrentar temas que, mesmo entre as mulheres, causam tantos debates e polêmicas. Embora cedo para avaliar, vou correr o risco.

O binarismo feminino/masculino, a discussão do gênero, do patriarcado, do(s) feminismo(s) são assuntos complexos e que utilizam diferentes pontos de partida; desde os biológicos, culturais, antropológicos, históricos, linguísticos e sociais, sem prejuízo de sutis diferenças semânticas que cada linha de pensamento adota para abordar tais temáticas. Estudar todas as variantes e sutilezas das diferenças é praticamente impossível, especialmente quando, às vezes, pequenos grupos compreendem ter o monopólio da palavra, excluindo os demais de quaisquer possibilidades do próprio debate.

A primeira questão, pois, é desafiar a falar sobre tais questões na condição de homem branco e heterossexual, não sendo profundo conhecedor das criminologias feministas, mas visando a trazer tal temática para um livro de criminologia por sua importância transcendente. Não ter lugar de fala e assim mesmo ousar falar, talvez seja o primeiro desafio a empreender. Olhar para esse fenômeno da modernidade líquida que transcende a modernidade sólida, mas que volta seu olhar para as raízes históricas, iluministas ou mesmo pré-iluministas.

Uma mulher negra pode não se sentir representada por um homem branco, mas ele não pode, só por isso, sentir-se desresponsabilizado da discussão enquanto sujeito de poder. A teoria do lugar de fala – *standpoint theory* – refere-se a experiências historicamente compartilhadas e baseadas em grupos.[1] Uma mulher negra vai experienciar uma condição diversa de uma mulher branca. Um homem branco não terá a mesma experiência quanto ao racismo de um homem negro, mas a omissão sobre a sociedade patriarcal e o racismo talvez não seja a postura mais condizente com um estudo crítico da sociedade moderna líquida. Não poder acessar certos espaços de debate não significa não poder estar de forma justa na academia, nos meios de comunicação, na política institucional ou mesmo na sala de aula para um professor, ou, ainda, ignorar os altos índices de feminicídio ou violência doméstica, para um cidadão. O *lugar de fala*, como bem destaca Djamila Ribeiro, não é impedir ou restringir a troca de ideias, encerrar uma discussão ou impor uma visão. Ao contrário, o debate é fundamental para se pensar as hierarquias, as questões concernentes à desigualdade, à pobreza, ao racismo e sexismo.[2] Quando se promove uma multiplicidade de vozes, quebra-se o discurso autorizado e monolítico que se pretende universal. Busca-se, aqui, sobretudo, lutar para romper com o regime de autorização discursiva.[3] Sentimentos de hostilidade em relação aos homens podem alienar muitas mulheres do próprio movimento feminista, como adverte Bell Hooks. "Definido como movimento para acabar com a opressão sexista, o feminismo autoriza homens e mulheres, meninos e meninas, a participarem em condições iguais da luta revolucionária."[4] Ela assevera, em todo um capítulo de seu livro, a importância de não ter o homem como inimigo, pois isso acaba servindo para desviar a atenção daquilo que é o foco: a melhoria das relações entre homens e mulheres, o trabalho conjunto de mulheres e homens no combate à educação sexista.[5] O homem é um aliado e não um inimigo e, principalmente, eles têm um enorme contributo na transformação de seus pares, razão pela qual deve ser incorporado ao debate. Enfim, sem qualquer dúvida, não é o homem o "inimigo" do feminismo, mas sim o é o patriarcado.

---

1. COLLINS, Patrícia Hill. *Truth and method*: feminist standpoint theory revisited. Signs, v. 22, p. 9, 1997.
2. RIBEIRO, Djamila. *O que é lugar de fala?* Belo Horizonte, ed. Letramento, 2017, p. 84.
3. Idem, p. 70.
4. HOOKS, Bell. *Teoria Feminista: da Margem ao Centro*. Trad. Rainer Patriota, São Paulo, ed. Perspectiva, 2019, p. 111.
5. Idem, p. 124.

2. Origens do tema

Muitas autoras identificam três grandes ondas de feminismo (ou quatro ou ainda mais, conforme a autora), para situar os diferentes movimentos feministas. Não obstante tais ondas serem todas nascidas após o iluminismo, não se ignora que a questão do feminino surgir do masculino já existia na idade antiga. Umas das primeiras visões androcêntricas nasce com a filosofia grega que busca a definição da essência da mulher a partir do homem. As diferenças físicas seriam naturais e as diferenças comportamentais se justificavam biologicamente; por ser assim, a inferioridade física tanto quanto a intelectual se justificavam pela biologia. Aristóteles defendia a ausência da plenitude da mulher por lhe faltar o logos, que seria a parte racional da alma.[6] A religião cristã corrobora tal pensamento ao conceber o homem a partir da imagem de Deus e esperar ele adormecer para lhe retirar uma costela de onde se faria a mulher (Gênesis, 2, 21/3). Essa visão metafórica mostra uma acessoriedade da mulher em relação ao homem, significando sua inferioridade física. No capítulo seguinte de Gênesis, a religião cristã acentua tal inferioridade. A primeira mulher, Eva, é iludida pela serpente e come a proibida maçã, também levando Adão a comê-la. Eva como autora e Adão como partícipe do pecado original são castigados por Deus, em um castigo universal e perpétuo. Observem que a falibilidade humana foi criada a partir da inocência de Eva que se deixou enganar pela serpente. Verbis: *O Senhor Deus perguntou então à mulher: "Que foi que você fez?" Respondeu a mulher: "A serpente me enganou, e eu comi".* (Gênesis, 3, 13). Não por outra razão, nas religiões judaica, cristã e islâmica, fontes de uma mesma matriz, justifica-se a dominação androcêntrica por carregar a mulher nos ombros o peso do pecado original, primeiro crime da humanidade. Pondere-se por outro lado, que mesmo sob a ótica do cristianismo isso seria absolutamente injustificado e questionável, pois a proibição nunca foi explicitada em seu porquê em Gênesis, não existindo uma possibilidade de acepção plena cognitiva que admitiria a proibição e sua reprovação.

Não obstante o iluminismo ter tentado substituir o protagonismo da fé pelo da razão humana, a visão androcêntrica não deixou de existir. A mulher ainda seria vista com as qualidades originárias que permitiam agradar ao homem, bem como cuidar da família, enquanto cabia ao homem a vida externa. Mulher destinada ao privado, homem destinado ao público. Esse binarismo absoluto existiu praticamente até a segunda metade do século XIX. Kant concebe a mulher com as

---

6. BAGGENSTOSS, Grazielly Alessandra. A primavera feminista brasileira e a resistência das mulheres atuantes no meio jurídico. In: *Estudos Feministas*: por um direito menos machista. Vol. II, Florianópolis, Empório do Direito, 2017, p. 120.

qualidades originárias do que seria belo, tais como piedade, compaixão, disposição e honestidade. Nesta perspectiva, a mulher estaria naturalmente destinada a agradar no plano estético, enquanto o homem estaria destinado ao respeito, visto que sua nobreza advém de ora agradar, ora desagradar.[7] Ter opiniões racionais significa exatamente divergir e convergir, algo inerente à vida pública. Já a vida privada é espaço único de conversão ao pensamento hegemônico em obediência aos padrões sociais. Rousseau foi um dos mais importantes autores a expor a feição contratualista e progressista da humanidade. Seu livro *O contrato social* é referência para muitas transformações no direito do estado. Da mesma forma, seu pequeno tratado sobre a *Origem e o fundamento da desigualdade entre os homens* é um precursor das reinvindicações socialistas e igualitárias que seriam motivo de tantas transformações no século XIX. No entanto, ao tratar da educação na obra *Emílio ou da Educação*, a visão androcêntrica continua a sobreviver com toda a força: "A educação primeira é a que mais importa, e essa primeira educação cabe incontestavelmente às mulheres: se o Autor da natureza tivesse querido que pertencesse aos homens, ter-lhes-ia dado leite para alimentarem as crianças. Falai, portanto às mulheres, de preferência em vossos tratados de educação."[8] Ou seja, à mulher é destinado o papel de gerir a educação dos filhos por ser importante para a preservação da família. E a premissa distintiva entre quem deva educar advém de uma distinção meramente biológica. É a mãe quem gesta seus filhos e que pode alimentá-los desde a mais tenra idade. Os teóricos contratualistas insistiram muito na ideia de que o direito dos homens sobre as mulheres tem uma base natural. Somente homens têm aptidões dos livres e iguais. A relação que pode existir de subordinação na sociedade, para que sejam legítimas, têm origem no contrato. Já a mulher nasce dentro desse processo de sujeição. As mulheres não participam do contrato original através do qual os homens transformaram sua liberdade natural na segurança da liberdade civil.[9]

Todos sabem da influência de Rousseau sobre Cesare Bonesana, Marques de Beccaria. O autor italiano publica sua obra, *Dos delitos e das penas* em 1764 e viaja para a França para uma série de conferências, dois anos depois da aparição de seu livro. Beccaria vai influenciar definitivamente o pensamento da burguesia

---

7. Idem, p. 120/1, citando a autora a obra Kantiana: Observações sobre o sentimento do belo e do sublime, de 1764.
8. ROUSSEAU, Jean. *Emílio ou da educação*. Trad. Sérgio Milliet. 3. ed., Rio de Janeiro, Bertrand Brasil, 1995, p. 9/10.
9. MARTINS, Fernanda. *Entre -nós radicais- ensaio para uma costura criminológico-feminista*. In: Estudos Feministas: por um direito menos machista. Vol. II, Florianópolis, Empório do Direito, 2017, p. 92.

emergente com propostas como o princípio da legalidade, princípio da proporcionalidade, fim de penas de morte, desumanas e infamantes, reforma no processo para retirar o arbítrio do juiz no reconhecimento da desigualdade dos jurisdicionados, devido processo legal etc. É com base nessa lufada renovadora que se fará a Revolução Francesa em 1789, com o objetivo de apear a Monarquia do poder e para impor seus interesses de classe na gestão do Estado. O antigo regime é substituído por uma República, com base na igualdade dos cidadãos, no sufrágio universal e com o fim dos privilégios da nobreza e do clero. Já em 26 de agosto de 1789, a França revolucionária aprova a Declaração dos Direitos do Homem e do Cidadão, uma das primeiras grandes declarações universais de direitos, afirmando que *Os Homens nascem e são livres e iguais em direitos*. O leitor desavisado poderia compreender que o substantivo Homens seria compreendido na acepção de seres humanos, posto que naquele período não se discutia uma linguagem neutra ou mesmo a utilização, então redundante, de homens e mulheres para designação da espécie humana. No entanto, o conhecimento da história de Olympe de Gouges certamente dissuadiria o leitor ou leitora dessa ideia. Olympe, ancorada na criação de jornais específicos e grupos femininos empenhados na luta pelos direitos civis e políticos, propõe uma declaração de direitos da mulher e da cidadã, espelhando-se na declaração masculina, para estender o direito de sufrágio, de igualdade e de participação nos negócios da República às mulheres.[10] No entanto, ao questionar Robespierre e outros revolucionários burgueses ela foi acusada de traição, sendo guilhotinada em 1793 "por haver esquecido as virtudes que convém ao seu sexo e por haver se intrometido nos assuntos da República".[11]

De forma geral, pode-se dizer que o objetivo do feminismo é uma sociedade sem hierarquia de gênero – o gênero não sendo utilizado para conceder privilégio ou legitimar opressão. Embora a progressão dos movimentos feministas seja não linear, plural e multifacetada, convenciona-se estabelecer três grandes gerações de movimentos feministas, ou como muitas autoras dizem, três grandes ondas.

---

10. "*Artigo primeiro: A Mulher nasce livre e permanece igual ao homem em direitos. As distinções sociais só podem ser fundamentadas no interesse comum. Artigo segundo: O objetivo de toda associação política é a conservação dos direitos naturais e imprescritíveis da Mulher e do Homem. Estes direitos são a liberdade, a propriedade, a segurança, e, sobretudo, a resistência à opressão. Artigo terceiro: O princípio de toda soberania reside essencialmente na Nação, que nada mais é que a reunião da mulher e do homem: nenhum corpo, nenhum indivíduo pode exercer autoridade que não emane expressamente deles*". Todos os artigos são um espelho da declaração "masculina" impondo uma igualdade entre os sexos ao equalizar homens e mulheres no texto que se propunha a aprovar.

11. GARCIA, Carla Cristina. *Breve história do feminismo*. São Paulo, Claridade, 2015, p. 49.

A primeira grande onda se dá a partir de meados do século XIX quando mulheres britânicas, francesas e principalmente americanas, irresignadas com a situação de dominação e opressão vivenciadas pelo gênero feminino, passam a defender em seus países igualdades de direitos civis, especialmente na esfera política. É fundamentalmente um movimento de feministas brancas com uma conotação liberal. O objetivo no movimento feminista sufragista, nesta época, era a luta contra a discriminação das mulheres e pela garantia dos direitos civis, especialmente do direito de voto.[12] Considerada a referência da Revolução Francesa já mencionada, o movimento volta a ganhar força no século XIX, ainda que tenha algumas raízes no século XVIII. Na Inglaterra, Mary Wallstone Craft publicou, em 1792, o artigo "Reivindicação dos direitos da mulher". Ela e outras teóricas publicaram diversos textos advogando pela participação política feminina e também pelo amplo acesso de mulheres à educação formal. A educadora Millicent Fawcett fundou, em 1897, a União Nacional Pelo Sufrágio, importante agremiação pela luta sufragista. No Reino Unido, a luta sufragista aliou-se à pauta do movimento operário contra a exploração de trabalhadoras. Em 1903, as *suffragettes* fundaram a agremiação Women's Social and Political Union, cuja grande líder era Emmeline Pankhurst, e os principais métodos de militância eram propaganda, desobediência civil, atividades não violentas e, posteriormente, até atividades violentas. Emmeline e sua filha Christabel com frequência eram fotografadas pela imprensa por reagir às prisões policiais. Foram presas com frequência por quebrar janelas, jogar pedras e por organizarem manifestações públicas barulhentas para divulgar a necessidade do sufrágio. Quanto mais aparecessem nos jornais londrinos, melhor.[13]

Aprovada pelo Congresso americano em 1919 e ratificada em 18 de agosto de 1920, a 19ª emenda à Constituição Americana previu a garantia do voto feminino a todas as mulheres, graças à luta sufragista, iniciada principalmente nos anos anteriores. Apesar da aprovação, nem todas as mulheres tiveram o acesso garantido ao voto. As negras, por exemplo, foram praticamente excluídas da ação conquistada por sufragistas brancas, que se distanciaram de ativistas negras através de divisões na conciliação entre gênero e raça. As leis de Jim Crow, testes de educação formal, as *grandfather clauses* (cláusulas do avô), bem como as ameaças de violência e intimidação por parte da Ku Klux Klan tiveram sucesso em manter as mulheres negras fora das eleições por décadas. O voto feminino negro foi de

---

12. MADALENA, Samantha Ribas Teixeira. *O feminismo no século XXI: crise, perspectivas e desafios jurídico-sociais para as mulheres brasileiras*. In: Estudos Feministas: por um direito menos machista. Florianópolis, Empório do Direito, 2016, p. 131.
13. BECK, Koa. *Feminismo Branco: das sufragistas às influenciadoras e que elas deixam para trás*. Trad. Bruna Barros. Rio de Janeiro, Harper Collins, 2021, p. 36.

fato ratificado apenas em 1964, com a Lei de Direitos Civis. Susan B. Anthony é uma das fundadoras do movimento pelo direito das mulheres nos Estados Unidos e dedicou mais de 50 anos de sua vida à luta. Ela conduziu protestos pelo país e fez discursos em que questionava se era ilegal que uma cidadã americana votasse. Quatro dias antes das eleições de 1872, Susan foi até o escritório eleitoral da cidade de Rochester, em Nova York. Ela exigiu que seu nome fosse incluído na lista de eleitores. Os oficiais disseram que isso não poderia ser feito, mas ela insistiu e argumentou com base na Décima Quarta Emenda, que diz que todas as pessoas nascidas nos Estados Unidos são cidadãs do país. Ao ser detida no dia 18 de novembro de 1872, um policial pediu que ela o acompanhasse ao centro da cidade. Ela perguntou se era daquela forma que se prendia um cidadão. Quando o policial respondeu que não, ela pediu para ser "presa corretamente".[14] O feminismo sufragista foi de início um movimento que representava a branquitude, com um estereótipo próprio: corpos de pessoas sem deficiência, juventude, feminilidade convencional, maternidade de classe média, heterossexualidade e uma representação de sufragista branca que cuida de suas crianças, demonstrando toda respeitabilidade ao poder.[15] Em 1912 a Macy´s, loja conhecida de Nova York, foi declarada sede dos suprimentos sufragistas pois oferecia um traje oficial de desfile que incluía alfinetes de chapéu e outros adereços em uma vitrine especial para as sufragistas brancas.[16] Se é verdade que as condições sociais e econômicas conspiraram contra o voto de mulheres negras, nunca é demais dizer que também as mulheres brancas sufragistas não viam com bons olhos a participação de mulheres negras. Afinal, aquilo que podia ser concedido às mulheres brancas, dificilmente o seriam às mulheres negras, pois os homens negros tampouco tinham acesso ao direito de voto. É clássico o discurso de Sojourner Truth, proferido em 29 de maio de 1851, em que ela indaga se não era uma mulher: "Arei a terra, plantei, enchi os celeiros, e nenhum homem podia se igualar a mim! Não sou eu uma mulher? Eu podia trabalhar tanto e comer tanto quanto um homem e aguentava o chicote da mesma forma! Não sou eu uma mulher? Dei à luz treze crianças e vi a maioria ser vendida como escrava e, quando chorei um meu sofrimento de

---

14. ROSSINI, Maria. Clara. Quem foi Susan B. Anthony, a mulher que está sendo perdoada pelos EUA depois de 148 anos. Super Interessante, 20 de agosto de 2020. Disponível em: https://super.abril.com.br/historia/quem-foi-susan-b-anthony-a-mulher-que-esta-sendo-perdoada-pelos-eua-depois-de-148-anos/. Acesso em: 28/3/2022.
15. BECK, Koa. *Feminismo Branco: das sufragistas às influenciadoras e que elas deixam para trás*. Trad. Bruna Barros. Rio de Janeiro, Harper Collins, 2021, p. 40.
16. Idem, p. 41.

mãe, ninguém, exceto Jesus, me ouviu! Não sou eu uma mulher?"[17] O discurso de Sojourney Truth teve implicações profundas, por demonstrar a atitude racista de muitas mulheres brancas na luta sufragista americana.[18] Sojourner era negra, tinha sido escrava, mas não era menos mulher do que qualquer uma de suas irmãs brancas que pelejavam o reconhecimento do voto na Convenção Nacional dos Direitos das Mulheres, em Nova York, que representava a vanguarda da luta pelo sufrágio universal.

No Brasil, o sufrágio feminino foi garantido por conta do Decreto n° 21.076, de 24 de fevereiro de 1932, assinado pelo presidente Getúlio Vargas, o qual disciplinava que era eleitor o cidadão ou cidadã maior de 21 anos, sem distinção de sexo, alistado na forma do código. Depois disso, foi inserido na Constituição de 1934, nunca mais deixando de constar do nosso ordenamento. Em 1918, Bertha Lutz publicou um artigo em que convocava mulheres para a formação de uma organização para a defesa dos direitos das mulheres, incluindo o direito ao voto. Em 1920, juntamente com Maria Lacerda de Moura, Bertha Lutz fundou a Liga para a Emancipação Intelectual da Mulher, voltada para a luta por igualdade política para as mulheres. Na década de 1920, a defesa do voto para mulheres (desde que de forma moderada) começou a se tornar socialmente aceitável no Brasil e até mesmo quase elegante entre a elite brasileira.[19] O voto feminino, constante de nossa legislação, nunca estabeleceu uma diferenciação formal no âmbito das raças.

A segunda onda do feminismo tem a paradigmática década de 1960 como marco da identificação da desigualdade entre homens e mulheres e a diferença entre sexo e gênero. Simone de Beauvoir afirmava que o sexo era biológico e imutável e o gênero construído culturalmente e, pois, pertencente ao campo discursivo: a identidade está vinculada ao gênero e não ao sexo biológico.[20] Sua famosa frase: *não se nasce mulher, mas se torna uma mulher* mostra que a mulher não se define por seus hormônios, nem por seus enigmáticos instintos ou intuição, mas sim pela maneira que assume o seu corpo e a sua relação com o mundo. O gênero não é um fato natural, mas sim o complexo produto social, cultural e histórico, não se cingindo à diferença sexual biológica ou à capacidade reprodutiva. A construção

---

17. DAVIS, Angela. *Mulheres, raça e classe*. Trad. Heci Regina Candiani, São Paulo, ed. Boitempo, 2016, p. 71.
18. Idem, p. 72.
19. HAHNER, June E. *A mulher brasileira e suas lutas sociais e políticas: 1850-1937*. São Paulo, Editora Brasiliense, 1981, p. 96.
20. OLIVEIRA, Maria de Fática Cabral Barroso de. *Criminologias: a teoria feminista e o sistema jurídico*. In: Novas Perspectivas de Criminologia. Orgs. Alvino Augusto de Sá et alii., Belo Horizonte, Ed, D´Plácido, 2019, p. 175.

da masculinidade ou da feminilidade não são simétricas, mas baseadas em um princípio organizador da superioridade do homem e do domínio político e econômico sobre as mulheres.[21] Com isso, o fundamental passa a ser a pauta cultural relacionada ao questionamento de padrões culturais que atribuem a homens e mulheres papéis específicos nas relações afetivas, na vida política e no trabalho.[22] Beauvoir em seu percurso epistemológico sobre gênero demonstra que a mulher não é definida em si mesma, mas em relação ao homem e através do olhar do homem. Olhar que a confina num papel de submissão que comporta significações hierarquizadas. É como se a mulher fosse o *outro* do homem, destituindo a mulher de sua natureza de humanidade.[23]

Se o *Segundo Sexo* (1949) foi a referência "francesa" dessa onda, A *Mística Feminina* (1963), obra paradigmática de Betty Friedan, é uma espécie de marco americano dessa fase. Ela foi a primeira presidenta da NOW, Organização Nacional para as Mulheres, focando em uma campanha contra a discriminação sexual e pela legalização do aborto.[24] Dentro desse contexto, a visão liderada pelas ativistas americanas dos anos 60 e 70 foca especialmente na denúncia da opressão exercida pelo gênero masculino sobre o feminino, defendendo uma isonomia total enquanto as ativistas francesas buscavam ressaltar as diferenças existenciais dos gêneros, postulando o fim da inferiorização cultural e social do gênero feminino frente ao masculino. Outros fatores favorecem a igualdade de gênero no período. A disseminação da pílula anticoncepcional concedeu à mulher controle reprodutivo e acabou por ocasionar o desmantelamento do binômio ato sexual/procriação.[25]

A partir da redemocratização do Brasil, já nos anos 80 do século passado e com o retorno de muitas militantes exiladas, as conquistas das mulheres no plano formal constitucional foram verdadeiramente sem precedentes, consagradas particularmente a partir da Constituição Federal de 1988. O debate dos temas feministas se acelerou, ganhou a universidade e os meios de comunicação de

---

21. Idem, p. 171.
22. MADALENA, Samantha Ribas Teixeira. *O feminismo no século XXI: crise, perspectivas e desafios jurídico-sociais para as mulheres brasileiras*. In: Estudos Feministas: por um direito menos machista. Florianópolis, Empório do Direito, 2016, p. 132.
23. RIBEIRO, Djamila. *O que é lugar de fala*. São Paulo, Letramento, 2017, p. 36.
24. BECK, Koa. *Feminismo Branco: das sufragistas às influenciadoras e que elas deixam para trás*. Trad. Bruna Barros. Rio de Janeiro, Harper Collins, 2021, p. 67.
25. MADALENA, Samantha Ribas Teixeira. *O feminismo no século XXI: crise, perspectivas e desafios jurídico-sociais para as mulheres brasileiras*. In: Estudos Feministas: por um direito menos machista. Florianópolis, Empório do Direito, 2016, p. 133.

massas, constituindo um grande ponto de discussão nas esferas públicas do país, não sem grande resistência de setores fundantes do patriarcado.

A transição dessa fase para a "terceira onda" do movimento feminista, iniciado nos anos 80 e vigente até hoje, não possui marcos tão claros quanto as fases anteriores. Ocorre de maneira mais sutil, por meio da modificação dos temas em debate e dos direitos reivindicados. Enquanto as feministas da segunda fase declaravam que o pessoal era político, posto que as estruturas sociais se reproduziam nas relações humanas interpessoais, na vida familiar e na própria existência da mulher, o início do terceiro momento para o feminismo ocidental já indicava um deslocamento do individual ao coletivo, do privado ao público. Era preciso dar um passo adiante. Deixar exclusivamente de pensar nas relações de poder em níveis microscópicos (relações familiares, educação escolar e interações sociais focadas na mulher), para olhar com uma lente de aumento todas as relações de poder. O movimento feminista da terceira onda é, pois, muito mais amplo, heterogêneo e multifacetado, contrastando com a visão mais individual da fase anterior. Embora o movimento seja um pouco difuso, pode-se ter como referência o caso Tomas-Hill/William Kennedy Smith, e as questões sobre a violência contra as mulheres. O assunto passa a ser definido como "um problema complexo envolvendo questões de violências físicas e sexuais, mas também psicológicas e econômicas; discutindo-se a violência como intrinsicamente ligada às estruturas institucionais de poder, às práticas sociais e aos valores que fundamentam a discriminação sexual, que preserva a desigualdade dos gêneros na sociedade, a violência contra as mulheres torna-se tema central, principalmente na década de 1990 e, questões como assédio sexual, uma inovação feminista, a violência doméstica, o estupro, o *stalking* ou *criminal harassment* são revisitas e/ou criadas."[26]

Foi nesse contexto que a categoria mulher, antes referenciada no outro do masculino, passa a ser problematizada como um sujeito universal, de tal sorte a existir tanto quanto outras categorias próprias como classe social, trabalhador, cidadão, e até mesmo homem/mulher da fase anterior. Esse fenômeno obriga todas a lançarem mão da interseccionalidade – termo então inexistente – espécie de raciocínio que toma as violências de gênero e demais marcadores atrelados aos sujeitos, com todos eles compondo uma multiplicidade de diferenciações que

---

26. OLIVEIRA, Maria de Fática Cabral Barroso de. *Criminologias: a teoria feminista e o sistema jurídico*. In: Novas Perspectivas de Criminologia. Orgs. Alvino Augusto de Sá et alii., Belo Horizonte, Ed, D'Plácido, 2019, p. 175.

permeia o social.²⁷ Essas categorias vão além de destacar a ausência de equidade entre as pessoas que são designadas no momento do nascimento, mas permitem um passo adiante na discussão da estrutura social patriarcal, as violências de gênero e a intersecção desse tema com as diferenças raciais. É essa intersecção temática que será transcendente nessa fase, também para fazer a própria autocrítica das fases anteriores e dar um passo adiante. É uma conceituação do problema que busca identificar as consequências estruturais e dinâmicas da interação de mais de dois eixos de subordinação. Ela trata especificamente da forma pela qual o racismo, o patriarcalismo, a opressão de classe e outros sistemas discriminatórios criam desigualdades básicas que estruturam as posições relativas de mulheres, raças, etnias, classe e outras.²⁸

A criminóloga Fátima Cabral destaca que as discussões sobre saúde, reprodução e educação, característica desta fase como análise dos problemas "femininos", produziram efeitos como a própria criação de novos tipos legais, o *date rape* e o *stalking* norte-americanos, dentre outros.²⁹ No Brasil, sucessivas leis foram trazendo tais modificações, quer pelos debates feministas, quer pelo surgimento de demandas objetivas decorrentes de casos concretos. A Lei 10.224/01 acrescentou um artigo (o Art. 216-A) ao Código Penal para definir o crime de assédio sexual como o de "constranger alguém com o intuito de obter vantagem ou favorecimento sexual, prevalecendo-se o agente da sua condição de superior hierárquico ou ascendência inerentes ao exercício de emprego, cargo ou função". A Lei 12.015/09 eliminou a retrógrada diferença de estupro e atentado violento ao pudor. Já os estupros coletivos e corretivos foram inseridos no ordenamento pela Lei 13.718/18 criando uma causa de aumento de pena no artigo 226. Esta mesma lei criou o crime de importunação sexual (art. 215-A). Por seu turno, a Lei 14.132/21 tipificou o tipo de perseguição conhecido como *stalking*, inserindo no ordenamento a figura típica descrita no artigo 147-A do CP.³⁰

Neste momento está em curso um movimento que expõe em manifestações públicas de grande repercussão nas mídias sociais, muitas vezes com confrontos morais contundentes, uma pauta de reivindicações que busca passar dos debates à incorporação dessa temática no ordenamento jurídico, bem como potencializar

---

27. CIPRIANI, Marcelli. *Feminismos, transexuais, direito à existência*. In: Estudos Feministas: por um direito menos machista. Vol. II, Florianópolis, Empório do Direito, 2017, p. 142.
28. RIBEIRO, Djamila. *Quem tem medo do feminismo negro?* São Paulo, Cia das Letras, 2018, p. 123.
29. Op. cit., p. 175.
30. Disponível em www.12.senado.leg.br/noticias/materias/2021/04/05/lei-que-criminaliza--stalking-e-sancionada, acesso em em 4/4/2022.

exponencialmente o movimento feminista. Judith Butler, assim como outras contemporâneas suas, destaca uma radicalização do processo de questionamento que já se iniciara com Simone de Beauvoir: agora não só se busca descortinar a masculinidade que, concomitantemente se impunha como universal e fabricava, em oposição, o feminino, mas abandonar a noção de sujeito (feminino ou masculino) pré-discursivo.[31] A meu juízo, estamos diante do aperfeiçoamento da terceira onda, posto não haver uma mudança epistemológica em curso, embora algumas autoras concebam tal ideia como o início de uma quarta onda.[32]

3. O Feminismo e Gênero

Historicamente o termo vem da França. "Féminisme" foi usado pela primeira vez em 1837 pelo filósofo socialista Charles Fourier para definir a ideia de que as mulheres podiam viver e trabalhar de forma tão independente quanto homens. Pouco tempo depois, por volta da metade do século XIX, o termo tinha evoluído no inglês tanto na Inglaterra quanto nos Estados Unidos junto ao movimento de luta pelos direitos das mulheres em cada lado do oceano. A Convenção de Seneca Falls, que aconteceu em Nova York em 1848, é considerada por muitos a primeira reunião feminista organizada por mulheres nos Estados Unidos.[33]

Muitas são as definições de feminismo. O simples fato de termos nesse pensamento um continuum que passa por diferentes momentos já indica a dificuldade de pensarmos em uma conceituação mais singela do que seja feminismo. Muitas autoras negras criticam os conceitos dos *feminismos brancos*. Há livros e livros falando do tema, alguns dos quais já mencionei aqui. Talvez a abordagem mais profunda, tanto quanto singela, venha das linhas de Bell Hooks. Ela estabelece uma diferença entre estar na margem e no centro do fenômeno. Para ela, estar na margem é fazer parte de um todo, mas fora do corpo principal. Mulheres periféricas, negras ou não, fazem parte da essência do problema, por estarem no corpo, mas vivem nos anéis externos do fenômeno. É como se morassem em uma cidade delimitada por uma linha de trem, residindo na periferia onde as casas são mais baratas. Ficam além da linha e não no centro da cidade. Muitas teorias feministas, ao contrário, foram elaboradas por mulheres privilegiadas que viviam e vivem no

---

31. BUTLER, Judith. *Vida precaria: el poder del duelo y la violencia*. Buenos Aires, Paidós, 2006, p. 32. Apud BAGGENSTOSS, Grazielly Alessandra, p. 128.
32. Nesse sentido BAGGENSTOSS, Grazielly Alessandra. *A primavera feminista brasileira e a resistência das mulheres atuantes no meio jurídico*. In: Estudos Feministas: por um direito menos machista. Vol. II, Florianópolis, Empório do Direito, 2017, p. 128.
33. BECK, Koa. *Feminismo Branco: das sufragistas às influenciadoras e que elas deixam para trás*. Trad. Bruna Barros. Rio de Janeiro, Harper Collins, 2021, p. 24.

centro, cujas perspectivas sobre a realidade raramente incluem o conhecimento e a experiência vivida por aquelas mulheres e homens que vivem à margem e que, autocentradas, sequer conhecem. Não por outra razão, sua obra sobre a teoria feminista recebe o subtítulo da margem ao centro.[34] Ela quer, pois, olhar o fenômeno a partir de uma perspectiva inclusiva e não excludente.

As autoras negras destacam que as mulheres de descendência africana estão numa posição peculiar na sociedade, não apenas porque em termos coletivos estarem na base da pirâmide ocupacional, mas também porque o status social é inferior ao de qualquer outro grupo. Isso significa que carregam um fardo da opressão sexista, racista e de classe. Se pensarmos em um homem negro, por certo que é vitimado pelo racismo, mas o sexismo o autoriza a agir como explorador e opressor de mulheres.[35] A mulher negra, no entanto, é objeto de exploração, discriminação e opressão construindo uma vida diretamente pautada pela estrutura social vigente e sua ideologia sexista, racista e classista.

Feminismo é uma teoria prática que surge das condições concretas das relações humanas enquanto essas relações são baseadas em relações de linguagem que são relações de poder. Essa relação é masculinista, posto que centrada na ideia de que o homem está no centro da relação social e que a mulher gira em torno dele. A crítica social feminista, para muitas a mais poderosa crítica pós-moderna, é constitutiva da referência de dominação masculina. Feminista é alguém que pensa criticamente a sociedade como um todo enquanto retira os véus não tão explícitos da dominação masculina. Assim, a tradição do feminismo no campo teórico epistemológico, se dá no sentido de identificar, nas relações entre as pessoas, bem como entre elas e as diversas instituições ou centros de poder, as assimetrias que perpassam pelos sexos e que produzem discursos hegemônicos de dominação.[36]

---

34. HOOKS, Bell. *Teoria Feminista: da Margem ao Centro*. Trad. Rainer Patriota, São Paulo, ed. Perspectiva, 2019, p. 23/4, prefácio à primeira edição.
35. Idem, p. 45. A coleção de Angela Davis, em três volumes, editados pela Boitempo, traz essa questão de forma recorrente. No entanto, os dois primeiros capítulos do livro *mulheres, raça e classe*, folhas 15 a 56, fazem um estudo bastante detalhado das origens desse problema nos Estados Unidos, especialmente às fls. 29. Não se pode deixar de citar seus outros livros, *Mulheres, cultura e política* bem como *A liberdade é uma constante*, dentre outros.
36. CIPRIANI, Marcelli. *Feminismos, transexuais, direito à existência*. In: Estudos Feministas: por um direito menos machista. Vol. II, Florianópolis, Empório do Direito, 2017, p. 135; HOOKS, Bell. *Teoria Feminista: da Margem ao Centro*. Trad. Rainer Patriota, São Paulo, ed. Perspectiva, 2019, p. 48.

As primeiras perspectivas feministas viam uma pura e simples igualdade social com os homens, o que seria uma espécie de libertação das mulheres, posto que o único objetivo era tornar as mulheres socialmente iguais aos homens. Essa primeira aproximação do tema cria um problema inicial. Se os homens não são iguais entre si, se há a dominação entre eles, seja pela existência de classes sociais, de extratos de convivência ou mesmo raciais, com quais homens as mulheres gostariam de se igualar? Observem que esse pensamento era muito palatável para mulheres brancas, do centro do fenômeno de poder, que queriam se igualar aos homens brancos também do centro. Mas como ficavam as mulheres da periferia do fenômeno? Com quem se igualariam? Uma mulher negra e periférica teria o objetivo de se igualar a um homem branco das elites, quando também o homem negro não era equalizado? Isso fez com que se reconhecesse que o feminismo, definido como igualdade social com os homens, tivesse efeitos relevantes para a situação das mulheres de classe social superior, aquelas do centro do fenômeno, mas impactando de modo muito marginal o status das mulheres pobres, operárias e periféricas.[37] O feminismo crítico, pois, passa a trabalhar com uma transversalidade. Era necessário pensar na erradicação da dominação e do elitismo em todas as relações humanas. Isso levará à autodeterminação o objetivo a ser atingido e requer a transformação radical da sociedade tal como conhecemos agora.

A discussão da assimetria entre mulheres e homens, também permitiu entender que há assimetrias entre homens e homens. E tais assimetrias também são perpassadas pelas diferenças raciais, étnicas, culturais e de proveniência decorrentes das imigrações e migrações. Por isso, o foco do feminismo se amplia para garantir a criação de um compromisso social, cultural e político que legitime e valorize a um só tempo, em uma visão de equidade as experiências dos homens e mulheres, bem como os significados para ambos os sexos construírem uma sociedade mais justa, em que as relações de gênero sejam democráticas, com direito à igualdade – em direitos – e à diferença no que decorrer da diversidade. Com isso, pode-se chegar a uma ideia do feminismo como um movimento político e social, local e global, historicamente constituído com uma proposta emancipatória e um conteúdo normativo. Ele afirma um sujeito – mulheres –, identifica um problema – a sujeição e objetificação das mulheres através de relações marcadas pelo gênero – e expressa vários objetivos em nome de princípios específicos: igualdade,

---

37. HOOKS, Bell. *Teoria Feminista: da Margem ao Centro.* Trad. Rainer Patriota, São Paulo, ed. Perspectiva, 2019, p. 49.

direitos, liberdade, autonomia, dignidade, autorrealização, reconhecimento, respeito e justiça.[38]

É evidente que uma pauta tão amplificada está a demandar muitas medidas. Bell Hooks destaca a Conferência de Houston sobre os Direitos das Mulheres que trouxe diversos pontos a observar: a eliminação da violência doméstica e criação de abrigos para mulheres vítimas; apoio a empreendimentos voltados para o público feminino; medidas eficazes contra abusos de crianças; criação de um sistema não sexista de assistência à infância; política de pleno emprego com foco nas mulheres; proteção às donas de casa para que o casamento seja uma parceria; combate à exploração sexista da imagem da mulher nos meios de comunicação; decretação da liberdade reprodutiva e do fim da esterilização compulsória; combate à dupla discriminação das mulheres pertencentes a grupos minoritários; revisão da legislação no que concerne à pratica de abuso; eliminação da discriminação com base na orientação sexual; implementação de uma educação não sexista.[39] Essa longa pauta se entranha com outras reivindicações gestadas nos Estados Unidos. Angela Davis descreve o programa de dez pontos gestado no seio do movimento negro americano nos anos 60 e levado adiante pelo Partido Panteras Negras, que contemplava a luta por liberdade, pelo pleno emprego, pelo fim da dominação capitalista, por moradias melhores, por educação adequada, por assistência à saúde, pelo fim da violência policial e assassinato de pessoas negras, pelo fim das guerras de agressão, concessão de liberdade aos presos político-raciais, terra, pão, moradia, justiça e paz.[40] Tal luta, diz ela, envolve o feminismo que é muito mais que uma igualdade de gênero e envolve muito mais que gênero, pois deve envolver uma consciência em relação ao capitalismo, ao racismo, ao colonialismo, às pós-colonialidades, a mais sexualidades do que se pensa poder nomear.[41]

Foi a construção social do gênero – e não a diferença biológica do sexo – a premissa transformadora para a análise crítica da divisão social do trabalho entre mulheres e homens na sociedade moderna. A raiz da palavra em inglês, francês, português e espanhol é o verbo latino generare, gerar, e a alteração latina -gener-, raça ou tipo. Um sentido obsoleto de "to gender" em inglês é "copular" (Oxford

---

38. MADALENA, Samantha Ribas Teixeira. *O feminismo no século XXI: crise, perspectivas e desafios jurídico-sociais para as mulheres brasileiras*. In: Estudos Feministas: por um direito menos machista. Florianópolis, Empório do Direito, 2016, p. 137.
39. HOOKS, Bell. *Teoria Feminista: da Margem ao Centro*. Trad. Rainer Patriota, São Paulo, ed. Perspectiva, 2019, p. 50/1.
40. DAVIS, Angela. *A liberdade é uma luta constante*. Trad. Heci, R. Candiani, São Paulo, ed. Boitempo, 2018, 74.
41. Op. cit., p. 99.

English Dictionary). Os substantivos "Geschlecht", "Gender", "Genre", "Gênero" e "Género" se referem à ideia de espécie, tipo e classe. O gênero é central para as construções e classificações de sistemas de diferença. A diferenciação complexa e a mistura de termos para "sexo" e "gênero" são parte da história política das palavras.[42] Em todas as suas versões, as teorias feministas de gênero tentam articular a especificidade da opressão das mulheres no contexto de culturas nas quais as distinções entre sexo e gênero são marcantes. Quão marcantes depende de um sistema relacionado de significados reunido em torno de uma família de pares de oposição: natureza/cultura, natureza/história, natural/humano, recursos/produtos. Da atribuição aos dois gêneros de papéis diferenciados nas esferas produtivas, da participação política diversa e também da separação público/privado, que se dilui com o tempo, temos o passo mais seguro para o reconhecimento de uma transformação duradoura. Gênero é um conceito desenvolvido para contestar a naturalização da diferença sexual em múltiplas arenas de luta. A teoria e a prática feminista em torno de gênero buscam explicar e transformar sistemas históricos de diferença sexual nos quais "homens" e "mulheres" são socialmente constituídos e posicionados em relações de hierarquia e antagonismo.[43] Esse novo paradigma de gênero, gestado na segunda onda do feminismo, contempla ao menos algumas assertivas: as formas de pensamento, de linguagem e as instituições da nossa civilização possuem uma implicação estrutural com o gênero, isto é, com o binarismo masculino/feminino; os gêneros não são naturais, mas construídos e independem do sexo biológico; os dois sexos são instrumentos simbólicos da distribuição de recursos entre homens e mulheres e das relações de poder existentes entre eles.[44]

Nunca é demais lembrar que o gênero não é um fato natural, mas um produto social, cultural e histórico, não nascendo necessariamente das diferenças sexuais biológicas ou de suas capacidades reprodutivas. O gênero e suas relações com o social reorganizam essa vida e as instituições de maneira fundamental. Os sistemas de conhecimentos refletem a visão masculina do mundo natural e social e refletem o domínio social do masculino sobre o feminino; do político e econômico sobre as mulheres. Não por outra razão, uma visão igualitária e democrática de gêneros

---

42. HARAWAY, Donna. *"Gênero" para um dicionário marxista: a política sexual de uma palavra*. In: Cadernos Pagu, Vol. 22, 2004, p. 209.
43. Idem, op. cit., p. 211.
44. BARATTA, Alessandro. *O paradigma do gênero: da questão criminal à questão humana*. In: Criminologia e Feminismo. Porto Alegre, ed. Sulina, 1999. p. 23.

deveria estar no centro da investigação intelectual e não periférica, invisível ou como um apêndice concreto do masculino.⁴⁵

De outra parte, o gênero também confere aos indivíduos identidades subjetivas mediante um ato de sujeição. Daí por que as condutas, desejos, vontades e ações estão condicionadas por processos de socialização. Assim, o sistema sexo/gênero se coloca como uma variável fundamental da organização da vida social através da história e da cultura da modernidade líquida. Não por outra razão, gênero é a ferramenta analítica, a categoria teórica da epistemologia feminista que permite compreender como a divisão social tente a dar a homens e mulheres concepções diferentes deles e delas próprios, de suas atividades e crenças, do mundo que os cerca e da própria criminalidade em que se envolvem.⁴⁶

4. Criminologia e Feminismo (na busca de uma abertura de discussão)

O ponto de partida deste tópico seria compreender o porquê da criminologia ser um saber de homens, para homens, sobre homens, somente circunstancialmente sobre as mulheres.⁴⁷ Qualquer posição "objetivista", própria dos pensamentos tradicionais e androcêntricos, que concentram a prática do objeto de investigação e que ocultam crenças e práticas culturais e políticas, certamente estarão fora de qualquer análise atualizada sobre o fenômeno criminal envolvendo mulheres, quer como autoras, quer como vítimas. O debate sobre a igualdade de gênero revela o tratamento desigual da mulher na legislação e no sistema de justiça criminal, decorrente de propostas sexistas e masculinistas, muitas vezes desconhecendo a temática do gênero no direito. A ideia de dualismos positivo (homem) e negativo (mulher), em razão e objetividade como atributos masculinos, emoção, subjetividade e sensibilidade como atributos femininos, ainda é imperante em muitos rincões da nossa sociedade.⁴⁸

Vera Regina Pereira de Andrade, uma das mais importantes criminólogas brasileiras, propõe a ideia da existência de três grandes momentos históricos e

---

45. OLIVEIRA, Maria de Fática Cabral Barroso de. *Criminologias: a teoria feminista e o sistema jurídico*. In: Novas Perspectivas de Criminologia. Orgs. Alvino Augusto de Sá et alii., Belo Horizonte, ed. D´Plácido, 2019, p. 171.
46. MENDES, Soraia da Rosa. *Criminologia feminista: novos paradigmas*. São Paulo, Saraiva, 2017, p. 87.
47. MENDES, Soraia da Rosa. *Criminologia feminista: invisibilidade(s) e crítica ao pensamento criminológico desde uma nova ética*. In: Estudos Feministas: por um direito menos machista. Florianópolis, Empório do Direito, 2016, p. 151.
48. Vide nesse sentido SANTOS, Juarez Cirino dos. *Criminologia: contribuição para crítica da economia da punição*. São Paulo, Tirant lo Blanch, 2021, p. 387.

epistemológicos para a criminologia no século XX e XXI. Diz ela, não sem razão, que a década de 60 do século XX viu a consolidação da passagem de um paradigma etiológico, centrado no binômio crime/criminoso, para um paradigma centrado na investigação da reação social ou controle social, como resultado da teoria do *labelling approach*. Na década subsequente o desenvolvimento materialista desta criminologia, desemboca numa teoria crítica ou radical, no marco das categorias capitalismo e classes sociais.[49] Esse pensamento dos anos noventa em diante, é renovado pelo desenvolvimento feminista no âmbito do qual o sistema penal receberá também uma interpretação macrossociológica, no marco das categorias patriarcado e gênero, e a indagação sobre como o sistema penal trata a mulher, seja como autora, seja como vítima.[50] Para a autora catarinense, a mulher, além da violência sexual representada por diversas condutas masculinas (estupro, assédio, importunação sexual etc.), também é vítima da violência institucional plurifacetada do sistema que expressa a violência estrutural das relações sociais capitalistas e da violência das relações sociais patriarcais, trazidas pela desigualdade de gênero.[51] Aqui é importante que se diga que alhures expressei posição ligeiramente diversa. Embora esteja totalmente de acordo com os dois primeiros momentos mencionados pela professora Vera Andrade, compreendo que o terceiro momento é aquele da modernidade líquida, com as criminologias alternativas, que se inicia com o feminismo, mas amplia seu foco para a criminologia cultural, queer, o racismo, a criminologia verde e outras investigações nascidas da complexidade existente após o advento da modernidade líquida.[52]

De qualquer sorte, seja por uma ou outra visão, não se ignora a importância do feminismo. Ao contrário, talvez seja ele o primeiro passo desencadeador da nova perspectiva epistemológica do fenômeno criminal. Ou como diz Elena Larrauri, é incontestável que a entrada do feminismo na criminologia foi responsável por uma das maiores contribuições teóricas contemporâneas à criminologia.[53]

Dentro de tal contexto, o processo de criminalização e a percepção da criminalidade revelam-se como estreitamente ligados às variáveis gerais que expressam na sociedade posições de vantagem e desvantagem, força e vulnerabilidade, dominação e exploração do centro e da periferia. O sistema de justiça criminal,

---

49. Vide capítulos 8 e 9 deste livro.
50. ANDRADE, Vera Regina Pereira de. *Pelas mãos da criminologia: o controle penal para além da (des)isusão*. Florianópolis, Instituto Carioca de Criminologia, 2012, p. 127.
51. Idem, op. cit., p 131/2.
52. Vide o primeiro texto do apêndice deste livro.
53. Larrauri, Elena. *La herencia de la criminología*. Madrid, Siglo Vientiuno, 1991, p. 126.

à luz de uma visão crítica, deve conceber não somente a repartição desigual dos recursos do sistema (proteção de bens jurídicos relevantes, por exemplo), bem como a desigual divisão de riscos face ao processo de criminalização (violência estrutural decorrente do patriarcado). Como se mencionou acima, essa é uma relação complexa que contempla inúmeras variáveis, no fato de pertencer a gêneros, etnias, raças, local de origem, de forma que homens e mulheres, brancos e negros, ricos e pobres, cultos e sem instrução, cidadãos e imigrantes, podem ter uma análise multifacetada da justiça criminal.[54] A esse processo podemos chamar de transversalidade do fenômeno, em que criminologias alternativas são protagonistas, mas que avulta a concepção do feminismo dentre elas. O foco na questão do gênero e crime permite que racismo e principalmente sexismo, decorrente das relações patriarcais, dois aspectos do momento político-criminal retrógrado, aflorem com força já nos anos 80 do século passado.

O patriarcado é um sistema estratificado que gera uma série de políticas de controle e práticas sociais para ratificar o poder masculino, e manter as adolescentes e as mulheres subordinadas ao homem.[55] E isso se faz com o competente discurso que oculta a mulher como sujeito no campo da criminologia fazendo perpassar o discurso em muitas correntes de pensamento criminológicas. Pense-se, por exemplo, a teoria das subculturas delinquentes.[56] Todos os valores narrados como sendo subculturais refletem um padrão masculino de condutas e não feminino. Autonomia, racionalidade, ambição e contenção das emoções são atributos dos homens que queriam "construir a América". A afirmação da cultura da gangue é celebrada como uma afirmação da masculinidade da cultura dominante. Já as mulheres, especialmente até os anos 50 do século passado, nunca foram nem pressionadas para realizar os objetivos de sucesso da sociedade WASP e nem a delinquência foi uma saída para as suas frustrações. Na visão de Albert Cohen a criminalidade feminina era insignificante, pois as mulheres estavam mais preocupadas em conseguir um bom casamento.[57] É interessante de se verificar que a referência era tão masculina que a teoria não se preocupou em explicar a

---

54. Vide, neste ponto o sempre oportuno ensinamento de BARATTA, Alessandro. *O paradigma do gênero: da questão criminal à questão humana*. In: Criminologia e Feminismo. Porto Alegre, ed. Sulina, 1999. p. 42.
55. OLIVEIRA, Maria de Fática Cabral Barroso de. *Criminologias: a teoria feminista e o sistema jurídico*. In: Novas Perspectivas de Criminologia. Orgs. Alvino Augusto de Sá et alii., Belo Horizonte, ed. D´Plácido, 2019, p. 180/1.
56. Estudo detalhado aparece no capítulo 7 deste livro.
57. ROSA, Pablo Ornelas et alii. *Sociologia da violência: do crime e da punição*. Belo Horizonte, Editora D´Plácido, 2020, p. 130.

experiência das garotas que compartilhavam com meninos a mesma comunidade pobre e que tinham as mesmas restrições econômicas.

Na esfera das teorias contraculturais, já no âmbito das criminologias do conflito, outra não foi a situação do feminino em face do masculino. As culturas desviantes eram as vozes masculinas dos músicos de jazz, enquanto as mulheres preenchiam aquele papel de companheiras "quadradas" sem qualquer atrativo, sem capacidade de fazer desafios que a colocassem numa posição de *outsiders* da relação desviantes.[58] Por fim, mesmo na teoria crítica a preocupação com o processo estrutural da definição do crime que envolvia o feminino era considerada complementar ou secundária portanto não digna de relevo. Aqui, o processo de redefinição de crime, fundamental na crítica à teoria crítica, está intimamente conectado com a sociedade que define e controla a exploração, contemplando a exploração sexual como parte da estrutura de exploração econômica, mas também patriarcal. Pondere-se que a exploração sexual da mulher na sociedade capitalista é suportada em todas as classes, ao contrário da opressão econômica de homens e mulheres e isso deve servir de renovação da própria compreensão contemporânea da criminologia crítica.[59]

Com tudo o que até aqui se disse, não se pretende uma conclusão. Dizer que seria adequado fechar o tema, é o mesmo que dizer que o assunto não é um tema aberto ainda entre nós. A única ideia que me parece fundamental, no estágio em que estamos, é a de que a crítica ao poder punitivo – e nunca o poder punitivo esteve tão carente – é mais do que necessária. Nunca tivemos leis tão punitivas e irracionais na sua essência; nunca tivemos tantos disparates político-criminais; nunca tivemos leis penais tão incoerentes e superabundantes, notoriamente ineficazes para realizar seus propósitos declarados; nunca vivemos tanto sensacionalismo com o poder punitivo, quebrando de forma sem precedentes a ideia de *ultima ratio* atribuída ao direito penal. Mas se tivermos posturas legitimadoras do poder punitivo, além de não conseguirmos superar o terrível momento que vivemos, ampliaremos a punição de pessoas, homens ou mulheres às custas de mais isolamento social e afastamento do convívio fundamental para um Estado Democrático de Direito. Punir mais não é punir melhor. Ao contrário, qualquer aumento punitivo significará colocar na vala comum da prisão a discussão do sistema punitivo encarcerador e do próprio controle social.

---

58. Idem, op. cit., p. 148.
59. Idem, op. cit., p. 149.

IV. UMA CRIMINOLOGIA VERDE

Lira Itabirana

I
O Rio? É doce.
A Vale? Amarga.
Ai, antes fosse
Mais leve a carga.

II
Entre estatais
E multinacionais,
Quantos ais!

III
A dívida interna.
A dívida externa
A dívida eterna.

IV
Quantas toneladas exportamos
De ferro?
Quantas lágrimas disfarçamos
Sem berro?

(Carlos Drummond de Andrade, 1984)

1. Introdução

Desde Edmund Burke, no século XVIII, a proteção do meio ambiente era considerada uma pauta conservadora contra os avanços da industrialização. Em 1978, ainda sob a égide da ditadura, a Amazônia viu o avanço contra a floresta como algo de muita polêmica e de muita pressão. Naquele momento, a ameaça era o Projeto JARI[1], que era um grande projeto no sul do Pará, que tinha como

---

1. Foi uma fábrica construída às **margens do Rio Jari**, no Pará, para a **produção de celulose** e outros produtos, que teve início em 1967. O projeto foi idealizado pelo bilionário norte-americano Daniel Keith Ludwig e seu sócio brasileiro Joaquim Nunes Almeida.

meta substituir a área de floresta original por um campo de plantio de pinhos e araucárias para a produção de celulose. O Movimento de Defesa da Amazônia impulsionado pelo PCdoB liderou um movimento contrário a essa estupidez, que era criar uma monocultura que só iria empobrecer o solo e exauri-lo com mais rapidez.[2] No entanto, dentro dos próprios grupos de esquerda, esse movimento foi visto como uma espécie de jabuticaba conservadora em meio às lutas progressistas. Parece que manter uma luta campesina não se coadunava com os vigorosos movimentos sindicais que renasciam nas orlas industriais do Brasil. Roger Scruton escreveu "Green Philosophy" obra em que defende a preservação do ambiente a partir do princípio conservador que protege o patrimônio histórico, cultural e linguístico da humanidade, ou, em outras palavras, um bem conhecido não deve se render facilmente a uma melhora desconhecida. Sua ideia passa por compreender que não cabe uma crítica vigorosa aos movimentos que pretendem a exploração dos recursos naturais, sem uma colaboração de cidadãos para que o movimento seja vigoroso e caminhe adiante.[3] Enfim, conservadores são aqueles que lutam para conservar. Parece que nos dias que correm, especialmente no Brasil, conservadores não querem a conservação do patrimônio ambiental, mas, sim, sua destruição. Mas um ambiente ecologicamente equilibrado pode ser uma luta progressista? Como e quando?

Até os anos 60, dizia-se que a água da terra era uma fonte infinita e inesgotável e que o clima do planeta, pautado pela natureza, seria sempre preservado. No entanto, em 1972 na cidade de Estocolmo, teve sede a primeira conferência climática mundial. A conferência das Nações Unidas, que aconteceu na capital sueca, foi a primeira atitude mundial a tentar preservar o meio ambiente. Naquela época, acreditava-se que o meio ambiente era uma fonte inesgotável e a relação homem com a natureza era desigual. De um lado, os seres humanos gananciosos tentando satisfazer seus desejos de conforto e consumo; do outro, a natureza com

---

2. Tais plantações de eucaliptos ou pinus são conhecidos hoje como deserto verde, pois, embora continue a existir uma "cobertura" florestal, o ambiente é totalmente inóspito para a existência de animais e mesmo outras espécies vegetais.
3. "Mas há uma lição nisso para os ambientalistas. Nenhum projeto de grande escala terá sucesso se não estiver enraizado em nossa pequena escala de raciocínio prático. Afinal, somos nós que temos de agir, que temos que aceitar e cooperar com as decisões tomadas em nosso nome, e que têm que fazer quaisquer sacrifícios que serão necessários para o bem das gerações futuras. Parece-me que a corrente que defende movimentos ambientais, muitos dos quais exigem projetos governamentais inimagináveis, bem como mudanças fundamentais em nosso modo de vida, falharam em aprender essa lição. SCRUTON, Roger. How do think seriously about the planet: the case for an environmental conservatism. New York, Oxford Press, 2012, p. 2.

toda a sua riqueza e exuberância, sendo a fonte principal – e até então inesgotável – para as ações dos homens. O que torna isso um problema é o desenvolvimento sem limites realizado pelo homem em prol de seus objetivos, gerando prejuízos para o meio ambiente. Com a conferência de Estocolmo, esse pensamento foi modificado e problemas como secamento de rios e lagos, ilhas de calor e efeito da inversão térmica causaram alerta mundial. A ONU, até então reticente, decidiu lançar a Primeira Conferência Mundial sobre o Homem e o Meio Ambiente, patrocinando a ideia. Os países centrais, em princípio, aceitaram diminuir suas emissões industriais, contendo os efeitos das indústrias. Já os países em desenvolvimento e subdesenvolvidos, tentando tirar o atraso de décadas e décadas, adotaram a ideia do "desenvolvimento a qualquer custo", política que compreendia que caberia àqueles que destruíram suas florestas para ocupação desordenada em séculos anteriores arcar com as consequências dos seus atos, enquanto os países mais *atrasados* teriam uma espécie de "crédito a descontar" naquele momento.

No plano jurídico penal, começa a se construir a ideia segundo a qual o meio ambiente era um patrimônio universal e digno de estrita proteção. Vale dizer, atingir uma mata, ou mesmo uma floresta, colocava em risco valores ligados à sobrevivência do planeta e, pois, da própria espécie humana. Surgem nesse momento as primeiras ideias de punição corporativa na esfera penal, com a tomada de consciência ambiental, propugnando-se o "bem jurídico" ambiental como algo digno de tutela para a punição criminal de corporações transnacionais. A responsabilidade penal das pessoas jurídicas, antes reservada – e mesmo concebida – para crimes de colarinho branco ou econômicos passa a ser defendida como reação a empresas infratoras. E isso porque as empresas eram e são os principais agentes de suplantação de fronteiras dos países na expansão exploratória do planeta e, assim, o principal instrumento da causação de danos ambientais. Nesse momento da história, de forma acentuada, é que se tem o deslocamento de grandes poluidoras dos países centrais para os periféricos.

Vinte anos depois da Conferência de Estocolmo, o mundo resolveu reavaliar as conquistas e derrotas no movimento ambiental. Nova Conferência, conhecida como "ECO 1992", fez-se realizar no sul global, na cidade do Rio de Janeiro, indicando novos caminhos a seguir. A primeira coisa a destacar é que a ECO-92 contou com a presença de líderes políticos representantes de 179 países, que foi a maior participação já registrada na história (a conferência de Estocolmo tivera 113 países e 400 representantes de organizações não governamentais). A conferência foi composta também por cerca de 1.400 organizações não governamentais de diversas nacionalidades e representou interesses variados da sociedade civil. Ela foi importante porque estabeleceu de forma definitiva o conceito de *desenvolvimento sustentável* e abordou questões fundamentais para que se possa alcançá-lo, levando em consideração as esferas social e econômica. O resultado da ECO-92 destaca a ação dos Estados, das empresas e da população como um todo no sentido de buscar ou manter o desenvolvimento econômico e social sem causar maiores danos ao meio ambiente mediante novas formas de atuação. Um dos documentos resultantes da ECO-92 foi a Declaração do Rio, que apresentou 27 princípios universais. Os princípios destacam aspectos como o direito dos seres humanos a uma vida produtiva e saudável em harmonia com a natureza, a importância dos povos tradicionais e das comunidades locais no manejo ambiental e no desenvolvimento e também o papel fundamental da cooperação internacional para o crescimento econômico e desenvolvimento sustentável de todos os países. Trata-se de um plano de ação desenvolvido para que os países pudessem, a partir dele, elaborar e implementar medidas voltadas ao desenvolvimento sustentável, que, para ser alcançado, deve abranger em conjunto as seguintes frentes: conservação ambiental; justiça social; crescimento econômico sustentável.[4] Trocando em miúdos, os países ricos se comprometeram a pagar sua parte na conta, permitindo que os não desenvolvidos pudessem crescer, desde que o fizessem de uma forma sustentável e harmônica com a natureza. Mas, claramente, nem todas as boas intenções foram transformadas em realidade.

Uma cultura preservacionista instala-se no mundo depois da conferência do Rio de Janeiro. Novas avaliações e discussões são feitas em vários lugares do mundo, criando-se um foro permanente de discussão. Nova rodada de debates mundiais se estabelece na Cúpula Mundial sobre Desenvolvimento Sustentável que foi realizada pela Organização das Nações Unidas uma década após a ECO-92, entre os meses de agosto e setembro de 2002, sendo, por essa razão, conhecida como Rio+10. A conferência foi sediada na cidade de Joanesburgo, capital da África do Sul, reunindo 100 líderes de Estado e outros representantes de 189 países. A Rio+10 reforçou pontos importantes que foram abordados durante a ECO-92, notadamente aqueles que estão incluídos na Agenda 21, e trouxe questões que são também fundamentais para o desenvolvimento sustentável que se relacionam com a pauta ambiental, mas não necessariamente sendo por ela alcançadas, como o combate à pobreza, à fome e às desigualdades socioeconômicas. O principal documento produzido pela Rio+10 foi a Declaração de Joanesburgo. Mais 10 anos se passam e nasce a Rio+20: Conferência das Nações Unidas sobre Desenvolvimento Sustentável, realizada pela ONU 20 anos após a ECO-92. A Rio+20 foi sediada também na cidade do Rio de Janeiro, em junho de 2012, e reuniu representantes

---

4. https://brasilescola.uol.com.br/geografia/eco-92.htm, capturado em 25/07/2022.

de todos os países que integram as Nações Unidas. Assim como nos encontros precedentes, a Rio+20 reiterou as principais discussões levantadas e reforçou os compromissos de ação e cooperação internacional que foram estabelecidos durante a ECO-92 e a Rio+10. Um dos principais focos dessa convenção foi a implementação das medidas a serem adotadas para que possamos atingir um modelo efetivo de desenvolvimento sustentável, o que resultou na elaboração das Metas para o Desenvolvimento Sustentável e no documento conhecido como "O Futuro que queremos".

2. Matando o planeta

O aquecimento global descreve fundamentalmente o aumento da temperatura da terra em um período de tempo relativamente curto. A mudança climática descreve os efeitos inter-relacionados desse aumento na temperatura, desde a mudança dos níveis do mar e das correntes oceânicas, até os impactos da mudança de temperatura nos ambientes locais que afetam a flora e a fauna. Segundo o painel intergovernamental sobre mudanças climáticas (IPCC): i) o aquecimento do sistema climático é inequívoco e, desde 1950, muitas mudanças observadas não tiveram precedentes ao longo de décadas. A atmosfera e o oceano aqueceram, a quantidade de neve e de gelo diminuíram, o nível do mar subiu e os gases de efeito estufa aumentaram; ii) cada uma das três décadas foi sucessivamente mais quente na superfície da terra do que qualquer década anterior, desde a Revolução Industrial; iii) o aquecimento dos oceanos domina o aumento da energia armazenada no sistema climático, sendo responsável por mais de 90% da energia acumulada entre 1971 e 2010; iv) nas últimas duas décadas os mantos de gelo da Groenlândia e da Antártica têm perdido massa, as geleiras continuaram a encolher em quase todo o mundo; v) a taxa de subida do nível do mar desde meados do séc. XIX tem sido maior do que a taxa média durante os dois milênios anteriores.[5] O principal contributo desse fenômeno decorre da ação desenfreada do homem, seja pela indiferença aos destinos do planeta, seja pelo negacionismo da existência de um processo de degradação em curso causado pelos seres humanos.

O Instituto Inter-regional de Pesquisa sobre Crime e Justiça das Nações Unidas – UNICRI estabeleceu uma categorização de criminalidade ambiental utilizada em vários acordos internacionais multilaterais. São algumas áreas-chaves quando se refere à criminalidade organizada e transnacional: i) comércio ilegal de espécies

---

5. Intergovernmental panel on climate change. Special report: Global warning of. 1.5 c. Summary for policymakers, capturado em 3/10/2022, Intergovernmental Panel on Climate Change Special Report on Global Warming of 1.5 °C | UNFCCC.

ameaçadas de extinção; ii) comércio ilegal de substâncias que solapam a camada de ozônio; iii) despejo ilegal, comércio e transporte de substâncias perigosas; iv) pesca ilegal, não declarada e não regulamentada; v) exploração madeireira ilegal e o comércio de florestas protegidas.[6] No entanto, tais criminalidades podem se diferenciar de outras conforme a dimensão do dano produzido. De uma criminalidade ambiental, concebida como uma repercussão em menor escala, a uma criminalidade em grande escala – o ecocídio –, é que se diferencia entre os crimes consagrados nas legislações internas de cada país a algo de alcance internacional. A esse complexo de discursos críticos que examinam as preocupações ambientais dentro das noções de poder, danos e justiça, se dá a denominação de criminologia verde. A criminologia verde é uma expressão que permite compreender a destruição ambiental como consequência do capitalismo moderno de consumo, tendo suas raízes teóricas incorporadas às tradições das escolas criminológicas radicais de pensamento, tais como feminismo, teorias críticas, criminologias culturais etc.[7] A expressão *criminologia verde* é cunhada em um artigo de Michael Lynch, de 1990, *O esverdeamento da criminologia: uma perspectiva dos anos 1990*, e a influência foi deitada no contexto da ascensão do movimento verde aos parlamentos europeus desse período em diante.[8] A mudança climática, no sentido de afetação global, é intrínseca e inevitavelmente de interesse para a criminologia crítica.

O esverdeamento criminológico concentra a ideia de proteção da natureza, da dimensão e dinâmica dos crimes e danos ambientais, dos processos regulatórios legais e infralegais e, principalmente, de uma concepção nova de *ecojustiça* como a valorização e o respeito pelos seres humanos, ecossistemas, animais humanos e plantas. Em tempos como o nosso em que se aproveita o momento para "passar a boiada", é preciso refletir não só sobre as responsabilidades pessoais e empresariais, mas também em uma redefinição mais ampla de crimes ambientais dentro da criminologia para permitir o alcance dos danos ambientais relacionados ao meio ambiente facilitados pelo Estado. Tal ente é frequentemente um perpetrador de danos ambientais, inclusive ao conceder legitimidade a atos ecologicamente destrutivos e omissões por parte de grandes empresas. Dois exemplos significativos são a concessão de um verdadeiro passe livre para o desmatamento, em larga escala, pelo governo brasileiro (2019-2022) dos biomas do cerrado, pantanal

---

6. WALTERS, Reece. *Criminologias verdes*. In: Criminologias alternativas. CARLEN, Pat & FRANÇA, Leandro Ayres, Porto Alegre, Canal de Ciências Criminais, 2017, p. 202/3.
7. Op. cit., p. 205/6.
8. LYNCH, Michael. *The greening of criminology: a perspective on the 1990s'*. In: Critical Criminology, mar., 1990, p. 3/12, capturado em 5/10/2022. (PDF) The Greening of Criminology: A Perspective for the 1990s. (researchgate.net).

e floresta amazônica, bem como a atuação da Rússia no contexto da Guerra da Ucrânia brincando com fogo no que tange à Usina Nuclear de Zaporizhzhia.

De uma perspectiva criminológica, os danos causados ao clima podem ser considerados como um *ecocídio*. Pode-se definir ecocídio como os danos evitáveis causados por seres humanos ao ambiente, capazes de determinar a destruição do planeta. A expressão entra para o léxico político quando Olof Palme, primeiro-ministro da Suécia, em 1972, descreveu a Guerra do Vietnã como um ecocídio. Palme, juntamente com Indira Ghandi, primeira-ministra da Índia, reivindicaram que o delito fosse classificado como crime internacional.[9] Para alguns autores, o conceito nasce uma década antes, em resposta ao impacto da guerra ao meio ambiente e, desde então, tem sido usado em referência aos impactos negativos nos ambientes em tempos de paz, bem como em condições de guerra. É importante afirmar que o conceito tem sido usado para se referir ao extenso dano, à destruição ou à perda de ecossistemas de um determinado território por causas antropogênicas.[10] Podem ser classificados como ecocídio, entre outros casos, as mortes ocorridas em Bhopal, Índia, pela empresa americana Union Carbide. O acidente ocorrido em 2 de dezembro de 1984 causou mais de 25.000 mortes e deixou 120.000 pessoas contaminadas. Da mesma forma, as mais de 93.000 pessoas mortas em Chernobyl, com milhares de contaminados (estimativas falam em 270.000 com câncer em decorrência da poeira radioativa), com a interdição de milhares de quilômetros quadrados desorganizando sociedades inteiras na Belarus, Ucrânia e Rússia.

De uma perspectiva legal e criminológica, se tais danos decorrem de uma ação humana, amparada ou não por um suporte corporativo, tais ações ou omissões podem ser definidas como crimes contra a paz. O Estatuto de Roma, de 1998, documento que deu ensejo à criação do Tribunal Penal Internacional – TPI –, embora tenha previsão legal para genocídio, crimes contra a humanidade, crimes de agressão e de guerra (arts. 6º, 7º, 8º e 8º bis do Estatuto), tem sido criticado por criminólogos verdes por não ter criado uma figura estendida de crime contra a humanidade, quando decorrente de um dano ambiental causado de forma deliberada. A intenção de proponentes desta concepção particular do ecocídio é a de estender seu alcance para incluir a destruição de ambientes em tempos de

---

9. WHYTE, David. *Ecocídio e a corporação colonial*. In: Introdução à criminologia verde: perspectivas críticas, decoloniais e do sul. São Paulo, Tirant Lo Blanch, 2022, p. 142.
10. WHITE, ROB. *Matando um planeta: mudanças climáticas e ecocídio*. In: Introdução à criminologia verde: perspectivas críticas, decoloniais e do sul. São Paulo, Tirant Lo Blanch, 2022, p. 171.

paz ou de guerra. Uma concepção mais ampla de ecocídio o vê, ao menos como uma premissa, vinculado à ideia de governança global, fator que estaria intimamente alinhado à ideia de ecocentrismo, vendo-se o meio ambiente como tendo um valor por si só, independentemente de qualquer valor instrumental para os seres humanos. Vale dizer, o bem jurídico ambiental, quando projetado com um alcance representativo ao planeta, seria por si só considerado como tal, gozando da autonomia para se pensar em um desastre de grande escala. Enfim, a funcionalidade do conceito decorre do alcance da destruição ambiental e de sua escala.

O ecocídio, como conduta criminal produtora de danos globais, não basta ter uma resposta de justiça criminal interna dos países, porquanto lenta e quase sempre ineficaz, por trocar a prevenção pela tardia reparação (vide casos de acidentes ecológicos de Brumadinho e Mariana que, anos depois dos acidentes, não tiveram a reparação integralizada); é necessária uma resposta política de governança global. Embora chamar tais fatos de crime forneça uma representação simbólica, inerente ao direito penal, o que não deixa de ser muito importante, a designação de tais fatos como ecocídios permitirão uma transformação estrutural da economia política regional quando não global.

Tampouco podemos descurar o papel das pessoas jurídicas em todo esse processo. Defendi em outro momento que a responsabilidade criminal das corporações é algo que ganhou corpo no mundo contemporâneo por toda a representatividade que as empresas têm na criminalidade moderna.[11] Uma política criminal da Europa comunitária foi decisiva para mudanças legais dos países do *civil law* no velho continente. Com isso, muitos países que bebem na fonte do pensamento jurídico europeu tiveram suas legislações alteradas para se excepcionar a tese segundo a qual *societas delinquere non potest*. Todos os principais danos ambientais de monta, ao longo do século passado e do século em curso, tiveram o contributo do manto empresarial a fomentar ou a encobrir as condutas delituosas no plano ambiental. Os já mencionados acidentes de Bhopal, Brumadinho e Mariana se somam a inumeráveis outros como o do petroleiro Exxon Valdez, no litoral do Alaska em 1989, a explosão da plataforma Deepwater Horizon, no Golfo do México em 2010, ou mesmo a lenta desertificação do Mar de Aral, sempre por ações antropogênicas, amparadas ou não por ações estatais.[12]

---

11. Vide SHECAIRA, Sérgio Salomão. *Responsabilidade penal da pessoa jurídica*. São Paulo, Elsevier, 2011.
12. Apesar do nome, o mar do Aral, na Ásia, era um lago salgado, localizado entre o Cazaquistão e o Uzbequistão. Em 1950, ele era o quarto maior do mundo, com 66 mil km2, o que equivalia ao tamanho dos estados do Rio de Janeiro e Alagoas juntos. Mas, nos anos 60, a URSS desviou os rios que o alimentavam, Amu Daria e Sir Daria, para irrigar plan-

Uma das ações humanas mais agressivas ao meio ambiente está ligada à invenção do herbicida descoberto por Arthur Galston, na década de 1940, e que se tornou conhecido como *agente laranja*. Esse agressivo herbicida foi utilizado como arma química pela primeira vez pela Inglaterra no bombardeio da Malásia, nos anos 50 do século passado. Mas o agente laranja tornou-se famoso nos bombardeios do Vietnã pelos Estados Unidos nos anos 60 e 70, verdadeiro campo de teste para o produto fabricado pela Monsanto. Estima-se que os EUA despejaram cerca de 75,7 milhões de litros do desfolhante durante a guerra. Seu principal elemento constituinte é a dioxina TCDD, uma substância química altamente tóxica e cancerígena para humanos. O agente laranja foi usado na região sul do Vietnã para desfolhar a vegetação. Atingiu cerca de 20% do território vietnamita. Estudos mostraram que, 50 anos depois que as forças militares dos Estados Unidos pararam de pulverizá-lo, ainda existem restos altamente tóxicos desse herbicida no solo e em sedimentos. Até hoje, muitas pessoas nascem com doenças congênitas em decorrência dos bombardeios químicos, embora o governo estadunidense continue a negar os efeitos dessa arma química no sudeste asiático. O trabalho de pesquisa e desenvolvimento dessa arma química foi exercido por nove diferentes corporações químicas lideradas pela Monsanto, empresa americana. Muitos processos judiciais foram promovidos contra a Dow Chemical, a Monsanto e a Diamond Shamrock. Todas as grandes ações coletivas promovidas nos Estados Unidos foram resolvidas por acordos extrajudiciais, pois as empresas continuam a negar o efeito dos herbicidas, embora arquem com vultosas indenizações. No entanto, mais recentemente, a Monsanto foi condenada a pagar indenização de US$ 289 milhões (mais de R$ 1 bilhão) a um jardineiro americano que alega ter desenvolvido um câncer terminal por conta do uso do glifosato, substância presente em um agroquímico da companhia.[13] O glifosato era exatamente uma das substâncias que compunham o agente laranja. Após esse fato, o Vietnã exigiu que a Monsanto pagasse uma indenização às vítimas do agente laranja, que a empresa fornecia aos Estados Unidos durante a guerra do Vietnã, entre 1961 e 1971. A estratégia que visava a destruir a vegetação que servia como abrigo para soldados vietcongues durante a guerra foi usada em larga escala.

---

tações de algodão. O volume d'água diminuiu fazendo com que o sal matasse milhares de peixes.

13. Vietnã exige que Monsanto pague indenização pelas vítimas do agente laranja – Época Negócios – Mundo (globo.com), capturado em 6/10/22.

3. O contexto político da criminologia verde: também ela uma criminologia alternativa verde

O não reconhecimento das responsabilidades civis e penais pelas empresas fabricantes dos herbicidas usados como armas químicas, e pelo próprio Estado (no caso, Estados Unidos da América), fez com que variações desses produtos continuassem a ser usados em outros países. Na *Guerra às Drogas* na Colômbia, a partir de 1992, os governos conservadores do país aceitaram uma proposta americana de fumigações de plantações de coca para eliminação de extensas áreas de seu cultivo. O governo estadunidense entrava com os aviões, os helicópteros, o aparelhamento das forças armadas colombianas e o herbicida glifosato fabricado pela Monsanto, e a Colômbia passava a colaborar com os EUA em várias questões: facultava o amplo acesso do território pátrio às fumigações, dispunha-se a extraditar seus nacionais processados por tráfico internacional de drogas e fazia vistas grossas para as consequências ambientais das fumigações. Rosa Del Olmo identificou o ecocídio e o "biocídio" como os principais danos ambientais produzidos pela guerra liderada pelos EUA. Ela ainda qualificou o dano como "ecobiogenocídio" – destruição militarizada generalizada do meio ambiente e das populações locais. As consequências foram muitas, inclusive a afetação das plantações de alimentos criando uma crise alimentar.[14] Interessante lembrar que os Estados Unidos, embora tenham fomentado a utilização de tais substâncias nos países periféricos, não permitiam o uso desses produtos químicos em seu próprio território.

A fumigação com glifosato só foi interrompida em 2015, quando a Agência Internacional de Pesquisa do Câncer classificou o glifosato como uma substância **provavelmente cancerígena**; seu uso foi interrompido pelo Governo de Juan Manuel Santos. Atualmente, está suspenso por uma sentença do Tribunal Constitucional, mas o ex-Ministro da Defesa do governo derrotado recentemente, Carlos Holmes Trujillo, disse que, "cumprindo todos os requisitos estabelecidos pela Corte Constitucional, a aspersão aérea hoje é mais necessária do que nunca para manter a redução dos cultivos ilícitos".[15] Claro que o Presidente Gustavo Petro interrompeu qualquer negociação para continuidade das fumigações. No entanto, ainda que suspensas as fumigações, tem-se conhecimento de que o

---

14. DEL OLMO, Rosa. *Aerobiology and the war on drugs: a transnational crime*. Crime and Social Justice. London, v. 30, 1987, p. 36.
15. Colômbia encara a tragédia dos abortos involuntários associados ao glifosato, usado contra o plantio de coca – Internacional – EL PAÍS – Brasil (elpais.com), capturado em 6/10/2022.

herbicida penetra a terra e é absorvido pelo lençol freático. Além disso, riachos levam a substância a rios maiores que deságuam no litoral. Dessa forma, grandes extensões de terra acabam sendo contaminadas. Há casos de tribos isoladas de povos originários que tiveram contato direto com o glifosato, tendo consequências médicas significativas. O fato concreto é que certas substâncias, usadas há mais de 80 anos por grandes corporações e por Estados poderosos, acabam contaminando extensas áreas de países periféricos. Como ficar dependente exclusivamente da jurisdição local para pôr cobro à dimensão deste dano?

É importante destacar que o capitalismo envolve um infindável processo no qual a riqueza busca reproduzir a si mesma independente das consequências humanas e naturais. Desde o início do século XX, já se falava do imperialismo como uma fase superior do capitalismo[16]. O impulso do capital é, por assim dizer, insaciável e impossível de ser satisfeito. A força motriz do capital é o contínuo processo de expansão para novos locais onde se possa extrair recursos naturais, fabricar coisas e ingressar em novos mercados. Já em 1850, Marx descrevia a tendência inerente ao capitalismo de derrubar quaisquer barreiras ou limites que se colocassem em seu caminho.[17] Em um primeiro momento histórico, isso se fez com o domínio territorial colonial. No século XX, no entanto, o domínio colonial passou a ser superado pelo simples domínio dos mercados produtores de insumos e consumidores dos produtos finais . Assim como as empresas são a principal instituição a auxiliar o capital a desconsiderar os limites geográficos e naturais, o Estado vai se amalgamar com tais empresas, na busca da dominação que não encontra limites éticos. No modelo colonial, as empresas ganham suporte político do Estado anfitrião. O Estado que as recebem permite que os recursos naturais ou a mão de obra local sejam explorados, ou facilita a abertura de mercados locais para produtos, devido à obtenção de vantagens econômicas ou políticas. Subornos empresariais são constantes neste tipo de exploração. Com isso, a sustentação do capitalismo ostentará, necessariamente, um nexo bastante evidente entre o *imperialismo*, o *genocídio* – vide as sociedades que praticaram a escravidão, semearam brutais ditaduras etc. – e o *ecocídio*. Dentro desse contexto, lutar para fazer cessar um processo ecocida é também lutar para pôr cobro ao desenvolvimento capitalista sem quaisquer peias. Não por outra razão, a luta de uma criminologia verde também se insere no contexto de uma criminologia alternativa crítica.

---

16. O livro foi escrito por Lenin em 1916 e intitula-se *Imperialismo: fase superior do capitalismo*, e retrata bem o expansionismo capitalista por empresas transnacionais, sempre amparado pelas ações dos Estados nacionais.
17. MARX, Karl. *Grundrisse* in obras escolhidas. São Paulo, Alfa ômega, s/d, vol. 2. p. 324.

A relação entre os países evidenciada acima mostra que os crimes ecológicos de grande monta quase sempre têm uma categoria analítica central que é a divisão entre práticas imperialistas/coloniais e os Estados vulneráveis que se submetem a isso. Pedra angular do fenômeno é a existência de países centrais – do norte global – e de países periféricos – do sul global. Centrais são os países que têm quase monopólio sobre instituições financeiras, mídia e sistema de comunicações, tecnologias e armas de destruição em massa. Periféricos são aqueles países que possuem matérias-primas naturais e uma força de trabalho não qualificada e que são explorados pelos países centrais. A troca entre tais países – dos centrais aos periféricos – resulta em fluxo de mais-valia.[18] Quatro percepções criminológicas podem ser hauridas desse pensamento: i) as relações norte/sul estão inseparavelmente ligadas em decorrência da capacidade de dominação e da incapacidade de resistência à dominação; ii) a implementação de políticas globais desenvolvidas pelos países centrais ameaça a satisfação das necessidades coletivas dos países periféricos. Aquele tipo de exploração que existe no campo interno das relações capitalistas se reproduz no âmbito externo na relação entre as nações; iii) como consequência dos tópicos precedentes, a divisão norte/sul é um fator-chave para o conflito ambiental e a criminalidade internacional ambiental. A delinquência ecológica internacional definida como uma série de atos prejudiciais aos bens fundamentais necessários à sobrevivência humana, como a degradação e destruição da natureza, o esgotamento dos recursos naturais e a poluição ambiental, é uma modalidade de crime do colarinho branco com graves repercussões na vida e no bem-estar humano[19]; iv) o ecocídio produz um dano global que, em última instância, está a exigir muito mais do que uma resposta jurídica – quase sempre limitada territorialmente pela jurisdição dos países – mas uma resposta de natureza política por lidar com a dependência de umas nações sobre outras, algo que só será possível de se obter com transformações estruturais na economia política global.

A pressão dos países centrais contra os periféricos sempre trouxe conflitos de perspectivas que serviam de cortina de fumaça para encobrimento dos interesses econômicos conflitantes entre norte e sul. Vou exemplificar tal conflito de interesses com um episódio histórico que durou mais de 20 anos de manifestações públicas conflitivas. Nos anos setenta do século passado, por exemplo, a ditadura brasileira, apoiada por outros países do cone sul, desencadeou uma luta internacional pelo mar territorial de 200 milhas náuticas. Ao contrário, os países centrais

---

18. GOYES, David Rodríguez. *Criminologia verde do sul*. In: Criminologias alternativas. CARLEN, Pat & FRANÇA, Leandro Ayres, Porto Alegre, Canal de Ciências Criminais, 2017, p. 55/6.
19. Idem, p. 58.

pretendiam reduzir o mar territorial no mundo a 12 milhas náuticas. Por detrás da aparente discussão jurídica, estavam muitos interesses econômicos. Barcos pesqueiros dos países centrais atravessavam os oceanos para pescar baleias na costa sul do Atlântico, assim como na costa sul do Pacífico. Barcos japoneses, europeus e norte-americanos, esgotada parte significativa das respectivas costas, vinham para o hemisfério sul, como verdadeiros predadores, colher riquezas em áreas próximas à costa meridional. De outra parte, países periféricos, sem grandes embarcações pesqueiras e com pouca tecnologia no mar, se limitavam a uma pesca de cabotagem, quando não de precárias embarcações (canoas, jangadas, entre outras). Claro, a um país como o Brasil interessava ampliar sua costa, até porque imaginava-se, por exemplo, haver petróleo no mar territorial brasileiro à luz da escassez do hidrocarboneto em terra firme (algo que nossa empresa estatal veio a descobrir anos depois). O conflito foi público, com direito à música cantada por compositores nacionalistas.[20] A querela internacional resolveu-se anos mais tarde por meio da boa diplomacia. O mar territorial foi consagrado como sendo uma extensão territorial de 12 milhas a partir da preamar. Criou-se uma zona de exploração econômica exclusiva de 200 milhas náuticas (cerca de 370 quilômetros). Nesta faixa, cada país costeiro tem prioridade para a utilização e proteção dos recursos naturais do mar.[21] Observe-se a importância deste acordo. Se nossa produção de petróleo em águas profundas estiver mais distante do que 12 milhas náuticas da nossa costa, teoricamente, não se estará falando em "território brasileiro". Se não tivesse sido estabelecida a zona de exploração econômica em 200 milhas náuticas, simplesmente não se teria o poder de venda das bacias petrolíferas à produção de empresas multinacionais, pois, afinal de contas, seria um "território de ninguém".[22]

---

20. Em 1972, auge da ditadura civil militar, João Nogueira compôs a música *Das 200 para lá (esse mar é meu)* e que teve sua melhor expressão na voz de Eliana Pittman. Das 200 para Lá (esse Mar É Meu) – João Nogueira – LETRAS.MUS.BR, capturado em 14/10.
21. Vide Lei 8.617/93, especialmente seus artigos 7° e 8° que dizem expressamente: Art. 7° Na zona econômica exclusiva, o Brasil tem direitos de soberania para fins de exploração e aproveitamento, conservação e gestão dos recursos naturais, vivos ou não-vivos, das águas sobrejacentes ao leito do mar, do leito do mar e seu subsolo, e no que se refere a outras atividades com vistas à exploração e ao aproveitamento da zona para fins econômicos. Art. 8° Na zona econômica exclusiva, o Brasil, no exercício de sua jurisdição, tem o direito exclusivo de regulamentar a investigação científica marinha, a proteção e preservação do meio marítimo, bem como a construção, operação e uso de todos os tipos de ilhas artificiais, instalações e estruturas.
22. É curioso notar que os militares nacionalistas, que estavam no poder nesse período, tinham uma proposta para o Brasil que, em grande medida, zelava pelo interesse nacio-

São inúmeros os exemplos de conflitos políticos e econômicos entre o norte e o sul. Os Países do Norte, por exemplo, também usam seu poder econômico para transferir danos ao sul. Peças de aparelhos eletrônicos não recicláveis constituem um risco ambiental e são regularmente descarregadas no sul global para processamento. Empresas multinacionais de matriz poluidora deixam os países centrais, até pelo fato de as normas ambientais serem muito mais rigorosas na origem, e se direcionam aos países periféricos ou do sul global, onde recebem guarida. Ademais, os mesmos padrões de controle pelas regras de *compliance* empresarial/ambiental são flexibilizados.[23] No âmbito das sementes usadas em diferentes colheitas, países do Norte, contrariando a diversidade biológica obrigam países periféricos a reduzir sua diversidade biológica. De outra parte, grandes empresas de tecnologia em alimentos, como a americana Monsanto, impõem a utilização de sementes transgênicas a agricultores do sul, criando uma espécie de monopólio da dependência. Agricultores, feita a colheita, são obrigados a comprar as sementes para nova plantação da mesma empresa, de uma safra à outra. Não é possível – com transgênicos – a reserva de grãos por parte dos agricultores para se tornarem independentes dos fornecedores.

4. Conclusão

Quando os criminólogos olham para os inúmeros exemplos das narrativas culturais das relações entre seres humanos e o seu entorno ambiental, a partir da perspectiva dos países capitalistas periféricos ou do sul global, têm que desenvolver não apenas uma compreensão mais profunda e elaborada da construção de crimes, da identificação de vítimas, bem como aquilatar a exata dimensão dos danos e desastres globais. Também devem se permitir compreender as novas conexões de um fenômeno intrincado a que se pode chamar, em última instância, de delito de mau desenvolvimento. Este tem como característica ser o conjunto de inter--relações e atividades no contexto de políticas e empreendimentos econômicos internacionais, transnacionais, regionais ou nacionais que geram ou concretizam

---

nal. Embora um projeto político questionável, tinha uma concepção coerente no plano econômico, ao contrário do governo Bolsonaro (2018/20).

23. Vide, a propósito dessa ideia, os vazamentos causados pela empresa de origem norueguesa que produziu graves consequências no Brasil, estado do Pará, no município de Barcarena. O programa de *compliance* ambiental da empresa é uma preciosidade de cuidado, em nada compatível com a realidade dos descuidos que teve entre nós. O que vivenciaria a empresa se o vazamento fosse causado na Noruega? Digo sem pensar exclusivamente no plano legal, mas também da repercussão existente na esfera da sociedade civil. Vazamento de rejeitos da Hydro Alunorte causa danos socioambientais em Barcarena – Amazônia Real (amazoniareal.com.br), capturado em 17/10/2022.

o risco de obstaculizar a satisfação de necessidades básicas coletivas e contribuir de forma direta ou indireta à produção de violência estrutural ou física a impedir o desenvolvimento sustentável.[24]

Morte, doenças, fome, desespero, áreas imensas devastadas, perda de recursos naturais e até de identidades culturais de populações originárias são algumas das consequências que se pode vislumbrar desses delitos de mau desenvolvimento, delitos ambientais em grande dimensão e que não se resolverão sem uma consciência de que tais atores estão no contexto mais amplo de um direito penal econômico. Tais perspectivas, no âmbito de uma criminologia verde, inserem a temática no seio de criminologias críticas ou de criminologias alternativas, assim compreendidas. A expressão criminologia crítica não mais se refere somente à visão estritamente marxista sobre o crime, mas pode ser usada para denotar qualquer posição teórica que, ao dizer não às antigas hierarquias do saber, possam submeter a proteção da natureza, menos a um sistema jurídico e mais a um sistema político.

---

24. BÖHM, Maria Laura. *O delito de mau desenvolvimento*. In: Criminologias alternativas. CARLEN, Pat & FRANÇA, Leandro Ayres, Porto Alegre, Canal de Ciências Criminais, 2017, p. 123.

Diagramação eletrônica:
Thomson Reuters
Impressão e encadernação:
DEK Comércio e Serviços Ltda., CNPJ 01.036.332/0001-99